Der erbschaftsteuerliche Verschonungsabschlag im Europäischen Beihilferecht

Mannheimer Beiträge zum Öffentlichen Recht, Regulierungsrecht und Steuerrecht

Herausgegeben von Thomas Fetzer

Band 35

Tobias Böser

Der erbschaftsteuerliche Verschonungsabschlag im Europäischen Beihilferecht

Zugleich eine Rechtsprechungsanalyse zu beihilfeverdächtigen Steuervergünstigungen

PETER LANG

Bibliografische Information der Deutschen Nationalbibliothek
Die Deutsche Nationalbibliothek verzeichnet diese Publikation
in der Deutschen Nationalbibliografie; detaillierte bibliografische
Daten sind im Internet über http://dnb.d-nb.de abrufbar.

Zugl.: Mannheim, Univ., Diss., 2021.

Gedruckt auf alterungsbeständigem, säurefreiem Papier.

D 180
ISSN 0944-7659
ISBN 978-3-631-86847-8 (Print)
E-ISBN 978-3-631-87059-4 (E-PDF)
E-ISBN 978-3-631-87060-0 (EPUB)
DOI 10.3726/b19280

PL Academic Research ist ein Imprint der Peter Lang GmbH.

Peter Lang – Berlin · Bern · Bruxelles · New York ·
Oxford · Warszawa · Wien

Diese Publikation wurde begutachtet.

www.peterlang.com

Meiner Ehefrau Tabea

Vorwort

Die vorliegende Arbeit wurde im September 2021 von der Juristischen Fakultät der Universität Mannheim als Dissertation angenommen. Für die veröffentlichte Fassung konnten Rechtsprechung und Literatur bis Oktober 2021 berücksichtigt werden.

An erster Stelle gilt mein herzlicher Dank meinem Doktorvater Professor Dr. Thomas Fetzer, LL.M. (Vanderbilt) für die Betreuung meiner Arbeit, die mit der Aufnahme in seine Schriftenreihe ihren Abschluss findet, sowie für die Möglichkeit an seinem Lehrstuhl als Wissenschaftlicher Mitarbeiter mitzuwirken. Die abwechslungsreiche Tätigkeit hat mich beruflich sowie persönlich geprägt und wird mir in bester Erinnerung bleiben. Mein herzlicher Dank gebührt auch Professor Dr. Andreas Schumacher für die freundliche Übernahme und zügige Erstellung des Zweitgutachtens.

Mein besonderer Dank gilt meinen Lehrstuhlkollegen Dr. Florian Ferrenberg, Dr. Carsten Zahn sowie meiner Lehrstuhlkollegin Bianka Dinger für die zahlreichen Gespräche, die hilfreichen Anmerkungen und die erforderlichen Ablenkungen. Ebenso bedanke ich mich bei allen Kolleginnen und Kollegen, die während meiner Promotionszeit am Lehrstuhl und bei der Sozietät Gleiss Lutz durch fachliche Diskussionen zum Gelingen der Arbeit beigetragen haben.

Mein herzlicher Dank gilt zudem David Bender, Dr. Bastian Biermann, Dr. Enrico Farinato und Dr. Marielle Schuster, die mir während meines Promotionsverfahrens durch ihren konstruktiven Rat, ihre wertvollen Anregungen und ihren motivierenden Zuspruch stets zur Seite standen.

Weiterhin gebührt herausragender Dank meinen Eltern Wolfgang und Bärbel Böser, die mir durch ihre vielseitige Förderung meinen Werdegang und meine Promotion erst ermöglicht haben, sowie meinen Geschwistern Dr. Florian Böser, Carolin Böser und Marius Böser.

Schließlich gilt mein größter Dank meiner Ehefrau Tabea Böser für ihre liebevolle Unterstützung, ihren bedingungslosen Rückhalt sowie ihr grenzenloses Verständnis – ihr widme ich diese Arbeit.

Tobias Böser

Stuttgart, Oktober 2021

Inhaltsübersicht

Inhaltsverzeichnis

Abkürzungsverzeichnis

a. A.	andere Ansicht
ABl.	Amtsblatt
Abs.	Absatz
AEUV	Vertrag über die Arbeitsweise der Europäischen Union
a. F.	alte Fassung
AG	Aktiengesellschaft
Anh.	Anhang
Anm.	Anmerkung
AO	Abgabenordnung
Art.	Artikel
Aufl.	Auflage
Az.	Aktenzeichen
BB	Betriebs-Berater
Bd.	Band
BDI	Bundesverband der deutschen Industrie e. V.
Beihilfeverfahrens-VO	Beihilfeverfahrens-Verordnung
BewG	Bewertungsgesetz
BFH	Bundesfinanzhof
BFHE	Entscheidungen des Bundesfinanzhofs
BFH/NV	Nicht zur amtlichen Veröffentlichung bestimmte Entscheidungen des Bundesfinanzhofs
BGBl.	Bundesgesetzblatt
BMF	Bundesministerium der Finanzen
BR-Drucks.	Bundesratsdrucksache
BR-PlPr.	Bundesrat-Plenarprotokolle
BStBl.	Bundessteuerblatt
BT-Drucks.	Bundestagsdrucksache
BVerfG	Bundesverfassungsgericht
BVerfGE	Entscheidungen des Bundesverfassungsgerichts
Co.	Compagnie
COVuR	COVID und Recht
DB	Der Betrieb
DBA	Doppelbesteuerungsabkommen
ders./dies.	derselbe/dieselbe

DIW	Deutsches Institut für Wirtschaftsforschung e.V.
Drucks.	Drucksache
DStR	Deutsches Steuerrecht
DStZ	Deutsche Steuer-Zeitung
ECLI	European Case Law Identifier
EFG	Entscheidungen der Finanzgerichte
EG	Europäische Gemeinschaft
EL	Ergänzungslieferung
ErbSt	Erbschaft- und Schenkungsteuer
ErbStB	Der Erbschaft-Steuerberater
ErbStG	Erbschaftsteuer- und Schenkungsteuergesetz
ErbStR	Erbschaftsteuer- und Schenkungsteuerrichtlinien
EStG	Einkommensteuergesetz
EStAL	European State Aid Law Quarterly
EU	Europäische Union
EuG	Gericht der Europäischen Union
EuGH	Europäischer Gerichtshof
EU-Kommission	Europäische Kommission
EUR	Euro
EuR	Zeitschrift Europarecht
EUV	Vertrag über die Europäische Union
EuZW	Europäische Zeitschrift für Wirtschaftsrecht
e. V.	eingetragener Verein
EWS	Europäisches Wirtschafts- und Steuerrecht
FAZ	Frankfurter Allgemeine Zeitung
f.	folgend
ff.	folgende
FG	Finanzgericht
FR	FinanzRundschau
FS	Festschrift
G20	Gruppe der zwanzig wichtigsten Industrie- und Schwellenländer
GbR	Gesellschaft bürgerlichen Rechts
GewStG	Gewerbesteuergesetz
GG	Grundgesetz
GmbH	Gesellschaft mit beschränkter Haftung
GmbHR	GmbH-Rundschau
GmbH-StB	GmbH-Steuerberater
GrEStG	Grunderwerbsteuergesetz

GWR	Gesellschafts- und Wirtschaftsrecht
Hdb.	Handbuch
HFSt	Heidelberger Beiträge zum Finanz- und Steuerrecht
HGB	Handelsgesetzbuch
Hrsg.	Herausgeber
i. d. F.	in der Fassung
ifst	Institut Finanzen und Steuern e.V.
ifo Institut	Leibniz-Institut für Wirtschaftsforschung an der Universität München e. V.
i. H. v.	in Höhe von
InsO	Insolvenzordnung
ISR	Internationale Steuer-Rundschau
IStR	Internationales Steuerrecht
i. S. v.	im Sinne von
i. V. m.	in Verbindung mit
IWB	Zeitschrift für internationales Steuer- und Wirtschaftsrecht
Kap.	Kapitel
KG	Kommanditgesellschaft
KStG	Körperschaftsteuergesetz
lit.	Litera
MwStRL	Mehrwertsteuer-Richtlinie
m. w. N.	mit weiteren Nachweisen
NJW	Neue Juristische Wochenschrift
Nr.	Nummer
NVwZ	Neue Zeitschrift für Verwaltungsrecht
NZG	Neue Zeitschrift für Gesellschaftsrecht
NZI	Neue Zeitschrift für Insolvenz- und Sanierungsrecht
OECD	Organisation für wirtschaftliche Zusammenarbeit und Entwicklung
OHG	Offene Handelsgesellschaft
RegE	Regierungsentwurf
Rn.	Randnummer
Rspr.	Rechtsprechung
RFH	Reichsfinanzhof
RFHE	Entscheidungen des Reichsfinanzhofs
S.	Seite
SE	Societas Europaea
sog.	sogenannte/sogenannter/sogenanntes
SteuerStud	Steuer und Studium

SteuK	Steuerrecht kurzgefaßt
StuB	Unternehmensteuern und Bilanzen
StuW	Steuer und Wirtschaft
Ubg	Die Unternehmensbesteuerung
UmwG	Umwandlungsgesetz
UmwStG	Umwandlungssteuergesetz
u. a.	und andere/unter anderem
UVR	Umsatzsteuer- und Verkehrsteuer-Recht
v.	vom
Vorb.	Vorbemerkung
vgl.	vergleiche
WpHG	Wertpapierhandelsgesetz
WRP	Wettbewerb in Recht und Praxis
ZErB	Zeitschrift für die Steuer- und Erbrechtspraxis
ZEV	Zeitschrift für Erbrecht und Vermögensnachfolge
ZfZ	Zeitschrift für Zölle und Verbrauchsteuern
ZHR	Zeitschrift für das gesamte Handelsrecht und Wirtschaftsrecht
Ziff.	Ziffer
z. B.	zum Beispiel

A. Einleitung

Durch das Erbschaftsteuerrecht werden unentgeltliche Vermögenserwerbe von Todes wegen oder durch Schenkung grundsätzlich der Besteuerung unterworfen, aber auch Steuerbefreiungen gewährt. Anlass der erbschaftsteuerlichen Belastung ist die durch den Vermögenszuwachs gesteigerte finanzielle Leistungsfähigkeit des Erwerbers; mit steigendem Nachlasswert geht grundsätzlich auch eine steigende Steuerbelastung einher.[1] Das Erbschaftsteuerrecht enthält ebenso wie andere Steuerarten Befreiungs- und Ermäßigungstatbestände, die für bestimmte Erwerbsgegenstände eine vollständige oder teilweise Befreiung vorsehen. Neben den Steuerbefreiungen des § 13 ErbStG, wonach beispielsweise der Erwerb des Familienheims begünstigt wird, sieht das Erbschaftsteuerrecht in der aktuell geltenden Fassung[2] auch ein mannigfaltiges sowie umfassendes Verschonungssystem für betriebliches Vermögen vor. Dieses ist einerseits geprägt von einer komplexen Ermittlung des begünstigten Betriebsvermögens und enthält andererseits verschiedene Befreiungsmöglichkeiten für bestimmte Unternehmensgrößen. So wird das wertschöpfende betriebliche Vermögen nach dem Verschonungsabschlag des § 13a ErbStG bis zu einer Höhe von EUR 26 Millionen zu 85 % oder sogar zu 100 % steuerbefreit. Auch ein vollständiger oder teilweiser Steuererlass nach § 28a ErbStG ist möglich. Allerdings war die Verschonung betrieblichen Vermögens in der Vergangenheit bereits mehrfach Gegenstand bundesverfassungsgerichtlicher Entscheidungen und wurde aufgrund einer gleichheitswidrigen Besteuerung auch in Teilen als mit der Verfassung unvereinbar erklärt.[3] Die verfassungsrechtlichen Beanstandungen wurden vom Gesetzgeber weitestgehend bei der Anpassung des Erbschaftsteuergesetzes, zuletzt durch die Erbschaftsteuerreform 2016[4], berücksichtigt.

Neben die verfassungsrechtlichen Einwände treten – vor dem Hintergrund der jüngsten Rechtsprechung des Europäischen Gerichtshofs[5] – vermehrt auch

---

1 BVerfG, Beschluss vom 22.06.1995 – 2 BvR 552/91, BStBl. II 1995, 671 (673); BVerfG, Beschluss vom 28.10.1997 – 1 BvR 1644/94, BVerfGE 97, 1 (6 f.).

2 Stand: Oktober 2021.

3 Zuletzt BVerfG, Urteil vom 17.12.2014 – 1 BvL 21/12, BVerfGE 138, 136.

4 Gesetz zur Anpassung des Erbschaftsteuer- und Schenkungsteuergesetzes an die Rechtsprechung des Bundesverfassungsgerichts vom 4. November 2016, BGBl. I 2016, 2464.

5 Vgl. nur EuGH, Urteil vom 28.06.2018 – C-209/16 P, *Deutschland/Kommission*, ECLI:EU:C:2018:507; EuGH, Urteil vom 19.12.2018 – C-374/17, *Finanzamt B/A-Brauerei*, ECLI:EU:C:2018:1024.

europarechtliche Bedenken. Diese beziehen sich vor allem auf die Beihilferechtskonformität der erbschaftsteuerlichen Betriebsvermögensbegünstigungen.[6] Die Beihilfekontrolle ist bei Steuervergünstigungen im Wesentlichen auch als Gleichheitsprüfung ausgestaltet, gleichwohl weist sie im Vergleich zum Verfassungsrecht eine andere Zielrichtung auf, sodass nationale Sichtweisen nicht ohne Weiteres auf die europarechtliche Betrachtung übertragbar sind. Die Europäischen Grundfreiheiten und das Europäische Beihilferecht sollen nämlich Diskriminierungen verhindern und zugleich einen Wettbewerb ohne wettbewerbsverzerrende staatliche Einflüsse sicherstellen: Denn auch wenn die Mitgliedstaaten die Ausgestaltung ihrer Steuersysteme autonom festlegen können, haben sie ihre Kompetenz unionsrechtskonform auszuüben.[7] Dies gilt auch, wenn der Gesetzgeber grundsätzlich einen Entscheidungsspielraum im Hinblick auf die erbschaftsteuerliche Entlastung von kleinen und mittelständischen Unternehmen hat.[8] Gerade die entlastende Wirkung von steuerlichen Maßnahmen kann aber die Wettbewerbsposition von Unternehmen nachhaltig stärken und damit den Wettbewerb beeinträchtigen. Die Europäische Kommission und der Europäische Gerichtshof haben schon früh erkannt, dass steuerliche Maßnahmen grundsätzlich wettbewerbsverzerrende Wirkung haben können und diese als Verstoß gegen das Beihilfeverbot gewertet.[9] Für die Feststellung einer unionsrechtswidrigen Beihilfe ist ganz wesentlich, dass die Steuervergünstigung selektiv nur bestimmten Unternehmen einen Vorteil verschafft und damit potentiell den Wettbewerb beeinträchtigt.[10]

Die beihilferechtliche Relevanz nationaler Steuervergünstigungen hat durch die Verfahren zur Sanierungsklausel des § 8c Abs. 1a KStG[11] und zur

---

6 Vgl. nur *Wachter*, DB 2016, 1273; *de Weerth*, DB 2016, 2692; *Demleitner*, ISR 2016, 328 (335); *Linn/Pignot*, StuB 2016, 573 (576); *Wachter*, GmbHR 2017, 1 (16); *Bockhoff*, ZEV 2017, 186 (189 f.); *von Oertzen*, in: Steuerberater-Jahrbuch 2016/2017, S. 238 f.; *Rupp/Blumenberg*, in: Steuerberater-Jahrbuch 2016/2017, S. 462 ff.; *Blumenberg*, Aktuelle Entwicklungen des EU-Beihilferechts im Bereich der deutschen Unternehmensbesteuerung, ifst-Schrift 516, S. 50 ff.

7 EU-Kommission, Bekanntmachung zum Begriff der staatlichen Beihilfe im Sinne des Artikels 107 Absatz 1 des Vertrages über die Arbeitsweise der Europäischen Union vom 19.07.2016 – ABl. 2016 C 262/1, Rn. 156.

8 Zuletzt BVerfG, Urteil vom 17.12.2014 – 1 BvL 21/12, BVerfGE 138, 136 Ls. 4 a).

9 Erstmals zu Abgaben: EuGH, Urteil vom 23.02.1961 – C-30/59, *Steenkolenmijnen*, ECLI:EU:C:1961:2, S. 43.

10 Siehe: B. II. 2. c).

11 EU-Kommission, Beschluss vom 26.01.2011 – C7/10, KStG, *Sanierungsklausel*, ABl. 2011 L 235/26; EuG, Urteil vom 04.02.2016 – T-620/11, *GFKL Financial Services*

Konzernklausel des § 6a GrEStG[12] nochmals an Bedeutung gewonnen. Vor allem die anhaltende Diskussion hinsichtlich des Beihilfecharakters der Sanierungsklausel hat das beihilferechtliche Schrifttum fast ein Jahrzehnt lang geprägt.[13] Die Beihilferelevanz nationaler Steuervergünstigungen ist daher aktueller denn je. Es ist nicht verwunderlich, dass eine entsprechende Sensibilität auch bei den nationalen Gerichten und der steuerrechtlichen Praxis zu erkennen ist.[14] In Anbetracht dessen, dass die wirtschaftlichen Folgen der Unionsrechtswidrigkeit einer Steuervergünstigung die Empfänger zu tragen haben, ist eine solche Vorsicht auch geboten. Dennoch ist die verlässliche Bestimmung des Beihilfecharakters einer Steuervergünstigung gerade wegen der umfangreichen Kasuistik noch immer nicht möglich. Die Beihilfeprüfung von Europäischer Kommission und Europäischer Gerichtsbarkeit selbst wird als uneinheitlich und teilweise auch als undogmatisch wahrgenommen.[15] Entsprechend anspruchsvoll ist es, die beihilferechtliche Relevanz von nationalen Vergünstigungstatbeständen zu bewerten. So determinieren unterschiedliche Ansätze bei den einzelnen Voraussetzungen des Beihilfeverbots, wie beispielsweise bei der Selektivität,[16] regelmäßig den Ausgang des Beihilfeverfahrens. Immerhin lassen sich den jüngeren Urteilen zu § 8c Abs. 1a KStG und § 6a GrEStG Tendenzen entnehmen, denen durchaus eine richtungsweisende Bedeutung beigemessen wird.[17] Diese sollen

---

AG, ECLI:EU:T:2016:59; EuG, Urteil vom 04.02.2016 – T-287/11, *Heitkamp BauHolding GmbH*, ECLI:EU:T:2016:60; EuGH, Urteil vom 28.06.2018 – C-209/16 P, *Deutschland/Kommission*, ECLI:EU:C:2018:507.

12 EuGH, Urteil vom 19.12.2018 – C-374/17, *Finanzamt B/A-Brauerei*, ECLI:EU:C:2018:1024.

13 Siehe z. B. *de Weerth*, DB 2010, 1205; *Hackemann/Momen*, BB 2011, 2135; *Marquart*, IStR 2011, 445; *Blumenberg/Haisch*, FR 2012, 12; *Klemt*, DStR 2013, 1057; *Hackemann/Sydow*, IStR 2013, 786; *Ismer/Karch*, IStR 2014, 130; *de Weerth*, DStR 2014, 2485; *Demleitner*, ISR 2016, 328 (334); *Hey*, FR 2017, 453; *Balbinot*, DStR 2018, 334; *Müller*, DB 2018, 1630; *Fetzer/Böser*, DStR 2019, 1177.

14 Die beihilferechtliche Sensibilität der deutschen Finanzgerichtsbarkeit zeigt sich beispielhaft am Vorlagebeschluss des Bundesfinanzhofs zur Steuervergünstigung bei Umstrukturierungen im Konzern nach § 6a GrEStG, vgl. BFH, Beschluss vom 30.05.2017 – II R 62/14, BFHE 257, 381.

15 Siehe z. B. in Bezug auf die Bestimmung des Referenzsystems und der Selektivität *Ismer/Karch*, IStR 2014, 130 (132 f.); *Cloer/Vogel*, BB 2019, 151 (152); *Fetzer/Böser*, DStR 2019, 1177 (1184).

16 Siehe: B. II. 2. c) bb).

17 Vgl. *Cloer/Vogel*, BB 2019, 151 (153); *Fetzer/Böser*, DStR 2019, 1177 (1184).

in die beihilferechtliche Würdigung des erbschaftsteuerlichen Verschonungsabschlags einfließen.

Kaum eine Steuerbefreiung im Erbschaftsteuerrecht weist eine solche wirtschaftliche Bedeutung auf wie der Verschonungsabschlag. Eine vollständige Belastung des betrieblichen Vermögens wäre regelmäßig mit erheblichen Folgen für das Unternehmen verbunden.[18] Stellt der Verschonungsabschlag aber eine unionsrechtswidrige Begünstigung dar, wäre der Erwerber einer nachträglichen Steuerbelastung ausgesetzt, die sich potentiell auch auf das erworbene Unternehmen auswirken könnte. Insoweit ist die beihilferechtliche Würdigung des erbschaftsteuerlichen Verschonungsabschlags nicht nur rechtlich, sondern vor allem auch in Anbetracht der wirtschaftlichen Konsequenzen eine dogmatisch wichtige Forschungsfrage.

I. Forschungsfragen, Ziel und Gang der Untersuchung

Die Mitgliedstaaten der Europäischen Union können sich beim Erlass von Steuergesetzen und vor allem bei der Einführung von steuerbegünstigenden Tatbeständen nicht mehr nur auf die Vereinbarkeit mit Verfassungsrecht konzentrieren. Die zunehmende Europäisierung bedingt eine stetige wirtschaftspolitische Horizonterweiterung und eine entsprechende Rücksichtnahme auf den gemeinsamen Markt der Europäischen Union. Infolgedessen hat der nationale Gesetzgeber das europäische Recht auch in den Kompetenzfeldern zu beachten, die unmittelbar den Mitgliedstaaten zustehen, wie beispielsweise das direkte Steuerrecht.[19] Auch wenn die Europäische Union keinen Harmonisierungsauftrag für diesen Bereich hat, so erfordert die europäische Integration im Sinne des Art. 4 Abs. 3 EUV eine Beachtung der Europäischen Grundfreiheiten und des Beihilferechts. Die folgende Würdigung des erbschaftsteuerlichen Verschonungsabschlags baut auf diesem Verhältnis von nationalem Steuerrecht zu europäischem Recht auf.

---

18 Siehe: E. II. 1. b) bb).

19 EU-Kommission, Bekanntmachung zum Begriff der staatlichen Beihilfe im Sinne des Artikels 107 Absatz 1 des Vertrages über die Arbeitsweise der Europäischen Union vom 19.07.2016 – ABl. 2016 C 262/1, Rn. 156; sowie bereits die Schlussanträge des Generalanwalts *Ruíz-Jarabo Colomer* vom 20.11.1997 – C-336/96, *Gilly*, ECLI:EU:C:1997:556, Rn. 43.

1. Forschungsfragen und Ziel der Untersuchung

Ziel der vorliegenden Arbeit ist eine beihilferechtliche Würdigung des erbschaftsteuerlichen Verschonungsabschlags. Vorab wird neben der Darstellung der Entstehungsgeschichte auch die Systematik des erbschaftsteuerlichen Verschonungssystems in der gebotenen Ausführlichkeit dargelegt. Im Rahmen der beihilferechtlichen Betrachtung liegt der Schwerpunkt auf den wesentlichen Merkmalen für das Vorliegen einer steuerlichen Beihilfe: der Begünstigung von Unternehmen und der Selektivität der Maßnahme. Es werden in diesem Zusammenhang sowohl die Rechtsprechungsgrundsätze als auch die Kommissionsentscheidungen zu Beihilfen im Steuerrecht ausgewertet und berücksichtigt. Des Weiteren fließen auch die Tendenzen der jüngeren Rechtsprechung zu nationalen Steuervergünstigungen – § 8c Abs. 1a KStG und § 6a GrEStG – in die Würdigung mit ein.

Die wesentlichen Fragen, die es im Hinblick auf den erbschaftsteuerlichen Verschonungsabschlag zu beantworten gilt, sind daher: Stellt die Regelung des § 13a ErbStG eine verbotene Beihilfe dar? Werden durch die §§ 13a ff. ErbStG Unternehmen im beihilferechtlichen Sinne begünstigt? Welches Referenzsystem entspricht dem steuerlichen Normalfall bei der erbschaftsteuerlichen Verschonung von betrieblichem Vermögen? Enthält der Verschonungsabschlag selektive Abweichungen vom festzustellenden Referenzsystem, die zu einer Begünstigung von bestimmten Wirtschaftsteilnehmern führen? Können selektive Abweichungen durch beihilferechtskonforme Gründe gerechtfertigt werden?

Die Abhandlung befasst sich mit der beihilferechtlichen Würdigung des erbschaftsteuerlichen Verschonungsabschlags. Dies umfasst sowohl die Regelverschonung i. H. v. 85 % gemäß § 13a Abs. 1 ErbStG als auch die Optionsverschonung des § 13a Abs. 10 ErbStG sowie den abschmelzenden Verschonungsabschlag des § 13c Abs. 1 ErbStG. Weiterhin wird auch die Regelung des § 13b ErbStG beihilferechtlich gewürdigt, da diese einerseits für die Bestimmung des begünstigten Vermögens maßgeblich ist und zudem auch über die Anwendbarkeit der Verschonungsabschläge entscheidet.

Nicht Gegenstand dieser Arbeit ist die Verschonungsbedarfsprüfung nach § 28a ErbStG. Diese weist eine strukturell abweichende Konzeption auf: Während die Verschonungsabschläge eine vollständige oder teilweise Steuerbefreiung auf das begünstigte Vermögen nach § 13b Abs. 2 ErbStG im Rahmen der Wertermittlung anordnen, sieht § 28a ErbStG einen Steuererlass oder eine Steuerstundung vor. Diese können für den Begünstigten zwar auch eine Entlastung herbeiführen, sind aber strukturell nicht mit den Verschonungsabschlägen vergleichbar, da sie weder eine Steuerbefreiung auf das begünstigte Vermögen darstellen noch auf der Ebene der Wertermittlung Anwendung finden.

2. Gang der Untersuchung

In der Einleitung (A.) werden die wirtschaftliche Bedeutung des Beihilferechts für die direkte Unternehmensbesteuerung sowie die steuerrechtliche Kompetenz der Europäischen Union gewürdigt. In diesem Zusammenhang findet vor allem das Spannungsverhältnis zwischen nationalen Steuervergünstigungen und Europäischem Beihilferecht Beachtung. Anschließend (B.) erfolgt ein Überblick über die Steuervergünstigungen. Hierbei werden vor allem die Betrachtungsweise, Bedeutung und Wirkung von Verschonungsregelungen diskutiert und einer inhaltlichen Differenzierung zugeführt. Des Weiteren enthält dieser Teil auch eine allgemeine Darstellung des Beihilferechts der Europäischen Union im Hinblick auf Steuerbeihilfen sowie eine Betrachtung mittelbarer Begünstigungen. Auch die einzelnen Voraussetzungen des Beihilfeverbots gemäß Art. 107 Abs. 1 AEUV werden hier dargelegt und in Bezug auf steuerliche Beihilfen konkretisiert.

Der dritte und vierte Teil (C. und D.) der Arbeit bilden sodann einen ersten Schwerpunkt. Diese beinhalten die Rechtsprechungsanalyse zu nationalen beihilfekritischen Steuervergünstigungen – § 8c Abs. 1a KStG und § 6a GrEStG –, deren Beihilfequalität bereits durch den Europäischen Gerichtshof beurteilt wurde. Neben der Rechtsprechung zu diesen Vorschriften wird ebenso die diesbezügliche Diskussion im steuerjuristischen Schrifttum aufgearbeitet.

Der fünfte Teil (E.) stellt den Hauptuntersuchungsgegenstand der Abhandlung dar. In diesem Abschnitt werden einerseits die gewonnenen Erkenntnisse im Hinblick auf die Prüfung von Steuervergünstigungen durch die Europäische Kommission und die Europäischen Gerichte auf die Begutachtung der erbschaftsteuerlichen Vergünstigungen für Betriebsvermögen angewendet und wird andererseits deren Beihilfequalität umfassend begutachtet. Neben dem Problem der beihilferechtlichen Selektivität bei steuerlichen Verschonungsregelungen soll auch der Frage nachgegangen werden, ob die Begünstigung des Verschonungsabschlags mittelbarer oder unmittelbarer Natur ist. Die Arbeit endet mit einer abschließenden Bewertung (F.) und den Thesen (G.).

II. Spannungsfeld zwischen Europäischem Beihilferecht und nationalem Steuerrecht

Die beihilferechtliche Würdigung der erbschaftsteuerlichen Verschonungsregeln erfordert eine vorgelagerte Beschäftigung mit dem Spannungsfeld zwischen dem Europäischen Beihilferecht und dem nationalen Steuerrecht.

1. Nationale Steuerhoheit

Das Steuerwesen sowie die mit ihr einhergehende Steuerhoheit – das Recht von Hoheitsträgern Steuern zu erheben und auszugestalten[20] – sind für die Mitgliedstaaten wesentlicher Ausfluss ihrer staatlichen Souveränität.[21] Es obliegt den Mitgliedstaaten – abgesehen von den harmonisierten Teilbereichen – ihre Steuersysteme auszugestalten und Besteuerungsansprüche im multilateralen Kontext abzustimmen.[22] Auch das Bundesverfassungsgericht hat in seiner *Lissabon*-Entscheidung vom 30. Juni 2009 klargestellt, dass die Europäische Union keine Kompetenzen im Bereich des direkten Steuerrechts – mangels entsprechender Zuständigkeit – innehat.[23] Demnach kann der einzelne Mitgliedstaat darüber entscheiden, welche Steuern er einführt und wie diese im Einzelnen ausgestaltet werden.[24] Dabei hängt das politische Handeln des jeweiligen Hoheitsträgers von der Höhe des Steueraufkommens ab und bestimmt beispielsweise die Investitionsfähigkeit und Fürsorgemöglichkeiten.[25] Von zentraler Bedeutung ist in diesem Zusammenhang die Frage nach der steuerlichen Gesamtbelastung und deren Verteilung auf die einzelnen Steuerpflichtigen.[26] Der moderne Staat ist deshalb angehalten eine steuersystematische Grundentscheidung zu treffen, welche geeignet ist anhand sachgerechter Anknüpfungspunkte die Abgabenlast zu verteilen.[27] Die Konsistenz der steuerlichen Grundbelastungsentscheidung des einzelnen Mitgliedstaates ist zudem an verfassungsrechtlichen Maßstäben

---

20 *Kirchhof*, in: Deutscher Finanzgerichtstag 8/9, 2011/2012, S. 24 f.

21 *Jann*, in: FS Baudenbacher, 2007, 419 (421).

22 *Englisch*, in: Tipke/Lang, Steuerrecht, 2015, § 4 Rn. 24.

23 BVerfG, Urteil vom 30.06.2009 – 2 BvE 2/08, BVerfGE 123, 267 (381 f.).

24 *Fetzer*, in: Immenga/Mestmäcker, Wettbewerbsrecht, Bd. 5, 2021, XVIII. Beihilfenrecht und Steuern, Rn. 7.

25 *Birkenmaier*, Die Vorgaben der Beihilfevorschriften des EG-Vertrages für die direkte Unternehmensbesteuerung, 2007, S. 54.

26 *Tipke*, Die Steuerrechtsordnung, Band I, 2000, S. 471.

27 *Tipke*, Die Steuerrechtsordnung, Band I, 2000, S. 471.

und grundsätzlich nicht an europarechtlichen Maßstäben zu messen.[28] Da die Mitgliedstaaten auch im Bereich des Steuerrechts einen Teil ihrer Souveränität auf die Europäische Union übertragen haben, ist insoweit eine Differenzierung zwischen direkter und indirekter Besteuerung erforderlich.[29]

Die Europäischen Verträge gestatten es der Europäischen Union nicht, im Bereich der direkten Besteuerung rechtsetzend tätig zu werden.[30] Lediglich die allgemeine Rechtsangleichungskompetenz des Art. 115 AEUV könnte es der Europäischen Union erlauben mittels Richtlinien eine teilweise bzw. indirekte Harmonisierung anzustreben.[31] Nach dem Prinzip der begrenzten Einzelermächtigung gemäß Art. 5 Abs. 1 S. 1, Abs. 2 EUV sollen die nicht übertragenen Zuständigkeiten bei den Mitgliedstaaten verbleiben und die Europäische Union nur innerhalb der ihr übertragenen Kompetenzen tätig werden.[32] Dies erfordert, dass für die beabsichtigte Maßnahme eine Kompetenznorm existiert und die Europäische Union zuständig ist.[33]

Das Angleichen der direkten Besteuerung kann dennoch z. B. zur Förderung des Europäischen Binnenmarktes beitragen, wie es etwa durch die sogenannte Mutter-Tochter-Richtlinie[34] oder die Zinsbesteuerungsrichtlinie[35] angestrebt

---

28 *Birkenmaier*, Die Vorgaben der Beihilfevorschriften des EG-Vertrages für die direkte Unternehmensbesteuerung, 2007, S. 55.

29 Vgl. zur steuerrechtlichen Differenzierung allgemein *Englisch*, Wettbewerbsgleichheit im grenzüberschreitenden Handel, 2008, S. 558-562; sowie grundlegend zum Überwälzungskriterium *Mill*, Principles of Political Economy, Book V, 1965, Chapter III, § 1.

30 *Braun Binder*, Rechtsangleichung in der EU im Bereich der direkten Steuern, 2017, S. 5; *Tippelhofer*, Der Einfluss des Unionsrechts auf die Aufteilung der Besteuerungsbefugnisse zwischen den Mitgliedstaaten der EU im Bereich der direkten Steuern, 2016, S. 35; *Cloer/Lavrelashvili*, Einführung in das Europäische Steuerrecht, 2008, S. 57.

31 *Rosenberg*, Das beihilferechtliche Durchführungsverbot im Steuerverfahren, 2014, S. 33; *Braun Binder*, Rechtsangleichung in der EU im Bereich der direkten Steuern, 2017, S. 5; *Cloer/Lavrelashvili*, Einführung in das Europäische Steuerrecht, 2008, S. 59.

32 Siehe zum Prinzip der begrenzten Einzelermächtigung BVerfG, Urteil vom 30.06.2009 – 2 BvE 2/08, BVerfGE 123, 267 (381 f.); *Kirchhof*, NJW 2020, 2057 (2059); *Ruffert*, NVwZ 2020, 1777 (1778).

33 BVerfG, Urteil vom 30.06.2009 – 2 BvE 2/08, BVerfGE 123, 267 (381 f.).

34 Richtlinie des Rates vom 23. Juli 1990 über das gemeinsame Steuersystem der Mutter- und Tochtergesellschaften verschiedener Mitgliedstaaten (90/435/EWG), ABl. L 225/6; Richtlinie des Rates vom 30. November 2011 über das gemeinsame Steuersystem der Mutter- und Tochtergesellschaften verschiedener Mitgliedstaaten (Neufassung) (2011/96/EU), ABl. L 345/8.

35 Richtlinie 2003/48/EG des Rates vom 3. Juni 2003 im Bereich der Besteuerung von Zinserträgen, ABl. L 157/38.

wurde. Damit bleibt den Mitgliedstaaten der Europäischen Union im Hinblick auf die direkten Steuern dem Grunde nach ein nicht unerheblicher Gestaltungsspielraum erhalten. Gleichzeitig sind die Mitgliedstaaten aber über Art. 4 Abs. 3 EUV an das Primärrecht der Europäischen Union gebunden und haben dieses bei der Ausübung ihrer Steuerhoheit zu beachten.[36] Dies hat durch das Beihilfeverbot, als wesentlicher Bestandteil des Wettbewerbsrechts, weiter an Bedeutung gewonnen. Dennoch hat auch die Kommission die Souveränität der Mitgliedstaaten im Bereich der direkten Steuern bei der Anwendung des Beihilfeverbots entsprechend zu berücksichtigen.[37]

Im Gegensatz zu den direkten Steuern wird bei indirekten Steuern gemäß Art. 113 AEUV eine unionsweite Harmonisierung angestrebt. Die Angleichung betrifft neben der Umsatzsteuer, als die prominenteste indirekte Steuer, auch Verbrauchsabgaben und sonstige indirekte Steuern, soweit eine Harmonisierung für den funktionierenden Binnenmarkt und zur Vermeidung von Wettbewerbsverzerrungen erforderlich ist.[38] Der Harmonisierungsauftrag für die indirekten Steuern war erforderlich, um eine Wirtschaftsgemeinschaft zu schaffen, die einen Markt ohne Binnengrenzen und Hemmnisse vorhält und damit einen neutralen Wettbewerb gewährleistet.[39] Die damaligen Überlegungen waren von der Auffassung geprägt, dass das Funktionieren des Europäischen Binnenmarktes vor allem durch die indirekten Steuern beeinflusst bzw. verzerrt werden kann, da diese letztlich von den Konsumenten getragen werden und deshalb die Preisinzidenz beeinträchtigen können.[40] Dass die indirekten Steuern harmonisiert werden, ist daher nicht als „Selbstzweck" zu verstehen, sondern dient vielmehr dem Erreichen der festgelegten Maxime der Europäischen Union.[41]

---

36 Ständige Rspr.: EuGH, Urteil vom 28.01.1986 – C-270/83, *Kommission/Frankreich*, ECLI:EU:C:1986:37, Rn. 24; EuGH, Urteil vom 14.02.1995 – C-279/93, *Schumacker*, ECLI:EU:C:1995:31, Rn. 21; EuGH, Urteil vom 29.04.1999 – C-311/97, *Royal Bank of Scotland*, ECLI:EU:C:1999:216, Rn. 19; EuGH, Urteil vom 26.06.2003 – C-422/01, *Skandia und Ramstedt*, ECLI:EU:C:2003:380, Rn. 25; EuGH, Urteil vom 26.05.2016 – C-48/15, *NN (L)*, ECLI:EU:C:2016:356, Rn. 43.

37 *Bartosch*, EU-Beihilfenrecht, 3. Aufl. 2020, Art. 107 Rn. 110.

38 Vgl. Wortlaut des Art. 113 AEUV.

39 *Mick*, in: Birk, Handbuch des Europäischen Steuer- und Abgabenrechts, 1995 § 24, Rn. 3 ff.; *Jenzen*, Energiesteuern im nationalen und internationalen Recht, 1998, S. 297.

40 *Fetzer*, Die Besteuerung des Electronic Commerce im Internet, 2000, S. 50 f.; *Mick*, in: Birk, Handbuch des Europäischen Steuer- und Abgabenrechts, 1995, § 24, Rn. 6; *Cloer/Lavrelashvili*, Einführung in das Europäische Steuerrecht, 2008, S. 57.

41 *Vogel*, StuW 1993, 380 (384); *Mick*, in: Birk, Handbuch des Europäischen Steuer- und Abgabenrechts, 1995 § 24, Rn. 4.

2. Steuerrechtliche Kompetenz der Europäischen Union

Während es in Art. 113 AEUV für indirekte Steuern bzw. Verbrauchsteuern, insbesondere für die Umsatzsteuer, einen eindeutigen sowie unmissverständlichen Harmonisierungsauftrag der Europäischen Union gibt, fehlt dieser für den Bereich der direkten Steuern. Wenngleich die Mitgliedstaaten bei der Ausübung ihrer Steuerhoheit die Europäischen Grundfreiheiten zu berücksichtigen haben, mangelt es an einer ausdrücklichen Rechtsangleichungskompetenz, da insoweit das Prinzip der begrenzten Einzelermächtigung gilt.[42] Die Kommission hat in ihrer Bekanntmachung vom 19. Juli 2016 nochmals klargestellt:

> „Den Mitgliedstaaten steht es frei, ihre wirtschaftspolitischen Maßnahmen nach eigenem Ermessen festzulegen und insbesondere die Steuerlast gemäß ihren Vorstellungen auf die verschiedenen Produktionsfaktoren zu verteilen. Die Mitgliedstaaten müssen diese Zuständigkeit aber im Einklang mit dem Unionsrecht ausüben."[43]

Dementsprechend verbleibt die Steuerautonomie weiterhin dem Grunde nach bei den Mitgliedstaaten. Art. 115 AEUV verleiht dem Europäischen Rat lediglich die Kompetenz, Richtlinien für die Harmonisierung derjenigen Rechts- und Verwaltungsvorschriften der Mitgliedstaaten zu erlassen, welche für die Errichtung und das Funktionieren des Binnenmarktes erforderlich sind.[44] Folglich kann Art. 115 AEUV der Europäischen Union nur eine allgemeine Angleichungskompetenz für direkte Steuern verleihen.[45] Da Art. 113 AEUV ausdrücklich eine Harmonisierung der indirekten Steuern im Binnenmarkt der Europäischen Union normiert, ist davon auszugehen, dass mangels Angleichungskompetenz

---

42 Siehe zum Prinzip der begrenzten Einzelermächtigung BVerfG, Urteil vom 30.06.2009 – 2 BvE 2/08, BVerfGE 123, 267 (381 f.); *Kirchhof*, NJW 2020, 2057 (2059); *Ruffert*, NVwZ 2020, 1777 (1778); sowie allgemein zur Rechtsangleichung *Braun Binder*, Rechtsangleichung in der EU im Bereich der direkten Steuern, 2017.

43 EU-Kommission, Bekanntmachung zum Begriff der staatlichen Beihilfe im Sinne des Artikels 107 Absatz 1 des Vertrages über die Arbeitsweise der Europäischen Union vom 19.07.2016 – ABl. 2016 C 262/1, Rn. 156.

44 Vgl. Wortlaut des Art. 115 AEUV.

45 *Fetzer*, in: Immenga/Mestmäcker, Wettbewerbsrecht, Bd. 5, 2021, XVIII. Beihilfenrecht und Steuern, Rn. 7; *Grube*, Der Einfluss des unionsrechtlichen Beihilfenverbots auf das deutsche Steuerrecht, 2014, S. 26; *Rosenberg*, Das beihilferechtliche Durchführungsverbot im Steuerverfahren, 2014, S. 33; *Helmke*, Die Finanzkompetenzen der Europäischen Gemeinschaft, 2009, S. 49; sowie zur Harmonisierung des Telekommunikationssektors bereits *Fetzer*, Staat und Wettbewerb in dynamischen Märkten, 2013, S. 149.

für die direkten Steuern diese grundsätzlich nicht harmonisiert werden sollen, auch wenn dies vereinzelt[46] angenommen wird.

Gerade die fehlende Kompetenz bei der direkten Besteuerung verdeutlicht die besondere Dimension des Europäischen Beihilferechts. Das Beihilferecht soll vornehmlich Wettbewerbsverzerrungen verhindern bzw. beheben und gerade nicht dazu beitragen innerhalb der Europäischen Union eine konsistente Besteuerung sicherzustellen.[47] Mittels der wettbewerbsrechtlichen Aufsicht der Europäischen Kommission über das Beihilfeverbot von Art. 107 Abs. 1 AEUV als Teil des Europäischen Wettbewerbsrechts kann die Wettbewerbsneutralität im Europäischen Binnenmarkt gewährleistet werden. Wie durch zahlreiche Entscheidungen des Europäischen Gerichtshofs[48] und der Europäischen Kommission[49] deutlich wurde, kann - neben Zöllen und indirekten Abgaben - auch die direkte Unternehmensbesteuerung das Errichten und Funktionieren eines gemeinsamen Marktes gefährden.

Das Beihilferecht dient vornehmlich der Verwirklichung von Wettbewerbsneutralität, eine vollständige Harmonisierung des direkten Steuerrechts der Mitgliedstaaten durch die „Hintertür" des Beihilferechts ist jedoch nicht zu erwarten. Die Entscheidungen der Europäischen Kommission und die Urteile des Europäischen Gerichtshofs sind Reaktionen auf einzelne staatliche Maßnahmen.[50]

---

46 Siehe nur: *Helmke*, Die Finanzkompetenzen der Europäischen Gemeinschaft, 2009, S. 57.

47 *Lehnert*, Die Korrektur von gemeinschaftsrechtswidrigen Beihilfen in Form von Steuervergünstigungen, 2008, S. 22.

48 Vgl. EuGH, Urteil vom 23.02.1961 - C-30/59, *Steenkolenmijnen*, ECLI:EU:C:1961:2, S. 42 zum Beihilfeverbot der EGKS; EuGH, Urteil vom 15.03.1994 - C-387/92, *Banco Exterior de España SA*, ECLI:EU:C:1994:100, Rn. 13; EuGH, Urteil vom 08.11.2001 - C-143/99, *Adria-Wien Pipeline*, ECLI:EU:C:2001:598, Rn. 38; EuGH, Urteil vom 15.06.2006 - C-393/04 und C-41/05, *Air Liquide*, ECLI:EU:C:2006:403, Rn. 29 f.; EuGH, Urteil vom 21.12.2016 - C-20/15, *Kommission/World Duty Free Group*, ECLI:EU:C:2016:981, Rn. 56; EuGH, Urteil vom 28.06.2018 - C-209/16 P, *Deutschland/Kommission*, ECLI:EU:C:2018:507, Rn. 80.

49 EU-Kommission, Mitteilung der Kommission über die Anwendung der Vorschriften über staatliche Beihilfen auf Maßnahmen im Bereich der direkten Unternehmensbesteuerung vom 10.12.1998 - ABl. 1998 C 384/3, Rn. 9; EU-Kommission, Neunter Bericht über staatliche Beihilfen in der Europäischen Union vom 18.07.2001 - KOM (2001) 403, S. 61; EU-Kommission, Beschluss vom 26.01.2011 - C7/10, KStG, *Sanierungsklausel*, ABl. 2011 L 235/26; EU-Kommission, Entscheidung vom 11.06.2014 - C(2014)3606 final, *Apple*, Rn. 54 ff.

50 *Lampert*, EuZW 2013, 493 (497).

Nach *Lampert* gehe damit eine unmittelbare positive Gestaltung der Rechts- und Gesetzeslage in den Mitgliedstaaten nicht einher.[51] Auch steuerliche Abweichungen und systematische Unterschiede zwischen den Mitgliedstaaten der Europäischen Union können nicht vollständig und allein durch das Europäische Beihilferecht angeglichen werden, sondern müssten aktiv harmonisiert werden.[52] Dennoch wird teilweise angenommen, dass es zu einer Beschränkung der Steuerautonomie der Mitgliedstaaten kommen könne, weil die Europäische Kommission ihre Kompetenz hinsichtlich steuerlicher Beihilfen erheblich ausdehne und eine autonome Steuergestaltung nur noch bedingt möglich sei.[53]

Tatsächlich ist aufgrund einer erhöhten beihilferechtlichen Sensibilität der Mitgliedstaaten nicht auszuschließen, dass diese ihre Steuergesetzgebung künftig möglichst beihilfekonform ausgestalten. Dies geht allerdings nicht unmittelbar mit einer Beschränkung der Steuerautonomie einher, sondern ist bereits durch die Tatsache begründet, dass die Mitgliedstaaten neben dem nationalen Recht stets auch das Europäische Recht bei der Gestaltung ihres Steuerrechts zu berücksichtigen haben.[54] Perspektivisch ist damit zu rechnen, dass das Europäische Beihilferecht jedenfalls mittelbar Einfluss auf die Gesetzgebung des direkten Steuerrechts der Mitgliedstaaten nimmt. Eine Rechtsangleichung, die der Harmonisierung durch Art. 113 AEUV entspricht, ist indes nicht zu erwarten.

---

51 Vgl. *Lampert*, EuZW 2013, 493 (497); gleichwohl wird teilweise eine restriktive Anwendung des Beihilferechts gefordert, um die Steuerautonomie der Mitgliedstaaten zu wahren, *Freund/Seiler*, EuZW 2021, 673 (675) m. w. N. sowie Schlussanträge des Generalanwalts *Saugmandsgaard Øe* vom 19.09.2018, C-374/17, *Finanzamt B/A-Brauerei*, ECLI:EU:C:2018:741, Rn. 77 ff.

52 Vgl. *Jaeger*, in: Münchener Kommentar Europäisches Wettbewerbsrecht, 2018, Teil 7. Steuerliche Maßnahmen, Rn. 2.

53 Vgl. *Ferrenberg*, Der Einfluss des Europäischen Beihilferechts auf nationale Steuervergünstigungen, 2021, S. 375.

54 Vgl. EU-Kommission, Bekanntmachung zum Begriff der staatlichen Beihilfe im Sinne des Artikels 107 Absatz 1 des Vertrages über die Arbeitsweise der Europäischen Union vom 19.07.2016 – ABl. 2016 C 262/1, Rn. 156.

B. Nationale Steuervergünstigungen und Europäisches Beihilferecht

In ständiger Rechtsprechung betont der Europäische Gerichtshof, dass nationale Steuervergünstigungen, die eine Abgabenlast verringern, geeignet sind, den europäischen Wettbewerb zu verfälschen.[55] Durch einen Steuervorteil können die Begünstigten finanziell bessergestellt werden als die übrigen Steuerpflichtigen, sodass hierin – je nach Ausgestaltung – ein selektiver Vorteil im Sinne einer staatlichen Beihilfe nach Art. 107 Abs. 1 AEUV gesehen werden kann.[56] Durch das Beihilfeverbot sollen solche unterschiedlichen Belastungen von Steuerpflichtigen, die eine wettbewerbsbeeinflussende Wirkung haben, verhindert und beseitigt werden.[57]

Um den Konnex zwischen nationalen Steuervergünstigungen und europäischem Beihilferecht herzustellen, ist es erforderlich das Beihilferecht der Europäischen Union, insbesondere dessen Entwicklung durch die Rechtsprechung des Europäischen Gerichtshofs sowie die Entscheidungen der Europäischen Kommission in Bezug auf Steuerbeihilfen, eingehend zu analysieren. Ebenso bedarf es einer hinreichenden Beschäftigung mit steuerlichen Vergünstigungstatbeständen, vor allem hinsichtlich Bedeutung und Erscheinungsformen.

I. Vergünstigungstatbestände im nationalen Steuerrecht

Bislang wurde der Begriff der Steuervergünstigung nicht einheitlich verwendet, sondern auch Synonyme wie z. B. Steuerbefreiung gebraucht, sodass es bislang

---

55 EuGH, Urteil vom 23.02.1961 – C-30/59, *Steenkolenmijnen*, ECLI:EU:C:1961:2, S. 42 zum Beihilfeverbot der EGKS; EuGH, Urteil vom 15.03.1994 – C-387/92, *Banco Exterior de España SA*, ECLI:EU:C:1994:100, Rn. 13; EuGH, Urteil vom 01.12.1998 – C-200/97, *Ecotrade/Altiforni e Ferriere di Servola*, ECLI:EU:C:1998:579, Rn. 34 ff.; EuGH, Urteil vom 15.06.2006 – C-393/04 und C-41/05, *Air Liquide*, ECLI:EU:C:2006:403, Rn. 30; EuGH, Urteil vom 21.12.2016 – C-20/15, *Kommission/World Duty Free Group*, ECLI:EU:C:2016:981, Rn. 56; EuGH, Urteil vom 28.06.2018 – C-209/16 P, *Deutschland/Kommission*, ECLI:EU:C:2018:507, Rn. 80.

56 Vgl. EuGH, Urteil vom 21.12.2016 – C-20/15, *Kommission/World Duty Free Group*, ECLI:EU:C:2016:981, Rn. 56; EuGH, Urteil vom 28.06.2018 – C-209/16 P, *Deutschland/Kommission*, ECLI:EU:C:2018:507, Rn. 80 m. w. N.; EuGH, Urteil vom 19.12.2018 – C-374/17, *Finanzamt B/A-Brauerei*, ECLI:EU:C:2018:1024, Rn. 21.

57 Siehe: A. II. 2.

an einer allgemeinen Definition fehlt.[58] Eine solche Regelung zeichnet sich primär dadurch aus, dass es zu einer steuerlichen Entlastung des Steuersubjekts kommt und dadurch von der ursprünglich gesetzlich angeordneten Steuerschuld abgewichen wird.[59] Steuervergünstigungen werden daher auch als Ausnahmetatbestände eingeordnet.[60] Die Entlastungen können unter anderem als Steuerabzüge, beschleunigte Abschreibungen, direkte Steuergutschriften, Erlass der Steuerschuld, ratenmäßige Abzahlung der anfallenden Steuer oder als Stundung auftreten.[61]

Die Gründe für eine solche steuervergünstigende Regelung sind ebenso vielfältig. Für die Frage der Beihilfecharakteristik einer solchen Entlastung ist es hingegen ohne Bedeutung, welche Gründe oder Ziele einer steuerlichen Entlastung zugrunde liegen, da die geringere Belastung des Unternehmens den zentralen Anknüpfungspunkt im Hinblick auf steuerliche Beihilfen darstellt.[62] Damit ist insbesondere für steuerliche Beihilfen die Wirkung der entsprechenden Vorschrift – losgelöst von den dahinterstehenden Erwägungen – entscheidend.

---

58 Vgl. zur synonymen Bezeichnung *Koschyk*, Steuervergünstigungen als Beihilfen nach Art. 92 EG-Vertrag, 1999, S. 107; *Lehnert*, Die Korrektur von gemeinschaftsrechtswidrigen Beihilfen in Form von Steuervergünstigungen, 2008, S. 38; sowie zur fehlenden Definition *Jansen*, Vorgaben des europäischen Beihilferechts für das nationale Steuerrecht, 2003, S. 67; *Jochum*, Die Steuervergünstigung, 2006, S. 30; *Birkenmaier*, Die Vorgaben der Beihilfevorschriften des EG-Vertrages für die direkte Unternehmensbesteuerung, 2007, S. 57.

59 Vgl. zur persönlichen Steuerbefreiung *Hensel*, Steuerrecht, 1933, S. 68; sowie allgemein *Bayer*, StuW 1972, 149 (150); *Lehnert*, Die Korrektur von gemeinschaftsrechtswidrigen Beihilfen in Form von Steuervergünstigungen, 2008, S. 38; *Schön*, ZHR Beilage 2001, 106 (115).

60 *Koschyk*, Steuervergünstigungen als Beihilfen nach Art. 92 EG-Vertrag, 1999, S. 107 f.

61 Vgl. für steuerliche Maßnahmen, die bereits als staatliche Beihilfe qualifiziert wurden *Rosenberg*, Das beihilferechtliche Durchführungsverbot im Steuerverfahren, 2014, S. 46.

62 Ständige Rspr.: EuGH, Urteil vom 02.07.1974 – C-173/73, *Italien/Kommission*, ECLI:EU:C:1974:71, Rn. 26/28; EuGH, Urteil vom 24.02.1987 – C-310/85, *Deufil/Kommission*, ECLI:EU:C:1987:96, Rn. 8; EuGH, Urteil vom 29.02.1996 – C-56/93, *Belgien/Kommission*, ECLI:EU:C:1996:64, Rn. 79; EuGH, Urteil vom 26.09.1996 – C-241/94, *Frankreich/Kommission*, ECLI:EU:C:1996:353, Rn. 20; EuGH, Urteil vom 22.12.2008 – C-487/06 P, *British Aggregates/Kommission*, ECLI:EU:C:2008:757, Rn. 85.

1. Einleitender Überblick

Eine begünstigende bzw. entlastende Steuerregelung wird oftmals – gerade in der Alltagssprache – als Steuervergünstigung bezeichnet. Formal betrachtet werden unter der Bezeichnung die Regelungen zusammengefasst, die die Steuerbemessungsgrundlage und/oder die Steuerschuld mindern.[63] Hierbei werden die Begriffe „Steuervergünstigung", „Steuervorteil" und „Steuererleichterung" oftmals als Synonyme verwendet.[64] Trotz der unterschiedlichen Termini haben alle Ausdrucksweisen gemein, dass die jeweilige Norm zu einer Abweichung von der Regelbesteuerung führt und deshalb einen ökonomischen Vorteil verschafft.[65] Nicht gleichbedeutend sind hingegen die Begrifflichkeiten Steuerbefreiung und Steuervergünstigung: Ersterer ist lediglich ein Unterbegriff, der persönliche und sachliche Befreiungen zusammenfasst und damit enger zu fassen.[66] Steuervergünstigung ist hingegen als Oberbegriff zu begreifen, unter den sämtliche Arten an Begünstigungstatbeständen fallen.[67] Dabei sind steuerliche Vergünstigungen allerdings nicht mit klassischen Subventionen in Form von unmittelbaren Geldleistungen gleichzusetzen, können aber eine Alternative zu diesen darstellen.[68] Steuervergünstigungen werden auch als steuerentlastende Sozialzwecknormen bezeichnet.[69] Diese Umschreibung stellt im Wesentlichen auf die gesellschaftspolitische Wertung, Intention und Funktion der jeweiligen Norm ab,[70] bezieht sich aber weniger auf die Ausgestaltung von steuerlichen Entlastungsvorschriften. Dieses Begriffsverständnis ist im Hinblick auf den verfolgten Zweck durchaus zutreffend, genügt der Differenzierung von Steuervergünstigungsnormen aber nur bedingt.

---

63 *Seer*, in: Tipke/Lang, Steuerrecht, 2018, § 6 Rn. 49.

64 *Koschyk*, Steuervergünstigungen als Beihilfen nach Art. 92 EG-Vertrag, 1999, S. 107; *Lehnert*, Die Korrektur von gemeinschaftsrechtswidrigen Beihilfen in Form von Steuervergünstigungen, 2008, S. 38; *Jochum*, Die Steuervergünstigung, 2006, S. 30; *Seer*, in: Tipke/Lang, Steuerrecht, 2018, § 6 Rn. 49.

65 *Bayer*, StuW 1972, 149 (150); *Frick*, Einkommensteuerliche Steuervergünstigungen und Beihilfeverbot nach dem EG-Vertrag, 1994, S. 27.

66 *Lang*, Systematisierung der Steuervergünstigungen, 1974, S. 26.

67 *Lang*, Systematisierung der Steuervergünstigungen, 1974, S. 26.

68 *Birkenmaier*, Die Vorgaben der Beihilfevorschriften des EG-Vertrages für die direkte Unternehmensbesteuerung, 2007, S. 58.

69 Vgl. *Hey*, in: Tipke/Lang, Steuerrecht, 2018, § 19 Rn. 1; *Jaeger*, Beihilfen durch Steuern und parafiskalische Abgaben, 2006, S. 142.

70 Vgl. insoweit *Koschyk*, Steuervergünstigungen als Beihilfen nach Art. 92 EG-Vertrag, 1999, S. 108.

2. Der Begriff der Steuervergünstigung

Steuern sind als Geldleistungen zu verstehen, die – sofern die Leistungspflicht tatbestandlich zutrifft – ohne unmittelbare Gegenleistung zu erbringen sind und der Einnahmenerzielung öffentlich-rechtlicher Einrichtungen dienen.[71] Demzufolge kann ein Hoheitsträger Steuern erheben, um den staatlichen Finanzbedarf zu decken und – sofern erforderlich – durch Steuern lenkend Einfluss auf sein Wirtschaftssystem nehmen.[72] Durch eine steuerliche Vergünstigung wird eine Ausnahme von der Grundannahme der Regelbesteuerung geschaffen, sodass insoweit die Begünstigung greift, kein Beitrag zur Deckung des Finanzbedarfs stattfindet.

Indes sind die Steuervergünstigungen Vorschriften mit „Ausnahmecharakter", welche materiell und nicht formell zu bestimmen sind.[73] Nach der Auffassung von *Lang* beruhen diese Ausnahmevorschriften nicht auf einem steuerartbegründenden Prinzip, sondern weichen vom Besteuerungsgrundsatz ab bzw. durchbrechen diesen.[74] Steuerbegünstigende Tatbestände sind nach Auffassung von *Hey* von negativen Tatbestandsmerkmalen abzugrenzen, die den jeweiligen Steuertatbestand gegenüber anderen Sachverhalten unterscheiden.[75] Negative Tatbestandsmerkmale sollen bestimmte Sachverhalte ausschließen, die von vornherein nicht vom Anwendungsbereich der Norm erfasst werden sollen.[76] Nur diejenigen Tatbestände sind als begünstigende Ausnahmen zu bezeichnen, bei denen es zu einer Abweichung vom normierten, die Steuerart begründenden Prinzip kommt.[77] Eine Steuervergünstigung ist daher „ein Rechtssatz, der nicht auf einem steuerartbegründenden Prinzip beruht und die Rechtsfolge der Steuerschuld für bestimmte Steuerrechtssubjekte oder für bestimmte steuerbare Sachverhalte nicht oder nur eingeschränkt eintreten läßt."[78] Dieser Sichtweise von *Lang* ist uneingeschränkt zuzustimmen. Der Begriff der Steuervergünstigung umfasst nur diejenigen Tatbestände, die abweichend von der grundsätzlichen Besteuerung – zumindest teilweise – bestimmte Sachverhalte befreien.

---

71 Siehe Wortlaut des § 3 Abs. 1 AO.

72 *Gersch*, in: Klein, AO, 15. Aufl. 2020, § 3 Rn. 2.

73 *Lang*, Systematisierung der Steuervergünstigungen, 1974, S. 75.

74 Vgl. *Lang*, Systematisierung der Steuervergünstigungen, 1974, S. 75.

75 Vgl. *Hey*, StuW 2015, 331 (337).

76 *Hey*, StuW 2015, 331 (337).

77 *Bayer*, StuW 1972, 149 (150); *Lehnert*, Die Korrektur von gemeinschaftsrechtswidrigen Beihilfen in Form von Steuervergünstigungen, 2008, S. 38.

78 *Lang*, Systematisierung der Steuervergünstigungen, 1974, S. 78.

3. Steuervergünstigungen im Überblick

Während die persönlichen Steuervergünstigungen sich auf den Steuerpflichtigen selbst beziehen, gelten sachliche Steuervergünstigungen für bestimmte Sachverhalte, ungeachtet der Identität des Steuerpflichtigen.[79] Die beihilferelevanten Steuervergünstigungsarten im deutschen Steuerrecht werden daher nur in der gebotenen Kürze behandelt. Es sind Steuerbefreiungen, Steuertarif- und Steuerbetragsermäßigungen, Bewertungsfreiheiten, Sonderabschreibungen, Freibeträge, Freigrenzen und sonstige die Bemessungsgrundlage ändernde Abzüge zu unterscheiden.[80]

a) Steuerbefreiungen

Grundlegend kann zwischen persönlichen und sachlichen Steuerbefreiungen differenziert werden. Während persönliche Steuerbefreiungen[81] an Merkmale anknüpfen, die in der Person des Steuerpflichtigen angelegt sind, stellen sachliche Befreiungstatbestände auf Umstände oder Vorgänge ab, welche das Steuerobjekt betreffen.[82] Traditionell wird in der Steuerrechtslehre zwischen persönlichen und sachlichen Steuerbefreiungen differenziert.[83] Nach *Lang* ist die sachliche Steuerbefreiung Sammelbegriff für diejenigen Befreiungstatbestände, die nicht persönliche Steuerbefreiungen sind.[84] Steuerfreistellungen sind sowohl im Bereich der direkten als auch der indirekten Steuern anzutreffen.[85]

aa) Persönliche Steuerbefreiungen

Nach *Hensel* ist eine persönliche Steuerbefreiung eine Rechtsnorm, welche anordne, dass die aus der Verwirklichung des Tatbestands folgende Steuerschuld für bestimmte Steuerschuldner nicht eintrete.[86] Diese Definition der

---

79 *Jaeger*, Beihilfen durch Steuern und parafiskalische Abgaben, 2006, S. 142.

80 *Jansen*, Vorgaben des europäischen Beihilferechts für das nationale Steuerrecht, 2003, S. 67; *Frick*, Einkommensteuerliche Steuervergünstigungen und Beihilfeverbot nach dem EG-Vertrag, 1994, S. 27; *Seer*, in: Tipke/Lang, Steuerrecht, 2018, § 6 Rn. 49.

81 Die Begriffe Steuerfreistellung und Steuerbefreiung werden im Folgenden als Synonym verwendet.

82 *Lang*, Systematisierung der Steuervergünstigungen, 1974, S. 102; *Jaeger*, Beihilfen durch Steuern und parafiskalische Abgaben, 2006, S. 142.

83 *Lang*, Systematisierung der Steuervergünstigungen, 1974, S. 101 m. w. N.

84 Vgl. *Lang*, Systematisierung der Steuervergünstigungen, 1974, S. 101 mit Verweis auf *Hensel*, Steuerrecht, 1933, S. 68.

85 *Koschyk*, Steuervergünstigungen als Beihilfen nach Art. 92 EG-Vertrag, 1999, S. 119.

86 Vgl. *Hensel*, Steuerrecht, 1933, S. 68.

persönlichen Steuerbefreiung entspricht auch dem Verständnis von *Lang*, der die persönliche Steuerbefreiung als Gegenstück zur persönlichen Seite des Steuertatbestands ausmacht.[87] Ebenso wie bestimmte Handlungen eine Steuerpflicht auslösen können, kann ein Verhalten auch eine Steuerschuld entfallen lassen oder diese jedenfalls reduzieren.[88] Oftmals spiegeln sich wirtschafts- und sozialpolitische Zielsetzungen in diesen Befreiungstatbeständen wider: Eine wünschenswerte Verhaltensweise geht mit einer geringeren steuerlichen Belastung einher.[89] Persönliche Steuerbefreiungen sind allgemein alle Freistellungen von steuerrechtsfähigen Gebilden, neben natürlichen Personen auch juristische Personen.[90] Dabei beeinflusst die subjektive Steuerbefreiung nur die Steuerschuld und nicht die Steuerrechtsfähigkeit.[91] Die Steuerbefreiung knüpft an subjektive Verhaltensweisen oder persönliche Merkmale an, sodass eine Zurechnung des Steuerobjekts zum Steuersubjekt nicht stattfindet und die Steuerschuld ganz oder teilweise entfällt.

bb) Sachliche Steuerbefreiungen

Sachliche Steuerbefreiungen beziehen sich auf das Steuerobjekt bzw. den Steuergegenstand.[92] Eine sachliche Steuerbefreiung liegt vor, wenn von einem Grundtatbestand besondere Tatbestände ausgeschlossen werden und die Rechtsfolge nur für einen Teil des Steuerobjekts gilt.[93] Eine sachliche Steuerbefreiung schließt daher vom maßgeblichen Steuertatbestand einen Teil wieder aus.[94]

87 Vgl. *Lang*, Systematisierung der Steuervergünstigungen, 1974, S. 91.

88 Vgl. z. B. die Steuerbefreiung für Grundstücksgeschäfte unter Verwandten nach § 3 Nr. 4, 5, 5a und 6 GrEStG, entscheidend für den Erhalt der Steuerbefreiung ist damit das Verwandtschaftsverhältnis zwischen Veräußerer und Erwerber des Grundstücks.

89 *Markert*, Deutsche Steuervergünstigungsnormen im Lichte unionsrechtlicher Vorgaben, 2013, S. 70.

90 *Bilgery*, Die steuerrechtliche Vergünstigungsnorm im Lichte der Theorie vom Stufenbau des Steuertatbestandes unter besonderer Berücksichtigung der Einkommensteuer, 1988, S. 41 f.; *Lang*, Systematisierung der Steuervergünstigungen, 1974, S. 92.

91 *Lang*, Systematisierung der Steuervergünstigungen, 1974, S. 92.

92 *Seer*, in: Tipke/Lang, Steuerrecht, 2018, § 6 Rn. 41; *Markert*, Deutsche Steuervergünstigungsnormen im Lichte unionsrechtlicher Vorgaben, 2013, S. 71; *Jochum*, Die Steuervergünstigung, 2006, S. 148.

93 Vgl. *Lang*, Systematisierung der Steuervergünstigungen, 1974, S. 104; *Jaeger*, Beihilfen durch Steuern und parafiskalische Abgaben, 2006, S. 142.

94 *Bilgery*, Die steuerrechtliche Vergünstigungsnorm im Lichte der Theorie vom Stufenbau des Steuertatbestandes unter besonderer Berücksichtigung der Einkommensteuer, 1988, S. 47; *Seer*, in: Tipke/Lang: Steuerrecht, 2018, § 6 Rn. 41.

Damit entfällt für diese Lebenssachverhalte die Steuerschuld ganz oder teilweise. Der Gesetzgeber hat durch Steuerbefreiungen die Möglichkeit die Besteuerung des Steuerobjekts auf der sachlichen Ebene einzuschränken.[95]

b) Steuerermäßigungen

Steuerermäßigungen können zwei Dimensionen aufweisen: Neben Steuertarifermäßigungen, welche bei der Anwendung des Steuersatzes greifen, können diese auch als sogenannte Steuerbetragsermäßigungen – regelmäßig nach Anwendung des Tarifs – in Erscheinung treten.[96]

aa) Steuertarifermäßigungen

Einerseits ist darunter die Reduzierung des Steuertarifs bzw. Steuersatzes zu verstehen.[97] Der Steuersatz beeinflusst die Höhe und die Berechnung des Steuerbetrags in Abhängigkeit von der Bemessungsgrundlage.[98] Mindert sich der Steuersatz bei gleichbleibender Bemessungsgrundlage folgt hieraus stets eine niedrigere Steuerlast, während die Steuerpflicht unberührt bleibt.[99] Eine steuerermäßigende Wirkung und damit Vergünstigung ist jedoch nur dann anzunehmen, wenn vom Regelsteuersatz abgewichen wird.[100] Hält das Gesetz bereits unterschiedliche Steuersätze für bestimmte Lebenssachverhalte bereit, so ist darin keine Ausnahme zu sehen, sondern vielmehr eine Differenzierung nach der grundsätzlichen Belastungsentscheidung.[101] Diese Differenzierung kann entweder wirtschafts- und gesellschaftspolitisch sinnvoll bzw. wünschenswert sein oder soll dem Prinzip der Leistungsfähigkeit zur Geltung verhelfen.[102] Legt

95 *Lang*, Systematisierung der Steuervergünstigungen, 1974, S. 102.

96 *Hey*, in: Tipke/Lang, Steuerrecht, 2018, § 8 Rn. 811.

97 *Lang*, Systematisierung der Steuervergünstigungen, 1974, S. 161.

98 *Bilgery*, Die steuerrechtliche Vergünstigungsnorm im Lichte der Theorie vom Stufenbau des Steuertatbestandes unter besonderer Berücksichtigung der Einkommensteuer, 1988, S. 51.

99 *Koschyk*, Steuervergünstigungen als Beihilfen nach Art. 92 EG-Vertrag, 1999, S. 126.

100 *Markert*, Deutsche Steuervergünstigungsnormen im Lichte unionsrechtlicher Vorgaben, 2013, S. 74.

101 *Markert*, Deutsche Steuervergünstigungsnormen im Lichte unionsrechtlicher Vorgaben, 2013, S. 74.

102 Das Leistungsfähigkeitsprinzip folgt aus der allgemeinen Gerechtigkeitsordnung und verlangt, dass eine Steuer nur die Person belasten darf, die diese aus ihrem verfügbaren Einkommen begleichen kann, und dass die Steuerlast entsprechend der steuerlichen

ein Hoheitsträger im Rahmen seiner Steuerautonomie für bestimmte Steuersubjekte einen gesonderten Tarif fest, sodass diese *ceteris paribus* nur zu einem verminderten Steuersatz veranlagt werden, kann dies als Steuertarifermäßigung gewertet werden.[103]

bb) Steuerbetragsermäßigungen

Andererseits kann eine Steuerermäßigung auch als Steuerbetragsermäßigung auftreten. Die Steuerbetragsermäßigung zeichnet sich durch eine Reduzierung der Steuerschuld aus und greift regelmäßig nach der Anwendung des Steuersatzes.[104] Dennoch führt auch eine Ermäßigung des Steuerbetrags zu einer geringeren Steuerlast, sodass sie hinsichtlich ihrer faktischen Wirkung der Reduzierung des Steuertarifs gleichkommt. Die Steuerermäßigung nach § 35 EStG stellt eine solche Steuerbetragsermäßigung dar: Diese gewährt für gewerbliche Einkünfte eine Kürzung von der Einkommensteuerschuld in Höhe des 3,8-fachen Gewerbesteuermessbetrags.[105] Eine Steuerschuldermäßigung scheidet aus, wenn aufgrund von Verlusten keine Steuerschuld entstanden ist.[106] Die durch den Gesetzgeber mit einer solchen Steuerermäßigung verfolgten Ziele können dann nicht erreicht werden.[107]

Auch § 163 AO kann z. B. begünstigend wirken: Hiernach kann die Finanzbehörde unter bestimmten Voraussetzungen den Gesamtbetrag der Steuern abweichend von der gesetzlichen vorgesehenen Steuerlast niedriger festsetzen, wenn dies wegen persönlicher oder sachlicher Umstände im Einzelfall geboten

---

Leistungsfähigkeit auf die Steuerpflichtigen gerecht verteilt wird, vgl. BVerfG, Urteil vom 03.11.1982 – I BvR 620/78 u. a., BVerfGE 61, 319 (343 f.).

103 Vgl. *Jochum*, Die Steuervergünstigung, 2006, S. 174.

104 *Lang*, Systematisierung der Steuervergünstigungen, 1974, S. 107 f.; *Jaeger*, Beihilfen durch Steuern und parafiskalische Abgaben, 2006, S. 151.

105 Siehe hierzu: *Richter*, BB 2016, 1884 (1885).

106 *Hey*, in: Tipke/Lang, Steuerrecht, 2018, § 19 Rn. 28.

107 Steuerermäßigungen lassen sich hinsichtlich ihrer Intention in zwei Arten unterteilen: Fiskalzweckermäßigungen können der Vermeidung einer Übermaßbesteuerung entgegenwirken, wie dies beispielsweise durch §§ 34, 34b EStG erreicht wird; Sozialzweckermäßigungen sollen insbesondere gesellschaftlich und politisch gewolltes Verhalten fördern bzw. ein solches Verhalten hervorrufen, wie etwa durch die Steuerbetragsermäßigung für Zuwendungen an politische Parteien zur Förderung der politischen Willensbildung, siehe hierzu ausführlich *Hey*, in: Tipke/Lang, Steuerrecht, 2018, § 8 Rn. 811 ff.

erscheint.[108] Befindet sich das Steuersubjekt in einer grundsätzlich anderen Lage als der gesetzliche Tatbestand als Regelfall vorsieht, kann ein solcher Billigkeitserlass gewährt werden.[109] Die mit der Billigkeitsentscheidung verbundene Entlastung kann für den Einzelnen eine steuerliche Begünstigung sein.

c) Bewertungsfreiheiten und Abschreibungserleichterungen

Diese Vorschriften kommen auf der Ebene des Berechnungstatbestands der Steuerbemessungsgrundlage zur Anwendung und bestimmen die Größe des Steuergegenstands. Anders als bei Steuerbefreiungen tritt bei Steuervergünstigungen auf Ebene der Bemessungsgrundlage die Rechtsfolge der Steuerschuld dennoch ein. Lediglich die Bezugsgröße ändert sich.

aa) Bewertungsfreiheiten

Bewertungsfreiheiten sind Teil der materiellen Bewertungsvorschriften. Der Wert eines Wirtschaftsgutes wird durch die Bewertungsvorschriften determiniert und legt damit die steuerliche Bemessungsgrundlage fest.[110] Durch Bewertungsfreiheiten kann der Steuerpflichtige bestimmte Wirtschaftsgüter mit einem von der Grundregel des § 7 EStG divergierenden geringeren Ansatz bewerten.[111] Weicht eine Bewertungsvorschrift vom objektiven Maßstab ab und kann insoweit auch nicht durch fiskalische Logik gerechtfertigt werden, sondern allenfalls durch lenkungspolitische Erwägungen, kann dies eine Steuervergünstigung sein.[112] Bewertungsfreiheiten bzw. -erleichterungen können deshalb ebenso beihilferelevant werden.

bb) Abschreibungserleichterungen

Die Abschreibungsvorschriften berücksichtigen die Minderung des Wertes von Wirtschaftsgütern und erlauben dem Steuersubjekt die Anschaffungskosten über die hypothetische Lebensdauer des Wirtschaftsguts zu verteilen und beim

108 Vgl. *Cöster*, in: Koenig, AO, 3. Aufl. 2014, § 163 Rn. 1; *Rüsken*, in: Klein, AO, 15. Aufl. 2020, § 163 Rn. 34 ff.

109 *Markert*, Deutsche Steuervergünstigungsnormen im Lichte unionsrechtlicher Vorgaben, 2013, S. 74.

110 *Jaeger*, Beihilfen durch Steuern und parafiskalische Abgaben, 2006, S. 147.

111 *Seer*, in: Tipke/Lang, Steuerrecht, 2018, § 6 Rn. 49.

112 *Hennrichs*, in: Tipke/Lang, Steuerrecht, 2018, § 9 Rn. 335; *Jaeger*, Beihilfen durch Steuern und parafiskalische Abgaben, 2006, S. 147.

steuerfähigen Einkommen in Abzug zu bringen.[113] Damit wird der Werteverzehr eines abnutzbaren Wirtschaftsguts, welches dazu dient Einnahmen zu generieren, über die Dauer der Verwendung periodengerecht verteilt.[114] Die Reduktion der Bemessungsgrundlage entspricht dabei dem verminderten Verkehrswert.[115] Mindert sich durch eine überproportionale Abschreibung, z. B. durch Sonderabschreibungen, der Wert eines Wirtschaftsguts, kann darin eine sogenannte Abschreibungserleichterung[116] gesehen werden.[117] Sonderabschreibungen gestatten es dem Steuerpflichtigen einen über die gewöhnliche Abnutzung hinausgehenden Werteverzehr bei der Bemessungsgrundlage zu berücksichtigen.[118] Die damit einhergehende höhere Abschreibung führt gleichzeitig zu einer überproportionalen Reduzierung des Einkommens, sodass dies als Steuervergünstigung begriffen werden kann.[119] Die Sofortabschreibung geringwertiger Wirtschaftsgüter des Anlagevermögens gemäß § 6 Abs. 2 EStG soll beispielsweise vereinfachend wirken, indem AfA-Reihen aufgrund der geringen Werte nicht aufgestellt werden müssen.[120]

113 BFH, Urteil vom 05.12.1985 – IV R 112/85, BStBl. II 1986, 390; *Kulosa*, in: Schmidt, EStG Kommentar, 40. Aufl. 2021, § 7 Rn. 1; *Pfirrmann*, in: Kirchhof, EStG Kommentar, 18. Aufl. 2019, § 7 Rn. 1.

114 *Pfirrmann*, in: Kirchhof, EStG Kommentar, 18. Aufl. 2019, § 7 Rn. 1.

115 *Jaeger*, Beihilfen durch Steuern und parafiskalische Abgaben, 2006, S. 145.

116 Der Begriff der Abschreibungserleichterung ist in diesem Kontext nicht als vereinfachte Abschreibungsmethode zu verstehen, sondern vielmehr als eine Möglichkeit, die es dem Steuerpflichtigen erlaubt, die Anschaffungs- oder Herstellungskosten überproportional beim steuerpflichtigen Einkommen zu berücksichtigen. Dabei führt die überproportionale Berücksichtigung zu einem höheren Abzug bei der Einkommensermittlung.

117 *Jaeger*, Beihilfen durch Steuern und parafiskalische Abgaben, 2006, S. 146.

118 *Koschyk*, Steuervergünstigungen als Beihilfen nach Art. 92 EG-Vertrag, 1999, S. 130.

119 *Koschyk*, Steuervergünstigungen als Beihilfen nach Art. 92 EG-Vertrag, 1999, S. 131; *Hey*, in: Tipke/Lang, Steuerrecht, 2018, § 19 Rn. 16 f.

120 *Jaeger*, Beihilfen durch Steuern und parafiskalische Abgaben, 2006, S. 147; *Koschyk*, Steuervergünstigungen als Beihilfen nach Art. 92 EG-Vertrag, 1999, S. 123; der Zweck der Vereinfachung ist insbesondere auf den handelsrechtlichen Gedanken der Wesentlichkeit zurückzuführen, *Kleinle/Dreixler*, in: Herrmann/Heuer/Raupach, EStG/KStG, 298. EL 2020, § 6 EStG Rn. 1000; vgl. allgemein zum Zweck von AfA-Reihen *Kulosa*, in: Schmidt, EStG Kommentar, 40. Aufl. 2021, § 7 Rn. 1 ff.

d) *Freibeträge und Freigrenzen*

Weitere Vergünstigungstatbestände stellen die sogenannten Freibeträge und Freigrenzen dar.[121] Diese auch als Vereinfachungszwecknormen bezeichneten Vorschriften sollen zur Entlastung der Steuerverwaltung beitragen, indem über Typisierungen und Pauschalisierungen eine „Durchschnittsnormalität" angenommen wird.[122] Freibeträge sind dadurch gekennzeichnet, dass ein fester oder abschmelzender Betrag nicht in die Bemessungsgrundlage einfließt.[123] Freigrenzen zeichnen sich vor allem durch die mit ihnen verbundene „Alles-oder-nichts"-Rechtsfolge aus.[124] Wird der mit der Freigrenze festgelegte Betrag nicht erreicht, so wird der Steuerpflichtige grundsätzlich von einer Steuerbelastung verschont, während er bei Überschreiten der Freigrenze mit dem Gesamtbetrag der Besteuerung unterliegt.[125] Genau hierin besteht der Unterschied zum Freibetrag: Bei diesem wird nur der die festgelegte Obergrenze übersteigende Betrag besteuert.

e) *Zahlungserleichterungen und vollstreckungsrechtliche Steuervergünstigungen*

Einerseits besteht die Möglichkeit durch einen Zahlungsaufschub die Begleichung der Steuerschuld zu verzögern. Der Steuerpflichtige erfährt dann einen positiven Liquiditätseffekt, indem – zumindest temporär – eine Entlastung eintritt und das Kapital anderweitig eingesetzt werden kann.[126] Ein solcher Zahlungsaufschub kann durch eine Steuerstundung nach § 222 S. 1 AO erreicht werden, indem die Ansprüche aus einem Steuerschuldverhältnis ganz oder teilweise gestundet werden, wenn die Einziehung bei Fälligkeit eine erhebliche Härte für den Steuerschuldner darstellen würde und durch die Stundung der Anspruch auch nicht gefährdet erscheint.[127] Bei dieser Vorschrift handelt es sich

---

121 *Bilgery*, Die steuerrechtliche Vergünstigungsnorm im Lichte der Theorie vom Stufenbau des Steuertatbestandes unter besonderer Berücksichtigung der Einkommensteuer, 1988, S. 53.

122 *Hey*, in: Tipke/Lang, Steuerrecht, 2018, § 3 Rn. 147.

123 *Seer*, in: Tipke/Lang, Steuerrecht, 2018, § 6 Rn. 49; *Traxel*, Die Freibeträge des Einkommensteuergesetzes: Eine systematische Untersuchung unter Gerechtigkeitsaspekten, 1986, S. 3.

124 *Luck*, „Alles oder Nichts" – Die Freigrenze im Steuerrecht, 2014, S. 36.

125 *Seer*, in: Tipke/Lang, Steuerrecht, 2018, § 6 Rn. 49; *Luck*, „Alles oder Nichts" – Die Freigrenze im Steuerrecht, 2014, S. 36.

126 *Koschyk*, Steuervergünstigungen als Beihilfen nach Art. 92 EG-Vertrag, 1999, S. 129.

127 Vgl. Wortlaut des § 222 S. 1 AO.

zwar um eine allgemeine Maßnahme, da sie grundsätzlich allen Steuerpflichtigen offensteht; die Selektivität einer solchen Stundung kann sich aus dem der Behörde zugestandenen Ermessensspielraum[128] ergeben.[129] Die Kommission hatte es bereits in ihrer Mitteilung über die Anwendung der Vorschriften über staatliche Beihilfen vom 10. Dezember 1998 nicht ausgeschlossen, dass die Ausübung eines Verwaltungsermessens – auch bei Steuerstundungen – den Beihilfetatbestand erfüllen kann.[130]

Neben der Stundung von Steuerschuldansprüchen können auch die Aussetzung der Vollziehung oder der Vollstreckungsaufschub eine beihilferelevante Begünstigung darstellen, da insoweit die Erhebung der Steuer bzw. die Vollstreckung – temporär – unterlassen wird.[131] Für die Unternehmen kann es hierdurch zu einem positiven Zinseffekt kommen, indem sie erst später für die Steuerschuld aufkommen müssen und deshalb ihre Zahlungsfähigkeit zeitlich verzögert belastet wird.[132] Gleichwohl ist bei diesen Maßnahmen zu berücksichtigen, dass der positive Liquiditätseffekt – teilweise, aber selten vollständig – durch die Erhebung von Stundungszinsen gemäß § 234 AO kompensiert wird.[133]

4. Der Zweck von Steuervergünstigungen

Der Zweck und die Ziele von Steuervergünstigungen weichen oftmals von den steuersystematischen Grundprinzipien ab und begünstigen bestimmte

---

128 Vgl. zur Beihilferelevanz bei Ermessensausübung durch die Finanzverwaltung *Ferrenberg*, Der Einfluss des Europäischen Beihilferechts auf nationale Steuervergünstigungen, 2021, S. 318 ff.; sowie ausführlich zur Abgrenzung von Ermessen und Beurteilungsspielräumen *Schuster*, Beurteilungsspielräume der Verwaltung im Naturschutzrecht, 2020, S. 31 – 37.

129 *Lehnert*, Die Korrektur von gemeinschaftswidrigen Beihilfen in Form von Steuervergünstigungen, 2008, S. 65; *Koschyk*, Steuervergünstigungen als Beihilfen nach Art. 92 EG-Vertrag, 1999, S. 129.

130 EU-Kommission, Mitteilung der Kommission über die Anwendung der Vorschriften über staatliche Beihilfen auf Maßnahmen im Bereich der direkten Unternehmensbesteuerung vom 10.12.1998 – ABl. 1998 C 384/3, Rn. 21.

131 *Lehnert*, Die Korrektur von gemeinschaftswidrigen Beihilfen in Form von Steuervergünstigungen, 2008, S. 65.

132 *Koschyk*, Steuervergünstigungen als Beihilfen nach Art. 92 EG-Vertrag, 1999, S. 128.

133 Die Stundungszinsen können sich vor allem dann als nachteilig erweisen, wenn der Steuerpflichtige seine liquiden Mittel nicht mit einer über dem Zinssatz liegenden Rentabilität einsetzen kann und sich damit letztlich seine Belastung durch die Stundung erhöht.

Verhaltensweisen, dienen der Besteuerungsvereinfachung oder verfolgen systemfremde Interessen.[134] Die Differenzierung nach dem Zweck von Steuervergünstigungen kann auf unterschiedliche Art und Weise stattfinden.

Nach der Auffassung von *Schaden* ist zwischen außerfiskalischen und fiskalischen Steuernormen zu differenzieren: Während die „normalen" Steuernormen dem fiskalischen Bereich zugeordnet werden können, sind begünstigende Ausnahmetatbestände Teil des außerfiskalischen Bereichs.[135] *Tipke* unterscheidet die steuerrechtlichen Vorschriften entsprechend dem ihnen zugrundeliegenden Zweck; allerdings unterteilt er diese inhaltlich in drei Gruppen:[136] Fiskal-, Sozial- und Vereinfachungszwecknormen. Steuervergünstigungsnormen sind nach heutiger Auffassung Teil der Sozialzwecknormen, da sie überwiegend sozial-, wirtschafts-, kultur- oder gesellschaftspolitisch lenkend wirken sollen und dabei weniger fiskalische Interessen verfolgen.[137] Daher kann ein Hoheitsträger mittels Sozialzwecknormen auf das Handeln seiner Bevölkerung und die Ausrichtung seines Wirtschaftssystems Einfluss nehmen.[138]

Unabhängig von der begrifflichen Bestimmung als Sozialzwecknorm oder als Ausnahmeregelung mit außerfiskalischem Zweck ist insoweit festzuhalten, dass begünstigende Tatbestände regelmäßig einen außerhalb des Steuerrechts liegenden Zweck verfolgen, der unter anderem durch eine entsprechende Verhaltensbeeinflussung erreicht werden soll.[139] Der zu verfolgende Zweck kann ebenso vielfältig sein wie die Ausgestaltung der begünstigenden Regelungen.[140]

Beihilferechtlich ist es aber ohne Bedeutung, welche Gründe, Ziele oder Motive einer steuerlichen Entlastung zugrunde liegen, da es nach ständiger Rechtsprechung des Europäischen Gerichtshofs für die Bewertung von steuerlichen Vergünstigungen lediglich auf die Entlastungswirkung ankommt.[141]

---

134 *Seer*, in: Tipke/Lang, Steuerrecht, 2018, § 6 Rn. 51 f.

135 *Schaden*, Die Steuervergünstigung als staatliche Leistung, 1998, S. 23.

136 *Tipke*, Die Steuerrechtsordnung, Band I, 2. Aufl. 2000, S. 77 ff.; ebenso bereits *Traxel*, Die Freibeträge des Einkommensteuergesetzes: Eine systematische Untersuchung unter Gerechtigkeitsaspekten, 1986, S. 9-10.

137 *Hey*, in: Tipke/Lang, Steuerrecht, 2018, § 3 Rn. 21; *Tipke*, Die Steuerrechtsordnung, Band I, 2. Aufl. 2000, S. 77 f.; *Fann*, Die verfassungsrechtlichen Grenzen der Steuervergünstigung, 1. Aufl. 2009, S. 47.

138 *Traxel*, Die Freibeträge des Einkommensteuergesetzes: Eine systematische Untersuchung unter Gerechtigkeitsaspekten, 1986, S. 10.

139 *Tipke*, Die Steuerrechtsordnung, Band I, 2. Aufl. 2000, S. 78-79.

140 Siehe zum Zweck des Verschonungsabschlags: E. I. 1. b) aa).

141 Ständige Rspr.: EuGH, Urteil vom 02.07.1974 – C-173/73, *Italien/Kommission*, ECLI:EU:C:1974:71, Rn. 26/28; EuGH, Urteil vom 24.02.1987 – C-310/85, *Deufil/*

II. Das Beihilfeverbot des Art. 107 Abs. 1 AEUV

Auch wenn die Verwendung des Wortes *„unvereinbar"* den Verbotscharakter von bestimmten Beihilfen nur bedingt zum Ausdruck bringt, ist die Bestimmung des Art. 107 Abs. 1 AEUV als Verbotstatbestand ausgestaltet, welcher sich unmittelbar an die Mitgliedstaaten der Europäischen Union richtet.[142] Es ist den Mitgliedstaaten untersagt, staatliche oder aus staatlichen Mitteln gewährte Beihilfen gleich welcher Art, die durch die Begünstigung bestimmter Unternehmen oder Produktionszweige den Wettbewerb verfälschen oder zu verfälschen drohen, zu gewähren, soweit sie den innergemeinschaftlichen Handel beeinträchtigen.[143] Dieses Verbot gilt vorbehaltlich solcher Bestimmungen in den Verträgen, die ausdrückliche Ausnahmen des Beihilfeverbots darstellen. Solche Ausnahmen sind beispielsweise die Subventionen im Agrarsektor, welche durch Art. 42 AEUV zur gemeinsamen Förderung von agrarpolitischen Projekten und des Verbrauchs bestimmter Erzeugnisse ausdrücklich gestattet werden, um damit die in Art. 39 AEUV manifestierten Ziele einer europäischen Agrarpolitik zu verwirklichen.

Allerdings ist das in Art. 107 Abs. 1 AEUV normierte Beihilfeverbot nicht als absolutes Beihilfeverbot zu verstehen.[144] Vielmehr wird die staatliche Beihilfengewährung der umfassenden Kontrolle durch die Europäische Kommission als Aufsichtsbehörde nach Art. 108 AEUV unterstellt, sodass das Beihilfeverbot als ein präventives Verbot mit Genehmigungsvorbehalt ausgestaltet wurde.[145] Demnach ist es den Mitgliedstaaten nicht gänzlich verwehrt Beihilfen zu gewähren.

Kommission, ECLI:EU:C:1987:96, Rn. 8; EuGH, Urteil vom 29.02.1996 – C-56/93, *Belgien/Kommission*, ECLI:EU:C:1996:64, Rn. 79; EuGH, Urteil vom 26.09.1996 – C-241/94, *Frankreich/Kommission*, ECLI:EU:C:1996:353, Rn. 20; EuGH, Urteil vom 22.12.2008 – C-487/06 P, *British Aggregates/Kommission*, ECLI:EU:C:2008:757, Rn. 85.

142 *Cremer* in: Calliess/Ruffert, 5. Aufl. 2016, Art. 107 AEUV Rn. 8; *von Wallenberg/Schütte* in: Grabitz/Hilf/Nettesheim, Das Recht der Europäischen Union, Mai 2021, Art. 107 AEUV Rn. 15.

143 Vgl. den Wortlaut des Art. 107 Abs. 1 AEUV.

144 EuGH, Urteil vom 22.03.1977 – C-78/76, *Steinike und Weinlig*, ECLI:EU:C:1977:52, Rn. 9; EuGH, Urteil vom 27.10.1993 – C-72/92, *Scharbatke*, ECLI:EU:C:1993:858, Rn. 19.

145 *Sutter*, Das EG-Beihilfenverbot und sein Durchführungsverbot in Steuersachen, 2005, S. 147; *Strüber*, Steuerliche Beihilfen, 2006, S. 63; *Kirchhof*, ZfZ 2006, 246; *Kühling* in: Streinz, EUV/AEUV, 3. Aufl. 2018, Art. 107 AEUV Rn. 4; *Richter/Welling*, FR 2014, 957 (958); *Englisch* in: Tipke/Lang, Steuerrecht, 2018, § 4 Rn. 123.

Diese sind lediglich zuvor zur Prüfung auf Unionsrechtskonformität bei der Europäischen Kommission anzumelden.

1. Einführender Überblick

Die Europäischen Verträge enthalten keine Definition zum Begriff der staatlichen Beihilfe.[146] Das Beihilfeverbot soll mit Blick auf die direkte Unternehmensbesteuerung in erster Linie sicherstellen, dass Mitgliedstaaten Steuervergünstigungen nicht dazu verwenden, bestimmte Unternehmen oder Produktionszweige im Vergleich zu anderen Unternehmen oder Produktionszweigen zu begünstigen, und damit den innergemeinschaftlichen Wettbewerb verfälschen.[147]

Der Beihilfebegriff ist weit auszulegen, sodass neben der unmittelbaren Gewährung finanzieller Mittel durch einen Mitgliedstaat auch die Vermeidung einer Belastung für bestimmte Unternehmen als Beihilfe angesehen werden kann.[148] Demnach ist nach der Rechtsprechung des Europäischen Gerichtshofs der Begriff der Beihilfe weiter zu verstehen als der der Subvention und beinhaltet auch Maßnahmen, welche wie Subventionen wirken.[149] Auch eine steuerrechtliche Verschonung oder Abgabenerleichterung kann beihilferelevant sein, wenn hierdurch der Steuerpflichtige von seiner regulären Belastung (teilweise) verschont wird.[150] So können auch Maßnahmen wie die Befreiung von

---

146 *Mestmäcker/Schweitzer*, in: Immenga/Mestmäcker, Wettbewerbsrecht, 5. Aufl. 2016, Art. 107 Rn. 1; *Jansen*, Vorgaben des europäischen Beihilferechts für das nationale Steuerrecht, 2003, S. 43.

147 Vgl. Wortlaut des Art. 107 Abs. 1 AEUV.

148 EuGH, Urteil vom 23.02.1961 – C-30/59, *Steenkolenmijnen*, ECLI:EU:C:1961:2, S. 43 zu Beihilfen bei der EGKS; EuGH, Urteil vom 15.06.1970 – C-47/69, *Frankreich/Kommission*, ECLI:EU:C:1970:60, Rn. 16/17; siehe auch *Cremer* in: Calliess/Ruffert, EUV/AEUV, 5. Aufl. 2016, Art. 107 AEUV Rn. 10; *Kühling* in: Streinz, EUV/AEUV, 3. Aufl. 2018, Art. 107 AEUV Rn. 28; *Epiney*, in: Dauses/Ludwigs, Handbuch des EU-Wirtschaftsrechts, 52. EL 2021, L. Verkehrsrecht, Rn. 191; *Hakenberg/Tremmel*, EWS 1997, 217 (217).

149 So bereits: EuGH, Urteil vom 23.02.1961 – C-30/59, *Steenkolenmijnen*, ECLI:EU:C:1961:2, S. 43.

150 Grundlegend bereits EuGH, Urteil vom 23.02.1961 – C-30/59, *Steenkolenmijnen*, ECLI:EU:C:1961:2, S. 43; anschließend EuGH, Urteil vom 19.09.2000 – C-156/98, *Deutschland/Kommission*, ECLI:EU:C:2000:467, Rn. 25; EuGH, Urteil vom 08.11.2001 – C-143/99, *Adria-Wien Pipeline*, ECLI:EU:C:2001:598, Rn. 38; EuGH, Urteil vom 17.11.2009 – C-169/08, *Presidente del Consiglio dei Ministri/Regione Sardegna*, ECLI:EU:C:2009:709, Rn. 56.

Steuern[151], die Rückerstattung von Abgaben[152], der Verzicht auf die Vollstreckung von Steuerschulden[153] oder aber auch das Ermessen der Behörde bei der Festlegung und Nachprüfung der Steuerschuld[154] eine unionsrechtswidrige Beihilfe darstellen.[155] Eine abschließende Definition des Beihilfebegriffs als solchen ist daher kaum möglich, da Beihilfen in den unterschiedlichsten Formen auftreten können.[156]

Folglich gilt es die Merkmale einer Beihilfe vor allem anhand der Rechtsprechung des Europäischen Gerichtshofs sowie der Entscheidungspraxis der Europäischen Kommission einzugrenzen.

2. Voraussetzungen des Beihilfeverbots gemäß Art. 107 Abs. 1 AEUV

Zur Untersuchung, ob nationale Steuervergünstigungen unter den Beihilfebegriff fallen, ist es unerlässlich sich mit den einzelnen Voraussetzungen zu beschäftigen und deren Entwicklung sowie Auslegung durch Rechtsprechung, Kommission und Literatur in Bezug auf steuerliche Beihilfen herauszuarbeiten.

Die Prüfungen des Beihilfetatbestands durch die Europäische Kommission oder den Europäischen Gerichtshof lassen im Hinblick auf steuerliche Vergünstigungen bislang keine einheitliche und konsequente Vorgehensweise erkennen. Das Vorliegen einer Beihilfe wird regelmäßig anhand von vier[157] bzw. fünf

151 EuGH, Urteil vom 15.03.1994 – C-387/92, *Banco Exterior de España SA*, ECLI:EU:C:1994:100; EuGH, Urteil vom 10.01.2006 – C-222/04, *Cassa di Risparmio di Firenze u. a.*, ECLI:EU:C:2006:8.

152 EuGH, Urteil vom 08.11.2001 – C-143/99, *Adria-Wien Pipeline*, ECLI:EU:C:2001:598.

153 EuGH, Urteil vom 23.02.1961 – C-30/59, *Steenkolenmijnen*, ECLI:EU:C:1961:2.

154 EU-Kommission, Entscheidung vom 05.09.2002 – C47/2001, *Kontroll- und Koordinierungsstellen Deutschland*, ABl. 2003 L 177/17.

155 Vgl. hierzu die Übersicht von *Rosenberg*, Das beihilferechtliche Durchführungsverbot im Steuerverfahren, 2014, S. 46 m. w. N.; *Strüber*, Steuerliche Beihilfen, 2006, S. 111 ff.; *Englisch*, in: Schaumburg/Englisch, Europäisches Steuerrecht, 2015, Rn. 9.12.

156 *Jansen*, Vorgaben des europäischen Beihilferechts für das nationale Steuerrecht, 2003, S. 43.

157 Vgl. EuGH, Urteil vom 19.12.2018 – C-374/17, *Finanzamt B/A-Brauerei*, ECLI:EU:C:2018:1024, Rn. 19; EuGH, Urteil vom 28.06.2018 – C-209/16 P, *Deutschland/Kommission*, ECLI:EU:C:2018:507, Rn. 77; EuGH, Urteil vom 21.12.2016 – C-20/15, *Kommission/World Duty Free Group*, ECLI:EU:C:2016:981, Rn. 53; EuGH, Urteil vom 16.07.2015 – C-39/14, *BVVG*, ECLI:EU:C:2015:470, Rn. 24; bzw. zuvor bereits näher am Wortlaut EuGH, Urteil vom 08.11.2001 – C-143/99, *Adria-Wien Pipeline*, ECLI:EU:C:2001:598, Rn. 22.

Voraussetzungen begutachtet.[158] Der Europäische Gerichtshof verwendet spätestens seit dem Urteil *World Duty Free Group* eine vierstufige Beihilfeprüfung und fasst die Voraussetzungen folgendermaßen zusammen:

> „Vorab ist darauf hinzuweisen, dass nach ständiger Rechtsprechung des Gerichtshofs die Einstufung einer nationalen Maßnahme als ‚staatliche Beihilfe' im Sinne von Art. 107 Abs. 1 AEUV verlangt, dass alle folgenden Voraussetzungen erfüllt sind. Erstens muss es sich um eine staatliche Maßnahme oder eine Maßnahme unter Inanspruchnahme staatlicher Mittel handeln. Zweitens muss die Maßnahme geeignet sein, den Handel zwischen den Mitgliedstaaten zu beeinträchtigen. Drittens muss dem Begünstigten durch sie ein selektiver Vorteil gewährt werden. Viertens muss sie den Wettbewerb verfälschen oder zu verfälschen drohen [...]."[159]

Hieraus ergäbe sich eine vierstufige Prüfung, bei der zunächst das Vorliegen einer staatlichen Maßnahme, sodann die Handelsbeeinträchtigung und die Gewährung eines selektiven Vorteils zu prüfen wären, um mit der Wettbewerbsverfälschung abzuschließen. Allerdings hält auch die Europäische Gerichtsbarkeit diese Vorgehensweise nicht konsequent ein und weicht teilweise im Hinblick auf die Reihenfolge ab oder übergeht bestimmte Voraussetzungen.[160] Da die nachfolgende Darstellung der Voraussetzungen lediglich die Entwicklung und Ausprägungen des Beihilfetatbestands widerspiegeln soll, wird diese teilweise abweichend von der Reihenfolge des Europäischen Gerichtshofs stattfinden.

a) Die Begünstigung eines Unternehmens oder Produktionszweigs

Die Begünstigung eines Unternehmens oder Produktionszweigs ist für das Vorliegen einer Beihilfe entscheidend, da nur Unternehmen Begünstigte einer beihilferelevanten Maßnahme sein können.[161] Verbraucher können regelmäßig

---

158 *Englisch*, in: Tipke/Lang, Steuerrecht, 2015, § 4 Rn. 116; *Jacobs*, Internationale Unternehmensbesteuerung, 2016, S. 218; *Rosenberg*, Das beihilferechtliche Durchführungsverbot im Steuerverfahren, 2014, S. 28; *Bartosch*, BB 2017, 2199, geht von fünf Voraussetzungen für das Beihilfeverbot aus, da die Wettbewerbsverfälschung und die Beeinträchtigung des Wettbewerbs getrennt zu prüfen seien.

159 EuGH, Urteil vom 21.12.2016 – C-20/15, *Kommission/World Duty Free Group*, ECLI:EU:C:2016:981, Rn. 53.

160 Vgl. nur EuGH, Urteil vom 19.12.2018 – C-374/17, *Finanzamt B/A-Brauerei*, ECLI:EU:C:2018:1024, Rn. 19, bei der die Staatlichkeit der Mittel und die Unternehmenseigenschaft nicht Gegenstand der Prüfung war.

161 *Kleine/Sühnel*, in: Birnstiel/Bungenberg/Heinrich, Europäisches Beihilfenrecht, 1. Aufl. 2013, Kap. 1 Rn. 89.

nicht Adressaten einer Beihilfe im Sinne des Art. 107 Abs. 1 AEUV sein.[162] Dennoch kann auch ein Vorteil für Verbraucher oder natürliche Personen als Private zu einer Begünstigung eines Unternehmens führen.[163]

aa) Der Unternehmensbegriff

Eine Definition des beihilferechtlichen Unternehmensbegriffs[164] lässt sich in den Europäischen Verträgen nicht finden.[165] Der europäische Begriff des Unternehmens wird nach der ständigen Rechtsprechung des Europäischen Gerichtshofs als „jede eine wirtschaftliche Tätigkeit ausübende Einheit, unabhängig von ihrer Rechtsform und der Art ihrer Finanzierung" definiert.[166] Dieser funktionale Unternehmensbegriff entspricht nach der herrschenden Meinung dem kartellrechtlichen Unternehmensbegriff, sodass von einem einheitlichen wettbewerbsrechtlichen Unternehmensbegriff ausgegangen werden kann.[167] Eine wirtschaftliche Tätigkeit besteht nach der Rechtsprechung darin, Güter oder Dienstleistungen auf einem bestimmten Markt anzubieten.[168] Da die wirtschaftliche Tätigkeit ein marktrelevantes Verhalten erfordert, welches zumeist im Feilbieten bestimmter Güter oder Dienstleistungen an Endverbraucher oder andere Unternehmen besteht, fallen Verbraucher weder unter den Unternehmensbegriff noch liegt bei diesen ein relevantes wirtschaftliches Tätigwerden am Markt vor. Damit sind Verbraucher und natürliche Personen als Private in der Regel

---

162 *Cremer*, in: Calliess/Ruffert, EUV/AEUV, 5. Aufl. 2016, Art. 107 AEUV Rn. 27; *Schmidt*, in: HFSt (8) 2018, S. 78.

163 Siehe hierzu: B. II. 2. a) aa) β) χχ).

164 Siehe ausführlich zum Unternehmensbegriff: *Schmidt*, in: HFSt (8) 2018, S. 69 ff.

165 *Götz*, in: Dauses/Ludwigs, Hdb. des EU-Wirtschaftsrechts, Nov. 2019, H. III. Rn. 67.

166 Ständige Rspr.: EuGH, Urteil vom 23.04.1991 – C-41/90, *Höfner und Elser*, ECLI:EU:C:1991:161, Rn. 21; EuGH, Urteil vom 23.03.2006 – C-237/04, *Enirisorse*, ECLI:EU:C:2006:197, Rn. 29; EuGH, Urteil vom 12.12.2013 – C-327/12, *Soa Nazionale Costruttori*, ECLI:EU:C:2013:827, Rn. 27.

167 *Mestmäcker/Schweitzer*, in: Immenga/Mestmäcker, Wettbewerbsrecht, 5. Aufl. 2016, Art. 107 Rn. 10 f.; *Bungenberg*, in: Birnstiel/Bungenberg/Heinrich, Europäisches Beihilfenrecht, 1. Aufl. 2013, Kap. 1 Rn. 25 f.; *Götz*, in: Dauses/Ludwigs, Hdb. des EU-Wirtschaftsrechts, Nov. 2019, H. III. Rn. 67; *Schmidt*, in: HFSt (8) 2018, S. 64.

168 Vgl. u. a.: EuGH, Urteil vom 23.04.1991 – C-41/90, *Höfner und Elser*, ECLI:EU:C:1991:161, Rn. 21; EuGH, Urteil vom 25.10.2001 – C-475/99, *Ambulanz Glöckner*, ECLI:EU:C:2001:577, Rn. 19; EuGH, Urteil vom 23.03.2006 – C-237/04, *Enirisorse*, ECLI:EU:C:2006:197, Rn. 29; EuGH, Urteil vom 19.12.2012 – C-288/11 P, *Mitteldeutsche Flughafen und Flughafen Leipzig-Halle/Kommission*, ECLI:EU:C:2012:821, Rn. 50.

keine Unternehmen im Sinne des Beihilferechts.[169] Wird Verbrauchern eine Begünstigung zuteil, so ist zumindest über eine mittelbare Begünstigung von Unternehmen nachzudenken.[170]

α) Fehlendes Erfordernis einer Gewinnerzielungsabsicht

Das Unternehmen muss nicht notwendig die Absicht haben Gewinne zu erzielen oder nachhaltig tätig zu werden.[171] Demnach können auch gemeinnützige oder öffentliche Unternehmen vom Unternehmensbegriff erfasst werden, wenn sie Güter oder Dienstleistungen am Markt anbieten und damit eine wirtschaftliche Tätigkeit ausüben.[172] Dies gilt hingegen nicht für Stiftungen und Verbände, sofern es diesen an einem Erwerbscharakter mangelt und sie tatsächlich keine Gewinne erzielen können.[173] Es ergibt sich, so die Kommission, eine Steuerbefreiung für Unternehmen ohne Erwerbscharakter bereits aus der Natur des Steuersystems.[174] Fehlt es gänzlich an einem marktrelevanten Verhalten, wie dies etwa bei dem passiven Halten von Beteiligungen vom Europäischen Gerichtshof bereits angenommen wurde, ist darin keine wirtschaftliche Tätigkeit zu sehen.[175] Eine wirtschaftliche Tätigkeit sah die Zweite Kammer des Europäischen Gerichtshofs allerdings dann als gegeben an, wenn es sich bei den Beteiligungen um Kontrollbeteiligungen handelt, durch welche tatsächlich unmittelbar oder mittelbar Einfluss auf die Verwaltung der Gesellschaft ausgeübt wurde.[176]

---

169 *Schmidt*, in: HFSt (8) 2018, S. 63.

170 Zum Vorliegen einer mittelbaren Begünstigung durch finanzielle Vorteile für Verbraucher siehe: B. II. 2. a) cc).

171 *Von Wallenberg/Schütte*, in: Grabitz/Hilf/Nettesheim, Das Recht der Europäischen Union, Mai 2021, Art. 107 AEUV Rn. 39; *Cremer*, in: Calliess/Ruffert, EUV/AEUV, 5. Aufl. 2016, Art. 107 AEUV Rn. 27; *Wagner/Lemonnier*, EuZW 2021, 45.

172 EuGH, Urteil vom 25.10.2001 – C-475/99, *Ambulanz Glöckner*, ECLI:EU:C:2001:577, Rn. 20 f.; EuGH, Urteil vom 22.03.1977 – C-78/76, *Steinike & Weinlig*, ECLI:EU:C:1997:52, S. 601.

173 EU-Kommission, Mitteilung der Kommission über die Anwendung der Vorschriften über staatliche Beihilfen auf Maßnahmen im Bereich der direkten Unternehmensbesteuerung vom 10.12.1998 – ABl. 1998 C 384/3, Rn. 25.

174 EU-Kommission, Mitteilung der Kommission über die Anwendung der Vorschriften über staatliche Beihilfen auf Maßnahmen im Bereich der direkten Unternehmensbesteuerung vom 10.12.1998 – ABl. 1998 C 384/3, Rn. 25.

175 EuGH, Urteil vom 10.01.2006 – C-222/04, *Cassa di Risparmio di Firenze u. a.*, ECLI:EU:C:2006:8, Rn. 111.

176 EuGH, Urteil vom 10.01.2006 – C-222/04, *Cassa di Risparmio di Firenze u. a.*, ECLI:EU:C:2006:8, Rn. 112.

β) Unternehmen und ihre Rechtsformen

Das Beihilfeverbot geht von einem rechtsformunabhängigen Unternehmensbegriff aus, sodass Körperschaften einerseits und Personenunternehmen andererseits grundsätzlich als Beihilfeempfänger in Frage kommen können. Während bei Personenunternehmen die Besteuerung nach dem Transparenzprinzip erfolgt, kommt bei Körperschaften und ihren Anteilseignern das Trennungsprinzip zur Anwendung.[177] Insoweit stellt sich die Frage, ob sich der Dualismus der Unternehmensbesteuerung[178] auf die beihilferechtliche Beurteilung auswirkt und wer – insbesondere bei Personenunternehmen – begünstigtes Unternehmen im beihilferechtlichen Sinne ist.

αα) Kapitalgesellschaften

Die Besteuerung von Kapitalgesellschaften beruht auf dem Trennungsprinzip: Dieses erfordert auf der Ebene der Steuerpflichtigen eine Unterscheidung zwischen der Kapitalgesellschaft und ihren Anteilseignern.[179] Die Steuersubjekte stehen sich wie fremde Dritte autonom sowie selbständig gegenüber und werden für steuerliche Zwecke auch getrennt behandelt.[180] Das Trennungsprinzip betrifft auch die Qualifikation der Einkünfte, sodass gemäß § 8 Abs. 2 KStG die Einkünfte der Kapitalgesellschaft stets gewerbliche Einkünfte sind.[181] Während

---

177 *Hennrichs*, in: Tipke/Lang, Steuerrecht, 2018, § 10 Rn. 10; *Balbinot*, Beihilfeverbot und Rechtsformneutralität, 2018, S. 164.

178 *Balbinot*, Beihilfeverbot und Rechtsformneutralität, 2018, S. 163; *Kahle*, in: Prinz/Kahle, Beck'sches Hdb. der Personengesellschaften, 5. Aufl. 2020, § 7 Rn. 1.

179 *Desens*, in: Herrmann/Heuer/Raupach, EStG/KStG, 296. EL 2020, Einführung zum KStG Rn. 90; *Hey*, in: Tipke/Lang, Steuerrecht, 2018, § 11 Rn. 1; *Rödding*, in: Lüdicke/Sistermann, Unternehmenssteuerrecht, 2018, § 3 Rn. 23 f.; *Gosch*, in: FS Kirchhof, 2013, § 178 Rn. 2; *Hennrichs*, FR 2010, 721.

180 *Gosch*, in: FS Kirchhof, 2013, § 178 Rn. 2; *Lamprecht*, in: Blaurock, Handbuch Stille Gesellschaft, 8. Aufl. 2016, § 23 Rn. 23.14; *Böhmer*, StuW 2012, 33 (33 f.); teilweise wird eine Durchbrechung des Trennungsprinzips angenommen, da die Gesellschafterebene die Besteuerung auf der Ebene der Gesellschaft beeinflusst, wie beispielsweise die Regelung zum Verlustuntergang beim schädlichen Beteiligungserwerb nach § 8c Abs. 1 KStG, da die Zusammensetzung der Gesellschafter den Erhalt und die Nutzungsmöglichkeit der vorhandenen Verluste bestimmt, vgl. hierzu *Breuninger/Ernst*, GmbHR 2011, 673 (683); *Marquart*, IStR 2011, 445 (448); sowie allgemein zur Durchbrechung des Trennungsprinzips *Böhmer*, StuW 2012, 33 (36).

181 *Hey*, in: Tipke/Lang, Steuerrecht, 2018, § 11 Rn. 37; *Balbinot*, Beihilfeverbot und Rechtsformneutralität, 2018, S. 167.

die Kapitalgesellschaft als Körperschaftsteuersubjekt steuerpflichtig ist, sind ihre Anteilseigner entsprechend ihrem jeweiligen Rechtstypus steuerpflichtig.[182] Die Gewinnausschüttungen an natürliche Personen als Gesellschafter beispielsweise führen zu einkommensteuerpflichtigen Einkünften.[183] Regelmäßig liegen dann Einkünfte aus Kapitalvermögen nach § 20 Abs. 1 Nr. 1 EStG oder Einkünfte aus Gewerbebetrieb nach § 15 Abs. 1 EStG vor. Damit hat das Trennungsprinzip eine „wirtschaftliche Doppelbelastung" zur Folge, da Gewinne zunächst auf der Ebene der Gesellschaft und dann auf der Ebene der Gesellschafter besteuert werden.[184] Werden die Gewinne hingegen thesauriert, so sind diese nur mit Körperschaftsteuer – und dem Solidaritätszuschlag – zu belasten.

Da bei Körperschaften die Besteuerung getrennt von der Besteuerung der Gesellschafter erfolgt und gerade keine Zurechnung wie bei Personenunternehmen stattfindet[185], ist für die beihilferechtliche Bestimmung der Unternehmereigenschaft nur auf die Körperschaft abzustellen. Diese tritt als Steuerrechtssubjekt auf und ist bei einem wirtschaftlichen Tätigwerden durch das Anbieten von Gütern oder Dienstleistungen als Unternehmen im beihilferechtlichen Sinne zu qualifizieren. Eine steuerliche Begünstigung führt zunächst nur auf der Ebene der Gesellschaft zu einer wirtschaftlichen bzw. finanziellen Entlastung. Aufgrund der selbständigen Steuersubjektqualität kommt die Begünstigung unmittelbar der Körperschaft zugute. Eine daraus resultierende begünstigende Wirkung für die Gesellschafter ist allenfalls mittelbarer Natur und könnte in Gestalt höherer Gewinnausschüttungen aufgrund einer niedrigeren Abgabenlast auftreten. Die Unternehmereigenschaft einer Körperschaft, die nicht selbst als wirtschaftliche Einheit tätig ist, kann sich auch daraus ergeben, dass sie an einer wirtschaftlichen Einheit über Kontrollbeteiligungen beteiligt ist und entsprechend Einfluss ausüben kann.[186]

---

182 *Teufel*, in: Lüdicke/Sistermann, Unternehmenssteuerrecht, 2018, § 2 Rn. 1.

183 *Böhmer*, StuW 2012, 33 (35); *Gosch*, in: FS Kirchhof, 2013, § 178 Rn. 2; *Rödding*, in: Lüdicke/Sistermann, Unternehmenssteuerrecht, 2018, § 3 Rn. 24.

184 Vgl. hierzu ausführlich *Hey*, in: Tipke/Lang, Steuerrecht, 2018, § 11 Rn. 6; *Böhmer*, StuW 2012, 33 (35).

185 Zur Besteuerung bei Personenunternehmen siehe: B. II. 2. a) aa) β) ββ).

186 Vgl. EuGH, Urteil vom 10.01.2006 – C-222/04, *Cassa di Risparmio di Firenze*, ECLI:EU:C:2006:8, Rn. 112; sowie hierzu ausführlich: B. II. 2. a) aa) β) χχ).

ββ) Personenunternehmen

Die Besteuerung von Personenunternehmen, Einzelunternehmen und Personengesellschaften und ihren Gesellschaftern wird durch das Transparenzprinzip bestimmt: Die Steuerpflicht trifft nach diesem Prinzip nicht die Personengesellschaft als Unternehmensträger, sondern, da das Einkommensteuerrecht insoweit ausschließlich auf natürliche Personen abstellt, die Gesellschafter.[187] Die Personengesellschaft wird lediglich als Steuerrechtssubjekt bei der Feststellung der Einkunftsart und der Einkünfteermittlung behandelt.[188] Stattdessen werden die Gesellschafter der Personengesellschaft als Steuersubjekte i. S. v. § 1 Abs. 1 S. 1 EStG zur Besteuerung herangezogen, da diesen die Gewinne und Verluste nach der einheitlichen und gesonderten Feststellung gemäß §§ 179 ff. AO unmittelbar zuzurechnen sind.[189] Eine Zurechnung nach der einheitlichen und gesonderten Gewinnfeststellung erfordert neben der Gesellschafterstellung auch das Vorliegen einer Mitunternehmerschaft. Die Mitunternehmerschaft im Sinne des § 15 Abs. 1 S. 1 Nr. 2 EStG bedingt nach ständiger Rechtsprechung sowohl Mitunternehmerrisiko als auch Mitunternehmerinitiative.[190] Es kommt darauf an, dass der Gesellschafter einer Personengesellschaft auf eigene Rechnung und eigene Gefahr ein gewerbliches Unternehmen (mit-)betreibt, sodass er die nötige Initiative entwickelt und ein entsprechendes Risiko trägt.[191]

Es ließe sich daher in Erwägung ziehen, die Wertungen des nationalen Steuerrechts bei Personenunternehmen auf die beihilferechtliche Begutachtung zu übertragen. Der wettbewerbsrechtliche Unternehmensbegriff setzt eine

---

187 *Kahle*, in: Prinz/Kahle, Beck'sches Hdb. der Personengesellschaften, 5. Aufl. 2020, § 7 Rn. 1; *Rauch*, in: Brandis/Heuermann, EStG, KStG, GewStG, Juli 2019, § 1 EStG Rn. 66; *Hennrichs*, in: Tipke/Lang, Steuerrecht, 2020, Kapitel 10 Rn. 10.10 ff., der das Transparenzprinzip bei Personengesellschaften für rechtspolitisch nicht überzeugend hält, m. w. N.

188 BFH, Beschluss vom 03.07.1995 – GrS 1/93, BStBl. II 1995, 617 (621).

189 *Hennrichs*, in: Tipke/Lang, Steuerrecht, 2018, § 10 Rn. 10; *Rauch*, in: Brandis/Heuermann, EStG, KStG, GewStG, Juli 2019, § 1 EStG Rn. 66.

190 BFH, Urteil vom 08.02.1979 – IV R 163/76, BStBl. II 1979, 405 (407); BFH, Beschluss vom 25.06.1984 – GrS 4/82, BStBl. II 1984, 751 (769); BFH, Urteil vom 14.08.1986 – IV R 131/84, BStBl. II 1987, 60; BFH, Beschluss vom 03.05.1993 – GrS 3/92, BStBl. II 1993, 616; vgl. ausführlich zur Mitunternehmereigenschaft *Bode*, in: Brandis/Heuermann, EStG, KStG, GewStG, Juli 2020, § 15 EStG Rn. 221 ff.

191 BFH, Beschluss vom 25.06.1984 – GrS 4/82, BStBl. II 1984, 751 (769); BFH, Urteil vom 19.03.1981 – IV R 176/80, BStBl. II 1981, 527; BFH, Beschluss vom 03.05.1993 – GrS 3/92, BStBl. II 1993, 616; BFH, Urteil vom 21.07.2010 – IV R 63/07, BFH/NV 2011, 214.

wirtschaftlich tätige Einheit, unabhängig von ihrer Rechtsform und der Art ihrer Finanzierung, voraus.[192] Nach außen tritt die Personengesellschaft auf und bietet über den relevanten Markt Güter oder Dienstleistungen an. Dennoch ist zumindest bei steuerlichen Beihilfen darüber nachzudenken, ob nicht die dahinterstehenden Gesellschafter Unternehmer im beihilferechtlichen Sinne sind, da letztlich ihnen aufgrund der steuerlichen Zurechnung nach dem Transparenzprinzip die Begünstigung zugutekäme.

Mitunternehmer sind einerseits am Wagnis beteiligt, indem sie Gewinne und Verluste tragen, andererseits sind sie aber aufgrund einer Außenhaftung für das wirtschaftliche Tätigwerden der Personengesellschaft verantwortlich.[193] Zugleich haben die Gesellschafter wegen der Mitunternehmerinitiative Einfluss auf das wirtschaftliche Geschehen und Tätigwerden der Personenunternehmen.[194] Die Mitunternehmer nehmen an den unternehmerischen Entscheidungen der Gesellschaft teil und bestimmen deren Tätigkeit, beispielsweise durch die Ausübung von Stimm- oder Kontrollrechten in Gesellschafterversammlungen. Im Lichte des beihilferechtlichen Unternehmensbegriffs ließe sich basierend auf diesem Verständnis anführen, dass das wirtschaftliche Tätigwerden letztlich nur von den Gesellschaftern determiniert wird. Wenn das gesamte wirtschaftliche Geschehen von den Gesellschaftern bestimmt wird und diesen auch das Ergebnis der Geschäftstätigkeit zuzurechnen ist, ist es nicht völlig fernliegend, diese als Unternehmer im beihilferechtlichen Sinne zu behandeln. Zudem fällt die Ertragsteuer nur bei den Gesellschaftern an, sodass ausschließlich diese steuerlich belastet oder entlastet werden.[195]

Das Gewähren einer steuerlichen Begünstigung wäre daher nicht auf der Ebene der Personengesellschaft, sondern auf der Ebene der dahinterstehenden Gesellschafter zu beurteilen. Das beihilferelevante Unternehmen wäre damit nicht die Personengesellschaft als solche, sondern bei konsequenter Anwendung des Transparenzprinzips die Mitunternehmer der Gesellschaft. Dies würde allerdings zur Folge haben, dass nationalrechtliche Wertungen die beihilferechtliche

---

192 Ständige Rspr.: EuGH, Urteil vom 23.04.1991 – C-41/90, *Höfner und Elser*, ECLI:EU:C:1991:161, Rn. 21; EuGH, Urteil vom 23.03.2006 – C-237/04, *Enirisorse*, ECLI:EU:C:2006:197, Rn. 28; EuGH, Urteil vom 12.12.2013 – C-327/12, *Soa Nazionale Costruttori*, ECLI:EU:C:2013:827, Rn. 27.

193 *Bode*, in: Brandis/Heuermann, EStG, KStG, GewStG, Juli 2020, § 15 EStG Rn. 350.

194 BFH, Beschluss vom 25.06.1984 – GrS 4/82, BStBl. II 1984, 751 (769); BFH, Urteil vom 09.10.1986 – IV R 235/84, BStBl. II 1987, 124 (126).

195 *Balbinot*, Beihilfeverbot und Rechtsformneutralität, 2018, S. 166; *Hennrichs*, in: Tipke/Lang, Steuerrecht, 2020, § 10 Rn. 10.10 ff.

Würdigung bestimmen. Die Europäische Kommission und der Europäische Gerichtshof wären daher angehalten, die Unternehmereigenschaft zusätzlich anhand des Steuersystems für Personenunternehmen der Mitgliedstaaten zu bestimmen.

Gegen die Beeinflussung des beihilferechtlichen Unternehmensbegriffs lässt sich anführen, dass die Berücksichtigung nationaler Wertungen eine kaum überschaubare Komplexität bei der Einordnung der Unternehmereigenschaft zur Folge hätte. Zudem gewährleistet ein einheitlicher rechtsformunabhängiger Unternehmensbegriff eine einheitliche Vorgehensweise bei der Überprüfung nationaler Steuervergünstigungen. Während es bei anderen Voraussetzungen – vornehmlich bei der Selektivitätsprüfung – bislang an einheitlichen Vorgaben mangelt, wäre es geradezu widersprüchlich, eine uneinheitliche Bestimmung des beihilferelevanten Unternehmens zu fordern. Des Weiteren stellt das Beihilferecht, indem es ein wirtschaftliches Tätigwerden durch Anbieten von Gütern oder Dienstleistungen am Markt fordert, im Wesentlichen auf das Außenverhältnis ab. Demnach ist von einem tätigkeitsbezogenen Unternehmensbegriff auszugehen, der unbeeinflusst von nationalen steuerrechtlichen oder gesellschaftsrechtlichen Wertungen oder Prinzipien gilt.

Für die Unternehmenseigenschaft ist es folglich unerheblich, ob ertragsteuerlich eine Zurechnung des Gesellschaftsergebnisses stattfindet oder nicht. Es soll insoweit genügen, dass eine wirtschaftlich tätige Einheit am Markt auftritt und dort ihre Produkte feilbietet. Folglich ist es geboten das Unternehmen im Sinne des unionsrechtlichen Wettbewerbsrechts von seinen Rechtsträgern und Anteilseignern konsequent getrennt zu behandeln.[196] Es ist auf die tatsächlich am relevanten Markt agierende Einheit abzustellen.[197]

χχ) Begünstigungen an natürliche Personen als Private

Auch wenn an Verbraucher und Private gewährte Beihilfen nicht Gegenstand des Beihilfeverbots sein sollen[198], wird im Lichte des tätigkeitsbezogenen Unternehmensbegriffs teils die Frage aufgeworfen, inwieweit ein gewährter Vorteil dem privaten oder unternehmerischen Bereich zuzuordnen ist[199].

---

196 *Koenig/Förtsch*, in: Streinz, EUV/AEUV, 3. Aufl. 2018, Art. 107 Rn. 74.

197 *Koenig/Förtsch*, in: Streinz, EUV/AEUV, 3. Aufl. 2018, Art. 107 Rn. 74.

198 *Cremer*, in: Calliess/Ruffert, EUV/AEUV, 5. Aufl. 2016, Art. 107 AEUV Rn. 27; *Schmidt*, in: HFSt (8) 2018, S. 78.

199 So zumindest *Schmidt*, in: HFSt (8) 2018, S. 79, der ausgehend von Stellung der Privathaushalte, insbesondere bei Einzelunternehmern, Einordnungsschwierigkeiten sieht.

Bei begünstigenden Maßnahmen für natürliche Personen, allen voran bei Einzelunternehmern, müsse aus beihilferechtlicher Sicht zwischen dem privaten und dem unternehmerischen Bereich differenziert werden.[200] Nach der Ansicht von *Schmidt* müsse auf die Veranlassung des erlangten Vorteils abgestellt werden, da die Begünstigung entweder stets dem unternehmerischen oder stets dem privaten Bereich zuzuordnen sei.[201] „Eine unternehmerische Veranlassung ist danach zu bestimmen, inwieweit der Vorteil dem Unternehmen zugutekommt und inwieweit der private Lebensbereich erfasst ist."[202] *Schmidt* konstatiert, dass eine „gegensätzliche Schwerpunktbetrachtung" nicht geboten sei, da ansonsten die Gefahr bestünde, dass sich das Beihilferecht auf die private Lebensführung ausdehne.[203]

Diese Sichtweise ist im Wesentlichen zutreffend und insoweit zustimmungswürdig. Bei an natürliche Personen gewährten Beihilfen sollte eine schwerpunktmäßige Betrachtung erfolgen, welche eine Einordnung entweder in den privaten oder den unternehmerischen Bereich ermöglicht. Eine verhältnismäßige Aufteilung von Vergünstigungstatbeständen würde zu einer kaum überblickbaren Komplexität des Beihilferechts führen. Aufgrund des Konnexes zwischen privatem und unternehmerischem Bereich wirken sich Steuervergünstigungen gerade bei Einzelunternehmern regelmäßig mehr oder minder auf beide Bereiche aus. Gleichzeitig sollten allerdings diejenigen Vergünstigungstatbestände, die ausschließlich an Private gewährt werden, aber dennoch auf das unternehmerische Handeln dieser Person einwirken, nicht allein deshalb dem Beihilferecht entzogen werden, weil sie der natürlichen Person als Privatperson gewährt werden.

In Anlehnung an die wirkungsorientierte Rechtsprechung des Europäischen Gerichtshofs für das Vorliegen eines selektiven Vorteils[204] sollte zudem die Wirkung einer an Private gewährten Maßnahme Beachtung finden. Die Veranlassung einer steuerbegünstigenden Maßnahme allein genügt nämlich nicht, um eine eindeutige Zuordnung zum privaten oder unternehmerischen Bereich zu

---

200 *Schmidt*, in: HFSt (8) 2018, S. 79.

201 Vgl. *Schmidt*, in: HFSt (8) 2018, S. 79.

202 *Schmidt*, in: HFSt (8) 2018, S. 79 f.

203 Vgl. *Schmidt*, in: HFSt (8) 2018, S. 80.

204 Ständige Rspr.: EuGH, Urteil vom 02.07.1974 – C-173/73, *Italien/Kommission*, ECLI:EU:C:1974:71, Rn. 26/28; EuGH, Urteil vom 24.02.1987 – C-310/85, *Deufil/Kommission*, ECLI:EU:C:1987:96, Rn. 8; EuGH, Urteil vom 29.02.1996 – C-56/93, *Belgien/Kommission*, ECLI:EU:C:1996:64, Rn. 79; EuGH, Urteil vom 26.09.1996 – C-241/94, *Frankreich/Kommission*, ECLI:EU:C:1996:353, Rn. 20; EuGH, Urteil vom 22.12.2008 – C-487/06 P, *British Aggregates/Kommission*, ECLI:EU:C:2008:757, Rn. 85.

gewährleisten. Bei einer ausschließlich veranlassungsorientierten Betrachtung böten sich für die Mitgliedstaaten durchaus Möglichkeiten einer Umgehung des Beihilfeverbots. Daher empfiehlt es sich, bei Vergünstigungen an Private nicht auf die beihilferechtlich unbeachtlichen Motive abzustellen, sondern ausschließlich auf die damit verbundene Wirkung.

Oftmals wird sich die staatliche Maßnahme vergleichsweise eindeutig einem bestimmten Bereich zuordnen lassen. Anders ist dies hingegen zu beurteilen, wenn eine für den privaten Lebensbereich gewährte Vergünstigung entweder vom unternehmerischen Bereich abhängig ist oder auf diesen Einfluss nimmt, sodass zwischen diesen Bereichen nicht zu vernachlässigende Interdependenzen bestehen. Eine derartige Verknüpfung könnte beispielsweise bei der erbschaftsteuerlichen Befreiung für Betriebsvermögen nach § 13a ErbStG vorliegen, da die Befreiung für den Erwerber von Betriebsvermögen gewährt wird.[205] Auch wenn die Verschonung der natürlichen Person als Erwerber zuteilwird, soll sie zugleich oder insbesondere das unternehmerische Handeln beeinflussen, indem durch die Verschonung – zumindest nach gesetzgeberischer Intention – beispielsweise der Abfluss von Liquidität verhindert werden soll.[206]

χ) Der Begriff des Produktionszweigs im Beihilferecht

Neben der Begünstigung von Unternehmen sieht Art. 107 Abs. 1 AEUV ausdrücklich vor, dass ebenso wirtschaftliche Vorteile für Produktionszweige – auch sektorspezifische Beihilfen – nicht mit dem Binnenmarkt vereinbar sind. Dem Begriff „Produktionszweig" liegt ein weites Verständnis zugrunde, sodass nicht lediglich die güterproduzierende Industrie hierunter gefasst wird.[207] Nach *Sutter* ergibt sich die weite Auslegung bereits aus der Tatsache, dass mehrere Unternehmen eines bestimmten Sektors regelmäßig auch den Begriff „bestimmte Unternehmen" erfüllen würden, sodass ein enges Begriffsverständnis dem Gedanken des Beihilfeverbots widersprechen würde.[208] Sämtliche Wirtschaftszweige, auch

---

205 Siehe hierzu ausführlich: E. II. 1. b).

206 Vgl. zum gesetzgeberischen Willen der erbschaftsteuerlichen Verschonungsregeln BT-Drucks. 18/5923, S. 21 und BR-Drucks. 4/08, S. 52 f.

207 *Cremer*, in: Calliess/Ruffert, EUV/AEUV, 5. Aufl. 2016, Art. 107 AEUV Rn. 27; *von Wallenberg/Schütte*, in: Grabitz/Hilf/Nettesheim, AEUV, Mai 2021, Art. 107 Rn. 40; *Sutter*, Das EG-Beihilfenverbot und sein Durchführungsverbot in Steuersachen, 2005, S. 79; *Kliemann/Mederer*, in: von der Groeben/Schwarze/Hatje, Europäisches Unionsrecht, 7. Aufl. 2015, Art. 107 AEUV Rn. 38.

208 Vgl. *Sutter*, Das EG-Beihilfenverbot und sein Durchführungsverbot in Steuersachen, 2005, S. 79.

die freien Berufen, können daher eine beihilferelevante Begünstigung erhalten.[209] Ohnehin ist die praktische Relevanz des Merkmals „Produktionszweig“ aufgrund der beschriebenen Überschneidung äußerst gering.[210]

bb) Die Begünstigung

Allgemein ist im Zusammenhang mit dem Beihilfebegriff eine Begünstigung anzunehmen, wenn einem oder mehreren Unternehmen eine wirtschaftliche Besserstellung zuteilwird, die der Begünstigte unter normalen Marktbedingungen nicht erhalten hätte.[211] Damit geht das Begriffsverständnis über das der Subvention hinaus. Eine solche ist anzunehmen, „wenn jemand eine Leistung gleich welcher Art erhält, ohne dass er hierfür eine marktgerechte Gegenleistung erbringt.“[212] Eine – steuerliche – Begünstigung im Sinne des Art. 107 Abs. 1 AEUV liegt vor, wenn eine staatliche Maßnahme dazu führt, dass ein Unternehmen eine geringere steuerliche Belastung zu tragen hat, als es normalerweise der Fall wäre.[213]

Der Wortlaut des Art. 107 Abs. 1 AEUV stellt ausdrücklich klar, dass Begünstigungen „gleich welcher Art“ eine Beihilfe sein können. Diese weite Fassung verleiht dem Begünstigungstatbestand mehrere Dimensionen.[214] Zunächst ist es

---

209 *Von Wallenberg/Schütte*, in: Grabitz/Hilf/Nettesheim, AEUV, Mai 2021, Art. 107 Rn. 40; *Kliemann/Mederer*, in: von der Groeben/Schwarze/Hatje, Europäisches Unionsrecht, 7. Aufl. 2015, Art. 107 AEUV Rn. 38; *Koenig/Förtsch*, in: Streinz, EUV/AEUV, 3. Aufl. 2018, Art. 107 Rn. 73; *Kokott*, Das Steuerrecht der Europäischen Union, 2018, § 3 Rn. 158.

210 Da der Begriff des Produktionszweigs nur von untergeordneter Bedeutung ist, bezieht sich die Arbeit im Folgenden ausschließlich auf den Unternehmensbegriff; siehe allgemein zu Beihilfen zugunsten von Produktionszweigen *Reiter*, EuZW 2020, 312.

211 Ständige Rspr.: EuGH, Urteil vom 23.02.1961 – C-30/59, *Steenkolenmijnen*, ECLI:EU:C:1961:2, S. 43; EuGH, Urteil vom 15.03.1994 – C-387/92, *Banco Exterior de España SA*, ECLI:EU:C:1994:100, Rn. 13; EuGH, Urteil vom 08.11.2001 – C-143/99, *Adria-Wien Pipeline*, ECLI:EU:C:2001:598, Rn. 38; EuGH, Urteil vom 15.06.2006 – C-393/04 und C-41/05, *Air Liquide*, ECLI:EU:C:2006:403, Rn. 29.

212 *Bartosch*, EU-Beihilfenrecht, 2. Aufl. 2016, B. Rn. 1.

213 Vgl. EuGH, Urteil vom 15.03.1994 – C-387/92, *Banco Exterior de España SA*, ECLI:EU:C:1994:100, Rn. 13; EuGH, Urteil vom 01.12.1998 – C-200/97, *Ecotrade/Altiforni e Ferriere di Servola*, ECLI:EU:C:1998:579, Rn. 34.

214 *Ferrenberg*, Der Einfluss des Europäischen Beihilferechts auf nationale Steuervergünstigungen, 2021, S. 99 f., sieht in der Fassung „gleich welcher Art“ insgesamt drei Dimensionen; neben der rechtlichen Ausgestaltung und der Form der Zuwendung sei auch die Zielrichtung der Begünstigung für die Frage der Beihilfe unbedeutend.

für die Frage einer Begünstigung ohne Relevanz, welche Form der Begünstigung der Mitgliedstaat bei der gewährten Maßnahme wählt.[215] Neben sogenannten Leistungssubventionen, bei denen aktiv Mittel überlassen werden, kommen vor allem finanziell entlastende Verschonungssubventionen in Betracht.[216] Gerade im Bereich des Steuerrechts stellen steuerliche Entlastungen den Regelfall für potentielle Beihilfen dar.[217]

Des Weiteren ist es für den Beihilfebegriff unerheblich, mit welcher rechtlichen Gestaltung der Mitgliedstaat die Begünstigung gewährt, daher können sowohl abstrakt-generelle steuerliche Vorschriften als auch konkret-individuelle Maßnahmen – beispielsweise Verwaltungsakte in Gestalt von Steuerbescheiden oder verbindlichen Auskünften – erfasst sein.[218]

α) Art der Begünstigung

Der Europäische Gerichtshof stellte bereits in seinem Urteil zur Rechtssache *Steenkolenmijnen* vom 23. Februar 1961 klar, dass auch eine Reduzierung der Belastung eines Unternehmens eine Beihilfe darstellen kann:

> „Der Begriff der Beihilfe ist jedoch weiter als der Begriff der Subvention, denn er umfaßt nicht nur positive Leistungen wie Subventionen selbst, sondern auch Maßnahmen, die in verschiedener Form die Belastungen vermindern, welche ein Unternehmen normalerweise zu tragen hat und die somit zwar keine Subventionen in strengen Sinne des Wortes darstellen, diesen aber nach Art und Wirkung gleichstehen." [219]

Im Folgenden hat der Europäische Gerichtshof diese Formel nahezu unverändert seiner Beihilferechtsprechung zugrunde gelegt.[220] Demnach können entlastende

---

215 *Ferrenberg*, Der Einfluss des Europäischen Beihilferechts auf nationale Steuervergünstigungen, 2021, S. 99.

216 *Lang*, IStR 2015, 369 (370); *Englisch*, EuR 2009, 488 (489); *Frenz/Roth*, DStZ 2006, 464 (465); *Sutter*, Das EG-Beihilfenverbot und sein Durchführungsverbot in Steuersachen, 2005, S. 80; *Ferrenberg*, Der Einfluss des Europäischen Beihilferechts auf nationale Steuervergünstigungen, 2021, S. 100 m. w. N.

217 Vgl. EuGH, Urteil vom 15.03.1994 – C-387/92, *Banco Exterior de España SA*, ECLI:EU:C:1994:100; EuGH, Urteil vom 17.06.1999 – C-75/97, *Belgien/Kommission*, ECLI:EU:C:1999:311; EuGH, Urteil vom 01.12.1998 – C-200/97, *Ecotrade/Altiforni e Ferriere di Servola*, ECLI:EU:C:1998:579.

218 *Kokott*, Das Steuerrecht der Europäischen Union, 2018, § 3 Rn. 143 f.

219 EuGH, Urteil vom 23.02.1961 – C-30/59, *Steenkolenmijnen*, ECLI:EU:C:1961:2, S. 43.

220 Siehe ständige Rspr.: EuGH, Urteil vom 02.07.1974 – C-173/73, *Italien/Kommission*, ECLI:EU:C:1974:71, Rn. 26/28; EuGH, Urteil vom 29.02.1996 – C-56/93, *Belgien/Kommission*, ECLI:EU:C:1996:64, Rn. 79; EuGH, Urteil vom 15.11.2011 – C-106/09

Steuervorschriften der Mitgliedstaaten eine Begünstigung im Sinne des Art. 107 Abs. 1 AEUV darstellen. Zudem hindert auch die Komplexität von Steuervorschriften die Anwendung des Beihilfeverbots nicht.[221] Auf welcher Ebene – Steuererhebung, Steuerfestsetzung oder Durchsetzung – die Verschonung beim etwaigen Begünstigten greift, ist in diesem Zusammenhang ohne Belang, da es ausschließlich auf die Wirkung der Maßnahme ankommt.[222] Steuerliche Entlastungen können grundsätzlich in zwei verschiedenen Ausprägungen auftreten:[223] Einerseits können durch den jeweiligen Gesetzgeber legislative Maßnahmen beschlossen werden, mit denen eine Entlastung verfolgt werden soll. Andererseits kann die Entlastung auch durch eine administrative Maßnahme der Verwaltung geschehen, sodass die begünstigende Wirkung konkret-individuell eintritt.

αα) Begünstigung durch legislative Maßnahmen

Legislative Begünstigungen können auf unterschiedlichen Ebenen eines Steuersystems auftreten: Ein Mitgliedstaat kann sowohl auf der Ebene der Steuerfestsetzung als auch auf der Ebene der Steuererhebung legislativ begünstigen.[224] Bereits mit der Grundbelastungsentscheidung kann eine steuerentlastende Wirkung einhergehen, sofern die Steuerbarkeit nur für bestimmte Einkunftsarten vorgesehen ist.[225] Insoweit kann sowohl beim Steuersubjekt als auch beim Steuerobjekt angeknüpft werden. Die legislative Begünstigung durch Ausnahmen auf der Ebene der Steuerbarkeit kann durchaus beihilferelevant werden: Dies ist insbesondere dann anzunehmen, wenn durch die legislative Belastungsentscheidung gesetzliche Differenzierungen erfolgen, die bestimmte Unternehmen gegenüber anderen Wettbewerbern begünstigen, ohne dass hierfür ein objektives Differenzierungskriterium ersichtlich wird.[226] Dennoch sollten steuerliche

---

P und C-107/09 P, *Kommission/Gibraltar*, ECLI:EU:C:2011:732, Rn. 87; EuGH, Urteil vom 28.06.2018 – C-209/16 P, *Deutschland/Kommission*, ECLI:EU:C:2018:507, Rn. 86.

221 *Soltész*, BB 2019, 1687 (1692).

222 *Kokott*, Das Steuerrecht der Europäischen Union, 2018, § 3 Rn. 141-144.

223 Siehe hierzu ausführlich *Fetzer*, in: Immenga/Mestmäcker, Wettbewerbsrecht, Bd. 5, 2021, XVIII. Beihilfenrecht und Steuern, Rn. 22 ff.

224 *Kokott*, Das Steuerrecht der Europäischen Union, 2018, § 3 Rn. 143; die Differenzierung zwischen den Ebenen der Vorteilsgewährung dient lediglich der Vervollständigung und ist für das Vorliegen einer Begünstigung im Sinne des Beihilfebegriffs ohne Relevanz.

225 *Fetzer*, in: Immenga/Mestmäcker, Wettbewerbsrecht, Bd. 5, 2021, XVIII. Beihilfenrecht und Steuern, Rn. 23.

226 Vgl. EuGH, Urteil vom 08.11.2001 – C-143/99, *Adria-Wien Pipeline*, ECLI:EU:C:2001:598, Rn. 51 f.; ebenso ist denkbar, dass durch den Einsatz einer

Grundbelastungsentscheidungen nur zurückhaltend der Beihilfekontrolle unterzogen werden, da die direkten Steuern Ausfluss der mitgliedstaatlichen Autonomie sind und den Mitgliedstaaten insoweit die Ausgestaltung obliegt.[227] Im Übrigen sind die Mitgliedstaaten bereits aus nationaler Sicht angehalten, das Diskriminierungsverbot zu wahren und willkürliche steuerliche Differenzierungen zu unterlassen.[228]

Legislative Entlastungen sind auch im Rahmen der Bemessungsgrundlage möglich.[229] Beihilferechtlich beachtlich können insoweit auch bestimmte „Betriebsausgaben, Werbungskosten, außergewöhnliche Belastungen oder Sonderausgaben" sein, die zu einer Minderung der Bemessungsgrundlage und damit auch zu einer geringeren Steuerbelastung führen.[230] Ebenso kann eine steuerliche Begünstigung von Unternehmen in bestimmten Verlustverrechnungsvorschriften bestehen, die es gestatten, erlittene Verluste mit Gewinnen aus vorangegangenen oder nachfolgenden Veranlagungszeiträumen zu verrechnen.[231] Der begünstigende Charakter genügt indes nicht; erforderlich ist zudem, dass die Verlustverrechnung auch selektiv wirkt.[232]

Inwieweit steuertarifliche Entlastungen einen beihilferelevanten Charakter aufweisen können, wurde vom Europäischen Gerichtshof in seinem Urteil zur Rechtssache *Kommission/Ungarn* entschieden.[233] Dass Tarifbegünstigungen grundsätzlich geeignet sind, eine beihilferelevante Begünstigung im Sinne des Art. 107 Abs. 1 AEUV darzustellen, hat der Europäische Gerichtshof bereits in

---

„gezielten steuerlichen Mehrbelastung" konkurrierende Unternehmen benachteiligt werden *Englisch*, in: Schaumburg/Englisch, Europäisches Steuerrecht, 2015, Rn. 9.14.

227 *Kokott*, Das Steuerrecht der Europäischen Union, 2018, § 3 Rn. 164.

228 *Fetzer*, in: Immenga/Mestmäcker, Wettbewerbsrecht, Bd. 5, 2021, XVIII. Beihilfenrecht und Steuern, Rn. 23.

229 Vgl. EuGH, Urteil vom 21.12.2016 – C-20/15, *Kommission/World Duty Free Group*, ECLI:EU:C:2016:981, Rn. 58 ff.

230 *Fetzer*, in: Immenga/Mestmäcker, Wettbewerbsrecht, Bd. 5, 2021, XVIII. Beihilferecht und Steuern, Rn. 24 mit Verweis auf EuG, Urteil vom 27.06.2019 – T-20/17, *Ungarn/Kommission*, ECLI:EU:T:2019:448, Rn. 120.

231 Siehe z. B. EU-Kommission, Beschluss vom 26.01.2011 – C7/10, KStG, *Sanierungsklausel*, ABl. 2011 L 235/26; EU-Kommission, Beschluss vom 20.03.2020 – SA.39078 – 2019/C, *Femern A/S*, ABl. 2020 L 339/1, Rn. 222.

232 Vgl. EuGH, Urteil vom 28.06.2018 – C-209/16 P, *Deutschland/Kommission*, ECLI:EU:C:2018:507.

233 EuGH, Urteil vom 16.03.2021 – C-596/19 P, *Kommission/Ungarn*, ECLI:EU:C:2021:202.

seinem *Adria-Wien-Pipeline*-Urteil in Betracht gezogen.[234] Ob in der Ausgestaltung eines Steuertarifs eine allgemeine Maßnahme zu sehen ist oder ob diese selektiv nur bestimmten Steuerpflichtigen gewährt wird, war hingegen bis zum Urteil in der Rechtssache *Kommission/Ungarn* fraglich.[235] Ebenfalls noch ungeklärt war, ob die progressive Ausgestaltung von Steuertarifen einen beihilferelevanten Vorteil begründen kann oder ob dies letztlich als allgemeine Maßnahme anzusehen sei.[236]

Das Gericht der Europäischen Union hat in Bezug auf die ungarische Werbesteuer entschieden, dass die progressive Tarifstruktur keine selektive Begünstigung sei, weil sich zwei Unternehmen, die unterschiedlichen Steuersätzen unterliegen, nicht in einer vergleichbaren tatsächlichen Situation befänden.[237] Die Progression des Steuertarifs stelle gerade keine Abweichung dar, sondern bilde selbst das maßgebliche Referenzsystem.[238] Demnach ist die progressive Tarifgestaltung zumindest nach der Auffassung des Gerichts der Europäischen Union beihilferechtlich dann nicht zu beanstanden, wenn sie am relativ verfügbaren Einkommen anknüpft und im Einklang mit dem Ziel der jeweiligen Steuer steht.[239]

Der Europäische Gerichtshof hat in der Rechtssache *Kommission/Ungarn* nun klargestellt, dass es den Mitgliedstaaten freistehe, das nach ihrem Dafürhalten am geeignetsten erscheinende Steuersystem zu wählen und die Anwendung einer progressiven Besteuerung festzulegen.[240] Das Beihilferecht hindere die Mitgliedstaaten nicht daran, progressive, die Leistungsfähigkeit der Steuerpflichtigen

---

234 EuGH, Urteil vom 08.11.2001 – C-143/99, *Adria-Wien Pipeline*, ECLI:EU:C:2001:598, Rn. 48 ff.

235 Vgl. *Fetzer*, in: Immenga/Mestmäcker, Wettbewerbsrecht, Bd. 5, 2021, XVIII. Beihilfenrecht und Steuern, Rn. 28.

236 Vgl. Schlussanträge der Generalanwältin *Kokott* vom 16.01.2020 – C-456/18 P, *Ungarn/Kommission*, ECLI:EU:C:2020:8, Rn. 69; EuGH, Urteil vom 03.03.2020 – C-75/18, *Vodafone Magyarország*, ECLI:EU:C:2020:139, Rn. 38 ff.; EuGH, Urteil vom 03.03.2020 – C-323/18, *Tesco-Global Áruházak*, ECLI:EU:C:2020:140, Rn. 65 ff.

237 EuG, Urteil vom 27.06.2019 – T-20/17, *Ungarn/Kommission*, ECLI:EU:T:2019:448, Rn. 110.

238 EuG, Urteil vom 27.06.2019 – T-20/17, *Ungarn/Kommission*, ECLI:EU:T:2019:448, Rn. 89 f.

239 EuG, Urteil vom 27.06.2019 – T-20/17, *Ungarn/Kommission*, ECLI:EU:T:2019:448, Rn. 89.

240 EuGH, Urteil vom 16.03.2021 – C-596/19 P, *Kommission/Ungarn*, ECLI:EU:C:2021:202, Rn. 43.

abbildende, Steuersätze festzulegen.[241] Schließlich konstatierte die Große Kammer, dass die Umsatzhöhe ein relatives sowie neutrales Unterscheidungskriterium sei und einen relevanten Indikator für die Leistungsfähigkeit darstelle, sodass die progressiven Steuersätze den Referenzrahmen für die Selektivitätsprüfung bilden können.[242] Dennoch könne nicht ausgeschlossen werden, dass die Ausgestaltung von Steuertarifen, insbesondere wenn sie ein offensichtlich diskriminierendes Element aufweisen, selektiv begünstigen können.[243]

Letztlich können auch legislative Steuerbefreiungen, die entweder personen- oder objektbezogen auftreten, einen beihilferelevanten Vorteil begründen. Der Europäische Gerichtshof hat sich bereits in mehreren Verfahren zu beihilfekritischen Steuerbefreiungen geäußert und insoweit festgestellt, dass diese geeignet sind, eine beihilfekritische Begünstigung für bestimmte Unternehmen darzustellen.[244] Ebenso können bestimmte Unternehmen auch dadurch begünstigt werden, indem ein Mitgliedstaat das Abgabensystem derart ausgestaltet, dass sich die gesamtsteuerliche Belastung nur für einen Teil der Unternehmen vermindert, während die übrigen Unternehmen weiterhin unverändert belastet werden.[245] In seiner *Gibraltar*-Rechtsprechung hat der Europäische Gerichtshof erstmals aufgezeigt, dass auch die Ausgestaltung des Steuersystems selbst selektiv wirken kann, wenn dieses zur Nichtbesteuerung von bestimmten Unternehmen führt.[246]

Im Übrigen hat auch die Kommission in Bezug auf die direkte Unternehmensbesteuerung festgestellt, dass steuerliche Vorschriften ebenso wie die unmittelbare Gewährung von staatlichen Mitteln eine Beihilfe darstellen können.[247]

---

241 EuGH, Urteil vom 16.03.2021 – C-596/19 P, *Kommission/Ungarn*, ECLI:EU:C:2021:202, Rn. 46.

242 EuGH, Urteil vom 16.03.2021 – C-596/19 P, *Kommission/Ungarn*, ECLI:EU:C:2021:202, Rn. 47.

243 EuGH, Urteil vom 16.03.2021 – C-596/19 P, *Kommission/Ungarn*, ECLI:EU:C:2021:202, Rn. 47.

244 Vgl. beispielsweise EuGH, Urteil vom 22.12.2008 – C-487/06 P, *British Aggregates/Kommission*, ECLI:EU:C:2008:757, Rn. 86 f.; EuGH, Urteil vom 26.04.2018 – C-233/16, *ANGED*, ECLI:EU:C:2018:280, Rn. 48 – 56.

245 Siehe zur wirkungsorientierten Selektivitätsprüfung bei systembedingten Begünstigungen für bestimmte Unternehmen *Fetzer/Böser*, DStR 2019, 1177 (1179).

246 EuGH, Urteil vom 15.11.2011 – C-106/09 P und C-107/09 P, *Kommission/Gibraltar*, ECLI:EU:C:2011:732, Rn. 92 ff.

247 EU-Kommission, Mitteilung der Kommission über die Anwendung der Vorschriften über staatliche Beihilfen auf Maßnahmen im Bereich der direkten Unternehmensbesteuerung vom 10.12.1998 – ABl. 1998 C 384/3, Rn. 8.

Entsprechend der Rechtsprechung ist es für die Europäische Kommission entscheidend, dass es – ungeachtet der technischen oder rechtlichen Ausgestaltung – zu einer Verminderung der normalerweise zu tragenden Abgabenlast durch die Maßnahme kommt.[248] Als potentiell beihilferelevante Maßnahmen der Legislative kommen daher Minderungen der steuerlichen Bemessungsgrundlage, wie beispielsweise die Anerkennung von Sonderausgaben oder außergewöhnlichen Belastungen, spezielle Freibeträge, beschleunigte oder außergewöhnliche Abschreibungsmöglichkeiten sowie Ermäßigungen des Steuerbetrags oder -satzes in Betracht.[249] Damit kann es auf jeder Ebene des Besteuerungsverfahrens, von der Bemessungsgrundlage über den Steuersatz bis hin zum Vollzug der Steuerschuld, zu einer beihilferelevanten Begünstigung kommen.

ββ) Begünstigung durch administrative Maßnahmen

Neben den legislativen Begünstigungen können beihilfekritische Begünstigungen auch durch die Steuerverwaltung gewährt werden. Von einer solchen Begünstigung ist insbesondere auszugehen, wenn der Gesetzgeber der Verwaltung entsprechende Ermessensspielräume zugesteht.[250] Auch wenn das deutsche Steuerrecht in weiten Teilen eine gebundene Verwaltung vorsieht und nur selten entsprechende Beurteilungsspielräume[251] gewährt, ist nicht auszuschließen, dass auch deutsche Steuervorschriften beihilfekritische Entscheidungsbefugnisse beinhalten können.

Insbesondere wenn der Erhalt einer Begünstigung im Ermessen der Finanzverwaltung liegt und diese im Einzelfall systemfremde Erwägungen heranzieht, kann dies nach Auffassung von Gerichtshof und Kommission eine

---

248 EU-Kommission, Mitteilung der Kommission über die Anwendung der Vorschriften über staatliche Beihilfen auf Maßnahmen im Bereich der direkten Unternehmensbesteuerung vom 10.12.1998 – ABl. 1998 C 384/3, Rn. 9.

249 Vgl. zu allen angeführten legislativen Steuerentlastungen: EU-Kommission, Mitteilung der Kommission über die Anwendung der Vorschriften über staatliche Beihilfen auf Maßnahmen im Bereich der direkten Unternehmensbesteuerung vom 10.12.1998 – ABl. 1998 C 384/3, Rn. 9; *Kokott*, Das Steuerrecht der Europäischen Union, 2018, § 3 Rn. 143.

250 EU-Kommission, Mitteilung der Kommission über die Anwendung der Vorschriften über staatliche Beihilfen auf Maßnahmen im Bereich der direkten Unternehmensbesteuerung vom 10.12.1998 – ABl. 1998 C 384/3, Rn. 21.

251 Siehe ausführlich zur Abgrenzung von Ermessen und Beurteilungsspielräumen *Schuster*, Beurteilungsspielräume der Verwaltung im Naturschutzrecht, 2020, S. 31 – 37.

beihilferelevante Begünstigung sein.[252] Es ist in diesem Zusammenhang unerheblich, ob die Verwaltung tatsächlich einen Ermessensfehler begeht; es genügt bereits die Möglichkeit einer weiten Ermessensausübung.[253] Beihilferechtlich ist es aber nicht zu beanstanden, wenn die Verwaltungsentscheidung auf objektive Kriterien zurückgeführt werden kann.[254] So können gerade temporäre Vorteile, wie etwa durch Stundungen, eine administrative Begünstigung darstellen.[255] Es kommt letztlich auf die ökonomische Entlastung des Unternehmens an, unabhängig davon, ob der Vorteil dem Unternehmen final oder lediglich temporär gewährt wird.[256]

Vor allem die sogenannten „Tax Rulings" standen zuletzt im Fokus des Europäischen Beihilferechts.[257] Die OECD definiert als Tax Ruling „alle Empfehlungen, Auskünfte oder Zusicherungen einer Steuerbehörde gegenüber einem bestimmten Steuerpflichtigen oder einer Gruppe von Steuerpflichtigen in Bezug auf dessen bzw. deren Steuersituation, auf die sich dieser Steuerpflichtige bzw.

---

252 EuGH, Urteil vom 26.09.1996 – C-241/94, *Frankreich/Kommission*, ECLI:EU:C:1996:353, Rn. 23 f.; EuGH, Urteil vom 18.07.2013 – C-6/12, *P Oy*, ECLI:EU:C:2013:525, Rn. 24 ff; EU-Kommission, Bekanntmachung der Kommission zum Begriff der staatlichen Beihilfe im Sinne des Art. 107 Abs. 1 des Vertrags über die Arbeitsweise der Europäischen Union – ABl. 2016 C 262/1, Rn. 124; vgl. zur Beihilferelevanz bei Ermessensausübung *Ferrenberg*, Der Einfluss des Europäischen Beihilferechts auf nationale Steuervergünstigungen, 2021, S. 318 ff.

253 EU-Kommission, Mitteilung der Kommission über die Anwendung der Vorschriften über staatliche Beihilfen auf Maßnahmen im Bereich der direkten Unternehmensbesteuerung vom 10.12.1998 – ABl. 1998 C 384/3, Rn. 21 f.

254 *Mestmäcker/Schweitzer*, in: Immenga/Mestmäcker, Wettbewerbsrecht, 5. Aufl. 2016, Art. 107 AEUV Rn. 238.

255 EuGH, Urteil vom 29.06.1999 – C-256/97, *Déménagements-Manutention Transport SA (DMT)*, ECLI:EU:C:1999:332, Rn. 24 f.

256 *Sutter*, Das EG-Beihilfenverbot und sein Durchführungsverbot in Steuersachen, 2005, S. 83.

257 Vgl. nur EuG, Urteil vom 15.07.2020 – T-778/16, T-892/16, *Irland und Apple/Kommission*, ECLI:EU:T:2020:338; EuG, Urteil vom 24.09.2019 – T-755/15, T-759/15, *Luxemburg und Fiat Chrysler Finance Europe/Kommission*, ECLI:EU:T:2019:670; EuG, Urteil vom 24.09.2019 – T-760/15, T-636/16, *Niederlande und Starbucks Corp/Kommission*, ECLI:EU:T:2019:669; sowie allgemein zu Tax Rulings *Ferrenberg*, Der Einfluss des Europäischen Beihilferechts auf nationale Steuervergünstigungen, 2021, S. 186 ff.; *Soltész*, EuZW 2021, 5 (7); *Freund/Seiler*, EuZW 2021, 673; *Lang*, IStR 2015, 369; *Linn*, IStR 2015, 114.

diese Gruppe von Steuerpflichtigen berufen kann."[258] Tax Rulings sind steuerliche Vorbescheide, die im deutschen Steuerrecht einer verbindlichen Auskunft nach § 89 Abs. 2 AO oder einer verbindlichen Zusage nach § 204 AO entsprechen und administrative Maßnahmen darstellen.[259] Solche Steuervorbescheide sollen dem Steuerpflichtigen Rechtssicherheit verschaffen und Gewissheit über die anzuwendenden Rechtsvorschriften sowie die Höhe der Steuerlast geben.[260] Ebenso soll der Steuerpflichtige bei geplanten Vorhaben die Steuerfolgen bereits vor der Umsetzung berücksichtigen können.[261] Eine verbindliche Auskunft nach § 89 Abs. 2 AO kann beihilferelevant sein, wenn sich die Begünstigung aus einer für den Steuerpflichtigen vorteilhaften Ermittlung des maßgeblichen Sachverhalts und nicht erst aus der materiellen Gesetzesanwendung ergibt. Beihilferechtlich nicht zu beanstanden ist hingegen, wenn mit der verbindlichen Auskunft durch Auslegung von Rechtsvorschriften Rechtssicherheit geschaffen werden soll und keine Verhandlung über die tatsächliche Steuerlast des Steuerpflichtigen stattfindet.[262]

Auch im Hinblick auf den erbschaftsteuerlichen Verschonungsabschlag nach §§ 13a, 13b ErbStG sind administrative Begünstigungen nicht auszuschließen. Insbesondere zu Bewertungsfragen, zur Abgrenzung des begünstigten Vermögens vom Verwaltungsvermögen, zur Inanspruchnahme des Vorwegabschlags nach § 13a Abs. 9 ErbStG oder zur Feststellung der Ausgangslohnsumme[263] sind verbindliche Auskünfte denkbar.[264]

β) Umfang der Begünstigung

Während bei aktiven staatlichen Zahlungen der Umfang der Begünstigung sich vergleichsweise leicht anhand der absolut geleisteten Höhe beziffern lässt, bedarf

---

258 OECD, OECD/G20 Projekt Gewinnverkürzung und Gewinnverlagerung, Aktionspunkt 5 – Abschlussbericht 2015, S. 53.

259 *Mestmäcker/Schweitzer*, in: Immenga/Mestmäcker, Wettbewerbsrecht, 5. Aufl. 2016, Art. 107 AEUV Rn. 243.

260 *Ferrenberg*, Der Einfluss des Europäischen Beihilferechts auf nationale Steuervergünstigungen, 2021, S. 187 m. w. N.

261 Vgl. *Dannecker/Werder*, BB 2011, 2268 (2269); das Rechtsstaatsprinzip gebiete es, dass Steuerpflichtige die steuerlichen Folgen ihres Handelns mit „großer Sicherheit" abschätzen können, *Werder/Dannecker*, BB 2014, 926 (932).

262 *Soltész*, EuZW 2015, 127 (130).

263 Siehe ausführlich zum Regelungsmechanismus des Verschonungsabschlags: E. I. 2.

264 Vgl. *Jülicher*, in: Troll/Gebel/Jülicher/Gottschalk, ErbStG, 61. EL 2021, § 13b Rn. 444; *Kowanda*, DStR 2018, 1902 (1905).

es in Bezug auf Steuervergünstigungen einer vergleichenden Betrachtung. Der Umfang der steuerlichen Begünstigung ergibt sich aus einem Vergleich zwischen der hypothetisch zu tragenden Belastung mit der steuerbegünstigten Belastung des betreffenden Unternehmens.[265] Es sind sämtliche Folgen, die mit der betreffenden Maßnahme einhergehen, zu berücksichtigen; dies betrifft die zusätzlichen Belastungen desselben Unternehmens, die mit der Begünstigung verbunden sind und sich beispielsweise aus einer damit zusammenhängenden Pflicht ergeben.[266] Unbeachtlich ist aber, ob durch die betreffende Maßnahme die Wettbewerbsbedingungen denen der anderen Mitgliedstaaten angenähert werden sollen: Nach Rechtsprechung des Europäischen Gerichtshofs entfällt der begünstigende Charakter nicht bereits deshalb, weil durch sie Nachteile im Vergleich zu anderen Mitgliedstaaten ausgeglichen werden sollen.[267]

Bei Zahlungsaufschüben oder Steuerstundungen kann der Vorteil in den daraus resultierenden Zins- und Liquiditätseffekten bestehen, da auch hier das begünstigte Unternehmen temporär bessergestellt wird.[268] Bei der Höhe des Zins- oder Stundungsvorteils ist der marktübliche Zinssatz zu berücksichtigen.[269] Nach Auffassung der Europäischen Kommission ist bei Zinsvergünstigungen die Differenz zwischen gefordertem Zinssatz und den marktüblichen Zinssätzen maßgeblich.[270] Bei durch den Mitgliedstaat gewährten Sonderabschreibungen sah die Kommission die Begünstigung unter anderem in der damit verbundenen Flexibilität, welche es den Unternehmen ermöglichte die Sonderabschreibung in

265 *Ferrenberg*, Der Einfluss des Europäischen Beihilferechts auf nationale Steuervergünstigungen, 2021, S. 103.

266 Vgl. EuG, Urteil vom 26.02.2019 – T-865/16, *Fútbol Club Barcelona/Kommission*, ECLI:EU:T:2019:113, Rn. 48.

267 EuGH, Urteil vom 19.05.1999 – C-6/97, *Italien/Kommission*, ECLI:EU:C:1999:251, Rn. 21; EuGH, Urteil vom 29.04.2004 – C-372/97, *Italien/Kommission*, ECLI:EU:C:2004:234, Rn. 67; EuGH, Urteil vom 03.03.2005 – C-172/03, *Heiser*, ECLI:EU:C:2005:130, Rn. 54.

268 EuGH, Urteil vom 29.06.1999 – C-256/97, *Déménagements-Manutention Transport SA (DMT)*, ECLI:EU:C:1999:332, Rn. 24 f.; EuGH, Urteil vom 19.09.2000 – C-156/98, *Deutschland/Kommission*, ECLI:EU:C:2000:467, Rn. 24.

269 Siehe allgemein zur Realitätsgerechtigkeit des Zinssatzes der Vollverzinsung: *Zahn*, Das Gebot der Realitätsgerechtigkeit von Typisierungen im Steuerrecht, 2021; *ders.*, DStZ 2020, 573.

270 EU-Kommission, Entscheidung über eine staatliche Beihilfe an die Compañia Española de Tubos por Extrusión S.A., Llodio (Álava) vom 30.07.1996 – ABl. EG 1997 L 8/14 (21, 23).

einem Wirtschaftsjahr ihrer Wahl vorzunehmen.[271] Die Höhe der Begünstigung war die Differenz zwischen der Steuerlast auf das hypothetisch zu versteuernde Einkommen und dem durch die Sonderabschreibung reduzierten.

χ) Market Economy Operator Test

Zur Feststellung, ob ein Mitgliedstaat Unternehmen oder Produktionszweigen eine Begünstigung gewährt, greifen Europäische Kommission und Europäische Gerichtsbarkeit in bestimmten Fällen auf den sogenannten Market Economy Operator Test zurück.[272] Dies soll aber bei staatlichen Maßnahmen im Bereich des Steuerrechts grundsätzlich nicht der Fall sein, da bei einer hypothetischen Betrachtung ein Privater nicht ohne Weiteres die Stellung eines Hoheitsträgers einnehmen könnte.[273] Nach Auffassung des Europäischen Gerichtshofs ist der Market Economy Operator Test bei steuerlichen Maßnahmen dennoch dem Grunde nach anwendbar.[274]

αα) Der Grundsatz des marktwirtschaftlich handelnden Investors

Nach dem Grundsatz des marktwirtschaftlich handelnden Kapitalgebers soll marktgerechtes staatliches Handeln von einer beihilferechtlich relevanten Begünstigung abgegrenzt werden.[275] Insbesondere bei staatlichen Einzelmaßnahmen, wie etwa der Gewährung eines Darlehens, können die Konditionen mit den marktüblichen Bedingungen abgeglichen werden. Dies gilt auch bei einem Verzicht auf eine Forderung, um ein bestehendes Dauerschuldverhältnis zu erhalten und künftig Zahlungen sicherzustellen.[276] Das Verhalten des Mitgliedstaates wird mit dem Verhalten eines hypothetischen marktwirtschaftlich

---

271 EU-Kommission, Entscheidung über eine steuerliche Beihilfe in Form einer Abschreibungsregelung zugunsten der deutschen Luftverkehrsunternehmen vom 13.03.1996 – ABl. EG 1996 L 146/42 (45).

272 *Cremer*, in: Calliess/Ruffert, EUV/AEUV, 5. Aufl. 2016, Art. 107 AEUV Rn. 11; *Wienbracke*, WRP 2016, 154 (157).

273 *Bartosch*, EU-Beihilfenrecht, 2. Aufl. 2016, B. Rn. 85; *Fetzer*, in: *Immenga/Mestmäcker*, Wettbewerbsrecht, Bd. 5, 2021, XVIII. Beihilferecht und Steuern, Rn. 37.

274 EuGH, Urteil vom 05.06.2012 – C-124/10 P, *Kommission/EDF*, ECLI:EU:C:2012:318, Rn. 33.

275 *Cremer*, in: Calliess/Ruffert, EUV/AEUV, 5. Aufl. 2016, Art. 107 AEUV Rn. 11; *Bartosch*, EU-Beihilfenrecht, 2. Aufl. 2016, B. Rn. 85; *Kühling*, in: Streinz, EUV/AEUV, 3. Aufl. 2018, Art. 107 Rn. 32.

276 *Schnitger*, IStR 2017, 421 (426).

handelnden Investors verglichen.[277] Würde dieser bei einer entsprechenden Maßnahme ungünstigere Konditionen vorsehen, kann eine Begünstigung im Sinne des Art. 107 Abs. 1 AEUV vorliegen.[278]

Bei staatlichen Steuermaßnahmen stellt sich jedoch die Frage, ob der Market Economy Operator Test überhaupt anwendbar ist.[279] Die Mitgliedstaaten üben bei steuerlichen Maßnahmen als Hoheitsträger regelmäßig einseitig ihre Hoheitsrechte aus.[280] Ein Vergleich mit einem marktwirtschaftlich handelnden Investor könnte bereits daran scheitern.[281] Ein privater Investor wäre nämlich nicht in der Lage Unternehmen einseitig eine Belastung aufzuerlegen oder eine Entlastung zu gewähren. Im Rahmen von hoheitlichen Maßnahmen finden Rentabilitätserwägungen, die ein privater Investor vornimmt, regelmäßig keine Beachtung.[282]

Dennoch hat der Europäische Gerichtshof in der Rechtssache *Kommission/EDF* nochmals betont, dass der Private-Investor-Test nicht allein deshalb nicht zur Anwendung kommen würde, weil die betreffende Maßnahme eine steuerliche Maßnahme sei.[283] Die Besonderheit in der Rechtssache *Kommission/EDF* bestand allerdings darin, dass der Französische Staat an dem begünstigten Unternehmen beteiligt war. Für den Europäischen Gerichtshof war für die Anwendbarkeit des Market Economy Operator Test mithin entscheidend, ob der Mitgliedstaat in seiner Eigenschaft als Anteilseigner und nicht in seiner Eigenschaft als Träger öffentlicher Gewalt den wirtschaftlichen Vorteil gewährt hat.[284]

---

277 EuGH, Urteil vom 21.03.1991 - C-305/89, *Italien/Kommission*, ECLI:EU:C:1991:142, Rn. 19.

278 EuGH, Urteil vom 03.04.2014 - C-224/12 P, *Kommission/Niederlande*, ECLI:EU:C:2014:213, Rn. 29 ff.; EuGH, Urteil vom 05.06.2012 - C-124/10 P, *Kommission/EDF*, ECLI:EU:C:2012:318, Rn. 30 ff.

279 Vgl. *Bartosch*, EU-Beihilfenrecht, 2. Aufl. 2016, B. Rn. 85; *Balbinot*, Beihilfeverbot und Rechtsformneutralität, 2018, S. 28.

280 *Balbinot*, Beihilfeverbot und Rechtsformneutralität, 2018, S. 28; *Rosenberg*, Das beihilferechtliche Durchführungsverbot im Steuerverfahren, 2014, S. 50.

281 So bereits: Generalanwalt *Léger*, Schlussanträge vom 14.01.2003 - C-280/00, *Altmark Trans*, ECLI:EU:C:2002/188, Rn. 20 ff.

282 *Cremer*, in: Calliess/Ruffert, EUV/AEUV, 5. Aufl. 2016, Art. 107 AEUV Rn. 11.

283 EuGH, Urteil vom 05.06.2012 - C-124/10 P, *Kommission/EDF*, ECLI:EU:C:2012:318, Rn. 92.

284 EuGH, Urteil vom 05.06.2012 - C-124/10 P, *Kommission/EDF*, ECLI:EU:C:2012:318, Rn. 81 ff.

ββ) Der Market Economy Operator Test im Steuerrecht

Vom Europäischen Gerichtshof werden zwei Konstellationen unterschieden, bei denen der Market Economy Operator Test in Bezug auf steuerliche Maßnahmen Anwendung findet: [285] Neben der Vorteilsgewährung an ein Unternehmen, an dem der Mitgliedstaat selbst beteiligt ist,[286] besteht ebenso die Möglichkeit insolvenzbedrohte Unternehmen steuerlich zu verschonen.[287]

In der Rechtssache *Ecotrade* prüfte der Gerichtshof, ob die faktische Stundung von Abgaben innerhalb eines speziellen Konkursverfahrens, in dem das insolvenzbedrohte Unternehmen vor Zwangsvollstreckungen durch Gläubiger geschützt ist und zugleich die Geschäftstätigkeit aufrechterhalten kann, eine Begünstigung darstellt.[288] Der Europäische Gerichtshof legte seiner Annahme zugrunde, dass mit der Fortsetzung des Betriebs ein faktischer Verzicht auf Steuereinnahmen einhergehe und sie daher mit der Situation zu vergleichen sei, die bei der Anwendung der regulären konkursrechtlichen Vorschriften existieren würde.[289] Nur wenn sich aus dem Vergleich der beiden Szenarien ergebe, dass die gewährte Vergünstigung für Italien keine zusätzliche Belastung darstelle, sei eine Begünstigung zu verneinen.[290] In seinen Ausführungen bezieht sich der Gerichtshof nicht ausdrücklich auf das Private-Market-Investor-Prinzip, legt seinem Vergleich aber ähnliche ökonomische Erwägungen zugrunde. Eine zusätzliche Belastung des Staates wäre nämlich abzulehnen, wenn er trotz der Stundung der Abgabenforderung nachweisen kann, dass er durch Rehabilitation des betroffenen Unternehmens höhere Rückzahlungen erhalten hat oder zumindest wird.[291]

---

285 Vgl. *Englisch*, in: Schaumburg/Englisch, Europäisches Steuerrecht, 2015, Rn. 9.13.

286 Vgl. EuGH, Urteil vom 05.06.2012 - C-124/10 P, *Kommission/EDF*, ECLI:EU:C:2012:318.

287 Liegt statt einer aktiven Leistung eine Verschonung von Unternehmen durch den Mitgliedstaat vor, so ist nicht mehr vom Prinzip des privaten Investors die Rede, sondern vom „Prinzip des privaten Gläubigers", vgl. nur EuGH, Urteil vom 24.01.2013 - C-73/11 P, *Frucona Košice a.s.*, ECLI:EU:C:2013:32.

288 EuGH, Urteil vom 01.12.1998 - C-200/97, *Ecotrade/Altiforni e Ferriere di Servola*, ECLI:EU:C:1998:579, Rn. 43.

289 EuGH, Urteil vom 01.12.1998 - C-200/97, *Ecotrade/Altiforni e Ferriere di Servola*, ECLI:EU:C:1998:579, Rn. 43.

290 EuGH, Urteil vom 01.12.1998 - C-200/97, *Ecotrade/Altiforni e Ferriere di Servola*, ECLI:EU:C:1998:579, Rn. 43.

291 *Rosenberg*, Das beihilferechtliche Durchführungsverbot im Steuerverfahren, 2014, S. 51.

Das Gericht der Europäischen Union erklärte in seinem Urteil zur Rechtssache *Électricité de France*, dass zwischen staatlichen Interventionen mit wirtschaftlichem Charakter und solchen mit reinem Hoheitscharakter zu unterscheiden sei.[292] Nach der Auffassung des Gerichts soll der Market Economy Operator Test lediglich bei Maßnahmen mit wirtschaftlichem Charakter anwendbar sein: Hoheitsakte ohne einen solchen wirtschaftlichen Bezug könne ein privater Wirtschaftsteilnehmer weder vornehmen noch anordnen, sodass eine Vergleichbarkeit in diesen Fällen ausscheiden müsse.[293] Das Gericht beschäftigte sich in der Rechtssache *Électricité de France* mit einem Steuerverzicht zugunsten eines Unternehmens, dessen alleiniger Anteilseigner der französische Staat war. Auch wenn zuvor betont wurde, dass das Prinzip des marktwirtschaftlich handelnden Investors auf hoheitliche Maßnahmen nicht anzuwenden sei, sah das Gericht in dem gewährten Steuerverzicht dennoch einen wirtschaftlichen Charakter, sodass es die Anwendbarkeit schließlich bejahte.[294] Wirtschaftlich betrachtet ist es nämlich kongruent, ob der Staat dem Unternehmen, an dem er selbst beteiligt ist, aktiv Kapital überlässt oder Steuern erlässt, die das Unternehmen normalerweise zu tragen hätte.[295]

Folglich ist bei steuerlichen Maßnahmen ein genereller Vergleich zu einem hypothetischen privaten Gläubiger nicht möglich: Ein Vergleich scheidet nämlich dann aus, wenn der Staat als Hoheitsträger tätig wird, wie beispielsweise bei seiner Grundbelastungsentscheidung und der Festlegung von Steuersätzen sowie Steuertatbeständen.[296] Ein Vergleich mit einem hypothetischen privaten Gläubiger ist bereits deshalb nicht abbildbar, weil dieser nicht unilateral tätig werden kann.[297] Wenn ein Mitgliedstaat lediglich seine Funktion als

---

292 EuG, Urteil vom 16.01.2018 – T-747/15, *EDF/Kommission*, ECLI:EU:T:2018:6, Rn. 186; so bereits Generalanwalt *Léger*, Schlussanträge vom 14.01.2003 – C-280/00, *Altmark Trans*, ECLI:EU:C:2002:188, Rn. 20 ff.

293 EuG, Urteil vom 16.01.2018 – T-747/15, *EDF/Kommission*, ECLI:EU:T:2018:6, Rn. 186-190.

294 EuG, Urteil vom 16.01.2018 – T-747/15, *EDF/Kommission*, ECLI:EU:T:2018:6, Rn. 191.

295 *Fetzer*, in: Immenga/Mestmäcker, Wettbewerbsrecht, Bd. 5, 2021, XVIII. Beihilferecht und Steuern, Rn. 37.

296 *Rosenberg*, Das beihilferechtliche Durchführungsverbot im Steuerverfahren, 2014, S. 52; *Ferrenberg*, Der Einfluss des Europäischen Beihilferechts auf nationale Steuervergünstigungen, 2021, S. 118 f.

297 *Rosenberg*, Das beihilferechtliche Durchführungsverbot im Steuerverfahren, 2014, S. 52.

Hoheitsträger ausübt und im Rahmen seiner steuerlichen Autonomie tätig wird, soll der Market Economy Operator Test folgerichtig keine Anwendung finden.

Im Übrigen sind die steuerlichen Grundbelastungsentscheidungen oftmals Ausfluss politscher sowie gesellschaftlicher Interessen, bei denen die Erreichung makroökonomischer Ziele im Mittelpunkt steht.[298] Ein privater Gläubiger hingegen beschäftigt sich vor allem mit mikroökonomischen Gesichtspunkten, wie etwa der Rentabilität, Effizienz oder Liquidität. So hat auch der Generalanwalt *Jacobs* in seinen Schlussanträgen zur Rechtssache *DM Transport* konstatiert, dass bei einem hypothetischen privaten Gläubiger davon auszugehen sei, dass dieser nach seinen eigenen kaufmännischen Interessen handle.[299]

Im Bereich des Steuerrechts ist ein Vergleich mit einem hypothetischen privaten Gläubiger richtigerweise daher nur für diejenigen konkreten (hoheitlichen) Maßnahmen geboten, in denen der Staat zugleich als Eigentümer des begünstigten Unternehmens auftritt.[300] Verhält sich ein Mitgliedstaat in einer vergleichbaren Situation wie ein privater Gläubiger und hätte auch dieser einen vergleichbaren angemessenen Vorteil gewährt, so ist das Vorliegen einer Begünstigung abzulehnen.[301]

δ) Die Belastung konkurrierender Unternehmen als Begünstigung

Führt eine staatliche Maßnahme – beispielsweise durch die Erhebung zusätzlicher Abgaben – für Wirtschaftsteilnehmer zu einer höheren Belastung, ist dies für sich genommen beihilferechtlich zunächst nicht zu beanstanden. Beihilfekritisch können allerdings zusätzliche Belastungen für nur bestimmte Unternehmen sein, wenn andere vergleichbare Unternehmen nicht zusätzlich belastet oder sogar verschont werden.[302] In diesem Zusammenhang wird teilweise auch der Begriff „Verschonungssubventionen“ verwendet, da das beihilferechtlich charakterisierende Merkmal die Verschonung bestimmter Wirtschaftsteilnehmer ist.[303] Den nicht belasteten Unternehmen erwächst durch die nicht erhobene

---

298 *Cremer*, in: Calliess/Ruffert, EUV/AEUV, 5. Aufl. 2016, Art. 107 AEUV Rn. 12.

299 Generalanwalt *Jacobs*, Schlussanträge vom 24.09.1998 – C-256/97, *Déménagements-Manutention Transport SA (DMT)*, ECLI:EU:C:1998:436, Rn. 36.

300 *Fetzer*, in: Immenga/Mestmäcker, Wettbewerbsrecht, Bd. 5, 2021, XVIII. Beihilferecht und Steuern, Rn. 37.

301 *Kühling*, in: Streinz, EUV/AEUV, 3. Aufl. 2018, Art. 107 Rn. 32.

302 *Koschyk*, Steuervergünstigungen als Beihilfen nach Art. 92 EG-Vertrag, 1999, S. 56.

303 Vgl. *Mederer*, in: von der Groeben/Schwarze/Hatje, Europäisches Unionsrecht, 7. Aufl. 2015, Art. 107 AEUV Rn. 7; *Hoischen*, Die Beihilferegelung in Artikel 92 EWGV, 1989, S. 53 ff.; *Koschyk*, Steuervergünstigungen als Beihilfen nach Art. 92 EG-Vertrag, 1999, S. 56.

zusätzliche Belastung kein unmittelbarer finanzieller Vorteil, da sich die mikroökonomische Situation nicht verändert.

Auch der Europäische Gerichtshof hat bereits konstatiert, dass nicht nur die Verbesserung der Situation bestimmter Unternehmen eine Begünstigung darstellen kann, sondern auch dann eine Beihilfe anzunehmen sei, wenn sich die Lage des Unternehmens im Vergleich zu anderen weniger verschlechtert hat.[304] Der Umfang entspricht regelmäßig der Höhe der zusätzlichen Belastung.[305] Hieraus ergibt sich dann regelmäßig eine bessere Wettbewerbssituation für die verschonten Unternehmen.[306] Da diese die Besserstellung jedoch nicht durch eine direkte Begünstigung erhalten haben, liegt es nahe, in diesem Kontext den Begriff der „indirekten Beihilfe" zu verwenden.[307] Der Vorteil für die indirekt begünstigten Unternehmen resultiert damit aus der Schlechterstellung der anderen vergleichbaren Unternehmen.[308]

Problematisch bei solchen Begünstigungen ist allerdings die Beurteilung, inwiefern mit der belastenden Maßnahme für bestimmte Unternehmen ein Verzicht auf Steuersubstrat durch die Verschonung anderer Unternehmen einhergeht. Wird eine zusätzliche Abgabe für bestimmte Wirtschaftsteilnehmer eingeführt, geht dies regelmäßig auf eine Einnahmenerzielungsabsicht zurück und hat ein höheres Steueraufkommen zur Folge. Der beihilferelevante Einnahmeverzicht kann in diesem Fall jedoch aus dem Umstand resultieren, dass bei der Einführung einer solchen Maßnahme bestimmte Unternehmen oder Güter bewusst von einer zusätzlichen Abgabenlast verschont werden.[309]

---

304 EuGH, Urteil vom 08.11.2001 – C-143/99, *Adria-Wien Pipeline*, ECLI:EU:C:2001:598, Rn. 41 ff.

305 Siehe zum Umfang der Begünstigung: B. II. 2. b) bb) β).

306 *Hoischen*, Die Beihilferegelung in Artikel 92 EWGV, 1989, S. 53.

307 In diesen Konstellationen wäre die Bezeichnung „mittelbare" Beihilfe nicht sachgerecht und letztlich auch unzutreffend. Die Mittelbarkeit impliziert regelmäßig eine über Zwischenglieder erfolgende Vorgehensweise, bei welcher dem Empfänger einer Maßnahme nicht gleichzeitig oder nicht ausschließlich auch die Wirkung dieser Maßnahme zugutekommt. Bei der indirekten Begünstigung hingegen tritt die Wirkung der Maßnahme als indirekte Folge zugunsten des nicht belasteten Unternehmens ein.

308 *Beseler*, Die Abwehr von Dumping und Subventionen durch die Europäischen Gemeinschaften, 1980, S. 76 f.; *Koschyk*, Steuervergünstigungen als Beihilfen nach Art. 92 EG-Vertrag, 1999, S. 56.

309 *Hoischen*, Die Beihilferegelung in Artikel 92 EWGV, 1989, S. 53 f.

cc) Die mittelbare Begünstigung

Die unmittelbare Begünstigung von Unternehmen kann vergleichsweise leicht identifiziert werden, da bei diesen die Unternehmen unmittelbare Adressaten der begünstigenden Maßnahme sind.[310] In einem solchen Fall fließt dem Unternehmen der wirtschaftliche Vorteil unmittelbar zu, sodass die Begünstigung auch als sogenannte „Erstbegünstigung"[311] bezeichnet wird.

Allerdings kann ein Unternehmen auch dann einen Vorteil durch eine Maßnahme erhalten, wenn die Begünstigung nicht ihm direkt gewährt wird, sondern einem Dritten, dem Unternehmen hieraus aber ein finanzieller Vorteil erwächst.[312] Der Europäische Gerichtshof hat die Möglichkeit einer solchen mittelbaren Begünstigung beispielsweise bereits in seinem Urteil vom 19. September 2000[313] zur Rechtssache *Deutschland/Kommission* angenommen. Auch die Kommission hat sich in ihrer Bekanntmachung vom 19. Juli 2016 mit dem Vorliegen einer mittelbaren Begünstigung auseinandergesetzt.[314]

Obwohl mittelbare Begünstigungen in den letzten Jahren eher an Relevanz verloren haben, sollten sie gerade im Hinblick auf die Verschonungsregelung des § 13a ErbStG besondere Beachtung verdienen, da diese Begünstigung regelmäßig nur dem Erwerber von begünstigtem Betriebsvermögen gewährt werden soll und nicht dem Unternehmen selbst.[315] Für den Beihilfecharakter des Verschonungsabschlags ist es daher entscheidend, ob der gewährte Vorteil letztlich das erworbene Unternehmen wirtschaftlich begünstigt.[316] Dementsprechend ist es geboten, dass im Folgenden die Thematik der mittelbaren Begünstigung i. S. v. Art. 107 Abs. 1 AEUV aufgearbeitet wird.

---

310 *Milutinović*, in: HFSt (8) 2018, S. 85.

311 Vgl. *Heidenhain*, in: Heidenhain, Handbuch des Europäischen Beihilfenrechts, 1. Aufl. 2003, § 4 Rn. 14; *Heidenhain*, EuZW 2007, 623.

312 Teilweise wird dies auch als sogenannte „Zweitbegünstigung" bezeichnet, vgl. etwa *Heidenhain*, in: Heidenhain, Handbuch des Europäischen Beihilfenrechts, 1. Aufl. 2003, § 4 Rn. 14; *Heidenhain*, EuZW 2007, 623.

313 EuGH, Urteil vom 19.09.2000 – C-156/98, *Deutschland/Kommission*, ECLI:EU:C:2000:467.

314 EU-Kommission, Bekanntmachung zum Begriff der staatlichen Beihilfe im Sinne des Artikels 107 Absatz 1 des Vertrages über die Arbeitsweise der Europäischen Union vom 19.07.2016 – ABl. 2016 C 262/1, Rn. 115 ff.

315 BMF, Referentenentwurf vom 01.06.2015, Teil A VI., S. 18.

316 Siehe: E. II. 1. b).

α) Der Begriff der mittelbaren Begünstigung

Das Vorliegen einer mittelbaren Begünstigung ist im Rahmen der beihilferechtlichen Prüfung auf der Ebene der Begünstigung eines Unternehmens zu thematisieren. Vielfach werden Beihilfen, die auf eine mittelbare Begünstigung von Unternehmen zurückzuführen sind, auch als „mittelbare Beihilfen" bezeichnet.[317]

αα) Die mittelbare Begünstigung in der Entscheidungspraxis

Europäische Kommission und Europäischer Gerichtshof hatten bereits in einigen Verfahren über das Vorliegen einer mittelbaren Begünstigung zu entscheiden.[318] Gleichwohl hat diese Thematik in der jüngeren Beihilfepraxis eher an Relevanz verloren. Diese Entwicklung ist nicht zuletzt dem Umstand geschuldet, dass die Voraussetzungen für diese Art der Beihilfe nur schwer greifbar sind und hierdurch eine uferlose Ausweitung des Anwendungsbereichs von Art. 107 Abs. 1 AEUV droht.[319] Dennoch ist es geboten, nachfolgend beachtenswerte Entscheidungen zu dieser speziellen beihilferechtlichen Ausprägung darzulegen.

i. Entscheidungen der Europäischen Kommission zur mittelbaren Begünstigung

Die Europäische Kommission hatte bereits in ihrer Entscheidung zu § 52 Abs. 8 EStG a. F.[320] für das Vorliegen einer indirekten Begünstigung festgestellt, dass die Erstbegünstigung ursächlich für die Begünstigung des Zweitbegünstigten sei.[321] Daher kam sie hinsichtlich der steuerlichen Anreize für gemeinsame Anlagen

---

317 Vgl. *Heidenhain*, EuZW 2007, 623; *Soltész/Hellstern*, EuZW 2013, 489; *Corzilius*, EuZW 2014, 269; *Mestmäcker/Schweitzer*, in: Immenga/Mestmäcker, Wettbewerbsrecht, 5. Aufl. 2016, Art. 107 Rn. 58.

318 EU-Kommission, Entscheidung vom 21.01.1998, ABl. EU 1998, Nr. L 212/50; bestätigt durch EuGH, Urteil vom 19.09.2000 – C-156/98, *Deutschland/Kommission*, ECLI:EU:C:2000:467; EU-Kommission, Entscheidung vom 24.01.2007, ABl. EU 2007, Nr. L 147/1; EuGH, Urteil vom 13.06.2002 – C-382/99, *Niederlande/Kommission*, ECLI:EU:C:2002:363; EuGH, Urteil vom 28.07.2011 – C-403/10 P, *Mediaset SpA/Kommission*, ECLI:EU:C:2011:533.

319 Zur uferlosen Ausweitung *Heidenhain*, EuZW 2007, 623 (626); zur fehlenden Greifbarkeit *Soltész/Hellstern*, EuZW 2013, 489 (493).

320 EU-Kommission, Entscheidung vom 21.01.1998, ABl. EU 1998, Nr. L 212/50; bestätigt durch EuGH, Urteil vom 19.09.2000 – C-156/98, *Deutschland/Kommission*, ECLI:EU:C:2000:467.

321 *Heidenhain*, EuZW 2007, 623 (624).

in Wertpapiere zu der gleichen Auffassung wie anschließend auch das Gericht der Europäischen Union und qualifizierte diese als mittelbare Begünstigung bestimmter Unternehmen.[322] Die darin enthaltenen Begünstigungen kämen vor allem den Gesellschaften, in die investiert werde, zugute.[323] Aufgrund der höheren Nachfrage für solche Anteile verbessert sich nämlich auch die finanzielle Lage der Investmentgesellschaft.[324]

In der Entscheidung *Decoder*[325] hat die Kommission in den Zuschüssen an Privatpersonen für den Kauf eines Decoders zugleich eine indirekte Begünstigung bestimmter Fernsehsender gesehen. Als Begründung führte sie unter anderem an, dass die Zuschüsse an Verbraucher es bestimmten Fernsehsendern ermögliche, ihren Kundenkreis schneller aufzubauen, als dies ohne einen solchen Zuschuss der Fall gewesen wäre.[326] Außer Acht gelassen hat die Europäische Kommission in diesem Zusammenhang allerdings, dass der Kreis der mittelbar begünstigten Unternehmen dabei auch auf weitere Wirtschaftsteilnehmer hätte ausgedehnt werden können: So hätten mittelbare Begünstigungen auch bei den Netzbetreibern, den Herstellern, den Zulieferern und den Händlern dieser Decoder angenommen werden können[327], sofern eine entsprechende Selektivität dieser ebenso vorgelegen hätte.

ii. Rechtsprechung der Europäischen Gerichtsbarkeit zur mittelbaren Begünstigung

Auch der Europäische Gerichtshof hatte sich unter anderem mit den vorgenannten Verfahren zu befassen. In seinem Urteil vom 19. September 2000 hat der Europäische Gerichtshof die verbesserten steuerlichen Abzugsmöglichkeiten für Investitionen in Unternehmen der neuen Bundesländer gemäß § 52 Abs. 8 EStG a. F. als mittelbare Begünstigung gewertet.[328] Die Regelung sei insoweit als Beihilfe

---

322 EU-Kommission, Entscheidung vom 06.09.2005 - 2006/638/EG, ABl.EU Nr. L 268 v. 27.09.2006, S. 1 Rn. 36 ff. - Rs. Fineco, bestätigt durch den EuG, Urteil vom 04.03.2009 - T-445/05, *Fineco Asset Management/Kommission*, ECLI:EU:T:2009:50.

323 EU-Kommission, Entscheidung vom 06.09.2005 - 2006/638/EG, ABl.EU Nr. L 268 v. 27.09.2006, S. 1 Rn. 36 ff. - Rs. Fineco, bestätigt durch den EuG, Urteil vom 04.03.2009 - T-445/05, *Fineco Asset Management/Kommission*, ECLI:EU:T:2009:50.

324 *Soltész/Hellstern*, EuZW 2013, 489 (490).

325 EU-Kommission, Entscheidung vom 24.01.2007, ABl. EU 2007, Nr. L 147/1.

326 EU-Kommission, Entscheidung vom 24.01.2007, ABl. EU 2007, Nr. L 147/1, Rn. 86.

327 *Heidenhain*, EuZW 2007, 623 (624).

328 EuGH, Urteil vom 19.09.2000 - C-156/98, *Deutschland/Kommission*, ECLI:EU:C:2000:467.

zu qualifizieren, da sie bestimmte, in den neuen Bundesländern und Westberlin ansässige Unternehmen begünstige.[329] Durch den Verzicht auf Steuereinnahmen können Investoren, Beteiligungen an diesen Unternehmen steuerlich vergünstigt erwerben.[330] Dadurch erscheinen diese Beteiligungen attraktiver, sodass ihnen aufgrund steigender Nachfrage ein wirtschaftlicher Vorteil zuteilwurde. Mangels Selektivität der Regelung konnte eine unionsrechtswidrige Begünstigung auf der Ebene der Erstbegünstigten nicht angenommen werden, sondern lediglich bei den (bestimmbaren) Unternehmen als Zweitbegünstigte, in die potentiell investiert wurde.[331] Des Weiteren stellte der Gerichtshof klar, dass das Hinzutreten einer autonomen Entscheidung der Investoren den Zusammenhang zwischen Steuervergünstigung und Vorteil für das betreffende Unternehmen nicht entfallen lasse.[332] Es komme nämlich auf eine wirtschaftliche Betrachtungsweise an, wonach die Begünstigung den Markt beeinflusse und letztlich auf den staatlichen Steuereinnahmeverzicht zurückzuführen sei.[333]

Ebenso kam der Europäische Gerichtshof in der Entscheidung *Niederlande/Kommission* zu dem Ergebnis, dass die Zuschüsse an grenznahe Tankstellen zum Ausgleich von Wettbewerbsnachteilen eine mittelbare Begünstigung bestimmter Mineralölgesellschaften darstellen.[334] Der niederländische Staat hatte versucht durch staatliche Beihilfen an grenznahe Tankstellen Umsatzeinbußen zu verhindern, welche durch die Erhöhung der Verbrauchsteuern und damit im Vergleich zu Deutschland weniger wettbewerbsfähigen Preisen zu erwarten gewesen wären.[335] Einen ähnlichen Zweck verfolgten die Mineralölgesellschaften mit sogenannten Preisregulierungsklauseln, welche eine Anpassung der Treibstoffpreise zum Schutz des Umsatzes vor Konkurrenz vorsahen. Diesen Umstand nahm die Fünfte Kammer des Gerichtshofs zum Anlass die staatlich gewährten

---

329 EuGH, Urteil vom 19.09.2000 – C-156/98, *Deutschland/Kommission*, ECLI:EU:C:2000:467, Rn. 23.

330 EuGH, Urteil vom 19.09.2000 – C-156/98, *Deutschland/Kommission*, ECLI:EU:C:2000:467, Rn. 23, 26.

331 *Milutinović*, in: HFSt (8) 2018, S. 88.

332 EuGH, Urteil vom 19.09.2000 – C-156/98, *Deutschland/Kommission*, ECLI:EU:C:2000:467, Rn. 27.

333 EuGH, Urteil vom 19.09.2000 – C-156/98, *Deutschland/Kommission*, ECLI:EU:C:2000:467, Rn. 27.

334 EuGH, Urteil vom 13.06.2002 – C-382/99, *Niederlande/Kommission*, ECLI:EU:C:2002:363.

335 EuGH, Urteil vom 13.06.2002 – C-382/99, *Niederlande/Kommission*, ECLI:EU:C:2002:363, Rn. 63.

Zuschüsse als mittelbare Begünstigung der Mineralölgesellschaften zu qualifizieren, da diese ganz oder teilweise von ihren vertraglichen Pflichten, wettbewerbsbedingte Nachteile auszugleichen, befreit werden würden.[336] Gleichzeitig unterließ es der Gerichtshof sich mit der Frage zu beschäftigen, ob die Zuschüsse im Hinblick auf die Erstbegünstigten eine Beihilfe i. S. v. Art. 107 Abs. 1 AEUV sein könnten.[337] Da die Zuschüsse an die Tankstellen zumeist De-minimis-Beihilfen waren, erübrigte sich insoweit wohl eine beihilferechtliche Würdigung der Erstbegünstigten durch den Europäischen Gerichtshof.[338]

Die Dritte Kammer des Europäischen Gerichtshofs beschäftigte sich in der *Mediaset*-Entscheidung mit Zuschüssen an Privatpersonen durch die italienische Regierung zum Kauf bestimmter digitaler Decoder.[339] Die ausschließlich an Privatpersonen gewährten Zuschüsse seien eine mittelbare Begünstigung bestimmter Sender, da diese ihren Kundenkreis zeitnah vergrößern können.[340] Gleichzeitig begünstigte die Maßnahme neben den Sendern auch die Hersteller der digitalen Decoder, da diese einen höheren Absatz verzeichneten.[341]

ββ) Mittelbare Begünstigungen im Anwendungsbereich des Beihilfeverbots

Der Gerichtshof stellte im *Mediaset*-Urteil klar, dass eine unmittelbar an Privatpersonen gewährte Begünstigung einen mittelbaren Vorteil für Unternehmen darstellen könne, da andernfalls der Ausnahmetatbestand in Art. 107 Abs. 2 lit. a) AEUV nicht erforderlich sei.[342] Es bedarf einer solchen Ausnahme nämlich nicht, wenn Beihilfen an Privatpersonen, die selbst nicht vom Tatbestand des Art. 107 Abs. 1 AEUV erfasst werden, nicht zugleich auch Beihilfen i. S. v. Art. 107 Abs. 1 AEUV an Unternehmen darstellen könnten.[343]

---

336 EuGH, Urteil vom 13.06.2002 – C-382/99, *Niederlande/Kommission*, ECLI:EU:C:2002:363, Rn. 62 – 66.

337 *Heidenhain*, EuZW 2007, 623.

338 EuGH, Urteil vom 13.06.2002 – C-382/99, *Niederlande/Kommission*, ECLI:EU:C:2002:363, Rn. 29 ff.

339 EuGH, Urteil vom 28.07.2011 – C-403/10 P, *Mediaset SpA/Kommission*, ECLI:EU:C:2011:533.

340 EuGH, Urteil vom 28.07.2011 – C-403/10 P, *Mediaset SpA/Kommission*, ECLI:EU:C:2011:533, Rn. 64.

341 *Milutinović*, in: HFSt (8) 2018, S. 89.

342 EuGH, Urteil vom 28.07.2011 – C-403/10 P, *Mediaset SpA/Kommission*, ECLI:EU:C:2011:533, Rn. 81.

343 *Koenig/Sander*, EuR 2000, 743 (749); *Jansen*, Vorgaben des europäischen Beihilferechts für das nationale Steuerrecht, 2003, S. 115; *Milutinović*, in: HFSt (8) 2018, S. 90.

Die Begründung des Europäischen Gerichtshofs in der *Mediaset*-Entscheidung, staatliche Zuschüsse an Verbraucher als mittelbare Begünstigungen an Unternehmen zu qualifizieren, ist systemkonform sowie im Hinblick auf die Effektivität des Beihilferechts auch folgerichtig. Bereits nach dem Wortlaut des Art. 107 Abs. 1 AEUV können staatliche Begünstigungen „gleich welcher Art" eine verbotene Beihilfe darstellen, sodass im Ergebnis auch mittelbare Begünstigungen darunterfallen können.[344] Außerdem können mittelbare Begünstigungen ebenso wettbewerbsverzerrend und handelsbeeinträchtigend wirken wie unmittelbare Begünstigungen.[345] Zum einen entspricht diese Sichtweise dem weiten Verständnis des Beihilfebegriffs in Art. 107 Abs. 1 AEUV und zum anderen können damit mögliche Umgehungsversuche der Mitgliedstaaten, über Verbraucherbegünstigungen gezielt bestimmte Wirtschaftsteilnehmer zu begünstigen, verhindert werden.[346] Ökonomisch betrachtet kann es keinen Unterschied machen, ob ein Mitgliedstaat bestimmten Unternehmen direkt Subventionen gewährt oder in gleicher Höhe das Konsumverhalten seiner Bürger zugunsten bestimmter Unternehmen fördert.[347] Beide Maßnahmen können den Wettbewerb verzerren. Nach *Koenig/Sander* verzerre die staatliche Nachfragebeeinflussung den Wettbewerb sogar stärker als direkte Subventionen.[348]

Teilweise werden jedoch Stimmen laut, wonach mittelbare Begünstigungen nicht vom Tatbestand des Beihilfeverbots erfasst werden sollten, bzw. Stimmen, die dem kritisch gegenüberstehen.[349] So wird mitunter angeführt, dass die Erweiterung des Beihilfetatbestands um die mittelbaren Begünstigungen zu einer uferlosen Ausweitung und zugleich erheblichen Rechtsunsicherheit führe.[350] Da nach *Soltész/Hellstern* sämtliche Vorteile an einen Wirtschaftsteilnehmer zugleich auch einen anderen Wirtschaftsteilnehmer begünstigen können, seien mittelbare Begünstigungen nur unter engen Voraussetzungen

---

344 Ebenso, aber eher zurückhaltend *Milutinović*, in: HFSt (8) 2018, S. 90.

345 *Bartosch*, EU-Beihilfenrecht, 2. Aufl. 2016, B. Rn. 102.

346 Vgl. zur Umgehungsgefahr *Koenig/Sander*, EuR 2000, 743 (744); *Soltész/Hellstern*, EuZW 2013, 489; *Rosenberg*, Das beihilferechtliche Durchführungsverbot im Steuerverfahren, 2014, S. 59.

347 *Koenig/Sander*, EuR 2000, 743 (764).

348 Vgl. *Koenig/Sander*, EuR 2000, 743 (764).

349 Vgl. *Soltész/Hellstern*, EuZW 2013, 489; *Jennert/Ellenrieder*, EWS 2011, 305 (311); *Heidenhain*, EuZW 2007, 623 (624 f.); *Bartosch*, EU-Beihilfenrecht, 2. Aufl. 2016, B. Rn. 102.

350 *Jennert/Ellenrieder*, EWS 2011, 305 (311); *Heidenhain*, EuZW 2007, 623 (624 f.); *Rosenberg*, Das beihilferechtliche Durchführungsverbot im Steuerverfahren, 2014, S. 59.

anzunehmen.[351] Es bestünden auch Schwierigkeiten darin, festzustellen, wer letztlich Zweitbegünstigter sei und wie solche Beihilfen zurückgefordert werden können, sodass es an einer hinreichenden Quantifizierbarkeit fehle.[352] Zudem wird mitunter gefordert, es müsse ein entsprechender Nachweis erbracht werden, dass die durch die staatliche Maßnahme kausal bedingten Rechtsgeschäfte nicht zu Marktbedingungen, sondern günstiger abgewickelt worden sind.[353]

Unabhängig davon, ob Empfänger einer staatlichen Maßnahme Privatpersonen oder Unternehmen sind, ist es Aufgabe des Beihilfeverbots staatliche Wettbewerbsverzerrungen zu verhindern. Diese Aufgabe kann nur dann wirkungsvoll umgesetzt werden, wenn es letztlich auf die begünstigende Wirkung ankommt und nicht formal auf die Person des unmittelbar Begünstigten. Entscheidend kann nur sein, ob die staatliche Maßnahme letztlich zu einer wirtschaftlichen Begünstigung von Unternehmen führt. Eine uferlose Ausweitung des Anwendungsbereichs ist indes nicht zu erwarten, da insoweit die mittelbaren Begünstigungen ebenso selektiv wirken und einen wettbewerbsverfälschenden sowie handelsbeeinträchtigenden Charakter aufweisen müssen.[354]

Hinsichtlich der Quantifizierbarkeit mittelbarer Begünstigungen und deren Rückforderung ist den kritischen Stimmen im Ansatz zuzustimmen, da insoweit erhebliche Schwierigkeiten der Bemessung bestehen und somit Rechtsunsicherheiten hervorgerufen werden können. Gleichzeitig bedarf es aber bei indirekten Beihilfen regelmäßig einer Einzelfallbetrachtung, sodass eine hinreichend genaue Bezifferung des indirekten Vorteils nicht von vornherein ausgeschlossen werden kann.

Letztlich kann die Kritik bezüglich des mangelnden Nachweises, ein kausal bedingtes Rechtsgeschäft sei zu günstigeren Konditionen zustande gekommen, nicht überzeugen. Die (mittelbare) Begünstigung eines Unternehmens erfordert nicht zwingend einen unmittelbaren Vorteil in Gestalt eines Rechtsgeschäfts zu besseren Bedingungen. Es genügt vielmehr, dass sich die wirtschaftliche Situation durch die staatliche Maßnahme verbessert und insoweit auch ein gesteigerter Absatz von Gütern als Vorteil qualifiziert werden kann. Unabhängig von

351 Vgl. *Soltész/Hellstern*, EuZW 2013, 489.

352 *Heidenhain*, in: Heidenhain, Handbuch des Europäischen Beihilfenrechts, 1. Aufl. 2003, § 4 Rn. 16; *Jennert/Ellenrieder*, EWS 2011, 305 (311); *Bartosch*, EU-Beihilfenrecht, 2. Aufl. 2016, B. Rn. 102.

353 *Bartosch*, EU-Beihilfenrecht, 2. Aufl. 2016, B. Rn. 102; *Jaeger*, Beihilfen durch Steuern und parafiskalische Abgaben, 2006, S. 184.

354 So auch: *Milutinović*, in: HFSt (8) 2018, S. 91.

der Selektivität einer Maßnahme muss es auch für mittelbare Begünstigungen ausreichen, dass einem oder mehreren Unternehmen eine wirtschaftliche Besserstellung zuteilwird, die der Begünstigte unter normalen Marktbedingungen nicht erhalten hätte.[355] Letztlich kann es damit nur auf die Wirkung der staatlichen Maßnahme ankommen. Demnach ist die Einbeziehung mittelbarer Begünstigungen in den Beihilfetatbestand sowohl nach Sinn und Zweck als auch systematisch geboten.[356]

χχ) Die Subsidiarität mittelbarer Begünstigungen

Wird einem Unternehmen durch eine staatliche Maßnahme ein unmittelbarer wirtschaftlicher Vorteil gewährt, stellt sich die Frage einer mittelbaren Begünstigung eines weiteren – nachgelagerten – Unternehmens nicht, da insoweit bereits ein beihilferelevanter Empfänger existiert, von dem die Beihilfe zurückgefordert werden kann.[357] Mittelbare Begünstigungen von Unternehmen kommen regelmäßig dann in Betracht, wenn bei den unmittelbaren Empfängern einer staatlichen Maßnahme das Vorliegen einer Beihilfe ausscheidet.[358] Die Annahme einer Beihilfe bei den Erstbegünstigten kann beispielsweise an der fehlenden Selektivität oder der fehlenden Unternehmenseigenschaft des Empfängers scheitern.[359] Des Weiteren kann tatbestandlich zwar eine unmittelbare Begünstigung von Unternehmen vorliegen, welche aber aufgrund des geringen Umfangs als De-minimis-Beihilfen eingestuft werden und damit von den unmittelbaren Empfängern nicht zurückgefordert werden können.[360]

---

355 Ständige Rspr.: EuGH, Urteil vom 23.02.1961 – C-30/59, *Steenkolenmijnen*, ECLI:EU:C:1961:2, S. 43; EuGH, Urteil vom 15.03.1994 – C-387/92, *Banco Exterior de España SA*, ECLI:EU:C:1994:100, Rn. 13; EuGH, Urteil vom 08.11.2001 – C-143/99, *Adria-Wien Pipeline*, ECLI:EU:C:2001:598, Rn. 38; EuGH, Urteil vom 15.06.2006 – C-393/04 und C-41/05, *Air Liquide*, ECLI:EU:C:2006:403, Rn. 29.

356 So auch: *Koenig/Sander*, EuR 2000, 743 (764); *Jansen*, Vorgaben des europäischen Beihilferechts für das nationale Steuerrecht, 2003, S. 115; *Soltész/Hellstern*, EuZW 2013, 489 (493); *Milutinović*, in: HFSt (8) 2018, S. 91.

357 *Milutinović*, in: HFSt (8) 2018, S. 99.

358 *Milutinović*, in: HFSt (8) 2018, S. 99.

359 Vgl. zur mangelnden Selektivität EuGH, Urteil vom 19.09.2000 – C-156/98, *Deutschland/Kommission*, ECLI:EU:C:2000:467; vgl. zur fehlenden Unternehmereigenschaft bei Verbraucherbegünstigungen EuGH, Urteil vom 28.07.2011 – C-403/10 P, *Mediaset SpA/Kommission*, ECLI:EU:C:2011:533.

360 Vgl. zum geringen Umfang der „Erstbegünstigung" EuGH, Urteil vom 13.06.2002 – C-382/99, *Niederlande/Kommission*, ECLI:EU:C:2002:363.

Folgerichtig sind mittelbare Begünstigungen im Verhältnis zu unmittelbaren Begünstigungen subsidiär.[361] Scheidet aufgrund der vorgenannten Gründe eine unmittelbare Begünstigung als Beihilfe aus, so kann – im Einzelfall – dennoch eine mittelbare Begünstigung vorliegen.

Milutinović wirft indes die Frage auf, ob ein mittelbarer Vorteil auch dann vorliegen könne, wenn die Referenzprüfung zu dem Ergebnis gelangt, dass eine potentiell existierende unmittelbare Begünstigung nicht als beihilferelevanter Vorteil anzusehen sei.[362] Da sich die Vorteilsermittlung von mittelbaren Begünstigungen auf eine wirtschaftliche Betrachtung beschränke, während bei unmittelbaren Begünstigungen eine normative Betrachtung im Hinblick auf das betreffende Steuersystem stattfinde, müsse zunächst festgestellt werden, ob ein systemfremder unmittelbarer Vorteil existiere.[363] Demnach sei ein mittelbarer Vorteil auszuschließen, wenn aufgrund der Systemimmanenz der unmittelbaren Begünstigung insoweit bereits keine Begünstigung im beihilferechtlichen Sinne vorliege.[364] Da dies allerdings zu missbräuchlichen Gestaltungen führen könne, fordert *Milutinović*, dass ein systemimmanenter unmittelbarer Vorteil nur dann als mittelbarer Vorteil in Frage komme, wenn dieser nicht auch eine kohärente Folge der ursprünglichen Maßnahme sei:[365] „der mittelbare Vorteil darf nicht missbräuchlich erscheinen, sondern muss den Prinzipien des Referenzsystems entsprechen."[366]

Diese Auffassung ist im Hinblick auf die Fallkonstellationen, bei denen das Vorliegen einer Beihilfe mangels Selektivität oder aufgrund der De-minimis-Regel ausscheide, durchaus zustimmungswürdig. Eine Maßnahme, deren Systemkonformität bereits hinsichtlich der „Erstbegünstigten" festgestellt wurde, kann nicht als unionsrechtswidrige Beihilfe eingestuft werden, wenn die mittelbare Begünstigung eines anderen Unternehmens nachvollziehbar sowie logisch erscheint und deshalb mit dem Referenzsystem in Einklang steht.

Gleichwohl ist diese Sichtweise nicht auf Konstellationen anzuwenden, bei denen die unmittelbare Begünstigung aufgrund der fehlenden Unternehmereigenschaft beihilferechtlich irrelevant ist, wie beispielsweise bei

361 So bereits *Bartosch*, EU-Beihilfenrecht, 2. Aufl. 2016, B. Rn. 101; *Milutinović*, in: HFSt (8) 2018, S. 99 f.

362 Vgl. *Milutinović*, in: HFSt (8) 2018, S. 100.

363 Vgl. *Milutinović*, in: HFSt (8) 2018, S. 100.

364 Vgl. *Milutinović*, in: HFSt (8) 2018, S. 100.

365 Vgl. *Milutinović*, in: HFSt (8) 2018, S. 100 f.

366 *Milutinović*, in: HFSt (8) 2018, S. 101.

Verbraucherbegünstigungen. Bei diesen stellt sich die Frage der Systemimmanenz oftmals nicht, da die Begünstigung an Verbraucher aus beihilferechtlicher Sicht unbeachtlich ist. Dementsprechend beschränkt sich die Beihilfeprüfung ausschließlich auf die wirtschaftliche Betrachtung der mittelbar begünstigten Unternehmen, ohne dass in diesem Zusammenhang die Systemimmanenz der Begünstigung auf der Ebene der Erstbegünstigten Beachtung findet. Kann die wirtschaftliche Besserstellung des betreffenden Wirtschaftsteilnehmers als logische Folge der Maßnahme angenommen werden, so entfällt eine normative Feststellung der Kohärenz der unmittelbaren Begünstigung. Fehlt es an einer solchen normativen Wertungsmöglichkeit, ist vor allem die Frage nach der Selektivität der Maßnahme von zentraler Bedeutung, da diese eine unbegrenzte Ausdehnung des Beihilfetatbestandes verhindert.

β) Vorliegen einer mittelbaren Begünstigung

Eine mittelbare Begünstigung ist grundsätzlich anzunehmen, wenn nicht der ursprünglich intendierte Empfänger von einer staatlichen Maßnahme profitiert, sondern lediglich bestimmte Unternehmen hierdurch einen mittelbaren Vorteil genießen.[367] Mithin kann eine staatliche Maßnahme sowohl dem intendierten Empfänger einen unmittelbaren Vorteil gewähren als auch einen anderen Wirtschaftsteilnehmer mittelbar begünstigen, sodass letztlich beide profitieren.[368] Ein mittelbarer Vorteil ist nach Auffassung der Kommission gegeben, „wenn die Maßnahme so ausgestaltet ist, dass ihre sekundären Auswirkungen bestimmbaren Unternehmen oder Gruppen von Unternehmen zugeleitet werden."[369] Es ist diesbezüglich unerheblich, ob ein Unternehmen unmittelbarer

367 Vgl. insoweit EuGH, Urteil vom 19.09.2000 – C-156/98, *Deutschland/Kommission*, ECLI:EU:C:2000:467, Rn. 26 f.; EuGH, Urteil vom 28.07.2011 – C-403/10 P, *Mediaset SpA/Kommission*, ECLI:EU:C:2011:533, Rn. 73 ff.; EU-Kommission, Bekanntmachung zum Begriff der staatlichen Beihilfe im Sinne des Artikels 107 Absatz 1 des Vertrages über die Arbeitsweise der Europäischen Union vom 19.07.2016 – ABl. 2016 C 262/1, Rn. 115.

368 EU-Kommission, Bekanntmachung zum Begriff der staatlichen Beihilfe im Sinne des Artikels 107 Absatz 1 des Vertrages über die Arbeitsweise der Europäischen Union vom 19.07.2016 – ABl. 2016 C 262/1, Rn. 115.

369 EU-Kommission, Bekanntmachung zum Begriff der staatlichen Beihilfe im Sinne des Artikels 107 Absatz 1 des Vertrages über die Arbeitsweise der Europäischen Union vom 19.07.2016 – ABl. 2016 C 262/1, Rn. 116.

Beihilfeempfänger ist oder ob der Erstempfänger eine natürliche oder juristische Einheit ist, die selbst keine wirtschaftliche Tätigkeit ausübt.[370]

Sekundäre ökonomische Folgen, die naturgemäß mit der Gewährung der beihilfeverdächtigen Maßnahme zusammenhängen, sind nicht mit mittelbaren Vorteilen gleichzusetzen.[371] Tritt als bloßer Reflex einer staatlichen Maßnahme eine Absatzsteigerung ein oder kommt es hierdurch zu einer Erhöhung der Produktionskapazitäten, ist hierin noch kein mittelbarer Vorteil zu erkennen.[372] Im Hinblick auf steuerliche Beihilfen sind mittelbare Begünstigungen auch von direkten Steuervergünstigungen abzugrenzen: Kennzeichnend für eine direkte steuerliche Begünstigung ist, dass das begünstigte Unternehmen eine niedrigere Steuerlast trägt und zugleich auf staatlicher Seite entsprechende Mindereinnahmen verzeichnet werden.[373] Bei mittelbaren Begünstigungen fehlt es hingegen an der sogenannten Stoffidentität zwischen den staatlichen Mindereinnahmen einerseits und dem Vorteil des Letztbegünstigten andererseits.[374]

Mittelbare Begünstigungen zeichnen sich dadurch aus, dass die unmittelbare Begünstigung zumeist auf einer vorgelagerten Stufe gewährt wird, indem beispielsweise Verbraucher eine Vergünstigung für den Erwerb bestimmter Güter erhalten und es hierdurch zu einem höheren Absatz bei bestimmten Unternehmen kommt.[375] Das Verhältnis ist durch eine Geschäftsbeziehung geprägt, in der sich der Konsument zumeist auf der Nachfrageseite und das Unternehmen auf der Angebotsseite wiederfinden.[376] Gleichwohl ist die mittelbare Begünstigung nicht auf Verbrauchersituationen beschränkt, sondern kann auch bei

---

370 Vgl. insoweit EuGH, Urteil vom 19.09.2000 – C-156/98, *Deutschland/Kommission*, ECLI:EU:C:2000:467, Rn. 26 f.; EuGH, Urteil vom 28.07.2011 – C-403/10 P, *Mediaset SpA/Kommission*, ECLI:EU:C:2011:533, Rn. 81; EU-Kommission, Bekanntmachung zum Begriff der staatlichen Beihilfe im Sinne des Artikels 107 Absatz 1 des Vertrages über die Arbeitsweise der Europäischen Union vom 19.07.2016 – ABl. 2016 C 262/1, Rn. 115.

371 EU-Kommission, Bekanntmachung zum Begriff der staatlichen Beihilfe im Sinne des Artikels 107 Absatz 1 des Vertrages über die Arbeitsweise der Europäischen Union vom 19.07.2016 – ABl. 2016 C 262/1, Rn. 116.

372 *Bartosch*, EU-Beihilfenrecht, 2. Aufl. 2016, B. Rn. 102.

373 *Milutinović*, in: HFSt (8) 2018, S. 86; siehe hierzu ausführlich: B. II. 2. b) cc) β).

374 *Koenig/Sander*, EuR 2000, 743 (753).

375 Z. B. EuG, Urteil vom 15.06.2010 – T-177/07, *Mediaset SpA/Kommission*, ECLI:EU:T:2010:233; siehe ausführlich zur Abgrenzung mittelbarer Begünstigungen und negativ state aids *Jung/Neckenich*, in: HFSt (8) 2018, S. 29 ff.

376 Vgl. zur Verbrauchersituation *Milutinović*, in: HFSt (8) 2018, S. 86.

gesellschaftsrechtlichen oder auf Dauer angelegten Geschäftsbeziehungen zwischen Unternehmen vorliegen.[377]

χ) Reichweite der mittelbaren Begünstigung

Eine Schwierigkeit mittelbarer Begünstigungen ist die Identifizierung der zweitbegünstigten Unternehmen und die Eingrenzung potentiell begünstigter Unternehmen. Letztlich stellt sich die Frage, welche Unternehmen als mittelbar Begünstigte in Betracht zu ziehen sind. Die Bestimmung bzw. Abgrenzung potentiell begünstigter Unternehmen kann subjektiv oder objektiv erfolgen.

Bei der subjektiven Bestimmung der Begünstigten sind in erster Linie gesetzgeberische Motive und Ziele maßgeblich: So wäre dem Zweck einer staatlichen Maßnahme zu entnehmen, welche Wirtschaftsteilnehmer einen Vorteil erhalten sollten.[378] Ein solcher Zweck ließe sich beispielsweise den Gesetzesmaterialien entnehmen, sodass sich Mitgliedstaaten durch scheinbar beihilfekonsistente Zwecke einer Beihilfekontrolle entziehen könnten.[379] Allerdings betont der Europäische Gerichtshof in ständiger Rechtsprechung – auch im Hinblick auf mittelbare Begünstigungen – die wirkungsbezogene Betrachtung von staatlichen Maßnahmen, die unabhängig von den mit ihr verfolgten Zielen zu bewerten sind.[380] Daher steht der subjektive Ansatz in offenem Widerspruch zum wirkungsorientierten Verständnis und ist folgerichtig abzulehnen; die potentiell Begünstigten sind objektiv zu bestimmen.[381]

Einhergehend mit der wirkungsorientierten Rechtsprechung[382] des Europäischen Gerichtshofs bei der Bestimmung unionsrechtswidriger Beihilfen liegt es

---

377 Vgl. EuGH, Urteil vom 13.06.2002 – C-382/99, *Niederlande/Kommission*, ECLI:EU:C:2002:363.

378 *Heidenhain*, EuZW 2007, 623 (625).

379 *Milutinović*, in: HFSt (8) 2018, S. 92.

380 Ständige Rspr.: EuGH, Urteil vom 02.07.1974 – C-173/73, *Italien/Kommission*, ECLI:EU:C:1974:71, Rn. 26/28; EuGH, Urteil vom 29.02.1996 – C-56/93, *Belgien/Kommission*, ECLI:EU:C:1996:64, Rn. 79; EuGH, Urteil vom 13.06.2002 – C-382/99, *Niederlande/Kommission*, ECLI:EU:C:2002:363, Rn. 61; EuGH, Urteil vom 15.11.2011 – C-106/09 P und C-107/09 P, *Kommission/Gibraltar*, ECLI:EU:C:2011:732, Rn. 87; EuGH, Urteil vom 28.06.2018 – C-209/16 P, *Deutschland/Kommission*, ECLI:EU:C:2018:507, Rn. 86.

381 Ebenso *Milutinović*, in: HFSt (8) 2018, S. 92.

382 Ständige Rspr.: EuGH, Urteil vom 02.07.1974 – C-173/73, *Italien/Kommission*, ECLI:EU:C:1974:71, Rn. 26/28; EuGH, Urteil vom 29.02.1996 – C-56/93, *Belgien/Kommission*, ECLI:EU:C:1996:64, Rn. 79; EuGH, Urteil vom 13.06.2002 – C-382/99, *Niederlande/Kommission*, ECLI:EU:C:2002:363, Rn. 61; EuGH, Urteil vom

nahe für die Bestimmung einer mittelbaren Begünstigung von Unternehmen auf die Folgen und Wirkungen einer staatlichen Maßnahme abzustellen. Demnach kommt es für das Vorliegen einer mittelbaren Begünstigung entscheidend darauf an, dass einem bestimmten Wirtschaftsteilnehmer durch die Gewährung einer staatlichen Maßnahme an einen anderen Wirtschaftsteilnehmer ein finanzieller Vorteil entsteht.[383]

Die objektive Bestimmung des mittelbaren Vorteils setzt voraus, dass die Begünstigung nicht bloß als eine sekundäre wirtschaftliche Auswirkung auftritt, sondern entsprechend der Kommissionsmitteilung bestimmbaren Unternehmen zugeleitet wird.[384] Es ist zudem erforderlich, dass die mittelbare Begünstigung des Unternehmens dem Staat zurechenbar ist und nicht durch unkontrollierte Marktmechanismen hervorgerufen wird.[385] Trotz autonomer Entscheidungen von Dritten ist die betreffende Maßnahme dem jeweiligen Hoheitsträger zuzurechnen.[386] Nach der Auffassung von *Milutinović* könne eine autonome Entscheidung Dritter die Zurechenbarkeit dann nicht unterbrechen, wenn die Erstbegünstigten faktisch verpflichtet waren entsprechend zu handeln und eine abweichende Verhaltensweise eher unwahrscheinlich wäre.[387] Diese Auffassung ist nur bedingt zustimmungswürdig.

Zusätzlich sollte der Aspekt einer wahrscheinlichen Nachfragesteigerung durch die gezielte Anreizsetzung bedacht werden. Die staatliche Zurechenbarkeit besteht nicht nur bei Vorliegen einer faktischen Handlungspflicht. Diese liegt bereits dann vor, wenn der unmittelbar Begünstigte seinen Vorteil entsprechend einsetzt, weil dies besonders attraktiv erscheint. Bezogen auf den Erwerb von Gütern oder Dienstleistungen ist eine Zurechnung dann anzunehmen,

15.11.2011 – C-106/09 P und C-107/09 P, *Kommission/Gibraltar*, ECLI:EU:C:2011:732, Rn. 87; EuGH, Urteil vom 28.06.2018 – C-209/16 P, *Deutschland/Kommission*, ECLI:EU:C:2018:507, Rn. 86.

383 Vgl. EU-Kommission, Bekanntmachung zum Begriff der staatlichen Beihilfe im Sinne des Artikels 107 Absatz 1 des Vertrages über die Arbeitsweise der Europäischen Union vom 19.07.2016 – ABl. 2016 C 262/1, Rn. 115.

384 Vgl. EU-Kommission, Bekanntmachung zum Begriff der staatlichen Beihilfe im Sinne des Artikels 107 Absatz 1 des Vertrages über die Arbeitsweise der Europäischen Union vom 19.07.2016 – ABl. 2016 C 262/1, Rn. 116.

385 Vgl. *Milutinović*, in: HFSt (8) 2018, S. 92.

386 EuGH, Urteil vom 19.09.2000 – C-156/98, *Deutschland/Kommission*, ECLI:EU:C:2000:467, Rn. 27; vgl. zur Staatlichkeit einer mittelbaren Begünstigung: B. II. 2. b) dd).

387 Vgl. *Milutinović*, in: HFSt (8) 2018, S. 92.

wenn es für den Begünstigten naheliegt diese allein wegen des gewährten Vorteils nachzufragen. Die Anforderungen an den Grad der Wahrscheinlichkeit sind jedoch nicht derart hoch anzusetzen, dass nur bei Vorliegen einer faktischen Pflicht eine Zurechnung erfolgt. Es genügt bereits, wenn die staatliche Maßnahme so ausgestaltet ist, dass sich die unmittelbar Begünstigten schon aufgrund des übersteigenden Nutzens entsprechend verhalten. Würde man nur auf das Vorliegen einer faktischen Handlungspflicht abstellen, so wären diejenigen Maßnahmen nicht umfasst, bei denen staatliche Begünstigungen ein bestimmtes Konsumverhalten hervorrufen wollen, aber aufgrund entsprechender Substitute keine faktische Pflicht dahingehend besteht. Zudem ist es unerheblich, ob die Maßnahme ein Verhalten erst auslöst oder eine grundsätzliche Absicht nur verstärkt. Dementsprechend genügt es, wenn durch einen Anreiz das Verhalten zwischengeschalteter Personen dahingehend beeinflusst wird, dass eine Nachfragesteigerung bei bestimmten Unternehmen mit überwiegender Wahrscheinlichkeit eintreten wird, das Vorliegen einer faktischen Handlungspflicht ist hingegen nicht erforderlich.

Wie *Bartosch* und *Milutinović* richtigerweise feststellen, sind Erheblichkeit oder Spürbarkeit für die Feststellung der mittelbaren Begünstigung nicht entscheidend, da Art. 107 Abs. 1 AEUV selbst keine Spürbarkeitsschwelle enthalte und zudem das Tatbestandsmerkmal der Begünstigung auch nicht mit anderen Tatbestandsmerkmalen, wie der Wettbewerbsverfälschung, vermengt werden dürfe.[388] Dies ist zustimmungswürdig, da eine mittelbare Begünstigung bereits bei einer geringen Besserstellung durch eine staatlich intendierte Nachfragesteigerung bestimmter Unternehmen angenommen werden kann.

b) Staatliche Mittel oder Inanspruchnahme staatlicher Mittel

Nach Art. 107 Abs. 1 AEUV ist es erforderlich, dass die an Unternehmen gewährten Beihilfen staatliche Mittel darstellen. Die gewährte Begünstigung muss unabhängig von Art und Herkunft dem Mitgliedstaat zugerechnet werden können und zugleich zu einer entsprechenden Belastung des staatlichen Haushalts führen.[389] Der gewährte Vorteil und die

---

388 Vgl. *Bartosch*, EU-Beihilfenrecht, 2. Aufl. 2016, B. Rn. 102; *Milutinović*, in: HFSt (8) 2018, S. 93.

389 EuGH, Urteil vom 08.09.2011 - C-279/08 P, *Kommission/Niederlande*, ECLI:EU:C:2011:551, Rn. 111; EuGH, Urteil vom 19.03.2013 - C-399/10 P, *Bouygues und Bouygues Télécom/Kommission u.a.*,ECLI:EU:C:2013:175, Rn. 109 f.

Budgetwirksamkeit müssen nicht identisch sein, ausreichend ist ein hinreichender Konnex.[390]

aa) Staatliche Mittel und ihre Zurechnung

Nach der Rechtsprechung des Europäischen Gerichtshofs ist es ohne Relevanz, ob die staatlichen Mittel unmittelbar vom Hoheitsträger stammen oder von einer privaten oder öffentlichen Einrichtung, die zur Gewährung der Mittel errichtet oder beauftragt wurde.[391] Das Beihilfeverbot soll nämlich nicht dadurch umgangen werden, dass Mitgliedstaaten über autonome Einrichtungen Begünstigungen gewähren.[392] Dabei kommt es bei der Staatlichkeit der Mittel schwerpunktmäßig auf die Mittelherkunft an. Die von unabhängigen privaten Wirtschaftsteilnehmern gewährten Vergünstigungen stellen grundsätzlich keinen beihilferelevanten Vorteil dar.[393] Eine Begünstigung ist dann beihilferelevant, wenn sie einerseits unmittelbar oder mittelbar aus staatlichen Mitteln herrührt und andererseits eine Zurechnung zum jeweiligen Hoheitsträger erfolgen kann.[394] Eine solche Zurechnung ist jedenfalls dann unproblematisch, wenn die Mittel vom Mitgliedstaat selbst oder von einer diesem zurechenbaren öffentlichen Einrichtung, Körperschaft oder Stiftung zur Verfügung gestellt werden.[395] Bei konkreten Leistungssubventionen – zumeist direkte Zahlungen an bestimmte Unternehmen – bereitet es oftmals keinerlei Schwierigkeiten, die Staatlichkeit der Maßnahme festzustellen, da derartige Förderungen regelmäßig unmittelbar aus dem öffentlichen Haushalt finanziert werden.

Nach der Rechtsprechung des Europäischen Gerichtshofs ist es allerdings keinesfalls zwingende Voraussetzung des Beihilfetatbestands, dass die Mittel dem staatlichen Haushalt entnommen werden.[396] Auch die Mittel eines privaten

---

390 EuGH, Urteil vom 14.01.2015 – C-518/13, *Eventech*, ECLI:EU:C:2015:9, Rn. 34; *Fetzer*, in: Immenga/Mestmäcker, Wettbewerbsrecht, Bd. 5, 2021, XVIII. Beihilfenrecht und Steuern, Rn. 38.

391 EuGH, Urteil vom 16.05.2002 – C-482/99, *Frankreich/Kommission*, ECLI:EU:C:2002:294, Rn. 23.

392 EuGH, Urteil vom 16.05.2002 – C-482/99, *Frankreich/Kommission*, ECLI:EU:C:2002:294, Rn. 23.

393 *Schroeder*, EuZW 2015, 207 (208).

394 EuGH, Urteil vom 16.05.2002 – C-482/99, *Frankreich/Kommission*, ECLI:EU:C:2002:294, Rn. 24 m. w. N.

395 *Cremer*, in: Calliess/Ruffert, EUV/AEUV, 5. Aufl. 2016, Art. 107 AEUV Rn. 29.

396 EuGH, Urteil vom 22.03.1977 – C-78/76, *Steinike und Weinlig*, ECLI:EU:C:1977:52, Rn. 21; EuGH, Urteil vom 30.01.1985 – C-290/83, *Kommission/Frankreich*,

Rechtsträgers können, so der Gerichtshof, staatliche Mittel im Sinne des Art. 107 Abs. 1 AEUV darstellen, wenn dieser durch den Staat zur Durchführung der Beihilferegelung errichtet oder beauftragt worden ist.[397] Wenn die Bereitstellung einer staatlichen Maßnahme auf eine staatliche Veranlassung zurückzuführen ist, so ist die Beihilfe ebenso dem Staat zuzurechnen.[398] Dabei ist es für die Staatlichkeit ohne Relevanz wie die begünstigende Einheit organisiert bzw. aufgebaut ist.[399] Maßgeblich ist, dass der Mitgliedstaat über sie eine rechtliche oder auch nur faktische Kontrolle ausübt.[400] Durch das weite Verständnis der Staatlichkeit und die Einbeziehung auch mittelbarer Begünstigungen soll eine Umgehung des Beihilfeverbots durch den Einsatz nichthoheitlicher Einrichtungen verhindert werden.[401]

Dennoch stellt sich gerade in Bezug auf solche Einrichtungen die Frage, unter welchen Umständen eine Begünstigung dem Staat zurechenbar ist. In der Rechtssache *Stardust Marine* befasste sich der Gerichtshof mit der Frage, wann eine Maßnahme auf eine staatliche Veranlassung bzw. hoheitliche Einflussnahme zurückzuführen ist.[402] Demnach genüge es nicht, wenn der Mitgliedstaat durch eine beherrschende Stellung Einfluss auf das unternehmerische Geschehen nehmen könnte, maßgeblich ist, dass er diesen auch tatsächlich ausübt.[403] Es reiche nicht aus, dass ein öffentliches Unternehmen unter der Kontrolle eines Hoheitsträgers stehe, um bestimmte finanzielle Unterstützungsmaßnahmen dem Staat zuzurechnen.[404] Die Möglichkeit eines beherrschenden Einflusses beinhaltet

---

ECLI:EU:C:1985:37, Rn. 14; EuGH, Urteil vom 13.03.2001 – C-379/98, *PreussenElektra*, ECLI:EU:C:2001:160, Rn. 58.

397 Vgl. EuGH, Urteil vom 22.03.1977 – C-78/76, *Steinike und Weinlig*, ECLI:EU:C:1977:52, Rn. 21; EuGH, Urteil vom 30.01.1985 – C-290/83, *Kommission/Frankreich*, ECLI:EU:C:1985:37, Rn. 14; EuGH, Urteil vom 02.02.1998 – C-67, 68 und 70/85, *Verbundene Rechtssachen*, ECLI:EU:C:1988:38, Rn. 35.

398 Vgl. EuGH, Urteil vom 17.07.2008 – C-206/06, *Essent Netwerk Noord u. a.*, ECLI:EU:C:2008:413, Rn. 73.

399 *Strüber*, Steuerliche Beihilfen, 2006, S. 109 f.

400 *Strüber*, Steuerliche Beihilfen, 2006, S. 109 f.

401 *Mestmäcker/Schweitzer*, in: Immenga/Mestmäcker, Wettbewerbsrecht, 5. Aufl. 2016, Art. 107 AEUV Rn. 252.

402 EuGH, Urteil vom 16.05.2002 – C-482/99, *Frankreich/Kommission*, ECLI:EU:C:2002:294.

403 EuGH, Urteil vom 16.05.2002 – C-482/99, *Frankreich/Kommission*, ECLI:EU:C:2002:294, Rn. 52 f.

404 EuGH, Urteil vom 16.05.2002 – C-482/99, *Frankreich/Kommission*, ECLI:EU:C:2002:294, Rn. 52.

jedoch keine Vermutung dahingehend, dass der Einfluss auch tatsächlich ausgeübt wurde und der Mitgliedstaat an der Gewährung beteiligt war.[405] Wird die Begünstigung nicht von einer originär staatlichen Behörde bewilligt, ist stets die Frage der Zurechenbarkeit zu stellen.[406]

In der Rechtssache *PreussenElektra* beschäftigte sich der Europäische Gerichtshof ebenso mit der Zurechenbarkeit einer Begünstigung.[407] Eine gesetzliche Regelung verpflichtete private Energieversorger, den regenerativ gewonnenen Strom aus ihrem Versorgungsgebiet höher als den Marktpreis zu vergüten, sodass hierin eine (mittelbar) staatliche Begünstigung gesehen werden konnte. Eine Zurechnung war deshalb nicht fernliegend, weil die Begünstigung auf ein Gesetz zurückzuführen war, das von einem Hoheitsträger erlassen wurde und unter Verwendung staatlicher Mittel Begünstigten einen Vorteil gewährte.[408] Dennoch lehnte der Europäische Gerichtshof eine derartige Zurechenbarkeit staatlicher Mittel ab, da eine unmittelbare oder mittelbare Verwendung staatlicher Mittel an bestimmte Unternehmen nicht erkennbar sei.[409] Die gesetzlich normierte Abnahmepflicht für regenerativen Strom sei nicht hinreichend, um darin staatliche Mittel zu sehen oder die Mittel dem Hoheitsträger zuzurechnen.[410] Das Beruhen der Begünstigung auf einer gesetzlichen Regelung genüge nicht, um die Maßnahme als unzulässige Beihilfe einzustufen.[411]

Neben der Europäischen Gerichtsbarkeit hat sich auch die Europäische Kommission mit der Zurechnung staatlicher Mittel beschäftigt und diesbezüglich Indikatoren für die Zurechenbarkeit notifiziert.[412] Danach ist insbesondere dann von einer Zurechenbarkeit auszugehen, wenn etwa das Unternehmen, über das

---

405 EuGH, Urteil vom 16.05.2002 – C-482/99, *Frankreich/Kommission*, ECLI:EU:C:2002:294, Rn. 52.

406 *Cremer*, in: Calliess/Ruffert, EUV/AEUV, 5. Aufl. 2016, Art. 107 AEUV Rn. 31.

407 EuGH, Urteil vom 13.03.2001 – C-379/98, *PreussenElektra*, ECLI:EU:C:2001:160.

408 *Mestmäcker/Schweitzer*, in: Immenga/Mestmäcker, Wettbewerbsrecht, 5. Aufl. 2016, Art. 107 AEUV Rn. 249.

409 EuGH, Urteil vom 13.03.2001 – C-379/98, *PreussenElektra*, ECLI:EU:C:2001:160, Rn. 59.

410 EuGH, Urteil vom 13.03.2001 – C-379/98, *PreussenElektra*, ECLI:EU:C:2001:160, Rn. 59-61.

411 EuGH, Urteil vom 13.03.2001 – C-379/98, *PreussenElektra*, ECLI:EU:C:2001:160, Rn. 61.

412 EU-Kommission, Bekanntmachung der Kommission zum Begriff der staatlichen Beihilfe im Sinne des Art. 107 Abs. 1 des Vertrags über die Arbeitsweise der Europäischen Union – ABl. 2016 C 262/1, Rn. 39 ff.

die Beihilfen gewährt wurden, Richtlinien staatlicher Stellen zu beachten hatte, das öffentliche Unternehmen strukturell in die Verwaltung eingegliedert ist oder aber die Institution nicht entscheiden durfte, ohne den Anforderungen des Hoheitsträgers Rechnung zu tragen.[413] Verpflichtet das Europäische Recht aber einen Mitgliedstaat eine Maßnahme ohne eigenen Ermessensspielraum durchzuführen, so ist diese dem Unionsgesetzgeber und nicht dem jeweiligen Mitgliedstaat zurechenbar.[414]

Damit ist festzuhalten, dass das Tatbestandsmerkmal „staatliche oder aus staatlichen Mitteln gewährte Beihilfe" die Belastung eines öffentlichen Haushalts jedenfalls dann erfordert, wenn die Maßnahme auf einer unmittelbaren Vergabe durch den Hoheitsträger oder eine diesem zugehörige öffentliche Einrichtung basiert. Ein aus staatlichen Mitteln gewährter Vorteil liegt bei nichtstaatlichen Einrichtungen hingegen nur vor, wenn der Mitgliedstaat diese zur Durchführung einer bestimmten Beihilferegelung errichtet oder beauftragt hat. Wenn der Mitgliedstaat seine Einflussmöglichkeiten tatsächlich wahrnimmt, ist bei Maßnahmen privater Institutionen eine finanzielle Belastung des staatlichen Haushaltes nicht zwingend erforderlich. Gleichwohl genügt es jedenfalls nicht, wenn die Begünstigung durch einen Privaten nur aufgrund eines Gesetzes erfolgt.

bb) Steuerliche Vorteile als staatliche Mittel

Steuerliche Beihilfen sind in aller Regel mit einer Verschonung des Steuerpflichtigen verbunden. Eine aktive Mittelübertragung findet daher nicht statt. Daher hat die Europäische Kommission in ihren Leitlinien zu steuerlichen Beihilfen bereits festgestellt, dass „ein Steuereinnahmeverlust [...] der Verwendung staatlicher Mittel in Form von Steuerausgaben [gleichsteht]".[415] Der Verzicht eines Mitgliedstaates auf Einnahmen führt nämlich ebenso zu einer Belastung staatlicher Mittel wie bei Leistungssubventionen. Verzichtet ein Mitgliedstaat auf Steuersubstrat, ist dies als ein Unterlassen des Staates zu werten und damit das

413 Vgl. für alle Indikatoren: EU-Kommission, Bekanntmachung der Kommission zum Begriff der staatlichen Beihilfe im Sinne des Art. 107 Abs. 1 des Vertrags über die Arbeitsweise der Europäischen Union – ABl. 2016 C 262/1, Rn. 43.

414 EU-Kommission, Bekanntmachung der Kommission zum Begriff der staatlichen Beihilfe im Sinne des Art. 107 Abs. 1 des Vertrags über die Arbeitsweise der Europäischen Union – ABl. 2016 C 262/1, Rn. 44.

415 EU-Kommission, Mitteilung der Kommission über die Anwendung der Vorschriften über staatliche Beihilfen auf Maßnahmen im Bereich der direkten Unternehmensbesteuerung vom 10.12.1998 – ABl. 1998 C 384/3, Rn. 10.

Gegenteil zur aktiven Mittelüberlassung.[416] Ausgehend von diesem Verständnis gilt es festzustellen, ob der Staat einen Steueranspruch gegen den Steuerpflichtigen hatte und auf diesen durch die Maßnahme verzichtet hat, oder ob der Steueranspruch erst gar nicht entstanden ist.[417] Die fehlende Realisierung eines bereits entstandenen Steueranspruchs stellt faktisch eine Verfügung über künftige – planerisch teilweise bereits berücksichtigte – Steuereinnahmen dar, sodass damit eine Belastung des öffentlichen Haushalts einhergeht. Führt der Verzicht zu einer negativen Veränderung des Steueraufkommens und wirkt sich gleichzeitig begünstigend für den Steuerpflichtigen aus, wurde der öffentliche Haushalt durch die Maßnahme belastet.[418]

Der Begriff der steuerlichen Beihilfen ist dabei nicht auf Steuern als solche beschränkt, sondern umfasst sämtliche Abgabenarten: Es können ebenso Ermäßigungen von zu entrichtenden Gebühren, Beiträgen oder auch Sozialversicherungsbeiträgen Gegenstand der Beihilfekontrolle sein.[419] Es ist entscheidend, ob dem Begünstigten durch die Maßnahme ein ökonomischer Vorteil entsteht.[420] Eine staatliche Maßnahme ist nicht beihilferelevant, wenn sie als Kompensation für die Wahrnehmung öffentlicher Interessen und die damit verbundenen gemeinwirtschaftlichen Verpflichtungen gewährt wird.[421] Darin ist kein wettbewerbsverzerrender finanzieller Vorteil zu sehen, da dieser mit einer entsprechenden Verpflichtung bzw. Gegenleistung einhergeht.[422] Das begünstigte Unternehmen muss aber tatsächlich den Auftrag erhalten und die zuvor rechtlich klar definierten Verpflichtungen erfüllt haben.[423] Im Übrigen sind vorab objektiv und transparent die Kriterien festzulegen, anhand derer die Kompensation berechnet wird.[424]

---

416 *Strüber*, Steuerliche Beihilfen, 2006, S. 112.

417 *Strüber*, Steuerliche Beihilfen, 2006, S. 112.

418 *Mestmäcker/Schweitzer*, in: Immenga/Mestmäcker, Wettbewerbsrecht, 5. Aufl. 2016, Art. 107 AEUV Rn. 287.

419 *Kokott*, Das Steuerrecht der Europäischen Union, 2018, § 3 Rn. 142.

420 *Kokott*, Das Steuerrecht der Europäischen Union, 2018, § 3 Rn. 142.

421 EuGH, Urteil vom 24.07.2003 – C-280/00, *Altmark Trans*, ECLI:EU:C:2003:415, Rn. 87.

422 EuGH, Urteil vom 24.07.2003 – C-280/00, *Altmark Trans*, ECLI:EU:C:2003:415, Rn. 87.

423 EuGH, Urteil vom 24.07.2003 – C-280/00, *Altmark Trans*, ECLI:EU:C:2003:415, Rn. 89.

424 EuGH, Urteil vom 24.07.2003 – C-280/00, *Altmark Trans*, ECLI:EU:C:2003:415, Rn. 90.

Entscheidend für das Vorliegen einer beihilferelevanten Begünstigung ist letztlich, dass dem Hoheitsträger aufgrund der Maßnahme weniger Steuereinnahmen zufließen, diese Maßnahme ihm auch zugerechnet werden kann und es an einer adäquaten marktüblichen Kompensation fehlt.

cc) Übertragung staatlicher Mittel

Grundsätzlich fordern Kommission und Gerichtshof auch eine mittelbare oder unmittelbare Übertragung der staatlichen Mittel auf das oder die begünstigten Unternehmen.[425] Bei steuerlichen Beihilfen fehlt es regelmäßig an einer Übertragung staatlicher Mittel. Nach Auffassung der Kommission ist der Steuereinnahmeverlust aufgrund einer staatlichen Maßnahme aber der Verwendung staatlicher Mittel gleichzusetzen.[426] Verzichtet der Mitgliedstaat auf ihm zustehendes Steuersubstrat, entspricht dies der Übertragung staatlicher Mittel.[427]

Dass es auf staatlicher Seite zu geringeren Einnahmen kommt, genügt für sich genommen hingegen nicht, um die Gewährung eines steuerlichen Vorteils festzustellen.[428] Eine nationale Steuervergünstigung kann nur dann unter den Beihilfebegriff subsumiert werden, wenn der Mitgliedstaat aktiv auf Steuersubstrat verzichtet und zugleich dem potentiell Begünstigten hieraus ein ökonomischer Vorteil entsteht.[429] Letztlich ist bei steuerlichen Begünstigungen damit nicht die Übertragung staatlicher Mittel maßgeblich, sondern vielmehr die staatlich intendierte wirtschaftliche Situationsverbesserung der jeweiligen Begünstigten.

Erforderlich ist zudem, dass sich die verminderten Steuereinnahmen des Mitgliedstaates und die reduzierte Steuerbelastung des begünstigten Unternehmens entsprechen.[430] Die Gewährung von steuerlichen Vorteilen führt stets zu einem

---

425 Vgl. EU-Kommission, Bekanntmachung der Kommission zum Begriff der staatlichen Beihilfe im Sinne des Art. 107 Abs. 1 des Vertrags über die Arbeitsweise der Europäischen Union – ABl. 2016 C 262/1, Rn. 49 ff.; EuGH, Urteil vom 16.05.2002 – C-482/99, *Frankreich/Kommission*, ECLI:EU:C:2002:294, Rn. 35 f.

426 EU-Kommission, Mitteilung der Kommission über die Anwendung der Vorschriften über staatliche Beihilfen auf Maßnahmen im Bereich der direkten Unternehmensbesteuerung vom 10.12.1998 – ABl. 1998 C 384/3, Rn. 10.

427 EuGH, Urteil vom 16.05.2000 – C-83/98 P, *Frankreich/Ladbroke Racing Ltd und Kommission*, ECLI:EU:C:2000:246, Rn. 48-51; EU-Kommission, Bekanntmachung der Kommission zum Begriff der staatlichen Beihilfe im Sinne des Art. 107 Abs. 1 des Vertrags über die Arbeitsweise der Europäischen Union – ABl. 2016 C 262/1, Rn. 51.

428 *Strüber*, Steuerliche Beihilfen, 2006, S. 114.

429 *Strüber*, Steuerliche Beihilfen, 2006, S. 114.

430 *Rosenberg*, Das beihilferechtliche Durchführungsverbot im Steuerverfahren, 2014, S. 48; *Kokott*, Das Steuerrecht der Europäischen Union, 2018, § 3 Rn. 148; teilweise

Einnahmeverlust und ist daher „budgetwirksam".[431] So führt etwa die Absenkung des Steuersatzes unmittelbar zur Reduzierung der Steuereinnahmen.[432] Aber auch die steuerliche Förderung bestimmter unternehmerischer Investitionen, wie beispielsweise durch attraktivere Abschreibungsmöglichkeiten,[433] mindert das staatliche Steueraufkommen. In diesem Zusammenhang beschränkt sich die begünstigende Wirkung allerdings nicht ausschließlich auf Maßnahmen der direkten Unternehmensbesteuerung: Die steuerliche Förderung von Investitionen kann ebenso eine Vorteilsgewährung aus staatlichen Mitteln darstellen.[434] In diesen Fällen begünstigt die Maßnahme gleichzeitig die Kapitalgeber, für die die Investitionsbedingungen attraktiver erscheinen, und die Unternehmen, deren Anteile erworben werden.[435] Entscheidend ist, ob die begünstigende Wirkung beim Unternehmen auf ein Verhalten des Hoheitsträgers zurückzuführen ist und bei diesem einen Einnahmeverzicht bedingt.[436]

Eine geringere Belastung durch eine gewährte Steuervergünstigung geht zwar regelmäßig mit Steuermindereinnahmen einher, dennoch werden teilweise von den Mitgliedstaaten die gesamtwirtschaftlichen – positiven – Auswirkungen einer Maßnahme betont, um eine entsprechende Belastung des staatlichen Haushalts zu entkräften: So hatten bereits Belgien und die Niederlande argumentiert, dass eine begünstigende Maßnahme zunächst mit steuerlichen Mindereinnahmen einhergehen würde, die Regelung aber dazu führen würde, dass sich Unternehmen aus anderen Mitgliedstaaten im Inland niederlassen würden und somit in Zukunft mit höheren Steuereinnahmen zu rechnen sei.[437] Mangels einer entsprechenden Kausalität lehnte die Kommission diese auf Prognosen

---

wird dieser Zusammenhang auch als „Stoffgleichheit" zwischen Verzicht auf staatliche Einnahmen und Vorteil beim begünstigten Unternehmen bezeichnet, vgl. *Strüber*, Steuerliche Beihilfen, 2006, S. 116.

431 *Kokott*, Das Steuerrecht der Europäischen Union, 2018, § 3 Rn. 149; *von Wallenberg/Schütte* in: Grabitz/Hilf/Nettesheim, Das Recht der Europäischen Union, Mai 2021, Art. 107 AEUV Rn. 47.

432 Siehe: B. I. 3. b).

433 Siehe: B. I. 3. c).

434 Vgl. EuGH, Urteil vom 21.03.1991 – C-303/88, *Italien/Kommission*, ECLI:EU:C:1991:136, Rn. 11; EuGH, Urteil vom 19.09.2000 – C-156/98, *Deutschland/Kommission*, ECLI:EU:C:2000:467, Rn. 23, 26.

435 *Kokott*, Das Steuerrecht der Europäischen Union, 2018, § 3 Rn. 149.

436 Siehe: B. II. 2. b).

437 Vgl. EU-Kommission, Entscheidung vom 17.02.2003 – K(2003) 564, *Koordinierungsstellen Belgien*, ABl. L 282/25, Rn. 97.

beruhenden Annahmen der Mitgliedstaaten ab und betonte in diesem Zusammenhang nochmals die Erforderlichkeit einer Einzelfallbetrachtung bei steuerlichen Beihilfen:

> „Der Beihilfecharakter einer Maßnahme muss individuell auf der Ebene des begünstigten Unternehmens zu einem bestimmten Zeitpunkt beurteilt werden, um festzustellen, ob bestimmte Unternehmen mehr vom Staat erhalten oder weniger zur Finanzierung öffentlicher Güter und Leistungen beitragen. Wäre dies nicht der Fall, wären alle Formen von Beihilfen gerechtfertigt, sofern diese dafür sorgen, dass ein Unternehmen in einen Mitgliedstaat gelockt wird, dass sich sein künftiges steuerbares Einkommen erhöht oder dass es davon abgehalten wird, das Land zu verlassen."[438]

Damit schließen langfristige Prognosen einer positiven Entwicklung des Steueraufkommens trotz aktuellen Einnahmeverzichts die Annahme einer Beihilfe nicht aus.[439] Erhält ein Mitgliedstaat durch eine staatliche Maßnahme trotz Einnahmeverzichts einen konkreten wirtschaftlichen Vorteil, so könnte lediglich im Einzelfall das Vorliegen einer staatlichen Beihilfe abzulehnen sein.[440] Es ist aber regelmäßig davon auszugehen, dass bei steuerlichen Maßnahmen dem wirtschaftlichen Vorteil beim begünstigten Unternehmen eine entsprechende Budgetbelastung des Mitgliedstaates gegenübersteht.

dd) Die Staatlichkeit von mittelbaren Begünstigungen und deren Zurechnung

Bei mittelbaren Begünstigungen fehlt es an einer unmittelbar auf den Staat zurückzuführenden Besserstellung. Dennoch muss das Tatbestandsmerkmal der Staatlichkeit auch im Hinblick auf mittelbare Begünstigungen gelten.

Nach der Rechtsprechung des Europäischen Gerichtshofs ist es keine zwingende Voraussetzung des Beihilfetatbestands, dass die Mittel dem staatlichen Haushalt entnommen werden.[441] Entsprechend der Bekanntmachung der Europäischen Kommission genügt es, um von staatlichen Mitteln auszugehen, wenn

---

438 EU-Kommission, Entscheidung vom 17.02.2003 – K(2003) 564, *Koordinierungsstellen Belgien*, ABl. L 282/25, Rn. 97.

439 *Rosenberg*, Das beihilferechtliche Durchführungsverbot im Steuerverfahren, 2014, S. 49 mit Verweis auf *Frenz/Roth*, DStZ 2006, 464 (469).

440 *Rosenberg*, Das beihilferechtliche Durchführungsverbot im Steuerverfahren, 2014, S. 49.

441 Vgl. EuGH, Urteil vom 22.03.1977 – C-78/76, *Steinike und Weinlig*, ECLI:EU:C:1977:52, Rn. 21; EuGH, Urteil vom 30.01.1985 – C-290/83, *Kommission/Frankreich*, ECLI:EU:C:1985:37, Rn. 14; EuGH, Urteil vom 02.02.1998 – C-67, 68 und 70/85, *Verbundene Rechtssachen*, ECLI:EU:C:1988:38, Rn. 35.

die Beträge durch eine öffentliche Stelle oder den Hoheitsträger kontrolliert werden.[442] Dies sei beispielsweise dann anzunehmen, wenn private Organisationen den gesetzlichen Auftrag erhalten, bestimmte Abgaben für den Hoheitsträger zu erheben und an die Empfänger weiterzuleiten.[443]

Eine Übertragung staatlicher Mittel sei aber abzulehnen, wenn Finanzmittel ohne Zutun des Mitgliedstaates von einer privaten Einheit auf eine andere umverteilt werden, sofern die Mittel direkt, ohne Beteiligung einer öffentlichen Einrichtung, fließen.[444] Eine zumindest faktische staatliche Kontrolle liegt daher nahe, wenn der Hoheitsträger unter Aufwendung staatlicher Mittel – bzw. dem Verzicht auf diese – Anreize für private Einheiten setzt und damit das Verhalten selbiger beeinflusst.[445] Gleichwohl wird dem Staat in diesem Fall keine umfassende Kontrolle zuteil, da trotz lenkender Einflussnahme nicht damit zu rechnen ist, dass sämtliche Adressaten der Maßnahme die gewünschte Verhaltensweise an den Tag legen.[446] Dennoch genügt es nach Auffassung des Europäischen Gerichtshofs, wenn der Hoheitsträger eine bestimmte Verhaltensweise veranlasst, welche zu einem wirtschaftlichen Vorteil bestimmter Unternehmen führt.[447] Daher schließt allein der Umstand, dass die Begünstigung bestimmter Wirtschaftsteilnehmer unmittelbar durch Dritte hervorgerufen wird, das Vorliegen eines mittelbaren Vorteils nicht von vornherein aus, sofern der Hoheitsträger unter Verzicht auf staatliche Mittel – beispielsweise durch Steuervergünstigungen für private Einheiten – die Verhaltensweise entsprechend kontrolliert hat.[448]

Wenn die Bereitstellung eines wirtschaftlichen Vorteils auf eine staatliche Veranlassung – beispielsweise den Gesetzgeber – zurückzuführen ist, so kann

---

442 EU-Kommission, Bekanntmachung zum Begriff der staatlichen Beihilfe im Sinne des Artikels 107 Absatz 1 des Vertrages über die Arbeitsweise der Europäischen Union vom 19.07.2016 – ABl. 2016 C 262/1, Rn. 64.

443 EU-Kommission, Bekanntmachung zum Begriff der staatlichen Beihilfe im Sinne des Artikels 107 Absatz 1 des Vertrages über die Arbeitsweise der Europäischen Union vom 19.07.2016 – ABl. 2016 C 262/1, Rn. 64.

444 EU-Kommission, Bekanntmachung zum Begriff der staatlichen Beihilfe im Sinne des Artikels 107 Absatz 1 des Vertrages über die Arbeitsweise der Europäischen Union vom 19.07.2016 – ABl. 2016 C 262/1, Rn. 61.

445 *Milutinović*, in: HFSt (8) 2018, S. 94 f.

446 Vgl. zum Lenkungszweck von Steuervergünstigungen: A. I. 4.

447 Vgl. EuGH, Urteil vom 28.07.2011 – C-403/10 P, *Mediaset SpA/Kommission*, ECLI:EU:C:2011:533, Rn. 81.

448 So auch *Soltész/Hellstern*, EuZW 2013, 489 (492); *Milutinović*, in: HFSt (8) 2018, S. 94 f.; a. A. *Jennert/Ellenrieder*, EWS 2011, 305 (311).

dies ebenso dem Staat zugerechnet werden.[449] Ein Hinzutreten autonomer Entscheidungen Dritter lässt die staatliche Zurechnung einer mittelbar gewährten Vergünstigung für das betreffende Unternehmen nicht entfallen.[450]

c) Selektive Begünstigung bestimmter Unternehmen

Die zentrale Weichenstellung bei der Beurteilung des Beihilfecharakters von steuerrechtlichen Vorschriften ist die Selektivitätsprüfung. Diese wird auch als „Black Box“[451] bezeichnet und gehe mit der größten Rechtsunsicherheit hinsichtlich steuerlicher Beihilfen einher.[452] Das Selektivitätskriterium wird im Rahmen der Beihilfeprüfung von Kommission und Gerichtsbarkeit oftmals unterschiedlich ausgelegt, sodass nicht selten der Ausgang eines Verfahrens mit der Bestimmung der Selektivität bzw. des Bezugsrahmens steht und fällt.[453]

Grundsätzlich sind zwei Arten der Selektivität – regional und materiell – voneinander abzugrenzen. Bei beihilfekritischen Steuervergünstigungen ist vor allem die materielle Selektivität relevant, da eine Vielzahl steuerlicher Vergünstigungsnormen ohne regionalen Bezug gewährt wird.[454] Allgemein wirkt eine steuerliche Begünstigung selektiv, wenn Unternehmen, die sich in einer vergleichbaren rechtlichen und tatsächlichen Lage befinden, in unterschiedlichem Maß von einem Vorteil profitieren.[455]

Innerhalb der Beihilfeprüfung dient das Selektivitätskriterium dazu unzulässige Begünstigungen an bestimmte Unternehmen von allgemeinen Maßnahmen abzugrenzen, die eine allgemeine Förderung der Wirtschaft anstreben und allen

---

449 Vgl. EuGH, Urteil vom 17.07.2008 – C-206/06, *Essent Netwerk Noord u. a.*, ECLI:EU:C:2008:413, Rn. 73.

450 EuGH, Urteil vom 19.09.2000 – C-156/98, *Deutschland/Kommission*, ECLI:EU:C:2000:467, Rn. 27.

451 *Soltész*, EuZW 2018, 305.

452 Vgl. nur *Soltész*, EuZW 2018, 305; *Gosch/Offerhaus/Heide*, DStR 2020, 2457 (2460).

453 *Bartosch*, EuZW 2018, 891 (894), der die Bestimmung des Referenzsystems als „Nulllinie“ bezeichnet, die maßgeblich für die nachfolgende Prüfung sei.

454 Die regionale Selektivität ist für beihilfekritische Steuervergünstigungen nur von untergeordneter Bedeutung, sodass sich die Darstellung im Folgenden auf die materielle Selektivität konzentriert, während die regionale Selektivität nur im Ansatz dargestellt wird.

455 EuGH, Urteil vom 04.06.2015 – C-15/14 P, *Kommission/MOL*, ECLI:EU:C:2015:362, Rn. 59.

Unternehmen einen Vorteil verschaffen.[456] Allgemeine steuerrechtliche Maßnahmen haben in der Regel keine wettbewerbsverzerrende Wirkung, sodass in ihnen keine beihilfekritische Regelung zu sehen ist. Dennoch können auch allgemein wirkende Maßnahmen, wie etwa die Festlegung von Steuersätzen, die Behandlung von Verlusten oder Abschreibungsmodalitäten vom Beihilfeverbot erfasst werden, wenn die steuerliche Regelung faktisch nur bestimmte Unternehmen begünstigt.[457]

Neben der rechtlichen Dimension einer Beihilfeprüfung von nationalen Steuervergünstigungen enthält diese auch eine politische Dimension für die Mitgliedstaaten.[458] Die Souveränität der Mitgliedstaaten, die Ausgestaltung der Steuersysteme sowie die Grund- und Leitprinzipien müssen deshalb innerhalb der Selektivität Berücksichtigung finden.[459] Die Selektivitätsprüfung von steuerlichen Maßnahmen stellt fest, ob eine staatliche Maßnahme geeignet ist, einzelne Unternehmen im Vergleich zu anderen Unternehmen zu begünstigen.[460] Das Beihilfeverbot ist daher als besonderes Diskriminierungsverbot bzw. Gleichbehandlungsgebot[461] zu verstehen, das sich mit der unzulässigen Differenzierung zwischen Wirtschaftsteilnehmern beschäftigt.[462] Die Vergleichsprüfung findet jedoch erst auf der Ebene der Selektivität statt, da an dieser Stelle die Situation eines potentiell begünstigten Wirtschaftsteilnehmers mit derjenigen eines nicht begünstigten verglichen wird. Das Selektivitätskriterium bildet damit den Schwerpunkt der Beihilfeprüfung.

456 *Lehnert*, Die Korrektur von gemeinschaftswidrigen Beihilfen in Form von Steuervergünstigungen, 2008, S. 46; *Rosenberg*, Das beihilferechtliche Durchführungsverbot im Steuerverfahren, 2014, S. 60.

457 *Lehnert*, Die Korrektur von gemeinschaftswidrigen Beihilfen in Form von Steuervergünstigungen, 2008, S. 46 f.

458 Dies führe nämlich auch zu angepasstem Förderverhalten bzw. intelligenten Förderstrategien der Mitgliedstaaten *Bartosch*, EuZW 2017, 756 (761).

459 *Ismer/Karch*, IStR 2014, 130 (131).

460 EuGH, Urteil vom 08.11.2001 – C-143/99, *Adria-Wien Pipeline*, ECLI:EU:C:2001:598, Rn. 41.

461 *Kokott*, in: Europäisches Steuerrecht, DSJG Band 41, 2018, S. 536.

462 *Kokott*, Das Steuerrecht der Europäischen Union, 2018, § 3 Rn. 161; *Jaeger*, in: Münchener Kommentar Europäisches Wettbewerbsrecht, 2011, E. Steuerliche Maßnahmen, Rn. 12.

aa) Regionale Selektivität

Regional oder auch territorial selektive Maßnahmen sind im Hinblick auf steuerliche Beihilfen in der jüngeren Vergangenheit seltener anzutreffen als materiell selektive Maßnahmen. Grundsätzlich ist eine geographische Selektivität anzunehmen, wenn Regelungen nicht für sämtliche Unternehmen im Staatsgebiet eines Mitgliedstaates gelten, sondern lediglich für diejenigen eines bestimmten Gebietes.[463] Regional selektive Maßnahmen sind dadurch gekennzeichnet, dass sie unterschiedslos allen Unternehmen einer bestimmten abgrenzbaren Region zugutekommen.[464]

bb) Materielle Selektivität

Eine Maßnahme ist als materiell selektiv anzusehen, wenn sie geeignet ist, bestimmte Unternehmen im Vergleich zu anderen Unternehmen, „die sich im Hinblick auf das mit der betreffenden Maßnahme verfolgte Ziel in einer vergleichbaren tatsächlichen und rechtlichen Situation befinden, zu begünstigen“[465] und diese Differenzierung nicht geographischer Natur ist.[466]

Die Feststellung der materiellen Selektivität bildet bei begünstigenden Steuermaßnahmen den Prüfungsschwerpunkt und ist für die folgenden Prüfungsschritte richtungsweisend.[467] Nicht selten determiniert der Ausgang der Selektivitätsprüfung auch den Ausgang der Beihilfeprüfung von Steuervergünstigungen.[468] Trotz der außerordentlichen Bedeutung dieses Tatbestandsmerkmals geht es auch mit der größten Unsicherheit im Beihilferecht einher,

---

463 *Koenig/Förtsch*, in: Streinz, EUV/AEUV, 3. Aufl. 2018, Art. 107 AEUV Rn. 84.

464 EU-Kommission, Bekanntmachung zum Begriff der staatlichen Beihilfe im Sinne des Artikels 107 Absatz 1 des Vertrages über die Arbeitsweise der Europäischen Union vom 19.07.2016 – ABl. 2016 C 262/1, Rn. 142 ff.

465 EuGH, Urteil vom 08.11.2001 – C-143/99, *Adria-Wien Pipeline*, ECLI:EU:C:2001:598, Rn. 41.

466 Vgl. EuGH, Urteil vom 08.11.2001 – C-143/99, *Adria-Wien Pipeline*, ECLI:EU:C:2001:598, Rn. 41; EuGH, Urteil vom 22.12.2008 – C-487/06 P, *British Aggregates/Kommission*, ECLI:EU:C:2008:757, Rn. 82; EuGH, Urteil vom 04.06.2015 – C-15/14 P, *Kommission/MOL*, ECLI:EU:C:2015:362, Rn. 59.

467 *De Weerth*, DB 2017, 275; *Soltész*, BB 2019, 1687 (1688).

468 Vgl. nur die Selektivitätsprüfung im Verfahren zur Sanierungsklausel § 8c Abs. 1a KStG: EU-Kommission, Beschluss vom 24.02.2010 – C7/210, KStG, *Sanierungsklausel*, ABl. 2010 C 90/8; EuG, Urteil vom 04.02.1016 – T-620/11, *GFKL Financial Services AG*, ECLI:EU:T:2016:59; EuGH, Urteil vom 28.06.2018 – C-209/16 P, *Deutschland/Kommission*, ECLI:EU:C:2018:507.

sodass weder aus den Entscheidungen der Europäischen Kommission noch aus den Urteilen der Europäischen Gerichtsbarkeit ein roter Faden erkennbar wäre, der Wissenschaft und Praxis eine treffsichere Beurteilung von beihilfekritischen Steuervergünstigungen ermöglichen könnte.[469]

Würde der Begriff der Beihilfe weit ausgelegt werden, wären sämtliche Steuergesetze als *prima facie* selektiv einzustufen, die eine – auf steuersystematische Grundsätze basierende – Differenzierung vornehmen und wären damit entweder vorab von der Kommission zu notifizieren oder nachträglich durch die Mitgliedstaaten zu rechtfertigen.[470] Ein solch weitreichendes Verständnis ist mit der mitgliedstaatlichen Steuerautonomie nicht zu vereinbaren und würde zugleich auch eine Kompetenzüberschreitung der Europäischen Union bedeuten.[471] Diesen Umstand hat auch der Europäische Gerichtshof erkannt und klarstellend ausgeführt:

> „[Es] ist darauf hinzuweisen, dass der Umstand, dass nur die Steuerpflichtigen, die die Voraussetzungen für die Anwendung einer Maßnahme erfüllen, diese in Anspruch nehmen können, als solcher dieser Maßnahme keinen selektiven Charakter verleihen kann."[472]

Gerade in Anbetracht der Funktion des Beihilferechts, staatlich hervorgerufene Wettbewerbsverfälschungen zu verhindern oder zu beseitigen, kann es nicht Aufgabe der Kommission sein, sämtliche mitgliedstaatlichen Steuergesetze auf ihre Vereinbarkeit mit dem Beihilferecht zu überprüfen.[473] Die Begünstigung bestimmter Unternehmen ist nach Auffassung des Europäischen Gerichtshofs eine Abweichung von der normalerweise zu tragenden Steuerlast, sodass diese einen – selektiven – Vorteil erhalten.[474]

---

469 Vgl. *Linn*, IStR 2008, 601 (606); *Bartosch*, EuZW 2010, 12 (13); *Ismer/Karch*, IStR 2014, 130 (131); *Schnitger*, IStR 2017, 421 (424); *Bartosch*, EuZW 2017, 756 (760); *Fetzer/Böser*, DStR 2019, 1177.

470 *Kokott*, in: Europäisches Steuerrecht, DSJG Band 41, 2018, S. 539; *dies.*, Das Steuerrecht der Europäischen Union, 2018, § 3 Rn. 164.

471 *Kokott*, Das Steuerrecht der Europäischen Union, 2018, § 3 Rn. 164.

472 EuGH, Urteil vom 21.12.2016 – C-20/15, *Kommission/World Duty Free Group*, ECLI:EU:C:2016:981, Rn. 59 mit Verweis auf EuGH, Urteil vom 29.03.2012 – C-417/10, *3M Italia*, ECLI:EU:C:2012:184, Rn. 42.

473 *Ekkenga/Safaei*, DStR 2018, 1993 (1994); *Hummel*, GmbHR 2019, 390 (396).

474 Vgl. z. B. EuGH, Urteil vom 06.09.2006 – C-88/03, *Portugal/Kommission*, ECLI:EU:C:2006:511, Rn. 56; EuGH, Urteil vom 08.09.2011 – C-78/08 bis C-80/08, *Paint Graphos u. a.*, ECLI:EU:C:2011:550, Rn. 49; EuGH, Urteil vom 18.07.2013 – C-6/12, *P Oy*, ECLI:EU:C:2013:525, Rn. 19.

α) De-jure- und De-facto-Selektivität

Zunächst ist festzustellen, dass steuerliche Maßnahmen in zweierlei Ausprägungen materiell selektiv sein können.[475] Einerseits kann die materielle Selektivität bereits aus den rechtlichen Kriterien einer beihilfekritischen Vorschrift folgen, sodass schon die technische Ausgestaltung den selektiven Charakter hervorruft.[476] Diese Art der materiellen Selektivität wird als „De-jure-Selektivität" bezeichnet und ist anzunehmen, wenn beispielsweise nur Unternehmen einer bestimmten Größe, während eines bestimmten Zeitraums oder eines bestimmten Tätigkeitsbereichs, einen Vorteil erhalten.[477] Ein sich bereits durch die Zugangsvoraussetzungen einer Norm ergebender Vorteil kann vergleichsweise leicht identifiziert werden, da schon die förmliche Ausgestaltung den selektiven Charakter der Maßnahme offenlegt.

Andererseits kann eine Maßnahme auch dann materiell selektiv sein, wenn die formalen Anwendungsvoraussetzungen allgemein und objektiv konzipiert wurden, die Begünstigung allerdings nur eine spezifische Gruppe von Unternehmen erhält.[478] Da hier unabhängig von der Ausgestaltung der Norm nur bestimmte Unternehmen einzig aufgrund der Wirkung einer Maßnahme faktisch begünstigt werden, wird dies auch als „De-facto-Selektivität" bezeichnet.[479] Damit können auch Maßnahmen, welche einen formell allgemeinen Eindruck erwecken, vom Beihilfeverbot des Art. 107 Abs. 1 AEUV erfasst werden, wenn sie durch ihre Anwendung faktisch selektiv begünstigen. Für die Feststellung einer Beihilfe ist es im Ergebnis jedoch unerheblich, ob eine steuerliche Maßnahme de-jure oder de-facto selektiv wirkt.

---

475 *Kußmaul/Palm/Licht*, GmbHR 2017, 1009 (1012).

476 Vgl. *Mestmäcker/Schweitzer*, in: Immenga/Mestmäcker, Wettbewerbsrecht, 5. Aufl. 2016, Art. 107 AEUV Rn. 184.

477 EU-Kommission, Bekanntmachung zum Begriff der staatlichen Beihilfe im Sinne des Artikels 107 Absatz 1 des Vertrages über die Arbeitsweise der Europäischen Union vom 19.07.2016 – ABl. 2016 C 262/1, Rn. 121.

478 Vgl. EuGH, Urteil vom 15.11.2011 – C-106/09 P und C-107/09 P, *Kommission/Gibraltar*, ECLI:EU:C:2011:732, Rn. 104.

479 EU-Kommission, Bekanntmachung zum Begriff der staatlichen Beihilfe im Sinne des Artikels 107 Absatz 1 des Vertrages über die Arbeitsweise der Europäischen Union vom 19.07.2016 – ABl. 2016 C 262/1, Rn. 121.

β) Das Regel-Ausnahme-Prinzip bei der De-jure-Selektivität

Zur Feststellung der De-jure-Selektivität von steuerlichen Maßnahmen hat sich bei der Europäischen Gerichtsbarkeit der sogenannte „Dreistufentest“ durchgesetzt:

Auf der ersten Stufe wird das Referenzsystem, welches üblicherweise alle relevanten Steuervorschriften eines Steuergesetzes abbildet, bestimmt. Auf der zweiten Stufe gilt es festzustellen, ob die betreffende Maßnahme eine Ausnahme von der Normalbesteuerung darstellt, welche zu einer unterschiedlichen Behandlung von Unternehmen führt, die sich in Hinblick auf das mit der Steuerregelung verfolgte Ziel in einer vergleichbaren rechtlichen und tatsächlichen Situation befinden. Weicht die Maßnahme vom Referenzsystem ab, ist sie *prima facie* selektiv. Auf der dritten Stufe wird eine mögliche Rechtfertigung der Abweichung durch die Natur und den Aufbau des Steuersystems geprüft.[480]

Die als Dreistufentest bezeichnete gleichheitsrechtliche Prüfung der Selektivität bei steuerlichen Sachverhalten stellt den Schwerpunkt der Beihilfeprüfung dar. Die durch den Europäischen Gerichtshof entwickelte dreistufige Vorgehensweise bei der Selektivitätsprüfung wurde von der Kommission übernommen, sodass dem Grunde nach ein einheitliches Prüfungsschema angenommen werden könnte.[481] Trotz der klaren Vorgaben hinsichtlich der Vorgehensweise hat die Prüfung der Selektivität bis zuletzt jedoch keine rechtssicherheitsschaffende Konkretisierung erfahren.[482]

---

480 Vgl. EuGH, Urteil vom 08.11.2001 - C-143/99, *Adria-Wien Pipeline*, ECLI:EU:C:2001:598, Rn. 41 f.; EuGH, Urteil vom 06.09.2006 - C-88/03, *Portugal/ Kommission*, ECLI:EU:C:2006:511, Rn. 54; EuGH, Urteil vom 18.07.2013 - C-6/12, *P Oy*, ECLI:EU:C:2013:525, Rn. 19 ff.

481 Ständige Rspr.: EuGH, Urteil vom 02.07.1974 - C-173/73, *Italien/Kommission*, ECLI:EU:C:1974:71, Rn. 33/35; EuGH, Urteil vom 17.06.1999 - C-75/97, *Belgien/ Kommission*, ECLI:EU:C:1999:311, Rn. 26 ff.; EuGH, Urteil vom 08.11.2001 - C-143/99, *Adria-Wien Pipeline*, ECLI:EU:C:2001:598, Rn. 41 f.; EuGH, Urteil vom 06.09.2006 - C-88/03, *Portugal/Kommission*, ECLI:EU:C:2006:511, Rn. 54; EuGH, Urteil vom 18.07.2013 - C-6/12, *P Oy*, ECLI:EU:C:2013:525, Rn. 19; EU-Kommission, Mitteilung der Kommission über die Anwendung der Vorschriften über staatliche Beihilfen auf Maßnahmen im Bereich der direkten Unternehmensbesteuerung vom 10.12.1998 - ABl. 1998 C 384/3, Rn. 16 f.; vgl. auch *Arhold*, EStAL 2011, 71 (74); *Bartosch*, EuZW 2010, 12.

482 Nach *Soltész*, BB 2019, 1687 (1688) führe der Drei-Stufen-Test zu Rechtsunsicherheit, obwohl gerade im Steuerrecht eine rechtssichere Planung besonders bedeutsam sei.

αα) Bestimmung des Referenzsystems bei steuerlichen Maßnahmen

„Wenn man nur den Referenzrahmen (Regel) richtig definiert, dann gelangt man auch zum Vorliegen einer Ausnahme (= Beihilfe)."[483]

Die bisher fehlende Einheitlichkeit bei der Selektivitätsprüfung ist nicht zuletzt dem Umstand geschuldet, dass die Bestimmung des Referenzsystems auf der ersten Stufe von Kommission und Gerichtshof, aber auch innerhalb des Gerichtshofs, unterschiedlich erfolgt. Entsprechend der Bekanntmachung der Kommission ist das Bezugssystem „die Benchmark, anhand deren die Selektivität einer Maßnahme geprüft wird."[484] Das Bezugssystem setze „sich aus kohärenten Vorschriften zusammen, die – auf der Grundlage objektiver Kriterien – generell auf alle Unternehmen Anwendung finden, die definitionsgemäß in seinen Anwendungsbereich fallen".[485]

Es sind aber zwei verschiedene Ansätze zur Bestimmung des Bezugssystems zu unterscheiden: der mikrosystematische Ansatz, bei dem nur der unmittelbare Normenkomplex entscheidend ist, und der makrosystematische Ansatz, welcher das Gesamtsystem in die Festlegung des Referenzsystems einbezieht.[486] So wählte die Europäische Kommission beispielsweise im Beihilfeverfahren zur Sanierungsklausel eine mikrosystematische Betrachtungsweise, bei der lediglich der konkrete Normenkomplex, von dem die Steuervergünstigung eine Ausnahme bilde, als Normalbesteuerung heranzuziehen sei.[487] Dementsprechend wurde der Verlustuntergang bei einer qualifizierten Anteilsübertragung nach § 8c Abs. 1 KStG als Normalfall eingestuft, zu dem die Sanierungsklausel eine begünstigende selektiv wirkende Ausnahme bilde.[488] Diese Vorgehensweise bei

---

483 *Soltész*, EuZW 2017, 51 (54); leicht verändert *ders.*, BB 2019, 1687 (1688).

484 EU-Kommission, Bekanntmachung zum Begriff der staatlichen Beihilfe im Sinne des Artikels 107 Absatz 1 des Vertrages über die Arbeitsweise der Europäischen Union vom 19.07.2016 – ABl. 2016 C 262/1, Rn. 132.

485 EU-Kommission, Bekanntmachung zum Begriff der staatlichen Beihilfe im Sinne des Artikels 107 Absatz 1 des Vertrages über die Arbeitsweise der Europäischen Union vom 19.07.2016 – ABl. 2016 C 262/1, Rn. 133.

486 Die Bezeichnungen „mikrosystematisch" bzw. „kleinräumig-induktiv" und „makrosystematisch" bzw. „großräumig-deduktiv" werden weder von der Europäischen Gerichtsbarkeit noch von der Europäischen Kommission verwendet, sondern vor allem zur Einordung der jeweiligen Vorgehensweise von der steuerlichen Fachliteratur benutzt.

487 EU-Kommission, Beschluss vom 26.01.2011 – C7/10, KStG, *Sanierungsklausel*, ABl. 2011 L 235/26.

488 EU-Kommission, Beschluss vom 26.01.2011 – C7/10, KStG, *Sanierungsklausel*, ABl. 2011 L 235/26, Rn. 66 ff.

der Festlegung der Normalbesteuerung wird vielfach auch als „kleinräumig-induktiv“ bezeichnet.[489]

Neben diesem kleinräumigen Vorgehen wird, insbesondere vom Gerichtshof, auch ein makrosystematischer Ansatz zur Festlegung der Normalbesteuerung vertreten, bei dem das gesamte Steuersystem sowie ansatzweise auch die Grundprinzipien der Besteuerung Berücksichtigung finden. Diesen – oftmals auch als „großräumig-deduktiv“[490] bezeichneten – Ansatz vertrat die Zweite Kammer des Europäischen Gerichtshofs in seiner Urteilsbegründung zur Beihilfenqualität der Sanierungsklausel in § 8c Abs. 1a KStG.[491] Die Zweite Kammer sah entgegen der Kommission und dem Gericht nicht § 8c Abs. 1 KStG, sondern die grundsätzliche Möglichkeit des Verlustvortrags nach § 10d Abs. 2 EStG als Normalfall an.[492]

Damit ist das Ergebnis der Selektivitätsprüfung bei derselben zu prüfenden Vorschrift allein durch die Festlegung des Referenzsystems (vor)bestimmt worden. Dieses Beispiel verdeutlicht die herausragende Bedeutung der Bestimmung der richtigen Benchmark anhand derer die betreffende Steuervorschrift im Rahmen der dreistufigen Selektivitätsprüfung und damit auch der gesamten Beihilfeprüfung zu messen ist.[493] Es lassen sich weder der Rechtsprechungspraxis der Europäischen Gerichtsbarkeit, den Entscheidungen der Kommission noch den Ansätzen der steuerjuristischen Literatur verlässliche Vorgaben zur Bestimmung des nationalen Steuerreferenzsystems entnehmen. Obwohl die vertretenen Ansätze mitunter erheblich voneinander abweichen und regelmäßig zu unterschiedlichen Ergebnissen führen, hat die Bestimmung des Referenzsystems noch immer keine hinreichende Konkretisierung durch den Europäischen Gerichtshof erfahren. Nachfolgend werden beide Ansätze sowie die damit verbundenen Vor- und Nachteile dargelegt.

---

489 *Ismer/Karch*, IStR 2014, 130 (132); *Seer*, FR 2014, 721 (729); *Musil*, FR 2014, 953 (954); *Gröpl*, in: Dauses/Ludwigs, Handbuch des EU-Wirtschaftsrechts, 47. EL 2019, J. Steuerrecht, Rn. 194; *Hackemann/Fiedler*, IStR 2016, 249 (260), Anm. zu EuG, Urteil vom 04.02.1016 – T-620/11, *GFKL Financial Services AG*, ECLI:EU:T:2016:59.

490 *Ismer/Karch*, IStR 2014, 130 (131); *Musil*, FR 2014, 953 (954); *Gröpl*, in: Dauses/Ludwigs, Handbuch des EU-Wirtschaftsrechts, 47. EL 2019, J. Steuerrecht, Rn. 194.

491 EuGH, Urteil vom 28.06.2018 – C-209/16 P, *Deutschland/Kommission*, ECLI:EU:C:2018:507.

492 EuGH, Urteil vom 28.06.2018 – C-209/16 P, *Deutschland/Kommission*, ECLI:EU:C:2018:507, Rn. 103 f.

493 Vgl. *Kußmaul/Palm/Licht*, GmbHR 2017, 1009 (1012); *Ismer/Karch*, IStR 2014, 130 (132); *Hackemann/Sydow*, IStR 2013, 786 (788).

i. Mikrosystematischer Ansatz

Beim mikrosystematischen Ansatz wird ein konkreter Normenkomplex als steuerlicher Regelfall herangezogen. Damit ist nicht das Grundsystem der jeweiligen Steuerart maßgeblich, sondern nur ein abgrenzbarer kleinräumiger Bereich innerhalb der Regelung.[494] Es wird regelmäßig diejenige Regelung als Referenzsystem herangezogen, die gelten würde, wenn alle Anwendungsvoraussetzungen gegeben wären und die beihilfekritische Norm hinweggedacht werden könnte.[495] Die grundlegenden Leitprinzipien werden ebenso wenig in die Betrachtung mit einbezogen wie die allgemeine Systemlogik des nationalen Steuerrechts.[496] Der steuerliche Regelfall ist daher dem konkreten normativen Umfeld der Steuervergünstigung zu entnehmen, sodass statt eines allgemeinen Prinzips nur eine konkrete die Steuerpflicht feststellende Vorschrift in Frage kommen kann.[497]

Auch wenn dieser Ansatz das Gesamtsystem außer Acht lässt, hat er insbesondere im Hinblick auf die rechtssichere Feststellung des Normalfalls gewisse Vorzüge: Die Orientierung am konkreten Normenkomplex könne nach *Ismer/Karch* und *Musil* nämlich dazu beitragen, das Beihilfeverbot effektiver durchzusetzen und gleichzeitig dem nationalen Gesetzgeber rechtssichere Vorgaben garantieren.[498] Ebenso könnten auch betroffene Unternehmen von diesen klaren Vorgaben profitieren, indem diese – bereits ex ante – die Risiken einer potentiellen Rückforderung von Vergünstigungen zuverlässig abschätzen könnten.[499] Im Übrigen sei die mikrosystematische Vorgehensweise weniger missbrauchsanfällig: „Ansonsten könnten Unternehmen relativ zu anderen Unternehmen derselben Kategorie dadurch bevorzugt werden, dass nur sie von der Gegenausnahme profitieren.“[500] Bei einer kleinräumigen Betrachtung könne eine derartige begünstigende Abweichung leichter identifiziert werden, als wenn die betroffene Maßnahme innerhalb des steuersystematischen Gesamtkontexts bewertet werden müsste.[501]

---

494 *Fetzer/Böser*, DStR 2019, 1177 (1178).

495 *Klemt*, DStR 2013, 1057 (1059); *Blumenberg/Kring*, Europäisches Beihilferecht und Besteuerung, ifst-Schrift 473, S. 15; *Musil*, FR 2014, 953 (954); *Ferrenberg*, Der Einfluss des Europäischen Beihilferechts auf nationale Steuervergünstigungen, 2021, S. 136.

496 *Fetzer/Böser*, DStR 2019, 1177 (1178).

497 *Ismer/Karch*, IStR 2014, 130 (134).

498 *Ismer/Karch*, IStR 2014, 130 (134); *Musil*, FR 2014, 953 (955).

499 *Ismer/Karch*, IStR 2014, 130 (134).

500 *Ismer/Karch*, IStR 2014, 130 (134).

501 *Musil*, FR 2014, 953 (955).

Dennoch ist die fehlende Berücksichtigung der Grund- und Leitprinzipien des nationalen Steuerrechts ein erheblicher Nachteil dieser Vorgehensweise.[502] Das Referenzsystem wird sodann im Wesentlichen anhand formeller Kriterien festgelegt, ohne dabei die steuerliche Maßnahme und deren Wirkung im Gesamtsystem zu bewerten. Damit bedingt die formelle Regelungstechnik eines Steuersystems die Festlegung des steuerlichen Bezugssystems. Es ist daher möglich, dass im Rahmen einer mikrosystematischen Betrachtung die Ausnahme vom Grundfall den Referenzrahmen für eine steuerliche Maßnahme bildet, welche als Gegenausnahme wiederum dem Grundfall entspricht.[503] So ist es beispielsweise kaum nachvollziehbar, weshalb eine Rückausnahme einen Vorteil darstellen soll, obwohl sie hinsichtlich ihrer Wirkung lediglich das Grundsystem wiederherstellt.[504] *Musil* konstatiert zudem, dass eine steuerliche Maßnahme nur aufgrund der Regelungstechnik als Ausnahmevorschrift identifiziert werden könne, obwohl bei ökonomischer Betrachtung auch eine beihilfekonforme Regelung ebenso effektiv gewesen wäre.[505] Es ist daher nicht auszuschließen, dass dieser Ansatz zu zufälligen[506] oder sogar willkürlichen Ergebnissen führen kann.

ii. Makrosystematischer Ansatz

Der makrosystematische Ansatz hingegen bezieht bei der Festlegung des nationalen Referenzsystems auch übergeordnete Systemüberlegungen in die Prüfung mit ein. Hierbei könnten die substanziellen ertragsteuerlichen Fundamentalprinzipien ebenso Beachtung finden wie steuersystematische Grundwertungen

---

502 *Musil*, FR 2014, 953 (955); *Hackemann/Sydow*, IStR 2013, 786 (789); *Blumenberg/Haisch*, FR 2012, 12 (15 f.); *Marquart*, IStR 2011, 445 (448 f.); *Hackemann/Momen*, BB 2011, 2135 (2138 f.); *Hey*, StuW 2010, 301 (309).

503 So wurde beispielsweise in der Kommissionsentscheidung zur Sanierungsklausel der Verlustuntergang gemäß § 8c Abs. 1 KStG als Referenzsystem für die begünstigende Sanierungsklausel des § 8c Abs. 1a KStG herangezogen, welche allerdings die grundsätzliche Möglichkeit des interperiodischen Verlustvortrags nach § 10d Abs. 2 EStG i. V. m. § 8 Abs. 4 KStG wiederherstellt; EU-Kommission, Beschluss vom 26.01.2011 – C7/10, KStG, *Sanierungsklausel*, ABl. 2011 L 235/26, Rn. 66.

504 Vgl. *Marquart*, IStR 2011, 445 (449) zur Sanierungsklausel und dem Grundprinzip der interperiodischen Verlustberücksichtigung.

505 *Musil*, FR 2014, 953 (955).

506 *Musil*, FR 2014, 953 (955) sieht jedenfalls die Gefahr der Zufälligkeit, wenn die Regelung nicht im regulatorischen Kontext betrachtet wird.

und Grundbelastungsentscheidungen.[507] Die Betrachtung des Gesamtkontextes erlaube es, die Besonderheiten des nationalen Steuerrechts hinreichend zu berücksichtigen und den verfassungsrechtlich verankerten Prinzipien, wie z. B. dem Leistungsfähigkeitsprinzip, entsprechend Rechnung zu tragen.[508] Die systemwidrigen Ausnahmen wären dann unabhängig von ihrer formalen Ausgestaltung auszumachen.[509] Die Benchmark bilde diejenige Regelung, welche für alle Unternehmen gilt, die sich im Hinblick auf die Steuerbelastung in einer vergleichbaren Lage befinden.[510]

Bei der makrosystematischen Betrachtung sei daher das Steuersystem maßgeblich, welches die Grund- und Leitprinzipien mit einbeziehe und dabei Unternehmen in einer vergleichbaren Lage gleichermaßen belaste.[511] Dies muss nicht zwangsläufig das gesamte nationale Steuersystem sein, sondern kann sich mitunter nur auf einen Teilbereich, wie etwa das Körperschaftsteuer- oder Einkommensteuerrecht, beschränken.

Diese umfassende Beachtung der Wertungen des Steuerrechts verhilft einerseits den nationalen Grundprinzipien zu einer größeren Bedeutung bei der beihilferechtlichen Begutachtung, kann indes andererseits nur ein vergleichsweise geringes Maß an Rechtssicherheit gewährleisten. Die Frage, welches nationale Fundamentalprinzip oder welcher verfassungsrechtliche Grundsatz das entscheidende Referenzsystem im konkreten Fall prägen sollte, würde eine ausufernde Prüfung steuersystematischer Wertungen voraussetzen.[512] Diese würde nach Auffassung von *Musil* dazu führen, dass das Selektivitätskriterium zu einem „direktionsarm[en]" Tatbestandsmerkmal verkomme.[513] So wären die Grenzen des Leistungsfähigkeitsprinzips sowie dessen Ausprägungen innerhalb der Selektivitätsprüfung zu diskutieren, wenn beispielsweise systemwidrige

---

507 *Fetzer/Böser*, DStR 2019, 1177 (1178); *Musil*, FR 2014, 953 (954); *Hackemann/Sydow*, IStR 2013, 786 (789); im Hinblick auf die Sanierungsklausel des § 8c Abs. 1a KStG *Drüen*, DStR 2011, 289 (291 f.).

508 *Ferrenberg*, Der Einfluss des Europäischen Beihilferechts auf nationale Steuervergünstigungen, 2021, S. 137; *Fetzer/Böser*, DStR 2019, 1177 (1178); *Hackemann/Sydow*, IStR 2013, 786 (789).

509 Am Beispiel der Sanierungsklausel des § 8c Abs. 1 KStG aufzeigend *Drüen*, DStR 2011, 289 (291 f.).

510 Unter Bezugnahme auf die Besteuerung der Stromerzeugung *Ismer/Piotrowski*, IStR 2015, 257 (260 f.); sowie *Fetzer/Böser*, DStR 2019, 1177 (1178 f.).

511 *Fetzer/Böser*, DStR 2019, 1177 (1179).

512 *Musil*, FR 2014, 953 (954).

513 Vgl. *Musil*, FR 2014, 953 (954).

Maßnahmen des Ertragsteuerrechts einer beihilferechtlichen Kontrolle unterzogen würden.[514] Diesbezüglich sei es für die Kommission kaum möglich, eine eingehende Auseinandersetzung mit den Grundprinzipien und systemrelevanten Überlegungen nationalstaatlicher Steuersysteme zu leisten, wohingegen sie die kleinräumige Betrachtung vergleichsweise rechtssicher vornehmen könne.[515] Kennt ein Mitgliedstaat keine „allgemeinen" Steuerregelungen, da die Steuerbelastung uneinheitlich erfolgt und an unterschiedliche Merkmale anknüpft, würde die Bestimmung des Referenzsystems an ihre Grenzen stoßen.[516] Ist ein einheitliches Bezugsystem nämlich nicht vorhanden, könne auch nicht davon abgewichen werden.[517] Steuersystematische Grundprinzipien werden hier nämlich überhaupt nicht ersichtlich. Dies zeigt die Schwäche des großräumigen Ansatzes: Die Frage nach dem richtigen Bezugsrahmen würde sich in derartigen Fällen wiederum in einer formalistischen Regel-Ausnahme-Prüfung erschöpfen und eine mikrosystematische Vorgehensweise erfordern.

iii. Stellungnahme

Die mikrosystematische Betrachtung kann zwar von der Kommission eher geleistet werden, als eine Gesamtbetrachtung der jeweiligen Steuersysteme der Mitgliedstaaten, allerdings liegt hierin eine Schwäche des Ansatzes. Eine hinreichende Einbeziehung nationaler Fundamentalprinzipien und steuersystematischer Erwägungen findet nicht statt, sodass der Charakter einer Maßnahme nicht innerhalb des Gesamtsystems betrachtet wird. Schließlich erfordert dieser Ansatz bei jeder potentiell systemwidrigen Ausnahme erneut die Feststellung eines entsprechenden Referenzsystems, sodass durchaus mehrere Referenzsysteme denkbar wären.[518] Dies würde gerade für die Praxis zu einer kaum überschaubaren Kasuistik in Bezug auf einzelne Steuerarten führen und damit die Vorhersehbarkeit deutlich erschweren. Da die nur ausschnittweise Betrachtung steuerlicher Begebenheiten den steuersystematischen Entscheidungen der

---

514 Das Referenzsystem im Beihilfeverfahren zur Sanierungsklausel betreffend *Drüen*, DStR 2011, 289 (291); *Hackemann/Momen*, BB 2011, 2135 (2138); allgemein *Musil*, FR 2014, 953 (955).

515 *Ismer/Karch*, IStR 2014, 130 (134); etwas zurückhaltend *Musil*, FR 2014, 953 (955).

516 *Kokott*, Das Steuerrecht der Europäischen Union, 2018, § 3 Rn. 174.

517 *Ismer/Piotrowski*, IStR 2015, 257 (260 f.)

518 So bereits: *Blumenberg/Kring*, Europäisches Beihilferecht und Besteuerung, ifst-Schrift 473, S. 15.

Mitgliedstaaten nicht ausreichend Rechnung tragen kann, ist dieser Ansatz letztlich abzulehnen.

Wie *Kokott* richtigerweise anmerkt, stößt der makrosystematische Ansatz allerdings an seine Grenzen, wenn ein einheitliches Bezugssystem nicht ersichtlich ist, weil das nationale Steuerrecht beispielsweise von Einzelsteuertatbeständen geprägt ist.[519] Insoweit müsste auf die Grundbelastungsentscheidung des Mitgliedstaates abgestellt werden. Zugleich erfordert diese Vorgehensweise eine tiefgreifende Auseinandersetzung mit den entsprechenden Fundamentalprinzipien und systemrelevanten Erwägungen der einzelnen Mitgliedstaaten. Das Argument, die Kommission könne nur eine mikrosystematische Betrachtung leisten, eine großräumige Bestimmung des Bezugssystems hingegen nicht,[520] kann in Anbetracht der Bedeutung dieses Prüfungsschrittes allerdings nur bedingt überzeugen. Ungeachtet des beträchtlichen Humankapitals sowie der soliden finanziellen Ausstattung der Europäischen Kommission[521] ist eine sachgerechte und zugleich dezidierte Analyse des nationalen Steuersystems bereits deshalb unumgänglich, da das Ergebnis einer Beihilfeprüfung vor allem für die betroffenen Unternehmen mit erheblichen wirtschaftlichen Konsequenzen einhergehen kann und zugleich die mitgliedstaatliche Steuersouveränität im Bereich der direkten Unternehmensbesteuerung tangiert.

Wenn die Kommission zur Wahrung der Wettbewerbsverhältnisse auch nationale Steuervorschriften auf den beihilferechtlichen Prüfstand stellt, ist sie gezwungen sich auch mit dem (Steuer-)System intensiv und umfassend auseinandersetzen. Sie ist daher in der Pflicht die steuersystematischen Wertungen ihrer Selektivitätsprüfung zugrunde zu legen. Der makrosystematische Ansatz unter Beachtung der Wertungen und Grundprinzipien ist demnach vorzuziehen.

ββ) Abweichung vom Referenzsystem

Nachdem der passende Referenzrahmen des nationalen Steuerrechts ermittelt wurde, gilt es im zweiten Prüfungsschritt zu untersuchen, ob die beihilfeverdächtige Maßnahme eine Abweichung vom Referenzsystem darstellt. Diese

---

519 *Kokott*, Das Steuerrecht der Europäischen Union, 2018, § 3 Rn. 174.

520 *Ismer/Karch*, IStR 2014, 130 (134).

521 Vgl. *Ferrenberg*, Der Einfluss des Europäischen Beihilferechts auf nationale Steuervergünstigungen, 2021, S. 140, der unter anderem aufgrund der erheblichen finanziellen sowie personellen Ressourcen eine großräumige Betrachtung zwar ablehnt, aber einer ausschließlich wirkungsorientierten Prüfung offen gegenübersteht.

Frage bildet entsprechend der ständigen Rechtsprechung des Gerichtshofs die zweite Stufe der Selektivitätsprüfung.[522]

i. Vorliegen einer Ungleichbehandlung

Die Abweichung vom Referenzsystem erfordert, dass die streitige Maßnahme einer bestimmten Gruppe von Unternehmen im Vergleich zu einer anderen einen Vorteil gewährt und damit eine Ungleichbehandlung hervorruft.[523] Allerdings muss die Maßnahme zu einer Unterscheidung zwischen Wirtschaftsteilnehmern führen, „die sich im Hinblick auf das mit der betreffenden Regelung verfolgte Ziel in einer vergleichbaren tatsächlichen und rechtlichen Situation befinden."[524] Eine Abweichung ist anzunehmen, wenn die beihilfeverdächtige Maßnahme bei dem Beihilfeempfänger sowohl eine geringere Belastung herbeiführt als diejenige, die anhand des Referenzsystems normalerweise zu tragen wäre, als auch gegenüber anderen Wirtschaftsteilnehmern eine geringere Belastung zur Folge hat.[525] Auch wenn die festzustellende Abweichung regelmäßig durch den zugleich begünstigenden Charakter der Maßnahme bedingt wird, konzentriert sich die Prüfung der Abweichung im Wesentlichen auf die bereits erwähnte Vergleichsgruppenprüfung.

Die Formulierung „allgemeine Besteuerungsregelung" oder „Normalfall" mag zwar auf einen im Vergleich zur Ausnahmeregelung weiteren Anwendungsbereich hindeuten, erforderlich ist dies jedoch nicht. Für die Annahme einer Ungleichbehandlung ist es ohne Relevanz, ob die begünstigte Gruppe von Unternehmen kleiner ist als die nicht begünstigte Gruppe.[526] Auch der Europäische Gerichtshof stellte in seiner Rechtsprechung bereits fest, dass trotz einer mehrheitlichen Begünstigung eine Maßnahme nicht automatisch als allgemeine wirtschaftspolitische Maßnahme einzustufen

522 Vgl. insoweit EuGH, Urteil vom 06.09.2006 – C-88/03, *Portugal/Kommission*, ECLI:EU:C:2006:511, Rn. 54; EuGH, Urteil vom 18.07.2013 – C-6/12, *P Oy*, ECLI:EU:C:2013:525, Rn. 19; EuGH, Urteil vom 28.06.2018 – C-209/16 P, *Deutschland/Kommission*, ECLI:EU:C:2018:507, Rn. 82.

523 *Bartosch*, EU-Beihilfenrecht, 2. Aufl. 2016, B. Rn. 123.

524 EuGH, Urteil vom 06.09.2006 – C-88/03, *Portugal/Kommission*, ECLI:EU:C:2006:511, Rn. 54; vgl. auch EuGH, Urteil vom 18.07.2013 – C-6/12, *P Oy*, ECLI:EU:C:2013:525, Rn. 19; EuGH, Urteil vom 21.12.2016 – C-20/15 P und C-21/15 P, *Kommission/World Duty Free Group*, ECLI:EU:C:2016:981, Rn. 57; EuGH, Urteil vom 28.06.2018 – C-209/16 P, *Deutschland/Kommission*, ECLI:EU:C:2018:507, Rn. 82.

525 *Kokott*, Das Steuerrecht der Europäischen Union, 2018, § 3 Rn. 165.

526 *Kokott*, Das Steuerrecht der Europäischen Union, 2018, § 3 Rn. 169.

sei.[527] In der Rechtssache *Heiser* hatte der Gerichtshof diesbezüglich nochmals konkretisiert, dass eine Maßnahme nicht deshalb nicht selektiv sei, weil viele Unternehmen diese in Anspruch nehmen können oder diese Unternehmen mehreren Wirtschaftszweigen angehören.[528] In einer solchen Konstellation könnte man jedoch eher annehmen, dass sich die Begünstigung der größeren Gruppe letztlich aus der selektiven Benachteiligung der kleineren Gruppe ergäbe.[529] Nach der Auffassung von *Kokott* wären daher nicht die begünstigten Unternehmen abzugrenzen, sondern vielmehr die nichtbegünstigten Unternehmen.[530] Rein tatsächlich ergäben sich aus der negativen Herangehensweise allerdings keine Unterschiede, da es für ein Unternehmen auch dann einen Vorteil darstellen kann, wenn die übrigen Unternehmen benachteiligt werden.[531]

Die gleichheitsrechtliche Betrachtung erfordert eine Vergleichsgruppenbildung, bei der die steuerliche Belastung das Hauptdifferenzierungskriterium bildet. Eine der beiden Gruppen unterliegt aufgrund der streitigen Maßnahme der normalerweise zu tragenden Abgabenlast nur teilweise oder gar nicht, sodass hierin die Abweichung von der Regelbesteuerung zu sehen ist.[532] Wird eine bereits bestehende Regelung einer beihilferechtlichen Überprüfung unterzogen, so lässt sich durch eine retroperspektivische Betrachtung vergleichsweise leicht feststellen, welche Gruppe durch die Maßnahme begünstigt wurde und welche unverändert der üblichen Belastung unterliegt. Ein solcher Unterschied in der steuerlichen Belastung lässt sich allerdings zum Zeitpunkt des Erlasses einer beihilfekritischen Regelung nur schwer – oder oftmals überhaupt nicht – bestimmen. Nach der Auffassung von *Bartosch* sei eine Regelung, bei welcher der Kreis der Begünstigten zum Zeitpunkt des Regelungserlasses noch nicht abstrakt feststehe, nicht selektiv.[533] Demnach existiere kein selektiver Vorteil, wenn die Begünstigten einer Maßnahme *a priori* unbekannt sind.[534] Das Gericht der

527 Vgl. EuGH, Urteil vom 17.06.1999 – C-75/97, *Belgien/Kommission*, ECLI:EU:C:1999:311, Rn. 32; EuGH, Urteil vom 08.11.2001 – C-143/99, *Adria-Wien Pipline*, ECLI:EU:C:2001:598, Rn. 48; EuGH, Urteil vom 03.03.2005 – C-172/03, *Heiser*, ECLI:EU:C:2005:130, Rn. 42.

528 EuGH, Urteil vom 03.03.2005 – C-172/03, *Heiser*, ECLI:EU:C:2005:130, Rn. 41 f.

529 *Kokott*, Das Steuerrecht der Europäischen Union, 2018, § 3 Rn. 169.

530 Vgl. *Kokott*, Das Steuerrecht der Europäischen Union, 2018, § 3 Rn. 169.

531 *Hoischen*, Die Beihilferegelung in Artikel 92 EWGV, 1989, S. 53 f.; siehe ausführlich zur Benachteiligung anderer Unternehmen: B. II. 2. a) bb) χ).

532 Vgl. EuGH, Urteil vom 18.07.2013 – C-6/12, *P Oy*, ECLI:EU:C:2013:525, Rn. 19.

533 *Bartosch*, EU-Beihilfenrecht, 2. Aufl. 2016, B. Rn. 126.

534 *Bartosch*, EU-Beihilfenrecht, 2. Aufl. 2016, B. Rn. 126 mit Verweis auf EU-Kommission, Beschluss vom 13.11.2001 – Fall N 674/01.

Europäischen Union geht hingegen davon aus, dass die Selektivität einer Maßnahme auch dann angenommen werden könne, wenn der Kreis der Begünstigten vorab zwar nicht bestimmt werden könne, aber zumindest bestimmbar sei.[535] Es sei daher nicht erforderlich, dass bereits vor Erlass einer Regelung die begünstigten Unternehmen festgelegt werden können.[536] Es genüge, wenn die betreffende Maßnahme objektiv Tatbestandsmerkmale erfordere, aufgrund derer eine unbestimmte Anzahl zunächst nicht individualisierter Wirtschaftsteilnehmer begünstigt werden könnte.[537]

Diese Auffassung des Gerichts ist zustimmungswürdig. Die Vergleichsgruppenbildung für die Frage der Selektivität einer steuerlichen Maßnahme kann bereits vor Erlass einer Regelung erfolgen, da schon anhand der Voraussetzungen sowie der damit verbundenen Rechtsfolgen festgestellt werden kann, welche Wirtschaftsteilnehmer potentiell begünstigt werden können. Wenn sich bereits abzeichnet, dass die Voraussetzungen einer streitigen Maßnahme nur von bestimmten Unternehmen erfüllt werden können und für diese zu einer geringeren Belastung führen, ist es nicht erforderlich, diesen Kreis der Unternehmen vorab endgültig festzulegen. Auch wenn ein solcher Kreis zu diesem Zeitpunkt nicht absolut bestimmt werden kann, ist die Abweichung durch die Maßnahme auch anhand der damit verbundenen Wirkung feststellbar, sodass hieraus der Kreis der Unternehmer zumindest abgeleitet werden könnte.

ii. Differenzierung hinsichtlich des Zwecks des Steuersystems

Die Maßnahme muss zudem zu einer Unterscheidung zwischen Wirtschaftsteilnehmern führen, die sich im Hinblick auf das verfolgte Ziel in einer vergleichbaren tatsächlichen und rechtlichen Situation befinden.[538] Die tatsächlich und rechtlich vergleichbare Situation der Unternehmen ist hinsichtlich des Ziels zu bestimmen, welches mit der Regelbesteuerung verfolgt wird, und damit nicht auf

535 EuG, Urteil vom 29.09.2000 – T-55/99, *CETM*, ECLI:EU:T:2000:223, Rn. 40; so auch *Hoischen*, Die Beihilferegelung in Artikel 92 EWGV, 1989, S. 55; *Kokott*, Das Steuerrecht der Europäischen Union, 2018, § 3 Rn. 169.

536 EuG, Urteil vom 29.09.2000 – T-55/99, *CETM*, ECLI:EU:T:2000:223, Rn. 40.

537 EuG, Urteil vom 29.09.2000 – T-55/99, *CETM*, ECLI:EU:T:2000:223, Rn. 40.

538 EuGH, Urteil vom 06.09.2006 – C-88/03, *Portugal/Kommission*, ECLI:EU:C:2006:511, Rn. 54; EuGH, Urteil vom 18.07.2013 – C-6/12, *P Oy*, ECLI:EU:C:2013:525, Rn. 19; EuGH, Urteil vom 21.12.2016 – C-20/15 P und C-21/15 P, *Kommission/World Duty Free Group*, ECLI:EU:C:2016:981, Rn. 57; EuGH, Urteil vom 28.06.2018 – C-209/16 P, *Deutschland/Kommission*, ECLI:EU:C:2018:507, Rn. 82.

der Ebene der streitigen Maßnahme zu definieren.[539] Die gleichheitsrechtliche Betrachtung der jeweiligen Gruppen erfordert, dass sich diese auf der einen Seite in einer vergleichbaren Lage befinden, auf der anderen Seite müssen sich die zu vergleichenden Gruppen auch unterscheiden.[540] Die Vergleichbarkeitskriterien können sich aus diversen unternehmensbezogenen Merkmalen, wie beispielsweise Größe, Ansässigkeit, Branche, Tätigkeitsfeld, Beschäftigte oder Absatzmarkt, ergeben.[541] Entscheidend ist letztlich, dass neben den Vergleichskriterien auch diejenigen Merkmale identifiziert werden, anhand derer eine Abgrenzung der Gruppen erfolgen kann.[542] Erhalten durch eine staatliche Maßnahme lediglich bestimmte Wirtschaftsteilnehmer einen beihilferelevanten Vorteil, so ist die Steuervergünstigung eine Abweichung vom Regelfall und damit als *prima facie* selektiv einzustufen.[543]

χχ) Die Entwicklung der De-facto-Selektivität

Gerade in der jüngeren Rechtsprechung des Europäischen Gerichtshofs kam es aber auch zur Abweichung von der ständigen Rechtsprechung zum klassischen Regel-Ausnahme-Ansatz[544] bei der beihilferechtlichen Begutachtung von Steuervergünstigungen. Dementsprechend werden im Folgenden zwei bedeutsame Verfahren und deren Einfluss auf die Bestimmung der Selektivität dargestellt.

---

539 Vgl. EU-Kommission, Beschluss vom 26.01.2011 – C7/10, KStG, *Sanierungsklausel*, ABl. 2011 L 235/26, Rn. 71; EuG, Urteil vom 29.09.2000, T-55/99, *CETM*, ECLI:EU:T:2000:223, Rn. 53.

540 *Kokott*, Das Steuerrecht der Europäischen Union, 2018, § 3 Rn. 165; *Grotherr*, EWS 2015, 67 (71); *Jansen*, Vorgaben des europäischen Beihilferechts für das nationale Steuerrecht, 2003, S. 115.

541 *Hoischen*, Die Beihilferegelung in Artikel 92 EWGV, 1989, S. 56 f. mit weiteren beispielhaften Kriterien.

542 *Balbinot*, Beihilfeverbot und Rechtsformneutralität, 2018, S. 107; *Hoischen*, Die Beihilferegelung in Artikel 92 EWGV, 1989, S. 57.

543 *Grotherr*, EWS 2015, 67 (71); *Balbinot*, Beihilfeverbot und Rechtsformneutralität, 2018, S. 107.

544 Ständige Rspr.: EuGH, Urteil vom 02.07.1974 – C-173/73, *Italien/Kommission*, ECLI:EU:C:1974:71, Rn. 33/35; EuGH, Urteil vom 17.06.1999 – C-75/97, *Belgien/Kommission*, ECLI:EU:C:1999:311, Rn. 26 ff.; EuGH, Urteil vom 08.11.2001 – C-143/99, *Adria-Wien Pipeline*, ECLI:EU:C:2001:598, Rn. 41; EuGH, Urteil vom 06.09.2006 – C-88/03, *Portugal/Kommission*, ECLI:EU:C:2006:511, Rn. 54; EuGH, Urteil vom 18.07.2013 – C-6/12, *P Oy*, ECLI:EU:C:2013:525, Rn. 19.

i. Der Einfluss der Gibraltar-Rechtsprechung auf die Selektivitätsprüfung

Das Urteil des Europäischen Gerichtshofs in der Rechtssache *Kommission/Gibraltar*[545] ist im Hinblick auf die Selektivitätsprüfung beachtenswert, da der Grundsatz der faktischen Begünstigung von Unternehmen erstmals auch auf steuerliche Maßnahmen angewendet wurde und zugleich eine Weiterentwicklung der dreistufigen Prüfung erfolgte.

(a) Die Entscheidung der Kommission in der Rechtssache Gibraltar

Das Verfahren hatte die Unternehmensbesteuerung Gibraltars, die auf einer seit dem Jahr 2002 beabsichtigten Steuerreform basiert, zum Gegenstand und betraf im Wesentlichen die Regelungen des Körperschaftsteuersystems. Die seitens Gibraltar angestrebte Reform wurde der Europäischen Kommission durch das Vereinigte Königreich am 12. August 2002 zur Notifizierung gemäß Art. 108 Abs. 3 AEUV vorgelegt.[546] Die Reformvorschläge sahen unter anderem vor, dass gibraltarische Unternehmen nur noch einer Lohnsummensteuer (payroll tax), einer Gewerbegrundbenutzungssteuer (business property occupation tax) und einer Eintragungsgebühr (registration fee) unterliegen sollten, welche zusammen eine gewinnbezogene Steuer ersetzen sollten.[547] Der Lohnsummensteuer unterlägen nach der geplanten Reform lediglich die Unternehmen, die Arbeitnehmer in Gibraltar beschäftigen. Die Gewerbegrundbenutzungssteuer sei ebenso nur von denjenigen Unternehmen zu bezahlen, die Geschäftsräume in Gibraltar unterhalten.[548] Die vergleichsweise geringe Eintragungsgebühr sei hingegen von sämtlichen Unternehmen zu entrichten.[549]

Nach Auffassung der Kommission waren diese Regelungen dazu geeignet, sogenannte „Offshore-Unternehmen", die regelmäßig weder über Personal noch

545 EuGH, Urteil vom 15.11.2011 – C-106/09 P und C-107/09 P, *Kommission/Gibraltar*, ECLI:EU:C:2011:732.

546 EU-Kommission, Entscheidung vom 30.03.2004 über die Beihilferegelung, die das Vereinigte Königreich im Rahmen der Körperschaftsteuerreform der Regierung von Gibraltar beabsichtigt (2005/261/EG), ABl. EU 2005 L 85/1, Rn. 1.

547 Vgl. EuGH, Urteil vom 15.11.2011 – C-106/09 P und C-107/09 P, *Kommission/Gibraltar*, ECLI:EU:C:2011:732, Rn. 12.

548 EU-Kommission, Entscheidung vom 30.03.2004 über die Beihilferegelung, die das Vereinigte Königreich im Rahmen der Körperschaftsteuerreform der Regierung von Gibraltar beabsichtigt (2005/261/EG), ABl. EU 2005 L 85/1, Rn. 10, 12.

549 EU-Kommission, Entscheidung vom 30.03.2004 über die Beihilferegelung, die das Vereinigte Königreich im Rahmen der Körperschaftsteuerreform der Regierung von Gibraltar beabsichtigt (2005/261/EG), ABl. EU 2005 L 85/1, Rn. 15.

über Geschäftsräume in Gibraltar verfügen, zu begünstigen: Das angestrebte hybride System aus Lohnsummensteuer und Grundbenutzungssteuer würde diese Unternehmen faktisch von der Steuer befreien.[550] Im Übrigen sei das System nicht derart allgemein gehalten, dass es einer gewinnbezogenen Steuer entspräche, welche das Ergebnis wirtschaftlicher Tätigkeit der Steuer unterwirft.[551] Folglich kam die Europäische Kommission in ihrer Entscheidung zu dem Ergebnis, dass die Einführung eines derartigen Körperschaftsteuersystems sowohl regional als auch materiell selektiv wirke: Einerseits würde die Reform dazu führen, dass Unternehmen in Gibraltar niedriger besteuert würden als Unternehmen im Vereinigten Königreich.[552] Andererseits sähe die Reform des Körperschaftsteuersystems Ertragsteuern in unterschiedlicher Höhe für die verschiedenen Sektoren der Wirtschaft vor, sodass sektorspezifische Unternehmen aufgrund von niedrigeren Steuersätzen selektiv bevorzugt würden.[553]

(b) Das Urteil des Gerichts in der Rechtssache Gibraltar

Die Regierungen von Gibraltar und des Vereinigten Königreichs erhoben gegen die Kommissionsentscheidung – letztlich erfolgreich – Klage auf Nichtigerklärung vor dem Gericht der Europäischen Union.[554] Wie bereits im Beihilfeverfahren der Kommission bildete die Selektivität auch den Schwerpunkt der Beihilfeprüfung durch das Gericht. Dieses sah entgegen der Kommission in den betreffenden Regelungen keine regional begünstigende Maßnahme, da sämtliche Autonomiekriterien für regionale Gebietskörperschaften[555] erfüllt seien und

---

550 EU-Kommission, Entscheidung vom 30.03.2004 über die Beihilferegelung, die das Vereinigte Königreich im Rahmen der Körperschaftsteuerreform der Regierung von Gibraltar beabsichtigt (2005/261/EG), ABl. EU 2005 L 85/1, Rn. 128.

551 EU-Kommission, Entscheidung vom 30.03.2004 über die Beihilferegelung, die das Vereinigte Königreich im Rahmen der Körperschaftsteuerreform der Regierung von Gibraltar beabsichtigt (2005/261/EG), ABl. EU 2005 L 85/1, Rn. 144.

552 EU-Kommission, Entscheidung vom 30.03.2004 über die Beihilferegelung, die das Vereinigte Königreich im Rahmen der Körperschaftsteuerreform der Regierung von Gibraltar beabsichtigt (2005/261/EG), ABl. EU 2005 L 85/1, Rn. 127.

553 EuGH, Urteil vom 15.11.2011 – C-106/09 P und C-107/09 P, *Kommission/Gibraltar*, ECLI:EU:C:2011:732, Rn. 151.

554 EuG, Urteil vom 18.12.2008 – T-211/04 und T-215/04, *Gibraltar/Kommission*, ECLI:EU:T:2008:595.

555 EuGH, Urteil vom 06.09.2006 – C-88/03, *Portugal/Kommission*, ECLI:EU:C:2006:511, Rn. 54 ff.; siehe hierzu ausführlich *Bartosch*, EU-Beihilfenrecht, 2. Aufl. 2016, B. Rn. 112.

damit lediglich die geographischen Grenzen des Hoheitsgebiets von Gibraltar als maßgeblicher Referenzrahmen heranzuziehen seien.[556] Im Übrigen stellte das Gericht fest, dass die Kommission die allgemeine Regelung des angemeldeten Steuersystems nicht identifiziert hat, obwohl sie eine entsprechende Verpflichtung träfe: Ohne die Identifizierung der Benchmark könne sie nämlich nicht hinreichend nachweisen, ob bestimmte Regelungen vom steuerlichen Regelfall abweichen und als *prima facie* selektiv einzuordnen seien.[557] Indem die Kommission den selektiven Charakter der Regelungen nur auf der dritten Stufe beurteilte, habe sie in die Zuständigkeit der Mitgliedstaaten eingegriffen und daher ihre Kompetenzen überschritten.[558]

(c) Die verbundenen Rechtssachen C-106/09 P und C-107/09 – Kommission/Gibraltar

Das Urteil des Gerichts der Europäischen Union wurde wiederum durch die Kommission und Spanien angegriffen. Zunächst beantragte der Generalanwalt *Jääskinen* in seinen Schlussanträgen das erstinstanzliche Urteil des Gerichts mangels eines selektiven Charakters nicht aufzuheben, da eine unionsrechtswidrige Beihilfe nicht ersichtlich sei.[559] Gleichwohl erkannte er, dass Gibraltar auf eine „Nullbesteuerung" von Offshore-Unternehmen abziele und damit einen unfairen Steuerwettbewerb vorantreiben wolle.[560] Er vertrat aber die Auffassung, dass das Beihilferecht nicht das richtige Instrumentarium zur Bekämpfung eines derartigen Wettbewerbs sei.[561] Der Generalanwalt konstatierte, dass die Selektivität insbesondere bei solchen Steuermaßnahmen durch das Regel-Ausnahme-Prinzip kaum greifbar sei, aber dennoch ein Bezugsrahmen zu bestimmen sei,

556 EuG, Urteil vom 18.12.2008 – T-211/04 und T-215/04, *Gibraltar/Kommission*, ECLI:EU:T:2008:595, Rn. 76 – 115.

557 EuG, Urteil vom 18.12.2008 – T-211/04 und T-215/04, *Gibraltar/Kommission*, ECLI:EU:T:2008:595, Rn. 170.

558 EuG, Urteil vom 18.12.2008 – T-211/04 und T-215/04, *Gibraltar/Kommission*, ECLI:EU:T:2008:595, Rn. 145, 146, 170.

559 Schlussanträge des Generalanwalts *Jääskinen* vom 07.04.2011 – C-106/09 P und C-107/09 P, *Kommission/Gibraltar*, ECLI:EU:C:2011:215.

560 Schlussanträge des Generalanwalts *Jääskinen* vom 07.04.2011 – C-106/09 P und C-107/09 P, *Kommission/Gibraltar*, ECLI:EU:C:2011:215, Rn. 173 f.

561 Schlussanträge des Generalanwalts *Jääskinen* vom 07.04.2011 – C-106/09 P und C-107/09 P, *Kommission/Gibraltar*, ECLI:EU:C:2011:215, Rn. 171 f.

um die Systemwidrigkeit einer Maßnahme festzustellen.[562] Trotz der Kritik der Lehre am sogenannten „Ausnahmeansatz" – es fehle an einer Definition des Begriffs „Normalfall" bzw. „Ausnahme vom Normalfall" – hält der Generalanwalt *Jääskinen* an diesem Ansatz fest, da dieser der Zuständigkeitsverteilung zwischen Kommission und Mitgliedstaaten am „ehesten" entspräche.[563]

Die Große Kammer des Europäischen Gerichtshofs schloss sich in ihrem *Gibraltar*-Urteil den Ausführungen des Generalanwalts *Jääskinen* jedoch nicht an und hob das erstinstanzliche Urteil des Gerichts auf. [564] Im Gegensatz zum Gericht wertete der Gerichtshof die Regelungen der Körperschaftsteuerreform Gibraltars aufgrund materieller Selektivität als unvereinbar mit dem Europäischen Beihilferecht.[565] Zur Feststellung des selektiven Vorteils für bestimmte Unternehmen wich er von seiner ständigen Rechtsprechung zur dreistufigen Selektivitätsprüfung[566] ab, indem er sich vorrangig auf die Ungleichbehandlung von vergleichbaren Unternehmen konzentrierte.[567] Der Gerichtshof stellte ausdrücklich klar, dass der auf der gesetzlichen Konzeption beruhende Ansatz des Gerichts es ausschließe, die Wirkung solcher steuerlichen Maßnahmen zu prüfen, und damit das Fehlen „jeglicher Besteuerung" nicht als selektiver Vorteil eingestuft werden könne.[568] Die Konzeption steuerlicher Maßnahmen sei aber nicht für das Vorliegen einer selektiven Begünstigung entscheidend, da die Annahme eines Vorteils für bestimmte Unternehmen sonst von der Existenz

562 Schlussanträge des Generalanwalts *Jääskinen* vom 07.04.2011 – C-106/09 P und C-107/09 P, *Kommission/Gibraltar*, ECLI:EU:C:2011:215, Rn. 176-178; auch als „Ausnahmeansatz" bezeichnet, Rn. 184.

563 Schlussanträge des Generalanwalts *Jääskinen* vom 07.04.2011 – C-106/09 P und C-107/09 P, *Kommission/Gibraltar*, ECLI:EU:C:2011:215, Rn. 184, 189.

564 EuGH, Urteil vom 15.11.2011 – C-106/09 P und C-107/09 P, *Kommission/Gibraltar*, ECLI:EU:C:2011:732.

565 EuGH, Urteil vom 15.11.2011 – C-106/09 P und C-107/09 P, *Kommission/Gibraltar*, ECLI:EU:C:2011:732, Rn. 183 – 188.

566 Ständige Rspr.: EuGH, Urteil vom 02.07.1974 – C-173/73, *Italien/Kommission*, ECLI:EU:C:1974:71, Rn. 33/35; EuGH, Urteil vom 17.06.1999 – C-75/97, *Belgien/Kommission*, ECLI:EU:C:1999:311, Rn. 26 ff.; EuGH, Urteil vom 08.11.2001 – C-143/99, *Adria-Wien Pipeline*, ECLI:EU:C:2001:598, Rn. 41 f.; EuGH, Urteil vom 06.09.2006 – C-88/03, *Portugal/Kommission*, ECLI:EU:C:2006:511, Rn. 52–54.

567 EuGH, Urteil vom 15.11.2011 – C-106/09 P und C-107/09 P, *Kommission/Gibraltar*, ECLI:EU:C:2011:732, Rn. 73 – 75, 107 f.

568 EuGH, Urteil vom 15.11.2011 – C-106/09 P und C-107/09 P, *Kommission/Gibraltar*, ECLI:EU:C:2011:732, Rn. 88.

einer Ausnahmevorschrift abhängen würde.[569] Dementsprechend sei nicht die Regelungstechnik maßgeblich, sondern vielmehr die Frage, ob nationale Steuervorschriften in ihrer rechtlichen und/oder tatsächlichen Wirkung eine selektive Begünstigung darstellen.[570] Die Ungleichbehandlung resultiere daher weniger aus begünstigenden Ausnahmevorschriften, sondern vielmehr aus der Anwendung des steuerlichen Normalfalls, der selbst zu einer „unterschiedlichen steuerlichen Belastung für die verschiedenen Unternehmen führt".[571]

Während Unternehmen, die in Gibraltar ansässig sind und dort auch Geschäftsräume nutzen, besteuert werden sollten, wäre es bei Offshore-Unternehmen durch die Kombination der allgemeinen Besteuerungsgrundlagen zu keiner Besteuerung gekommen.[572] Diese Unternehmen lassen sich auch anhand typischer und spezifischer Merkmale als Gruppe identifizieren, da diese aufgrund ihrer Eigenart in Gibraltar weder Arbeitnehmer beschäftigen noch Geschäftsräume unterhalten.[573] Dies sei auch keine beliebige Folge der Maßnahme.[574] Aufgrund der Tatsache, dass das neue Körperschaftsteuersystem darauf abziele diese Unternehmen steuerlich zu verschonen, kam der Gerichtshof zu dem Ergebnis, dass es sich um eine selektive Begünstigung handle, die damit gegen Art. 107 Abs. 1 AEUV verstoße.[575] Die zusätzliche Begutachtung der regionalen Selektivität erübrigte sich daher.

(d) Stellungnahme

Die gewählte Vorgehensweise in der *Gibraltar*-Entscheidung[576] ermöglicht eine ausschließlich wirkungsorientierte Selektivitätsprüfung auch in denjenigen

---

569 EuGH, Urteil vom 15.11.2011 – C-106/09 P und C-107/09 P, *Kommission/Gibraltar*, ECLI:EU:C:2011:732, Rn. 91.

570 EuGH, Urteil vom 15.11.2011 – C-106/09 P und C-107/09 P, *Kommission/Gibraltar*, ECLI:EU:C:2011:732, Rn. 92.

571 EuGH, Urteil vom 15.11.2011 – C-106/09 P und C-107/09 P, *Kommission/Gibraltar*, ECLI:EU:C:2011:732, Rn. 93.

572 EuGH, Urteil vom 15.11.2011 – C- 106/09 P und C-107/09 P, *Kommission/Gibraltar*, ECLI:EU:C:2011:732, Rn. 106.

573 EuGH, Urteil vom 15.11.2011 – C- 106/09 P und C-107/09 P, *Kommission/Gibraltar*, ECLI:EU:C:2011:732, Rn. 106 f.

574 EuGH, Urteil vom 15.11.2011 – C- 106/09 P und C-107/09 P, *Kommission/Gibraltar*, ECLI:EU:C:2011:732, Rn. 106.

575 EuGH, Urteil vom 15.11.2011 – C-106/09 P und C-107/09 P, *Kommission/Gibraltar*, ECLI:EU:C:2011:732, Rn. 107 f.

576 EuGH, Urteil vom 15.11.2011 – C-106/09 P und C-107/09 P, *Kommission/Gibraltar*, ECLI:EU:C:2011:732.

Konstellationen, in denen ein allgemeines System weder erkennbar noch ersichtlich ist. Völlig zutreffend kann die Regelungssystematik eines Mitgliedstaates nicht determinieren, ob das Beihilferecht mangels begünstigender Ausnahmevorschrift erst gar nicht zur Anwendung gelangt.[577] Der bewusste Verzicht auf die Bestimmung eines Referenzsystems ermöglicht es, allgemeine Besteuerungsgrundlagen einer Beihilfeprüfung zu unterziehen und anhand der gleichheitsrechtlichen Betrachtung eine selektive Begünstigung zu identifizieren.

Dass auch allgemeine Maßnahmen grundsätzlich selektiv begünstigen können, hatte die Kommission schon in ihrer Mitteilung über die Anwendung der Beihilfevorschriften auf die direkte Unternehmensbesteuerung aus dem Jahr 1998 nicht ausgeschlossen.[578] Mit einem klarstellenden Verweis auf seine ständige Rechtsprechung konstatierte der Gerichtshof erneut, dass die Einstufung einer Maßnahme als Beihilfe anhand der Wirkung und unabhängig von Gründen, Zielen oder Regelungstechnik zu erfolgen habe.[579]

In seiner *Gibraltar*-Entscheidung beschritt der Gerichtshof somit den Weg einer (rein) wirkungsorientierten Selektivitätsprüfung. Bei dieser Vorgehensweise steht eine ökonomische Betrachtung der steuerlichen Maßnahme im Mittelpunkt, welche systembedingte Konzeptionen zunächst vernachlässigt. Denn gerade bei der beihilferechtlichen Würdigung von Konstellationen, die bereits durch allgemeine Besteuerungsgrundlagen eine Begünstigung vorsehen, stößt der Regel-Ausnahme-Ansatz – logischerweise – an seine Grenzen. Insoweit ist es durchaus begrüßenswert, dass der Gerichtshof der Vergleichbarkeit von Unternehmen den Vorzug gegenüber der formellen Feststellung von Regelfall und Ausnahme gegeben hat.

Gleichzeitig führt diese Vorgehensweise aber zu einer Einschränkung der mitgliedstaatlichen Souveränität im Bereich der direkten Unternehmensbesteuerung.

---

577 Vgl. auch *Klemt*, DStR 2013, 1057 (1060); *Cloer/Vogel*, IWB 2012, 35 (40).

578 EU-Kommission, Mitteilung der Kommission über die Anwendung der Vorschriften über staatliche Beihilfen auf Maßnahmen im Bereich der direkten Unternehmensbesteuerung vom 10.12.1998 – ABl. 1998 C 384/3, Rn. 13; dies aufgreifend EuGH, Urteil vom 15.11.2011 – C-106/09 P und C-107/09 P, *Kommission/Gibraltar*, ECLI:EU:C:2011:732, Rn. 132 f.

579 Ständige Rspr.: EuGH, Urteil vom 02.07.1974 – C-173/73, *Italien/Kommission*, ECLI:EU:C:1974:71, Rn. 26/28; EuGH, Urteil vom 24.02.1987 – C-310/85, *Deufil/Kommission*, ECLI:EU:C:1987:96, Rn. 8; EuGH, Urteil vom 29.02.1996 – C-56/93, *Belgien/Kommission*, ECLI:EU:C:1996:64, Rn. 79; EuGH, Urteil vom 26.09.1996 – C-241/94, *Frankreich/Kommission*, ECLI:EU:C:1996:353, Rn. 20; EuGH, Urteil vom 22.12.2008 – C-487/06 P, *British Aggregates/Kommission*, ECLI:EU:C:2008:757, Rn. 85.

Die beihilferechtliche Überprüfung allgemeiner Besteuerungsgrundlagen mittels einer ausschließlich wirkungsorientierten Betrachtung ermöglicht es, steuersystematische Wertungen und grundlegende Besteuerungsentscheidungen der Mitgliedstaaten in Frage zu stellen. Dass dies aber insbesondere in den Konstellationen eine durchaus wünschenswerte Weiterentwicklung des Selektivitätskriteriums ist, in denen bewusst ein schädlicher Steuerwettbewerb forciert wird, zeigt die geplante Steuerreform Gibraltars. Die gleichheitsrechtliche Betrachtung in der Rechtssache *Gibraltar* ist letztlich dem Umstand geschuldet, der geplanten „Null-Besteuerung" von Offshore-Unternehmen entgegenzuwirken.[580]

Aus europäischer Sicht erscheint dies zumindest auch erforderlich, um unfairen Steuerwettbewerb zu verhindern.[581] Ein allgemeines System, das bewusst eine faktische Steuerbefreiung für bestimmte Unternehmen vorsieht, kann nicht allein aufgrund der Konzeption dem Beihilferecht entzogen werden, obwohl es die gleiche begünstigende Wirkung entfaltet wie eine entsprechend gestaltete Ausnahme.[582] Auch wenn die in der *Gibraltar*-Entscheidung eingeschlagene Richtung bei der Selektivitätsprüfung die Souveränität der Mitgliedstaaten tangiert, überwiegt dennoch die daraus resultierende erhöhte Effektivität des Europäischen Beihilferechts.

Ob diesem Urteil eine grundlegende Bedeutung zukommt und damit dem gleichheitsrechtlichen Ansatz zur Allgemeingültigkeit verhilft, bleibt weiterhin abzuwarten.[583] Jüngere Entscheidungen, insbesondere die Entscheidung in der Rechtssache *World Duty Free*[584], lassen vermuten, dass es sich bei der *Gibraltar*-Entscheidung um eine Einzelfallentscheidung handelt, welche in Anbetracht der besonderen Konstellation geboten war, und daher auch in Zukunft dem klassischen Prüfungsansatz wesentliche Bedeutung zukommen wird.[585]

580 Die Absicht Gibraltars erkannte bereits der Generalanwalt *Jääskinen*, Schlussanträge des Generalanwalts *Jääskinen* vom 07.04.2011 – C-106/09 P und C-107/09 P, *Kommission/Gibraltar*, ECLI:EU:C:2011:215, Rn. 171, 173.

581 Vgl. ausführlich zum Steuerwettbewerb *Ferrenberg*, Der Einfluss des Europäischen Beihilferechts auf nationale Steuervergünstigungen, 2021, S. 337 ff.

582 *Ylinen*, IStR 2017, 100 (102); *Fetzer/Böser*, DStR 2019, 1177 (1179).

583 Bejahend insoweit *Bartosch*, BB 2018, 2199 (2201).

584 EuGH, Urteil vom 21.12.2016 – C-20/15, *Kommission/World Duty Free Group*, ECLI:EU:C:2016:981.

585 So bereits: *Balbinot*, Beihilfeverbot und Rechtsformneutralität, 2018, S. 40-42.

ii. Der selektive Vorteil nach dem World Duty Free-Urteil

Der Europäische Gerichtshof hatte sich auch in der Rechtssache *World Duty Free*[586] ausführlich mit dem selektiven Vorteil auseinanderzusetzen und auf die Auslegung des Selektivitätskriteriums einzugehen.

(a) Die Negativentscheidung der Kommission zu World Duty Free

Die streitgegenständliche spanische Steuerregelung erlaubte es den in Spanien steuerpflichtigen Unternehmen eine lineare Abschreibung des Geschäfts- oder Firmenwertes vorzunehmen, sofern die erworbene ausländische Beteiligung mindestens 5 % betrug.[587] Da die Abschreibung zu einer Reduzierung der Bemessungsgrundlage führt, konnte in der Maßnahme eine Begünstigung gesehen werden.[588]

Die Europäische Kommission kam zu dem Ergebnis, dass die Abschreibung des Firmenwertes ausländischer Unternehmen eine Ausnahme vom Referenzsystem darstelle: Das maßgebliche Referenzsystem sei das gesamte spanische Körperschaftsteuerrecht, welches in Bezug auf die streitige Maßnahme auf die Vorschriften über die steuerliche Behandlung des finanziellen Geschäfts- oder Firmenwertes zu konkretisieren sei.[589] Das spanische Körperschaftsteuerrecht sehe üblicherweise nur bei Umwandlungsvorgängen Abschreibungen des Firmenwertes vor, sodass die betroffene Regelung als systemwidrige Abweichung einzustufen sei.[590]

---

586 EuGH, Urteil vom 21.12.2016 – C-20/15, *Kommission/World Duty Free Group*, ECLI:EU:C:2016:981.

587 EU-Kommission, Entscheidung vom 28.10.2009 über die steuerliche Abschreibung des finanziellen Geschäfts- oder Firmenwerts bei Erwerb von Beteiligungen an ausländischen Unternehmen (K(2009) 8107), ABl. EU 2011 L 7/48, Rn. 14 – 17; EU-Kommission, Beschluss vom 12.01.2011 über die steuerliche Abschreibung des finanziellen Geschäfts- oder Firmenwerts bei Erwerb von Beteiligungen an ausländischen Unternehmen (K(2010) 9566), ABl. EU 2011 L 135/1, Rn. 23 – 27.

588 EU-Kommission, Beschluss vom 12.01.2011 über die steuerliche Abschreibung des finanziellen Geschäfts- oder Firmenwerts bei Erwerb von Beteiligungen an ausländischen Unternehmen (K(2010) 9566), ABl. EU 2011 L 135/1, Rn. 37.

589 EU-Kommission, Beschluss vom 12.01.2011 über die steuerliche Abschreibung des finanziellen Geschäfts- oder Firmenwerts bei Erwerb von Beteiligungen an ausländischen Unternehmen (K(2010) 9566), ABl. EU 2011 L 135/1, Rn. 102.

590 EU-Kommission, Beschluss vom 12.01.2011 über die steuerliche Abschreibung des finanziellen Geschäfts- oder Firmenwerts bei Erwerb von Beteiligungen an ausländischen Unternehmen (K(2010) 9566), ABl. EU 2011 L 135/1, Rn. 100.

Spanien trug dagegen vor, dass die streitige Regelung Nachteile ausgleichen solle, die bei grenzüberschreitenden Umwandlungsvorgängen entstehen würden.[591] Dem widersprach die Kommission allerdings, da die erleichterte Abschreibung bereits bei einer Beteiligung von 5 % greife und eine qualifizierte Kontrollbeteiligung oder eine tatsächliche Umwandlung nicht notwendig sei.[592] Des Weiteren sei die Regelung auch deshalb eine Ausnahme, weil die allgemeinen spanischen Rechnungslegungsvorschriften, welche auf eine Verordnung der Europäischen Union[593] zurückzuführen sind, eine Abschreibung des Geschäfts- oder Firmenwertes nicht mehr vorsehen.[594] Die *prima facie* selektive Maßnahme konnte seitens Spaniens auch nicht durch die Natur oder den Aufbau des Steuersystems gerechtfertigt werden und wurde durch die Kommission als unionsrechtswidrige Beihilfe eingestuft.[595]

(b) Das Urteil des Gerichts in der Rechtssache World Duty Free

Gegen den Beschluss der Kommission erhoben sodann die Klägerinnen, *Banco Santander* und *Santusa Holding*, beim Gericht der Europäischen Union Klage auf Nichtigerklärung gemäß Art. 263 AEUV.[596] Bei der im Ergebnis erfolgreichen Klage auf Nichtigerklärung gelangte das Gericht zu der Auffassung, dass die streitige Steuermaßnahme nicht selektiv sei.[597] Es bezog sich bei seiner

591 EU-Kommission, Beschluss vom 12.01.2011 über die steuerliche Abschreibung des finanziellen Geschäfts- oder Firmenwerts bei Erwerb von Beteiligungen an ausländischen Unternehmen (K(2010) 9566), ABl. EU 2011 L 135/1, Rn. 62.

592 EU-Kommission, Beschluss vom 12.01.2011 über die steuerliche Abschreibung des finanziellen Geschäfts- oder Firmenwerts bei Erwerb von Beteiligungen an ausländischen Unternehmen (K(2010) 9566), ABl. EU 2011 L 135/1, Rn. 121.

593 Verordnung (EG) Nr. 1606/2002 des Europäischen Parlaments und Rates vom 19. Juli 2002 betreffend die Anwendung internationaler Rechnungslegungsstandards, ABl. EG 2002 L 243/1.

594 EU-Kommission, Beschluss vom 12.01.2011 über die steuerliche Abschreibung des finanziellen Geschäfts- oder Firmenwerts bei Erwerb von Beteiligungen an ausländischen Unternehmen (K(2010) 9566), ABl. EU 2011 L 135/1, Rn. 121.

595 EU-Kommission, Beschluss vom 12.01.2011 über die steuerliche Abschreibung des finanziellen Geschäfts- oder Firmenwerts bei Erwerb von Beteiligungen an ausländischen Unternehmen (K(2010) 9566), ABl. EU 2011 L 135/1, Rn. 209.

596 EuG, Urteil vom 07.11.2014 – T-399/11, *Banco Santander und Santusa/Kommission*, ECLI:EU:C:2014:938.

597 EuG, Urteil vom 07.11.2014 – T-399/11, *Banco Santander und Santusa/Kommission*, ECLI:EU:C:2014:938, Rn. 87.

rechtlichen Würdigung unter anderem auf die *Gibraltar*-Rechtsprechung[598] des Gerichtshofs und betonte ausdrücklich, dass die Selektivität anhand der mit der Maßnahme verbundenen Wirkung erfolgen müsse und es nicht genüge, lediglich den abweichenden Charakter der Maßnahme auszumachen.[599] Zudem impliziere das Vorliegen einer steuerlichen Differenzierung nicht von vornherein eine Beihilfe, da eine steuerliche Differenzierung erst dann als Beihilfe einzustufen sei, wenn eine bestimmte Gruppe von Unternehmen festgestellt werden könne, die anhand ihrer spezifischen Eigenart unterschieden werden könne.[600] Aufgrund der Kriterien für die Gewährung einer steuerlichen Maßnahme könne keine abgrenzbare Gruppe von Unternehmen identifiziert werden, die eine signifikante Eigenschaft aufweise, abgesehen davon, dass sie die Anwendungsvoraussetzungen der Maßnahme erfüllt.[601] Dementsprechend habe die Kommission es versäumt nachzuweisen, dass die spanische Abschreibungserleichterung „eine bestimmte Gruppe von Unternehmen oder Produktionszweigen unter Ausschluss anderer Unternehmen oder Produktionszweige begünstigte."[602] Das Gericht erklärte den Beschluss schließlich für nichtig, da die Kommission das Beihilfeverbot aus Art. 107 Abs. 1 AEUV aufgrund der fehlerhaften Bestimmung der Selektivität falsch angewandt habe.[603]

(c) Die verbundenen Rechtssachen C-20/15 P und C 21/15 P - World Duty Free

Letztlich hatte sich der Europäische Gerichtshof in seinem *World Duty Free*-Urteil[604] mit der Selektivität der spanischen Abschreibungsregelung für den

598 EuGH, Urteil vom 15.11.2011 - C-106/09 P und C-107/09 P, *Kommission/Gibraltar*, ECLI:EU:C:2011:732.

599 EuG, Urteil vom 07.11.2014 - T-399/11, *Banco Santander und Santusa/Kommission*, ECLI:EU:C:2014:938, Rn. 69.

600 Bezugnehmend auf EuGH, Urteil vom 15.11.2011 - C-106/09 P und C-107/09 P, *Kommission/Gibraltar*, ECLI:EU:C:2011:732, Rn. 103, 104, 107 sodann EuG, Urteil vom 07.11.2014 - T-399/11, *Banco Santander und Santusa/Kommission*, ECLI:EU:C:2014:938, Rn. 71.

601 EuG, Urteil vom 07.11.2014 - T-399/11, *Banco Santander und Santusa/Kommission*, ECLI:EU:C:2014:938, Rn. 72.

602 EuG, Urteil vom 07.11.2014 - T-399/11, *Banco Santander und Santusa/Kommission*, ECLI:EU:C:2014:938, Rn. 81.

603 EuG, Urteil vom 07.11.2014 - T-399/11, *Banco Santander und Santusa/Kommission*, ECLI:EU:C:2014:938, Rn. 87 - 89.

604 EuGH, Urteil vom 21.12.2016 - C-20/15 P und C-21/15 P, *World Duty Free Group*, ECLI:EU:C:2016:981.

Firmen- und Geschäftswert zu befassen. In seiner rechtlichen Würdigung betonte die Große Kammer zunächst, dass es der Kommission obliege, den Nachweis zu erbringen, dass eine scheinbar allgemeine Maßnahme faktisch selektiv begünstige.[605] Entgegen der Auffassung des Gerichts enthalte die *Gibraltar*-Rechtsprechung[606] kein zusätzliches Erfordernis, dass neben der dreistufigen Selektivitätsprüfung auch eine bestimmte Gruppe zu ermitteln sei, die begünstigt würde und aufgrund signifikanter Eigenschaften zu differenzieren sei.[607] Die Sichtweise des Gerichts sei demzufolge rechtsfehlerhaft: Das Gericht habe dem Erfordernis, eine bestimmte Gruppe an Unternehmen zu ermitteln, nämlich losgelöst von der betreffenden Entscheidung eine Bedeutung beigemessen und auf die streitige spanische Steuerregelung übertragen.[608] Insoweit stellte die Große Kammer klar, dass das Selektivitätskriterium weit zu verstehen sei und deshalb auch Maßnahmen erfasse, die für anhand spezifischer Eigenschaften bestimmbare Unternehmen eine faktisch begünstigende Wirkung haben.[609] Damit könne auch eine allgemeine Maßnahme Unternehmen ungleich behandeln, die sich im Hinblick auf das mit der Regelung verfolgte Ziel in einer vergleichbaren Lage befinden.[610]

Dennoch genüge es für den Nachweis der Selektivität einer vom steuerlichen Regelfall abweichenden Maßnahme, „dass dargetan wird, dass sie bestimmte Wirtschaftsteilnehmer begünstigt und andere nicht, obwohl sich alle diese Wirtschaftsteilnehmer im Hinblick auf das mit der allgemeinen Steuerregelung verfolgte Ziel in einer objektiv vergleichbaren Situation befinden."[611] Es könne daher von der Kommission in solchen Fällen nicht gefordert werden, signifikante Eigenschaften herauszuarbeiten, welche die begünstigten Unternehmen

605 EuGH, Urteil vom 21.12.2016 – C-20/15 P und C-21/15 P, *World Duty Free Group*, ECLI:EU:C:2016:981, Rn. 55.

606 EuGH, Urteil vom 15.11.2011 – C-106/09 P und C-107/09 P, *Kommission/Gibraltar*, ECLI:EU:C:2011:732.

607 EuGH, Urteil vom 21.12.2016 – C-20/15 P und C-21/15 P, *World Duty Free Group*, ECLI:EU:C:2016:981, Rn. 71.

608 EuGH, Urteil vom 21.12.2016 – C-20/15 P und C-21/15 P, *World Duty Free Group*, ECLI:EU:C:2016:981, Rn. 73.

609 EuGH, Urteil vom 21.12.2016 – C-20/15 P und C-21/15 P, *World Duty Free Group*, ECLI:EU:C:2016:981, Rn. 74.

610 EuGH, Urteil vom 21.12.2016 – C-20/15 P und C-21/15 P, *World Duty Free Group*, ECLI:EU:C:2016:981, Rn. 74.

611 EuGH, Urteil vom 21.12.2016 – C-20/15 P und C-21/15 P, *World Duty Free Group*, ECLI:EU:C:2016:981, Rn. 76.

vorweisen und sich deshalb von anderen Unternehmen abheben.[612] Die Selektivität einer Maßnahme sei nämlich - unabhängig von der Form oder der Regelungstechnik - nur anhand ihrer Wirkung zu bestimmen.[613] Damit widersprach der Gerichtshof der Auffassung des Gerichts hinsichtlich der Bestimmung der Selektivität von steuerlichen Maßnahmen und hob die angefochtenen Urteile auf.[614]

(d) Stellungnahme

Die Kommission hatte sich bei der Bestimmung der Selektivität der spanischen Abschreibungsregelung weitestgehend an der ständigen Rechtsprechung zur dreistufigen Selektivitätsprüfung[615] orientiert. Gleichwohl erkannte sie, dass auch die Abschreibungserleichterung trotz ihres grundsätzlich allgemeinen Charakters geeignet sei, bestimmte Unternehmen zu begünstigen. Im Ergebnis ist die Vorgehensweise der Kommission durchaus nachvollziehbar und in Anbetracht des mit der Regelung verfolgten Ziels auch in der Sache zutreffend. Es wäre allerdings wünschenswert gewesen, wenn die Kommission die Wirkung der Maßnahme stärker in den Mittelpunkt ihrer Betrachtung gestellt hätte und die der Regelung inhärente Differenzierung zwischen Unternehmen, die sich an ausländischen Unternehmen beteiligen, gegenüber Unternehmen, die sich an spanischen Unternehmen beteiligen, stärker fokussiert hätte.

---

612 EuGH, Urteil vom 21.12.2016 - C-20/15 P und C-21/15 P, *World Duty Free Group*, ECLI:EU:C:2016:981, Rn. 78.

613 EuGH, Urteil vom 21.12.2016 - C-20/15 P und C-21/15 P, *World Duty Free Group*, ECLI:EU:C:2016:981, Rn. 79; so bereits ständige Rspr.: EuGH, Urteil vom 02.07.1974 - C-173/73, *Italien/Kommission*, ECLI:EU:C:1974:71, Rn. 26/28; EuGH, Urteil vom 24.02.1987 - C-310/85, *Deufil/Kommission*, ECLI:EU:C:1987:96, Rn. 8; EuGH, Urteil vom 29.02.1996 - C-56/93, *Belgien/Kommission*, ECLI:EU:C:1996:64, Rn. 79; EuGH, Urteil vom 26.09.1996 - C-241/94, *Frankreich/Kommission*, ECLI:EU:C:1996:353, Rn. 20; EuGH, Urteil vom 22.12.2008 - C-487/06 P, *British Aggregates/Kommission*, ECLI:EU:C:2008:757, Rn. 85.

614 EuGH, Urteil vom 21.12.2016 - C-20/15 P und C-21/15 P, *World Duty Free Group*, ECLI:EU:C:2016:981, Rn. 121.

615 Ständige Rspr.: EuGH, Urteil vom 02.07.1974 - C-173/73, *Italien/Kommission*, ECLI:EU:C:1974:71, Rn. 33/35; EuGH, Urteil vom 17.06.1999 - C-75/97, *Belgien/Kommission*, ECLI:EU:C:1999:311, Rn. 26 ff.; EuGH, Urteil vom 08.11.2001 - C-143/99, *Adria-Wien Pipeline*, ECLI:EU:C:2001:598, Rn. 41 f.; EuGH, Urteil vom 06.09.2006 - C-88/03, *Portugal/Kommission*, ECLI:EU:C:2006:511, Rn. 52–54.

Dem Gericht der Europäischen Union reichte diese Argumentation für die Annahme eines selektiven Vorteils hingegen nicht aus. Es betonte insbesondere, dass die Feststellung einer systemwidrigen Ausnahme vom steuerlichen Regelfall für sich genommen nicht genüge, um das Vorliegen eines selektiven Vorteils anzunehmen: In Anlehnung an das *Gibraltar*-Urteil[616] – und in dessen offensichtlicher Fehlinterpretation – forderte das Gericht zusätzlich, dass die begünstigte Gruppe an Unternehmen auch anhand signifikanter Eigenschaften eingegrenzt und unterschieden werden müsse.[617] Es begründete dieses Verständnis mit der Eingrenzung des Beihilfetatbestands, da sonst die Gefahr bestünde, dass jede steuerliche Differenzierung beihilferelevant werden könne.[618] Das Gericht sah folglich die vom Gerichtshof in der *Gibraltar*-Entscheidung entwickelte gleichheitsrechtliche Betrachtung von steuerlichen Maßnahmen als weiteres Merkmal der Selektivitätsprüfung an.[619]

Die Große Kammer des Europäischen Gerichtshofs hielt in seiner rechtlichen Würdigung an der dreistufigen Selektivitätsprüfung fest und erteilte der Auffassung des Gerichts eine deutliche Absage. Demnach sei – im Ergebnis völlig zutreffend – das *Gibraltar*-Urteil nicht dahingehend zu verstehen, dass die Feststellung eines selektiven Vorteils zusätzlich erfordere, dass die Gruppe an begünstigten Unternehmen anhand typischer Merkmale zu bestimmen sei.[620] Trotz der gebetsmühlenartigen Wiederholung des Gerichtshofs, dass es für die Selektivität einer Maßnahme unabhängig von Form und Regelungstechnik nur auf die Wirkung ankomme[621], offenbaren diese Ausführungen, dass gerade

616 EuGH, Urteil vom 15.11.2011 – C-106/09 P und C-107/09 P, *Kommission/Gibraltar*, ECLI:EU:C:2011:732, Rn. 103, 104, 107.

617 EuG, Urteil vom 07.11.2014 – T-399/11, *Banco Santander und Santusa/Kommission*, ECLI:EU:C:2014:938, Rn. 71 f.

618 EuG, Urteil vom 07.11.2014 – T-399/11, *Banco Santander und Santusa/Kommission*, ECLI:EU:C:2014:938, Rn. 72.

619 EuG, Urteil vom 07.11.2014 – T-399/11, *Banco Santander und Santusa/Kommission*, ECLI:EU:C:2014:938, Rn. 71.

620 EuGH, Urteil vom 21.12.2016 – C-20/15 P und C-21/15 P, *World Duty Free Group*, ECLI:EU:C:2016:981, Rn. 78.

621 EuGH, Urteil vom 21.12.2016 – C-20/15 P und C-21/15 P, *World Duty Free Group*, ECLI:EU:C:2016:981, Rn. 79; so bereits ständige Rspr.: EuGH, Urteil vom 02.07.1974 – C-173/73, *Italien/Kommission*, ECLI:EU:C:1974:71, Rn. 26/28; EuGH, Urteil vom 24.02.1987 – C-310/85, *Deufil/Kommission*, ECLI:EU:C:1987:96, Rn. 8; EuGH, Urteil vom 29.02.1996 – C-56/93, *Belgien/Kommission*, ECLI:EU:C:1996:64, Rn. 79; EuGH, Urteil vom 26.09.1996 – C-241/94, *Frankreich/Kommission*, ECLI:EU:C:1996:353, Rn. 20; EuGH, Urteil vom 22.12.2008 – C-487/06 P, *British Aggregates/Kommission*, ECLI:EU:C:2008:757, Rn. 85.

Form und Regelungstechnik die grundsätzliche Vorgehensweise der Selektivitätsprüfung bestimmen.

Es ist daher vorab zwischen Maßnahmen zu unterscheiden, die eine Abweichung vom steuerlichen Regelfall darstellen, und solchen, die als allgemeine Steuerregelung zu einer faktischen Ungleichbehandlung führen. Bei den erstgenannten Maßnahmen findet die dreistufige Selektivitätsprüfung statt, bei letzteren ist eine gleichheitsrechtliche Betrachtung durchzuführen. Damit determiniert die gesetzliche bzw. technische Konzeption der zu begutachtenden Maßnahme in beiden Fällen die stattfindende Selektivitätsprüfung, ohne dass der Europäische Gerichtshof sich veranlasst sieht auf diesen Umstand entsprechend einzugehen.

Der Europäische Gerichtshof konstatiert in diesem Zusammenhang, dass es für den Nachweis der Selektivität nicht erforderlich sei, dass eine Maßnahme einen von einer allgemeinen Steuerregelung abweichenden Charakter aufweise. Die Abweichung sei allerdings für die Selektivität dann relevant, wenn sich daraus ergibt, dass zwischen zwei Gruppen von Wirtschaftsteilnehmern unterschieden werde und diese *a priori* unterschiedlich behandelt werden.[622] Es ist daher wohl die Feststellung ausreichend, dass ein Teil der Unternehmen die Voraussetzungen der betreffenden Maßnahme erfüllen und begünstigt werden, während andere Unternehmen nicht begünstigt werden, obwohl sie mit diesen objektiv vergleichbar sind.[623]

Der Gerichtshof hat damit erneut zur Selektivitätsprüfung Stellung genommen und die Voraussetzungen – in Bezug auf die dreistufige Prüfung – konkretisiert. Allerdings hat er die Chance ungenutzt verstreichen lassen, eine klare Richtung bei der Überprüfung nationaler Steuervorschriften vorzugeben. Dem *World Duty Free*-Urteil ist daher letztlich zu entnehmen, dass die Konzeption einer beihilfeverdächtigen Vorschrift die Selektivitätsprüfung vorbestimmt, wenngleich innerhalb der sodann stattfindenden Prüfung der selektive Vorteil unabhängig von der Ausgestaltung festgestellt werden soll. Im Lichte der *World Duty Free*-Rechtsprechung markiert das Urteil in der Rechtssache *Gibraltar* eine Ausnahmeerscheinung zur dreistufigen Selektivitätsprüfung.

---

622 EuGH, Urteil vom 21.12.2016 – C-20/15 P und C-21/15 P, *World Duty Free Group*, ECLI:EU:C:2016:981, Rn. 77.

623 *Strüber/von Donat*, Die Anwendung des Beihilfeverbots auf steuerliche Maßnahmen der Mitgliedstaaten, ifst-Schrift 531, S. 24.

δδ) *Zusammenfassung*

Die klassische dreistufige Prüfung der Selektivität entspricht der ständigen Rechtsprechung des Europäischen Gerichtshofs und findet weiterhin bei der beihilferechtlichen Kontrolle nationaler Steuermaßnahmen Anwendung. Während von der Europäischen Kommission oftmals ein kleinräumiger Ansatz zur Bestimmung des Referenzrahmens gewählt wird, lässt sich der Rechtsprechung des Europäischen Gerichtshofs eine Tendenz zur großräumigen Vorgehensweise entnehmen. Letztere findet auch in der steuerjuristischen Literatur mehrheitlich Anklang und wurde von dieser bereits seit längerem gefordert.[624] Bei der Frage, ob eine systemwidrige Abweichung gegeben ist, bedarf es einer Vergleichsgruppenbildung, bei der sich die zu vergleichenden Gruppen von Unternehmen hinsichtlich des mit der Normalbesteuerung verfolgten Zwecks in einer tatsächlich sowie rechtlich vergleichbaren Lage befinden müssen. Die Abweichung kann auch aus einer selektiven Benachteiligung resultieren, wenn nämlich nur ein geringer Teil eine zusätzliche Belastung zu tragen hat und die übrigen Wirtschaftsteilnehmer hierdurch eine Besserstellung erfahren.

Schließlich ist im Hinblick auf die Selektivitätsprüfung – ausgenommen der Rechtfertigung – festzuhalten, dass der Gerichtshof nach wie vor an der dreistufigen Vorgehensweise zumindest in den Konstellationen festhält, bei denen eine systemwidrige Abweichung von einem feststellbaren Regelfall vorliegt. Liegt die begünstigende Wirkung allerdings in der allgemeinen Besteuerungsgrundlage, findet eine gleichheitsrechtliche Betrachtung losgelöst vom klassischen Regel-Ausnahme-Prinzip statt.

χ) *Rechtfertigung*

Die Rechtfertigung einer *prima facie* selektiven Maßnahme markiert den dritten und letzten Prüfungsschritt innerhalb der klassischen dreistufigen Selektivitätsprüfung.[625] Denn auch wenn festgestellt wurde, dass eine mitgliedstaatliche Regelung geeignet ist bestimmte Unternehmen gegenüber anderen Unternehmen, die

---

624 In Bezug auf die Sanierungsklausel insoweit *Ehrmann*, DStR 2011, 5 (7 f.); *Drüen*, DStR 2011, 289 (291 f.); *Breuninger/Ernst*, GmbHR 2011, 673 (682); *Marquart*, IStR 2011, 445 (448 f.); *Hey*, StuW 2010, 301 (309); *Jochum*, FR 2011, 497 (498); *Blumenberg/Haisch*, FR 2012, 12 (14, 19).

625 Vgl. EuGH, Urteil vom 08.11.2001 – C-143/99, *Adria-Wien Pipeline*, ECLI:EU:C:2001:598, Rn. 41; EuGH, Urteil vom 06.09.2006 – C-88/03, *Portugal/Kommission*, ECLI:EU:C:2006:511, Rn. 54; EuGH, Urteil vom 18.07.2013 – C-6/12, *P Oy*, ECLI:EU:C:2013:525, Rn. 22.

sich im Hinblick auf das mit der Regelung verfolgte Ziel in einer vergleichbaren Lage befinden, zu begünstigen, entfällt die Selektivität, wenn die Begünstigung gerechtfertigt werden kann.

Nach der ständigen Rechtsprechung des Europäischen Gerichtshofs ist die Selektivität einer Steuervergünstigung nicht gegeben, wenn die Maßnahme durch die Natur oder den inneren Aufbau des Steuersystems gerechtfertigt werden kann.[626] Die Beweislast für die Rechtfertigung einer systemwidrigen Abweichung obliegt dem jeweiligen Mitgliedstaat: Dieser muss darlegen können, dass die Differenzierung zwischen Unternehmen durch die Natur oder den Aufbau des Steuersystems gerechtfertigt ist.[627] Ist ein *prima facie* selektiver Vorteil gerechtfertigt, ist eine Maßnahme als nicht selektiv einzustufen und stellt daher auch keine Beihilfe dar.

Eine mitgliedstaatliche Maßnahme ist gerechtfertigt, wenn sich die Differenzierung unmittelbar aus den Grund- oder Leitprinzipien des Steuersystems des betreffenden Mitgliedstaats ergibt.[628] Die Gründe, welche für die Rechtfertigung

626 Ständige Rspr.: EuGH, Urteil vom 02.07.1974 – C-173/73, *Italien/Kommission*, ECLI:EU:C:1974:71, Rn. 33/35; EuGH, Urteil vom 17.06.1999 – C-75/97, *Belgien/Kommission*, ECLI:EU:C:1999:311, Rn. 33; EuGH, Urteil vom 08.11.2001 – C-143/99, *Adria-Wien Pipeline*, ECLI:EU:C:2001:598, Rn. 42; EuGH, Urteil vom 06.09.2006 – C-88/03, *Portugal/Kommission*, ECLI:EU:C:2006:511, Rn. 52; EuGH, Urteil vom 18.07.2013 – C-6/12, *P Oy*, ECLI:EU:C:2013:525, Rn. 22; siehe auch EU-Kommission, Mitteilung der Kommission über die Anwendung der Vorschriften über staatliche Beihilfen auf Maßnahmen im Bereich der direkten Unternehmensbesteuerung vom 10.12.1998 – ABl. 1998 C 384/3, Rn. 23 ff.; EU-Kommission, Bekanntmachung zum Begriff der staatlichen Beihilfe im Sinne des Artikels 107 Absatz 1 des Vertrages über die Arbeitsweise der Europäischen Union vom 19.07.2016 – ABl. 2016 C 262/1, Rn. 128.

627 Vgl. EuGH, Urteil vom 29.04.2004 – C-159/01, *Niederlande/Kommission*, ECLI:EU:C:2004:246, Rn. 43; EuGH, Urteil vom 15.11.2011 – C-106/09 P und C-107/09 P, *Kommission/Gibraltar*, ECLI:EU:C:2011:732, Rn. 146; EuGH, Urteil vom 21.12.2016 – C-20/15, *World Duty Free Group*, ECLI:EU:C:2016:981, Rn. 58; EU-Kommission, Mitteilung der Kommission über die Anwendung der Vorschriften über staatliche Beihilfen auf Maßnahmen im Bereich der direkten Unternehmensbesteuerung vom 10.12.1998 – ABl. 1998 C 384/3, Rn. 23; EU-Kommission, Bekanntmachung zum Begriff der staatlichen Beihilfe im Sinne des Artikels 107 Absatz 1 des Vertrages über die Arbeitsweise der Europäischen Union vom 19.07.2016 – ABl. 2016 C 262/1, Rn. 141.

628 EU-Kommission, Mitteilung der Kommission über die Anwendung der Vorschriften über staatliche Beihilfen auf Maßnahmen im Bereich der direkten Unternehmensbesteuerung vom 10.12.1998 – ABl. 1998 C 384/3, Rn. 16; EU-Kommission, Bekanntmachung zum Begriff der staatlichen Beihilfe im Sinne des Artikels 107 Absatz 1 des

von steuerlichen Maßnahmen im Einzelnen herangezogen werden können, wurden von Kommission und Gerichtshof durch die Entscheidungspraxis der vergangenen Jahre immer weiter präzisiert.

Externe (politische) Ziele, die nicht systemimmanent sind, können hingegen nicht zur Rechtfertigung herangezogen werden.[629] Schließlich muss die Differenzierung auch verhältnismäßig sein und darf nicht über das zur Verwirklichung des verfolgten legitimen Ziels Erforderlichen hinausgehen.[630] Dies vorausgeschickt werden im Folgenden die Anforderungen an die Grund- und Leitprinzipien, die Grenzen der Rechtfertigungsmöglichkeiten sowie die Verhältnismäßigkeitsvoraussetzungen einer gerechtfertigten Abweichung dargelegt und analysiert.

αα) Die Grund- und Leitprinzipien des Steuersystems

Während der Gerichtshof noch in älteren Entscheidungen verlangte, dass Differenzierungen „durch die Natur oder den inneren Aufbau dieses Systems“[631] gerechtfertigt werden müssten, forderte er in jüngeren Entscheidungen eine Rechtfertigung „durch die Natur und den inneren Aufbau“ des Systems.[632] An der inhaltlichen Vorgehensweise bei der Rechtfertigungsprüfung hat die sprachliche Anpassung nichts geändert. So ist eine Differenzierung nach der Natur oder

---

Vertrages über die Arbeitsweise der Europäischen Union vom 19.07.2016 – ABl. 2016 C 262/1, Rn. 138.

629 EU-Kommission, Mitteilung der Kommission über die Anwendung der Vorschriften über staatliche Beihilfen auf Maßnahmen im Bereich der direkten Unternehmensbesteuerung vom 10.12.1998 – ABl. 1998 C 384/3, Rn. 26; EU-Kommission, Bekanntmachung zum Begriff der staatlichen Beihilfe im Sinne des Artikels 107 Absatz 1 des Vertrages über die Arbeitsweise der Europäischen Union vom 19.07.2016 – ABl. 2016 C 262/1, Rn. 138.

630 EuGH, Urteil vom 08.09.2011 – C-78/08 bis C-80/08, *Paint Graphos u. a.*, ECLI:EU:C:2011:550, Rn. 75; EU-Kommission, Bekanntmachung zum Begriff der staatlichen Beihilfe im Sinne des Artikels 107 Absatz 1 des Vertrages über die Arbeitsweise der Europäischen Union vom 19.07.2016 – ABl. 2016 C 262/1, Rn. 140.

631 EuGH, Urteil vom 02.07.1974 – C-173/73, *Italien/Kommission*, ECLI:EU:C:1974:71, Rn. 33/35; vgl. auch EuGH, Urteil vom 17.06.1999 – C-75/97, *Belgien/Kommission*, ECLI:EU:C:1999:311, Rn. 33; EuGH, Urteil vom 08.11.2001 – C-143/99, *Adria-Wien Pipeline*, ECLI:EU:C:2001:598, Rn. 42.

632 EuGH, Urteil vom 29.04.2004 – C-159/01, *Niederlande/Kommission*, ECLI:EU:C:2004:246, Rn. 43; vgl. auch EuGH, Urteil vom 08.09.2011 – C-78/08 bis C-80/08, *Paint Graphos u. a.*, ECLI:EU:C:2011:550, Rn. 64 f.; EuGH, Urteil vom 19.12.2018 – C-374/17, *Finanzamt B/A-Brauerei*, ECLI:EU:C:2018:1024, Rn. 44.

dem inneren Aufbau des Steuersystems gerechtfertigt, wenn die Abweichung unmittelbar auf den Grund- oder Leitprinzipien des Bezugssystems beruht, dem System immanent[633] ist und sich daher in dieses einfügt.[634] Die Möglichkeit einer Rechtfertigung durch systemimmanente Gründe hat die Kommission in ihrer Mitteilung über die Anwendung der Vorschriften über staatliche Beihilfen auf Maßnahmen im Bereich der direkten Unternehmensbesteuerung anerkannt und insoweit auch durch die jüngere Bekanntmachung zum Begriff der staatlichen Beihilfe bestätigt.[635]

Auch wenn weiterhin unklar ist, welche Gründe und Ziele generell als systemimmanent einzustufen sind und damit rechtssicher als Rechtfertigung herangezogen werden können, hat die Kommission zwischenzeitlich einige Rechtfertigungsgründe ausdrücklich anerkannt. Es kommen beispielsweise die Notwendigkeit der Bekämpfung von Betrug oder Steuerhinterziehung sowie die Beachtung besonderer Rechnungslegungsvorschriften in Betracht.[636] Aber auch Abschreibungs- und Lagerbewertungsmethoden können systemimmanente Rechtfertigungsgründe darstellen.[637] Weiterhin können steuerliche

---

633 Teilweise werden daher für die Rechtfertigung auch die Begriffe „Systemimmanenz" bzw. „Systemimmanenzprüfung" verwendet, vgl. nur *Kokott*, Das Steuerrecht der Europäischen Union, 2018, § 3 Rn. 205; *Balbinot*, Beihilfeverbot und Rechtsformneutralität, 2018, S. 42.

634 EuGH, Urteil vom 02.07.1974 – C-173/73, *Italien/Kommission*, ECLI:EU:C:1974:71, Rn. 33/35; EuGH, Urteil vom 17.06.1999 – C-75/97, *Belgien/Kommission*, ECLI:EU:C:1999:311, Rn. 33; EuGH, Urteil vom 08.11.2001 – C-143/99, *Adria-Wien Pipeline*, ECLI:EU:C:2001:598, Rn. 42; EuGH, Urteil vom 29.04.2004 – C-159/01, *Niederlande/Kommission*, ECLI:EU:C:2004:246, Rn. 42; EuGH, Urteil vom 08.09.2011 – C-78/08 bis C-80/08, *Paint Graphos u. a.*, ECLI:EU:C:2011:550, Rn. 64 f., 69; EuGH, Urteil vom 19.12.2018 – C-374/17, *Finanzamt B/A-Brauerei*, ECLI:EU:C:2018:1024, Rn. 44.

635 EU-Kommission, Mitteilung der Kommission über die Anwendung der Vorschriften über staatliche Beihilfen auf Maßnahmen im Bereich der direkten Unternehmensbesteuerung vom 10.12.1998 – ABl. 1998 C 384/3, Rn. 16; EU-Kommission, Bekanntmachung zum Begriff der staatlichen Beihilfe im Sinne des Artikels 107 Absatz 1 des Vertrages über die Arbeitsweise der Europäischen Union vom 19.07.2016 – ABl. 2016 C 262/1, Rn. 138 ff.

636 EU-Kommission, Bekanntmachung zum Begriff der staatlichen Beihilfe im Sinne des Artikels 107 Absatz 1 des Vertrages über die Arbeitsweise der Europäischen Union vom 19.07.2016 – ABl. 2016 C 262/1, Rn. 139.

637 EU-Kommission, Mitteilung der Kommission über die Anwendung der Vorschriften über staatliche Beihilfen auf Maßnahmen im Bereich der direkten Unternehmensbesteuerung vom 10.12.1998 – ABl. 1998 C 384/3, Rn. 24.

Differenzierungen auch mit der Handhabbarkeit für die Verwaltung und dem Grundsatz der Steuerneutralität gerechtfertigt werden.[638] Die Europäische Kommission hat ebenso die Einkommensteuerprogression und ihre Umverteilungslogik als Rechtfertigungsgründe anerkannt.[639] Die Notwendigkeit der Vermeidung von Doppelbesteuerung hat der Europäische Gerichtshof in seiner *Paint Graphos*-Entscheidung als möglichen Rechtfertigungsgrund identifiziert.[640] Des Weiteren kommen als Gründe auch die Modalitäten der Einforderung von Steuerschulden[641] sowie Steuerbefreiungen für Unternehmen ohne Erwerbscharakter in Betracht.[642]

Die Aufzählung ist keinesfalls abschließend und unterliegt insofern einer stetigen Weiterentwicklung durch die Europäische Gerichtsbarkeit und Europäische Kommission. So hatte die Große Kammer des Europäischen Gerichtshofs in ihrem Urteil zur Konzernklausel des § 6a GrEStG neben der Vermeidung einer übermäßigen Besteuerung auch das ordnungsgemäße Funktionieren des Steuersystems sowie die „Verhinderung von Steuermissbrauch" als systeminhärente Ziele anerkannt.[643]

Als taugliche Rechtfertigungsgründe, die sich aus den Grund- und Leitprinzipien des Steuersystems ableiten lassen, kommen grundsätzlich nur systemimmanente Erwägungen in Betracht. Der mitgliedstaatliche Gesetzgeber ist bei der Konzeption von begünstigenden Steuermaßnahmen dazu angehalten, die beabsichtigte Differenzierung auf ihre systematische Konsistenz hin zu überprüfen oder an den bisher bestätigten Rechtfertigungsgründen auszurichten.

---

638 EU-Kommission, Bekanntmachung zum Begriff der staatlichen Beihilfe im Sinne des Artikels 107 Absatz 1 des Vertrages über die Arbeitsweise der Europäischen Union vom 19.07.2016 – ABl. 2016 C 262/1, Rn. 139.

639 Zur Steuerumverteilungslogik als Rechtfertigungsgrund: EU-Kommission, Mitteilung der Kommission über die Anwendung der Vorschriften über staatliche Beihilfen auf Maßnahmen im Bereich der direkten Unternehmensbesteuerung vom 10.12.1998 – ABl. 1998 C 384/3, Rn. 24.

640 EuGH, Urteil vom 08.09.2011 – C-78/08 bis C-80/08, *Paint Graphos u. a.*, ECLI:EU:C:2011:550, Rn. 71.

641 Vgl. EU-Kommission, Mitteilung der Kommission über die Anwendung der Vorschriften über staatliche Beihilfen auf Maßnahmen im Bereich der direkten Unternehmensbesteuerung vom 10.12.1998 – ABl. 1998 C 384/3, Rn. 24.

642 Vgl. EU-Kommission, Mitteilung der Kommission über die Anwendung der Vorschriften über staatliche Beihilfen auf Maßnahmen im Bereich der direkten Unternehmensbesteuerung vom 10.12.1998 – ABl. 1998 C 384/3, Rn. 25.

643 EuGH, Urteil vom 19.12.2018 – C-374/17, *Finanzamt B/A-Brauerei*, ECLI:EU:C:2018:1024, Rn. 46, 50.

ββ) Externe Ziele von Steuervergünstigungen

Obwohl sich die Europäische Kommission bereits in ihrer Mitteilung vom 10. Dezember 1998 hinsichtlich der Rechtfertigung mitgliedstaatlicher Steuervergünstigungen mit externen Zielen geäußert hatte, war lange Zeit unklar, inwieweit nicht systemimmanente Ziele taugliche Rechtfertigungsgründe darstellen können.[644] Auch der Rechtsprechung der Europäischen Gerichtsbarkeit war lange Zeit keine entsprechende Aussage zu entnehmen.

Letztlich erteilte der Europäische Gerichtshof sämtlichen Versuchen selektive Abweichungen über externe Ziele zu rechtfertigen aber eine Absage und hob die entsprechenden Entscheidungen des Gerichts der Europäischen Union[645] auf. Hinsichtlich der Rechtfertigung in der Rechtssache *British Aggregates* verwies der Gerichtshof zunächst darauf, dass es auf die Wirkung der Maßnahme ankomme und die verfolgten Ziele nicht genügten, um das Vorliegen einer Beihilfe von vornherein zu verneinen:[646] Umweltschutzziele seien daher nicht geeignet eine Differenzierung zwischen Unternehmen zu rechtfertigen; dies sei insbesondere dann geboten, wenn neben den Umweltschutzgründen weitere Nebenziele, wie die Erhaltung der internationalen Wettbewerbsfähigkeit, verfolgt würden.[647]

In der Rechtssache *Niederlande/Kommission* lehnte der Europäische Gerichtshof ebenso eine Rechtfertigung der selektiven Maßnahme durch den Umweltschutz ab, da der Umweltschutz im Rahmen der Genehmigung von Beihilfen bereits zu berücksichtigen sei.[648] Des Weiteren sei auch auf der Ebene der Rechtfertigung die Maßnahme nicht anhand des mit ihr verfolgten Zwecks, sondern nach ihrer Wirkung zu beurteilen.[649] Dementsprechend können Umweltschutzerwägungen eine Differenzierung nach der Größenordnung der Emissionen

---

644 EU-Kommission, Mitteilung der Kommission über die Anwendung der Vorschriften über staatliche Beihilfen auf Maßnahmen im Bereich der direkten Unternehmensbesteuerung vom 10.12.1998 – ABl. 1998 C 384/3, Rn. 26.

645 EuG, Urteil vom 13.09.2006 – T-210/02, *British Aggregates/Kommission*, ECLI:EU:T:2006:253; EuG, Urteil vom 10.04.2008 – T-233/04, *Niederlande/Kommission*, ECLI:EU:T:2008:102.

646 EuGH, Urteil vom 22.12.2008 – C-487/06, *British Aggregates*, ECLI:EU:C:2008:757, Rn. 84.

647 EuGH, Urteil vom 22.12.2008 – C-487/06, *British Aggregates*, ECLI:EU:C:2008:757, Rn. 87 f.

648 EuGH, Urteil vom 08.09.2011 – C-279/08 P, *Niederlande/Kommission*, ECLI:EU:C:2011:551, Rn. 75.

649 EuGH, Urteil vom 08.09.2011 – C-279/08 P, *Niederlande/Kommission*, ECLI:EU:C:2011:551, Rn. 75.

nicht rechtfertigen, da sie nicht auf die Natur oder den inneren Aufbau zurückzuführen seien.[650] Damit blieb der Gerichtshof seiner Linie treu, indem nur systemimmanente Ziele eine *prima facie* selektive Steuermaßnahme rechtfertigen können.[651] Im Folgenden erkannte auch das Gericht der Europäischen Union eine Rechtfertigung durch systemfremde Ziele nicht an. Das Gericht lehnte in der Rechtssache *Diputación Foral de Álava u. a./Kommission* die Schaffung oder Erhaltung von Arbeitsplätzen als Rechtfertigungsgrund ausdrücklich ab, da eine Vielzahl von Regelungen diesen Zweck verfolgen würden und allein deshalb nicht dem Beihilfeverbot entzogen werden könnten.[652]

Nach *Rosenberg* widerspreche diese Rechtsprechungspraxis der Kommissionsmitteilung von 1998, wonach auch Ziele der allgemeinen Wirtschaftspolitik steuerliche Beihilfen rechtfertigen können.[653] Diese Mitteilung sieht nämlich vor, dass allgemeine „Maßnahmen, die ein Ziel der allgemeinen Wirtschaftspolitik verfolgen, indem die mit bestimmten Produktionskosten verbundene Steuerbelastung reduziert wird“[654] keine Beihilfen darstellen. Explizit führt die Kommission Forschung und Entwicklung, Umweltschutz, Ausbildung und Beschäftigung als solche Ziele an.[655] Gleichwohl ist entscheidend, dass solche Maßnahmen dann keine Beihilfe darstellen sollen, wenn es sich hierbei um allgemeine Maßnahmen handelt, die gleichermaßen für alle Wirtschaftsteilnehmer

---

650 EuGH, Urteil vom 08.09.2011 – C-279/08 P, *Niederlande/Kommission*, ECLI:EU:C:2011:551, Rn. 76 f.

651 EuGH, Urteil vom 02.07.1974 – C-173/73, *Italien/Kommission*, ECLI:EU:C:1974:71, Rn. 33/35; EuGH, Urteil vom 17.06.1999 – C-75/97, *Belgien/Kommission*, ECLI:EU:C:1999:311, Rn. 33; EuGH, Urteil vom 08.11.2001 – C-143/99, *Adria-Wien Pipeline*, ECLI:EU:C:2001:598, Rn. 42; EuGH, Urteil vom 29.04.2004 – C-159/01, *Niederlande/Kommission*, ECLI:EU:C:2004:246, Rn. 43; EuGH, Urteil vom 08.09.2011 – C-78/08 bis C-80/08, *Paint Graphos u. a.*, ECLI:EU:C:2011:550, Rn. 64 f., 69; EuGH, Urteil vom 19.12.2018 – C-374/17, *Finanzamt B/A-Brauerei*, ECLI:EU:C:2018:1024, Rn. 44.

652 EuG, Urteil vom 06.03.2002 – T-127/99, *Diputación Foral de Álava u. a. / Kommission*, ECLI:EU:T:2002:59, Rn. 168.

653 Vgl. *Rosenberg*, Das beihilferechtliche Durchführungsverbot im Steuerverfahren, 2014, S. 90.

654 EU-Kommission, Mitteilung der Kommission über die Anwendung der Vorschriften über staatliche Beihilfen auf Maßnahmen im Bereich der direkten Unternehmensbesteuerung vom 10.12.1998 – ABl. 1998 C 384/3, Rn. 13.

655 EU-Kommission, Mitteilung der Kommission über die Anwendung der Vorschriften über staatliche Beihilfen auf Maßnahmen im Bereich der direkten Unternehmensbesteuerung vom 10.12.1998 – ABl. 1998 C 384/3, Rn. 13.

gelten.[656] Der nach *Rosenberg* scheinbar bestehende Widerspruch zur Kommissionsmitteilung ist daher nur dann gegeben, wenn die Maßnahme nicht unterschiedslos allen Unternehmen gewährt wird. Im Rahmen ihrer Steuerautonomie können die Mitgliedstaaten nämlich allgemeine Maßnahmen der Wirtschaftspolitik für sämtliche Unternehmen erlassen. Sofern diese eine allgemeine Förderung der vorgenannten Zwecke verfolgen und dabei nicht zwischen Unternehmen in vergleichbarer Lage differenzieren, stellt sich die Frage nach der Beihilfequalität regelmäßig nicht.

Im Schrifttum wurde – nicht zuletzt aufgrund der geschilderten Verfahren – die Rechtfertigung über externe Ziele vielfach diskutiert und auch verschiedene Lösungsansätze vertreten, um externe Ziele als Rechtfertigungsgründe systematisch anzuerkennen.[657] Dieser Umstand ist wohl nicht zuletzt der Tatsache geschuldet, dass das Gericht der Europäischen Union insbesondere in den Rechtssachen *Niederlande/Kommission*[658] und *British Aggregates*[659] steuerliche Maßnahmen ausdrücklich durch Umweltschutzziele gerechtfertigt hat. Dass hieraus durchaus geschlussfolgert werden konnte, auch nicht systemimmanente Erwägungen könnten *prima facie* selektive Begünstigungen rechtfertigen, ist nicht völlig fernliegend. Dennoch ist festzuhalten, dass der Europäische Gerichtshof in beiden Verfahren[660] eine Rechtfertigung durch diese Ziele abgelehnt und auf seine wirkungsorientierte Beihilfeprüfung verwiesen hat. Eine Rechtfertigung mit externen Zielen lässt sich daher in der höchstrichterlichen Rechtsprechung bisher nicht finden.

---

656 EU-Kommission, Mitteilung der Kommission über die Anwendung der Vorschriften über staatliche Beihilfen auf Maßnahmen im Bereich der direkten Unternehmensbesteuerung vom 10.12.1998 – ABl. 1998 C 384/3, Rn. 13.

657 Siehe zum Meinungsstand: *Ferrenberg*, Der Einfluss des Europäischen Beihilferechts auf nationale Steuervergünstigungen, 2021, S. 150 f.; sowie *Rosenberg*, Das beihilferechtliche Durchführungsverbot im Steuerverfahren, 2014, S. 91-94 mit Verweis auf *Bartosch*, EuZW 2010, 12 (14 ff.); *ders.*, EU-Beihilfenrecht, 2. Aufl. 2016, B. Rn. 131 ff.; *Schön*, in: Hancher/Ottervanger/Slot, EU state aids, 2012, Rn. 10-024 f.; *Frenz/Roth*, DStZ 2006, 464 (469); *Jestaedt*, in: Heidenhain, Handbuch des Europäischen Beihilfenrechts, 1. Aufl. 2003, § 8 Rn. 18-22.

658 EuG, Urteil vom 10.04.2008 – T-233/04, *Niederlande/Kommission*, ECLI:EU:T:2008:102.

659 EuG, Urteil vom 13.09.2006 – T-210/02, *British Aggregates/Kommission*, ECLI:EU:T:2006:253.

660 EuGH, Urteil vom 22.12.2008 – C-487/06, *British Aggregates*, ECLI:EU:C:2008:757, Rn. 87 f.; EuGH, Urteil vom 08.09.2011 – C-279/08 P, *Niederlande/Kommission*, ECLI:EU:C:2011:551, Rn. 76 f.

Nach *Ferrenberg* sei bereits die Tatsache, dass der Umweltschutz als unionsrechtliche Verpflichtung in Art. 11 AEUV nicht als Rechtfertigungsgrund in Frage komme, Beweis dafür, dass andere externe Ziele ebenso wenig als Rechtfertigungsgrund herangezogen werden können.[661] Würden externe Ziele als Rechtfertigungsgrund zugelassen werden, könne eine streitige Regelung zudem stets mit einem anerkannten Lenkungszweck gerechtfertigt werden, sodass eine gewisse Missbrauchsgefahr dahingehend bestehe, dass beihilferechtswidrige Ziele mit beihilferechtskonformen Zielen verknüpft werden.[662] *Frenz/Roth* erkennen die Anerkennung externer Ziele bereits durch die Ausnahmetatbestände des Art. 107 Abs. 2 und Abs. 3 AEUV für ausreichend an, da diese bereits im Rahmen der Genehmigung von Beihilfen entsprechend berücksichtigt werden würden.[663]

Beiden Sichtweisen sind folgerichtig und zustimmungswürdig. Es entspricht der Rechtsprechungspraxis, nicht systemimmanente Ziele bei der Rechtfertigung unberücksichtigt zu lassen. Im Übrigen gewährleisten die Grund- und Leitprinzipien, die Natur und der Aufbau des Steuersystems, einen sinnvollen Abgrenzungsmaßstab, der für sämtliche Steuersysteme und -arten der Mitgliedstaaten einheitlich angewendet werden kann. Die Anerkennung von externen Zielen würde zu einer unüberschaubaren Rechtfertigungslage führen, da insoweit die Sichtweisen von Europäischer Union und den Mitgliedstaaten regelmäßig nicht übereinstimmen. Im Ergebnis sind etwaige Lösungsansätze in der Literatur eher theoretischer Natur[664], da auch in Zukunft nicht zu erwarten ist, dass der Europäische Gerichtshof seine Position hinsichtlich der Rechtfertigung mit externen Zwecken aufgeben wird.

χχ) Verhältnismäßigkeit der Abweichung

Schließlich verlangen Europäische Kommission und Europäischer Gerichtshof, dass die Abweichungen vom steuerlichen Regelfall auch verhältnismäßig sind, um über die Natur oder den allgemeinen Aufbau des Systems gerechtfertigt zu

---

661 Vgl. *Ferrenberg*, Der Einfluss des Europäischen Beihilferechts auf nationale Steuervergünstigungen, 2021 S. 152.

662 Vgl. *Ferrenberg*, Der Einfluss des Europäischen Beihilferechts auf nationale Steuervergünstigungen, 2021, S. 152 f.

663 Vgl. *Frenz/Roth*, DStZ 2006, 464 (469).

664 Siehe hierzu ausführlich: *Rosenberg*, Das beihilferechtliche Durchführungsverbot im Steuerverfahren, 2014, S. 91-94.

werden.[665] Steuerbefreiungen stehen demnach mit dem Grundsatz der Verhältnismäßigkeit in Einklang, wenn sie nicht über die Grenzen des Erforderlichen hinausgehen und somit das zulässige Ziel nicht auch durch weniger weitreichende Maßnahmen hätte erreicht werden können.[666] Die Frage nach der Verhältnismäßigkeit ist regelmäßig nur dann zu beantworten, wenn zuvor ein systemimmanentes Ziel identifiziert werden konnte und dies die streitige Abweichung dem Grunde nach rechtfertigen könnte. Allerdings wurde die Verhältnismäßigkeit in der jüngeren Rechtsprechungspraxis des Europäischen Gerichtshofs seit dem Urteil in der Rechtssache *Paint Graphos*[667] kaum diskutiert. Der Gerichtshof vermied es in diesem Verfahren den Grundsatz der Verhältnismäßigkeit hinsichtlich steuerlicher Beihilfen zu konturieren. Daher sind die Aspekte der Beweispflicht und der inhaltlichen Anforderungen an die Verhältnismäßigkeit von Steuervergünstigungen noch nicht hinreichend deutlich herausgearbeitet worden.

i. Beweislast für die Verhältnismäßigkeit

Im Hinblick auf die Beweislast könnte aus systematischen sowie verfahrensrechtlichen Erwägungen die Darlegungslast bei den Mitgliedstaaten liegen, da diese ohnehin mögliche Rechtfertigungsgründe für eine *prima facie* selektive Begünstigung vortragen müssen.[668] Damit obläge es auch diesen die Wertungen

665 Vgl. EuGH, Urteil vom 08.09.2011 – C-78/08 bis C-80/08, *Paint Graphos u. a.*, ECLI:EU:C:2011:550, Rn. 75; EU-Kommission, Bekanntmachung zum Begriff der staatlichen Beihilfe im Sinne des Artikels 107 Absatz 1 des Vertrages über die Arbeitsweise der Europäischen Union vom 19.07.2016 – ABl. 2016 C 262/1, Rn. 140.

666 Vgl. EuGH, Urteil vom 08.09.2011 – C-78/08 bis C-80/08, *Paint Graphos u. a.*, ECLI:EU:C:2011:550, Rn. 75; EU-Kommission, Bekanntmachung zum Begriff der staatlichen Beihilfe im Sinne des Artikels 107 Absatz 1 des Vertrages über die Arbeitsweise der Europäischen Union vom 19.07.2016 – ABl. 2016 C 262/1, Rn. 140.

667 EuGH, Urteil vom 08.09.2011 – C-78/08 bis C-80/08, *Paint Graphos u. a.*, ECLI:EU:C:2011:550, Rn. 75.

668 Zur Beweislast der Mitgliedstaaten hinsichtlich der Rechtfertigung EuGH, Urteil vom 29.04.2004 – C-159/01, *Niederlande/Kommission*, ECLI:EU:C:2004:246, Rn. 43; EuGH, Urteil vom 15.11.2011 – C-106/09 P und C-107/09 P, *Kommission/Gibraltar*, ECLI:EU:C:2011:732, Rn. 146; EuGH, Urteil vom 21.12.2016 – C-20/15, *World Duty Free Group*, ECLI:EU:C:2016:981, Rn. 58; EU-Kommission, Mitteilung der Kommission über die Anwendung der Vorschriften über staatliche Beihilfen auf Maßnahmen im Bereich der direkten Unternehmensbesteuerung vom 10.12.1998 – ABl. 1998 C 384/3, Rn. 23; EU-Kommission, Bekanntmachung zum Begriff der staatlichen Beihilfe

der Verhältnismäßigkeit in Bezug auf ihr Steuersystem vorzunehmen und somit die Erforderlichkeit der streitigen Maßnahme zu untermauern. Dass ein Mitgliedstaat dann allerdings im Rahmen der Verhältnismäßigkeitsprüfung zu dem Ergebnis gelangen würde, dass das verfolgte legitime Ziel auch durch eine weniger weitreichende Maßnahme hätte erreicht werden können, geht mit erheblichen Zweifeln einher. Zugleich würde aber die Möglichkeit, die Erforderlichkeit der Maßnahme zu betonen, die mitgliedstaatliche Souveränität im Bereich der direkten Unternehmensbesteuerung stärken.

Eine Beweispflicht auf Seiten der Europäischen Kommission würde diese Souveränität erheblich beschneiden. Die Kommission würde durch die Verhältnismäßigkeitsprüfung in die Lage versetzt werden, bereits systemimmanente Rechtfertigungsgründe zu hinterfragen und im Hinblick auf ihre Effektivität zu bewerten. Dies hätte zur Folge, dass die Kommission den Mitgliedstaaten aufzeigen könnte, dass das verfolgte legitime Ziel auch durch eine weniger weitreichende Maßnahme hätte erreicht werden können; damit würde die gesetzgeberische Konzeptionsentscheidung trotz Vorliegens eines legitimen Rechtfertigungsgrunds ernstlich in Frage gestellt werden. Es wäre in diesem Zusammenhang aber unausweichlich, dass diese dann konkrete weniger weitreichende Maßnahmen benennt, die dem Verhältnismäßigkeitsgrundsatz genügen. Allerdings kann eine Prüfung der Verhältnismäßigkeit durch die Kommission effektiv gewährleisten, dass die streitige Maßnahme nicht über das hinausgeht, was zur Erreichung des Ziels erforderlich ist.

Mit dem Urteil vom 6. Oktober 2021 hat die Große Kammer des Europäischen Gerichtshofs klargestellt, dass es dem Mitgliedstaat obliegt die Verhältnismäßigkeit der selektiven Maßnahme darzulegen.[669] Der Mitgliedstaat müsse nämlich nachweisen, „dass eine Ungleichbehandlung, die sich aus dem Ziel der Maßnahme ergibt, dem Grundsatz der Verhältnismäßigkeit entspricht, indem sie nicht über das hinausgeht, was zur Erreichung dieses Ziels erforderlich ist, und dass dieses Ziel nicht durch weniger einschneidende Maßnahmen erreicht werden könnte."[670] Demnach hat der jeweilige Mitgliedstaat seine Darlegungslast in zweierlei Hinsicht zu erfüllen: Einerseits muss er den Nachweis erbringen,

im Sinne des Artikels 107 Absatz 1 des Vertrages über die Arbeitsweise der Europäischen Union vom 19.07.2016 – ABl. 2016 C 262/1, Rn. 141.

669 EuGH, Urteil vom 06.10.2021 – C-51/19 P und 64/19 P, *World Duty Free Group/Kommission*, ECLI:EU:C:2021:793, Rn. 140.

670 EuGH, Urteil vom 06.10.2021 – C-51/19 P und 64/19 P, *World Duty Free Group/Kommission*, ECLI:EU:C:2021:793, Rn. 140.

dass die Ungleichbehandlung durch die Natur und den steuersystematischen Aufbau gerechtfertigt ist. Andererseits ist er in der Pflicht darzulegen, dass die gerechtfertigte Ungleichbehandlung auch dem Grundsatz der Verhältnismäßigkeit entspricht.

ii. Inhaltliche Anforderungen an die Verhältnismäßigkeit

Die inhaltlichen Anforderungen an den Grundsatz der Verhältnismäßigkeit bei steuerlichen Beihilfen werden weder aus der Kommissionsmitteilung[671] noch aus dem Urteil in der Rechtssache *Paint Graphos*[672] ersichtlich. Die Ausführungen erschöpfen sich vielmehr in der Wiedergabe des Grundgedankens der Verhältnismäßigkeit. Demnach darf die Abweichung vom steuerlichen Regelfall nicht über das hinausgehen, was zur Erreichung des verfolgten legitimen Ziels erforderlich sei.[673]

Klärungsbedürftig ist insoweit, wie das Überschreiten des Erforderlichen in diesem Kontext zu verstehen ist. So könnte eine streitige Regelung unverhältnismäßig sein, wenn der Anwendungsbereich auch Konstellationen umfasst, welche im Hinblick auf das verfolgte Ziel nicht begünstigt werden müssten oder sollten. Eine begünstigende Maßnahme, welche durch die Vermeidung einer Doppelbesteuerung dem Grunde nach gerechtfertigt werden könnte, wäre beispielsweise als unverhältnismäßig einzustufen, wenn sie neben den beabsichtigten Fällen auch bei Konstellationen zur Anwendung käme, in denen die Gefahr einer Doppelbesteuerung überhaupt nicht auftritt.

Zudem ließe sich die Verhältnismäßigkeit einer Maßnahme auch hinsichtlich ihrer Wirkung überprüfen. Demnach würde sie über das Erforderliche hinausgehen, wenn das verfolgte Ziel auch dann erreicht werden könnte, wenn die Wirkung in Art und Umfang weniger begünstigend ausfallen könnte. Dies wäre beispielhaft anzunehmen, wenn das Ziel einer angemessenen Steuerprogression bereits durch eine Regelung erreicht werden könnte, welche für bestimmte Einkommen weniger begünstigend wirkt. Dass eine derartige Wertung durch die

---

671 EU-Kommission, Bekanntmachung zum Begriff der staatlichen Beihilfe im Sinne des Artikels 107 Absatz 1 des Vertrages über die Arbeitsweise der Europäischen Union vom 19.07.2016 – ABl. 2016 C 262/1, Rn. 140.

672 EuGH, Urteil vom 08.09.2011 – C-78/08 bis C-80/08, *Paint Graphos u. a.*, ECLI:EU:C:2011:550, Rn. 75.

673 EuGH, Urteil vom 08.09.2011 – C-78/08 bis C-80/08, *Paint Graphos u. a.*, ECLI:EU:C:2011:550, Rn. 75.

Kommission mit einem erheblichen Eingriff in die mitgliedstaatliche Souveränität in Steuerangelegenheit verbunden wäre, ist offensichtlich.

Die Verhältnismäßigkeit einer Abweichung vom steuerlichen Regelfall lässt unterschiedliche Interpretationen zu und ermöglicht zugleich, die Rechtfertigung über systemimmanente Ziele nochmals einer umfassenden Bewertung zu unterziehen. Künftig wird sich zeigen, wie Europäische Gerichtsbarkeit und Europäische Kommission die Verhältnismäßigkeitsprüfung handhaben werden und inwieweit diese auch Einfluss auf die Auslegung der Rechtfertigungsgründe nehmen wird.

δ) Zusammenfassung

Die Möglichkeit der Rechtfertigung steuerlicher Maßnahmen durch die Grund- und Leitprinzipien sowie die innere Logik ist zwischenzeitlich hinreichend geklärt, sodass vor allem steuersystematische Erwägungen, wie die Vermeidung der Doppelbesteuerung, die Verhinderung von Steuerumgehung und -hinterziehung, die Steuerprogression oder das Funktionieren des Steuersystems, als Rechtfertigungsgründe herangezogen werden können.[674] Gerade in der jüngeren Rechtsprechungspraxis zeichnet sich eine Festigung der Rechtfertigungsprüfung dahingehend ab, dass nur steuersystematische Erwägungen *prima facie* selektive Begünstigungen legitimieren können.[675] Insbesondere Befreiungstatbestände, die eine Vermeidung von Doppelbesteuerung beabsichtigen, konnten begünstigende Differenzierungen rechtfertigen.[676]

Das Gericht der Europäischen Union hat in zwei Verfahren – *British Aggregates*[677] und *Niederlande/Kommission*[678] – systemfremde Erwägungen des Umweltschutzes im Rahmen der Rechtfertigungsprüfung anerkannt und damit – vor allem – in der steuerjuristischen Literatur eine gewisse Unklarheit hervorgerufen, inwieweit externe Ziele derartige Differenzierungen rechtfertigen können. Dies ist allerdings beim Europäischen Gerichtshof auf einhellige Ablehnung gestoßen. Damit ist – zumindest nach aktuellem Stand der Rechtsprechung – davon

---

674 Siehe im Einzelnen: B. II. 2. c) bb) χ) αα).

675 So konnte beispielsweise die Steuervergünstigung des § 6a GrEStG unter anderem durch die Vermeidung einer übermäßigen Belastung gerechtfertigt werden; ausführlich hierzu: D. II. 3. a) bb).

676 Vgl. beispielsweise EuGH, Urteil vom 19.12.2018 – C-374/17, *Finanzamt B/A-Brauerei*, ECLI:EU:C:2018:1024.

677 EuG, Urteil vom 13.09.2006 – T-210/02, *British Aggregates/Kommission*, ECLI:EU:T:2006:253.

678 EuG, Urteil vom 10.04.2008 – T-233/04, *Niederlande/Kommission*, ECLI:EU:T:2008:102.

auszugehen, dass externe Ziele eine steuerliche Abweichung nicht rechtfertigen können.

Schließlich hat die Erste Kammer des Europäischen Gerichtshofs in der Rechtssache *Paint Graphos*[679] die Auffassung vertreten, dass eine Rechtfertigung durch die Natur oder den allgemeinen Aufbau des Systems zusätzlich erfordere, dass die streitige Maßnahme auch verhältnismäßig sei. Demnach müsse festgestellt werden, ob die (begünstigende) Abweichung erforderlich sei, um das verfolgte legitime Ziel zu erreichen, oder ob dieses bereits durch eine weniger weitreichende Maßnahme hätte erreicht werden können. Dieses Erfordernis nahm die Kommission in ihre Bekanntmachung zum Begriff der staatlichen Beihilfe vom 19. Juli 2016 auf und sah darin eine zusätzliche Voraussetzung innerhalb der Rechtfertigungsprüfung.[680] Damit wurde die Rechtfertigung innerhalb der Selektivitätsprüfung um eine weitere Prüfungsebene erweitert, die im Wesentlichen sicherstellen soll, dass die durch den Mitgliedstaat gewählte Maßnahme nicht über das hinausgeht, was zur Erreichung des legitimen Ziels erforderlich gewesen wäre. Gleichwohl haben weder Europäische Gerichtsbarkeit noch Europäische Kommission die Anforderungen an den Grundsatz der Verhältnismäßigkeit bei steuerlichen Beihilfen näher konkretisiert, sodass die Interpretation und Anwendung dieses Prüfungspunktes in Zukunft zu beobachten sein wird.

cc) Selektivität mittelbarer Begünstigungen

Eine potentiell beihilferechtswidrige mittelbare Maßnahme muss im Hinblick auf das begünstigte Unternehmen selektiv sein. Ausgehend vom wirkungsorientierten Ansatz des Europäischen Gerichtshofs[681] kommt es auch bei mittelbaren Begünstigungen entscheidend darauf an, dass der mittelbar Begünstigte bzw. der sogenannte Letztbegünstigte einen selektiven Vorteil erfahren hat.[682] Ist

679 EuGH, Urteil vom 08.09.2011 – C-78/08 bis C-80/08, *Paint Graphos u. a.*, ECLI:EU:C:2011:550, Rn. 75.

680 EU-Kommission, Bekanntmachung zum Begriff der staatlichen Beihilfe im Sinne des Artikels 107 Absatz 1 des Vertrages über die Arbeitsweise der Europäischen Union vom 19.07.2016 – ABl. 2016 C 262/1, Rn. 140.

681 EuGH, Urteil vom 02.07.1974 – C-173/73, *Italien/Kommission*, ECLI:EU:C:1974:71, Rn. 26/28; EuGH, Urteil vom 29.02.1996 – C-56/93, *Belgien/Kommission*, ECLI:EU:C:1996:64, Rn. 79; EuGH, Urteil vom 13.06.2002 – C-382/99, *Niederlande/Kommission*, ECLI:EU:C:2002:363, Rn. 61; EuGH, Urteil vom 15.11.2011 – C-106/09 P und C-107/09 P, *Kommission/Gibraltar*, ECLI:EU:C:2011:732, Rn. 87; EuGH, Urteil vom 28.06.2018 – C-209/16 P, *Deutschland/Kommission*, ECLI:EU:C:2018:507, Rn. 86.

682 *Milutinović*, in: HFSt (8) 2018, S. 96.

bereits auf der Ebene des unmittelbar Begünstigten ein beihilferelevanter selektiver Vorteil gegeben, schließt dies nämlich regelmäßig eine selektive mittelbare Begünstigung aus.[683] Eine wirtschaftsfördernde Maßnahme stellt eine selektive indirekte Begünstigung dar, wenn diese nur bestimmten Unternehmen oder Produktionszweigen einen Vorteil verschafft.[684] Wirtschaftspolitische Maßnahmen, die auf ein erhöhtes Konsumverhalten abzielen, wie beispielsweise die Senkung der Umsatzsteuer, stellen hingegen keine selektive Begünstigung dar, da insoweit sämtliche Wirtschaftsteilnehmer davon profitieren können.[685] Beschränkt sich die staatliche Maßnahme allerdings auf bestimmte Produkte und Dienstleistungen oder sogar nur auf Wirtschaftsgüter bestimmter Unternehmen, so liegt eine selektive mittelbare Begünstigung dieser Unternehmen nahe.[686] Beispielsweise wurden die staatlichen Zuschüsse der italienischen Regierung zum Erwerb bestimmter Digitaldecoder von der Europäischen Kommission als selektive Begünstigung bestimmter Digitalsender eingestuft.[687]

Die Selektivität der mittelbar Begünstigten ist dennoch grundsätzlich unabhängig von der Selektivität der unmittelbar Begünstigten. Erstere kann – und wird oftmals – auch dann vorliegen, wenn hinsichtlich der unmittelbar Begünstigten ein selektiver Vorteil nicht feststellbar ist.[688] Im Übrigen gilt es auch bei einer mittelbaren Begünstigung festzustellen, inwieweit es zu einer begünstigenden Abweichung im Vergleich zu anderen Wirtschaftsteilnehmern kommt. Die mittelbare Begünstigung kann, wenn es sich bei ihr um eine *prima facie* selektive Maßnahme handelt, grundsätzlich auch wie unmittelbare Begünstigungen gerechtfertigt werden.[689]

d) Wettbewerbsverfälschung und Beeinträchtigung des Binnenmarktes

Das Vorliegen einer steuerlichen Beihilfe setzt schließlich voraus, dass die staatliche Maßnahme den Wettbewerb verfälscht oder zumindest zu verfälschen droht und insoweit den innergemeinschaftlichen Handel beeinträchtigt. Nach

---

683 Siehe zur Subsidiarität mittelbarer Begünstigungen: B. II. 2. a) cc) α) χχ).

684 *Soltész/Hellstern*, EuZW 2013, 489 (492).

685 *Soltész/Hellstern*, EuZW 2013, 489 (492).

686 *Soltész/Hellstern*, EuZW 2013, 489 (492).

687 EuGH, Urteil vom 28.07.2011 – C-403/10 P, *Mediaset SpA/Kommission*, ECLI:EU:C:2011:533, Rn. 64.

688 *Milutinović*, in: HFSt (8) 2018, S. 96.

689 Siehe zur Rechtfertigung: B. II. 2. c) bb) χ).

Art. 107 Abs. 1 AEUV „sind staatliche oder aus staatlichen Mitteln gewährte Beihilfen gleich welcher Art, die durch die Begünstigung bestimmter Unternehmen oder Produktionszweige den Wettbewerb verfälschen oder zu verfälschen drohen, mit dem Binnenmarkt unvereinbar, soweit sie den Handel zwischen Mitgliedstaaten beeinträchtigen.“[690]

Obwohl vor allem die Europäische Gerichtsbarkeit die Tatbestandsmerkmale „Wettbewerbsverfälschung“ und „Handelsbeeinträchtigung“ oftmals zusammenfasst[691] und diese vergleichsweise knapp begutachtet[692], bietet sich entsprechend des Wortlauts von Art. 107 Abs. 1 AEUV eine getrennte Betrachtung der beiden Merkmale an.

aa) Verfälschung oder drohende Verfälschung des Wettbewerbs

α) Wettbewerbsverfälschung als eigenes Tatbestandsmerkmal

Teilweise wird die Frage aufgeworfen, ob dem Merkmal der Wettbewerbsverfälschung überhaupt eine eigenständige Bedeutung beizumessen sei oder sie bereits aus der Selektivität einer Begünstigung folge.[693] Das Beihilfeverbot untersage nämlich solche Maßnahmen, welche durch eine Begünstigung bestimmter Unternehmen den Wettbewerb verfälschen oder zu verfälschen drohen.[694] Demnach sei die Begünstigung bestimmter Unternehmen mit der (potentiellen) Wettbewerbsverfälschung derart verknüpft, dass diese ohnehin anzunehmen sei.[695] Demgegenüber wird das Vorliegen einer Handelsbeeinträchtigung bzw. einer Wettbewerbsverfälschung im Wortlaut des Art. 107 Abs. 1 AEUV ausdrücklich von den übrigen Voraussetzungen abgegrenzt und gleichsam als abschließende Tatbestandsmerkmale aufgeführt. Im Übrigen stellte die

---

690 Vgl. Wortlaut des Art. 107 Abs. 1 AEUV.

691 Vgl. insoweit nur EuGH, Urteil vom 29.06.1999 – C-256/97, *Déménagements-Manutention Transport SA (DMT)*, ECLI:EU:C:1999:332, Rn. 29; EuGH, Urteil vom 15.06.2006 – C-393/04 und C-41/05, *Air Liquide*, ECLI:EU:C:2006:403, Rn. 34; EuGH, Urteil vom 08.09.2011 – C-78/08 bis C-80/08, *Paint Graphos u. a.*, ECLI:EU:C:2011:550, Rn. 78 ff.

692 Vgl. *Bartosch*, EWS 2017, Heft 5, S. I; *Hey*, StuW 2015, 331 (343) sieht in der Rechtsprechung des EuGH sogar eine Vermutungswirkung für eine Wettbewerbsverzerrung und eine Beeinträchtigung des Handels beim Vorliegen einer selektiven Begünstigung.

693 *Sutter*, Das EG-Beihilfenverbot und sein Durchführungsverbot in Steuersachen, 2005, S. 130.

694 Vgl. Wortlaut des Art. 107 Abs. 1 AEUV.

695 *Sutter*, Das EG-Beihilfenverbot und sein Durchführungsverbot in Steuersachen, 2005, S. 130 ff. m. w. N.

Kommission in ihrer Bekanntmachung zum Begriff der staatlichen Beihilfe vom 19. Juli 2016 nochmals ausdrücklich klar, dass Wettbewerbsverfälschung und Handelsbeeinträchtigung zwei getrennte Voraussetzungen darstellen, die beide zu erfüllen sind, um das Vorliegen einer Beihilfe zu bejahen.[696] Demnach ist der Wettbewerbsverfälschung eine eigenständige Bedeutung innerhalb des Beihilfeverbots von Art. 107 Abs. 1 AEUV beizumessen und als eigenenständiges Tatbestandsmerkmal zu prüfen.

β) Das Vorliegen einer Wettbewerbsverfälschung

Eine Wettbewerbsverfälschung ist gegeben, „wenn die staatliche Maßnahme in ein bestehendes oder möglicherweise zur Entstehung kommendes Wettbewerbsverhältnis zwischen Unternehmen oder Produktionszweigen eingreift und damit den Ablauf des Wettbewerbs auf dem relevanten Markt verändert oder die Chancengleichheit zwischen miteinander in Wettbewerb stehenden Unternehmen manipuliert."[697] Für die Beurteilung einer drohenden Wettbewerbsverfälschung ist der Zeitpunkt maßgeblich, bevor die streitige Maßnahme erlassen wird.[698] Die Wettbewerbssituation bevor die Begünstigung gewährt wird ist mit derjenigen Situation zu vergleichen, welche wahrscheinlich nach Erlass der staatlichen Maßnahme eintreten werde.[699]

Dabei führt das Vorliegen der übrigen Voraussetzungen des Beihilfeverbots nicht zwangsläufig zu der Annahme einer Wettbewerbsverfälschung.[700] Hiervon ging die Kommission jedoch in ihrem Elften Bericht über die Wettbewerbspolitik aus dem Jahr 1982 aus: Die Kommission müsse keine weiteren Tatsachen für eine Wettbewerbsverfälschung und Handelsbeeinträchtigung vortragen, da diese bereits unmittelbar aus dem Vorliegen einer selektiven Begünstigung folgen würden.[701] Der Europäische Gerichtshof stellte allerdings klar, dass die

---

696 EU-Kommission, Bekanntmachung zum Begriff der staatlichen Beihilfe im Sinne des Artikels 107 Absatz 1 des Vertrages über die Arbeitsweise der Europäischen Union vom 19.07.2016 – ABl. 2016 C 262/1, Rn. 186.

697 *Koenig/Förtsch*, in: Streinz, EUV/AEUV, 3. Aufl. 2018, Art. 107 AEUV Rn. 101; vgl. auch *Cremer*, in: Calliess/Ruffert, EUV/AEUV, 5. Aufl. 2016, Art. 107 AEUV Rn. 32; *von Wallenberg/Schütte*, in: Grabitz/Hilf/Nettesheim, Das Recht der Europäischen Union, Mai 2021, Art. 107 AEUV Rn. 68.

698 *Koenig/Förtsch*, in: Streinz, EUV/AEUV, 3. Aufl. 2018, Art. 107 AEUV Rn. 104.

699 *Koenig/Förtsch*, in: Streinz, EUV/AEUV, 3. Aufl. 2018, Art. 107 AEUV Rn. 104.

700 *Bartosch*, EU-Beihilfenrecht, 2. Aufl. 2016, B. Rn. 154.

701 Vgl. hierzu EG-Kommission, Elfter Bericht über die Wettbewerbspolitik, 1982, Rn. 176.

Kommission zwar nicht angehalten sei, die tatsächlichen Auswirkungen der staatlichen Maßnahme auf den Wettbewerb darzulegen, sie müsse aber begründen, dass die Maßnahme möglicherweise in ein zumindest potentiell bestehendes Wettbewerbsverhältnis eingreifen könne.[702] Das Begründungserfordernis ist erfüllt, wenn die Europäische Kommission die Umstände vorträgt, aus denen sie ableitet, dass die Beihilfe zu einer drohenden sowie potentiellen Wettbewerbsverfälschung führt.[703]

Die geringen Anforderungen an die Darlegungslast der Kommission haben zur Folge, dass diese ausgehend von Plausibilitätserwägungen bereits eine Verfälschung des Wettbewerbs bejahen kann, ohne eine qualitative oder quantitative Untersuchung durchzuführen.[704] Aufgrund der geringen Anforderungen hat das Tatbestandsmerkmal kaum einschränkende Wirkung, da oftmals seitens der Kommission nur auf die Vermutung einer möglichen Wettbewerbsverfälschung hingewiesen wird.[705]

bb) Beeinträchtigung des innergemeinschaftlichen Handels

Um eine staatliche Maßnahme als unionsrechtswidrige Beihilfe zu qualifizieren, bedarf es neben einer Verfälschung des nationalen Wettbewerbs auch einer Beeinträchtigung des Handels zwischen Mitgliedstaaten. Die Voraussetzung der Handelsbeeinträchtigung wird auch als sogenannte Zwischenstaatlichkeitsklausel bezeichnet, da sie den für das Beihilfeverbot erforderlichen grenzüberschreitenden Bezug verdeutlicht.[706] Sofern sich staatliche Maßnahmen auf den

---

702 Ständige Rspr.: EuGH, Urteil vom 29.04.2004 – C-298/00, *Italien/Kommission*, ECLI:EU:C:2004:240, Rn. 49; EuGH, Urteil vom 29.04.2004 – C-372/97, *Italien/Kommission*, ECLI:EU:C:2004:234, Rn. 44; EuGH, Urteil vom 14.01.2015 – C-518/13, *Eventech*, ECLI:EU:C:2015:9, Rn. 65.

703 EuGH, Urteil vom 15.12.2005 – C-148/04, *Unicredito Italiano*, ECLI:EU:C:2005:774, Rn. 54.

704 *Bartosch*, EU-Beihilfenrecht, 2. Aufl. 2016, B. Rn. 158.

705 *Balbinot*, Beihilfeverbot und Rechtsformneutralität, 2018, S. 26 f.

706 *Heidenhain*, in: Heidenhain, Handbuch des Europäischen Beihilfenrechts, 1. Aufl. 2003, § 4 Rn. 67; *Bartosch*, EU-Beihilfenrecht, 2. Aufl. 2016, B. Rn. 160; *Koenig/Förtsch*, in: Streinz, EUV/AEUV, 3. Aufl. 2018, Art. 107 AEUV Rn. 109; *Kokott*, in: Europäisches Steuerrecht, DSJG Band 41, 2018, S. 549; *Mestmäcker/Schweitzer*, in: Immenga/Mestmäcker, Wettbewerbsrecht, 5. Aufl. 2016, Art. 107 Rn. 315.

nationalen Wettbewerb beschränken, fehlt es an einem grenzüberschreitenden Element.[707]

α) Voraussetzungen einer Handelsbeeinträchtigung

Der Handel bzw. Markt im Sinne des Beihilfeverbots umfasst sowohl den grenzüberschreitenden Waren- als auch den Dienstleistungsverkehr, bei welchem verbraucherseitig die angebotenen Produkte und Dienstleistungen als substituierbar wahrgenommen werden.[708] Der innergemeinschaftliche Handel ist beeinträchtigt, wenn die staatlichen Maßnahmen geeignet sind, den grenzüberschreitenden Warenaustausch oder Dienstleistungsverkehr zu beeinflussen,[709] und die Entwicklung des Handelsverkehrs ohne die staatliche Maßnahme anders verlaufen wäre.[710] Nach der Rechtsprechung des Europäischen Gerichtshofs ist von einer Beeinflussung des Handels auszugehen, wenn ein „von einem Mitgliedstaat gewährter Vorteil die Stellung einer Gruppe von Unternehmen gegenüber anderen, mit ihnen im innergemeinschaftlichen Handel im Wettbewerb stehenden Unternehmen [verstärkt]".[711] In Bezug auf staatliche Steuererleichterungen für bestimmte Unternehmen sieht die Rechtsprechung eine mögliche Beeinträchtigung des Handels bereits dann als gegeben an, wenn diese Unternehmen eine

---

707 *Heidenhain*, in: Heidenhain, Handbuch des Europäischen Beihilfenrechts, 1. Aufl. 2003, § 4 Rn. 67; *Koenig/Förtsch*, in: Streinz, EUV/AEUV, 3. Aufl. 2018, Art. 107 AEUV Rn. 112.

708 *Kokott*, Das Steuerrecht der Europäischen Union, 2018, § 3 Rn. 210; *Koenig/Förtsch*, in: Streinz, EUV/AEUV, 3. Aufl. 2018, Art. 107 AEUV Rn. 110; *Heidenhain*, in: Heidenhain, Handbuch des Europäischen Beihilfenrechts, 1. Aufl. 2003, § 4 Rn. 68.

709 *Mestmäcker/Schweitzer*, in: Immenga/Mestmäcker, Wettbewerbsrecht, 5. Aufl. 2016, Art. 107 Rn. 316; *Cremer*, in: Calliess/Ruffert, EUV/AEUV, 5. Aufl. 2016, Art. 107 AEUV Rn. 38; *Dobratz*, in: Musil/Weber-Grellet, Europäisches Steuerrecht, 1. Aufl. 2019, Art. 107 AEUV Rn. 126.

710 *Bartosch*, EU-Beihilfenrecht, 2. Aufl. 2016, B. Rn. 160.

711 EuGH, Urteil vom 22.11.2001 – C-53/00, *Ferring*, ECLI:EU:C:2001:627, Rn. 21; vgl. auch EuGH, Urteil vom 29.04.2004 – C-372/97, *Italien/Kommission*, ECLI:EU:C:2004:234, Rn. 44; EuGH, Urteil vom 15.12.2005 – C-148/04, *Unicredito Italiano*, ECLI:EU:C:2005:774, Rn. 56; EuGH, Urteil vom 08.09.2011 – C-78/08 bis C-80/08, *Paint Graphos u. a.*, ECLI:EU:C:2011:550, Rn. 78; EuGH, Urteil vom 19.12.2018 – C-374/17, *Finanzamt B/A-Brauerei*, ECLI:EU:C:2018:1024, Rn. 55.

wirtschaftliche Tätigkeit auf dem innergemeinschaftlichen Handel ausüben und mit Unternehmen in anderen Mitgliedstaaten in Wettbewerb stehen.[712]

Dementsprechend ist grundsätzlich von einer handelsbeeinträchtigenden Maßnahme im Sinne des Beihilfeverbots auszugehen, wenn der Export oder Import von Erzeugnissen oder Dienstleistungen für bestimmte Unternehmen positiv oder negativ beeinflusst wird.[713] Im Übrigen ist es nach der Rechtsprechung des Gerichtshofs nicht erforderlich, dass die begünstigten Unternehmen am innergemeinschaftlichen Handel teilnehmen, da es bereits ausreicht, wenn sich die Möglichkeit an einem bestimmten Markt in Zukunft teilzunehmen verschlechtert.[714] Handelsbeeinträchtigend ist eine staatliche Maßnahme auch dann, wenn sie ein Unternehmen erst in die Lage versetzt, auf dem Markt eines anderen Mitgliedstaates tätig zu werden.[715] Wird ein Unternehmen durch einen steuerlichen Vorteil gestärkt, hat dies regelmäßig einen Einfluss auf seine Marktposition.[716] Bei einem existierenden Wettbewerb zwischen Unternehmen verschiedener Mitgliedstaaten folgt aus der selektiven Begünstigung notwendigerweise die handelsbeeinträchtigende Wirkung.[717]

β) Die Darlegung der Auswirkungen auf den unionalen Handel

Da die Kommission nur den Nachweis erbringen muss, dass es aufgrund der Maßnahme zu einer Beeinträchtigung des Handels kommen könnte, sind die Anforderungen an dieses Tatbestandsmerkmal vergleichbar mit denen der Wettbewerbsverfälschung.[718] Gleichwohl merkte die Europäische Kommission in ihrer Bekanntmachung vom 19. Juli 2016 an, „Auswirkungen auf den Handel

712 Vgl. EuGH, Urteil vom 06.09.2006 – C-88/03, *Portugal/Kommission*, ECLI:EU:C:2006:511, Rn. 91; EuGH, Urteil vom 30.04.2009 – C-494/06, *Kommission/Italien und Wam*, ECLI:EU:C:2009:272, Rn. 51.

713 *Von Wallenberg/Schütte*, in: Grabitz/Hilf/Nettesheim, Das Recht der Europäischen Union, Mai 2021, Art. 107 AEUV Rn. 74; *Mestmäcker/Schweitzer*, in: Immenga/Mestmäcker, Wettbewerbsrecht, 5. Aufl. 2016, Art. 107 Rn. 316.

714 EuGH, Urteil vom 15.12.2005 – C-148/04, *Unicredito Italiano*, ECLI:EU:C:2005:774, Rn. 58; EuGH, Urteil vom 08.09.2011 – C-78/08 bis C-80/08, *Paint Graphos u. a.*, ECLI:EU:C:2011:550, Rn. 80.

715 EuGH, Urteil vom 15.12.2005 – C-148/04, *Unicredito Italiano*, ECLI:EU:C:2005:774, Rn. 58.

716 *Dobratz*, in: Musil/Weber-Grellet, Europäisches Steuerrecht, 1. Aufl. 2019, Art. 107 AEUV Rn. 126.

717 *Kokott*, Das Steuerrecht der Europäischen Union, 2018, § 3 Rn. 210.

718 *Balbinot*, Beihilfeverbot und Rechtsformneutralität, 2018, S. 26.

zwischen den Mitgliedstaaten können jedoch nicht bloß hypothetischer Natur sein oder vermutet werden."[719] Auf der Basis von vorhersehbaren Auswirkungen der staatlichen Maßnahme müsse festgestellt werden, weshalb sie den Handel zwischen Mitgliedstaaten beeinflussen könnte.[720]

Auch wenn zumindest die potentiellen Auswirkungen auf den innergemeinschaftlichen Handel festzustellen sind, fordert der Europäische Gerichtshof in ständiger Rechtsprechung kein sogenanntes „Spürbarkeitskriterium": Eine mögliche Beeinträchtigung des Handels zwischen den Mitgliedstaaten sei daher auch bei einem geringen Umfang der Beihilfe oder auch bei einer geringen Größe des begünstigten Unternehmens anzunehmen.[721] Dennoch lehnte die Kommission in einigen Verfahren aufgrund des regionalen Charakters einer Maßnahme und den lediglich lokalen Auswirkungen eine Beeinträchtigung des Handels zwischen den Mitgliedstaaten ab.[722] Insbesondere bei lokalen Beihilfen liegt es folglich nahe, die handelsbeeinträchtigende Wirkung nicht ohne Weiteres anzunehmen, sondern diese einzelfallbezogen zu prüfen. Die Feststellung der beeinträchtigenden Wirkung auf den innergemeinschaftlichen Handel ist geeignet die Anwendung des Beihilfeverbots auf steuerliche Maßnahmen zu begrenzen.[723]

cc) Die Wettbewerbsbeeinträchtigung durch mittelbare Begünstigungen

Bei mittelbaren Begünstigungen ist es ebenso erforderlich, dass diese eine Wettbewerbsverfälschung und eine Handelsbeeinträchtigung im Sinne des Art. 107 Abs. 1 AEUV hervorrufen oder zumindest potentiell hervorrufen können. Auch die neutrale Ausgestaltung einer Beihilfe schließt das Vorliegen einer

---

719 EU-Kommission, Bekanntmachung zum Begriff der staatlichen Beihilfe im Sinne des Artikels 107 Absatz 1 des Vertrages über die Arbeitsweise der Europäischen Union vom 19.07.2016 – ABl. 2016 C 262/1, Rn. 195.

720 EU-Kommission, Bekanntmachung zum Begriff der staatlichen Beihilfe im Sinne des Artikels 107 Absatz 1 des Vertrages über die Arbeitsweise der Europäischen Union vom 19.07.2016 – ABl. 2016 C 262/1, Rn. 195.

721 EuGH, Urteil vom 24.07.2003 – C-280/00, *Altmark Trans*, ECLI:EU:C:2003:415, Rn. 81 f.; vgl. auch EuGH, Urteil vom 15.06.2006 – C-393/04 und C-41/05, *Air Liquide*, ECLI:EU:C:2006:403, Rn. 36; EuGH, Urteil vom 14.01.2015 – C-518/13, *Eventech*, ECLI:EU:C:2015:9, Rn. 68.

722 Vgl. EU-Kommission, Schreiben vom 12.01.2001 – N 258/00, *Freizeitbad Dorsten*, S. 5; EU-Kommission, Schreiben vom 09.04.2002 – N 560/01 und NN 17/02, *Brighton West Pier*, Rn. 34 f.; EU-Kommission, Schreiben vom 29.04.2015 – SA.37904 (2014/NN), *Ärztehaus Durmersheim*, Rn. 18.

723 *Kokott*, Das Steuerrecht der Europäischen Union, 2018, § 3 Rn. 211.

Wettbewerbsverfälschung nicht von vornherein aus, da auch allgemein zugängliche Vergünstigungen den Wettbewerb verfälschen können.[724] Die Begünstigung an Verbraucher für die Anschaffung bestimmter Produkte ist durchaus geeignet den Wettbewerb zu verfälschen, wenn hierdurch Produkte anderer Unternehmen, die als Substitute in Frage kämen, vernachlässigt werden.[725] Insoweit folgt aus der Benachteiligung der Wettbewerber die Stärkung bestimmter Unternehmen.[726]

Im Verfahren *Decoder* nahm die Kommission an, dass sich das digitale terrestrische Fernsehen, das Analogfernsehen und das Bezahlfernsehen in einem Wettbewerb befinden und insoweit Substitute darstellen.[727] Des Weiteren werde der Wettbewerb der Netzbetreiber durch die staatlichen Zuschüsse für bestimmte digitale Decoder verfälscht, indem die Zuschauer veranlasst werden eher die Sender nachzufragen, die sich der terrestrischen Netzbetreiber und der Kabelnetzbetreiber bedienen, während die Satellitenbetreiber vernachlässigt werden.[728]

Demnach kann eine mittelbare Begünstigung, die auf eine direkte Begünstigung von Privatpersonen zurückzuführen ist, eine Wettbewerbsverfälschung verursachen, wenn hierdurch zu Ungunsten anderer Unternehmen eine höhere Nachfrage der Produkte bestimmter Unternehmen generiert wird. Erforderlich ist insoweit, dass sich die Wirtschaftsteilnehmer in einem Wettbewerb befinden und die offerierten Produkte aus Sicht der Konsumenten substituierbar sind.[729] Zusätzlich bedarf es auch bei mittelbaren Begünstigungen einer (potentiellen) Handelsbeeinträchtigung i. S. v. Art. 107 Abs. 1 AEUV. Diesbezüglich ergeben sich für indirekte Begünstigungen keine wesentlichen Unterschiede zu direkten Begünstigungen.[730]

e) Ausnahmen nach Art. 107 Abs. 2 und Abs. 3 AEUV

In den Art. 107 Abs. 2 und Abs. 3 AEUV wurden unterschiedliche Ausnahmetatbestände vom unionsrechtlichen Beihilfeverbot normiert. Zugunsten bestimmter Zwecke werden – unter bestimmten Voraussetzungen – Ausnahmen vom

724 *Soltész/Hellstern*, EuZW 2013, 489 (493).
725 *Soltész/Hellstern*, EuZW 2013, 489 (493); *Koenig/Sander*, EuR 2000, 743 (747).
726 *Koenig/Sander*, EuR 2000, 743 (749).
727 EU-Kommission, Entscheidung vom 24.01.2007, ABl. EU 2007, Nr. L 147/1, Rn. 103 f.
728 EU-Kommission, Entscheidung vom 24.01.2007, ABl. EU 2007, Nr. L 147/1, Rn. 112.
729 *Soltész/Hellstern*, EuZW 2013, 489 (493); *Koenig/Sander*, EuR 2000, 743 (747).
730 Siehe allgemein zur Handelsbeeinträchtigung: B. II. 2. d) bb).

Beihilfeverbot des Art. 107 Abs. 1 AEUV gestattet. Wegen der allgemein eher geringen Bedeutung dieser Ausnahmen für steuerliche Beihilfen und der fehlenden Relevanz für den erbschaftsteuerlichen Verschonungsabschlag wird auf eine Darstellung der Art. 107 Abs. 2 und Abs. 3 AEUV verzichtet.

3. Zusammenfassung zum Beihilfetatbestand im Steuerrecht

Die beihilferechtliche Würdigung nationaler Steuermaßnahmen sollte grundsätzlich eher zurückhaltend geschehen, um der Steuerautonomie der Mitgliedstaaten im Bereich der direkten Unternehmensbesteuerung hinreichend Geltung zu verschaffen. Gleichwohl ist es Aufgabe der Europäischen Kommission einen gemeinsamen Binnenmarkt sicherzustellen, der einen freien und neutralen Wettbewerb und Handel über die mitgliedstaatlichen Grenzen hinweg ermöglicht. Allerdings ergeben sich diesbezüglich erhebliche Herausforderungen bei der Bestimmung des Beihilfecharakters einer beihilfekritischen Steuervergünstigung: Vor allem die Feststellung der Selektivität steuerlicher Vergünstigungen ist hierbei besonders beachtenswert, da der Ausgang eines Beihilfeverfahrens oftmals allein durch dieses Tatbestandsmerkmal determiniert wird. Dennoch ist keinesfalls ausgeschlossen, dass auch die übrigen Voraussetzungen des Beihilfetatbestands über den Charakter einer beihilfekritischen Maßnahme entscheiden können.

Die Frage nach dem Begünstigten stellt sich vor allem im Zusammenhang mit mittelbaren Begünstigungen von Unternehmen. Ein mittelbarer Vorteil liegt vor, „wenn die Maßnahme so ausgestaltet ist, dass ihre sekundären Auswirkungen bestimmbaren Unternehmen oder Gruppen von Unternehmen zugeleitet werden."[731] Dieser Vorteil ist von reflexartig eintretenden Besserstellungen bestimmter Wirtschaftsteilnehmer zu unterscheiden, die lediglich eine logische Folge der Maßnahme sind. Die staatliche Zurechnung wird grundsätzlich auch nicht durch eine autonome Entscheidung Dritter unterbrochen. Die mittelbar Begünstigten sind richtigerweise objektiv zu bestimmen.[732] Die Selektivität der mittelbar Begünstigten ist auch unabhängig von der Selektivität der unmittelbaren Begünstigung. Beschränkt sich die staatliche Maßnahme auf bestimmte Wirtschaftsgüter oder auf Wirtschaftsgüter von bestimmten Unternehmen, so

731 EU-Kommission, Bekanntmachung zum Begriff der staatlichen Beihilfe im Sinne des Artikels 107 Absatz 1 des Vertrages über die Arbeitsweise der Europäischen Union vom 19.07.2016 – ABl. 2016 C 262/1, Rn. 116.

732 Siehe zur Bestimmung des mittelbar Begünstigten: B. II. 2. a) cc) χ).

liegt die selektive Begünstigung dieser Unternehmen nahe, wenn diese einen wirtschaftlichen Vorteil hierdurch erhalten.

Die Selektivitätsprüfung steuerlicher Maßnahmen geht in mehrfacher Hinsicht mit steuerspezifischen Besonderheiten einher. Steuerliche Beihilfen erfordern aufgrund der Vielseitigkeit steuerlicher Maßnahmen stets eine spezifische sowie differenzierte Betrachtung, die im Einklang mit der nationalen Steuerautonomie der Mitgliedstaaten steht und zugleich die europäischen Wettbewerbsinteressen angemessen verfolgt. Die nationalen Steuersysteme sind in der Regel geprägt von abstrakten Steuertatbeständen, die als Ausfluss einer staatlichen Grundbelastungsentscheidung Differenzierungen zwischen Steuersubjekten und Steuerobjekten vornehmen. Auch wenn nicht jede steuerlich begünstigende Differenzierung unmittelbar als unionsrechtswidrige Beihilfe einzustufen ist[733], führt die abstrakt ausgestaltete Regelung nicht automatisch zum Vorliegen einer allgemeinen beihilfekonformen Maßnahme. Insoweit ist die wesentliche Aufgabe der Selektivitätsprüfung allgemeine Maßnahmen von beihilferelevanten begünstigenden Maßnahmen abzugrenzen. Der Europäische Gerichtshof und die Europäische Kommission beantworten die Frage nach dem Vorliegen eines selektiven Vorteils auf den ersten Blick und im Ansatz zwar einheitlich. Bei genauerer Betrachtung sind jedoch entscheidungserhebliche Unterschiede erkennbar.

Die Selektivität steuerlicher Begünstigungen setzt im Wesentlichen voraus, dass bestimmte Unternehmen eine geringere als die gewöhnliche Belastung zu tragen haben und für diesen Vorteil keine Rechtfertigung existiert. Dem Grunde nach erfolgt die Begutachtung dieser Besserstellung anhand der dreistufigen Selektivitätsprüfung, bei der ausgehend von der Normalbesteuerung ein Belastungsvergleich von Unternehmen in einer vergleichbaren Lage vorzunehmen ist. Eine erste Herausforderung stellt bereits die Bestimmung der Normalbesteuerung dar. Der mikrosystematische Ansatz sieht nur denjenigen Tatbestand als Normalbesteuerung an, der gelten würde, könnte die begünstigende Maßnahme hinweggedacht werden.[734] Der makrosystematische Ansatz bezieht hingegen die steuersystematischen Leitprinzipien sowie die Grundbelastungsentscheidung und steuerlichen Wertungen mit ein.[735] Aufgrund der Berücksichtigung

---

733 Vgl. EuGH, Urteil vom 29.03.2012 – C-417/10, *3M Italia*, ECLI:EU:C:2012:184, Rn. 42; EuGH, Urteil vom 21.12.2016 – C-20/15, *Kommission/World Duty Free Group*, ECLI:EU:C:2016:981, Rn. 59.

734 Siehe zum mikrosystematischen Ansatz: B. II. 2. c) bb) β) αα) i).

735 Siehe zum makrosystematischen Ansatz: B. II. 2. c) bb) β) αα) ii).

nationaler Systemgedanken und Grundprinzipien sollte der makrosystematische Ansatz den Vorzug erhalten.

Allerdings sah sich der Europäische Gerichtshof in der Rechtssache *Gibraltar*[736] gezwungen, sich von dieser Herangehensweise zu lösen und die Differenzierung zwischen Unternehmen ausschließlich anhand der Wirkung der staatlichen Maßnahme festzustellen. Diese Vorgehensweise war dem Umstand geschuldet, dass die begünstigende Maßnahme nicht als Ausnahme konzipiert wurde, sondern bereits die Regelbesteuerung einen Vorteil für bestimmte Unternehmen vorsah. Auch wenn diese Vorgehensweise dem vielfach betonten wirkungsorientierten Verständnis entspricht, ist in Anbetracht der jüngeren Rechtsprechungspraxis wohl davon auszugehen, dass dieser Ansatz eine Ausnahmeerscheinung bleibt.

Eine Rechtfertigung *prima facie* selektiver Maßnahmen kommt nach der ständigen Rechtsprechung nur durch die Natur oder den inneren Aufbau des Steuersystems in Betracht. Externe – vor allem politische – Ziele können *prima facie* selektive Steuervergünstigungen hingegen nicht rechtfertigen. Auf der Rechtfertigungsebene können nur steuersystematische Aspekte, wie die Vermeidung einer übermäßigen Belastung oder die Verhinderung von Missbrauchsfällen, berücksichtigt werden.

Auch in Zukunft werden steuerliche Vergünstigungen im beihilferechtlichen Fokus stehen. Die ersten Tendenzen lassen erkennen, dass die Steuerautonomie der Mitgliedstaaten bei steuerlichen Beihilfen nun stärker Beachtung findet.[737] Gleichzeitig bestehen allerdings gerade im Hinblick auf die Selektivitätsprüfung weiterhin nicht zu vernachlässigende Rechtsunsicherheiten, die auch durch die *Gibraltar*-Rechtsprechung[738] und die *World Duty Free*-Rechtsprechung[739] nicht beseitigt werden konnten. Eine einheitliche sowie systematische Vorgehensweise bei der Selektivitätsprüfung für sämtliche Steuervergünstigungsarten ist weiterhin nicht erkennbar. Es bleibt abzuwarten, ob sich die Europäische Kommission

---

736 EuGH, Urteil vom 15.11.2011 – C-106/09 P und C-107/09 P, *Kommission/Gibraltar*, ECLI:EU:C:2011:732.

737 Beispielsweise durch die Anerkennung steuersystematischer Motive auf der Rechtfertigungsebene, vgl. hierzu EuGH, Urteil vom 19.12.2018 – C-374/17, *Finanzamt B/A-Brauerei*, ECLI:EU:C:2018:1024.

738 EuGH, Urteil vom 15.11.2011 – C-106/09 P und C-107/09 P, *Kommission/Gibraltar*, ECLI:EU:C:2011:732.

739 EuGH, Urteil vom 21.12.2016 – C-20/15, *Kommission/World Duty Free Group*, ECLI:EU:C:2016:981.

und der Europäische Gerichtshof in der Lage sehen, in Zukunft ein einheitliches sowie praxistaugliches Vorgehen bei der Selektivität zu etablieren.

C. Die Sanierungsklausel des § 8c Abs. 1a KStG

Das wohl prominenteste Beihilfeverfahren zu deutschen Steuervergünstigungen betraf die Sanierungsklausel des § 8c Abs. 1a KStG. Diese wurde bereits im Jahr 2011 von der Europäischen Kommission als unzulässige Beihilfe eingestuft;[740] diese Entscheidung wurde später dann vom Gericht der Europäischen Union bestätigt.[741] Von weiten Teilen der Literatur wurde diese Sichtweise, zumeist mit dem Verweis auf die fehlerhafte Bestimmung des Referenzsystems, nicht geteilt.[742] Der Europäische Gerichtshof hat sich im Juni 2018 zum Beihilfecharakter des § 8c Abs. 1a KStG geäußert und die Entscheidungen von Kommission und Gericht kassiert, da er vor allem die Bestimmung des Referenzsystems als fehlerhaft ansah.[743]

I. Systematik und Erwägungen zur Sanierungsklausel

Die nachfolgende Betrachtung der Sanierungsklausel des § 8c Abs. 1a KStG[744] sowie die beihilferechtliche Würdigung beziehen sich auf die Regelung in ihrer Fassung zum Zeitpunkt der Einleitung des Beihilfeverfahrens, da diese auch der Entscheidung der Europäischen Kommission und der Europäischen Gerichtsbarkeit zugrunde lag.

---

740 EU-Kommission, Beschluss vom 26.01.2011 – C7/10, KStG, *Sanierungsklausel*, ABl. 2011 L 235/26.

741 Vgl. EuG, Urteil vom 04.02.2016 – T-620/11, *GFKL Financial Services AG*, ECLI:EU:T:2016:59; EuG, Urteil vom 04.02.2016 – T-287/11, *Heitkamp BauHolding GmbH*, ECLI:EU:T:2016:60.

742 Siehe z. B. *Drüen*, DStR 2011, 289 (291 f.); *Breuninger/Ernst*, GmbHR 2011, 673 (681); *Marquart*, IStR 2011, 445 (451); *Jochum*, FR 2011, 497 (506); *Hackemann/Momen*, BB 2011, 2135 (2138); *Blumenberg/Haisch*, FR 2012, 12 (21); *Hey*, StuW 2011, 131 (141); *Musil*, FR 2014, 953 (955); *Seer*, DStR 2014, Beihefter zu Heft 42, 117 (133); *ders.*, FR 2014, 721 (729).

743 EuGH, Urteil vom 28.06.2018 – C-209/16 P, *Deutschland/Kommission*, ECLI:EU:C:2018:507.

744 § 8c KStG i. d. F. zum Zeitpunkt der Entscheidung der EU-Kommission vom 26.01.2011.

1. Systematik der interperiodischen Verlustberücksichtigung

Die grundsätzliche Möglichkeit der Verlustnutzung gilt auch bei der Besteuerung von Körperschaften.[745] Über § 8 Abs. 1 S. 1 KStG findet die in § 10d EStG normierte Verlustberücksichtigung auch bei der Ermittlung des Einkommens von Körperschaften im Sinne des Körperschaftsteuergesetzes Anwendung.[746] Demnach können entstandene Verluste einer Körperschaft über § 10d EStG i. V. m. § 8 Abs. 1 S. 1 KStG bei der Einkommensermittlung berücksichtigt werden. Neben der in § 10d Abs. 1 EStG bestehenden Möglichkeit des Verlustrücktrags[747] gewährt § 10d Abs. 2 EStG auch einen Verlustvortrag.

Eine Abweichung hiervon ist der schädliche Beteiligungserwerb im Sinne des § 8c Abs. 1 KStG. In diesem Fall ist die Verlustberücksichtigung anteilig oder sogar vollständig ausgeschlossen. Ein anteiliger „Verlustuntergang" findet statt, wenn innerhalb von fünf Jahren mittelbar oder unmittelbar mehr als 25 % der Anteile[748] an einen Erwerber oder eine diesem nahestehende Person übertragen werden.[749] Die Rechtsfolge des anteiligen Untergangs negativer Einkünfte tritt auch dann ein, wenn ein „vergleichbarer Sachverhalt" vorliegt. Der vergleichbare Sachverhalt wird insoweit als ergänzende Generalklausel[750] verstanden und soll Gestaltungen verhindern, die bei ökonomischer Betrachtung einem Vollrecht entsprechen, da sie ebenso die Beherrschungsverhältnisse beeinflussen.[751]

---

745 *Süß*, Mantelkaufregelungen im Körperschaftsteuerrecht, 2016, S. 190; *Drüen*, DStR 2011, 289 (291); *Klemt*, DStR 2013, 1057 (1059); *Blumenberg/Haisch*, FR 2012, 12 (15); *Marquart*, IStR 2011, 445 (448 f.); *Ismer/Karch*, IStR 2014, 130 (132); *Hey* in: Tipke/Lang, Steuerrecht, 2018, § 11 Rn. 57.

746 *Drüen*, DStR 2011, 289 (291).

747 Nach § 10d Abs. 1 EStG können negative Einkünfte, die bei der Ermittlung des Gesamtbetrags der Einkünfte nicht ausgeglichen werden können, bis zu einem Betrag von EUR 1 Million (bei zusammenveranlagten Ehegatten EUR 2 Millionen) vom Gesamtbetrag der Einkünfte des unmittelbar vorangegangenen Veranlagungszeitraums abgezogen werden.

748 Die Vorschrift des § 8c Abs. 1 S. 1 KStG differenziert zwischen gezeichnetem Kapital, Mitgliedschaftsrechten, Beteiligungsrechten und Stimmrechten.

749 Vgl. Wortlaut des § 8c KStG i. d. F. zum Zeitpunkt der Entscheidung der EU-Kommission vom 26.01.2011.

750 *Roser*, in: Gosch, KStG, 2015, § 8c Rn. 43; *Wiese*, DStR 2007, 741 (742), bezeichnet den „vergleichbaren Sachverhalt" als „Angstklausel" und sieht in der Klausel eine unzulässige Eingriffsnorm.

751 *Brandis*, in: Brandis/Heuermann, EStG, KStG, GewStG, 2018, § 8c KStG Rn. 55; *Olbing*, in: Streck, KStG, 2021, § 8c Rn. 46; für eine ausführliche und systematisierte Übersicht vergleichbarer Sachverhalte siehe *Roser* in: Gosch, KStG, 2015, § 8c Rn. 44 f.

Mit dem Verlustuntergang beim schädlichen Beteiligungserwerb soll verhindert werden, dass der Erwerber einer Beteiligung von mindestens 25 % in die Lage versetzt wird, die vor seiner Beteiligung entstandenen Verluste unternehmerisch zu nutzen.[752] Im Wesentlichen stellt die Regelung auf den Erhalt der wirtschaftlichen Identität der Körperschaft ab.[753] Diese Konsequenz erfolgt ungeachtet dessen, dass die übrigen Gesellschafter ebenso um die Nutzung der entstandenen Verluste gebracht werden. Damit verstößt § 8c Abs. 1 KStG dem Grunde nach gegen das im Körperschaftsteuerrecht vorherrschende Trennungsprinzip.[754] Das Steuerrecht folgt bei Kapitalgesellschaften grundsätzlich der zivilrechtlichen Trennung zwischen der Gesellschaftsebene und der Ebene der Gesellschafter – Körperschaft und Anteilseigner stehen sich daher grundsätzlich wie Dritte gegenüber.[755] Dieses Prinzip wird für die Verlustberücksichtigung im Falle eines schädlichen Beteiligungserwerbs missachtet, da die Möglichkeit des Verlustvortrags nicht unabhängig vom Gesellschafterbestand ist.[756]

2. Erwägungen zur Sanierungsklausel

Die Sanierungsklausel sollte vor allem zur Bewältigung der globalen Finanz- und Wirtschaftskrise beitragen.[757] Die Einführung der Sanierungsklausel zielte unter anderem darauf ab, den Unternehmen kurzfristig Liquidität zu verschaffen.[758] Das in § 8c Abs. 1a KStG enthaltene Arbeitsplatzmerkmal, welches den Erhalt von Arbeitsplätzen, den Abschluss einer Betriebsvereinbarung oder die Zuführung wesentlichen Betriebsvermögens vorsah, wurde damit begründet, dass Unternehmen in Krisensituationen oftmals durch Arbeitsplatzabbau die

---

752 *Sistermann/Brinkmann*, DStR 2008, 897.

753 *Sistermann/Brinkmann*, DStR 2008, 897; *Lenz/Ribbrock*, BB 2007, 587 (588).

754 *Markert*, Deutsche Steuervergünstigungsnormen im Lichte unionsrechtlicher Vorgaben, 2013, S. 277.

755 *Böhmer*, StuW 2012, 33 (33 f.); *Teufel*, in: Lüdicke/Sistermann, Unternehmenssteuerrecht, 2018, § 2 Rn. 1; *Hey*, in: Tipke/Lang, Steuerrecht, 2018, § 11 Rn. 1; *Desens*, in: Herrmann/Heuer/Raupach, EStG/KStG, 286. EL 2018, Einführung zum KStG, Rn. 90.

756 *Klemt*, DStR 2013, 1057 (1059); *Blumenberg/Haisch*, FR 2012, 12 (15 f.); *Markert*, Deutsche Steuervergünstigungsnormen im Lichte unionsrechtlicher Vorgaben, 2013, S. 277 und S. 280.

757 Beschlussempfehlung und Bericht des Finanzausschusses vom 17.06.2009, BT-Drucks. 16/13429, S. 50.

758 Beschlussempfehlung und Bericht des Finanzausschusses vom 17.06.2009, BT-Drucks. 16/13429, S. 39.

Kosten zumindest kurzfristig zu senken versuchen.[759] Dementsprechend sollte vornehmlich der drohenden Arbeitslosigkeit aufgrund krisenbedingter Entlassungen entgegengewirkt werden.

Während der Entstehung des Bürgerentlastungsgesetzes Krankenversicherung 2009 wurde teilweise behauptet, die geplanten Änderungen sollen vornehmlich dazu dienen, den Automobilhersteller Opel zu retten und eine Akquisition zu ermöglichen.[760] Der Umstand, dass das Gesetz inoffiziell auch „Lex Opel" [761] genannt wurde, offenbart die wirtschaftspolitische Dimension und war für die Einleitung des Beihilfeverfahrens durch die Europäische Kommission (wohl) nicht ganz unbedeutend.[762]

a) Problem: Mantelkäufe

Die Möglichkeit des Verlustvortrags führte dazu, dass oftmals sogenannte Mantelgesellschaften – Unternehmen, welche ihre Geschäftstätigkeit bereits eingestellt haben, aber noch steuerliche Verluste aufweisen – von Unternehmen erworben wurden, um die bestehenden Verluste bei ihrer Einkommensermittlung zu nutzen.[763] Durch diese Vorgehensweise kann der Erwerber die vorhandenen Verluste mit seinen Gewinnen verrechnen und seine Steuerlast reduzieren.[764] Um dem latenten Missbrauchspotential entgegenzuwirken und den Erwerb von Mantelgesellschaften ausschließlich zur Nutzung der Verlustvorträge zu verhindern, wurde eine entsprechende Missbrauchsregelung geschaffen.[765]

---

759 Beschlussempfehlung und Bericht des Finanzausschusses vom 17.06.2009, BT-Drucks. 16/13429, S. 51.

760 *Rosenberg*, Das beihilferechtliche Durchführungsverbot im Steuerverfahren, 2014, S. 21.

761 Vgl. *Breuninger/Ernst*, GmbHR 2010, 561 (562); *Marquart*, IStR 2011, 445 (451); *Drüen*, DStR 2011, 289; *Prinz*, DB 2009, Heft 50, S. I; *Lorz*, Börsen-Zeitung, 2009, Nr. 113, S. 6; *Büchner*, Berliner Zeitung, 2009, Ausgabe 134, S. 9.

762 Aus der Aufforderung der Europäischen Kommission zur Stellungnahme Deutschlands geht hervor, dass die Kommission aus Presseartikeln von der Sanierungsklausel erfahren hat, EU-Kommission, Beschluss vom 08.04.2010 – C-7/10, KStG, *Sanierungsklausel*, ABl. 2010 C 90/8.

763 EU-Kommission, Beschluss vom 26.01.2011 – C7/10, KStG, *Sanierungsklausel*, ABl. 2011 L 235/26, Rn. 6.

764 *Jochum*, FR 2011, 497.

765 *Hey* in: Tipke/Lang, Steuerrecht, 2015, § 11 Rn. 58.

b) *Der Verlustuntergang beim Mantelkauf nach § 8c KStG*

Mit dem Steuerreformgesetz 1990 vom 25. Juli 1988[766] wurde erstmals der § 8 Abs. 4 KStG a. F. implementiert, welcher die körperschaftsteuerliche Verlustnutzung regelte. Danach war in Ergänzung zur allgemeinen Verlustberücksichtigung des § 10d EStG die wirtschaftliche Identität der verlustnutzenden Körperschaft Voraussetzung für den Verlustabzug.[767] Die sogenannte Mantelkaufregelung enthielt in § 8 Abs. 4 S. 2 KStG a. F. ein Regelbeispiel, welches den Hauptanwendungsfall für den Verlust der wirtschaftlichen Identität definierte. Die Verlustnutzung war insbesondere dann nicht gestattet, wenn kumulativ folgende Voraussetzungen vorlagen: „Wenn mehr als 75 % der Geschäftsanteile übertragen wurden, überwiegend neues Betriebsvermögen zugeführt und der Geschäftsbetrieb mit diesem neuen Betriebsvermögen wieder aufgenommen wurde."[768]

Die Vorschriften zur Verhütung von Missbrauch durch den Handel mit Verlusten wurde sodann durch das Gesetz zur Fortsetzung der Unternehmensteuerreform vom 29. Oktober 1997[769] verschärft. Ziel war es, vornehmlich die Verlustnutzung auf das Unternehmen zu beschränken, bei dem die Verluste auch tatsächlich angefallen sind, und den Verlusterhalt auf sogenannte Sanierungsfälle zu beschränken; dies sollte mit der Sanierungsklausel in § 8 Abs. 4 S. 3 KStG a. F.[770] umgesetzt werden.

aa) *Einführung des Verlustabzugs nach § 8c KStG*

Der mit dem Gesetz zur Fortsetzung der Unternehmenssteuerreform vom 29. Oktober 1997[771] eingeführte § 8 Abs. 4 KStG a. F. sah vor, dass der Verlustabzug nach § 10d EStG nur dann möglich sei, wenn die verlustnutzende Körperschaft rechtlich und wirtschaftlich mit der Körperschaft identisch ist, die die Verluste ursprünglich erlitten hat.[772] Mit dem Unternehmensteuerreformgesetz 2008 vom

---

766 Steuerreformgesetz 1990 vom 25. Juli 1988, BGBl. I 1988, 1093 (1114).

767 *Lenz/Ribbrock*, BB 2007, 587 (588).

768 BVerfG, Beschluss vom 29.03.2017 – 2 BvL 6/11, BVerfGE 145, 106 Rn. 3.

769 Gesetz zur Fortsetzung der Unternehmenssteuerreform vom 29. Oktober 1997, BGBl. I 1997, 2590 (2591 f.).

770 Siehe hierzu auch die Stellungnahme von *Simon* in der BR-Sitzung vom 05.09.1997, BR-PlPr. 715, S. 322.

771 Gesetz zur Fortsetzung der Unternehmenssteuerreform vom 29. Oktober 1997, BGBl. I 1997, 2590 (2591 f.).

772 *Grube*, Der Einfluss des unionsrechtlichen Beihilfenverbots auf das deutsche Steuerrecht, 2014, S. 105; *Dörfler/Wittkowski*, GmbHR 2007, 513 (514).

14. August 2007[773] wurde diese Regelung aufgehoben und in § 8c KStG durch eine eigenständige Vorschrift ersetzt.[774] Diese sah nun einen anteiligen Verlustuntergang vor, wenn innerhalb von fünf Jahren mittelbar oder unmittelbar mehr als 25 % des gezeichneten Kapitals, der Mitgliedschafts-, Beteiligungs- oder Stimmrechte an einen Erwerber übertragen werden; bei einer Anteilsübertragung von mehr als 50 % innerhalb von fünf Jahren waren sämtliche Verluste nicht mehr abziehbar.[775] Nach der Ansicht des Gesetzgebers sollte diese Neufassung unter anderem der Vereinfachung der Rechtsanwendung dienen.[776]

Die bis dahin in § 8 Abs. 4 S. 3 KStG a. F. enthaltene „Sanierungsklausel", welche in Sanierungsfällen unter bestimmten Umständen nicht genutzte Verluste vom Verlustuntergang ausschloss, war in der neugefassten Vorschrift zunächst nicht enthalten. Da es für in finanzielle Not geratene Unternehmen unter Anbetracht eines – anteiligen oder sogar vollständigen – Verlustuntergangs nicht genutzter Verluste im Falle eines Anteilserwerbs besonders schwierig werden würde neue Investoren zu finden, war die ursprüngliche Fassung des § 8c KStG geeignet eine bestehende Krisensituation von Unternehmen nochmals zu verschärfen.[777] Die Finanzverwaltung bezog sich in solchen Sanierungsfällen lediglich auf den sogenannten Sanierungserlass des Bundesministeriums für Finanzen vom 27. März 2003.[778] Nach diesem BMF-Schreiben war die auf den Sanierungsgewinn entfallende Steuer zu erlassen.[779] Die verbleibenden Verluste gingen dennoch bei

773 Unternehmensteuerreformgesetz 2008 vom 14. August 2007, BGBl. I 2007, 1912 (1927 f.).

774 Siehe ausführlich zur Konzeption *Frey/Mückl*, GmbHR 2010, 71.

775 EU-Kommission, Entscheidung vom 30.09.2009 über die Beihilferegelung, C 2/2009 (ex N 221/2008 und N 413/2008), die Deutschland zur Modernisierung der Rahmenbedingungen für Kapitalbeteiligungen gewähren will, Rn. 19.

776 Vgl. BT-Drucks. 16/4841, S. 75; siehe auch *Hans*, FR 2007, 775 (777); *Wiese*, DStR 2007, 741 (744); *Beußer*, DB 2007, 1549; *Niehus/Wilke*, SteuerStud 2012, 473.

777 *Niehus/Wilke*, SteuerStud 2012, 473 (474).

778 BMF, Schreiben vom 04.07.2008, BStBl. I 2008, 736, Rn. 34 mit Verweis auf BMF, Schreiben vom 27.03.2003, BStBl. I 2003, S. 240. Der Große Senat des Bundesfinanzhofs hat mit dem Beschluss vom 28.11.2016 entschieden, dass der Sanierungserlass vom 27. März 2003, ergänzt durch das BMF-Schreiben vom 22. Dezember 2009, BStBl. I 2010, 18, gegen den Grundsatz der Gesetzmäßigkeit der Verwaltung verstößt, BFH, Beschluss vom 28.11.2016 – GrS 1/15, BStBl. II 2017, 393.

779 BMF, Schreiben vom 27.03.2003, BStBl. I 2003, S. 240, Rn. 12. Als Sanierungsgewinn wird die Erhöhung des Betriebsvermögens bezeichnet, welche durch den vollständigen oder teilweisen Erlass bestehender Schulden zu Sanierungszwecken entsteht, BMF, Schreiben vom 27.03.2003, BStBl. I 2003, S. 240, Rn. 3.

einem schädlichen Beteiligungserwerb unter und waren nicht mehr nutzbar.[780] Um in solchen – insbesondere durch die Finanz- und Wirtschaftskrise 2008 ausgelösten – Fällen Kapitalgeber für notleidende Unternehmen zu gewinnen, war eine verlusterhaltende Bestimmung für Sanierungsfälle geboten.

bb) Einführung der Sanierungsklausel nach § 8c Abs. 1a KStG

Durch das Bürgerentlastungsgesetz vom 16. Juli 2009[781] wurde die Regelung des § 8c KStG um den § 8c Abs. 1a KStG, die Konzernklausel[782] und die Stille-Reserven-Klausel[783] erweitert. Nach der neuen Sanierungsklausel fand kein Verlustuntergang nach § 8c Abs. 1 KStG statt, sofern der Beteiligungserwerb sanierungsbedingt erfolgte. Diese Ausnahme vom Verlustuntergang zielte darauf ab, die konjunkturbedingten Probleme deutscher Unternehmen, welche durch die globale Finanz- und Wirtschaftskrise im Jahr 2008 ausgelöst wurden, zu beseitigen.[784] Demnach sollten in Anlehnung an das insolvenzrechtliche Sanierungsprivileg die Verlustvorträge nicht untergehen, sofern die bisherigen wesentlichen Betriebsstrukturen erhalten bleiben.[785] Dies erforderte, dass die vorhandenen Arbeitsplätze erhalten werden, eine Betriebsvereinbarung über Arbeitsplätze geschlossen wird oder durch Einlage wesentliches Betriebsvermögen zugeführt wird.[786] Die Sanierungsklausel sollte allerdings dann nicht Anwendung finden, wenn erkennbar ist, dass lediglich ein Mantelkauf einer unternehmenslosen Kapitalgesellschaft vorliegt: Nach § 8c Abs. 1a S. 4 KStG

780 *Niehus/Wilke*, SteuerStud 2012, 473 (474).

781 Gesetz zur verbesserten steuerlichen Berücksichtigung von Versorgungsaufwendungen (Bürgerentlastungsgesetz Krankenversicherung) vom 16. Juli 2009, BGBl. I 2009, 1959 (1968).

782 Eingeführt mit dem Gesetz zur Beschleunigung des Wirtschaftswachstums (Wachstumsbeschleunigungsgesetz vom 22. Dezember 2009, BGBl. I 2009, 3950 (3952).

783 Eingeführt mit dem Gesetz zur Beschleunigung des Wirtschaftswachstums (Wachstumsbeschleunigungsgesetz vom 22. Dezember 2009, BGBl. I 2009, 3950 (3952).

784 Vgl. Beschlussempfehlung und Bericht des Finanzausschusses vom 17.06.2009, BT-Drucks. 16/13429, S. 42, 50.

785 Vgl. Beschlussempfehlung und Bericht des Finanzausschusses vom 17.06.2009, BT-Drucks. 16/13429, S. 42; das insolvenzrechtliche Sanierungsprivileg von § 39 Abs. 4 S. 2 InsO regelt bis zur nachhaltigen Sanierung die Nichtanwendung von § 39 Abs. 1 Nr. 5 InsO, falls ein Gläubiger bei drohender oder eingetretener Zahlungsunfähigkeit der Gesellschaft oder bei Überschuldung Anteile zum Zweck der Sanierung erwirbt.

786 Vgl. Beschlussempfehlung und Bericht des Finanzausschusses vom 17.06.2009, BT-Drucks. 16/13429, S. 51.

war dies anzunehmen, wenn die erworbene Kapitalgesellschaft zum Zeitpunkt des (eigentlich) schädlichen Beteiligungserwerbs kein wesentliches Geschäft mehr betrieb oder innerhalb von fünf Jahren nach dem Beteiligungserwerb die Branche wechselte.[787] Dem lag die Überlegung zugrunde, den Erwerb einer vermögenslosen Mantelgesellschaft zu unterbinden, da dies bei ökonomischer Betrachtung einer Neugründung entspreche.[788]

II. Der Beschluss der Europäischen Kommission zu § 8c Abs. 1a KStG

1. Das Beihilfeverfahren der Europäischen Kommission zur Sanierungsklausel

Die Europäische Kommission eröffnete mit Beschluss vom 24. Februar 2010[789] ein förmliches Prüfverfahren nach Art. 108 Abs. 2 AEUV aufgrund des Verdachts, § 8c Abs. 1a KStG könne eine unionsrechtswidrige Beihilfe darstellen. Im Eröffnungsbeschluss teilte die Kommission mit, bereits im Juli 2009 von Amts wegen eine Untersuchung eingeleitet zu haben, da sie durch Presseberichte auf die steuerliche Maßnahme aufmerksam wurde.[790]

2. Die Negativentscheidung der Europäischen Kommission

Mit Beschluss vom 26. Januar 2011 stellte die Europäische Kommission fest, dass die Sanierungsklausel des § 8c Abs. 1a KStG eine mit dem Binnenmarkt unvereinbare Beihilfe nach Art. 107 Abs. 1 AEUV darstelle, welche Deutschland unter Verletzung des Art. 108 Abs. 3 AEUV rechtswidrig gewährt habe.[791] Zugleich ordnete sie an, die Beihilfeneregelung aufzuheben und alle unvereinbaren

---

787 *Ziegenhagen/Thewes*, BB 2009, 2116 (2119); *Niehus/Wilke*, SteuerStud 2012, 473 (475); *Olbing* in: Streck, KStG, 2014, § 8c Rn. 78k.

788 BT-Drucks. 16/13429, S. 77.

789 EU-Kommission, Beschluss vom 24.02.2010 – C7/210, KStG, *Sanierungsklausel*, ABl. 2010 C 90/8.

790 EU-Kommission, Beschluss vom 24.02.2010 – C7/210, KStG, *Sanierungsklausel*, ABl. 2010 C 90/8, Rn. 1; es ist insoweit nicht auszuschließen, dass die Kommission insbesondere durch Presseberichte zur Rettung des Automobilherstellers Opel und die teilweise gewählte Bezeichnung „Lex Opel" auf die Sanierungsklausel aufmerksam wurde.

791 EU-Kommission, Beschluss vom 26.01.2011 – C7/10, KStG, *Sanierungsklausel*, ABl. 2011 L 235/26, Rn. 143.

Beihilfen von den begünstigten Unternehmen zurückzufordern.[792] Auch im Beihilfeverfahren der Kommission zur Sanierungsklausel bildete die Frage nach der Selektivität den Schwerpunkt der Prüfung, sodass sich die folgenden Ausführung im Wesentlichen hierauf beziehen.

a) *Finanzierung aus staatlichen Mitteln und Zurechnung zu staatlichen Mitteln*

Die Europäische Kommission konstatierte, dass der Verlust von Steuereinnahmen der Verwendung staatlicher Mittel durch Subventionszahlungen entspreche: Durch den Erhalt der Verlustvorträge trotz schädlichen Beteiligungserwerbs kann sich die Körperschaftsteuerlast reduzieren, indem die Verluste weiterhin nach § 8 Abs. 1 KStG i. V. m. § 10d EStG nutzbar sind.[793] Die Steuermindereinnahmen aufgrund dieser Maßnahme wurden von der Bundesregierung auf ungefähr EUR 900 Millionen geschätzt.[794] Im Übrigen beruhe die Beihilfe auf einem Gesetz, sodass sie dem Staat zuzurechnen sei.[795]

b) *Vorliegen eines selektiven Vorteils*

Nach Ansicht der Europäischen Kommission erlangt ein Unternehmen, welches die Voraussetzungen des § 8c Abs. 1a KStG erfüllt, einen selektiven Vorteil: Es wird nämlich nur sanierungsbedürftigen Unternehmen ermöglicht, trotz eines schädlichen Beteiligungserwerbs im Sinne des § 8c Abs. 1 KStG, die in der Vergangenheit entstandenen Verluste bei der Einkommensermittlung zu berücksichtigen.[796] Verlusttragende Unternehmen, die nicht überschuldet oder zahlungsunfähig sind, wird die Möglichkeit der Verlustnutzung bei Vorliegen

---

792 EU-Kommission, Beschluss vom 26.01.2011 – C7/10, KStG, *Sanierungsklausel*, ABl. 2011 L 235/26, Rn. 144.

793 EU-Kommission, Beschluss vom 26.01.2011 – C7/10, KStG, *Sanierungsklausel*, ABl. 2011 L 235/26, Rn. 50.

794 BMF, Schreiben vom 30.04.2010 – BMF IV C 2 – S 2745-a/08/10005:002, BStBl. I 2010, S. 488; EU-Kommission, Beschluss vom 26.01.2011 – C7/10, KStG, *Sanierungsklausel*, ABl. 2011 L 235/26, Rn. 50.

795 EU-Kommission, Beschluss vom 26.01.2011 – C7/10, KStG, *Sanierungsklausel*, ABl. 2011 L 235/26, Rn. 50.

796 EU-Kommission, Beschluss vom 26.01.2011 – C7/10, KStG, *Sanierungsklausel*, ABl. 2011 L 235/26, Rn. 52-54.

eines schädlichen Beteiligungserwerbs nach § 8c Abs. 1 KStG hingegen nicht gewährt.[797]

aa) Anwendung des Grundsatzes des privaten Gläubigers

Die Bundesregierung vertrat die Auffassung, dass § 8c Abs. 1a KStG keine unzulässige Beihilfe im Sinne des Art. 107 Abs. 1 AEUV darstelle.[798] Die Bundesrepublik präzisierte diese Ansicht damit, dass die Regelung des § 8c Abs. 1a KStG dem Grundsatz des privaten Gläubigers Rechnung trage, nicht selektiv sei und sich durch die Natur und den inneren Aufbau des deutschen Steuersystems rechtfertige.[799] Deutschland führt aus, der Grundsatz des privaten Gläubigers dürfe nach der Rechtsprechung des Europäischen Gerichtshofs auch bei der Erhebung von Abgabenforderungen herangezogen werden.[800] Dabei stützt sich die Bundesrepublik insbesondere auf die Ausführungen des Europäischen Gerichtshofs in den Rechtssachen *Spanien/Kommission*[801] und *DMT*[802].[803] Im Wesentlichen stellte die Bundesregierung darauf ab, dass ihr Verhalten hinsichtlich des Erhalts der Verlustnutzung mit dem eines privaten Gläubigers in einem Dauerschuldverhältnis vergleichbar sei, welcher bei einem sanierungsbedürftigen Schuldner auf einen Teil seiner künftigen Forderungen verzichten würde, um das Dauerschuldverhältnis zu wahren.[804] Eine Begünstigung sei nämlich nicht anzunehmen, wenn der Staat wie ein privater Gläubiger auf seine Forderung verzichtet, um künftig Zahlungen von seinem (Steuer-) Schuldner zu erhalten.[805] Die Kommission entgegnete allerdings, dass der Grundsatz des marktwirtschaftlich

---

797 EU-Kommission, Beschluss vom 26.01.2011 – C7/10, KStG, *Sanierungsklausel*, ABl. 2011 L 235/26, Rn. 72 f.

798 EU-Kommission, Beschluss vom 26.01.2011 – C7/10, KStG, *Sanierungsklausel*, ABl. 2011 L 235/26, Rn. 28.

799 EU-Kommission, Beschluss vom 26.01.2011 – C7/10, KStG, *Sanierungsklausel*, ABl. 2011 L 235/26, Rn. 28.

800 EU-Kommission, Beschluss vom 26.01.2011 – C7/10, KStG, *Sanierungsklausel*, ABl. 2011 L 235/26, Rn. 30.

801 EuGH, Urteil vom 14.09.2004 – C-276/02, *Spanien/Kommission*, ECLI:EU:C:2004:521, Rn. 15, 26.

802 EuGH, Urteil vom 29.06.1999 – C-256/97, *Déménagements-Manutention Transport SA (DMT)*, ECLI:EU:C:1999:332, Rn. 22, 25.

803 EU-Kommission, Beschluss vom 26.01.2011 – C7/10, KStG, *Sanierungsklausel*, ABl. 2011 L 235/26, Rn. 34 f.

804 EU-Kommission, Beschluss vom 26.01.2011 – C7/10, KStG, *Sanierungsklausel*, ABl. 2011 L 235/26, Rn. 30.

805 Vgl. *Schnitger*, IStR 2017, 421 (426).

handelnden Gläubigers ausschließlich dann anwendbar sei, wenn der Staat wie ein privater Wirtschaftsteilnehmer agiere; eine Anwendung dieses Grundsatzes ist ausgeschlossen, wenn der Staat als Träger öffentlicher Gewalt auftrete.[806]

bb) Prima-facie-Selektivität

Die Kommission wies bereits in ihrem Eröffnungsbeschluss vom 8. April 2010[807] darauf hin, dass § 8c Abs. 1a KStG *prima facie* selektiv sei.

α) § 8c Abs. 1a KStG als allgemeine Maßnahme

Auch diesbezüglich trat die Bundesrepublik Deutschland der Auffassung der Kommission entgegen und betonte die allgemeine Ausgestaltung der Maßnahme, welche potentiell von jedem Unternehmen genutzt werden könne, unabhängig vom Produktionszweig, der Größe oder der geographischen Lage.[808] Im Übrigen verwies die Bundesregierung auf die Mitteilung der Europäischen Kommission zur Unternehmensbesteuerung vom 10. Dezember 1998.[809] Diese sehe vor, dass steuertechnische Maßnahmen, wie Vorschriften über den Verlustvortrag, keine staatlichen Beihilfen darstellen, sofern sie gleichermaßen für alle Unternehmen und Produktionszweige gelten.[810] Sämtliche Wirtschaftsteilnehmer könnten in wirtschaftliche Notlage geraten und sodann die Verlustverschonung des § 8c Abs. 1a KStG bei einem Anteilseignerwechsel zu Sanierungszwecken nutzen.[811]

---

806 EU-Kommission, Beschluss vom 26.01.2011 – C7/10, KStG, *Sanierungsklausel*, ABl. 2011 L 235/26, Rn. 58.

807 EU-Kommission, Beschluss vom 08.04.2010 – C7/10, KStG, *Sanierungsklausel*, ABl. 2010 C 90/8, Rn. 29.

808 EU-Kommission, Beschluss vom 26.01.2011 – C7/10, KStG, *Sanierungsklausel*, ABl. 2011 L 235/26, Rn. 31.

809 EU-Kommission, Mitteilung der Kommission über die Anwendung der Vorschriften über staatliche Beihilfen auf Maßnahmen im Bereich der direkten Unternehmensbesteuerung vom 10.12.1998 – ABl. 1998 C 384/3.

810 EU-Kommission, Mitteilung der Kommission über die Anwendung der Vorschriften über staatliche Beihilfen auf Maßnahmen im Bereich der direkten Unternehmensbesteuerung vom 10.12.1998 – ABl. 1998 C 384/3, Rn. 13; EU-Kommission, Beschluss vom 26.01.2011 – C7/10, KStG, *Sanierungsklausel*, ABl. 2011 L 235/26, Rn. 32.

811 EU-Kommission, Beschluss vom 26.01.2011 – C7/10, KStG, *Sanierungsklausel*, ABl. 2011 L 235/26, Rn. 31.

β) Die dreistufige Prüfung der Selektivität

Die Kommission hingegen bewertete das Vorliegen einer selektiven Begünstigung anhand der dreistufigen Selektivitätsprüfung, welche vom Europäischen Gerichtshof in ständiger Rechtsprechung[812] entwickelt wurde und seither auch von der Europäischen Kommission[813] regelmäßig angewendet wird.[814]

αα) Das Referenzsystem

Die Europäische Kommission sah die Vorschriften des Körperschaftsteuersystems, konkretisiert auf die Regelung über den Verlustuntergang nach § 8c Abs. 1 KStG bei einem Beteiligungserwerb, als maßgebliches Referenzsystem an.[815] Demnach bestehe der Normalfall darin, dass nicht genutzte Verluste vollständig oder teilweise nicht mehr nutzbar sind, wenn schädliche Beteiligungserwerbe von mehr als 50 % vorliegen; werden mehr als 25 %, aber weniger als 50 % innerhalb von fünf Jahren übertragen, so gehen die vorhandenen Verluste anteilig verloren.[816] Somit sei der – quotale oder vollständige – Verlustuntergang bei Vorliegen eines schädlichen Beteiligungserwerbs gemäß § 8c Abs. 1 KStG der Regelfall.[817]

Allerdings war auch der Europäischen Kommission die Möglichkeit der interperiodischen Verlustberücksichtigung bekannt:

> „Das deutsche Körperschaftsteuergesetz sieht grundsätzlich die Möglichkeit vor, in einem Steuerjahr verzeichnete Verluste auf Ebene einer Körperschaft vorzutragen, d. h. nach dem steuerlichen Leistungsfähigkeitsprinzip das steuerpflichtige Einkommen

---

812 Ständige Rspr.: EuGH, Urteil vom 02.07.1974 – C-173/73, *Italien/Kommission*, ECLI:EU:C:1974:71, Rn. 33/35; EuGH, Urteil vom 17.06.1999 – C-75/97, *Belgien/Kommission*, ECLI:EU:C:1999:311, Rn. 26 ff.; EuGH, Urteil vom 08.11.2001 – C-143/99, *Adria-Wien Pipeline*, ECLI:EU:C:2001:598, Rn. 41 f.; EuGH, Urteil vom 06.09.2006 – C-88/03, *Portugal/Kommission*, ECLI:EU:C:2006:511, Rn. 54; EuGH, Urteil vom 18.07.2013 – C-6/12, *P Oy*, ECLI:EU:C:2013:525, Rn. 19.

813 EU-Kommission, Mitteilung der Kommission über die Anwendung der Vorschriften über staatliche Beihilfen auf Maßnahmen im Bereich der direkten Unternehmensbesteuerung vom 10.12.1998 – ABl. 1998 C 384/3, Rn. 15 f.

814 Siehe hierzu ausführlich: B. II. 2. c) bb) β).

815 EU-Kommission, Beschluss vom 26.01.2011 – C7/10, KStG, *Sanierungsklausel*, ABl. 2011 L 235/26, Rn. 66.

816 EU-Kommission, Beschluss vom 26.01.2011 – C7/10, KStG, *Sanierungsklausel*, ABl. 2011 L 235/26, Rn. 66.

817 EU-Kommission, Beschluss vom 26.01.2011 – C7/10, KStG, *Sanierungsklausel*, ABl. 2011 L 235/26, Rn. 66.

in künftigen Steuerjahren durch die Verrechnung der Verluste zu senken. Dies führt zu einer Verringerung der künftigen Steuerlast der betreffenden Körperschaft." [818]

Bei der Negativentscheidung zur Sanierungsklausel fanden diese Erwägungen allerdings keine Berücksichtigung mehr; maßgeblich war nur der Verlustuntergang bei Vorliegen eines schädlichen Beteiligungserwerbs i. S. v. § 8c Abs. 1 KStG. Damit entschied sich die Europäische Kommission bewusst für die mikrosystematische Bestimmung der Regelbesteuerung, bei der steuersystematische Prinzipien und Grundsätze weitestgehend unberücksichtigt bleiben und nur der konkrete Normenkomplex betrachtet wird.[819]

ββ) Differenzierung zwischen Wirtschaftsteilnehmern

Die Maßnahme muss zudem zwischen Unternehmen unterscheiden, „die sich mit Blick auf den Zweck des Steuersystems in einer vergleichbaren rechtlichen und tatsächlichen Situation befinden".[820] Als Zielsetzung des Körperschaftsteuergesetzes nimmt die Europäische Kommission die Generierung von Steuersubstrat an: Dieser Zweck sei gefährdet, wenn Unternehmen ihre Steuerbemessungsgrundlage durch den Verlusterhalt bei Mantelkäufen „übermäßig reduzieren" können.[821] Um dieser Gefahr entgegenzuwirken, soll § 8c Abs. 1 KStG die Verlustverrechnung für diejenigen Unternehmen einschränken, bei denen ein qualifizierter Beteiligungserwerb stattfindet.[822] Die Kommission verweist in diesem Zusammenhang auch auf die Gesetzesmaterialien zum Unternehmensteuerreformgesetz.[823] Ausgehend vom Zweck des Steuersystems

---

818 EU-Kommission, Beschluss vom 24.02.2010 – C7/210, KStG, *Sanierungsklausel*, ABl. 2010 C 90/8, Rn. 3.

819 Siehe ausführlich zur mikrosystematischen Bestimmung: B. II. 2. c) bb) β) αα); vgl. auch *Ismer/Karch*, IStR 2014, 130 (131); *Musil*, FR 2014, 953 (954); *Klemt*, DStR 2013, 1057 (1059); *Ismer*, in: Herrmann/Heuer/Raupach, EStG/KStG, 285. EL 2017, Einführung zum EStG, Rn. 514.

820 EU-Kommission, Beschluss vom 26.01.2011 – C7/10, KStG, *Sanierungsklausel*, ABl. 2011 L 235/26, vor Rn. 68.

821 EU-Kommission, Beschluss vom 26.01.2011 – C7/10, KStG, *Sanierungsklausel*, ABl. 2011 L 235/26, Rn. 71.

822 EU-Kommission, Beschluss vom 26.01.2011 – C7/10, KStG, *Sanierungsklausel*, ABl. 2011 L 235/26, Rn. 71.

823 BT-Drucks. 16/4841, S. 75; Unternehmenssteuerreformgesetz 2008 vom 14. August 2007, BGBl. I 2007, 1912 (1927 f.).

seien daher alle Unternehmen mit entsprechendem Anteilseignerwechsel in einer vergleichbaren Lage.[824]

Allerdings können nur Unternehmen, die insolvent oder überschuldet sind bzw. von einer Insolvenz oder Überschuldung bedroht sind, die Verlusterhaltungsvorschrift des § 8c Abs. 1a KStG in Anspruch nehmen, andere ebenso Verluste schreibende, aber ansonsten gesunde Unternehmen haben diese Möglichkeit nicht.[825] Folglich bevorzuge die Sanierungsklausel insolvente oder überschuldete bzw. entsprechend bedrohte Unternehmen, da bei diesen die Verluste erhalten bleiben und sich dies begünstigend auf ihre Steuerlast auswirken kann.[826]

Außerdem verweist die Kommission zugleich auf die Ausführungen des Generalanwalts *Fennelly* in der Rechtssache *Ecotrade*[827], wonach auch Vorschriften für alle Unternehmen in Schwierigkeiten – je nach Ausgestaltung – selektiv sein können.[828] Schließlich kommt die Europäische Kommission zu dem Ergebnis, dass es sich um eine Ausnahme zum Verlustuntergang gemäß § 8c Abs. 1 KStG handle, welche insolvente oder überschuldete Unternehmen im Vergleich zu Unternehmen, bei denen ebenso ein Anteilseignerwechsel stattfindet, begünstige.[829] Die Sanierungsklausel stelle daher eine *prima facie* selektive Maßnahme dar.[830]

χ) Rechtfertigung

αα) Anforderungen an die Rechtfertigung

Die Ebene der Rechtfertigung, das negative Tatbestandsmerkmal der Selektivitätsprüfung, kann trotz eines *prima facie* selektiven Charakters der betreffenden

---

824 EU-Kommission, Beschluss vom 26.01.2011 – C7/10, KStG, *Sanierungsklausel*, ABl. 2011 L 235/26, Rn. 71.

825 EU-Kommission, Beschluss vom 26.01.2011 – C7/10, KStG, *Sanierungsklausel*, ABl. 2011 L 235/26, Rn. 72 f.

826 EU-Kommission, Beschluss vom 26.01.2011 – C7/10, KStG, *Sanierungsklausel*, ABl. 2011 L 235/26, Rn. 73.

827 Schlussanträge des Generalanwalts *Nial Fennelly* vom 16.07.1998 – C-200/97, *Ecotrade/Altiforni e Ferriere di Servola*, ECLI:EU:C:1998:579, Rn. 27 ff.

828 EU-Kommission, Beschluss vom 26.01.2011 – C7/10, KStG, *Sanierungsklausel*, ABl. 2011 L 235/26, Rn. 77.

829 EU-Kommission, Beschluss vom 26.01.2011 – C7/10, KStG, *Sanierungsklausel*, ABl. 2011 L 235/26, Rn. 73.

830 EU-Kommission, Beschluss vom 26.01.2011 – C7/10, KStG, *Sanierungsklausel*, ABl. 2011 L 235/26, Rn. 79.

Maßnahme zur Verneinung der Beihilfe führen.[831] Ist die Differenzierung Ausfluss der dem Steuerrecht inhärenten Grund- und Leitprinzipien, so ist die begünstigende Maßnahme bereits nicht selektiv; es liegt keine unzulässige Beihilfe vor.[832] Die Beweis- und Nachweispflicht liegt insoweit beim Mitgliedstaat.[833]

ββ) Rechtfertigungsargumente der Bundesrepublik Deutschland

Zunächst führt die Europäische Kommission aus, dass eine Differenzierung zwischen dem Zweck des § 8c Abs. 1 KStG und dem der Sanierungsklausel zu erfolgen hat.[834] Der Verlustuntergang nach § 8c Abs. 1 KStG sollte die bisherige Mantelkaufregelung des § 8 Abs. 4 KStG a. F. ersetzen und eine Rechtsvereinfachung herbeiführen.[835] Die Sanierungsklausel soll hingegen vor allem die im Zuge der Finanz- und Wirtschaftskrise entstandenen wirtschaftlichen Probleme bewältigen.[836] Der Untergang der Verlustvorträge wurde dabei als besonderes Hindernis für Umstrukturierungen betrachtet.[837] Damit sah die Kommission in der Sanierungsklausel eine begünstigende Maßnahme, die nicht

831 *Rode*, Steuervergünstigungen, Beihilfen und Steuerwettbewerb, 2006, S. 18; *Birkenmaier*, Die Vorgaben der Beihilfevorschriften des EG-Vertrages für die direkte Unternehmensbesteuerung, 2007, S. 93; *Bartosch*, BB 2016, 855, bezeichnet dies als „nicht gerechtfertigte Ungleichbehandlung".

832 Ständige Rspr.: EuGH, Urteil vom 02.07.1974 - C-173/73, *Italien/Kommission*, ECLI:EU:C:1974:71, Rn. 33/35; EuGH, Urteil vom 17.06.1999 - C-75/97, *Belgien/Kommission*, ECLI:EU:C:1999:311, Rn. 33; EuGH, Urteil vom 08.11.2001 - C-143/99, *Adria-Wien Pipeline*, ECLI:EU:C:2001:598, Rn. 42; EuGH, Urteil vom 06.09.2006 - C-88/03, *Portugal/Kommission*, ECLI:EU:C:2006:511, Rn. 52; EuGH, Urteil vom 18.07.2013 - C-6/12, *P Oy*, ECLI:EU:C:2013:525, Rn. 22.

833 EuGH, Urteil vom 06.09.2006 - C-88/03, *Portugal/Kommission*, ECLI:EU:C:2006:511, Rn. 81; EU-Kommission, Beschluss vom 26.01.2011 - C7/10, KStG, *Sanierungsklausel*, ABl. 2011 L 235/26, Rn. 74; *Frenz*, DStZ 2016, 141 (155); *Ismer/Karch*, IStR 2014, 130 (132); *Drüen*, DStR 2011, 289 (290); *Seer*, FR 2014, 721 (729).

834 EU-Kommission, Beschluss vom 26.01.2011 - C7/10, KStG, *Sanierungsklausel*, ABl. 2011 L 235/26, Rn. 84.

835 Vgl. *Breuninger/Ernst*, GmbHR 2011, 673 (676 f.), sehen in der Neuregelung des § 8c KStG eine „telos-freie" Norm, welcher aufgrund der mechanischen Verlustvernichtung der Charakter einer Missbrauchsvermeidungsvorschrift nicht mehr zuteilwird, sondern die einer rein fiskalischen Motivation des Gesetzgebers entspringt.

836 Vgl. Beschlussempfehlung und Bericht des Finanzausschusses vom 17.06.2009, BT-Drucks. 16/13429, S. 50; BT-Drucks. 16/1267, S. 10.

837 EU-Kommission, Beschluss vom 26.01.2011 - C7/10, KStG, *Sanierungsklausel*, ABl. 2011 L 235/26, Rn. 87.

zur Missbrauchsvermeidung beitragen, sondern vor allem notleidende Unternehmen fördern sollte.[838] Der verfolgte Zweck ist damit weder systemimmanent noch kann er zur Rechtfertigung der Maßnahme herangezogen werden.[839]

Schließlich rechtfertigt die Bundesrepublik die Sanierungsklausel mit buchhalterischen Erwägungen: Da Wirtschaftsprüfer bei der konsolidierten Konzernbilanz im Hinblick auf latente Steuern[840] den vorhandenen Verlusten einer wirtschaftlich notleidenden Gesellschaft grundsätzlich keinen Wert zuschreiben, würde sich der potentielle Erhalt der Verluste auch nicht auf den Verkaufspreis auswirken.[841] Nach Ansicht der Europäischen Kommission sind solche buchhalterischen Kriterien für steuerliche Erwägungen ohne Relevanz: Dieses Argument widerspreche der Feststellung Deutschlands dergestalt, dass der Untergang von Verlustvorträgen eine Hürde für Umstrukturierungen sei, da dies das Beimessen eines bestimmten Wertes erfordere.[842]

δ) Wettbewerbsverfälschung und Handelsbeeinträchtigung

Die Europäische Kommission stellt für die Frage der Wettbewerbsverfälschung im Wesentlichen darauf ab, dass es sich bei der Sanierungsklausel um keine sektorspezifische Regelung handele, sodass die Vorschrift allen Wirtschaftszweigen zugutekomme.[843] Da nahezu alle Branchen der deutschen Wirtschaft auf Märkten vertreten sind, auf denen Wettbewerb und Handel zwischen Mitgliedstaaten stattfinden, sei § 8c Abs. 1a KStG dazu geeignet den Handel zu beinträchtigen oder den Wettbewerb zu verfälschen.[844]

---

838 EU-Kommission, Beschluss vom 26.01.2011 – C7/10, KStG, *Sanierungsklausel*, ABl. 2011 L 235/26, Rn. 88 f.

839 EU-Kommission, Beschluss vom 26.01.2011 – C7/10, KStG, *Sanierungsklausel*, ABl. 2011 L 235/26, Rn. 89.

840 Latente Steuern sind verborgene künftige Steuerlasten- oder Steuervorteile, die bereits jetzt verursacht wurden, vgl. dazu *Reiner*, in: Münchener Kommentar zum HGB, 2013, § 274 Rn. 1, m. w. N.

841 EU-Kommission, Beschluss vom 26.01.2011 – C7/10, KStG, *Sanierungsklausel*, ABl. 2011 L 235/26, Rn. 93.

842 EU-Kommission, Beschluss vom 26.01.2011 – C7/10, KStG, *Sanierungsklausel*, ABl. 2011 L 235/26, Rn. 93.

843 EU-Kommission, Beschluss vom 26.01.2011 – C7/10, KStG, *Sanierungsklausel*, ABl. 2011 L 235/26, Rn. 103.

844 EU-Kommission, Beschluss vom 26.01.2011 – C7/10, KStG, *Sanierungsklausel*, ABl. 2011 L 235/26, Rn. 103.

c) Stellungnahme

Die Ausführungen der Kommission zur Bestimmung des Referenzsystems und zur Feststellung der Ausnahme fallen vergleichsweise umfangreich aus, können dabei allerdings nur bedingt überzeugen. Die Ablehnung des Grundsatzes des privaten Gläubigers durch die Europäische Kommission in ihrem Negativbeschluss ist durchaus nachvollziehbar und im Ergebnis richtig. Der Forderungsverzicht eines Gläubigers hinsichtlich bestehender Schulden kann nämlich nicht mit dem Auftreten der öffentlichen Gewalt in einem Über-Unterordnungsverhältnis in Steuerangelegenheiten verglichen werden.[845] Ein Gläubiger wird in der Regel nicht auf eine Forderung verzichten, deren Umfang, Modalitäten und Ausfallrisiko er zum maßgeblichen Zeitpunkt weder kennt noch abschätzen kann.

Ebenso wenig überzeugend ist die Auffassung Deutschlands, dass der Verzicht auf Steuersubstrat durch die Sanierungsklausel zum Erhalt eines Steuerschuldners beitrage.[846] Auch wenn der Grundsatz des marktwirtschaftlich handelnden privaten Gläubigers in anderen Verfahren zur Anwendung kam, ist dessen Ablehnung im Verfahren zur Sanierungsklausel jedenfalls gerechtfertigt. Es ist nämlich grundlegend zwischen Handlungen zu differenzieren, die der Mitgliedstaat als Hoheitsträger ausführt und solchen, die er als Kapitalgeber tätigt.[847] Die Sanierungsklausel des § 8c Abs. 1a KStG ist keine Maßnahme, die mit der eines privaten Kapitalgebers zu vergleichen ist, sondern Ausfluss der vom Mitgliedstaat einseitig auszuübenden Steuerautonomie. Nur ein Hoheitsträger ist nämlich in der Lage autonom den Erhalt oder den Untergang von Verlusten anzuordnen.

Bei der Festlegung des Referenzsystems im Rahmen der Selektivitätsprüfung entschied sich die Europäische Kommission bewusst für die mikrosystematische Betrachtung, da nur der konkrete Normkomplex Beachtung findet. Dementsprechend konnte sie nur zu einem Ergebnis gelangen: § 8c Abs. 1 KStG bildet den

---

845 Vgl. EU-Kommission, Beschluss vom 26.01.2011 – C7/10, KStG, *Sanierungsklausel*, ABl. 2011 L 235/26, Rn. 60; siehe hierzu ausführlich: B. II. 2. a) bb) χ).

846 EU-Kommission, Beschluss vom 26.01.2011 – C7/10, KStG, *Sanierungsklausel*, ABl. 2011 L 235/26, Rn. 30.

847 EuG, Urteil vom 16.01.2018 – T-747/15, *EDF/Kommission*, ECLI:EU:T:2018:6, Rn. 186-190; *Fetzer,* in: Immenga/Mestmäcker, Wettbewerbsrecht, Bd. 5, 2021, XVIII. Beihilferecht und Steuern, Rn. 37; *Kühling*, in: Streinz, EUV/AEUV, 3. Aufl. 2018, Art. 107 Rn. 32; *Rosenberg*, Das beihilferechtliche Durchführungsverbot im Steuerverfahren, 2014, S. 52; *Ferrenberg*, Der Einfluss des Europäischen Beihilferechts auf nationale Steuervergünstigungen, 2021, S. 118 f.

Referenztatbestand, zu dem die Sanierungsklausel die rechtfertigungsbedürftige Ausnahme darstellt.[848] Es ist jedoch nicht verwunderlich, dass die Europäische Kommission diesen gewählt hat. Die formale Abweichung von der Rechtsfolge des Verlustuntergangs nach § 8c Abs. 1 KStG durch die Sanierungsklausel war offenkundig und deshalb durchaus naheliegend, wenngleich die grundsätzliche Möglichkeit der Verlustnutzung der Kommission präsent war.[849] Auch wenn der Kommission die Methodik der Verlustverrechnung über § 10d EStG bekannt war, ignorierte sie die allgemeine Regelung und wählte den Verlustuntergang nach § 8c Abs. 1 KStG als Normalfall. Die Feststellung der *prima facie* Selektivität der Sanierungsklausel durch die Kommission war damit als logische Konsequenz vorgezeichnet.

Im Ergebnis greifen die von der Bundesregierung angeführten Rechtfertigungsgründe nicht durch, da sie nach Auffassung der Kommission nicht auf die Grund- und Leitprinzipien des Steuersystems zurückzuführen sind. Auch wenn eine Rechtfertigung durch die Natur und den inneren Aufbau in Anbetracht des gewählten Referenzsystems eigentlich nicht nachzuweisen war, so ist Deutschland jedenfalls vorzuwerfen, dass es die Grund- und Leitprinzipien des deutschen Steuersystems nicht bzw. nur unzureichend dargelegt hat.[850]

Die vertretene Argumentation war schlicht nicht geeignet, die Kommission von der Rechtfertigung des § 8c Abs. 1a KStG zu überzeugen: Sowohl der (angebliche) Missbrauchsverhinderungsgedanke, welcher sich nicht in den Gesetzesmaterialien zu § 8c Abs. 1 KStG finden lässt, als auch die widersprüchliche Argumentation mit buchhalterischen Erwägungen verdeutlichen den missglückten Rechtfertigungsnachweis Deutschlands.[851]

III. Meinungsbild zum Beihilfeverfahren zu § 8c Abs. 1a KStG

Die Europäische Kommission habe „in dem vom deutschen Steuergesetzgeber zu verantwortenden Durcheinander der Verlustverrechnungsbestimmungen die Orientierung verloren".[852]

---

848 EU-Kommission, Beschluss vom 26.01.2011 - C7/10, KStG, *Sanierungsklausel*, ABl. 2011 L 235/26, Rn. 66 ff.

849 EU-Kommission, Beschluss vom 24.02.2010 - C7/210, KStG, *Sanierungsklausel*, ABl. 2010 C 90/8, Rn. 3.

850 So bereits: *Drüen*, DStR 2011, 289 (292).

851 Vgl. *Breuninger/Ernst*, GmbHR 2011, 673 (679 f.).

852 *Hey*, StuW 2010, 301 (309).

Neben der Diskussion um die Verfassungsmäßigkeit des Verlustuntergangs, welche nicht Gegenstand dieser Arbeit ist, stand vor allem die beihilferechtliche Würdigung im Mittelpunkt der Diskussionen rund um die Sanierungsklausel. Der weit überwiegende Teil der Literatur und auch das Finanzgericht Münster sehen – im Wesentlichen ausgehend von der fehlerhaften Selektivitätsprüfung – in der Sanierungsklausel keinen Verstoß gegen das Beihilferecht.[853] Nur vereinzelt wurde die Auffassung der Europäischen Kommission geteilt.[854] Das Meinungsbild und die Kritik am Kommissionbeschluss werden nachfolgend dargestellt.

1. Die Regelung des Verlustuntergangs und seine Wirkung

§ 8c KStG wurde im Rahmen des Unternehmensteuerreformgesetzes 2008[855] eingeführt, um die bisherige Mantelkaufregelung des § 8 Abs. 4 KStG a. F. zu ersetzen. Die wohl herrschende Auffassung sah zumindest in § 8 Abs. 4 KStG a. F. den Gedanken der Missbrauchsvermeidung verwirklicht, da dieser darauf abgezielt habe, die unberechtigte Verlustnutzung durch sogenannte Mantelkäufe zu verhindern.[856] Deutschland hatte daher den Verlustuntergang nach § 8c KStG der Kommission gegenüber mit der Begründung verteidigt, dass diese Vorschrift rein steuerlich motivierte Mantelkäufe verhindern solle.[857] Wie die Kommission aber zutreffend anmerkt, ist diese Zielsetzung in den Gesetzesmaterialien zur Neuregelung des Verlustuntergangs nicht wiederzufinden.[858]

---

853 Siehe z. B. *Drüen*, DStR 2011, 289 (291 f.); *Breuninger/Ernst*, GmbHR 2011, 673 (681); *Marquart*, IStR 2011, 445 (451); *Jochum*, FR 2011, 497 (506); *Hackemann/Momen*, BB 2011, 2135 (2138); *Blumenberg/Haisch*, FR 2012, 12 (21); *Hey*, StuW 2011, 131 (141); *Musil*, FR 2014, 953 (955); *Seer*, DStR 2014, Beihefter zu Heft 42, 117 (133); *ders.*, FR 2014, 721 (729); *Müller*, DB 2018, 1630 (1631); *Balbinot*, DStR 2018, 334 (336); FG Münster, Beschluss vom 01.08.2011 – 9 V 357/11 K, EFG 2012, 165.

854 Siehe z. B. *Ismer/Karch*, IStR 2014, 130 (134, 136); *Klemt*, DStR 2013, 1057 (1062).

855 Unternehmensteuerreformgesetz 2008 vom 14. August 2007, BGBl. I 2007, 1912 (1927 f.).

856 *Jochum*, FR 2011, 497 (499); *Blumenberg/Haisch*, FR 2012, 12 (16); *Rädler*, DB 2011, Standpunkte, 17 (18); *Weitnauer*, GWR 2009, 29; *Dötsch*, in: FS Schaumburg, 2009, 253 (255); *Thiel*, in: FS Schaumburg, 2009, 515 (520); *Brandis*, in: Brandis/Heuermann, EStG, KStG, GewStG, 2018, § 8c KStG Rn. 21.

857 EU-Kommission, Beschluss vom 26.01.2011 – C7/10, KStG, *Sanierungsklausel*, ABl. 2011 L 235/26, Rn. 85.

858 EU-Kommission, Beschluss vom 26.01.2011 – C7/10, KStG, *Sanierungsklausel*, ABl. 2011 L 235/26, Rn. 41.

Nach der Auffassung von *Breuninger/Ernst* sei davon auszugehen, dass § 8c KStG aufgrund der mechanischen Verlustvernichtung nicht dazu diene Missbräuche zu unterbinden, sondern vielmehr eine „telos-freie" Norm darstelle.[859] Die Ansicht, es handle sich bei § 8c KStG um eine Regelung, die im Falle eines qualifizierten Beteiligungserwerbs pauschal bereits entstandene Verluste vernichte und gerade nicht den Gedanken der Missbrauchsvermeidung der Vorgängervorschrift aufgreife, wurde vielfach vertreten.[860] Im Übrigen wurde der neugeschaffenen Verlustbeschränkung der Charakter einer Fiskalzwecknorm attestiert: § 8c KStG diene vornehmlich der Kompensation der Senkung des Körperschaftsteuersatzes in § 23 Abs. 1 KStG von 25 % auf 15 %[861] und sei demnach fiskalisch motiviert.[862] Dass die Neuregelung zur Gegenfinanzierung beitragen sollte, ergibt sich auch aus den Gesetzesmaterialien zum Unternehmensteuerreformgesetz 2008.[863]

Nach Einfügung der Sanierungsklausel[864], der Stille-Reserven-Klausel[865] und der Konzernklausel[866] sei der herrschenden Meinung zu Folge, eine

---

859 *Breuninger/Ernst*, GmbHR 2011, 673 (677).

860 Z. B. *Welling*, DB 2011, Standpunkte, 23; *Breuninger/Ernst*, GmbHR 2010, 561; *Blumenberg*, DB 2011, Standpunkte, 21 (22); *Hey*, BB 2007, 1303 (1306); *Suchanek*, in: Herrmann/Heuer/Raupach, EStG/KStG, 277. EL 2017, § 8c KStG Rn. 3; *Zerwas/Fröhlich*, DStR 2007, 1933 (1935); *Markert*, Deutsche Steuervergünstigungsnormen im Lichte unionsrechtlicher Vorgaben, 2013, S. 277 f.

861 Die Senkung des Körperschaftsteuersatzes in § 23 Abs. 1 KStG wurde mit dem Unternehmensteuerreformgesetz 2008 vom 14. August 2007, BGBl. I 2007, 1912 (1929) eingeführt.

862 *Musil*, DB 2011, Standpunkte, 19 (20); *Ehrmann*, DStR 2011, 5 (8); *Breuninger/Ernst*, GmbHR 2010, 561; *Blumenberg*, DB 2011, Standpunkte, 21 (22); *Lang*, GmbHR 2012, 57 (58); *Zerwas/Fröhlich*, DStR 2007, 1933 (1935); *Eisgruber/Schaden*, Ubg 2010, 73 (74); *Rosenberg*, Das beihilferechtliche Durchführungsverbot im Steuerverfahren, 2014, S. 108 f.

863 BT-Drucks. 16/4841, S. 34.

864 Art. 7 Ziff. 1 des Gesetzes zur verbesserten steuerlichen Berücksichtigung von Versorgungsaufwendungen (Bürgerentlastungsgesetz Krankenversicherung) vom 16. Juli 2009, BGBl. I 2009, 1959 (1968).

865 Art. 2 Ziff. 2 lit. a) des Gesetzes zur Beschleunigung des Wirtschaftswachstums (Wachstumsbeschleunigungsgesetz vom 22. Dezember 2009, BGBl. I 2009, 3950 (3952).

866 Art. 2 Ziff. 2 lit. a) des Gesetzes zur Beschleunigung des Wirtschaftswachstums (Wachstumsbeschleunigungsgesetz vom 22. Dezember 2009, BGBl. I 2009, 3950 (3952).

Zweckänderung eingetreten: Mit den neugeschaffenen Einschränkungen sei eine Entwicklung von der pauschalen Verlustvernichtungsvorschrift hin zu einer Missbrauchsverhinderungsnorm eingetreten.[867] Die Auffassung, die Sanierungsklausel diene zumindest als Missbrauchsbekämpfungsvorschrift dem inneren Aufbau und System des Steuerrechts, wurde nicht geteilt.[868]

Jochum vertritt hingegen die Ansicht, dass der neugeschaffene § 8c KStG – wie auch bereits die Vorgängerregelung des § 8 Abs. 4 KStG a. F. – darauf abziele, Missbräuche zu verhindern.[869] Als Begründung führt sie an, dass das Telos, wonach sich die wirtschaftliche Identität einer Gesellschaft aufgrund neuer Beteiligungsverhältnisse ändere, unübersehbar sei und sich auch in den Gesetzesmaterialien wiederfinde.[870] Ebenso sei nach *Jochum* davon auszugehen, dass die Verlustbeschränkung dazu beitrage, „den Grundsatz der Besteuerung nach Maßgabe der individuellen wirtschaftlichen Leistungsfähigkeit zu konkretisieren."[871]

Teilweise wurde auch vorgebracht, dass weder § 8 Abs. 4 KStG a. F. noch § 8c KStG in seiner ursprünglichen Fassung das Ziel der Missbrauchsvermeidung habe: Nach der Ansicht von *Hackemann/Momen* könne das Telos von § 8 Abs. 4 KStG a. F. entweder darin bestehen, dass dieser als *lex specialis* zu § 42 AO Missbräuche verhindern soll oder aber nur ein Tatbestandsmerkmal für den Verlustabzug darstelle.[872]

2. Die Finanzierung aus staatlichen Mitteln

Die Ansicht der Europäischen Kommission, die Sanierungsklausel sei aufgrund des Erhalts von Verlustvorträgen ein Vorteil der auf staatlichen Mitteln beruhe, wurde von einigen Autoren geteilt.[873] Allerdings wurde dem vereinzelt entgegengehalten, die Sanierungsklausel sei schon deshalb nicht beihilferelevant,

867 *Breuninger/Ernst*, GmbHR 2010, 561 (562); *Eisgruber/Schaden*, Ubg 2010, 73 (76); *Marquart*, IStR 2011, 445 (449 f.); *Jennert/Ellenrieder*, EWS 2011, 305 (309); *Welling*, DB 2011, Standpunkte, 23; *Suchanek*, in: Herrmann/Heuer/Raupach, EStG/KStG, 277. EL 2017, § 8c KStG Rn. 3.

868 So zumindest *Ehrmann*, DStR 2011, 5 (8).

869 Vgl. *Jochum*, FR 2011, 497 (499); so auch *Neumann*, in: Rödder/Herlinghaus/Neumann, KStG, 2015, § 8c Rn. 12; a. A. *Olbing*, in: Streck, KStG, 2014, § 8c Rn. 1.

870 *Jochum*, FR 2011, 497 (499).

871 *Jochum*, FR 2011, 497 (499).

872 Vgl. *Hackemann/Momen*, BB 2011, 2135 (2140).

873 Vgl. *Klemt*, DStR 2013, 1057 (1058); *de Weerth*, DB 2010, 1205 (1206); *Markert*, Deutsche Steuervergünstigungsnormen im Lichte unionsrechtlicher Vorgaben, 2013, S. 313 f.

da eine insolvente Körperschaft üblicherweise keine steuerpflichtigen Gewinne mehr erzielen und für potentielle Steueransprüche nicht aufkommen könne.[874] Vielmehr könnten nach *Blumenberg/Haisch* bei einer erfolgreichen Sanierung künftig wieder Gewinne erwirtschaftet werden, welche dann der Besteuerung unterlägen und eine Verrechnung mit den Verlustvorträgen nur im Rahmen von § 10d Abs. 2 EStG möglich wäre.[875] Im Übrigen würde die Körperschaft, so die Sichtweise von *Grube* und *Blumenberg/Haisch*, bei einer gelungenen Sanierung beispielsweise noch Lohnsteuer und Umsatzsteuer abführen; bei einer Insolvenz sei dies nicht der Fall.[876]

Währenddessen konstatierten *Hackemann/Momen*, dass der Verlustabzug nach § 10d EStG i. V. m. § 8 Abs. 1 KStG „den Rechtscharakter eines aufschiebend durch die Entstehung künftiger Gewinne bedingten Steuerminderungsanspruchs" habe.[877] Nach der Rechtsprechung des Bundesfinanzhofs komme einem solchen Steuerminderungsanspruch für die verlusterleidende Körperschaft auch ein wirtschaftlicher (Vermögens-)Wert zu.[878] Dementsprechend seien potentiell nutzbare Verlustvorträge als aktiv latente Steuern zu bilanzieren[879], sodass es sich bei diesem Vermögenswert um eine eigenkapitalerhöhende Position der verlusttragenden Körperschaft handle.[880] Dies führe dazu, dass die Sanierungsklausel keinen finanziellen Vorteil verschaffe, da lediglich eine bereits existierende Vermögensposition trotz schädlichen Beteiligungserwerbs erhalten bleibe.[881] Der durch die tatsächliche Reduzierung einer Steuer gewährte Vorteil sei im Übrigen nicht dem Erhalt einer Verlustverrechnungsmöglichkeit gleichzusetzen.[882]

---

874 *Blumenberg/Haisch*, FR 2012, 12 (20); *Grube*, Der Einfluss des unionsrechtlichen Beihilfenverbots auf das deutsche Steuerrecht, 2014, S. 126.

875 Vgl. *Blumenberg/Haisch*, FR 2012, 12 (20).

876 Vgl. *Blumenberg/Haisch*, FR 2012, 12 (20 f.); *Grube*, Der Einfluss des unionsrechtlichen Beihilfenverbots auf das deutsche Steuerrecht, 2014, S. 126.

877 *Hackemann/Momen*, BB 2011, 2135 (2136).

878 *Hackemann/Momen*, BB 2011, 2135 (2136) mit Verweis auf: BFH, Beschluss vom 17.12.2007 – GrS 2/04, BStBl. II 2008, 608 (612); der Große Senat des BFH verabschiedete sich in diesem Verfahren von seiner bisherigen Rechtsprechung und stellte fest, dass der Erbe ein vom Erblasser nicht genutzter Verlustabzug nach § 10d EStG nicht bei seiner eigenen Einkommensteuer geltend machen kann.

879 Vgl. *Grottel/Larenz*, in: Beck'scher Bilanzkommentar, 2018, § 274 Rn. 40; *Reiner*, Münchener Kommentar zum HGB, 2013, § 274 Rn. 37 ff.

880 *Hackemann/Momen*, BB 2011, 2135 (2136).

881 *Hackemann/Momen*, BB 2011, 2135 (2136).

882 *Hackemann/Sydow*, IStR 2013, 786 (788).

3. Die Selektivität der Sanierungsklausel

Es verwundert nicht, dass die Selektivitätsprüfung zu § 8c Abs. 1a KStG durch die Europäische Kommission die beihilferechtliche Diskussion prägte. Weit überwiegend wird die Vorgehensweise der Kommission abgelehnt, nur wenige Stimmen im Schrifttum halten die Selektivitätsprüfung hingegen für überzeugend.

a) Die Methoden zur Bestimmung des Referenzsystems

Für die Bestimmung der Selektivität einer Maßnahme ist das nationale Referenzsystem als Normalfall der Besteuerung im jeweiligen Mitgliedstaat festzulegen.[883] Jedoch besteht diesbezüglich bei steuerlichen Maßnahmen eine gewisse Unsicherheit. Dies ist nicht zuletzt darauf zurückzuführen, dass sich weder aus der Rechtsprechung des Europäischen Gerichtshofs[884] noch aus der Entscheidungspraxis der Europäischen Kommission[885] eindeutige Leitlinien ableiten lassen.[886] Die Kommission wählte im Rahmen der Negativentscheidung zu § 8c Abs. 1a KStG eine kleinräumige Vorgehensweise, während die weit überwiegende Meinung in der steuerjuristischen Literatur zu einer weiträumigen oder makrosystematischen Herangehensweise tendiert.[887]

aa) Der mikrosystematische Ansatz

Nur wenige Autoren folgen der Kommission und sehen den steuerlichen Regelfall ebenso in der Verlustvernichtungsvorschrift des § 8c Abs. 1 KStG.[888] So

883 Vgl. zum maßgeblichen Referenzsystem *Lang*, in: Lüdicke, Praxis und Zukunft des deutschen Steuerrechts, 2012, S. 93 ff.

884 Vgl. EuGH, Urteil vom 02.07.1974 – C-173/73, *Italien/Kommission*, ECLI:EU:C:1974:71; EuGH, Urteil vom 08.11.2001 – C-143/99, *Adria-Wien Pipeline*, ECLI:EU:C:2001:598; EuGH, Urteil vom 06.09.2006 – C-88/03, *Portugal/Kommission*, ECLI:EU:C:2006:511; EuGH, Urteil vom 08.09.2011 – C-78/08 bis C-80/08, *Paint Graphos u. a.*, ECLI:EU:C:2011:550; EuGH, Urteil vom 15.11.2011 – C-106/09 P und C-107/09 P, *Kommission/Gibraltar*, ECLI:EU:C:2011:732.

885 Vgl. EU-Kommission, Mitteilung der Kommission über die Anwendung der Vorschriften über staatliche Beihilfen auf Maßnahmen im Bereich der direkten Unternehmensbesteuerung vom 10.12.1998 – ABl. 1998 C 384/3.

886 Vgl. *Ismer/Karch*, IStR 2014, 130 (131).

887 *Ehrmann*, DStR 2011, 5 (7 f.); *Drüen*, DStR 2011, 289 (291 f.); *Breuninger/Ernst*, GmbHR 2011, 673 (682); *Marquart*, IStR 2011, 445 (448 f.); *Hey*, StuW 2010, 301 (309); *Jochum*, FR 2011, 497 (498); *Blumenberg/Haisch*, FR 2012, 12 (14, 19).

888 Siehe z. B. *Ismer/Karch*, IStR 2014, 130 (134, 136); *Klemt*, DStR 2013, 1057 (1062).

stellen beispielsweise *Ismer/Karch* fest, dass für die Bestimmung des Referenzsystems eher ein enges Verständnis vorzuziehen sei:[889] Die Orientierung am konkreten Normenkomplex diene vor allem der effektiven Durchsetzung des Europäischen Beihilfeverbots und könne zudem den Mitgliedstaaten sowie den betroffenen Unternehmen mittels eindeutiger Richtlinien Rechtssicherheit bieten.[890] Des Weiteren sei das kleinräumige Vorgehen auch mit der Position der Europäischen Kommission zu begründen: Sie habe die Aufsicht über die europäischen Wettbewerbsregeln und könne nicht die gesamte Rechtsordnung eines Mitgliedstaates in die Prüfung miteinbeziehen.[891] Schließlich sei nach *Ismer/Karch* die Festlegung des § 8c Abs. 1 KStG als Regelbesteuerung im Verhältnis zur Sanierungsklausel auch deshalb richtig, weil es auf die objektive Wirkung der Maßnahme ankomme und daher diejenige Regelung heranzuziehen sei, welche gelten würde, wenn die begünstigende Maßnahme nicht bestünde.[892]

Klemt befürwortet ebenso die kleinräumige Bestimmung des Bezugssystems: Er konstatiert, dass die Situation mit derjenigen zu vergleichen sei, die bestehen würde, wenn es zu keiner Verabschiedung der streitigen Steuervergünstigung gekommen wäre.[893] Demnach sei § 8c Abs. 1 KStG von der Kommission treffend als Referenzsystem gewählt worden.[894] Überdies hebt *Klemt* ausdrücklich hervor, dass die Europäische Kommission den deutschen Gesetzgeber lediglich an seiner eigenen Begründung festgehalten habe und demnach die kleinräumige Bestimmung von Regel und Ausnahme als zutreffend zu bewerten sei.[895]

bb) Der makrosystematische Ansatz

Die weit überwiegende Ansicht im deutschen Schrifttum vertritt die globaldeduktive oder auch makrosystematische Methode zur Bestimmung des Referenzsystems, wenn auch teils mit unterschiedlichen Ansätzen. Demnach sei das maßgebliche Bezugssystem nicht die Verlustvernichtung nach § 8c Abs. 1 KStG, sondern vielmehr die interperiodische Verlustberücksichtigung als Ausfluss des

---

889 *Ismer/Karch*, IStR 2014, 130 (134).
890 Vgl. *Ismer/Karch*, IStR 2014, 130 (134).
891 Vgl. *Ismer/Karch*, IStR 2014, 130 (134).
892 Vgl. *Ismer/Karch*, IStR 2014, 130 (134).
893 Vgl. *Klemt*, DStR 2013, 1057 (1059).
894 Vgl. *Klemt*, DStR 2013, 1057 (1059).
895 Vgl. *Klemt*, DStR 2013, 1057 (1059).

Leistungsfähigkeitsprinzips.[896] Das Prinzip der leistungsgerechten Besteuerung ist ein verfassungsrechtlich verankerter Leitgedanke des Ertragsteuerrechts und bedingt die Besteuerung nach Maßgabe der individuellen ökonomischen Leistungsfähigkeit.[897] Das objektive Nettoprinzip ist eine Ausprägung der steuerlichen Leistungsfähigkeit und erfordert, dass die getätigten Erwerbsaufwendungen sowie die erlittenen Verluste bei der Besteuerung zu berücksichtigen sind.[898] Insbesondere das objektive Nettoprinzip, das auch im Körperschaftsteuerrecht Anwendung findet, gehöre zu den Fundamentalprinzipien des deutschen Steuerrechts und sei bei der Bestimmung des Referenzsystems entsprechend zu beachten.[899]

Die interperiodische Verlustberücksichtigung gemäß § 8 Abs. 1 KStG i. V. m. § 10d Abs. 2 EStG hätte als Grundprinzip herangezogen werden müssen.[900] Nach *Hackemann/Momen* sind vor allem das objektive Nettoprinzip sowie der allgemeine Einkommensbegriff mit der interperiodischen Verlustberücksichtigung nach § 8 Abs. 1 KStG i. V. m. § 10d EStG, die auch im Körperschaftsteuerrecht gelten, das maßgebliche Referenzsystem.[901] Dies vorausgesetzt, sei die Verlustvernichtung nach § 8c Abs. 1 KStG als Einschränkung des objektiven Nettoprinzips zu qualifizieren.[902] Die Sanierungsklausel hingegen sei somit eine Bestätigung des objektiven Nettoprinzips und stelle ebendieses wieder her.[903] Auch *Drüen* konstatiert, dass der § 8c Abs. 1a KStG die systemwidrige Restriktion des objektiven Nettoprinzips durch § 8c Abs. 1 KStG wieder umkehre.[904] Für *Ehrmann* sei „jede Abschwächung der systemwidrigen Wirkung der Vorschrift [...] ein partielles Zurück in Richtung der tragenden Prinzipien der

896 Siehe z. B. *Drüen*, DStR 2011, 289 (291 f.); *Breuninger/Ernst*, GmbHR 2011, 673 (682); *Marquart*, IStR 2011, 445 (448 f.); *Hey*, StuW 2011, 131 (141); *Musil*, FR 2014, 953 (955); *Seer*, DStR 2014, Beihefter zu Heft 42, 117 (133); *ders.*, FR 2014, 721 (729); *Blumenberg/Haisch*, FR 2012, 12 (14, 19).

897 Siehe allgemein zur leistungsgerechten Besteuerung *Tipke*, Die Steuerrechtsordnung, Band I, 1993, S. 478; *Lang*, in: Tipke/Lang, Steuerrecht, 2010, § 4 Rn. 81.

898 Vgl. *Hey*, in: Tipke/Lang, Steuerrecht, 2018, § 8 Rn. 54; *Tipke*, Die Steuerrechtsordnung, Band I, 2000, S. 503.

899 *Drüen*, DStR 2011, 289 (291); *Hackemann/Momen*, BB 2011, 2135 (2138).

900 Vgl. insb. *Hackemann/Sydow*, IStR 2013, 786 (789); *Blumenberg/Haisch*, FR 2012, 12 (15 f.); *Marquart*, IStR 2011, 445 (448 f.); *Hackemann/Momen*, BB 2011, 2135 (2138 f.).

901 Vgl. *Hackemann/Momen*, BB 2011, 2135 (2138).

902 Vgl. *Hackemann/Momen*, BB 2011, 2135 (2138).

903 *Blumenberg/Haisch*, FR 2012, 12 (17); *Hackemann/Momen*, BB 2011, 2135 (2139).

904 Vgl. *Drüen*, DStR 2011, 289 (292) mit Verweis auf *Hey*, StuW 2010, 301 (309).

Ertragsbesteuerung."[905] Nicht zuletzt stehe nach *Marquart* die Sanierungsklausel mit den Grund- und Leitprinzipien des deutschen Steuersystems in Einklang, da sie trotz ihres von § 8c Abs. 1 KStG abweichenden Erscheinungsbildes das steuersystematische Grundprinzip der interperiodischen Verlustberücksichtigung verwirkliche.[906]

Von *Jochum* wird unter anderem angeführt, dass die Gesamtnorm des § 8c KStG der Durchsetzung der Besteuerung nach Maßgabe der individuellen Leistungsfähigkeit diene.[907] Die Besteuerung nach der individuellen Leistungsfähigkeit werde dadurch konkretisiert, dass die wirtschaftliche Identität der Verlustkörperschaft für die Nutzung des Verlustabzugs gewahrt werden müsse.[908] Auf Basis dieser Annahme sei davon auszugehen, dass § 8c Abs. 1a KStG typisierend Voraussetzungen vorgebe, bei denen die wirtschaftliche Identität der Körperschaft ungeachtet der Frage eines schädlichen Beteiligungserwerbs fortbestehe.[909] Darüber hinaus weisen *Hackemann/Momen* darauf hin, dass die Sanierungsklausel eine übermäßige Besteuerung vermeiden solle und damit die „Wahrung verfassungsrechtlicher Grundsätze im deutschen Steuerrechtssystem" sicherstelle.[910]

Schließlich meldete auch die Finanzgerichtsbarkeit ernstliche rechtliche Zweifel an der Entscheidung der Europäischen Kommission – insbesondere hinsichtlich des Kriteriums der Selektivität – an.[911] Der neunte Senat des Finanzgerichts Münster schloss sich in seinem Beschluss vom 1. August 2011 der vorstehenden Auffassung an und konstatierte, dass die allgemeine Grundentscheidung des deutschen Steuerrechts zur Verlustnutzung das maßgebliche Referenzsystem bilden solle.[912]

---

905 Vgl. *Ehrmann*, DStR 2011, 5 (8).

906 Vgl. *Marquart*, IStR 2011, 445 (449); so auch *Drüen*, Ubg 2010, 543 (547); *Blumenberg/Haisch*, FR 2012, 12 (20).

907 Vgl. *Jochum*, FR 2011, 497 (501), das Leistungsfähigkeitsprinzip soll grundsätzlich die individuelle steuerliche Leistungsfähigkeit von steuerpflichtigen (natürlichen oder juristischen) Personen erfassen; Steuergerechtigkeit verfolge nämlich eine individuelle Gerechtigkeit und keine Gruppengerechtigkeit; siehe ausführlich *Tipke*, Die Steuerrechtsordnung, Band I, 2000, S. 497 f.

908 *Jochum*, FR 2011, 497 (506).

909 *Jochum*, FR 2011, 497 (504, 506); *Hackemann/Momen*, BB 2011, 2135 (2139).

910 Vgl. *Hackemann/Momen*, BB 2011, 2135 (2139).

911 FG Münster, Beschluss vom 01.08.2011 – 9 V 357/11 K, EFG 2012, 165.

912 FG Münster, Beschluss vom 01.08.2011 – 9 V 357/11 K, EFG 2012, 165 (170).

b) Differenzierung zwischen Wirtschaftsteilnehmern

Nach Auffassung der Kommission differenziert die Sanierungsklausel zwischen Wirtschaftsteilnehmern, die sich im Hinblick auf das mit der Regelung verfolgte Ziel in einer vergleichbaren tatsächlichen und rechtlichen Situation befänden, und stellt daher eine Ausnahme vom Referenzsystem dar.[913] Eine solche Differenzierung wurde seitens der Literatur größtenteils abgelehnt. Vornehmlich wird darauf hingewiesen, dass die Sanierungsklausel unterschiedslos allen Unternehmen in Schwierigkeiten zur Verfügung stehe und damit eine allgemeine Maßnahme sei.[914] Des Weiteren seien Verluste schreibende, aber ansonsten wirtschaftlich nicht notleidende Unternehmen nicht in einer vergleichbaren Lage mit insolvenzbedrohten Unternehmen.[915] In diesem Zusammenhang wird teilweise darauf verwiesen, dass die finanzielle Lage eines Unternehmens ein dynamisches Wettbewerbsmerkmal darstelle und insoweit nicht als Selektivitätskriterium dienen könne.[916] Allerdings räumt *Marquart* ein, dass in Anbetracht der Zielsetzung des Beihilfeverbots – „Vermeidung einer Fehlallokation von Ressourcen" – die Sanierungsbedürftigkeit von Unternehmen insofern Einfluss auf den Wettbewerb haben könne, da das Ausscheiden von Unternehmen zum wettbewerblichen Ausleseprozess gehöre.[917] Dennoch unterliege es der Befugnis der Mitgliedstaaten, geeignete wirtschaftspolitische Maßnahmen zu ergreifen, von denen jedes Unternehmen profitieren könne.[918] Demnach genüge das Kriterium der finanziellen Lage alleine nicht, um die Selektivität einer Maßnahme zu begründen.[919]

Das Finanzgericht Münster äußerte auch hinsichtlich dieses Kriteriums erhebliche Bedenken.[920] Das Gericht war der Auffassung, dass die mit § 8c Abs. 1a KStG verbundenen Begünstigungen jedem Unternehmen gewährt

---

913 EU-Kommission, Beschluss vom 26.01.2011 – C7/10, KStG, *Sanierungsklausel*, ABl. 2011 L 235/26, Rn. 71-73.

914 Vgl. *Blumenberg/Haisch*, FR 2012, 12 (19); *Marquart*, IStR 2011, 445 (450 f.); *Grube*, Der Einfluss des unionsrechtlichen Beihilfenverbots auf das deutsche Steuerrecht, 2014, S. 131; ebenso FG Münster, Beschluss vom 01.08.2011 – 9 V 357/11 K, EFG 2012, 165 (170); a. A. *Klemt*, DStR 2013, 1057 (1061).

915 *Musil*, DB 2011, Standpunkte 19 (20).

916 *Marquart*, IStR 2011, 445 (450 f.); *Rosenberg*, Das beihilferechtliche Durchführungsverbot im Steuerverfahren, 2014, S. 111.

917 Vgl. *Marquart*, IStR 2011, 445 (450).

918 *Marquart*, IStR 2011, 445 (450).

919 *Marquart*, IStR 2011, 445 (450 f.).

920 FG Münster, Beschluss vom 01.08.2011 – 9 V 357/11 K, EFG 2012, 165 (170).

werden würden, ohne dass eine Ermessensentscheidung der Verwaltung für den Erhalt erforderlich sei.[921] Im Übrigen bevorzuge die streitgegenständliche Maßnahme weder formal noch verdeckt bestimmte Branchen oder spezifische Unternehmen.[922] Schließlich kritisierte der neunte Senat des Finanzgerichts Münster auch den Verweis auf die Ausführungen des Generalanwalts *Fennelly* in der Rechtssache Ecotrade[923], da die dort zu beurteilenden Normen lediglich für industriell tätige Großunternehmen in Schwierigkeiten galten und zugleich Ermessensspielräume eröffneten.[924] Das Finanzgericht Münster lehnte daher eine Differenzierung zwischen Wirtschaftsteilnehmern im Einklang mit zahlreichen Stimmen der Steuerrechtspraxis ab und zog die Rechtmäßigkeit des Kommissionsbeschlusses in Zweifel.[925]

c) Rechtfertigung

Im Zusammenhang mit der makrosystematischen Bestimmung des Referenzsystems wird die fehlende Selektivität teilweise auch damit begründet, dass die Sanierungsklausel aus der Natur und dem inneren Aufbau des deutschen Steuersystems gerechtfertigt sei.[926] Wird nämlich das Fortbestehen nicht genutzter Verluste – auch im Falle eines Gesellschafterwechsels – als steuerlicher Normalfall vorausgesetzt, so sei nach *Blumenberg/Haisch* § 8c Abs. 1a KStG die systemwiederherstellende Rückausnahme, welche dem Leistungsfähigkeitsprinzip und insbesondere der interperiodischen Verlustberücksichtigung wieder Geltung verschaffe.[927] Dementsprechend stelle die Sanierungsklausel eine besondere Ausprägung des Referenzsystems dar, sodass sie aus der Natur und dem inneren Aufbau des deutschen Steuersystems gerechtfertigt sei.[928] Die Regelung des § 8c Abs. 1a KStG stehe deshalb im Einklang mit den Grund- und Leitprinzipien des deutschen Steuerrechts.[929]

---

921 FG Münster, Beschluss vom 01.08.2011 – 9 V 357/11 K, EFG 2012, 165 (170).

922 FG Münster, Beschluss vom 01.08.2011 – 9 V 357/11 K, EFG 2012, 165 (170).

923 Schlussanträge des Generalanwalts *Nial Fennelly* vom 16.07.1998 – C-200/97, *Ecotrade/Altiforni e Ferriere di Servola*, ECLI:EU:C:1998:579, Rn. 27 ff.

924 FG Münster, Beschluss vom 01.08.2011 – 9 V 357/11 K, EFG 2012, 165 (170); ebenso *Blumenberg/Haisch*, FR 2012, 12 (19).

925 FG Münster, Beschluss vom 01.08.2011 – 9 V 357/11 K, EFG 2012, 165.

926 Siehe z. B. *Marquart*, IStR 2011, 445 (449); *Drüen*, Ubg 2010, 543 (547); *Blumenberg/Haisch*, FR 2012, 12 (20).

927 Vgl. *Blumenberg/Haisch*, FR 2012, 12 (20).

928 *Blumenberg/Haisch*, FR 2012, 12 (20); *Drüen*, DStR 2011, 289 (292).

929 *Breuninger/Ernst*, GmbHR 2010, 561 (565); *Drüen*, Ubg 2010, 543 (547).

Den Charakter einer Missbrauchsbekämpfungsvorschrift sieht *Seer* durch die nachträglich eingefügten Rückausnahmen – Sanierungs-, Konzern- und Stille-Reserven-Klausel – wiederhergestellt.[930] Die Vorschrift sei daher auch bei einer kleinräumigen Betrachtungsweise gerechtfertigt.[931] Die Sanierungsklausel könne auch deshalb durch den inneren Aufbau und die Natur des Steuersystems gerechtfertigt werden, weil sie die Systemwidrigkeit des Verlustuntergangs nach § 8c Abs. 1 KStG abmildere und damit den inneren steuersystematischen Aufbau wieder herstelle.[932] So vertritt *Drüen* – unter der Annahme § 8c Abs. 1a KStG sei eine Ausnahmevorschrift – die Auffassung, dass die Vorschrift den Grundprinzipien des deutschen Steuerrechts wieder zur Geltung verhelfe.[933]

Demgegenüber ist nach *Klemt* eine Rechtfertigung durch die Natur und den inneren Aufbau nicht möglich, da die Sanierungsklausel gezielt bestimmte Unternehmenskategorien begünstige und gerade nicht allen Unternehmen zugutekomme.[934] Dies entspricht im Wesentlichen auch der Sichtweise der Europäischen Kommission, welche ebenso eine Rechtfertigung ablehnte und nochmals ausdrücklich klarstellte, dass die Sanierungsklausel lediglich wirtschaftspolitische Ziele verfolgt, welche außerhalb des Steuersystems liegen.[935]

4. Die fehlende Verzerrung von Wettbewerb und Handel

Letztlich wurde auch das Merkmal der Wettbewerbsverfälschung und der Beeinträchtigung des Handels diskutiert. Eine Verzerrung des Wettbewerbs könne bereits in der Beeinflussung des marktbedingten Ausleseprozesses liegen, da es den natürlichen Wettbewerbsmechanismen inhärent sei, dass Wirtschaftsteilnehmer aus dem Wettbewerb ausscheiden.[936]

Dennoch fehle es an einer wettbewerbsverzerrenden Wirkung des § 8c Abs. 1a KStG, da dieser dem objektiven Nettoprinzip zur Geltung verhelfe und den zu weiten Anwendungsbereich des § 8c Abs. 1 KStG beschränke.[937] Wenn die Sanierungsklausel den Grundprinzipien des deutschen Ertragsteuerrechts

---

930 Vgl. *Seer*, DStR 2014, Beihefter zu Heft 42, 117 (132 f.); *ders.*, FR 2014, 721 (729).

931 *Seer*, DStR 2014, Beihefter zu Heft 42, 117 (133); *ders.*, FR 2014, 721 (729); zustimmend *Musil*, FR 2014, 953 (955).

932 *Ehrmann*, DStR 2011, 5 (8); *Drüen*, DStR 2011, 289 (292).

933 Vgl. *Drüen*, DStR 2011, 289 (292).

934 *Klemt*, DStR 2013, 1057 (1061).

935 Vgl. *Klemt*, DStR 2013, 1057 (1061).

936 *Breuninger/Ernst*, GmbHR 2011, 673 (683 f.); *Marquart*, IStR 2011, 445 (450).

937 *Hey*, StuW 2010, 301 (309); *Breuninger/Ernst*, GmbHR 2011, 673 (684).

entspreche, könne sie nicht als wettbewerbsverzerrend eingestuft werden.[938] Eine Wettbewerbsverzerrung könne dem Gesetzgeber insoweit nicht angelastet werden, da ansonsten seine verbleibende Steuerautonomie bedeutend reglementiert werden würde.[939]

5. Zusammenfassung

Der weit überwiegende Teil der Literatur sieht in der Sanierungsklausel keinen Verstoß gegen das Beihilfeverbot.[940] Die beihilferechtliche Würdigung durch die Kommission wird dementsprechend heftig kritisiert. Weder die Bildung des Referenzsystems im Rahmen der Selektivitätsprüfung noch die Qualifizierung des § 8c Abs. 1a KStG als Ausnahme konnten überzeugen. Nur vereinzelt wurde die Auffassung der Europäischen Kommission geteilt.[941] Die Kritik am Gesetzgeber selbst fällt hingegen wiederum sehr einheitlich aus, da zumindest bei der Einführung des § 8c KStG ein Missbrauchsvermeidungsgedanke nicht erkennbar war, sodass § 8c KStG unter anderem als „telos-freie" Norm bezeichnet wurde.[942] Erst durch die Einführung von Ausnahmetatbeständen sei der Charakter einer Missbrauchsbekämpfungsvorschrift erkennbar gewesen.[943]

Auch wenn sich die wohl herrschende Meinung für eine großräumige Herangehensweise ausspricht, findet der vom Europäischen Gerichtshof geforderte wirkungsorientierte Ansatz[944] in den Ausführungen kaum Beachtung. Dennoch überzeugt die makrosystematische Bestimmung vor allem mit der Berücksichtigung systemtragender Leitgedanken und Grundprinzipien, wie der Besteuerung nach der individuellen wirtschaftlichen Leistungsfähigkeit und der

938 *Breuninger/Ernst*, GmbHR 2011, 673 (684).

939 *Breuninger/Ernst*, GmbHR 2011, 673 (684).

940 *Drüen*, DStR 2011, 289 (291 f.); *Breuninger/Ernst*, GmbHR 2011, 673 (681); *Marquart*, IStR 2011, 445 (451); *Jochum*, FR 2011, 497 (506); *Hackemann/Momen*, BB 2011, 2135 (2138); *Blumenberg/Haisch*, FR 2012, 12 (21); *Hey*, StuW 2011, 131 (141); *Musil*, FR 2014, 953 (955); *Seer*, DStR 2014, Beihefter zu Heft 42, 117 (133); *ders.*, FR 2014, 721 (729); *Müller*, DB 2018, 1630 (1631); *Balbinot*, DStR 2018, 334 (336); FG Münster, Beschluss vom 01.08.2011 – 9 V 357/11 K, EFG 2012, 165.

941 *Ismer/Karch*, IStR 2014, 130 (134, 136); *Klemt*, DStR 2013, 1057 (1062).

942 *Breuninger/Ernst*, GmbHR 2011, 673 (677).

943 *Seer*, DStR 2014, Beihefter zu Heft 42, 117 (133); *ders.*, FR 2014, 721 (729).

944 Siehe z. B. EuGH, Urteil vom 29.02.1996 – C-56/93, *Belgien/Kommission*, ECLI:EU:C:1996:64, Rn. 79; EuGH, Urteil vom 13.06.2002 – C-382/99, *Niederlande/Kommission*, ECLI:EU:C:2002:363, Rn. 61; EuGH, Urteil vom 15.11.2011 – C-106/09 P und C-107/09 P, *Kommission/Gibraltar*, ECLI:EU:C:2011:732, Rn. 87.

Verhinderung einer Übermaßbesteuerung. Da dem deutschen Ertragsteuerrecht die Möglichkeit des Verlustvortrags inhärent ist und dadurch vornehmlich das objektive Nettoprinzip verwirklicht werden soll, hätte die Kommission richtigerweise den allgemeinen Verlustvortrag nach § 8 Abs. 1 KStG i. V. m. § 10d Abs. 2 EStG als Bezugssystem wählen müssen. Diese Herangehensweise wäre insbesondere wegen der Beachtung der verfassungsrechtlichen sowie steuersystematischen Erwägungen auch bei der Sanierungsklausel vorzuziehen gewesen. Richtigerweise kann nämlich eine systemwiederherstellende Rückausnahme zur Ausnahmevorschrift nicht begünstigend wirken, da sie dem Grundprinzip entspricht bzw. dieses steuersystematisch wiederherstellt.[945]

IV. Entscheidungen des EuG zur Sanierungsklausel

Die Klage Deutschlands beim Gericht der Europäischen Union, welche auf die Nichtigerklärung der Kommissionsentscheidung und hilfsweise auf die Nichtigerklärung der Rückforderungsaufforderung gerichtet war, war verfristet und damit unzulässig.[946] Das Gericht hatte sich jedoch in zwei weiteren Verfahren mit der Frage der Beihilferechtswidrigkeit von § 8c Abs. 1a KStG zu beschäftigen.[947] Im Ergebnis folgte das Gericht der Auffassung der Kommission und beurteilte die Sanierungsklausel als unzulässige Beihilfe i. S. v. Art. 107 Abs. 1 AEUV.[948]

1. Die wesentlichen Entscheidungsgründe des EuG

Die Kläger trugen vor, dass die Sanierungsklausel eine Ausnahme von der Ausnahmevorschrift des § 8c Abs. 1 KStG sei und damit die allgemeine Regel des Verlustvortrags wiederherstelle.[949] Ebenso verwiesen die Kläger darauf, dass die Regel des Verlustvortrags eine Ausprägung des verfassungsrechtlichen Prinzips

---

945 So auch: *Marquart*, IStR 2011, 445 (449); *Blumenberg/Haisch*, FR 2012, 12 (20).

946 EuG, Beschluss vom 18.12.2012 - T-205/11, *Deutschland/Kommission*, ECLI:EU:T:2012:704.

947 Vgl. EuG, Urteil vom 04.02.2016 - T-620/11, *GFKL Financial Services AG*, ECLI:EU:T:2016:59; EuG, Urteil vom 04.02.2016 - T-287/11, *Heitkamp BauHolding GmbH*, ECLI:EU:T:2016:60.

948 Siehe nur den Tenor zu EuG, Urteil vom 04.02.2016 - T-620/11, *GFKL Financial Services AG*, ECLI:EU:T:2016:59.

949 EuG, Urteil vom 04.02.2016 - T-620/11, *GFKL Financial Services AG*, ECLI:EU:T:2016:59, Rn. 107.

der Besteuerung nach der wirtschaftlichen Leistungsfähigkeit sei und dieses die maßgebliche Benchmark sein müsse.[950]

Das Gericht führte in seinen Entscheidungsgründen jedoch aus, dass die Sanierungsklausel ihrem Erscheinungsbild nach vom grundsätzlichen Verlustuntergang abweiche und nur für vorgezeichnete Sachverhalten gelte.[951] Weiter stellt es fest, dass die Regel des Verlustuntergangs ebenso wie die Regel des Verlusterhalts den relevanten rechtlichen Rahmen bilde.[952] Auch wenn das Gericht der Europäischen Union das Grundprinzip des Verlustvortrags nach § 10d EStG bei der Ertragsbesteuerung kennt und die Verlustvernichtung ausdrücklich als Einschränkung der Grundregel bezeichnet, sieht es den relevanten Referenztatbestand nur im Verfall der Verluste aufgrund § 8c Abs. 1 KStG.[953] Für das Gericht ist maßgeblich, dass der § 8c Abs. 1 KStG hiervon abweiche und ebenso zum Referenzsystem gehöre, in welches sich die Sanierungsklausel einfüge.[954] Zudem führte das Gericht aus, dass das Vorhandensein von weiteren Ausnahmetatbeständen nicht hinreichend belegen könne, dass der betreffende Regelfall nicht den Referenzrahmen bilde.[955]

Damit kommt das Gericht zu dem Schluss, dass die Kommission das Referenzsystems zutreffend beurteilt habe, da sie unter Anerkennung des Verlustvortrags als allgemeinerer Regel den Untergang von Verlustvorträgen als steuerrechtlichen Bezugsrahmen gewählt habe.[956]

---

950 EuG, Urteil vom 04.02.2016 – T-620/11, *GFKL Financial Services AG*, ECLI:EU:T:2016:59, Rn. 107.

951 EuG, Urteil vom 04.02.2016 – T-620/11, *GFKL Financial Services AG*, ECLI:EU:T:2016:59, Rn. 113 f.

952 EuG, Urteil vom 04.02.2016 – T-620/11, *GFKL Financial Services AG*, ECLI:EU:T:2016:59, Rn. 114.

953 EuG, Urteil vom 04.02.2016 – T-620/11, *GFKL Financial Services AG*, ECLI:EU:T:2016:59, Rn. 115.

954 EuG, Urteil vom 04.02.2016 – T-620/11, *GFKL Financial Services AG*, ECLI:EU:T:2016:59, Rn. 119.

955 EuG, Urteil vom 04.02.2016 – T-620/11, *GFKL Financial Services AG*, ECLI:EU:T:2016:59, Rn. 121; vgl. auch *Hackemann/Fiedler*, IStR 2016, 249 (262), Anm. zu EuG, Urteil vom 04.02.2016 – T-620/11, *GFKL Financial Services AG*, ECLI:EU:T:2016:59.

956 EuG, Urteil vom 04.02.2016 – T-620/11, *GFKL Financial Services AG*, ECLI:EU:T:2016:59, Rn. 126.

2. Stellungnahme zum Urteil des EuG

Bereits die ausführliche Argumentation zum maßgeblichen Referenzsystem lässt eine gewisse Unsicherheit über dessen Bestimmung erkennen. Trotz der umfangreichen Argumentation ist es kaum verständlich, dass die Ausnahmevorschrift des § 8c Abs. 1 KStG zum Regelfall zählen soll, wohingegen die den Verlustvortrag wiederherstellende Sanierungsklausel nicht als Bestandteil des allgemeinen Verlustvortrags angesehen wird. Auch hier fällt die formalistische und mikrosystematisch geprägte Herangehensweise des Gerichts auf. Letztlich prägt die formalistische Bestimmung anhand der gesetzgeberischen Konzeption die Vorgehensweise des Gerichts und determiniert somit den Ausgang des Beihilfeverfahrens bereits auf der ersten Stufe der Selektivitätsprüfung. Das Gericht konzentriert sich nahezu ausschließlich auf die Regelungstechnik, ohne die Wirkung des § 8c Abs. 1a KStG im Kontext der allgemeinen Verlustverrechnungsmöglichkeit nach § 10d EStG entsprechend zu berücksichtigen. Auch wenn eine wirkungsorientierte Herangehensweise wie im *Gibraltar*-Urteil[957] möglicherweise auch eine *prima facie* selektive Begünstigung zu Tage gefördert hätte, wäre dann zumindest eine ernsthafte Diskussion der Rechtfertigung erforderlich gewesen.

Das Gericht hat damit wieder einmal eine Chance ungenutzt verstreichen lassen, der mikrosystematischen Bestimmung durch die Kommission Einhalt zu gebieten. Stattdessen übernimmt das Gericht die Sicht- und vor allem Herangehensweise der Kommission nahezu unverändert. Es wäre zu begrüßen gewesen, wenn das Gericht bei der Festlegung der Normalbesteuerung ein weites Verständnis zugrunde gelegt oder sich zumindest mit der rein wirkungsorientierten Herangehensweise aus der *Gibraltar*-Rechtsprechung auseinandergesetzt hätte. Die anhaltende Diskussion zum maßgeblichen Referenzsystem konnte daher auch durch diese Entscheidung des Gerichts der Europäischen Union nicht erhellt werden.

V. Entscheidung des EuGH zur Sanierungsklausel

Im Hinblick auf den Ausgang überraschend entschied der Europäische Gerichtshof mit dem – vielfach seit langem erwarteten[958] – Urteil vom 28. Juni 2018,

957 EuGH, Urteil vom 15.11.2011 – C-106/09 P und C-107/09 P, *Kommission/Gibraltar*, ECLI:EU:C:2011:732.

958 Siehe z. B. *Hackemann/Momen*, BB 2011, 2135 (2141); *Marquart*, IStR 2011, 445 (451); *Blumenberg/Haisch*, FR 2012, 12 (21); *Klemt*, DStR 2013, 1057 (1064); *Lang*, ISR 2013, 63 (65); *Hackemann/Sydow*, IStR 2013, 786; *de Weerth*, DStR 2014, 2485

dass Gericht und Kommission bei der Sanierungsklausel des § 8c Abs. 1a KStG den Referenzrahmen fehlerhaft bestimmt haben.[959] Dementsprechend hob die Zweite Kammer des Gerichtshofs die erstinstanzlichen Urteile zur Sanierungsklausel auf und erklärte den Beschluss der Europäischen Kommission vom 26. Januar 2011[960] für nichtig.

Die anschließende Urteilsanalyse konzentriert sich auf die wesentlichen Erwägungen des Europäischen Gerichtshofs, die im Widerspruch zur Europäischen Kommission und zum Gericht der Europäischen Union stehen. Die Erkenntnisse werden abschließend zusammengefasst und sollen im Rahmen der beihilferechtlichen Würdigung der erbschaftsteuerlichen Verschonungsregeln aufgegriffen werden.

1. Das Urteil des EuGH zur Sanierungsklausel

Mit dem Urteil vom 28. Juni 2018[961] zur Sanierungsklausel stellte die Zweite Kammer des Gerichtshofs fest, dass das Gericht der Europäischen Union in erster Instanz eine fehlerhafte Bestimmung des Referenzsystems vorgenommen habe. Daher hob der Europäische Gerichtshof die Urteile des Gerichts zu § 8c Abs. 1a KStG auf und erklärte gleichzeitig den entsprechenden Kommissionsbeschluss für nichtig.[962] Den wesentlichen Schwerpunkt des Urteils bildet die Selektivitätsprüfung und hierbei insbesondere die Bestimmung des Referenzsystems.

a) Die Bestimmung des Referenzsystems

Der Gerichtshof stellte zunächst klar, dass eine Maßnahme unabhängig von der gesetzgeberischen Konzeption zu bewerten sei, da die verwendete Regelungstechnik für die Bestimmung des Referenzrahmens bedeutungslos sei, und es

---

(2489); *Demleitner*, ISR 2016, 328 (336); *Hey*, FR 2017, 453 (457) forderte bereits die Aufhebung des Beschlusses vom 26.01.2011 durch die EU-Kommission selbst; *Balbinot*, DStR 2018, 334.

959 EuGH, Urteil vom 28.06.2018 – C-209/16 P, *Deutschland/Kommission*, ECLI:EU:C:2018:507.

960 EU-Kommission, Beschluss vom 26.01.2011 – C7/10, KStG, *Sanierungsklausel*, ABl. 2011 L 235/26.

961 EuGH, Urteil vom 28.06.2018 – C-209/16 P, *Deutschland/Kommission*, ECLI:EU:C:2018:507.

962 EU-Kommission, Beschluss vom 26.01.2011 – C7/10, KStG, *Sanierungsklausel*, ABl. 2011 L 235/26.

allein auf die Wirkung der Maßnahme ankomme.[963] Der Gerichtshof beanstandete insbesondere die formale Herangehensweise: Das Gericht habe sich bei der Bestimmung von Benchmark und Abweichung vornehmlich am Wortlaut der Maßnahme orientiert.[964] Trotz der dem Gericht bekannten Tatsache, dass grundsätzlich alle Körperschaften Verluste vortragen können, habe das Gericht dennoch festgestellt, dass die Kommission den Verlustuntergang als maßgebliche Benchmark fehlerfrei ausgewählt habe.[965] Obwohl § 8c Abs. 1 KStG unstreitig von der Verlustvortragsmöglichkeit abweiche und die Prüfung des gesamten Inhalts der Regelung dazu hätte führen müssen, dass die Sanierungsklausel gleichfalls einen unter die allgemeine Regel fallenden Sachverhalt definiere, habe das Gericht auch diesen Umstand nicht beanstandet.[966]

b) Allgemeine Kritik an der Selektivitätsprüfung

Des Weiteren kritisiert der Gerichtshof das generelle Vorgehen bei der Selektivitätsprüfung und verweist diesbezüglich auf das *Gibraltar*-Urteil[967], indem die Selektivität des Steuersystems ohne den klassischen Dreistufentest festgestellt werden konnte. Die Selektivität eines steuerlichen Vorteils könne nämlich nicht richtig begutachtet werden, wenn sich die Benchmark aus mehreren Regelungen zusammensetze, „die aus einem breiteren rechtlichen Rahmen künstlich herausgelöst wurden".[968] Das Gericht der Europäischen Union habe aber durch den Ausschluss des allgemeinen Verlustvortrags den Referenzrahmen für die Sanierungsklausel „offensichtlich zu eng definiert".[969] Zudem sei

963 EuGH, Urteil vom 28.06.2018 – C-209/16 P, *Deutschland/Kommission*, ECLI:EU:C:2018:507, Rn. 85 ff.

964 EuGH, Urteil vom 28.06.2018 – C-209/16 P, *Deutschland/Kommission*, ECLI:EU:C:2018:507, Rn. 100.

965 EuGH, Urteil vom 28.06.2018 – C-209/16 P, *Deutschland/Kommission*, ECLI:EU:C:2018:507, Rn. 103 f.

966 EuGH, Urteil vom 28.06.2018 – C-209/16 P, *Deutschland/Kommission*, ECLI:EU:C:2018:507, Rn. 98.

967 EuGH, Urteil vom 15.11.2011 – C-106/09 P und C-107/09 P, *Kommission/Gibraltar*, ECLI:EU:C:2011:732.

968 EuGH, Urteil vom 28.06.2018 – C-209/16 P, *Deutschland/Kommission*, ECLI:EU:C:2018:507, Rn. 99.

969 EuGH, Urteil vom 28.06.2018 – C-209/16 P, *Deutschland/Kommission*, ECLI:EU:C:2018:507, Rn. 99.

der Wortlaut – entgegen der Auffassung des Gerichts – kein „ausschlaggebender Gesichtspunkt“ – für die Identifikation der Normalbesteuerung.[970]

Durch das künstliche Herauslösen des Verlustuntergangs bei schädlichem Beteiligungserwerb nach § 8c Abs. 1 KStG aus dem Prinzip der Verlustberücksichtigung gemäß § 8 Abs. 4 KStG i. V. m. § 10d Abs. 2 EStG konnte das Gericht nur zu dem Ergebnis gelangen, dass § 8c Abs. 1a KStG eine *prima facie* selektive Begünstigung darstelle. Die Zweite Kammer des Gerichtshofs stellt abschließend klar, dass ein Fehler bei der Festlegung des steuerlichen Normalfalls „zwangsläufig“ eine mangelbehaftete Selektivitätsprüfung zur Folge habe.[971] Da der Mangel im Rahmen der Selektivität auf die gesamte Beihilfeprüfung ausstrahle, könne diese keinen Bestand haben: Dementsprechend waren die erstinstanzlichen Urteile aufzuheben und der Kommissionsbeschluss für nichtig zu erklären.[972] Zu einer möglichen Rechtfertigung über die Natur oder den Aufbau des Steuersystems musste sich die Zweite Kammer nicht mehr äußern.

2. Stellungnahme und alternative Herangehensweise

a) Stellungnahme

Das Urteil des Gerichtshofs ist dem Grunde nach zu begrüßen.[973] Zustimmungswürdig arbeitete die Zweite Kammer heraus, dass formale Kriterien irrelevant für die Bestimmung des Referenzsystems sind.[974] Auch sind die Ausführungen des Gerichtshofs gelungen, wonach das maßgebliche Referenzsystem in Bezug auf die Sanierungsklausel künstlich aus dem Gesamtsystem der Verlustberücksichtigung herausgelöst und nicht weit genug bestimmt wurde. Weiterhin hebt die Zweite Kammer zutreffend hervor, dass für die Selektivitätsprüfung der Gesamtkontext der Regelung maßgeblich sei.[975]

Gleichzeitig wäre eine noch klarere Positionierung im Hinblick auf die Selektivitätsprüfung von Steuervergünstigungen sowie die Beihilfequalität der

---

970 EuGH, Urteil vom 28.06.2018 – C-209/16 P, *Deutschland/Kommission*, ECLI:EU:C:2018:507, Rn. 100.

971 EuGH, Urteil vom 28.06.2018 – C-209/16 P, *Deutschland/Kommission*, ECLI:EU:C:2018:507, Rn. 104.

972 EuGH, Urteil vom 28.06.2018 – C-209/16 P, *Deutschland/Kommission*, ECLI:EU:C:2018:507, Rn. 106, Tenor.

973 Vgl. bereits die Stellungnahme des Autors gemeinsam mit *Fetzer*: *Fetzer/Böser*, DStR 2019, 1177 (1181).

974 So bereits *Fetzer/Böser*, DStR 2019, 1177 (1181).

975 So bereits *Fetzer/Böser*, DStR 2019, 1177 (1181).

Sanierungsklausel wünschenswert gewesen. Im Ansatz bestätigt die Zweite Kammer mit dem Urteil die bereits in der Rechtssache *Gibraltar*[976] vertretene Auffassung, dass sich die Prüfung der Selektivität vor allem an der Wirkung einer beihilfeverdächtigen Regelung orientieren müsse. Außerdem kann den Ausführungen entnommen werden, dass grundsätzlich ein weites Verständnis vom steuerlichen Regelfall zugrunde zu legen ist und die Selektivität nicht anhand einzelner aus einem Gesamtkontext herausgelöster Normen bestimmt werden kann. Damit bestätigt der Gerichtshof die von der herrschenden Meinung vorgebrachte Kritik am Kommissionsbeschluss zur Sanierungsklausel.[977]

Von weiten Teilen der Literatur wurde gefordert, nicht § 8c Abs. 1 KStG solle als Normalfall der Besteuerung herangezogen werden, sondern die Grundprinzipien des deutschen Ertragsteuerrechts, wie beispielsweise die interperiodische Verlustberücksichtigung nach § 10d EStG.[978] Der Verlustuntergang bei Vorliegen eines schädlichen Beteiligungserwerbs nach § 8c Abs. 1 KStG stelle eine (nachteilige) Ausnahme zur Verlustberücksichtigung nach § 10d EStG dar. Durch die Rückausnahme des § 8c Abs. 1a KStG werde diese allgemeine Verlustberücksichtigung trotz schädlichen Beteiligungserwerbs wiederhergestellt.[979] Damit entspricht die Sanierungsklausel in ihrer Wirkung der interperiodischen Verlustberücksichtigung. Dieses großräumige Verständnis bei der Bestimmung des Bezugssystems wählte die Zweite Kammer des Gerichtshofs nun auch bei der Entscheidung zur Sanierungsklausel.

Der Europäische Gerichtshof kritisierte vor allem, dass sich das Gericht hauptsächlich am Wortlaut und damit auch an der Konzeption der Sanierungsklausel orientiert habe. Anstatt, wie behauptet, eine wirkungsorientierte Bestimmung des Referenzsystems vorzunehmen, erfolgte die Selektivitätsprüfung durch die Kommission und das Gericht der Europäischen Union vor allem anhand formaler Kriterien. Entsprechend der vielfach betonten wirkungsorientierten Prüfung stellt der Gerichtshof daher völlig zutreffend klar, dass die allgemeine Regelung unabhängig von der verwendeten Formulierung oder gesetzgeberischen Konzeption zu bestimmen sei. Es müsse diejenige Regelung als Normalbesteuerung

976 EuGH, Urteil vom 15.11.2011 – C-106/09 P und C-107/09 P, *Kommission/Gibraltar*, ECLI:EU:C:2011:732.

977 *Drüen*, DStR 2011, 289 (291); *Breuninger/Ernst*, GmbHR 2011, 673 (682 f.); *Hackemann/Momen*, BB 2011, 2135 (2138); *Blumenberg/Haisch*, FR 2012, 12 (15); *Marquart*, IStR 2011, 445 (448); a. A. *de Weerth*, DB 2010, 1205 (1207).

978 Vgl. *Hey*, StuW 2010, 301 (309); *Drüen*, DStR 2011, 289 (291); *Hackemann/Sydow*, IStR 2013, 786 (789); a. A. *Ismer/Karch*, IStR 2014, 130 (134).

979 *Breuninger/Ernst*, GmbHR 2010, 561 (564 f.); *Blumenberg/Haisch*, FR 2012, 12 (16).

herangezogen werden, die die fundamentalen Wertungen des Steuersystems enthält. Entsprechend deutlich kritisiert der Gerichtshof das offensichtlich zu eng gewählte Referenzsystem, indem der Verfall von Verlusten künstlich aus dem Gesamtsystem der Verlustberücksichtigung des deutschen Ertragsteuerrechts herausgelöst wurde. Ausgehend von einem weiten Verständnis konstatiert die Zweite Kammer richtigerweise, dass die Prüfung der Selektivität anhand des gesamten Inhalts der betreffenden Regelung hätte erfolgen müssen. Aufgrund der Komplexität steuerrechtlicher Systeme stellt es den Rechtsanwender regelmäßig vor eine Herausforderung, den steuerlichen Regelfall im Hinblick auf potentiell selektiv begünstigende Ausnahmen zu unterscheiden, sodass die Einbeziehung des gesamten Steuersystems geboten ist.[980]

Der Gerichtshof konstatiert hinsichtlich der dreistufigen Selektivitätsprüfung, dass die Sanierungsklausel dem allgemeinen Regelfall des Verlustvortrags entspricht und damit das System der Verlustnutzung bei schädlichen Beteiligungserwerben wiederherstellt.[981] Diese Vorgehensweise mag sich zwar an der Wirkung der betreffenden Regelung orientieren, eine ausschließlich wirkungsorientierte Begutachtung der Selektivität stellt dies allerdings nicht dar: Die Zweite Kammer des Gerichtshofs bestätigt damit – zumindest in Bezug auf die Sanierungsklausel – die von der herrschenden Meinung vertretene makrosystematische Herangehensweise zur Festlegung der relevanten Normalbesteuerung.[982] Durch eine stärkere Fokussierung auf die makrosystematische Herangehensweise sowie die maßgeblichen Überlegungen für diese Methode, hätte der Europäische Gerichtshof hinsichtlich der Selektivitätsprüfung begünstigender Steuernormen für mehr Rechtssicherheit sorgen können. Die Zweite Kammer hat es allerdings verpasst, der mikrosystematischen Bestimmung eine klare und vor allem allgemein gültige Absage zu erteilen. Der Kritik, das maßgebliche Referenzsystem wäre durch das Gericht zu eng bestimmt und aus einem allgemeinen System künstlich herausgelöst worden, kann wohl keine Allgemeingültigkeit beigemessen werden. Die Ausführungen beziehen sich insoweit lediglich auf die spezifische Verlustberücksichtigungsmöglichkeit im deutschen Ertragsteuerrecht. Verallgemeinerungsfähige Aussagen diesbezüglich hätten die Bedeutung der Entscheidung jedenfalls deutlich erhöht.

980 Ebenso *Linn/Pignot*, IStR 2018, 558 (559), Anm. zu EuGH, Urteil vom 28.06.2018 – C-2013/16 P, *Dirk Andres (Insolvenzverwalter Heitkamp BauHolding)/Kommission.*

981 So bereits *Fetzer/Böser*, DStR 2019, 1177 (1181).

982 So bereits *Fetzer/Böser*, DStR 2019, 1177 (1181); vgl. dazu ausführlich: *Ismer/Karch*, IStR 2014, 130 (133 f.) m. w. N.

Letztlich ist trotz der deutlichen Kritik des Europäischen Gerichtshofs an der Vorgehensweise der Kommission und des Gerichts festzuhalten, dass der Gerichtshof lediglich die fehlerhafte Bestimmung des Referenzsystems rügte und deshalb die Kommissionsentscheidung sowie die erstinstanzlichen Urteile aufhob. Dem Urteil ist aber keine eindeutige und hinreichend klare Aussage dahingehend zu entnehmen, ob die Sanierungsklausel des § 8c Abs. 1a KStG den Charakter einer unionsrechtswidrigen Beihilfe hat oder ob bei dem weiten Verständnis vom Referenzsystem von einer allgemeinen Maßnahme auszugehen ist.[983] Die deutliche Kritik an der Selektivitätsprüfung lässt zumindest auf die Annahme eines fehlenden Beihilfecharakters schließen. Gleichzeitig unterließ es der Europäische Gerichtshof zu einer potentiellen Rechtfertigung Stellung zu beziehen, obwohl dies in Anbetracht der Wirkung der Sanierungsklausel durchaus geboten gewesen wäre.[984]

b) Alternative Herangehensweise

Die selektive Begünstigung der Sanierungsklausel hätte auch anhand einer ausschließlich wirkungsorientierten Betrachtung unter Berücksichtigung einer systemimmanenten Rechtfertigung bewertet werden können. Bei einer ausschließlich wirkungsorientierten Betrachtung wäre erkennbar gewesen, dass § 8c Abs. 1a KStG geeignet ist, insolvente oder überschuldete Körperschaften durch den Erhalt von Verlustverrechnungsmöglichkeiten trotz eines schädlichen Beteiligungserwerbs im Binnenmarkt zu halten.[985] Das Ausscheiden von Unternehmen aus dem Wettbewerb, das auf verschiedenste Gründe zurückgeführt werden kann, ist wesensmäßiger Bestandteil des Wettbewerbs.[986] Demnach durchbricht die Sanierungsklausel den marktwirtschaftlichen Prozess des Ausscheidens aus dem Wettbewerb, indem sie dazu beiträgt, dass Unternehmen im Markt bestehen können, obwohl diese aufgrund einer Überschuldung oder Insolvenz kurz- oder langfristig aus diesem ausscheiden würden.[987] Damit begünstigt die Regelung bestimmte Unternehmen, welche durch den fortbestehenden Verlusterhalt trotz Vorliegens eines qualifizierten Beteiligungserwerbs weiterhin am Wettbewerb teilnehmen können. Des Weiteren sind überschuldete

---

983 Zur fehlenden Feststellung, dass die Sanierungsklausel keine Beihilfe ist *Kessler/Egelhof/Probst*, DStR 2018, 1945 (1948).

984 Siehe hierzu sogleich: C. V. 2. b).

985 So bereits *Fetzer/Böser*, DStR 2019, 1177 (1181).

986 *Marquart*, IStR 2011, 445 (450); *Breuninger/Ernst*, GmbHR 2011, 673 (683 f.).

987 *Marquart*, IStR 2011, 445 (450).

oder insolvente Unternehmen im Sinne des § 8c Abs. 1a KStG, im Vergleich zu überschuldeten, aber sonst gesunden Unternehmen, bei Investoren attraktiver. Während bei Ersteren die bestehenden Verluste in Zukunft weiterhin genutzt werden können, wäre dies bei einem qualifizierten Anteilserwerb bei Letzteren gerade nicht der Fall. Da sich durch die Verlustnutzung die Steuerlast in künftigen Veranlagungszeiträumen reduzieren lässt, würde ein Investor aus ökonomischen Gründen *ceteris paribus* wohl eher in ein insolventes oder überschuldetes Unternehmen im Sinne der Sanierungsklausel investieren als in ein finanziell angeschlagenes, aber sonst gesundes Unternehmen.

Eine Rechtfertigung dieser selektiven Begünstigung könnte aber über die Grund- und Leitprinzipien erfolgen. Nach der Einschätzung von *Jochum* dient die Gesamtnorm des § 8c KStG der Durchsetzung der Besteuerung nach Maßgabe der individuellen Leistungsfähigkeit.[988] Die Besteuerung nach der individuellen Leistungsfähigkeit werde dadurch konkretisiert, dass die wirtschaftliche Identität der Verlustkörperschaft für die Nutzung des Verlustabzugs gewahrt werden müsse.[989] Die wirtschaftliche Identität einer Körperschaft werde in § 8c Abs. 1a KStG typisierend durch die wesentlichen Betriebsstrukturen geprägt.[990] Es sei daher anzunehmen, dass § 8c Abs. 1a KStG typisierend Voraussetzungen definiere, bei denen die wirtschaftliche Identität der Körperschaft ungeachtet der Frage eines schädlichen Beteiligungserwerbs erhalten bleibe.[991] Nach dem Trennungsprinzip bei der Besteuerung von Kapitalgesellschaften sind die Gesellschaftsebene und die Ebene der Gesellschafter zudem grundsätzlich getrennt zu betrachten.[992] Die Besteuerung nach der wirtschaftlichen Leistungsfähigkeit erfordert es daher, dass trotz qualifizierter Änderung auf der Ebene der Gesellschafter die Verlustnutzung im Sanierungsfall zu erhalten ist, wenn die wesentlichen Betriebsstrukturen erhalten bleiben.[993]

---

988 *Jochum*, FR 2011, 497 (498 ff.). Das Leistungsfähigkeitsprinzip erfasst grundsätzlich die individuelle Leistungsfähigkeit von natürlichen Personen oder Unternehmen – Steuergerechtigkeit ist eine individuelle Gerechtigkeit und keine Gruppengerechtigkeit; vgl. ausführlich *Tipke*, Die Steuerrechtsordnung, Band I, 2000, S. 497.

989 *Jochum*, FR 2011, 497 (506).

990 *Jochum*, FR 2011, 497 (505).

991 *Jochum*, FR 2011, 497 (504, 506); sowie *Hackemann/Momen*, BB 2011, 2135 (2139); *Schmiel*, BB 2010, 151 (157).

992 *Desens*, in: Herrmann/Heuer/Raupach, EStG/KStG, 296. EL 2020, Einführung zum KStG Rn. 90; *Hey*, in: Tipke/Lang, Steuerrecht, 2018, § 11 Rn. 1; *Rödding*, in: Lüdicke/Sistermann, Unternehmenssteuerrecht, 2018, § 3 Rn. 23 f.; *Gosch*, in: FS Kirchhof, 2013, § 178 Rn. 2; *Hennrichs*, FR 2010, 721.

993 *Jochum*, FR 2011, 497 (506).

Für die wirtschaftliche Identität einer Körperschaft in Hinblick auf den Verlustuntergang nach § 8c Abs. 1 KStG sowie die Sanierungsklausel nach § 8c Abs. 1a KStG kann es daher zunächst nur auf die Ebene der Gesellschaft ankommen. Demnach muss es einer Körperschaft gestattet werden die vorhandenen Verluste mit Gewinnen in künftigen Veranlagungszeiträumen zu verrechnen, wenn die wesentlichen Betriebsstrukturen, welche die Verluste in der Vergangenheit erlitten bzw. „produziert" haben, erhalten bleiben. Der Erhalt der wesentlichen Betriebsstrukturen, wie z. B. die Einhaltung der Lohnsummenregelung, sowie die Schädlichkeit eines Branchenwechsels verdeutlichen die Bedeutung der wirtschaftlichen Identität für die Verlustnutzung. Besteht die betriebliche Identität der wirtschaftenden Körperschaft unverändert fort, ist die Verlustnutzung trotz Änderung der Beteiligungsverhältnisse steuersystematisch folgerichtig.

Die Sanierungsklausel des § 8c Abs. 1a KStG könnte daher trotz eines möglichen *prima facie* selektiven Charakters über das Prinzip der Leistungsfähigkeit gerechtfertigt werden. Die Besteuerung nach der individuellen Leistungsfähigkeit stellt als Grundprinzip des nationalen Steuerrechts einen geeigneten Rechtfertigungsgrund dar, um eine selektive Abweichung zu rechtfertigen. Nach alledem ist festzuhalten, dass bei einer wirkungsorientierten Betrachtung die Sanierungsklausel zwar eine *prima facie* selektive Maßnahme darstellen würde, diese aber zumindest durch die Grund- und Leitprinzipien gerechtfertigt werden könnte.

VI. Erkenntnisse

Der Entscheidung des Europäischen Gerichtshofs können vor allem im Hinblick auf die Selektivitätsprüfung, der eine wesentliche Bedeutung für den Ausgang eines Beihilfeverfahrens beizumessen ist, weder klare Vorgaben, noch hinreichend eindeutige Orientierungspunkte entnommen werden; lediglich gewisse Tendenzen sind zu erkennen.

Im Wesentlichen ist festzuhalten, dass sich der Europäische Gerichtshof erneut des dreistufigen Schemas zur Bestimmung der Selektivität bedient hat und damit erneut nicht ausschließlich wirkungsorientiert vorgegangen ist. Damit bleibt es wohl weiterhin bei der sogenannten *Gibraltar*-Ausnahme[994], bei

994 EuGH, Urteil vom 15.11.2011 – C-106/09 P und C-107/09 P, *Kommission/Gibraltar*, ECLI:EU:C:2011:732.

der der Gerichtshof die Selektivität des Steuersystems ausschließlich anhand der damit verbundenen Wirkung feststellen konnte.

Gleichwohl können dem Beihilfeverfahren zur Sanierungsklausel des § 8c Abs. 1a KStG überschaubare, aber deshalb nicht weniger relevante Erkenntnisse für die beihilferechtliche Begutachtung der erbschaftsteuerlichen Verschonungsvorschriften entnommen werden.

1. Zunächst verdeutlicht das Beihilfeverfahren zu § 8c Abs. 1a KStG erneut, dass die Wahl des maßgeblichen Referenzsystems entscheidenden Einfluss auf das Ergebnis der Beihilfeprüfung nimmt. Je nach Bestimmung des Referenzsystems stellt die betreffende Maßnahme – ungeachtet der Rechtfertigungsprüfung – einen selektiven Vorteil dar oder nicht. Demnach sollte dieser Aspekt zumindest solange im Mittelpunkt der Begutachtung stehen, wie die Europäische Kommission und die Europäische Gerichtsbarkeit an der klassischen dreistufigen Selektivitätsprüfung festhalten.
2. Es ist weiter davon auszugehen, dass trotz der ständigen Betonung eines wirkungsorientierten Ansatzes bei der Bestimmung der Selektivität vor allem die Konzeption und die formale Ausgestaltung die Art und den Inhalt der Prüfung bestimmen. Denn gerade mit Blick auf die *Gibraltar*-Rechtsprechung[995] offenbart sich, dass die beihilferechtliche Begutachtung weiterhin stark von der formalen Ausgestaltung einer steuerlichen Maßnahme geprägt wird. Während formal als Ausnahmetatbestand erscheinende Steuervergünstigungen regelmäßig der klassischen dreistufigen Selektivitätsprüfung unterzogen werden, soll bei einer im Steuersystem angelegten potentiellen Vergünstigung eine ausschließlich wirkungsorientierte Prüfung stattfinden. Ein einheitlicher Prüfungsmaßstab anhand der Wirkung würde einerseits der nationalen Steuersouveränität mehr Geltung verschaffen und andererseits eine rechtssicherere Einordnung wettbewerbsverfälschender Steuermaßnahmen gewährleisten.
3. Das Beihilfeverfahren zu § 8c Abs. 1a KStG zeigt zudem die Divergenz bei der Bestimmung des maßgeblichen Referenzsystems. Europäische Kommission und Gericht der Europäischen Union haben auf einer Linie liegend ein sehr enges Verständnis vom Referenzsystem. Sie wählen regelmäßig diejenige Regelung als Normalfall, die angewendet werden würde, wenn die potentiell beihilferechtswidrige Regelung nicht bestünde.

995 EuGH, Urteil vom 15.11.2011 – C-106/09 P und C-107/09 P, *Kommission/Gibraltar*, ECLI:EU:C:2011:732.

Die Zweite Kammer des Europäischen Gerichtshofs vertritt hingegen ein weites Verständnis und erteilte dieser eingeschränkten Sichtweise eine Absage. In der Entscheidung zur Sanierungsklausel tritt sie für eine großräumige Bestimmung ein, indem sie betont, dass das maßgebliche Referenzsystem nicht aus einem weiteren Rechtsrahmen „künstlich" extrahiert werden dürfe. Hinsichtlich künftiger Beihilfeverfahren kann daher zumindest bei der Europäischen Gerichtsbarkeit von einer Tendenz zu einem weiten Verständnis ausgegangen werden.

Ob sich diese Tendenz langfristig auf die gesamte Rechtsprechungspraxis der Europäischen Gerichtsbarkeit ausdehnt, ist in Anbetracht der Entscheidung zur Konzernklausel des § 6a GrEStG[996] fraglich.

4. Auch wenn die Verhinderung von missbräuchlichen Konstellationen bei der Sanierungsklausel als Rechtfertigung letztlich nicht durchgreifen konnte, kann der Kommissionsentscheidung zur Sanierungsklausel entnommen werden, dass es sich hierbei grundsätzlich um einen anerkannten Rechtfertigungsgrund handelt.

996 Siehe hierzu: D. II.

D. Die Konzernvergünstigung des § 6a GrEStG

Neben dem Beihilfeverfahren zur Sanierungsklausel, das vor allem hinsichtlich der Ausführungen zur Selektivitätsprüfung beachtenswert ist, stand auch die grunderwerbsteuerliche Vergünstigung bei konzerninternen Umstrukturierungen gemäß § 6a GrEStG im beihilferechtlichen Fokus. Der Bundesfinanzhof warf hier die Frage auf, ob die Steuervergünstigung des § 6a GrEStG eine Beihilfe darstellen könnte, und legte diese Frage dem Europäischen Gerichtshof vor.[997]

I. Die Steuervergünstigung bei konzerninternen Umstrukturierungen: § 6a GrEStG

Seit der Einführung des § 6a GrEStG im Jahr 2010[998] ist dieser immer wieder rechtswissenschaftlicher Kritik ausgesetzt gewesen. Dass es sich bei der Steuervergünstigung nach § 6a GrEStG um eine kontroverse Vorschrift handelt, ist bereits aufgrund mehrerer anhängiger Revisionsverfahren[999] beim Bundesfinanzhof ersichtlich.

1. Entstehungsgeschichte

Die Steuervergünstigung bei Umstrukturierungen im Konzern in § 6a GrEStG wurde mit Art. 7 des Wachstumsbeschleunigungsgesetzes vom 22. Dezember 2009[1000] eingeführt. Die Vorschrift ordnete dabei das erste Mal an, dass die Grunderwerbsteuer nicht erhoben wird, wenn eine Umwandlung im Sinne

---

997 BFH, Beschluss vom 30.05.2017 – II R 62/14, BFHE 257, 381.

998 § 6a GrEStG wurde eingeführt durch das Gesetz zur Beschleunigung des Wirtschaftswachstums (Wachstumsbeschleunigungsgesetz) vom 22. Dezember 2009, BGBl. I 2009, 3950.

999 Unter anderem: BFH, Beschluss vom 25.11.2011 – II R 62/14, BFHE 251, 504, BStBl. II 2016, 167, DStR 2016, 125 mit Anmerkung *Schmid*, DStR 2017, 127 f.; BFH, Beschluss vom 18.7.2017 – II R 53/15 (bis zur Entscheidung des EuGH in dem Verfahren C-374/17 ausgesetzt); BFH, Beschluss vom 18.07.2017 – II R 56/15 (bis zur Entscheidung des EuGH in dem Verfahren C-374/17 ausgesetzt); BFH, Beschluss vom 25.11.2015 – II R 36/14, BFHE 251, 504, BStBl. II 2016, 167.

1000 Gesetz zur Beschleunigung des Wirtschaftswachstums (Wachstumsbeschleunigungsgesetz) vom 22. Dezember 2009, BGBl. I 2009, 3950.

des § 1 Abs. 1 Nr. 1 bis 3 UmwG erfolgt. Die Vorschrift wurde unter anderem mit dem Ziel eingeführt, den Unternehmen krisenfeste und planungssichere Umstrukturierungsbedingungen zu ermöglichen.[1001] Damit sollte auf die Veränderung von Marktverhältnissen flexibler reagiert werden können.[1002] Schließlich sollte die Gewährung der Steuervergünstigung gerade nicht von Zufälligkeiten abhängig sein, sondern lediglich dann greifen, wenn ein Rechtsträgerwechsel innerhalb eines Konzerns erfolgt.[1003]

Mit Art. 12 des OGAW-IV-Umsetzungsgesetzes vom 22. Juni 2011[1004] wurde eine sprachliche Anpassung von § 6a S. 4 GrEStG vorgenommen, wonach das herrschende Unternehmen nicht mehr nur am Kapital des abhängigen Unternehmens beteiligt sein konnte, sondern auch eine Beteiligung am Gesellschaftsvermögen zu mindestens 95 % genügt. Sodann wurde Satz 1 der Vorschrift durch Art. 26 des Amtshilferichtlinie-Umsetzungsgesetzes vom 26. Juni 2013[1005] neu gefasst: Hierbei wurde unter anderem noch der Tatbestand des § 1 Abs. 2 GrEStG mit in den Anwendungsbereich aufgenommen. Eine weitere Änderung der Vorschrift erfolgte mit dem Gesetz zur Anpassung des nationalen Steuerrechts an den Beitritt Kroatiens zur EU und zur Änderung weiterer steuerlicher Vorschriften vom 25. Juli 2014.[1006] In diesem Zusammenhang wurden die Sätze 1 bis 3 des § 6a GrEStG neu gefasst: Die sprachliche Anpassung beinhaltete insbesondere eine Erweiterung des Anwendungsbereiches, da auch aufgrund

---

1001 Gesetzesbegründung aus dem Entwurf eines Gesetzes zur Beschleunigung des Wirtschaftswachstums (Wachstumsbeschleunigungsgesetz) vom 9. November 2009, BT-Drucks. 17/15, S. 21.

1002 Gesetzesbegründung aus dem Entwurf eines Gesetzes zur Beschleunigung des Wirtschaftswachstums (Wachstumsbeschleunigungsgesetz) vom 9. November 2009, BT-Drucks. 17/15, S. 21.

1003 Gesetzesbegründung aus dem Entwurf eines Gesetzes zur Beschleunigung des Wirtschaftswachstums (Wachstumsbeschleunigungsgesetz) vom 9. November 2009, BT-Drucks. 17/15, S. 21.

1004 Gesetz zur Umsetzung der Richtlinie 2009/65/EG zur Koordinierung der Rechts- und Verwaltungsvorschriften betreffend bestimmte Organismen für gemeinsame Anlagen in Wertpapieren (OGAW-IV-Umsetzungsgesetz – OGAW-IV-UmsG) vom 22. Juni 2011, BGBl. I 2011, 1126.

1005 Gesetz zur Umsetzung der Amtshilferichtlinie sowie zur Änderung steuerlicher Vorschriften (Amtshilferichtlinie-Umsetzungsgesetz – AmtshilfeRLUmsG) vom 26. Juni 2013, BGBl. I 2013, 1809.

1006 Gesetz zur Anpassung des nationalen Steuerrechts an den Beitritt Kroatiens zur EU und zur Änderung weiterer steuerlicher Vorschriften 25. Juli 2014, BGBl. I 2014, 1266.

einer gesellschaftsvertraglichen Grundlage erfolgende Erwerbsvorgänge vom Anwendungsbereich der Vorschrift erfasst werden sollten.

2. Die Systematik des § 6a GrEStG

Grunderwerbsteuerpflichtig sind grundsätzlich alle Transaktionen, bei denen eine rechtliche oder wirtschaftliche Übertragung inländischer Grundstücksrechte stattfindet. § 1 Abs. 1 Nr. 3, Abs. 2, Abs. 2a, Abs. 3 oder Abs. 3a GrEStG sieht vor, dass auch Umstrukturierungen innerhalb eines Konzerns grunderwerbsteuerbar sind.

Nach § 6a S. 1 GrEStG wird bei einem grundsätzlich steuerbaren Rechtsvorgang gemäß § 1 Abs. 1 Nr. 3, Abs. 2, Abs. 2a oder Abs. 3 GrEStG, der aufgrund einer Umwandlung i. S. v. § 1 Abs. 1 Nr. 1 bis 3 UmwG erfolgt, die Grunderwerbsteuer nicht erhoben.[1007] Damit soll eine Steuervergünstigung bei Umstrukturierungen im Konzern – namentlich bei einer Verschmelzung gemäß § 1 Abs. 1 Nr. 1 UmwG, bei einer Aufspaltung, Abspaltung und Ausgliederung nach § 1 Abs. 1 Nr. 2 UmwG oder einer Vermögensübertragung gemäß § 1 Abs. 1 Nr. 3 UmwG – erreicht werden.[1008] Von der Grunderwerbsteuer befreit werden allerdings nur diejenigen Transaktionen, die konzernintern oder innerhalb einer Unternehmensgruppe stattfinden. Es bedarf eines entsprechenden Abhängigkeitsverhältnisses sowie nach § 6a S. 3 GrEStG, dass an dem Rechtsvorgang ausschließlich ein herrschendes Unternehmen und ein oder mehrere von diesem herrschenden Unternehmen abhängige Gesellschaften beteiligt sind. Weiterhin erfordert § 6a S. 4 GrEStG, dass das herrschende Unternehmen mit einer qualifizierten Beteiligung von mindestens 95 % am abhängigen Unternehmen mittelbar oder unmittelbar bzw. teils mittelbar oder teils unmittelbar beteiligt ist. Schließlich müssen die Haltefristen gemäß § 6a S. 4 GrEStG eingehalten werden. Demnach muss das herrschende Unternehmen fünf Jahre vor und fünf Jahre nach dem Erwerbsvorgang ununterbrochen an den abhängigen Gesellschaften beteiligt sein.[1009]

1007 § 6a GrEStG in seiner aktuellen Fassung nach dem Gesetz zur Anpassung des nationalen Steuerrechts an den Beitritt Kroatiens zur EU und zur Änderung weiterer steuerlicher Vorschriften vom 25. Juli 2014, BGBl. I 2014, 1266.

1008 BFH, Beschluss vom 25.11.2015 – II R 62/14, BFHE 251, 504, BStBl. II 2016, 167; DStR 2016, 125 mit Anmerkung *Schmid.*

1009 Vgl. allgemein zu den Haltefristen und der Konzernzugehörigkeit *Grondorf*, DB 2019, 1633; vgl. zur Rechtsprechung des BFH zur Grunderwerbsteuer *Mayer/Wagner*, BB 2016, 2519.

II. Das Beihilfeverfahren zu § 6a GrEStG

Der potentielle Beihilfecharakter des § 6a GrEStG[1010] wird insbesondere darin erachtet, dass die Vorschrift eine Steuervergünstigung ausschließlich für Umstrukturierungen innerhalb eines Konzerns oder einer Unternehmensgruppe vorsehe.[1011] Ein vorheriges Prüfverfahren bei der Europäischen Kommission zur Notifizierung der Konzernvergünstigung als beihilfekonforme Maßnahme wurde nicht durchgeführt.

Entsprechend Beachtung hat der Beschluss des Bundesfinanzhofs vom 25. November 2015[1012] gefunden.[1013] Erstmals kamen beim Zweiten Senat Zweifel an der Vereinbarkeit mit Art. 107 Abs. 1 AEUV auf. Der anschließende Vorlagebeschluss des Bundesfinanzhofs vom 30. Mai 2017[1014], mit dem die Frage vorgelegt wurde, ob die Steuerbegünstigung nach § 6a GrEStG eine Beihilfe im Sinne des Art. 107 Abs. 1 AEUV sei, war demnach absehbar. Mit dem Urteil vom 19. Dezember 2018[1015] hat der Europäische Gerichtshof das Vorliegen einer Beihilfe abgelehnt und damit die Vorlagefrage verneint.

1. Der Vorlagebeschluss des BFH zu § 6a GrEStG

Der Zweite Senat des Bundesfinanzhofs gelangte nach seiner beihilferechtlichen Würdigung zu dem Ergebnis, dass die Steuerbegünstigung nach § 6a GrEStG als gerechtfertigt „erscheint".[1016] Wesentlicher Schwerpunkt der beihilferechtlichen Begutachtung durch den Bundesfinanzhof war die Selektivität und die Möglichkeit einer Rechtfertigung über die Grund- und Leitprinzipien des nationalen Steuerrechts.

1010 § 6a GrEStG in der Fassung zum Zeitpunkt des Beschlusses des BFH vom 30.05.2017 – II R 62/14, BFHE 257, 381.

1011 So z. B.: Anmerkung *Schmid*, DStR 2016, 125 (128) und *ders.*, DStR 2017, 1324 (1328); vgl. auch *Günther*, ErbStB 2017, 265.

1012 BFH, Beschluss vom 25.11.2015 – II R 62/14, BFHE 251, 504, BStBl. II 2016, 167.

1013 Siehe zu den Auswirkungen und Handlungsoptionen für Unternehmen *Joisten*, Ubg 2017, 394.

1014 BFH, Beschluss vom 30.05.2017 – II R 62/14, DStR 2017, 1324 mit Anmerkung *Schmid*.

1015 EuGH, Urteil vom 19.12.2018 – C-374/17, *Finanzamt B/A-Brauerei*, ECLI:EU:C:2018:1024.

1016 BFH, Beschluss vom 30.05.2017 – II R 62/14, BFHE 257, 381 Rn. 64.

a) Selektivität der Steuervergünstigung nach § 6a GrEStG

Im Rahmen der Selektivitätsprüfung hat sich der Bundesfinanzhof mit mehreren potentiell beihilferelevanten Differenzierungen beschäftigt und diese ausführlich gewürdigt.

aa) Differenzierung zwischen Wirtschaftsteilnehmern

Nach Auffassung des Bundesfinanzhofs kann bei der Steuerbegünstigung deshalb ein selektiver Vorteil vorliegen, da diese nur für Umwandlungen im Sinne des UmwG gelte. Die Selektivität der Maßnahme könne sich aber auch daraus ergeben, dass nach § 6a S. 3 GrEStG die Begünstigung lediglich für Konzernumstrukturierungen gewährt wird, bei denen eine mittelbare oder unmittelbare Beteiligungsquote von mindestens 95 % gegeben ist und zudem die Mindesthaltedauer von fünf Jahren – jeweils vor und nach dem Erwerbszeitpunkt – eingehalten wird bzw. wurde.[1017]

α) Differenzierung aufgrund der Art der Umwandlung

Da nur Umwandlungen nach § 1 Abs. 1 Nr. 1 bis 3 UmwG begünstigt werden und Wirtschaftsteilnehmer, die Erwerbsvorgänge ohne eine Umwandlung im Sinne des UmwG vornehmen, von der Begünstigung ausgeschlossen sind, könnte eine selektive Begünstigung vorliegen.[1018] Dies wäre selbst dann der Fall, wenn eine Beteiligung von mindestens 95 % vorliegen würde.[1019] Demnach könnten sich die Wirtschaftsteilnehmer, die Erwerbsvorgänge ohne Umwandlung im Sinne des UmwG vornehmen, im Hinblick auf das mit § 1 GrEStG verfolgte Ziel, Rechtsträgerwechsel bei Grundstücken und entsprechenden Vorgängen zu besteuern, in einer vergleichbaren tatsächlichen und rechtlichen Situation befinden wie Wirtschaftsteilnehmer, die Erwerbsvorgänge durch eine Umwandlung im Sinne des UmwG vornehmen: Nur bei Letzteren könne die Steuervergünstigung nach § 6a GrEStG Anwendung finden, bei Erwerbsvorgängen ohne Umwandlung sei eine Befreiung hingegen nicht ersichtlich.[1020] Einschränkend verweist der Zweite Senat jedoch darauf, dass es bei Umwandlungen stets zu einem Rechtsträgerwechsel komme, während andere Erwerbsvorgänge

---

1017 BFH, Beschluss vom 30.05.2017 – II R 62/14, BFHE 257, 381 Rn. 48.
1018 BFH, Beschluss vom 30.05.2017 – II R 62/14, BFHE 257, 381 Rn. 49.
1019 BFH, Beschluss vom 30.05.2017 – II R 62/14, BFHE 257, 381 Rn. 49.
1020 BFH, Beschluss vom 30.05.2017 – II R 62/14, BFHE 257, 381 Rn. 49.

so ausgestaltet werden können, dass sie nicht die in § 6a S. 1 GrEStG genannten Erwerbsvorgänge verwirklichen.[1021]

β) Differenzierung aufgrund der Beteiligungsquote

Eine beihilfeerhebliche Differenzierung zwischen Wirtschaftsteilnehmern könne aber auch daraus folgen, dass § 6a S. 4 GrEStG eine Mindestbeteiligung von 95 % erfordert.[1022] Während Wirtschaftsteilnehmer mit einer Beteiligungsquote von mindestens 95 % die Befreiung von der Grunderwerbsteuer bei Umwandlungen im Sinne des § 6a S. 1 GrEStG in Anspruch nehmen können, erhalten Wirtschaftsteilnehmer ohne eine solche Mindestbeteiligung keine Begünstigung: Insoweit könne ein selektiver Vorteil für die Wirtschaftsteilnehmer mit einer Beteiligung von mindestens 95 % angenommen werden.[1023] Der Bundesfinanzhof verneinte schließlich die selektive Wirkung des Beteiligungserfordernisses in § 6a GrEStG, da sich die Unternehmen mit einer qualifizierten Beteiligung hinsichtlich der Grunderwerbsteuer nicht in einer vergleichbaren Lage befänden wie Unternehmen ohne eine solche Beteiligung.[1024] Als Argument führt der Zweite Senat die Systematik des GrEStG an. Aufgrund § 1 Abs. 2a und Abs. 3 GrEStG entspreche die Übertragung einer qualifizierten Beteiligung von 95 % der Übertragung eines Grundstücks und sei mit Grunderwerbsteuer belastet; die Übertragung einer geringeren Beteiligung löse hingegen keine Grunderwerbsteuer aus.[1025] Zu einer Belastung mit Grunderwerbsteuer könne es nur dann kommen, wenn weitere Anteilseigner Beteiligungen übertragen, sodass insgesamt mindestens 95 % der Anteile auf neue Rechtsträger übergehen.[1026] Dies spreche gegen eine selektive Begünstigung aufgrund einer qualifizierten Beteiligung im Sinne des § 6a S. 3 GrEStG.[1027]

χ) Differenzierung aufgrund der Mindesthaltefristen

Des Weiteren kann nach Auffassung des Bundesfinanzhofs auch die Einhaltung der Mindesthaltefristen von fünf Jahren vor und nach dem Erwerbszeitpunkt keinen selektiven Vorteil begründen.[1028] Wirtschaftsteilnehmer, die eine

---

1021 BFH, Beschluss vom 30.05.2017 – II R 62/14, BFHE 257, 381 Rn. 49.
1022 BFH, Beschluss vom 30.05.2017 – II R 62/14, BFHE 257, 381 Rn. 50.
1023 BFH, Beschluss vom 30.05.2017 – II R 62/14, BFHE 257, 381 Rn. 51.
1024 BFH, Beschluss vom 30.05.2017 – II R 62/14, BFHE 257, 381 Rn. 51.
1025 BFH, Beschluss vom 30.05.2017 – II R 62/14, BFHE 257, 381 Rn. 51.
1026 BFH, Beschluss vom 30.05.2017 – II R 62/14, BFHE 257, 381 Rn. 51.
1027 BFH, Beschluss vom 30.05.2017 – II R 62/14, BFHE 257, 381 Rn. 51.
1028 BFH, Beschluss vom 30.05.2017 – II R 62/14, BFHE 257, 381 Rn. 52.

Umwandlung nach § 6a S. 1 GrEStG zu einem Zeitpunkt vornehmen, zu dem sie noch nicht fünf Jahre am abhängigen Unternehmen beteiligt waren, seien zwar von der Steuervergünstigung ausgeschlossen, dies entspreche aber dem Referenzsystem.[1029] Denn während § 1 Abs. 2a GrEStG auf den Wechsel im Gesellschafterbestand einer Personengesellschaft innerhalb von fünf Jahren abstellt, knüpfe § 6a S. 4 GrEStG für sämtliche Erwerbsvorgänge des § 6a S. 1 GrEStG an eine Mindesthaltedauer von fünf Jahren vor und nach dem Erwerbsvorgang an.[1030]

bb) Rechtfertigung der Maßnahme

Da sich der Zweite Senat bei der Darlegung der Selektivität – offensichtlich – nicht festlegen wollte, prüfte er im Anschluss die Rechtfertigung von § 6a GrEStG für den Fall, dass es sich bei der Maßnahme um eine *prima facie* selektive Maßnahme handeln sollte. Der Senat führte diesbezüglich aus, dass die Vorschrift aus systematischen Gesichtspunkten gleichsam als Einschränkung bzw. Korrektur des Anwendungsbereichs von § 1 Abs. 1 Nr. 3 S. 1, Abs. 2a und Abs. 3 GrEStG zu verstehen sei und damit einer Rechtfertigung zugänglich sei.[1031] Der Anwendungsbereich der § 1 Abs. 1 Nr. 3 S. 1, Abs. 2a und Abs. 3 GrEStG gehe über das Erforderliche hinaus und sei daher über eine Steuerbegünstigung zu beschränken.[1032] Mit der Grunderwerbsteuer sollen nämlich nur Rechtsträgerwechsel bei Grundstücken besteuert werden.[1033] Dieser Zweck werde vor allem durch die Voraussetzungen des § 6a GrEStG, Einhaltung von Mindesthaltefristen und qualifizierten Beteiligungen, ersichtlich, da in diesen Konstellationen ein nicht besteuerungswürdiger (konzerninterner) Rechtsträgerwechsel anzunehmen sei.[1034] Insoweit seien die Voraussetzungen geeignet, den besteuerungsunwürdigen vom besteuerungswürdigen Rechtsträgerwechsel abzugrenzen.[1035] Die qualifizierte Beteiligungsquote von mindestens 95 % erfordere, dass zwischen dem herrschenden Unternehmen und den abhängigen Gesellschaften ein besonderes Abhängigkeitsverhältnis bestehe, sodass der Anwendungsbereich nur auf begünstigungswürdige Erwerbsvorgänge reduziert werde.[1036] Letztlich

1029 BFH, Beschluss vom 30.05.2017 – II R 62/14, BFHE 257, 381 Rn. 52 f.
1030 BFH, Beschluss vom 30.05.2017 – II R 62/14, BFHE 257, 381 Rn. 53.
1031 BFH, Beschluss vom 30.05.2017 – II R 62/14, BFHE 257, 381 Rn. 57.
1032 BFH, Beschluss vom 30.05.2017 – II R 62/14, BFHE 257, 381 Rn. 57.
1033 BFH, Beschluss vom 30.05.2017 – II R 62/14, BFHE 257, 381 Rn. 58.
1034 BFH, Beschluss vom 30.05.2017 – II R 62/14, BFHE 257, 381 Rn. 58.
1035 BFH, Beschluss vom 30.05.2017 – II R 62/14, BFHE 257, 381 Rn. 58.
1036 BFH, Beschluss vom 30.05.2017 – II R 62/14, BFHE 257, 381 Rn. 60.

verhindere der Tatbestand des § 6a S. 4 GrEStG auch, dass sich das erwerbende Unternehmen nur vorübergehend beteiligt, um Umwandlungen ohne grunderwerbsteuerliche Belastung durchzuführen.[1037] Damit könne man ungewollte Mitnahmeeffekte vermeiden.[1038]

Abschließend kommt der Bundesfinanzhof zu dem Ergebnis, dass die Steuerbegünstigung des § 6a GrEStG nicht selektiv sei, da sie jedenfalls gerechtfertigt „erscheint".[1039]

b) *Weitere Voraussetzungen des Beihilfeverbots*

Der Zweite Senat des Bundesfinanzhofs nahm auch zu den Voraussetzungen der Begünstigung sowie zur Wettbewerbsverfälschung und Handelsbeeinträchtigung Stellung.[1040] Er vertrat insoweit die Ansicht, dass eine solche Eignung grundsätzlich jeder Steuerbegünstigung innewohne.[1041] Daher sei die Konzernvergünstigung auch geeignet eine Wettbewerbsverfälschung sowie eine Handelsbeeinträchtigung hervorzurufen.[1042]

c) *Stellungnahme zum Vorlagebeschluss des BFH*

Es war überraschend, dass der Bundesfinanzhof die Frage nach dem Beihilfecharakter von § 6a GrEStG bereits im Rahmen der Beitrittsaufforderung an das Bundesministerium der Finanzen[1043] aufwarf, obwohl diese zuvor zumindest im steuerjuristischen Schrifttum weder angezweifelt noch diskutiert wurde. Gleichwohl war zu erwarten, dass der Bundesfinanzhof diese Frage auch im Rahmen eines Vorlagebeschlusses dem Europäischen Gerichtshof zur Klärung vorlegen würde. Indes kam der Zweite Senat des Bundesfinanzhofs selbst zu dem – etwas wage gehaltenen – Ergebnis, dass in der Steuervergünstigung des § 6a GrEStG wohl keine unzulässige Beihilfe zu sehen ist, da diese trotz möglicherweise selektiven Charakters zumindest als gerechtfertigt „erscheint".[1044]

Die Beihilfeprüfung des Bundesfinanzhofs ist in weiten Teilen systematisch und im Hinblick auf die Selektivitätsprüfung auch konsistent. Dennoch ist zu

1037 BFH, Beschluss vom 30.05.2017 – II R 62/14, BFHE 257, 381 Rn. 61.
1038 BFH, Beschluss vom 30.05.2017 – II R 62/14, BFHE 257, 381 Rn. 61.
1039 BFH, Beschluss vom 30.05.2017 – II R 62/14, BFHE 257, 381 Rn. 64.
1040 BFH, Beschluss vom 30.05.2017 – II R 62/14, BFHE 257, 381 Rn. 62 f.
1041 BFH, Beschluss vom 30.05.2017 – II R 62/14, BFHE 257, 381 Rn. 63.
1042 BFH, Beschluss vom 30.05.2017 – II R 62/14, BFHE 257, 381 Rn. 63.
1043 BFH, Beschluss vom 25.11.2015 – II R 62/14, BFHE 251, 504, BStBl. II 2016, 167.
1044 BFH, Beschluss vom 30.05.2017 – II R 62/14, BFHE 257, 381 Rn. 64.

kritisieren, dass sich der Zweite Senat bei der Feststellung der Selektivität nicht festgelegt hat oder nicht festlegen wollte. Es wäre insoweit erfreulich gewesen, wenn auch der Bundesfinanzhof sein Verständnis von der Bestimmung des Referenzsystems dargelegt und darauf aufbauend die Beihilfeprüfung vorgenommen hätte. Trotz der Betonung des Ziels der Grunderwerbsteuer, Rechtsträgerwechsel bei Grundstücksrechten der Besteuerung zu unterwerfen, verengte der Zweite Senat seinen Blick auf den Tatbestand des § 1 Abs. 2a GrEStG und vernachlässigte damit systematische Ausnahmen von diesem Grundsatz, die bei einem makrosystematischen Ansatz Berücksichtigung gefunden hätten. Beachtenswert ist insoweit, dass der Zweite Senat im Rahmen der Selektivitätsprüfung – auf der Ebene der Rechtfertigung – auf das Ziel der Grunderwerbsteuer, die Besteuerung von Rechtsträgerwechseln, abgehoben hat.

Bei der Rechtfertigungsprüfung verpasst es der Bundesfinanzhof die Vermeidung einer möglichen Doppelbesteuerung in den Mittelpunkt seiner Betrachtung zu rücken. Stattdessen begründet er systematisch das Bedürfnis nach einer Vergünstigung damit, dass der Tatbestand des § 1 Abs. 1 Nr. 3 S. 1, Abs. 2a und Abs. 3 GrEStG zu weit gefasst sei und demnach für bestimmte Konstellationen einzuschränken sei.[1045] Dies sei insbesondere bei konzerninternen Umstrukturierungen der Fall, da diese nach der Intention der Grunderwerbsteuer keine besteuerungswürdigen Rechtsträgerwechsel darstellen.[1046] Diese Argumentation ist durchaus schlüssig und aus dem Blickwinkel der nationalen Steuersystematik folgerichtig.

Im Kontext der beihilferechtlichen Würdigung hätten diese Erwägungen allerdings auf der Ebene des maßgeblichen Referenzsystems berücksichtigt werden müssen, da dies offenbart hätte, dass § 6a GrEStG als allgemeine Maßnahme Teil des Systems der Grunderwerbsteuer ist. Die Steuervergünstigung der Konzernklausel fügt sich nämlich in das System der „Ausnahmevorschriften" des GrEStG ein, bei denen eine Besteuerung eines Rechtsträgerwechsels sich nahestehender Personen nicht beabsichtigt ist.[1047] Das Vorliegen einer Beihilfe wäre dann bereits auf der ersten Stufe der Selektivitätsprüfung abzulehnen gewesen. Wenn die betreffende Regelung einen Teil des Referenzsystems bildet, kommt eine mögliche Abweichung von vornherein nicht in Betracht.

1045 BFH, Beschluss vom 30.05.2017 – II R 62/14, BFHE 257, 381 Rn. 57.

1046 BFH, Beschluss vom 30.05.2017 – II R 62/14, BFHE 257, 381 Rn. 58.

1047 Ebenso *Schumacher*, in: Jahrbuch der Fachanwälte für Steuerrecht 2016/2017, S. 125; *van Lishaut/Schumacher*, in: Rödder/Herlinghaus/van Lishaut, UmwStG, 3. Aufl. 2019, Anh. 10 Rn. 177 f.; *Fetzer/Böser*, DStR 2019, 1177 (1183).

Im Übrigen wird die Vermeidung der Doppelbesteuerung im Rahmen der Rechtfertigung weder diskutiert noch angedeutet. Vor dem Hintergrund, dass dieser Aspekt bereits bei der Differenzierung zwischen Wirtschaftsteilnehmern, die sich im Hinblick auf das mit der Regelung verfolgte Ziel in einer vergleichbaren tatsächlichen und rechtlichen Situation befinden, angesprochen wurde, ist es erstaunlich, dass dies nicht wieder aufgegriffen wurde.[1048] Trotz dieser Versäumnisse innerhalb der Rechtfertigung ist dem Ergebnis der beihilferechtlichen Begutachtung des Bundesfinanzhofs zuzustimmen.

2. Meinungsbild zum Beihilfecharakter des § 6a GrEStG

Die Meinungen, ob in der Begünstigungsvorschrift des § 6a GrEStG eine Beihilfe i. S. v. Art. 107 Abs. 1 AEUV zu sehen ist, divergieren teils stark.

Behrens verneint hinsichtlich der gewährten Steuervergünstigung jedenfalls dann die Beihilfequalität, wenn die Vorschrift richtig ausgelegt werde: [1049] Eine Beihilfe liege nicht vor, wenn das herrschende Unternehmen nicht nach dem umsatzsteuerlichen Unternehmensbegriff definiert werde, sondern vielmehr jeder Rechtsträger mit einer Beteiligung i. H. v. 95 % in Betracht zu ziehen sei.[1050] Dann handle es sich bei § 6a GrEStG nämlich um eine allgemeine Maßnahme und keine selektive Begünstigung, die nur bestimmten Unternehmen gewährt würde.[1051]

Weiterhin seien nach *Behrens* die in § 6a S. 4 GrEStG genannten Haltefristen lediglich als Missbrauchsvermeidungsvorschriften zu verstehen und seien als grundstücksbezogen anzusehen.[1052] Demgemäß sei die gewährte Steuerverschonung als allgemeine Maßnahme zu betrachten, welche unterschiedslos grundsätzlich auf alle Wirtschaftsteilnehmer anwendbar ist.[1053]

Nach Ansicht von *Schumacher/van Lishaut* ist das Vorliegen einer staatlichen Beihilfe unter anderem mit der Begründung abzulehnen, dass im GrEStG neben § 6a GrEStG weitere steuerbefreiende Vorschriften vorhanden sind, die eine

---

1048 Bezeichnend ist insbesondere, dass der EuGH diesen Aspekt im Rahmen seiner Rechtfertigungsprüfung diskutiert und im Ergebnis auch als tauglichen Rechtfertigungsgrund akzeptiert hat, vgl. EuGH, Urteil vom 19.12.2018 – C-374/17, *Finanzamt B/A-Brauerei*, ECLI:EU:C:2018:1024, Rn. 46.

1049 Vgl. *Behrens*, DStR 2016, 785 (786).

1050 Vgl. *Behrens*, DStR 2016, 785 (786).

1051 Vgl. *Behrens*, DStR 2016, 785 (786).

1052 Vgl. *Behrens*, DStR 2016, 785 (786 f.).

1053 Vgl. *Behrens*, DStR 2016, 785 (787).

Steuerbefreiung bei sich nahestehenden Rechtsträgern vorsehen, wie beispielsweise § 3 Nr. 4 und 6 GrEStG.[1054] Demnach stelle die Steuerbefreiung einen Teil des Referenzsystems dar, in das sie sich widerspruchslos einfüge.[1055] Zudem seien die Differenzierungen nicht selektiv, da sie grundsätzlich von jedem Unternehmen erfüllt werden könnten, wie beispielsweise durch ein „Abwarten" der entsprechenden Haltefristen.[1056]

Ebenso sehen *Mörwald/Brühl* in der Konzernklausel des § 6a GrEStG keine unionsrechtswidrige Beihilfe, da diese nicht zwischen bestimmten Unternehmen differenziere und deshalb nicht selektiv wirke.[1057] Zudem sei, unterstellte man die Selektivität, eine Rechtfertigung über den Grundsatz der Steuerneutralität möglich: Das Grunderwerbsteuerrecht wolle systematisch nämlich nur diejenigen Transaktionen besteuern, bei denen ein wirtschaftlicher Grundstücksumsatz stattfinde.[1058] Demnach entspreche die Konzernklausel der Logik und der Funktionsweise des Grunderwerbsteuerrechts.[1059]

Ob in der Steuervergünstigung tatsächlich eine Beihilfe zu sehen ist, lässt *Schnitger* letztlich offen, macht dies aber im Wesentlichen davon abhängig, ob die Vorschrift derart weit gefasst sei, dass sie selbst Teil des Referenzsystems sei.[1060] *Cordewener/Henze* lehnen eine Beihilfe aufgrund mangelnder Selektivität des § 6a GrEStG ab.[1061] Ausgehend von der Leistungsfähigkeit und der Möglichkeit der Vermögensverwendung als Besteuerungszweck der Grunderwerbsteuer sei die Selektivität abzulehnen.[1062] Die Steuervergünstigung des § 6a GrEStG erfasse nur Umstrukturierungen innerhalb eines Konzerns, die grundsätzlich keinen Einfluss auf die Leistungsfähigkeit haben und die finanzielle Gesamtlage des Konzerns nicht berühren.[1063] Folglich seien die von § 6a GrEStG erfassten

---

1054 Vgl. *Schumacher*, in: Jahrbuch der Fachanwälte für Steuerrecht 2016/2017, S. 125; *van Lishaut/Schumacher*, in: Rödder/Herlinghaus/van Lishaut, UmwStG, 3. Aufl. 2019, Anh. 10 Rn. 177.

1055 Vgl. *Schumacher*, in: Jahrbuch der Fachanwälte für Steuerrecht 2016/2017, S. 125; *van Lishaut/Schumacher*, in: Rödder/Herlinghaus/van Lishaut, UmwStG, 3. Aufl. 2019, Anh. 10 Rn. 177.

1056 Vgl. *van Lishaut/Schumacher*, in: Rödder/Herlinghaus/van Lishaut, UmwStG, 3. Aufl. 2019, Anh. 10 Rn. 178.

1057 Vgl. *Mörwald/Brühl*, Der Konzern 2016, 68 (73).

1058 Vgl. *Mörwald/Brühl*, Der Konzern 2016, 68 (74).

1059 Vgl. *Mörwald/Brühl*, Der Konzern 2016, 68 (74).

1060 Vgl. *Schnitger*, IStR 2017, 421 (432).

1061 Vgl. *Cordewener/Henze*, FR 2016, 756 (760).

1062 Vgl. *Cordewener/Henze*, FR 2016, 756 (760).

1063 Vgl. *Cordewener/Henze*, FR 2016, 756 (760).

Unternehmen nicht mit Unternehmen ohne einen solchen Verbund vergleichbar, bei denen ebenso Grundstückstransaktionen stattfinden.[1064]

Der Generalanwalt *Saugmandsgaard Øe* hat in seinen Schlussanträgen betreffend die Steuervergünstigung des § 6a GrEStG die Beihilferechtswidrigkeit ebenso aufgrund mangelnder Selektivität abgelehnt.[1065] Demnach bilde § 1 GrEStG gemeinsam mit § 6a GrEStG den Bezugsrahmen, indem § 6a GrEStG Umwandlungsvorgänge von der Grunderwerbsteuer befreie, die zu keiner Veränderung an der Sachherrschaft über das Grundstück führen, da dieses weiterhin vom selben herrschenden Unternehmen gehalten werde.[1066] Folglich stelle die Steuerbefreiung keine Abweichung vom Bezugsrahmen dar und sei auch nicht selektiv im Sinne des Art. 107 Abs. 1 AEUV.[1067]

Zudem befürwortete der Generalanwalt *Saugmandsgaard Øe* das Kriterium der allgemeinen Verfügbarkeit zur Feststellung der Selektivität einer steuerlichen Maßnahme. Demnach sei ein steuerlicher Vorteil nicht selektiv, wenn das Verhalten, welches für den Erhalt des Vorteils erforderlich ist, von jedem Unternehmen gleichermaßen angenommen werden könne.[1068] Entscheidend sei daher, ob jedes Unternehmen den steuerlichen Vorteil erhalten könnte und nicht, ob es ihn tatsächlich erhält.[1069] Die Methode des Bezugsrahmens erfasse hingegen jedes Differenzierungskriterium und sei daher eher ein allgemeiner Diskriminierungstest.[1070] Diese Methode dehne den Prüfbereich der Europäischen Kommission erheblich aus und führe zu einer Glättung der Steuersysteme der Mitgliedstaaten, die wirtschaftlich, sozial und ökologisch gebotene Differenzierungen enthalten.[1071] Durch das Kriterium der allgemeinen Verfügbarkeit sei

---

1064 Vgl. *Cordewener/Henze*, FR 2016, 756 (760).

1065 Schlussanträge des Generalanwalts *Saugmandsgaard Øe* vom 19.09.2018, C-374/17, *Finanzamt B/A-Brauerei*, ECLI:EU:C:2018:741, Rn. 139; zustimmend *Ellenrieder/Mörwald*, IStR 2018, 861 (867).

1066 Schlussanträge des Generalanwalts *Saugmandsgaard Øe* vom 19.09.2018, C-374/17, *Finanzamt B/A-Brauerei*, ECLI:EU:C:2018:741, Rn. 131.

1067 Schlussanträge des Generalanwalts *Saugmandsgaard Øe* vom 19.09.2018, C-374/17, *Finanzamt B/A-Brauerei*, ECLI:EU:C:2018:741, Rn. 140 ff.

1068 Schlussanträge des Generalanwalts *Saugmandsgaard Øe* vom 19.09.2018, C-374/17, *Finanzamt B/A-Brauerei*, ECLI:EU:C:2018:741, Rn. 71.

1069 Schlussanträge des Generalanwalts *Saugmandsgaard Øe* vom 19.09.2018, C-374/17, *Finanzamt B/A-Brauerei*, ECLI:EU:C:2018:741, Rn. 5.

1070 Schlussanträge des Generalanwalts *Saugmandsgaard Øe* vom 19.09.2018, C-374/17, *Finanzamt B/A-Brauerei*, ECLI:EU:C:2018:741, Rn. 73.

1071 Schlussanträge des Generalanwalts *Saugmandsgaard Øe* vom 19.09.2018, C-374/17, *Finanzamt B/A-Brauerei*, ECLI:EU:C:2018:741, Rn. 77.

die Prüfung nur auf die „schädlichsten" Maßnahmen, wie Einzelbeihilfen oder sektorale Beihilfen beschränkt.[1072] Auch wenn die Methode des Generalanwalts *Saugmandsgaard Øe* im Hinblick auf den Erhalt der Steuerautonomie der Mitgliedstaaten zu begrüßen ist, setzte sich die Große Kammer in ihrem Urteil mit dieser Methode nicht ansatzweise auseinander. Dementsprechend ist davon auszugehen, dass der Europäische Gerichtshof auch in Zukunft an der Methode des Bezugsrahmens festhalten wird.[1073]

Für *Ellenrieder/Mörwald* sei im Hinblick auf das Ergebnis einer Beihilfeprüfung unerheblich, ob das Kriterium der allgemeinen Verfügbarkeit oder die Methode des Bezugsrahmens gewählt werden würde.[1074] Die Konzernklausel sei entweder als allgemeine Maßnahme einzuordnen, da sie grundsätzlich von allen Unternehmen in Anspruch genommen werden könnte oder aber gerechtfertigt, da sie Ausfluss der grunderwerbsteuerlichen Belastungsentscheidung sei und damit auf dem Leistungsfähigkeitsprinzip beruhe.[1075]

Für das Vorliegen einer europarechtswidrigen Beihilfe i. S. v. Art. 107 Abs. 1 AEUV spricht sich indes *Schmid* aus, der die Vorschrift als selektiv wirkende Steuervergünstigung beurteilt, da sie eine Ausnahme von der im GrEStG vorgesehenen Steuerpflicht sämtlicher Grundstücksübertragungen vorsieht.[1076] Des Weiteren habe § 6a GrEStG auch dann einen sehr begrenzten Anwendungsbereich, wenn dieser entsprechend den Vorlagebeschlüssen weiter definiert werde, als es die Finanzverwaltung in den gleichlautenden Erlassen[1077] tue.[1078] Auch könne die Konzernklausel eine Beeinträchtigung des Handels und Verfälschung des Wettbewerbs bewirken.[1079] Letztlich geht *Schmid* auch auf die Frage einer möglichen Rechtfertigung der Beihilfe ein und verneint diese schlussendlich mit dem Verweis darauf, dass die mit der Steuervergünstigung verfolgten

---

1072 Schlussanträge des Generalanwalts *Saugmandsgaard Øe* vom 19.09.2018, C-374/17, *Finanzamt B/A-Brauerei*, ECLI:EU:C:2018:741, Rn. 81.

1073 So bereits *Bartosch*, EU-Beihilfenrecht, 3. Aufl. 2020, B. Rn. 136; *Ellenrieder/Mörwald*, IStR 2018, 861 (867).

1074 Vgl. *Ellenrieder/Mörwald*, IStR 2018, 861 (867).

1075 Vgl. *Ellenrieder/Mörwald*, IStR 2018, 861 (867).

1076 Vgl. *Schmid*, DStR 2016, 125 (127 f.).

1077 Siehe gleichlautende Erlasse der obersten Finanzbehörden der Länder vom 19. Juni 2012, DStR 2012, 1556.

1078 Vgl. *Schmid*, DStR 2016, 125 (128).

1079 Vgl. *Schmid*, DStR 2016, 125 (128).

Ziele nicht systemimmanent seien.[1080] Eine Rechtfertigung aufgrund der Natur oder des inneren Aufbaus des Steuersystems scheide demgemäß aus.[1081]

3. Das Urteil des EuGH zu § 6a GrEStG

Mit dem Urteil vom 19. Dezember 2018 stellte der Europäische Gerichtshof schließlich fest, dass es sich bei § 6a GrEStG zwar um eine *prima facie* selektive, aber gerechtfertigte Steuervergünstigung handle.[1082] In den Entscheidungsgründen setzte er sich vor allem mit dem Selektivitätskriterium auseinander, sodass dem Urteil keinerlei Ausführungen zur Begünstigung oder Staatlichkeit der Mittel zu entnehmen sind. Auch wenn dahingehende Erläuterungen weder das Ergebnis der Beihilfeprüfung beeinflusst noch die Entscheidung aufgewertet hätten, zeigt sich darin abermals die Bedeutung der Selektivität.

a) Selektivität

Zu Beginn seiner Selektivitätsprüfung stellte der Gerichtshof unter Verweis auf das *World Duty Free*-Urteil[1083] zunächst klar, dass der selektive Charakter einer Beihilfe dadurch begründet werden könne, dass die Maßnahme zwischen Wirtschaftsteilnehmern, die sich im Hinblick auf das mit der betreffenden Maßnahme verfolgte Ziel in einer vergleichbaren tatsächlichen und rechtlichen Lage befinden, unterscheide und daher Unternehmen, die nicht von der Regelung erfasst werden, ungleich behandelt werden.[1084]

Beachtenswert sind auch die Ausführungen zu Beginn der Selektivitätsprüfung in Bezug auf die gesetzgeberische Konzeption einer Maßnahme. Die Große Kammer betont insoweit, dass die verwendete Gesetzeskonzeption nicht hinreichend sei, um die Selektivität einer steuerlichen Maßnahme nachzuweisen und es auch nicht erforderlich sei, dass sie von der allgemeinen Steuerregelung abweiche.[1085] Die Tatsache eines abweichenden Charakters einer Maßnahme sei

---

1080 Vgl. *Schmid*, DStR 2016, 125 (128).

1081 Vgl. *Schmid*, DStR 2016, 125 (128).

1082 EuGH, Urteil vom 19.12.2018 – C-374/17, *Finanzamt B/A-Brauerei*, ECLI:EU:C:2018:1024.

1083 EuGH, Urteil vom 21.12.2016 – C-20/15, *Kommission/World Duty Free Group*, ECLI:EU:C:2016:981, Rn. 86.

1084 EuGH, Urteil vom 19.12.2018 – C-374/17, *Finanzamt B/A-Brauerei*, ECLI:EU:C:2018:1024, Rn. 22.

1085 EuGH, Urteil vom 19.12.2018 – C-374/17, *Finanzamt B/A-Brauerei*, ECLI:EU:C:2018:1024, Rn. 31 ff.

für den Nachweis der Selektivität aber dann beachtlich, wenn dieser zur Folge habe, dass eine Differenzierung zwischen zwei Gruppen von Unternehmen stattfinde und diese *a priori* ungleich behandelt werden.[1086] Demnach ist die Regelungstechnik für die Feststellung der Selektivität zwar nicht entscheidend, stellt aber zumindest ein hinreichendes Indiz dar.

aa) Prima facie selektiver Vorteil

Der Europäische Gerichtshof bestimmte als Normalbesteuerung die Vorschriften des GrEStG, „die in ihrer Gesamtheit den Steuergegenstand und den Steuerentstehungstatbestand festlegen."[1087] Dieses Referenzsystem konkretisierte er sodann auf die steuerbaren Vorgänge nach § 1 Abs. 1 Nr. 3, Abs. 2a und Abs. 3 GrEStG.[1088] Die Große Kammer legte der Bestimmung daher zunächst ein weites Verständnis des Referenzsystems zugrunde, verengte den maßgeblichen Referenzrahmen dann aber auf diejenigen Normen, die bei Nichtexistieren des § 6a GrEStG direkt zur Anwendung kämen.[1089] Die durch § 6a GrEStG hervorgerufene Unterscheidung bestehe nach Ansicht des Gerichtshofs darin, dass nur Gesellschaften mit konzerninternen Umwandlungen gemäß § 6a GrEStG von der Grunderwerbsteuer befreit werden, während andere Gesellschaften ohne Konzernverbund bei entsprechenden Umwandlungen der Grunderwerbsteuer unterliegen.[1090] Die Steuervergünstigung stehe folglich denjenigen Steuerpflichtigen nicht zur Verfügung, bei denen ein zivilrechtlicher Rechtsträgerwechsel von einer natürlichen oder juristischen Person auf eine andere stattfindet.[1091] Gleichwohl befänden sich diese nach Ansicht des Gerichtshofs im Hinblick auf das mit der Grunderwerbsteuer verfolgte Ziel, die Besteuerung von Rechtsträgerwechseln, in einer vergleichbaren tatsächlichen und rechtlichen Lage.[1092]

1086 EuGH, Urteil vom 19.12.2018 – C-374/17, *Finanzamt B/A-Brauerei*, ECLI:EU:C:2018:1024, Rn. 33.

1087 EuGH, Urteil vom 19.12.2018 – C-374/17, *Finanzamt B/A-Brauerei*, ECLI:EU:C:2018:1024, Rn. 37.

1088 EuGH, Urteil vom 19.12.2018 – C-374/17, *Finanzamt B/A-Brauerei*, ECLI:EU:C:2018:1024, Rn. 41.

1089 So bereits *Fetzer/Böser*, DStR 2019, 1177 (1182).

1090 EuGH, Urteil vom 19.12.2018 – C-374/17, *Finanzamt B/A-Brauerei*, ECLI:EU:C:2018:1024, Rn. 42.

1091 EuGH, Urteil vom 19.12.2018 – C-374/17, *Finanzamt B/A-Brauerei*, ECLI:EU:C:2018:1024, Rn. 42.

1092 EuGH, Urteil vom 19.12.2018 – C-374/17, *Finanzamt B/A-Brauerei*, ECLI:EU:C:2018:1024, Rn. 42.

Die Steuerbefreiung nach § 6a GrEStG differenziere daher zwischen Gesellschaften, bei denen eine konzerninterne Umwandlung stattfindet und die deshalb von der Konzernvergünstigung erfasst werden, und Gesellschaften, die ebenso eine Umwandlung vornehmen, diese aber nicht innerhalb eines Konzerns erfolgt.[1093] Daher begünstige § 6a GrEStG „offenkundig" nur qualifiziert beteiligte Unternehmen, die die entsprechenden Haltefristen einhielten, gegenüber anderen Unternehmen, die diese Voraussetzungen nicht erfüllten und folglich nicht in den Anwendungsbereich von § 6a GrEStG fallen.[1094] Die Differenzierung werde aufgrund der erforderlichen Beteiligungsquote von 95 % nach Ansicht des Gerichtshofs dadurch verschärft, dass zusätzlich die Beteiligung fünf Jahre vor und fünf Jahre nach dem maßgeblichen Umwandlungsvorgang ununterbrochen bestehen müsse.[1095] Damit kam die Große Kammer zur Feststellung, dass die Steuervergünstigung des § 6a GrEStG *prima facie* selektiv sei.[1096]

bb) Rechtfertigung

Trotz der vergleichsweise restriktiven Anwendung von Rechtfertigungsgründen bei *prima facie* selektiven Maßnahmen sowie der ablehnenden Haltung gegenüber der Rechtfertigung von Steuervergünstigungen durch den Europäischen Gerichtshof, [1097] hält dieser die selektive Abweichung vom Grundsatz der Besteuerung des grundstücksbezogenen Rechtsträgerwechsels durch § 6a GrEStG für gerechtfertigt.

Zum einen soll § 6a GrEStG verhindern, dass es zu einer übermäßigen Besteuerung komme:[1098] Die Übertragung eines Grundstücks aufgrund eines konzerninternen Umwandlungsvorgangs nach § 1 Abs. 2a und Abs. 3 GrEStG werde nämlich bereits beim erstmaligen Erwerb mit Grunderwerbsteuer belastet, sofern die Gesellschaft als Grundstückseigentümerin in einem Konzern aufgeht und die Beteiligung mindestens 95 % beträgt.[1099] Ohne § 6a GrEStG würde

1093 EuGH, Urteil vom 19.12.2018 – C-374/17, *Finanzamt B/A-Brauerei*, ECLI:EU:C:2018:1024, Rn. 42.

1094 Vgl. *Fertig*, DB 2019, 25.

1095 EuGH, Urteil vom 19.12.2018 – C-374/17, *Finanzamt B/A-Brauerei*, ECLI:EU:C:2018:1024, Rn. 43.

1096 EuGH, Urteil vom 19.12.2018 – C-374/17, *Finanzamt B/A-Brauerei*, ECLI:EU:C:2018:1024, Rn. 42 f.

1097 Vgl. *Cloer/Vogel*, BB 2019, 151 (153); *Fetzer/Böser*, DStR 2019, 1177 (1183).

1098 EuGH, Urteil vom 19.12.2018 – C-374/17, *Finanzamt B/A-Brauerei*, ECLI:EU:C:2018:1024, Rn. 46 ff.

1099 EuGH, Urteil vom 19.12.2018 – C-374/17, *Finanzamt B/A-Brauerei*, ECLI:EU:C:2018:1024, Rn. 46.

nämlich zunächst der Erwerb der Beteiligung und zu einem späteren Zeitpunkt die konzerninterne Umwandlung – beispielsweise durch Verschmelzung – mit Grunderwerbsteuer belastet werden.[1100] Die zweite Umwandlung würde daher erneut Grunderwerbsteuer auslösen und somit faktisch doppelt besteuert werden.[1101] Läge nun eingangs eine geringere Beteiligung als 95 % vor, so würde der Erwerb durch das beherrschende Unternehmen eingangs zu keiner Belastung mit Grunderwerbsteuer führen, da die Voraussetzungen des § 1 Abs. 2a und Abs. 3 GrEStG nicht erfüllt wären.[1102] Bei einer konzerninternen Umwandlung würde mangels entsprechender Beteiligungsquote dann auch nicht die Befreiung des § 6a GrEStG greifen.[1103] Dementsprechend könne es in dieser Konstellation nicht zu einer Doppelbesteuerung kommen.[1104] Die Differenzierung aufgrund des Beteiligungserfordernisses und der entsprechenden Haltefristen könne daher durch den kohärierenden Zweck des „ordnungsgemäßen Funktionieren" des Grunderwerbsteuersystems, „eine doppelte und damit übermäßige Besteuerung zu vermeiden", gerechtfertigt werden.[1105]

Zum anderen diene § 6a GrEStG auch dem Ziel der Vermeidung von Steuermissbrauch: Durch die geforderten Vor- und Nachhaltefristen können ungewollte Mitnahmeeffekte unterbunden werden.[1106] Eine missbräuchliche Anwendung der Steuerbefreiung werde vermieden, da Beteiligungsverhältnisse nach dem Umwandlungsvorgang nicht wieder reduziert werden oder nur vorübergehend geschaffen werden können.[1107] Damit stellen die Vermeidung einer übermäßigen Belastung bzw. einer Doppelbesteuerung und das Ziel, Steuermissbrauch zu

---

1100 EuGH, Urteil vom 19.12.2018 – C-374/17, *Finanzamt B/A-Brauerei*, ECLI:EU:C:2018:1024, Rn. 46.

1101 EuGH, Urteil vom 19.12.2018 – C-374/17, *Finanzamt B/A-Brauerei*, ECLI:EU:C:2018:1024, Rn. 46.

1102 EuGH, Urteil vom 19.12.2018 – C-374/17, *Finanzamt B/A-Brauerei*, ECLI:EU:C:2018:1024, Rn. 47.

1103 Vgl. Schlussanträge des Generalanwalts *Saugmandsgaard Øe* vom 19.09.2018, C-374/17, *Finanzamt B/A-Brauerei*, ECLI:EU:C:2018:741, Rn. 175; EuGH, Urteil vom 19.12.2018 – C-374/17, *Finanzamt B/A-Brauerei*, ECLI:EU:C:2018:1024, Rn. 47.

1104 EuGH, Urteil vom 19.12.2018 – C-374/17, *Finanzamt B/A-Brauerei*, ECLI:EU:C:2018:1024, Rn. 47.

1105 EuGH, Urteil vom 19.12.2018 – C-374/17, *Finanzamt B/A-Brauerei*, ECLI:EU:C:2018:1024, Rn. 50.

1106 EuGH, Urteil vom 19.12.2018 – C-374/17, *Finanzamt B/A-Brauerei*, ECLI:EU:C:2018:1024, Rn. 51.

1107 EuGH, Urteil vom 19.12.2018 – C-374/17, *Finanzamt B/A-Brauerei*, ECLI:EU:C:2018:1024, Rn. 51.

verhindern, dem Steuerrecht inhärente Ziele dar und rechtfertigten die *prima facie* selektive Konzernklausel.[1108]

b) *Ergebnis*

Schließlich entschied die Große Kammer des Europäischen Gerichtshofs, dass die Konzernklausel des § 6a GrEStG zwar eine *prima facie* selektive Maßnahme darstelle, aber durch die Natur und den Aufbau des Steuersystems gerechtfertigt sei.[1109] Die Vorlagefrage des Bundesfinanzhofs, ob § 6a GrEStG eine selektive Begünstigung im Sinne des Art. 107 Abs. 1 AEUV ist, wurde daher verneint.[1110]

4. Stellungnahme und alternative Herangehensweise

a) *Stellungnahme zum Urteil des EuGH*

Entsprechend der Prüfung des Bundesfinanzhofs beschränkte sich auch der Europäische Gerichtshof im Wesentlichen auf die Selektivität von § 6a GrEStG sowie einer möglichen Rechtfertigung. Indem die Große Kammer der Regelungstechnik eine gewisse Indizwirkung beimisst, offenbarte sie entgegen der regelmäßigen Betonung des wirkungsorientierten Ansatzes, dass die Ausgestaltung des Steuersystems jedenfalls nicht völlig unbeachtlich ist.

Obwohl die Große Kammer eingangs der Selektivitätsprüfung sämtliche Rechtsvorschriften des GrEStG als Bezugsrahmen bestimmt, verengt sie diese sodann auf die Regelung des § 1 Abs. 1 Nr. 3, Abs. 2a und Abs. 3 GrEStG.[1111] Indem sie das Referenzsystem damit auf den Tatbestand bezieht, der ohne die Steuervergünstigung des § 6a GrEStG gelten würde, ist dies wohl als eher kleinräumige Herangehensweise zu verstehen.[1112] Gleichwohl lassen aber die Ausführungen, dass das gesamte Steuersystem in Bezug zu nehmen sei, ein weiträumiges Grundverständnis erkennen. Auf den ersten Blick erscheinen diese

---

1108 EuGH, Urteil vom 19.12.2018 – C-374/17, *Finanzamt B/A-Brauerei*, ECLI:EU:C:2018:1024, Rn. 52.

1109 EuGH, Urteil vom 19.12.2018 – C-374/17, *Finanzamt B/A-Brauerei*, ECLI:EU:C:2018:1024, Rn. 52.

1110 EuGH, Urteil vom 19.12.2018 – C-374/17, *Finanzamt B/A-Brauerei*, ECLI:EU:C:2018:1024, Rn. 53.

1111 EuGH, Urteil vom 19.12.2018 – C-374/17, *Finanzamt B/A-Brauerei*, ECLI:EU:C:2018:1024, Rn. 41.

1112 Ebenso *Cloer/Vogel*, BB 2019, 151 (152); *Fetzer/Böser*, DStR 2019, 1177 (1182); a. A. *Fertig*, DB 2019, 25.

Erwägungen widersprüchlich, da nicht das gesamte Steuersystem und die Regelung des § 1 Abs. 1 Nr. 3, Abs. 2a und Abs. 3 GrEStG gleichzeitig Referenzsystem für § 6a GrEStG sein können. Demgegenüber könnte der vermeintliche Widerspruch nur Folge einer sprachlichen Ungenauigkeit sein, da die Große Kammer lediglich die Normen hervorheben wollte, die als Steuertatbestände im Hinblick auf § 6a GrEStG beachtlich sind. Letztlich fehlt es aber dennoch an einem ausdrücklichen Bekenntnis zum weiten Verständnis bei der Bestimmung des Referenzsystems. Es wäre zu begrüßen gewesen, wenn die Große Kammer entsprechend den Ausführungen der Zweiten Kammer des Gerichtshofs zur Sanierungsklausel[1113] die Vorgehensweise klarer herausgestellt hätte und insoweit eine eindeutige Zuordnung ermöglicht hätte.

Der Europäische Gerichtshof hätte bei einem weiten Verständnis vom Referenzsystem feststellen können, dass die Steuervergünstigung des § 6a GrEStG der Grundbelastungsentscheidung der Grunderwerbsteuer entspricht und daher ein systematischer Widerspruch zur Normalbesteuerung nicht existiert.[1114] Hinsichtlich des richtigen Referenzsystems ist auch den Ausführungen des Generalanwalts *Saugmandsgaard Øe* zuzustimmen, da dieser folgerichtig die Steuerbefreiung des § 6a GrEStG gemeinsam mit § 1 GrEStG als maßgeblichen Bezugsrahmen ansieht.[1115] Ungeachtet dessen, dass der Generalanwalt für eine Selektivitätsprüfung nach dem Kriterium der allgemeinen Verfügbarkeit plädiert[1116], verdeutlicht dies sein weiträumiges Verständnis unter der Berücksichtigung der gesetzgeberischen Belastungsentscheidung. Ausgehend vom Ziel der Grunderwerbsteuer, der Besteuerung von Rechtsträgerwechseln bei Grundstücksrechten, konstatieren *van Lishaut/Schumacher* überzeugend, dass das GrEStG weitere Ausnahmetatbestände kennt, die aufgrund eines besonderen Näheverhältnisses zwischen den Rechtsträgern als nicht besteuerungswürdig anzusehen sind: So weicht etwa die Übertragung unter Ehegatten gemäß § 3 Nr. 4 GrEStG oder die Übertragung auf die Gesamthand nach § 5 GrEStG

1113 EuGH, Urteil vom 28.06.2018 – C-209/16 P, *Deutschland/Kommission*, ECLI:EU:C:2018:507, Rn. 99.

1114 *Ellenrieder/Mörwald*, IStR 2018, 861 (867).

1115 Schlussanträge des Generalanwalts *Saugmandsgaard Øe* vom 19.09.2018, C-374/17, *Finanzamt B/A-Brauerei*, ECLI:EU:C:2018:741, Rn. 131.

1116 Schlussanträge des Generalanwalts *Saugmandsgaard Øe* vom 19.09.2018, C-374/17, *Finanzamt B/A-Brauerei*, ECLI:EU:C:2018:741, Rn. 71 ff.

von der grundsätzlichen Grunderwerbsteuerpflicht ab.[1117] Rechtsträgerwechsel unter sich nahestehenden Steuerpflichtigen sollen systematisch nicht mit Grunderwerbsteuer belastet werden, dies gilt auch für § 6a GrEStG.[1118]

Zutreffend stellen *Cordewener/Henze* fest, dass sich in diesen Fällen zwar formell die Zuordnung der Grundstücksrechte ändert, bei wirtschaftlicher Betrachtung aber von unveränderten Zugriffsmöglichkeiten auszugehen ist.[1119] Gerade bei konzerninternen Umstrukturierungen ändert sich bei den geforderten Beteiligungsquoten wirtschaftlich nichts an der Zuordnung der Grundstücksrechte, da sich durch die Umstrukturierung weder etwas an der Leistungsfähigkeit noch an der Vermögenswendung des herrschenden Unternehmens ändert.[1120] Das herrschende Unternehmen hat nach Durchführung einer Umwandlung im Sinne des § 6a GrEStG die gleichen Zugriffs- und Verwertungsmöglichkeiten wie bereits vor der Umstrukturierung. Wenn es zu einer erhöhten Leistungsfähigkeit des herrschenden Unternehmens oder sogar des gesamten Konzerns kommen sollte, kann dies unter Umständen auf eine betriebswirtschaftliche Effizienzsteigerung zurückzuführen sein, welche möglicherweise Anlass der Umstrukturierung gewesen sein könnte.

Allerdings hat die Große Kammer der Regelung des § 1 Abs. 6 S. 2 GrEStG in seinen Urteilsgründen keine Beachtung geschenkt. Durch den § 1 Abs. 6 S. 2 GrEStG wird die Grunderwerbsteuer vermieden, indem die Grunderwerbsteuer nur insoweit erhoben wird, als dass die Bemessungsgrundlage für den späteren Rechtsvorgang den Betrag übersteigt, von dem die Grunderwerbsteuer im vorherigen Rechtsvorgang erhoben wurde. Damit findet faktisch auf der Ebene der Bemessungsgrundlage eine Anrechnung statt. Bei aufeinanderfolgenden Rechtsvorgängen unter Beibehaltung der Bemessungsgrundlage kann die Grunderwerbsteuer insoweit vermieden werden, sodass es in der Regel auf die Anwendung des § 6a GrEStG nicht ankommt. Diesen Umstand hätte der Europäische Gerichtshof bei Berücksichtigung des Gesamtsystems erkennen und somit auch im Rahmen seiner Selektivitätsprüfung würdigen können.

1117 *Schumacher*, in: Jahrbuch der Fachanwälte für Steuerrecht 2016/2017, S. 125; *van Lishaut/Schumacher*, in: Rödder/Herlinghaus/van Lishaut, UmwStG, 3. Aufl. 2019, Anh. 10 Rn. 177.

1118 So bereits *Schumacher*, in: Jahrbuch der Fachanwälte für Steuerrecht 2016/2017, S. 125; *Linn/Pignot*, IStR 2018, 558 (559), Anm. zu EuGH, Urteil vom 28.06.2018 – C-2013/16 P, *Dirk Andres (Insolvenzverwalter Heitkamp BauHolding)/Kommission*; *Fetzer/Böser*, DStR 2019, 1177 (1183).

1119 *Cordewener/Henze*, FR 2016, 756 (760).

1120 *Cordewener/Henze*, FR 2016, 756 (760).

Dennoch ist das Urteil des Europäischen Gerichtshofs in weiten Teilen zustimmungswürdig, da vor allem auf der Ebene der Rechtfertigung steuersystematische Erwägungen miteinbezogen werden und sowohl die übermäßige Belastung als auch die Verhinderung von missbräuchlichen Gestaltungen als Rechtfertigungsgründe durchgreifen.[1121] Damit nimmt die Große Kammer die systematischen und teleologischen Erwägungen zumindest auf der Ebene der Rechtfertigung auf. Diese hätten zwar bereits zu Beginn der Selektivitätsprüfung Beachtung finden können, aber dennoch ist es begrüßenswert, dass diese überhaupt berücksichtigt wurden.[1122]

Es ist als ein Novum anzusehen, dass der Gerichtshof die Konzernklausel als gerechtfertigt einstufte. Darin ist, wie *Cloer/Vogel* zutreffend feststellen, eine Erweiterung sowie Öffnung der Rechtfertigungsmöglichkeiten gerade im Hinblick auf beihilfekritische nationale Steuervergünstigungen zu sehen.[1123] Dass die Vermeidung einer Doppelbesteuerung und die Verhinderung des Steuermissbrauchs als mögliche Rechtfertigungsgründe herangezogen werden können, ist beihilfesystematisch richtig und vor allem aus steuersystematischen Erwägungen geboten.[1124]

b) Alternative Herangehensweise

Auch im Rahmen einer wirkungsorientierten Herangehensweise hätte die fehlende Beihilfequalität des § 6a GrEStG herausgearbeitet werden können. Die Grunderwerbsteuer soll dann nicht anfallen, wenn aus ökonomischer Sicht der Erwerb einer Sachherrschaft überhaupt nicht stattfindet. Insbesondere wenn sich trotz formal stattfindenden Rechtsträgerwechsels an der wirtschaftlichen Zuordnung, mithin an der wirtschaftlichen Sachherrschaft nichts ändert, würde es dem Ziel der Grunderwerbsteuer widersprechen, diesen Vorgang zu besteuern.[1125] Dies ist bei den von § 6a GrEStG erfassten Sachverhalten der Fall. Wird beispielsweise innerhalb einer Konzernstruktur eine Verschmelzung

---

1121 So bereits die Stellungnahme des Autors zusammen mit *Fetzer*: *Fetzer/Böser*, DStR 2019, 1177 (1183 f.).

1122 Siehe bereits *Fetzer/Böser*, DStR 2019, 1177 (1183).

1123 Vgl. *Cloer/Vogel*, BB 2019, 151 (153).

1124 So bereits *Fetzer/Böser*, DStR 2019, 1177 (1184).

1125 Siehe zum Ziel der Grunderwerbsteuer *van Lishaut/Schumacher*, in: Rödder/Herlinghaus/van Lishaut, UmwStG, 3. Aufl. 2019, Anh. 10 Rn. 177; *Cordewener/Henze*, FR 2016, 756 (760); *Ellenrieder/Mörwald*, IStR 2018, 861 (867); *Mörwald/Brühl*, Der Konzern 2016, 68 (73).

einer Tochtergesellschaft auf eine weitere Tochtergesellschaft vorgenommen, so gehen in diesem Zusammenhang auch bestehende Grundstücksrechte über. Bei einer formalen Betrachtung dieses Vorgangs läge ein zu besteuernder Erwerb der Sachherrschaft vor, da zumindest rechtlich die Grundstücksrechte einem anderen Rechtsträger zugeordnet werden. Ökonomisch betrachtet ist ein besteuerungswürdiger Rechtsträger allerdings abzulehnen. An der wirtschaftlichen Zuordnung innerhalb des Konzerns ändert die Verschmelzung nämlich nichts: Das herrschende Unternehmen verfügt weiterhin über die gleiche Sachherrschaft, sodass trotz veränderter Zuordnung wirtschaftlich keine Änderung eintritt.[1126] Mangels einer begünstigenden Wirkung würde eine Besteuerung dieser Vorgänge dem Ziel der Grunderwerbsteuer zuwiderlaufen.

Die Ablehnung des Beihilfecharakters des § 6a GrEStG kann zudem auch auf Erwägungen des Leistungsfähigkeitsprinzips gestützt werden. Nach der herrschenden Meinung stellt die Grunderwerbsteuer eine Einkommen- und Vermögensverwendungssteuer dar, die über die wirtschaftliche Leistungsfähigkeit des Erwerbers gerechtfertigt wird.[1127] Mit der Grunderwerbsteuer als Verkehrsteuer soll die nachfrageintendierte Zahlungsfähigkeit steuerlich belastet werden.[1128] Die Zahlungsfähigkeit des Erwerbers impliziert dessen Leistungsfähigkeit, indem die anfallende Steuer aus dem vorhandenen Einkommen zu entrichten ist.[1129]

Der Erwerb der Sachherrschaft über ein Grundstück – ungeachtet der gesellschaftsrechtlichen Umstände des Erwerbs – setzt daher die Leistungsfähigkeit des Erwerbers voraus, welche zum Anlass der Besteuerung genommen wird. Ist demnach der Erwerb gerade nicht Ausdruck der Leistungsfähigkeit des Erwerbers, so besteht kein Anlass zur Besteuerung dieses Vorgangs. Im Übrigen ist der Anknüpfungspunkt der Grunderwerbsteuer bei Umstrukturierungsvorgängen die veränderte Eigentumszuordnung und nicht die gesellschaftsrechtliche Neuordnung.[1130] Da mit konzerninternen Umstrukturierungen üblicherweise

1126 So auch *Cordewener/Henze*, FR 2016, 756 (760); *Mörwald/Brühl*, Der Konzern 2016, 68 (73 f.).

1127 *Mörwald/Brühl*, Der Konzern 2016, 68 (73) unter Bezug auf *Tipke*, Die Steuerrechtsordnung, Band II, 2. Aufl. 2003, S. 1018; *Kirchhof*, in: Handbuch des Staatsrechts, 3. Aufl. 2007, § 118 Rn. 247 f.; *Schaumburg*, in: FS Reiss, 2008, 25 (35); *Hey*, in: FS Spiegelberger, 2009, 225 (226 f.); *Desens*, in: FS Kirchhof, 2013, § 189 Rn. 12, 14, 16; *Englisch*, in: Tipke/Lang, Steuerrecht, 2018, § 18 Rn. 4; *Seer*, in: Tipke/Lang, Steuerrecht, 2018, § 2 Rn. 49.

1128 *Kirchhof*, in: Handbuch des Staatsrechts, 3. Aufl. 2007, § 118 Rn. 247 f.

1129 BVerfG, Beschluss vom 08.01.1999 – 1 BvL 14/98, BStBl. II 1999, 152 (155 f.).

1130 *Loose*, in: Boruttau, GrEStG, 19. Aufl. 2018, Vorb. Rn. 186.

„keine leistungsfähigkeitsindizierende Vermögensdisposition“ einhergeht, wäre es demnach systemwidrig diese einer Besteuerung zu unterwerfen.[1131] Zudem fehlt es bei derartigen Umstrukturierungen an einer Marktüberführung.[1132]

Aus ökonomischer Sicht kommt bei solchen Rechtsträgerwechseln nicht die Leistungsfähigkeit des Erwerbers zum Ausdruck, da ein wirtschaftlicher Grundstücksumsatz nicht stattfindet.[1133] Die formale Neuordnung der Sachherrschaft innerhalb des Konzerns ist nicht mit einer Transaktion am freien Markt vergleichbar. Auf die Leistungsfähigkeit der Beteiligten kommt es insoweit nicht an. Die Beihilfeeigenschaft des § 6a GrEStG ist demnach zu verneinen, weil er zur Verwirklichung des intendierten Ziels der Grunderwerbsteuer beiträgt und eine Besteuerung nicht mit dem Leistungsfähigkeitsprinzip in Einklang zu bringen wäre.

III. Erkenntnisse

Dem Beihilfeverfahren zur Konzernklausel des § 6a GrEStG lassen sich vor allem beachtenswerte Erkenntnisse hinsichtlich der Selektivitätsprüfung, aber auch in Bezug auf die Rechtfertigung von *prima facie* selektiven Steuerbegünstigungen entnehmen.

1. Die Ausführungen der Großen Kammer des Europäischen Gerichtshofs lassen im Ansatz eine gewisse Tendenz zu einem eher weiten Verständnis bei der Bestimmung des Referenzsystems erkennen. Da sie zunächst auf die Gesamtheit der Rechtsvorschriften des GrEStG, die den Steuergegenstand und die Steuerentstehung betreffen, abstellt, liegt es nahe, dass sich die Große Kammer der weiträumigen Bestimmung nicht verschließt. Damit läge sie zumindest im Ansatz auf einer Linie mit der Rechtsprechung zu § 8c Abs. 1a KStG. Dass die konkrete Bestimmung sodann auf § 1 Abs. 1 Nr. 3, Abs. 2a und Abs. 3 GrEStG verengt wird, ist im Ergebnis daher wohl auf eine unzureichende Präzision in der Formulierung zurückzuführen.
2. Die erste Stufe der klassischen dreistufigen Selektivitätsprüfung stellt den größten Unsicherheitsfaktor in der Beihilfeprüfung dar, obgleich ihr eine entscheidende Weichenstellung zuteilwird. Diese Unsicherheit wurde bereits vielfach von den Generalanwälten

1131 *Mörwald/Brühl*, Der Konzern 2016, 68 (73) unter Bezug auf *Hey*, in: FS Spiegelberger, 2009, 225 (227).

1132 *Hey*, in: FS Spiegelberger, 2009, 225 (229).

1133 *Mörwald/Brühl*, Der Konzern 2016, 68 (74).

kritisiert.[1134] Weiterhin lässt die Europäische Gerichtsbarkeit keine einheitliche Vorgehensweise bei der Selektivität erkennen. Hieran konnte auch die Rechtsprechung zu § 6a GrEStG nichts ändern.[1135]

3. Die Schlussanträge des Generalanwalts *Saugmandsgaard Øe* lassen eine eindeutige Entwicklung zur wirkungsorientierten Selektivitätsprüfung erkennen.[1136] Beachtenswert sind aber die Ausführungen des Generalanwalts zum Kriterium der allgemeinen Verfügbarkeit. Dieses würde der Souveränität der Mitgliedstaaten eine größere Bedeutung beimessen und den Prüfrahmen der Europäischen Kommission für steuerliche Beihilfen entsprechend beschränken.[1137] Die Herangehensweise würde zudem die Beihilfeprüfung vereinfachen und steuersystematische Differenzierungen nur im Falle einer offensichtlichen Systemwidrigkeit einer beihilferechtlichen Kontrolle unterziehen. Da die Große Kammer des Europäischen Gerichtshofs diesem Ansatz keinerlei Beachtung schenkte, ist ein Systemwechsel der Selektivitätsprüfung aber wohl nicht zu erwarten.
4. Bisher wurden *prima facie* selektive Maßnahmen regelmäßig auch als unionsrechtswidrige Beihilfen eingestuft.[1138] Im Verfahren zur Konzernklausel griffen die Vermeidung einer übermäßigen Belastung bzw. einer Doppelbesteuerung und das Ziel, steuermissbräuchliche Gestaltungen zu verhindern, als Rechtfertigungsgründe durch. Diese Rechtfertigungsgründe sind nämlich auf die Natur oder den Aufbau des Steuersystems zurückzuführen. Durch die ausführliche Darlegung der Rechtfertigungsebene konnte die Große Kammer zumindest insoweit eine gewisse Rechtssicherheit schaffen. Darin ist ein

---

1134 Schlussanträge des Generalanwalts *Saugmandsgaard Øe* vom 19.09.2018, C-374/17, *Finanzamt B/A-Brauerei*, ECLI:EU:C:2018:741, Rn. 123 ff.; Schlussanträge des Generalanwalts *Wahl* vom 20.12.2017, C-203/16 P, *Andres/Kommission*, ECLI:EU:C:2017:1017, Rn. 98, 101; Schlussanträge der Generalanwältin *Kokott* vom 09.11.2017, Verbundene Rs. C-236/16 und C-237/16, *ANGED*, ECLI:EU:C:2017:854, Rn. 76, 88.

1135 Ebenso *Cloer/Vogel*, BB 2019, 151 (152).

1136 Schlussanträge des Generalanwalts *Saugmandsgaard Øe* vom 19.09.2018, C-374/17, *Finanzamt B/A-Brauerei*, ECLI:EU:C:2018:741, Rn. 123.

1137 Schlussanträge des Generalanwalts *Saugmandsgaard Øe* vom 19.09.2018, C-374/17, *Finanzamt B/A-Brauerei*, ECLI:EU:C:2018:741, Rn. 74 ff.

1138 Vgl. hierzu auch Generalanwalt *Wahl*, Schlussanträge vom 20.12.2017 – C-203/16 P, *Sanierungsklausel*, ECLI:EU:C:2017:1017, welcher bei einer *prima facie* selektiven Maßnahme eine *de facto* unwiderlegliche Vermutung sieht, dass die steuerliche Maßnahme auch tatsächlich selektiv ist.

beachtenswerter Beitrag für die Rechtfertigung *prima facie* selektiver Steuervergünstigungen zu sehen.

5. Das Anerkennen von Rechtfertigungsgründen bei steuerlichen Vergünstigungen ist zugleich ein begrüßenswerter Fingerzeig an die Mitgliedstaaten und deren steuerautonome Gestaltung von steuerbefreienden Maßnahmen.[1139] Es ist zu hoffen, dass dieses Urteil nur den Beginn einer Rechtsprechungsentwicklung markiert, bei der die dritte Stufe der Selektivitätsprüfung eine Beschränkung des weiten Anwendungsbereichs steuerlicher Beihilfen bewirkt.[1140]

1139 So bereits *Cloer/Vogel*, BB 2019, 151 (153); *Fetzer/Böser*, DStR 2019, 1177 (1184).

1140 So zumindest *Cloer/Vogel*, BB 2019, 151 (153), die darin eine „Schranke" des weiten Anwendungsbereichs sehen.

E. Der erbschaftsteuerliche Verschonungsabschlag des § 13a ErbStG

Nationale Steuervergünstigungstatbestände waren bereits mehrfach Gegenstand beihilferechtlicher Verfahren bei der Europäischen Kommission und dem Europäischen Gerichtshof.[1141] Infolgedessen hat sich in Wissenschaft und Praxis nahezu über sämtliche Steuerarten hinweg ein gesteigertes Bewusstsein für beihilfeverdächtige Steuervergünstigungen entwickelt.[1142] In diesem Zusammenhang ist eine Vielzahl an steuerlichen Entlastungstatbeständen in den Fokus des Beihilferechts geraten, darunter auch der erbschaftsteuerliche Verschonungsabschlag des § 13a Abs. 1 ErbStG.[1143] Dieser gewährt dem Erwerber von begünstigtem Betriebsvermögen eine Steuerbefreiung von bis zu 85 % – bzw. bis zu 100 %. Nach den Gesetzesmaterialien soll der Verschonungsabschlag auch dazu beitragen, das erworbene Unternehmen vor kurzfristigen hohen Belastungen durch eine zu zahlende Erbschaftsteuer, zu schützen.[1144] Dieser Umstand und der begünstigende Charakter werfen daher die dogmatisch wichtige Frage auf,

---

1141 Vgl. z. B. EU-Kommission, Beschluss vom 12.01.2011 über die steuerliche Abschreibung des finanziellen Geschäfts- oder Firmenwerts bei Erwerb von Beteiligungen an ausländischen Unternehmen (K(2010) 9566), ABl. EU 2011 L 135/1; EU-Kommission, Beschluss vom 26.01.2011 – C7/10, KStG, *Sanierungsklausel*, ABl. 2011 L 235/26; EuGH, Urteil vom 18.07.2013 – C-6/12, *P Oy*, ECLI:EU:C:2013:525; EuGH, Urteil vom 28.06.2018 – C-209/16 P, *Deutschland/Kommission*, ECLI:EU:C:2018:507; EuGH, Urteil vom 19.12.2018 – C-374/17, *Finanzamt B/A-Brauerei*, ECLI:EU:C:2018:1024.

1142 Vgl. *Cloer/Vogel*, IStR 2016, 531; *Blumenberg*, Aktuelle Entwicklungen des EU-Beihilferechts im Bereich der deutschen Unternehmensbesteuerung, ifst-Schrift 516; *Bartosch*, BB 2017, 2199; *Bartosch*, BB 2018, 2199; *Fetzer/Böser*, DStR 2019, 1177; sowie Vorlagebeschluss zur Konzernvergünstigung des § 6a GrEStG, BFH, Beschluss vom 25.11.2015 – II R 62/14, BFHE 251, 504, BStBl. II 2016, 167.

1143 Siehe nur: *Kessler/Spengel*, Checkliste potentiell EU-rechtswidriger Normen des deutschen direkten Steuerrechts, DB 2018, Beilage 01 zu Heft Nr. 5, S. 28; *Kessler/Spengel*, Checkliste potentiell EU-rechtswidriger Normen des deutschen direkten Steuerrechts, DB 2019, Beilage 01 zu Heft Nr. 5, S. 28; *Kessler/Spengel*, Checkliste potentiell EU-rechtswidriger Normen des deutschen direkten Steuerrechts, DB 2020, Beilage 02 zu Heft Nr. 5, S. 28; *Kessler/Spengel*, Checkliste potenziell EU-rechtswidriger Normen des deutschen direkten Steuerrechts, DB 2021, Beilage 01 zu Heft Nr. 5, S. 26.

1144 BT-Drucks. 16/7918, S. 33.

ob die Steuerbefreiung des § 13a Abs. 1 ErbStG eine verbotene Beihilfe im Sinne des Art. 107 Abs. 1 AEUV ist.

Ein entsprechender Diskurs zu dieser Frage findet – mit vielfältigen sowie differierenden Ansätzen – auch im steuerjuristischen Schrifttum statt.[1145] Bereits zur Vorgängervorschrift haben *Bäuml/Vogel*[1146] Bedenken gegen die Vereinbarkeit des Verschonungsabschlags mit dem Europäischen Beihilferecht geäußert. Auch *Reimer* und *Englisch* hatten sich schon vor Verkündung des neuen Erbschaftsteuergesetzes für eine Notifizierung durch die Europäische Kommission nach Art. 108 Abs. 3 AEUV ausgesprochen[1147]; bekanntermaßen hat diese jedoch nicht stattgefunden. Die beihilferechtsdogmatischen Fragen, die sich im Hinblick auf den erbschaftsteuerlichen Verschonungsabschlag stellen, werden daher nachfolgend erörtert.

I. Überblick über den erbschaftsteuerlichen Verschonungsabschlag

Die Vorschriften der §§ 13a bis 13c ErbStG sehen eine Steuerbefreiung für Betriebsvermögen, Betriebe der Land- und Forstwirtschaft sowie für Anteile an Kapitalgesellschaften vor. Die erbschaftsteuerlichen Betriebsvermögensbegünstigungen setzen sich dabei aus verschiedenen Vorschriften zusammen, die sich gegenseitig zwar bedingen, aber im Hinblick auf ihre Wirkung und Zielrichtung zu unterscheiden sind. Der sogenannte Verschonungsabschlag des § 13a Abs. 1 ErbStG[1148] lässt begünstigtes Vermögen im Sinne des § 13b Abs. 2 ErbStG i. H. v. 85 % außer Ansatz, sofern der Erwerb nicht EUR 26 Millionen überschreitet. Während § 13a Abs. 1 ErbStG eine teilweise Befreiung anordnet,

---

1145 Vgl. *Bäuml/Vogel*, BB 2015, 736; *Ismer/Piotrowski*, DStR 2015, 1993 (1999); *Wachter*, DB 2016, 1273; *Rupp/Blumenberg;* in: Steuerberater-Jahrbuch 2016/2017, S. 465; *de Weerth*, DB 2016, 2692; *Wachter*, GmbHR 2017, 1 (15); *Fetzer/Böser*, DStR 2019, 1177 (1184); *Blumenberg*, Aktuelle Entwicklungen des EU-Beihilferechts im Bereich der deutschen Unternehmensbesteuerung, ifst-Schrift 516, S. 53 f; *Blank,* Die erbschaftsteuerliche Unternehmensbegünstigung nach §§ 13a ff. ErbStG, 2018.

1146 Vgl. *Bäuml/Vogel*, BB 2015, 736.

1147 Vgl. *Reimer*, NJW 2016, Heft 30, NJW aktuell, S. 3; *Englisch*, DB 2015, 637 (639, 641).

1148 § 13a ErbStG in der Fassung des Art. 1 Nr. 3 Gesetz zur Anpassung des Erbschaftsteuer- und Schenkungsteuergesetzes an die Rechtsprechung des Bundesverfassungsgerichts vom 4. November 2016 mit Wirkung vom 01.07.2016, BGBl. I 2016, 2464.

dient § 13b ErbStG[1149] gleichsam als technische Vorschrift der Bestimmung des begünstigten Vermögens. Zusätzlich sind in § 13a Abs. 9 ErbStG der Vorwegabschlag für Familienunternehmen und in § 13a Abs. 10 ErbStG die Optionsverschonung i. H. v. 100 % verankert.

Bei § 13c ErbStG[1150] handelt es sich um eine modifizierende Befreiungsvorschrift, die als eingrenzenden Tatbestand die Anwendbarkeit des § 13a Abs. 1 und Abs. 10 ErbStG auf sogenannte Großerwerbe mit mehr als EUR 26 Millionen behandelt. Die anschließende Bearbeitung wird sich im Wesentlichen auf den Verschonungsabschlag nach § 13a Abs. 1 und Abs. 10 ErbStG, den Vorwegabschlag gemäß § 13a Abs. 9 ErbStG und den abschmelzenden Verschonungsabschlag nach § 13c Abs. 1 ErbStG konzentrieren.

1. Historie und Erwägungen der erbschaftsteuerlichen Verschonungsregelungen

Mit der Entscheidung des Bundesverfassungsgerichts vom 17. Dezember 2014 wurde das ErbStG in der Fassung von 2009 einschließlich aller Nachfolgevorschriften bis hin zum AmtshilfeRLUmsG wegen Unvereinbarkeit mit dem Gleichheitsgrundsatz aus Art. 3 Abs. 1 GG für verfassungswidrig erklärt.[1151] Gleichzeitig setzte das Bundesverfassungsgericht dem parlamentarischen Gesetzgeber eine „Nachbesserungsfrist" bis zum 30. Juni 2016[1152], welche dieser verstreichen ließ. Erst am 4. November 2016 wurde das Gesetz zur Anpassung der Erbschaftsteuer[1153] verkündet und trat rückwirkend zum 1. Juli 2016 in Kraft. In den neugefassten Normen sind die vom Bundesverfassungsgericht kritisierten Punkte entsprechend geändert worden. Gleichwohl ist die Gesetzesänderung teilweise über das vom Bundesverfassungsgericht Geforderte

1149 § 13b ErbStG in der Fassung des Art. 1 Nr. 4 Gesetz zur Anpassung des Erbschaftsteuer- und Schenkungsteuergesetzes an die Rechtsprechung des Bundesverfassungsgerichts vom 4. November 2016 mit Wirkung vom 01.07.2016, BGBl. I 2016, 2464.

1150 § 13c ErbStG in der Fassung des Art. 1 Nr. 5 Gesetz zur Anpassung des Erbschaftsteuer- und Schenkungsteuergesetzes an die Rechtsprechung des Bundesverfassungsgerichts vom 4. November 2016 mit Wirkung vom 01.07.2016, BGBl. I 2016, 2464.

1151 BVerfG, Urteil vom 17.12.2014 – 1 BvL 21/12 – BVerfGE 138, 136.

1152 BVerfG, Urteil vom 17.12.2014 – 1 BvL 21/12 – BVerfGE 138, 136.

1153 Gesetz zur Anpassung des Erbschaftsteuer- und Schenkungsteuergesetzes an die Rechtsprechung des Bundesverfassungsgerichts vom 4. November 2016, BGBl. I 2016, 2464.

hinausgegangen.[1154] Nachfolgend werden die wesentlichen Gesetzesänderungen sowie -entwicklungen hinsichtlich der Betriebsvermögensbegünstigungen dargestellt.

a) Entstehungsgeschichte

Die erbschaftsteuerliche Befreiung von Betriebsvermögen wurde erstmals im Jahr 1993 gesetzlich normiert und in den nachfolgenden Jahrzehnten – nicht zuletzt aufgrund diverser Verfassungsverstöße – regelmäßig modifiziert und an die verfassungsrechtlichen Vorgaben aus den Entscheidungen des Bundesverfassungsgerichts angepasst.

aa) Standortsicherungsgesetz vom 13. September 1993

Mit Art. 13 des Standortsicherungsgesetzes vom 13. September 1993[1155] wurde als Begünstigung für betriebliches Vermögen zunächst in § 13 Abs. 2a ErbStG a. F. ein sogenannter Betriebsvermögensfreibetrag i. H. v. DM 500.000,00 geschaffen. Der Betriebsvermögensfreibetrag galt ab 1. Januar 1994. Das auf den Erben übergehende Betriebsvermögen blieb bis zu diesem Betrag außer Ansatz, während das darüber hinausgehende Betriebsvermögen der Erbschaftsteuer unterlag.

bb) Jahressteuergesetz 1997 vom 20. Dezember 1996

Im Anschluss wurde durch das Jahressteuergesetz 1997 vom 20. Dezember 1996[1156] die bis dahin geltende Vorschrift mit Wirkung ab 1. Januar 1996 durch eine Neuregelung ersetzt. Diese sah weiterhin einen Freibetrag für jeden Zuwendenden vor und gewährte zusätzlich einen Bewertungsabschlag von zunächst 40 %. Dies galt für land- und forstwirtschaftliches Vermögen, Betriebsvermögen und Anteile an Kapitalgesellschaften, sofern die Beteiligungsquote des Zuwendenden mehr als 25 % betrug. Allerdings erklärte das Bundesverfassungsgericht mit Beschluss vom 7. November 2006 das Erbschaftsteuergesetz in Teilen für verfassungswidrig.[1157] Das Bundesverfassungsgericht sah in der durch § 19

1154 Vgl. beispielsweise die Bestimmungen zu den sogenannten jungen Finanzmitteln, § 13b Abs. 4 Nr. 5 S. 2 ErbStG.

1155 Gesetz zur Verbesserung der steuerlichen Bedingungen des Wirtschaftsstandorts Deutschland im Europäischen Binnenmarkt (Standortsicherungsgesetz – StandOG) vom 13. September 1993, BGBl. I 1993, 1569.

1156 Jahressteuergesetz (JStG) 1997 vom 20. Dezember 1996, BGBl. I 1996, 2049.

1157 BVerfG, Beschluss vom 07.11.2006 – 1 BvL 10/02, BVerfGE 117, 1.

Abs. 1 ErbStG a. F. angeordneten Erhebung der Erbschaftsteuer mit einheitlichen Steuersätzen auf den Wert des Erwerbs einen Verstoß gegen den Gleichheitssatz aus Art. 3 Abs. 1 GG.[1158] Begründet wurde die Verfassungswidrigkeit damit, dass die Erhebung der Erbschaftsteuer an Steuerwerte anknüpfe, deren Ermittlung bei wesentlichen Gruppen von Vermögensgegenständen den Anforderungen von Art. 3 Abs. 1 GG nicht genüge.[1159]

cc) Haushaltsbegleitgesetz vom 29. Dezember 2003

Im Haushaltsbegleitgesetz vom 29. Dezember 2003[1160] wurde anschließend der Freibetrag auf EUR 228.000,00 und der Bewertungsabschlag auf 35 % reduziert.

dd) Erbschaftsteuerreformgesetz vom 24. Dezember 2008

Mit dem Erbschaftsteuerreformgesetz 2009 vom 24. Dezember 2008[1161] wurden die Bewertungsregeln und die bestehenden Begünstigungsvorschriften für unternehmerisches Vermögen modifiziert. Die Neuregelung umfasst nun das gesamte im EU-/EWR-Raum belegene Vermögen, was nicht zuletzt auf die Rechtsprechung des Europäischen Gerichtshofs vom 17. Januar 2008[1162] zurückzuführen ist, wonach die höhere Bewertung und Besteuerung von ausländischem land- und forstwirtschaftlichem Vermögen mit dem Unionsrecht nicht vereinbar war, da dies gegen die Kapitalverkehrsfreiheit aus Art. 63 Abs. 1 AEUV verstieß.

Zudem führte das neue Bewertungsrecht mit dem gemeinen Wert als Bewertungsgrundlage bei unternehmerischem Vermögen zu einer Erhöhung der erbschaftsteuerlichen Bemessungsgrundlage.[1163] Zugleich vergrößerte der Gesetzgeber aber die Verschonungsmöglichkeiten für unternehmerisches Vermögen, indem er die Verschonungsabschläge von 85 % und 100 % in § 13a ErbStG einführte und das begünstigte Vermögen in § 13b ErbStG definierte.[1164] Erstmals sahen die neuen Verschonungsregeln vor, dass die 25%-Mindestbeteiligung bei

---

1158 BVerfG, Beschluss vom 07.11.2006 – 1 BvL 10/02, BVerfGE 117, 1 (14 ff.).

1159 BVerfG, Beschluss vom 07.11.2006 – 1 BvL 10/02, BVerfGE 117, 1 (14 ff.).

1160 Haushaltsbegleitgesetz 2004 (HBeglG 2004) vom 29. Dezember 2003, BGBl. I 2003, 3072 (3086).

1161 Gesetz zur Reform des Erbschaftsteuer- und Bewertungsrechts (Erbschaftsteuerreformgesetz – ErbStRG) vom 24. Dezember 2008, BGBl. I 2008, 3018.

1162 EuGH, Urteil vom 17.01.2008 – C-256/06, *Jäger/FA Kusel-Landstuhl*, ECLI:EU:C:2008:20.

1163 *Hannes/Holtz*, in: Meincke/Hannes/Holtz, ErbStG, 18. Aufl. 2021, § 13a Rn. 9.

1164 *Hannes/Holtz*, in: Meincke/Hannes/Holtz, ErbStG, 18. Aufl. 2021, § 13a Rn. 9.

Kapitalgesellschaften auch durch sogenannte „Pool"-Vereinbarungen erreicht werden konnte.[1165] Des Weiteren sollte durch sogenannte Lohnsummenregelungen der Erhalt von Arbeitsplätzen sichergestellt werden und durch einen Verwaltungsvermögenstest sollten diejenigen Unternehmen ausgeschlossen werden, deren Vermögen überwiegend aus Verwaltungsvermögen besteht.

Weitere Änderungen des ErbStG erfolgten durch das Wachstumsbeschleunigungsgesetz vom 22. Dezember 2009[1166], das Jahressteuergesetz vom 8. Dezember 2010[1167] und das Steuervereinfachungsgesetz vom 1. November 2011[1168].

ee) Amtshilferichtlinie-Umsetzungsgesetz vom 26. Juni 2013

Als Reaktion auf den Vorlagebeschluss des Bundesfinanzhofs vom 27. September 2012[1169] wollte der Gesetzgeber den exzessiven Gebrauch der Begünstigungen mittels sogenannter „Cash-GmbHs"[1170] einschränken. Da die bisherige Regelung Geld und insbesondere Festgeld nicht als Verwaltungsvermögen einstufte, konnten durch entsprechende Gestaltungen GmbHs mit erheblichen Festgeldbeständen unter Ausnutzung der Vollverschonung steuerfrei auf die Bedachten übertragen werden.[1171] Daher stufte der Gesetzgeber mit dem Amtshilferichtlinie-Umsetzungsgesetz vom 26. Juni 2013[1172] die Geldforderungen und Geld als solches gemäß § 13b Abs. 2 S. 2 Nr. 4a ErbStG a. F. als Verwaltungsvermögen ein. Des Weiteren wurde im Hinblick auf Holdinggesellschaften die Lohnsummenkontrolle dahingehend ausgeweitet, dass für die Ermittlung der Anzahl der Beschäftigten nunmehr auch die Beschäftigten der nachgeordneten

---

1165 *Jülicher*, in: Troll/Gebel/Jülicher/Gottschalk, ErbStG, 62. EL 2021, § 13a Rn. 3.

1166 Gesetz zur Beschleunigung des Wirtschaftswachstums (Wachstumsbeschleunigungsgesetz) vom 22. Dezember 2009, BGBl. I 2009, 3950.

1167 Jahressteuergesetz 2010 (JStG 2010) vom 8. Dezember 2010, BGBl. I 2010, 1768.

1168 Steuervereinfachungsgesetz 2011 vom 1. November 2011, BGBl. I 2011, 2131.

1169 BFH, Beschluss vom 27.09.2012 – II R 9/11, BStBl. II 2012, 899.

1170 Als „Cash GmbH" wird das Gestaltungsinstrument bezeichnet, bei dem nach altem Recht die Möglichkeit bestand privates Barvermögen durch eine Einlage in eine GmbH oder gewerblich geprägte GmbH & Co. KG in Betriebsvermögen umzuwandeln und im Anschluss die Anteile an der Gesellschaft unter Ausnutzung eines Verschonungsabschlags (teilweise bis zu 100 % steuerbefreit) zu übertragen, ausführlich auch *Maack/Römer*, DStR 2013, 80; *Weber/Schwind*, ZEV 2013, 369.

1171 *Hannes/Holtz*, in: Meincke/Hannes/Holtz, ErbStG, 17. Aufl. 2018, § 13a Rn. 16.

1172 Gesetz zur Umsetzung der Amtshilferichtlinie sowie zur Änderung steuerlicher Vorschriften (Amtshilferichtlinie-Umsetzungsgesetz – AmtshilfeRLUmsG) vom 26. Juni 2013, BGBl. I 2013, 1809.

Gesellschaften zu berücksichtigen sind.[1173] Dies fand allerdings nur insoweit statt, als die nachgeordneten Kapitalgesellschaften ihren Sitz im EU-/EWR-Raum hatten und die Beteiligungsquote mindestens 25 % betrug.

ff) Gesetz zur Anpassung der Erbschaftsteuer vom 4. November 2016

Nach dem Urteil des Bundesverfassungsgerichts vom 17. Dezember 2014[1174] war der Gesetzgeber erneut in der Pflicht die verfassungswidrigen Teile des ErbStG zu ändern. Auch wenn das Bundesverfassungsgericht die Verschonungsregeln für unternehmerisches Vermögen in weiten Teilen billigte, beanstandete es insbesondere das Alles-oder-nichts-Prinzip beim sogenannten Verwaltungsvermögenstest und erklärte es als mit dem Gleichheitsgrundsatz unvereinbar.[1175] Als Begründung führte es aus, dass aufgrund der maßgeblichen Verwaltungsvermögensquote von 50 % ein nicht zu rechtfertigender Teil nicht verschonungswürdigen Verwaltungsvermögens bei Unterschreiten der Grenze nicht besteuert werde.[1176] Gleichzeitig werde bei vorhandenem Verwaltungsvermögen von mehr als 50 % eigentlich verschonungswürdiges Betriebsvermögen nicht begünstigt.[1177] Obschon das Bundesverfassungsgericht die Lohnsummenkontrolle an sich für verfassungsgemäß hielt, beanstandete es die 20-Beschäftigten-Grenze, welche über die Anwendbarkeit der Lohnsummenkontrolle entschied: Nach Auffassung des Gerichts würden aufgrund der Freistellung von Betrieben mit weniger als zwanzig Beschäftigten mehr als 90 % der Betriebsübergänge nicht der Lohnsummenkontrolle unterliegen.[1178] Damit verzichte der Gesetzgeber auf ein Mittel, das die Legitimierung des für die Verschonung elementaren Förderzwecks, den Erhalt von Arbeitsplätzen, sicherstellen kann.[1179] Die verfassungsrechtlich gebotene Ausnahme für Kleinbetriebe sei daher der Regelfall und die Lohnsummenkontrolle käme nur noch bei einem geringen Teil der Betriebsübergänge zur Anwendung.[1180]

1173 *Hannes/Holtz*, in: Meincke/Hannes/Holtz, ErbStG, 17. Aufl. 2018, § 13a Rn. 16.

1174 BVerfG, Urteil vom 17.12.2014 – 1 BvL 21/12, BVerfGE 138, 136.

1175 BVerfG, Urteil vom 17.12.2014 – 1 BvL 21/12, BVerfGE 138, 136 Rn. 250 ff.

1176 BVerfG, Urteil vom 17.12.2014 – 1 BvL 21/12, BVerfGE 138, 136 Rn. 241 ff.

1177 BVerfG, Urteil vom 17.12.2014 – 1 BvL 21/12, BVerfGE 138, 136 Rn. 232 ff.

1178 BVerfG, Urteil vom 17.12.2014 – 1 BvL 21/12, BVerfGE 138, 136 Rn. 220.

1179 BVerfG, Urteil vom 17.12.2014 – 1 BvL 21/12, BVerfGE 138, 136 Rn. 221.

1180 BVerfG, Urteil vom 17.12.2014 – 1 BvL 21/12, BVerfGE 138, 136 Rn. 228.

Mit dem Erbschaftsteuerreformgesetz vom 4. November 2016[1181] änderte der Gesetzgeber rückwirkend zum 1. Juli 2016 die verfassungswidrigen Regelungsbestandteile der Betriebsvermögensverschonung. Das gleichheitswidrige Alles-oder-nichts-Prinzip wurde beseitigt und das nicht verschonungswürdige Verwaltungsvermögen sollte fortan der Besteuerung unterliegen. Zusätzlich wurde die sogenannte Holdingklausel durch die Verbundvermögensaufstellung ersetzt, sodass nun das Verwaltungsvermögen als nicht begünstigter Teil des begünstigungsfähigen Vermögens und der begünstigte Teil des begünstigungsfähigen Vermögens in Holdingstrukturen kumuliert werden.[1182] Des Weiteren wurde auch die Beschäftigtengrenze für die Anwendbarkeit der Lohnsummenkontrolle von zwanzig Beschäftigten auf fünf Beschäftigte reduziert und die Mindestlohnsummen für Kleinstbetriebe entsprechend angepasst:[1183] Bei Betrieben mit mehr als fünf und bis zu zehn Beschäftigten beträgt die Mindestlohnsumme 250 %, bei Inanspruchnahme der Vollverschonung 500 %. Für Betriebe mit mehr als zehn und maximal fünfzehn Beschäftigten wurde eine Mindestlohnsumme von 300 %, bei Inanspruchnahme der Vollverschonung 565 %, festgesetzt.

Gleichzeitig wurde für die Zurechnung der Beschäftigten von Beteiligungsgesellschaften bei Kapitalgesellschaften eine Mindestbeteiligungsquote von 25 % eingeführt, während bei Personengesellschaftsbeteiligungen eine solche Mindestbeteiligung weiterhin nicht erforderlich ist; dies entspricht der bisher herrschenden Verwaltungsauffassung.[1184] Um entsprechende Gestaltungen durch Betriebsaufspaltungen[1185] zu vermeiden, ergänzte der Gesetzgeber die

1181 Gesetz zur Anpassung des Erbschaftsteuer- und Schenkungsteuergesetzes an die Rechtsprechung des Bundesverfassungsgerichts vom 4. November 2016, BGBl. I 2016, 2464.

1182 *Hannes/Holtz*, in: Meincke/Hannes/Holtz, ErbStG, 17. Aufl. 2018, § 13a Rn. 19.

1183 Siehe hierzu *Hannes/Holtz*, in: Meincke/Hannes/Holtz, ErbStG, 17. Aufl. 2018, § 13a Rn. 20.

1184 Vgl. BMF, Erbschaftsteuer-Richtlinien 2011, R E 13a.4 ErbStR 2011.

1185 Eine Betriebsaufspaltung zeichnet sich dadurch aus, dass eine Person oder eine Personengruppe als sogenanntes Besitzunternehmen Anlagevermögen oder wesentliche Betriebsgrundlagen an ihre eigene gewerblich tätige Personen- oder Kapitalgesellschaft als sogenanntes Betriebsunternehmen verpachtet oder es dem Betriebsunternehmen auf andere Weise zur Nutzung überlässt; urspr. RFH, Urteil vom 03.12.1924 – VI e A 188/24, RFHE 16, 15; ständige Rspr.: BFH, Urteil vom 25.06.1957 – I 119/56 U, BFHE 65, 181; BFH, Urteil vom 08.11.1971 – GrS 2/71, BFHE 103, 440; BFH, Urteil vom 16.05.2013 – IV R 54/11, BFH/NV 2013, 1557.

Neuregelung dahingehend, dass bei Vorliegen einer Betriebsaufspaltung[1186] die Lohnsummen und die Beschäftigten der Besitzgesellschaft und der Betriebsgesellschaft zu addieren sind.[1187]

Schließlich berücksichtigte der Gesetzgeber in der Erbschaftsteuerreform auch die vom Bundesverfassungsgericht geäußerte Kritik an der Verschonung von sehr großen Unternehmen. Nach Auffassung des Bundesverfassungsgerichts kann die Gefährdung kleiner und mittlerer Unternehmen durch die Belastung mit der Erbschaftsteuer unterstellt werden, sodass deren Verschonung nicht besonders zu rechtfertigen sei.[1188] Da bei großen Unternehmen die betragsmäßig höhere Steuerbefreiung bereits eine Ungleichbehandlung gegenüber Erwerbern nicht begünstigten Vermögens intendiere, müsse die Rechtfertigung besonders begründet werden.[1189] Die Verschonungswürdigkeit des Unternehmens müsse dann im Speziellen nachgewiesen werden.[1190] Gleichzeitig zeigte das Bundesverfassungsgericht exemplarisch zwei Alternativen zur Beseitigung der Ungleichbehandlung auf: die Einschränkung der Steuerbefreiung oder eine Steigerung der Rechtfertigungsanforderungen.[1191] Der Gesetzgeber wählte im Rahmen der Erbschaftsteuerreform letztlich eine Kombination der genannten Vorschläge. Für den Verschonungsabschlag führte er eine Obergrenze ein, sodass die Verschonung von kleineren und mittleren Unternehmen bis zu EUR 26 Millionen begünstigten Vermögens unverändert weiterhin gesichert sei. Für große Unternehmenserwerbe wurden ein Abschmelzungsmodell in § 13c ErbStG und ein Erlassmodell in § 28a ErbStG implementiert.[1192] Den Umfang der Regelverschonung i. H. v. 85 % und den der Vollverschonung i. H. v. 100 % hielt das Bundesverfassungsgericht hingegen für verfassungsmäßig.[1193]

1186 Allgemein zum Vorliegen einer Betriebsaufspaltung sowie zu den verschiedenen Konstellationen von Betriebsaufspaltungen siehe *Montag*, in: Tipke/Lang, Steuerrecht, 2018, § 13 Rn. 80 ff.

1187 *Hannes/Holtz*, in: Meincke/Hannes/Holtz, ErbStG, 17. Aufl. 2018, § 13a Rn. 20.

1188 BVerfG, Urteil vom 17.12.2014 – 1 BvL 21/12, BVerfGE 138, 136 Rn. 171.

1189 BVerfG, Urteil vom 17.12.2014 – 1 BvL 21/12, BVerfGE 138, 136 Rn. 172.

1190 BVerfG, Urteil vom 17.12.2014 – 1 BvL 21/12, BVerfGE 138, 136 Rn. 172.

1191 BVerfG, Urteil vom 17.12.2014 – 1 BvL 21/12, BVerfGE 138, 136 Rn. 172 ff.

1192 Während das Abschmelzungsmodell die Höhe Steuerbefreiung begrenzt, sieht das Erlassmodell gesteigerte Rechtfertigungsanforderungen für den Erhalt der Verschonung vor.

1193 BVerfG, Urteil vom 17.12.2014 – 1 BvL 21/12, BVerfGE 138, 136 Rn. 159.

b) Das Bedürfnis nach der Verschonung von betrieblichem Vermögen

Für das Bedürfnis nach der erbschaftsteuerlichen Verschonung des unentgeltlichen Erwerbs von betrieblichem Vermögen lassen sich verschiedene Erwägungen anführen. Im Wesentlichen ist zwischen lenkungs-, sozial- und gesellschaftspolitischen Gründen einerseits und steuersystematischen Erwägungen andererseits zu differenzieren.

aa) Lenkungs-, sozial- und gesellschaftspolitische Erwägungen

Die in der Regelung zum Verschonungsabschlag angelegte Intention einer Steuerbefreiung – sofern eine solche angenommen werden kann und nicht von einer Bewertungsvergünstigung auszugehen ist – soll nach den Gesetzesmaterialien vor allem die kleinen und mittelständischen Betriebe im Interesse offener Märkte und hoher Wettbewerbsintensität fördern.[1194] Nicht zuletzt bleibt durch eine – teilweise – Steuerbefreiung sonst abfließende Liquidität im Unternehmen erhalten und gewährleistet damit die Investitionsfähigkeit.[1195] Zudem seien diese Unternehmen aufgrund ihrer Verwurzelung in der Region eine wesentliche Säule des Wirtschaftswachstums und für eine nachhaltige Arbeits- und Ausbildungslage von Bedeutung.[1196]

Erwerbern betrieblichen Vermögens soll eine Verschonung ermöglicht werden, „die die Liquidität schützt, Investitionen nicht verhindert, das Unternehmen nicht gefährdet und so letztlich die Beschäftigung in den Betrieben sichert."[1197] Der Gesetzgeber zielte folglich darauf ab, die Unternehmensnachfolge zu erleichtern:[1198] Durch die Aufrechterhaltung von Liquidität, Investitionsfähigkeit und Beschäftigung soll ein Betriebsübergang unter stabilen Rahmenbedingungen ermöglicht werden.[1199]

Diese – mit einer geringeren erbschaftsteuerlichen Belastung von Betriebsvermögen einhergehenden Effekte – können, wie *Stalleiken* zutreffend anmerkt, ebenso als positiver Standortfaktor für die Bundesrepublik Deutschland gewertet werden.[1200] Aus wettbewerbspolitischer Sicht könne die Entlastung zu einem

1194 BT-Drucks. 16/7918, S. 33.

1195 BT-Drucks. 16/7918, S. 33.

1196 BT-Drucks. 18/5923, S. 21.

1197 BT-Drucks. 18/5923, S. 21.

1198 Vgl. Entwurf eines Gesetzes zur Erleichterung der Unternehmensnachfolge, BR-Drucks. 778/06.

1199 BT-Drucks. 16/7918, S. 33.

1200 *Stalleiken*, in: von Oertzen/Loose, ErbStG, 2. Aufl. 2020, § 13a Rn. 14.

Gleichlauf von großen Kapitalgesellschaften sowie börsennotierten Gesellschaften und mittelständischen Unternehmen führen: Der unentgeltliche Anteilserwerb eines Aktionärs führe beim börsennotierten Unternehmen selbst in der Regel zu keiner Belastung und beeinträchtigt dessen Leistungsfähigkeit infolgedessen nicht.[1201] Ohne die erbschaftsteuerliche Verschonung würde aber der Erwerber eines mittelständischen Unternehmens die anfallende Steuer wohl aus betrieblichem Vermögen begleichen müssen, da das vorhandene oder das – der Erbschaftsteuer unterliegende – hinzuerworbene Privatvermögen hierzu regelmäßig nicht ausreiche.[1202] Dies würde die Leistungsfähigkeit des erworbenen Unternehmens reduzieren und damit sich auf den Wettbewerb, vor allem im Hinblick auf große börsennotierte Kapitalgesellschaften, auswirken.[1203]

Ebenso soll die Steuerbefreiung vornehmlich zum Erhalt von Arbeitsplätzen beitragen, welche durch eine kurzfristig hohe Belastung aufgrund eines erhöhten Kapitalbedarfs für eine zu zahlende Erbschaftsteuer gefährdet sein könnten.[1204] Das Bundesverfassungsgericht stellte bereits in seinem Beschluss vom 7. November 2006 fest, dass der Gesetzgeber nicht daran gehindert sei, außerfiskalische Förderungs- und Lenkungsziele bei der Umsetzung seiner einmal getroffenen Belastungsentscheidung zu verfolgen.[1205] Ein solches Lenkungsziel stellt ausweislich der Gesetzesmaterialien die Arbeitsplatzsicherung dar.[1206] Eine Verschonung, die einer gleichmäßigen Steuerbelastung der jeweiligen Steuergegenstände widerspricht, könne vor dem Gleichheitssatz gerechtfertigt sein, wenn ein bestimmtes Verhalten des Steuerpflichtigen aus Gemeinwohlgründen gefördert werden soll.[1207] Der Gesetzgeber beabsichtigt durch den Verschonungsabschlag die Beschäftigung in Deutschland und damit auch das Gemeinwohl aufrecht zu halten. Eine solche Förderung des Gemeinwohls wurde vom Bundesverfassungsgericht zumindest hinsichtlich verfassungsrechtlicher

---

1201 *Stalleiken*, in: von Oertzen/Loose, ErbStG, 2. Aufl. 2020, § 13a Rn. 14.

1202 *Stalleiken*, in: von Oertzen/Loose, ErbStG, 2. Aufl. 2020, § 13a Rn. 14.

1203 *Stalleiken*, in: von Oertzen/Loose, ErbStG, 2. Aufl. 2020, § 13a Rn. 14.

1204 BT-Drucks. 16/7918, S. 33.

1205 BVerfG, Beschluss vom 07.11.2006 – 1 BvL 10/02, BVerfGE 117, 1 (31 f.); unter Bezugnahme auf BVerfG, Beschluss vom 11.11.1998 – 2 BvL 10/95, BVerfGE 99, 280 (294 ff.); BVerfG, Beschluss vom 30.09.2015 – 2 BvR 1961/10, NJW 2016, 469 (470).

1206 BT-Drucks. 18/5923, S. 21.

1207 BVerfG, Beschluss vom 07.11.2006 – 1 BvL 10/02, BVerfGE 117, 1 (31 f.).

Überlegungen anerkannt und rechtfertigt insoweit das Bedürfnis nach entsprechenden Begünstigungen.[1208]

Gleichwohl wird teilweise angezweifelt, ob der Verschonungsabschlag überhaupt zum Erhalt von Arbeitsplätzen beitragen könne, da dies für die Vergangenheit nicht empirisch zu belegen sei.[1209] Die Begünstigung erfasse nämlich auch Unternehmensvermögen, das in Mitgliedstaaten der Europäischen Union belegen ist und könne somit nur bedingt Arbeitsplatzverluste im Inland verhindern.[1210] Auch könne der Verlust von Arbeitsplätzen ebenso durch das Entstehen neuer Arbeitsplätze kompensiert werden.[1211] Letztlich ist es aus beihilferechtlicher Sicht[1212] allerdings unbeachtlich, ob das intendierte Lenkungsziel erreicht wird, da im Rahmen des Beihilfeverfahrens nur systemimmanente Gründe Beachtung finden können. Ausschließlich diese sind nämlich geeignet, eine *prima facie* selektive Maßnahme zu rechtfertigen.[1213]

bb) Steuersystematische Erwägungen

Die Verschonung von betrieblichem Vermögen nach § 13a Abs. 1 ErbStG wird teilweise auch auf steuersystematische Prinzipien und Leitgedanken zurückgeführt. Insoweit kann zwischen der verminderten Leistungsfähigkeit und der Steuerzahlungsfähigkeit unterschieden werden.

1208 BVerfG, Urteil vom 17.12.2014 – 1 BvL 21/12, BVerfGE 138, 136 Rn. 138; BVerfG, Beschluss vom 22.06.1995 – 2 BvR 552/91, BStBl. II 1995, 671 (674).

1209 Vgl. Gutachten des Wissenschaftlichen Beirats beim BMF, *Die Begünstigung des Unternehmensvermögens in der Erbschaftsteuer*, 2012, S. 11 (zur Fassung nach dem Gesetz zur Reform des Erbschaftsteuer- und Bewertungsrechts (Erbschaftsteuerreformgesetz – ErbStRG) vom 24. Dezember 2008, BGBl. I 2008, 3018).

1210 Gutachten des Wissenschaftlichen Beirats beim BMF, *Die Begünstigung des Unternehmensvermögens in der Erbschaftsteuer*, 2012, S. 27 (zur Fassung nach dem Gesetz zur Reform des Erbschaftsteuer- und Bewertungsrechts (Erbschaftsteuerreformgesetz – ErbStRG) vom 24. Dezember 2008, BGBl. I 2008, 3018).

1211 Vgl. Gutachten des Wissenschaftlichen Beirats beim BMF, *Die Begünstigung des Unternehmensvermögens in der Erbschaftsteuer*, 2012, S. 27 (zur Fassung nach dem Gesetz zur Reform des Erbschaftsteuer- und Bewertungsrechts (Erbschaftsteuerreformgesetz – ErbStRG) vom 24. Dezember 2008, BGBl. I 2008, 3018).

1212 Die Erreichung von gemeinwohlfördernden Lenkungszielen ist eine verfassungsrechtliche Fragestellung und für die beihilferechtliche Würdigung des erbschaftsteuerlichen Verschonungsabschlag ohne Bedeutung, sodass eine vertiefte verfassungsrechtliche Erörterung nicht geboten ist.

1213 Siehe hierzu: B. II. 2. c) bb) χ) αα).

α) Verminderte finanzielle Leistungsfähigkeit

Zunächst könnte die Verschonung auf den Grundsatz der Besteuerung nach der wirtschaftlichen Leistungsfähigkeit zurückzuführen sein. Das Leistungsfähigkeitsprinzip ist Leitgedanke und Grundprinzip des deutschen Steuerrechts und erfordert, dass jeder nach Maßgabe seiner individuellen ökonomischen Leistungsfähigkeit besteuert wird.[1214] Die Besteuerung der Leistungsfähigkeit prägt auch das Erbschaftsteuerrecht: Die Erbschaftsteuer hat das gesetzgeberische Ziel, den durch den Erbfall anfallenden Vermögenszuwachs jeweils gemäß seinem Wert in Abhängigkeit von Steuersatz und Verwandtschaftsgrad zu belasten.[1215] Bei einem unentgeltlichen Erwerb wird die vermittelte finanzielle Leistungsfähigkeit belastet; die Steuerbelastung steigt, je mehr der Erwerber erhält.[1216] Die steigende Leistungsfähigkeit schlägt sich damit in der Steuerbelastung des Erwerbers nieder.[1217] Allerdings intendiert die Größe des Erwerbs als solche nicht automatisch die Leistungsfähigkeit des Erwerbers. Die Steigerung der Leistungsfähigkeit durch den unentgeltlichen Erwerb von Barvermögen muss nicht der Leistungssteigerung durch den Erwerb von Grundstücken oder betrieblichem Vermögen entsprechen. Vermeintlich gleich große Vermögenszuwächse können eine unterschiedliche finanzielle Leistungsfähigkeit der Erwerber zur Folge haben.[1218]

Dies erkannte bereits das Bundesverfassungsgericht und konstatierte, dass mittelständische Unternehmen durch ihre Widmung für einen konkreten Zweck verselbständigt und als wirtschaftlich zusammengehörige Funktionseinheit organisiert seien, sodass eine besondere Gemeinwohlgebundenheit und Gemeinwohlverpflichtung vorliege.[1219] Sie seien „durch Verpflichtungen gegenüber den Arbeitnehmern, das Betriebsverfassungsrecht, das Wirtschaftsverwaltungsrecht und durch langfristige Investitionen“ besonders rechtlich gebunden.[1220] Dies habe nach *Piltz* zur Folge, dass die durch die Erbschaftsteuer

1214 BVerfG, Urteil vom 03.11.1982 – 1 BvR 620/78, BVerfGE 61, 319 (343 f.); BVerfG, Beschluss vom 28.11.1984 – 1 BvR 1157/82, BVerfGE 68, 287 (310); BVerfG, Beschluss vom 07.11.2006 – 1 BvL 10/02, BVerfGE 117, 1 (30 f.); *Tipke*, Die Steuerrechtsordnung, Band I, 1993, S. 478; *Lang*, in: Tipke/Lang, Steuerrecht, 2010, § 4 Rn. 81.

1215 BVerfG, Beschluss vom 22.06.1995 – 2 BvR 552/91, BStBl. II 1995, 671 (673 f.).

1216 *Piltz*, ZEV 2018, 170.

1217 *Piltz*, ZEV 2018, 170.

1218 BVerfG, Beschluss vom 22.06.1995 – 2 BvR 552/91, BStBl. II 1995, 671 (674).

1219 BVerfG, Beschluss vom 22.06.1995 – 2 BvR 552/91, BStBl. II 1995, 671 (674).

1220 BVerfG, Beschluss vom 22.06.1995 – 2 BvR 552/91, BStBl. II 1995, 671 (674).

erfasste finanzielle Leistungsfähigkeit des Erben nicht den erworbenen Vermögenszuwachs umfänglich abbilde; zudem sei der Betrieb und einzelne betriebliche Wirtschaftsgüter weniger disponibel als ungebundenes Vermögen.[1221] Diese verminderte Leistungsfähigkeit sei bei der Besteuerung von Erwerbern miteinzubeziehen, die einen solchen Betrieb weiterführen und „weder veräußern noch aufgeben, ihn vielmehr in seiner Sozialgebundenheit aufrechterhalten, ohne dass Vermögen und Ertragskraft des Betriebes durch den Erbfall vermehrt würden."[1222]

Dem wird – zu Recht – entgegengehalten, dass sich die Gemeinwohlgebundenheit und -verpflichtungen eines Unternehmens bereits im gemeinen Wert niedergeschlagen haben und demnach die durch den Erbfall erhaltene Leistungsfähigkeit abbilden.[1223] *Piltz* verweist hierzu auf den Erwerb von Aktien eines börsennotierten Unternehmens.[1224] Die finanzielle Leistungsfähigkeit eines Erben entspreche nämlich dem Börsenwert der erworbenen Anteile und sei nicht deshalb niedriger, weil auch ein börsennotiertes Unternehmen rechtlich, gesellschaftlich oder sozial gebunden oder verpflichtet sei.[1225] Dem ist zuzustimmen. Die finanzielle Leistungsfähigkeit, die Anknüpfungspunkt für die erbschaftsteuerliche Belastung ist, wird nicht von den äußeren, mithin gesellschaftlichen und rechtlichen, Bindungen bestimmt. Diese sind im gemeinen Wert regelmäßig eingepreist und treffen im Übrigen nicht nur mittelständische, familiengeführte Unternehmen, sondern auch große, nicht familiengeführte – oftmals im Streubesitz gehaltene – Unternehmen. Demnach können die äußeren Umstände die verminderte finanzielle Leistungsfähigkeit des Erwerbers nicht begründen.

Die verminderte finanzielle Leistungsfähigkeit könnte sich aber aus der relativen Illiquidität des Unternehmensvermögens ergeben. Diese ist bei mittelständischen Unternehmen oftmals auf die besondere Finanzstruktur zurückzuführen, die eine hohe Eigenkapitalquote sowie eine Finanzierung der Investitionen aus dem laufenden Cashflow und den thesaurierten Gewinnen vorsieht.[1226] Diese Illiquidität des Unternehmensvermögens wirkt sich auf die Leistungsfähigkeit

1221 Vgl. *Piltz*, ZEV 2018, 170 (173).

1222 BVerfG, Beschluss vom 22.06.1995 – 2 BvR 552/91, BStBl. II 1995, 671 (674).

1223 Vgl. *Seer*, in: Steuern auf Erbschaft und Vermögen, Band 22, 1999, S. 212.

1224 Vgl. *Piltz*, ZEV 2018, 170 (173).

1225 Vgl. *Piltz*, ZEV 2018, 170 (173).

1226 *Deutsche Bank/BDI/Institut für Mittelstandsforschung Bonn*, Die größten Familienunternehmen in Deutschland – Daten, Fakten, Potentiale, 2014, S. 16; vgl. BT-Drucks. 18/5923, S. 24.

des Erwerbers aus. Die zur Finanzierung von Investitionen thesaurierten Gewinne und die hohe Eigenkapitalquote gehen mit niedrigeren Gewinnausschüttungen sowie Entnahmen des Unternehmers einher. Finanzielle Mittel, die im Unternehmen gebunden sind und für betriebsnotwendige Investitionen eingeplant sind, stehen dem Unternehmer nicht zur freien Verfügung. Er kann diese dann nicht – ohne Nachteile für sein Unternehmen – ins Privatvermögen überführen.

Die finanzielle Leistungsfähigkeit des Erwerbers entspricht daher nicht dem erworbenen Vermögenszuwachs. Mittelbar wirkt sich diese relative Illiquidität des Unternehmens dann auch auf die (nachfolgend beleuchtete) Steuerzahlungsfähigkeit des Erwerbers aus, da ihm diese finanziellen Mittel grundsätzlich nicht zur Begleichung der Erbschaftsteuer zur Verfügung stehen.

β) Steuerzahlungsfähigkeit

Das Bundesverfassungsgericht konkretisierte in seinem Beschluss vom 7. November 2006, dass die durch den Vermögenszuwachs beim Erwerber entstandene finanzielle Leistungsfähigkeit darin bestehe, dass er über Geld oder Wirtschaftsgüter mit einem Geldwert verfüge.[1227] Die durch den Erwerb eines nicht in Geld bestehenden Wirtschaftsguts vermittelte finanzielle Leistungsfähigkeit sei durch den gemeinen Wert zu bemessen, der bei einer Veräußerung unter objektivierten Bedingungen erzielt werden könne.[1228] Insoweit besteht allerdings ein struktureller Unterschied, wenn auf den Wert abgestellt wird, der bei einer Veräußerung unter objektivierten Bedingungen erzielt werden kann.

Eine Veräußerung von unternehmerischem Vermögen ist regelmäßig nicht ohne Weiteres möglich. *Piltz* führt in diesem Zusammenhang die Steuerzahlungsfähigkeit an.[1229] Der Erwerber von Barvermögen könne dieses teilweise für die anfallende Erbschaftsteuerschuld aufwenden und im Übrigen frei verfügen.[1230] Der Erwerber von nicht liquidem Vermögen könne die Erbschaftsteuer nicht unmittelbar aus dem Erwerb begleichen: Er könne die erforderlichen Mittel regelmäßig auch nicht dem Unternehmen entnehmen oder einen Teilverkauf vornehmen, sondern könne die Steuerschuld zumeist nur über einen längeren Zeitraum verteilen oder sich durch ein Darlehen belasten.[1231] Der

1227 BVerfG, Beschluss vom 07.11.2006 – 1 BvL 10/02, BVerfGE 117, 1 (33 f.).
1228 BVerfG, Beschluss vom 07.11.2006 – 1 BvL 10/02, BVerfGE 117, 1 (33 f.).
1229 *Piltz*, ZEV 2018, 170 (174).
1230 *Piltz*, ZEV 2018, 170 (174).
1231 *Piltz*, ZEV 2018, 170 (174).

Unternehmenserbe habe daher nicht die gleiche Steuerzahlungsfähigkeit wie ein „Barerbe“, dies sei nach *Piltz* ein Leistungsfähigkeitsproblem „in anderer Art“.[1232] Diese Sichtweise ist zustimmungswürdig.

Die unterschiedliche Steuerzahlungsfähigkeit zeigt sich auch an der Art des erworbenen Vermögens sowie in der strukturellen Unterscheidung zwischen begünstigtem Vermögen und Verwaltungsvermögen. Die Steuerbefreiung des § 13a Abs. 1 ErbStG betrifft nur das begünstigte Vermögen.[1233] Das Verwaltungsvermögen wird – ungeachtet des unschädlichen Verwaltungsvermögens – grundsätzlich nicht begünstigt. Das wertschöpfende Vermögen, das für die originäre Tätigkeit des Unternehmens essentiell ist, kann nur erschwert zu Geld gemacht werden. Seine Veräußerung würde den Bestand sowie die Geschäftstätigkeit gefährden und kann daher nicht ohne entsprechende Nachteile liquidiert und zur Steuerzahlung verwendet werden. Zudem können Unternehmensanteile nicht ohne Weiteres veräußert werden, da diese vor allem bei familiengeführten Unternehmen regelmäßig Verfügungsbeschränkungen unterliegen.[1234] Das Verwaltungsvermögen könnte hingegen vergleichsweise leicht verkauft werden, da diesem – in weiten Teilen – keine wertschöpfende Eigenschaft anhaftet. Gegenstände des Verwaltungsvermögens, wie beispielsweise Aktien, Oldtimer, Kunstgegenstände, Finanzmittel oder Dritten überlassene Grundstücke, sind für die Geschäftstätigkeit in der Regel nicht erforderlich. Eine Veräußerung dieses Vermögens würde den Bestand des Unternehmens regelmäßig nicht gefährden. Der Erwerber könnte diesen Teil des unternehmerischen Vermögens also veräußern, um die Steuerschuld zu begleichen. Insoweit ist in der Regel auch eine Veräußerung unter objektivierten Bedingungen möglich. Mit dem nicht begünstigungswürdigen Verwaltungsvermögen ist somit keine unzureichende Steuerzahlungsfähigkeit verbunden und kann daher grundsätzlich ohne Weiteres zur Begleichung der anfallenden Steuerlast verwendet werden.

Für das betriebsnotwendige Vermögen trifft dies nicht zu, sodass hieraus im Falle einer vollständigen Besteuerung eine unzureichende Steuerzahlungsfähigkeit folgen würde. Diese bezieht sich daher nur auf das begünstigte Vermögen, das aus schwer veräußerlichen, betriebsnotwendigen Wirtschaftsgütern besteht. Das Bundesverfassungsgericht hat in seinem Urteil vom 17. Dezember 2014 zur

1232 *Piltz*, ZEV 2018, 170 (174).

1233 Siehe zum begünstigten Vermögen: E. I. 2. c).

1234 Z. B. enthalten Gesellschaftsverträge von Familienunternehmen oftmals Verfügungsbeschränkungen, die eine Veräußerung nur an Angehörige i. S. v. § 15 AO gestatten, oder sehen einen Wertabschlag im Falle der Veräußerung vor.

Verfassungswidrigkeit des § 13a Abs. 1 ErbStG a. F. auch festgestellt, dass eine Stundung nicht gleichsam effektiv ist.[1235] Eine Stundung entspreche hinsichtlich ihrer Wirkung nicht einer – vollständigen oder teilweisen – Befreiung von der Steuerschuld.[1236] Zudem findet bei einer Stundung der Steuerschuld der Mittelabfluss über einen längeren Zeitraum statt und kann im Falle von zusätzlichen Stundungszinsen die Steuerschuld effektiv noch erhöhen. Damit ist die Steuerbefreiung für begünstigtes Vermögen durchaus geeignet, die unzureichende Steuerzahlungsfähigkeit hinsichtlich dieses Teils des unternehmerischen Vermögens zu berücksichtigen.

cc) Beihilferechtliche Würdigung der Erwägungen

Die Steuerbefreiung für betriebliches Vermögen kann daher sowohl auf lenkungs-, sozial- und gesellschaftspolitische Gründe als auch auf systematische Erwägungen der Besteuerung nach der Leistungsfähigkeit und der Steuerzahlungsfähigkeit gestützt werden. Beihilferechtlich ist es unbeachtlich, ob die steuerliche Entlastung zur Erreichung eines Lenkungsziels beiträgt, es ist insoweit lediglich die begünstigende Wirkung der Maßnahme entscheidend und nicht die dahinterstehende Intention des Gesetzgebers.[1237] Auch finden solche außerfiskalischen Ziele im Rahmen der Rechtfertigung einer *prima facie* selektiven Maßnahme keine Berücksichtigung.[1238] Nach der ständigen Rechtsprechung des Europäischen Gerichtshofs sind nur systemimmanente Gründe geeignet, eine *prima facie* selektive Begünstigung zu rechtfertigen.[1239] Die lenkungs-,

---

1235 BVerfG, Urteil vom 17.12.2014 – 1 BvL 21/12, BVerfGE 138, 136 Rn. 141, 154.

1236 BVerfG, Urteil vom 17.12.2014 – 1 BvL 21/12, BVerfGE 138, 136 Rn. 154.

1237 Ständige Rspr.: EuGH, Urteil vom 02.07.1974 – C-173/73, *Italien/Kommission*, ECLI:EU:C:1974:71, Rn. 26/28; EuGH, Urteil vom 24.02.1987 – C-310/85, *Deufil/Kommission*, ECLI:EU:C:1987:96, Rn. 8; EuGH, Urteil vom 29.02.1996 – C-56/93, *Belgien/Kommission*, ECLI:EU:C:1996:64, Rn. 79; EuGH, Urteil vom 26.09.1996 – C-241/94, *Frankreich/Kommission*, ECLI:EU:C:1996:353, Rn. 20; EuGH, Urteil vom 22.12.2008 – C-487/06 P, *British Aggregates/Kommission*, ECLI:EU:C:2008:757, Rn. 85.

1238 EuGH, Urteil vom 22.12.2008 – C-487/06, *British Aggregates*, ECLI:EU:C:2008:757, Rn. 84; EuGH, Urteil vom 08.09.2011 – C-279/08 P, *Niederlande/Kommission*, ECLI:EU:C:2011:551, Rn. 76 f.

1239 EuGH, Urteil vom 02.07.1974 – C-173/73, *Italien/Kommission*, ECLI:EU:C:1974:71, Rn. 33/35; EuGH, Urteil vom 17.06.1999 – C-75/97, *Belgien/Kommission*, ECLI:EU:C:1999:311, Rn. 33; EuGH, Urteil vom 08.11.2001 – C-143/99, *Adria-Wien Pipeline*, ECLI:EU:C:2001:598, Rn. 42; EuGH, Urteil vom 29.04.2004 – C-159/01, *Niederlande/Kommission*, ECLI:EU:C:2004:246, Rn. 43; EuGH, Urteil

sozial- und gesellschaftspolitischen Gründe hinter dem Verschonungsabschlag sind als externe Rechtfertigungsgründe – unabhängig von nationalen verfassungsrechtlichen Gesichtspunkten – nicht geeignet eine selektive Abweichung zu rechtfertigen.[1240]

Dagegen ist beim Erwerb von begünstigtem Vermögen im Sinne des § 13b Abs. 2 ErbStG von einer verminderten Leistungsfähigkeit auszugehen, die bei der steuerlichen Belastung des Erwerbers durch die partielle Steuerbefreiung entsprechend berücksichtigt wird. Die Vollversteuerung des Verwaltungsvermögens ist hingegen geboten, da mit dem unentgeltlichen Erwerb dieses Vermögens keine verminderte Leistungsfähigkeit verbunden ist. Dies betrifft auch die Steuerzahlungsfähigkeit, die hinsichtlich des begünstigten Vermögens zumindest teilweise entfällt. Das Bedürfnis nach einer Verschonung von unternehmerischem Vermögen ist daher steuersystematisch geboten. Im Rahmen der Selektivitätsprüfung können nur solche steuersystematischen Erwägungen durchgreifen, da diese eine *prima facie* selektive Maßnahme rechtfertigen können. Insoweit kommen insbesondere die von Europäischer Kommission und Europäischem Gerichtshofs anerkannten Rechtfertigungsgründe, die auf die Grund- und Leitprinzipien des Steuersystems zurückgeführt werden können, in Frage.[1241]

2. Die Systematik des erbschaftsteuerlichen Verschonungsabschlags

Der erbschaftsteuerliche Verschonungsabschlag für Betriebsvermögen setzt sich aus zwei Regelungen zusammen: dem Verschonungsabschlag gemäß § 13a ErbStG für Erwerbe begünstigten Vermögens von bis zu EUR 26 Millionen und dem abschmelzenden Verschonungsabschlag bei Großerwerben über EUR 26 Millionen nach § 13c ErbStG.

---

vom 08.09.2011 – C-78/08 bis C-80/08, *Paint Graphos u. a.*, ECLI:EU:C:2011:550, Rn. 64 f., 69; EuGH, Urteil vom 19.12.2018 – C-374/17, *Finanzamt B/A-Brauerei*, ECLI:EU:C:2018:1024, Rn. 44.

1240 Siehe hierzu ausführlich: B. II. 2. c) bb) χ) ββ).

1241 Siehe allgemein zu systemimmanenten Rechtfertigungsgründen: B. II. 2. c) bb) χ) αα); siehe zur Rechtfertigung *prima facie* selektiver Abweichungen beim erbschaftsteuerlichen Verschonungsabschlag: E. II. 2. c).

a) *Der Verschonungsabschlag für begünstigtes Vermögen bis EUR 26 Millionen*

Der Verschonungsabschlag des § 13a ErbStG sieht eine Steuerbefreiung für das begünstigte unternehmerische Vermögen i. H. v. 85 % bei der Regelverschonung und i. H. v. 100 % bei der Optionsverschonung vor. Der § 13a ErbStG definiert hierbei die Voraussetzungen für die Steuerbefreiung und gibt die entsprechenden Rechtsfolgen aus. Gleichzeitig enthält § 13a ErbStG in Abs. 10 die Optionsmöglichkeit zur vollständigen Erbschaftsteuerbefreiung des begünstigten Vermögens. Zudem kommt der Verschonungsabschlag nach § 13a ErbStG stets in Verbindung mit der Regelung des § 13b ErbStG zur Anwendung, da dieser das begünstigungsfähige, das begünstigte Vermögen sowie das Verwaltungsvermögen definiert. Damit gibt § 13b ErbStG denjenigen Teil des betrieblichen Vermögens als begünstigtes Vermögen vor, das der erbschaftsteuerlichen Befreiung unterliegt. Die wesentlichen Voraussetzungen für den Verschonungsabschlag für betriebliches begünstigtes Vermögen bis EUR 26 Millionen werden im Folgenden erläutert.

aa) *Die Steuerbefreiung nach § 13a Abs. 1 ErbStG*

Gemäß § 13a Abs. 1 S. 1 ErbStG in der Fassung vom 4. November 2016[1242] bleibt sogenanntes begünstigtes Vermögen nach § 13b Abs. 2 ErbStG zu 85 % steuerfrei, wenn der Erwerb begünstigten Vermögens insgesamt nicht mehr als EUR 26 Millionen beträgt. Das Gesetz spricht dabei von einem sogenannten Verschonungsabschlag auf das begünstigte Vermögen. Die Voraussetzung für die Gewährung eines solchen Abschlags wird von § 13a Abs. 3 S. 1 ErbStG festgelegt, wonach die Summe der maßgebenden jährlichen Lohnsummen[1243] des Betriebs, bei Beteiligungen an einer Personengesellschaft oder Anteilen an einer Kapitalgesellschaft des Betriebs der jeweiligen Gesellschaft innerhalb eines

1242 Änderung des Erbschaftsteuer- und Schenkungsteuergesetzes nach Art. 1 des Gesetzes zur Anpassung des Erbschaftsteuer- und Schenkungsteuergesetzes an die Rechtsprechung des Bundesverfassungsgerichts vom 4. November 2016, BGBl. I 2016, 2464, in Kraft getreten mit Wirkung zum 1. Juli 2016 gemäß Art. 3 des Gesetzes zur Anpassung des Erbschaftsteuer- und Schenkungsteuergesetzes an die Rechtsprechung des Bundesverfassungsgerichts vom 4. November 2016, BGBl. I 2016, 2472.

1243 Die Lohnsumme umfasst sämtliche Löhne und Gehälter sowie andere Bezüge und Vorteile, die im maßgebenden Wirtschaftsjahr an die auf den Lohn- und Gehaltslisten erfassten Beschäftigten gezahlt werden, vgl. § 13a Abs. 3 S. 6 ErbStG.

Zeitraums von fünf Jahren nach Erwerb 400 % der Ausgangslohnsumme[1244] nicht unterschreiten darf.

Der Verschonungsabschlag des § 13a Abs. 1 ErbStG stellt rechtstechnisch eine Steuerbefreiung auf das begünstigte Vermögen nach § 13b Abs. 2 ErbStG dar. Der Wortlaut des § 13a Abs. 1 ErbStG gibt bereits vor, dass das begünstigte Vermögen „steuerfrei" bleibt, sofern der Erwerb nicht die Freigrenze von EUR 26 Millionen überschreitet.[1245] Damit werden auch zwei wesentliche Änderungen im Vergleich zur Vorgängerregelung deutlich: Erstens greift der Verschonungsabschlag nicht mehr unbeschränkt für sämtliche Erwerbe ohne Obergrenze, sondern nur noch für Erwerbe begünstigten Vermögens bis EUR 26 Millionen. Zweitens bezieht sich die Steuerbefreiung nunmehr nur noch auf das begünstigte Vermögen nach § 13b Abs. 2 ErbStG und nicht auf das begünstigungsfähige Vermögen. Demnach unterliegt das begünstigte Vermögen noch zu 15 % der Erbschaftsteuer, während das Verwaltungsvermögen – ungeachtet des unschädlichen Teils – vollständig der Erbschaftsteuer unterliegt.

Gleichzeitig enthält § 13a Abs. 1 ErbStG auch einen Hinzurechnungstatbestand, wonach frühere Erwerbe begünstigten Vermögens von derselben Person innerhalb von zehn Jahren zusammenzurechnen sind und auch insoweit die Grenze von EUR 26 Millionen nicht überschritten werden darf. Führt der Letzterwerb zum Überschreiten der Grenze, entfällt die Steuerbefreiung rückwirkend für sämtliche bis dahin als steuerfrei behandelten Schenkungen oder Erwerbe von Todes wegen.[1246] Der Erwerber kann in diesen Fällen dann lediglich das Abschmelzungsmodell des § 13c ErbStG in Anspruch nehmen oder alternativ eine Verschonungsbedarfsprüfung nach § 28a ErbStG durchführen.[1247] Verfahrensrechtlich wird die Korrektur der früheren Erwerbe über § 13a Abs. 1

1244 Die durchschnittliche Lohnsumme der letzten fünf Wirtschaftsjahre, welche vor Steuerentstehungszeitpunkt nach § 9 ErbStG endeten, bilden die sog. Ausgangslohnsumme, *Jülicher*, in: Troll/Gebel/Jülicher/Gottschalk, ErbStG, 60. EL 2020, § 13a Rn. 61.

1245 Die 26-Millionen-EUR-Grenze ist kein Freibetrag, sondern eine Freigrenze, da mit Überschreiten der Grenze der Verschonungsabschlag des § 13a Abs. 1 ErbStG nicht mehr in Anspruch genommen werden kann, vgl. *Löcherbach*, in: Viskorf/Schuck/Wälzholz, ErbStG/BewG, 6. Aufl. 2020 § 13a Rn. 8; *Esskandari*, in: Stenger/Loose, BewG/ErbStG, 140. EL 2018, § 13a ErbStG Rn. 47; *Hannes/Holtz*, in: Meincke/Hannes/Holtz, ErbStG, 18. Aufl. 2021, § 13a Rn. 25; *Wachter*, in: Fischer/Pahlke/Wachter, ErbStG, 6. Aufl. 2018, § 13a Rn. 158.

1246 *Esskandari*, in: Stenger/Loose, BewG/ErbStG, 140. EL 2018, § 13a ErbStG Rn. 48 f.

1247 *Stalleiken*, in: von Oertzen/Loose, ErbStG, 2. Aufl. 2020, § 13a Rn. 2.

S. 4 ErbStG gewährleistet, wonach die Festsetzungsfrist für die früheren Erwerbe nicht vor Ablauf des vierten Jahres endet, nachdem das für die Erbschaftsteuer zuständige Finanzamt von dem letzten Erwerb Kenntnis erlangt hat. Der Verschonungsabschlag nach § 13a Abs. 1 ErbStG wird von Amts wegen gewährt und muss im Gegensatz zur Optionsverschonung nach Abs. 10 weder beantragt werden, noch kann auf ihn verzichtet werden.[1248]

α) Die Lohnsummenregelung des § 13a Abs. 3 ErbStG

In § 13a Abs. 3 ErbStG wird mit der sogenannten Lohnsummenregelung eine der zentralen Voraussetzungen für die Gewährung des Verschonungsabschlags definiert. Wird die maßgebliche Lohnsumme nicht eingehalten, so folgt aus dem Kontext der Norm (§ 13a Abs. 3 S. 5 ErbStG), dass es bei Unterschreiten der Mindestlohnsumme zu einer verhältnismäßigen Reduzierung der Steuerbefreiung kommt und daher eine entsprechende Nachversteuerung erfolgt.[1249] Wie bereits bei der Vorgängerregelung erfordert die Lohnsummenkontrolle einen Vergleich zwischen der Ausgangslohnsumme aus dem Durchschnitt der letzten fünf abgelaufenen Wirtschaftsjahre vor dem maßgeblichen Stichtag mit der Mindestlohnsumme in den auf die Schenkung folgenden fünf bzw. sieben Jahren. Nach § 13a Abs. 3 S. 3 ErbStG findet die Lohnsummenkontrolle keine Anwendung, wenn die Ausgangslohnsumme null beträgt oder der Betrieb nicht mehr als fünf

---

1248 *Riedel*, in: Daragan/Halaczinsky/Riedel, ErbStG/BewG, 3. Aufl. 2017, § 13a ErbStG Rn. 72; *Jülicher*, in: Troll/Gebel/Jülicher/Gottschalk, ErbStG, 62. EL 2021, § 13a Rn. 23; *Esskandari*, in: Stenger/Loose, BewG/ErbStG, 140. EL 2018, § 13a ErbStG Rn. 44.

1249 § 13a Abs. 3 S. 1 ErbStG gibt als Voraussetzung für den Erhalt des Verschonungsabschlags nach Absatz 1 vor, dass die Summe der jährlichen Lohnsummen innerhalb von fünf Jahren insgesamt 400 % der Ausgangslohnsumme nicht unterschreiten darf. Ergänzend gibt § 13a Abs. 3 S. 5 ErbStG die mit der Unterschreitung der Mindestlohnsumme verbundene Rechtsfolge aus: Unterschreitet nämlich die Summe der maßgeblichen jährlichen Lohnsummen die Mindestlohnsumme, so reduziert sich der gewährte Verschonungsabschlag nach Absatz 1 für die Vergangenheit im selben Umfang, wie die Mindestlohnsumme unterschritten wurde. Es entspricht der einhelligen Auffassung das Unterschreiten der Mindestlohnsumme ausschließlich nach den Rechtsfolgen des S. 5 zu bestimmen ist, vgl. *Hannes/Holtz*, in: Meincke/Hannes/Holtz, ErbStG, 17. Aufl. 2018, § 13a Rn. 34; *Stalleiken*, in: von Oertzen/Loose, ErbStG, 2. Aufl. 2020, § 13a Rn. 43; *Söffing*, in: Wilms/Jochum, ErbStG/BewG/GrEStG, März 2020, § 13a ErbStG Rn. 68.27; *Jülicher*, in: Troll/Gebel/Jülicher/Gottschalk, ErbStG, 60. EL 2020, § 13a Rn. 73.

Beschäftigte hat.[1250] Die Mindestlohnsumme beträgt bei der Regelverschonung nach § 13a Abs. 3 S. 1 ErbStG 400 % der Ausgangslohnsumme und stellt die in der fünfjährigen Lohnsummenfrist mindestens zu erhaltende Summe der Jahreslohnsummen dar. Dies entspräche einer durchschnittlichen Jahreslohnsumme von 80 % der Ausgangslohnsumme. Bei der optionalen Vollverschonung beträgt die Mindestlohnsumme gemäß § 13a Abs. 10 S. 1 Nr. 3 ErbStG 700 % der Ausgangslohnsumme, für die eine Lohnsummenfrist von sieben Jahren gilt. Für kleinere Betriebe wurde eine modifizierte Lohnsummenregelung in § 13a Abs. 3 S. 4 ErbStG eingeführt, die niedrigere Mindestlohnsummen vorsieht. Eine solche Anpassung war verfassungsrechtlich geboten, da gerade bei kleinen Betrieben mit wenigen Beschäftigten sich ein Wechsel in der Belegschaft überproportional auf die Lohnsumme auswirkt und damit den Erhalt des Verschonungsabschlags besonders gefährden würde.[1251]

Bei der Ermittlung der Lohnsumme fließen auch die Lohnsummen von Beteiligungsgesellschaften ein. Die Höhe der zu berücksichtigenden Lohnsumme bemisst sich anteilig nach der Höhe der Beteiligung bzw. bei mittelbaren Beteiligungen nach der durchgerechneten Beteiligung.[1252] Ebenso sind bei bestehenden Betriebsaufspaltungen die Lohnsummen und Beschäftigten der Besitzgesellschaft und der Betriebsgesellschaft für die Lohnsummenkontrolle zu addieren.[1253]

1250 Ursprünglich betrug die Grenze für die Anzahl der Beschäftigten zur Anwendung der Lohnsummenkontrolle 20 Arbeitnehmer; diese Grenze wurde vom Bundesverfassungsgericht allerdings als zu hoch angesehen und aus gleichheitsrechtlichen Erwägungen als verfassungswidrig erklärt, siehe BVerfG, Urteil vom 17.12.2014 – 1 BvL 21/12, BVerfGE 138, 136 Rn. 213 ff.

1251 *Geck*, in: Kapp/Ebeling, ErbStG, 83. EL März 2020, § 13a Rn. 68; *Stalleiken*, in: von Oertzen/Loose, ErbStG, 2. Aufl. 2020, § 13a Rn. 63; *Hannes/Holtz*, in: Meincke/Hannes/Holtz, ErbStG, 18. Aufl. 2021, § 13a Rn. 40, 46; siehe zu den Auswirkungen der COVID-19-Pandemie auf die Einhaltung der Lohnsummenvoraussetzung *Thonemann-Micker/Naus*, DB 2020, 856 (857 f.); *Wagner/Farinato*, COVuR 2020, 286 (290) sowie mit entsprechenden Handlungsmöglichkeiten *Hannes/Lorenz*, ZEV 2020, 385 und *Landsittel*, ZErb 2020, 193.

1252 Siehe ausführlich *Stalleiken*, in: von Oertzen/Loose, ErbStG, 2. Aufl. 2020, § 13a Rn. 88 ff.

1253 Vgl. § 13a Abs. 3 S. 13 ErbStG.

β) Die Behaltenspflichten und -fristen nach § 13a Abs. 6 ErbStG

Als weitere Voraussetzungen sieht die Steuerbefreiung nach § 13a ErbStG bestimmte fristgebundene Behaltenspflichten vor. Nach § 13a Abs. 6 ErbStG fallen der Verschonungsabschlag sowie der Abzugsbetrag mit Wirkung für die Vergangenheit weg, wenn der Erwerber innerhalb einer Behaltensfrist von fünf Jahren gegen die Behaltenspflichten aus den Katalognummern 1 bis 5 des Absatzes 6 verstößt.[1254] Bei der Optionsverschonung i. H. v. 100 % beträgt die Behaltensfrist gemäß § 13a Abs. 10 S. 1 Nr. 6 ErbStG sieben Jahre. Hierdurch soll ein gewährter Verschonungsabschlag dem Erwerber wieder entzogen werden, wenn dieser beispielsweise das erworbene betriebliche Vermögen vor Ablauf der Behaltensfrist veräußert.[1255] Die erfolgende Nachversteuerung des begünstigten Vermögens findet nunmehr nur noch zeitanteilig und gegenständlich beschränkt statt.[1256] Bis zur Erbschaftsteuerreform 2009[1257] fiel die Verschonung insgesamt weg und der Erwerb unterlag einer vollständigen Besteuerung. Ein Verstoß gegen die Behaltensvorschriften wirkt sich hingegen nicht auf den Vorwegabschlag nach § 13a Abs. 9 ErbStG aus.[1258]

Das Bundesverfassungsgericht hielt entsprechende Behaltenspflichten und Behaltensfristen auch verfassungsrechtlich für geboten, da andernfalls die Verschonung ohne Bedingungen gewährt worden wäre und damit der Bestand des erworbenen Vermögens über einen längeren Zeitraum nicht sichergestellt wäre.[1259] Die bereits in der Vorgängerregelung enthaltenen Vorschriften zu den Behaltensfristen hatte es daher nicht zu beanstanden.[1260] Der Gesetzgeber hat die bis zum 30. Juni 2016 geltende Regelung[1261] ohne wesentliche Änderungen in den neu gefassten Verschonungstatbestand übernommen.

1254 Siehe zu den Auswirkungen der COVID-19-Pandemie auf die Einhaltung der Behaltensfristen *Thonemann-Micker/Naus*, DB 2020, 856 (859); *Wagner/Farinato*, COVuR 2020, 286 (290) sowie mit entsprechenden Handlungsmöglichkeiten *Hannes/Lorenz*, ZEV 2020, 385 und *Landsittel*, ZErb 2020, 193.

1255 *Jülicher*, in: Troll/Gebel/Jülicher/Gottschalk, ErbStG, 60. EL 2020, § 13a Rn. 191.

1256 *Hannes/Holtz*, in: Meincke/Hannes/Holtz, ErbStG, 18. Aufl. 2021, § 13a Rn. 59.

1257 Gesetzes zur Reform des Erbschaftsteuer- und Bewertungsrechts (Erbschaftsteuerreformgesetz – ErbStRG) vom 24.12.2008, BGBl. I 2008, 3018.

1258 BMF, Allgemeine Verwaltungsvorschrift zur Anwendung des Erbschaftsteuer- und Schenkungsteuerrechts, R E 13a.12 ErbStR 2019, Drucks. 387/19.

1259 BVerfG, Urteil vom 17.12.2014 – 1 BvL 21/12, BVerfGE 138, 136 Rn. 135.

1260 BVerfG, Urteil vom 17.12.2014 – 1 BvL 21/12, BVerfGE 138, 136 Rn. 230.

1261 Vormals in § 13a Abs. 5 ErbStG a. F.

Nach herrschender Auffassung ist der in § 13a Abs. 6 ErbStG enthaltene Katalog an steuerschädlichen Veräußerungstatbeständen abschließend und kann nicht zum Nachteil des Erwerbers erweitert werden.[1262] Die Veräußerung als entgeltliches Ausscheiden des Vermögensgegenstandes aus dem Vermögen des Erwerbers lässt darauf schließen, dass die unentgeltliche Übertragung des Vermögens keinen Veräußerungstatbestand im Sinne des § 13a Abs. 6 ErbStG erfüllt.[1263] Ebenso unschädlich ist nach § 13a Abs. 6 S. 1 Nr. 4 ErbStG die reine Umschichtung von Betriebsvermögen.[1264]

bb) Der Bewertungsabschlag nach § 13a Abs. 9 ErbStG

Mit der Erbschaftsteuerreform 2016[1265] wurde mit § 13a Abs. 9 ErbStG für Unternehmen mit besonderer Kapitalbindung ein sogenannter Vorwegabschlag auf das nach § 13b Abs. 3 ErbStG begünstigte Vermögen von bis zu 30 % eingeführt. Dieser wird oftmals auch als Wertabschlag für Familienunternehmen[1266] bezeichnet, da sich gerade bei diesen aufgrund langfristig bestehender gesellschaftsvertraglicher Beschränkungen die erworbenen Gesellschaftsanteile für den einzelnen Familiengesellschafter in der Praxis am Markt lediglich bedingt, zeitlich verzögert oder nur eingeschränkt veräußern lassen[1267]. Der Erwerber

---

1262 *Hannes/Holtz*, in: Meincke/Hannes/Holtz, ErbStG, 18. Aufl. 2021, § 13a Rn. 67; *Geck*, in: Kapp/Ebeling, ErbStG, 83. EL März 2020, § 13a Rn. 100; *Jülicher*, in: Troll/Gebel/Jülicher/Gottschalk, ErbStG, 60. EL 2020, § 13a Rn. 194.

1263 FG Münster, Gerichtsbescheid vom 12.06.2013 – 3 K 204/11 Erb, EFG 2013, 1781 (1782); *Hannes/Holtz*, in: Meincke/Hannes/Holtz, ErbStG, 18. Aufl. 2021, § 13a Rn. 67.

1264 BMF, Allgemeine Verwaltungsvorschrift zur Anwendung des Erbschaftsteuer- und Schenkungsteuerrechts, R E 13a.3 Abs. 3 ff. ErbStR 2019, Drucks. 387/19; *Geck*, in: Kapp/Ebeling, ErbStG, 83. EL März 2020, § 13a Rn. 142 f.; *Dannecker*, DStR 2020, 853 (856).

1265 Gesetz zur Anpassung des Erbschaftsteuer- und Schenkungsteuergesetzes an die Rechtsprechung des Bundesverfassungsgerichts vom 4. November 2016, BGBl. I 2016, 2464.

1266 Vgl. mit leicht abweichenden Bezeichnungen, aber stets mit Bezug zu Familiengesellschaften *Steger/Königer*, BB 2016, 3099; *Weber/Schwind*, ZEV 2016, 688; *Wachter*, NZG 2016, 1168; *Wälzholz*, GmbH-StB 2017, 54; *Weber*, DStZ 2017, 13; *Dannecker*, DStR 2020, 853 (855); *Hannes/Holtz*, in: Meincke/Hannes/Holtz, ErbStG, 17. Aufl. 2018, § 13a vor Rn. 103; *Stalleiken*, in: von Oertzen/Loose, ErbStG, 2. Aufl. 2020, § 13a Rn. 220; *Esskandari*, in: Stenger/Loose, BewG/ErbStG, 140. EL 2018, § 13a ErbStG Rn. 263.

1267 BT-Drucks. 18/8911, S. 38; vgl. auch *Weber/Schwind*, ZEV 2016, 688; *Steger/Königer*, BB 2016, 3099; *Dannecker*, DStR 2020, 853 (855).

kann – jedenfalls nach seiner subjektiven Sichtweise – den objektiven gemeinen Wert der Anteile nicht realisieren.[1268] Vor allem bei mittelständischen familiengeführten Unternehmen wird oftmals durch gesellschaftsvertragliche Bestimmungen versucht, Hürden für Anteilsübertragungen zu implementieren, die einen konstanten Gesellschafterkreis gewährleisten und gleichzeitig die Entnahmemöglichkeiten der Gesellschafter begrenzen sollen.[1269] Mit dem Vorwegabschlag soll diesen Beschränkungen Rechnung getragen werden, da sich hieraus ein besonderes Verschonungsbedürfnis der Erwerber ergibt.[1270] Da der Abschlag nur gewährt wird, wenn die Beschränkungen im Gesellschaftsvertrag der Personengesellschaft oder in der Satzung der Kapitalgesellschaft enthalten sind, können Einzelunternehmen die Begünstigung schon mangels Gesellschaftsvertrag nicht in Anspruch nehmen.[1271] Für Aktiengesellschaften kommt der Vorwegabschlag ebenso nicht in Frage, da diese Einschränkungen in der Satzung nicht zulässig sind.[1272] Im Übrigen wird der Abschlag von Amts wegen gewährt, sodass ein Antrag des Erwerbers nicht erforderlich ist; dieser hat lediglich das Vorliegen der Voraussetzungen nachzuweisen. Vor Anwendung des Verschonungsabschlags nach § 13a Abs. 1, Abs. 10 oder § 13c ErbStG bzw. der Verschonungsbedarfsprüfung nach § 28a ErbStG ist der Vorwegabschlag vorrangig abzuziehen.[1273]

1268 *Löcherbach*, in: Viskorf/Schuck/Wälzholz, ErbStG/BewG, 6. Aufl. 2020 § 13a Rn. 181.

1269 *Geck*, in: Kapp/Ebeling, ErbStG, 83. EL März 2020, § 13a Rn. 187; *Löcherbach*, in: Viskorf/Schuck/Wälzholz, ErbStG/BewG, 6. Aufl. 2020 § 13a Rn. 181; *Jülicher*, in: Troll/Gebel/Jülicher/Gottschalk, ErbStG, 60. EL 2020, § 13a Rn. 473.

1270 BT-Drucks. 18/8911, S. 38.

1271 BMF, Allgemeine Verwaltungsvorschrift zur Anwendung des Erbschaftsteuer- und Schenkungsteuerrechts, R E 13a.20 Abs. 1 S. 4 Nr. 1 ErbStR 2019, Drucks. 387/19; dies wird teilweise für steuer- und verfassungsrechtlich bedenklich erachtet; *Wachter*, FR 2016, 690 (702); *Weber/Schwind*, ZEV 2016, 688 (689); *Kotzenberg/Jülicher*, GmbHR 2016, 1135 (1140); *Riedel*, in: Daragan/Halaczinsky/Riedel, ErbStG/BewG, 3. Aufl. 2017, § 13a ErbStG Rn. 340; *Esskandari*, in: Stenger/Loose, BewG/ErbStG, 140. EL 2018, § 13a ErbStG Rn. 264.

1272 BMF, Allgemeine Verwaltungsvorschrift zur Anwendung des Erbschaftsteuer- und Schenkungsteuerrechts, R E 13a.20 Abs. 1 S. 4 Nr. 2 ErbStR 2019, Drucks. 387/19.

1273 *Preißer*, in: Preißer/Rödl/Seltenreich, Erbschaft- und Schenkungsteuer, 3. Aufl. 2018, § 13a Rn. 136; *Weinmann*, in: Moench/Weinmann, ErbStG/BewG, 79. EL 2017, § 13a ErbStG Rn. 214; *Wachter*, in: Fischer/Pahlke/Wachter, ErbStG, 6. Aufl. 2018, § 13a Rn. 117.

Der Abschlag setzt gemäß § 13a Abs. 9 ErbStG voraus, dass der Gesellschaftsvertrag einer Personengesellschaft oder die Satzung einer Kapitalgesellschaft folgende qualifizierte Bestimmungen enthält:

1. eine Beschränkung von Ausschüttungen und Entnahmen des steuerrechtlichen Gewinns,
2. eine Verfügungsbeschränkung über die Beteiligung an der Personengesellschaft oder den Anteil an der Kapitalgesellschaft auf Mitgesellschafter oder Angehörige im Sinne des § 15 AO oder auf eine Familienstiftung im Sinne des § 1 Nr. 4 ErbStG und
3. eine höhenmäßige Beschränkung der Abfindung für den Fall des Ausscheidens eines Gesellschafters, die eine Abfindung unter dem gemeinen Wert der Beteiligung vorsieht.

Werden diese Voraussetzungen nur für einen Teil des begünstigten Vermögens festgelegt, so ist der Vorwegabschlag gemäß § 13a Abs. 9 S. 2 ErbStG nur für diesen Teil zu gewähren. Zusätzlich müssen sämtliche Voraussetzungen zwei Jahre vor dem Zeitpunkt der Steuerentstehung vorliegen und für eine Zeit von zwanzig Jahren nach diesem Zeitpunkt eingehalten werden.[1274] Wird die „Wohlverhaltensfrist“[1275] nach der Steuerentstehung nicht eingehalten, so ordnet § 13a Abs. 9 S. 5 ErbStG einen Entfall der Steuerbefreiung mit Wirkung für die Vergangenheit an.[1276] Wegen dieser strengen Voraussetzungen und der gravierenden Folgen bei Nichteinhalten der Beschränkungen oder einem Verstoß gegen die sehr langen Fristen wird der Vorwegabschlag daher – wenn überhaupt – nur für einen kleinen Kreis an Unternehmen in Frage kommen.[1277]

cc) Die Optionsverschonung nach § 13a Abs. 10 ErbStG

Der Erwerber kann nach § 13a Abs. 10 ErbStG unwiderruflich erklären, dass ihm statt der Regelverschonung von 85 % ein Verschonungsabschlag von 100 % gewährt wird. Entscheidet sich ein Erwerber für die Vollverschonung, so verlängert sich die Frist für die Einhaltung der Lohnsumme und der Behaltenspflichten

---

1274 Vgl. § 13a Abs. 9 S. 4 ErbStG.

1275 Die zwanzigjährige Frist zur Einhaltung der Voraussetzungen des § 13a Abs. 9 ErbStG so bezeichnend *Steger/Königer*, BB 2016, 3099 (3105).

1276 *Steger/Königer*, BB 2016, 3099 (3104).

1277 Die Bedeutung des Vorwegabschlags in der Praxis als eher gering einschätzend *Dannecker*, DStR 2020, 853 (855); *Steger/Königer*, BB 2016, 3099 (3105); *Weber*, DStZ 2017, 13 (19).

von fünf Jahren auf sieben Jahre. Statt in fünf Jahren eine Mindestlohnsumme von 400 %, sind nach § 13a Abs. 10 Nr. 3 ErbStG in sieben Jahren nun 700 % der Ausgangslohnsumme einzuhalten. Betriebe mit mehr als fünf und maximal zehn Beschäftigten haben dann in sieben Jahren eine Mindestlohnsumme von 500 % einzuhalten, während Betriebe mit mehr als zehn, aber nicht mehr als fünfzehn Beschäftigten eine Mindestlohnsumme von 565 % erreichen müssen. Schließlich setzt die Vollverschonung voraus, dass das begünstigungsfähige Vermögen nach § 13b Abs. 1 ErbStG nicht zu mehr als 20 % aus Verwaltungsvermögen nach § 13b Abs. 3 und Abs. 4 ErbStG besteht.

Da die Option aus § 13a Abs. 10 ErbStG durch unwiderrufliche Erklärung auszuüben ist, kann der Erwerber den Antrag nach Zugang beim zuständigen Finanzamt nicht mehr widerrufen.[1278] Ein Wechsel zur Regelverschonung ist dann nicht mehr möglich.[1279] Gleichzeitig kann die Erklärung nach Auffassung der Finanzverwaltung und der Finanzgerichtsbarkeit nur einheitlich für alle Arten des erworbenen begünstigungsfähigen Vermögens abgegeben werden.[1280] Begründet wird dies unter anderem damit, dass die Optionsverschonung dem Erwerber die Möglichkeit gewährt den Tatbestand und die Rechtsfolgen der §§ 13a f. ErbStG zu modifizieren und diese „insgesamt" eine Verschonung des begünstigten Vermögens vorsehen.[1281] In der Literatur wird dem entgegengehalten, dass die Behaltenstatbestände und der Verwaltungsvermögenstest stets für jede wirtschaftliche Einheit gesondert zu prüfen sind.[1282]

1278 BMF, Allgemeine Verwaltungsvorschrift zur Anwendung des Erbschaftsteuer- und Schenkungsteuerrechts, R E 13a.21 Abs. 2 ErbStR 2019, Drucks. 387/19.

1279 *Söffing*, in: Wilms/Jochum, ErbStG/BewG/GrEStG, März 2020, § 13a ErbStG Rn. 295; a. A. *Geck*, in: Kapp/Ebeling, ErbStG, 83. EL März 2020, § 13a Rn. 216; sowie schon *Geck*, ZEV 2008, 557 (563) zur Vorgängervorschrift des Gesetzes zur Reform des Erbschaftsteuer- und Bewertungsrechts (Erbschaftsteuerreformgesetz – ErbStRG) vom 24.12.2008, BGBl. I 2008, 3018; *Weinmann*, in: Moench/Weinmann, ErbStG/BewG, 79. EL 2017, § 13a ErbStG Rn. 245.

1280 BMF, Allgemeine Verwaltungsvorschrift zur Anwendung des Erbschaftsteuer- und Schenkungsteuerrechts, R E 13a.21 Abs. 1 ErbStR 2019, Drucks. 387/19; so auch zur Vorgängerregelung bereits FG Münster, Urteil vom 09.12.2013 – 3 K 3969/11 Erb, EFG 2014, 660; a. A. *Crezelius*, ZEV 2009, 1 (3); *Geck*, in: Kapp/Ebeling, ErbStG, 83. EL März 2020, § 13a Rn. 216; *Stalleiken*, in: von Oertzen/Loose, ErbStG, 2. Aufl. 2020, § 13a Rn. 255; *Reich*, DStR 2014, 1424 m. w. N.; *Esskandari*, in: Stenger/Loose, BewG/ErbStG, 140. EL 2018, § 13a ErbStG Rn. 310.

1281 FG Münster, Urteil vom 09.12.2013 - 3 K 3969/11 Erb, EFG 2014, 660, (661 f.).

1282 Siehe z. B. *Crezelius*, ZEV 2009, 1 (3 f.); *Geck*, in: Kapp/Ebeling, ErbStG, 83. EL März 2020, § 13a Rn. 216; *Esskandari*, in: Stenger/Loose, BewG/ErbStG, 140. EL 2018,

Sollte ein Erwerber mehrerer betrieblicher Einheiten die erforderliche 20%-Verwaltungsvermögensgrenze bei einzelnen Einheiten überschreiten, so kann er für diese Einheiten nicht mehr die Regelverschonung in Anspruch nehmen, sondern unterliegt vollständig der Erbschaftsteuer.[1283] Wird nachträglich – beispielsweise im Rahmen einer Betriebsprüfung – ermittelt, dass die Verwaltungsvermögensgrenze für die Optionsverschonung in allen wirtschaftlichen Einheiten nicht erfüllt wurde, erhält der Erwerber nach Auffassung der Finanzverwaltung dann aber doch die Regelverschonung.[1284] Dies gilt auch, wenn der Erwerber lediglich eine wirtschaftliche Einheit erworben hat.[1285]

Da es sich bei der Optionsverschonung um ein steuerliches Wahlrecht handelt, das ohne zeitliche Befristung gewährt wird, kann der Erwerber dieses grundsätzlich in jedem Verfahrensstadium ausüben.[1286] Die Finanzverwaltung verlangt inzwischen, dass der Antrag zur Vollverschonung spätestens bis zum Eintritt der materiellen Bestandskraft des Erbschaftsteuerbescheids zu stellen ist.[1287] Solange noch Änderungsmöglichkeiten der Abgabenordnung bestehen und der Bescheid angefochten werden kann, ist dieser auch nicht materiell

---

§ 13a ErbStG Rn. 310; *Hannes/Holtz*, in: Meincke/Hannes/Holtz, ErbStG, 18. Aufl. 2021, § 13a Rn. 122.

1283 BMF, Allgemeine Verwaltungsvorschrift zur Anwendung des Erbschaftsteuer- und Schenkungsteuerrechts, R E 13a.21 Abs. 4 S. 2 ErbStR 2019, Drucks. 387/19; da der Antrag zur Optionsverschonung nur einheitlich für alle erworbenen Einheiten gestellt werden kann, wird das vollständige Entfallen der Verschonungsmöglichkeiten auch als sogenannte „Optionsfalle" bezeichnet, vgl. *Stalleiken*, in: von Oertzen/Loose, ErbStG, 2. Aufl. 2020, § 13a Rn. 254; *Reich*, DStR 2014, 1424; *Burwitz/Wighardt*, NZG 2019, 217 (219).

1284 BMF, Allgemeine Verwaltungsvorschrift zur Anwendung des Erbschaftsteuer- und Schenkungsteuerrechts, R E 13a.21 Abs. 4 S. 4 ErbStR 2019, Drucks. 387/19; kritisierend, da unsystematisch *Löcherbach*, in: Viskorf/Schuck/Wälzholz, ErbStG/BewG, 6. Aufl. 2020 § 13a Rn. 218.

1285 BMF, Allgemeine Verwaltungsvorschrift zur Anwendung des Erbschaftsteuer- und Schenkungsteuerrechts, R E 13a.21 Abs. 4 S. 5 ErbStR 2019, Drucks. 387/19.

1286 *Stalleiken*, Ubg 2011, 935 (940); sowie ständige Rspr. zur Ausübung unbefristeter Wahlrechte im Steuerrecht: BFH, Urteil vom 27.09.1988 – VIII R 432/83, BStBl. II 1989, 225 (226); BFH, Urteil vom 30.08.2001 – IV R 30/99, BStBl. II 2002, 49 (50); BFH, Urteil vom 12.05.2015 – VIII R 14/13, BStBl. II 2015, 806 Rn. 11; allgemein zur Ausübung zeitlich unbefristeter steuerlicher Wahlrechte *Heinen*, Ausübung von steuerlichen Wahl- und Antragsrechten, 2019.

1287 BMF, Allgemeine Verwaltungsvorschrift zur Anwendung des Erbschaftsteuer- und Schenkungsteuerrechts, R E 13a.21 Abs. 2 S. 2 ErbStR 2019, Drucks. 387/19.

bestandskräftig.[1288] Bescheide, die unter dem Vorbehalt der Nachprüfung gemäß § 164 AO ergehen, sind jedenfalls solange nicht materiell bestandskräftig wie der Vorbehalt besteht.[1289] Der Antrag kann nach der Steuerfestsetzung noch solange gestellt werden, bis der Vorbehalt aufgehoben wird.[1290]

Da allerdings die Korrekturvorschriften der Abgabenordnung auch erst nach Eintritt der formellen Bestandskraft anwendbar sind, lässt sich der Eintritt der materiellen Bestandskraft regelmäßig nur retroperspektivisch bestimmen.[1291] Im Zweifel fällt der Eintritt der formellen Bestandskraft mit dem Eintritt der materiellen Bestandskraft zusammen.[1292] Der Steuerpflichtige hat folglich die Möglichkeit zunächst von einem Antrag auf Vollverschonung abzusehen und nur die Regelverschonung i. H. v. 85 % anzuwenden, um nach Ablauf der Behaltensfrist von fünf Jahren zu prüfen, ob er auch die strengeren Voraussetzungen der Optionsverschonung einhalten könnte.[1293]

b) Erwerb begünstigten Vermögens von mehr als EUR 26 Millionen

Übersteigt der Wert des begünstigten Vermögens sowie früherer Erwerbe begünstigten Vermögens innerhalb von zehn Jahren von derselben Person den Betrag von EUR 26 Millionen, so kann der Erwerber gemäß § 13a Abs. 1 S. 1 ErbStG die Regel- und Optionsverschonung nach § 13a Abs. 1 S. 1 bzw. Abs. 10 ErbStG nicht mehr in Anspruch nehmen. Dem Erwerber verbleibt damit nur noch die Möglichkeit das Abschmelzungsmodell nach § 13c ErbStG zu wählen oder alternativ die Verschonungsbedarfsprüfung nach § 28a ErbStG zu beantragen.[1294]

1288 *Stalleiken*, Ubg 2011, 935 (940).

1289 Vgl. BFH, Urteil vom 03.02.1987 – IX R 255/84, BFH/NV 1987, 751 (752 f.); BFH, Urteil vom 27.10.2015 – X R 44/13, BStBl. II 2016, 278 Rn. 18; *Stalleiken*, in: von Oertzen/Loose, ErbStG, 2. Aufl. 2020, § 13a Rn. 251; sowie allgemein *Heinen*, Ausübung von steuerlichen Wahl- und Antragsrechten, 2019, S. 133.

1290 *Esskandari*, in: Stenger/Loose, BewG/ErbStG, 140. EL 2018, § 13a ErbStG Rn. 308.

1291 *Stalleiken*, in: von Oertzen/Loose, ErbStG, 2. Aufl. 2020, § 13a Rn. 251.

1292 *Stalleiken*, in: von Oertzen/Loose, ErbStG, 2. Aufl. 2020, § 13a Rn. 251; kritisch zum Eintritt der materiellen Bestandskraft *Söffing*, in: Wilms/Jochum, ErbStG/BewG/GrEStG, März 2020, § 13a ErbStG Rn. 296 m. w. N.

1293 *Stalleiken*, in: von Oertzen/Loose, ErbStG, 2. Aufl. 2020, § 13a Rn. 250.

1294 Vgl. § 13c Abs. 2 S. 6 ErbStG, der einen unwiderruflichen Antrag für das Abschmelzmodell vorsieht und zugleich damit einen Antrag nach § 28a Abs. 1 ErbStG ausschließt.

aa) Das Abschmelzungsmodell gemäß § 13c ErbStG

Das Abschmelzungsmodell wird nur auf Antrag des Erwerbers gewährt und findet erst bei Erwerben begünstigten Vermögens von mehr als EUR 26 Millionen Anwendung. Auch bei dieser Verschonungsregelung kann der Erwerber den Antrag auf Durchführung des Abschmelzungsmodells nach § 13c Abs. 1 ErbStG insgesamt nur einheitlich für alle Arten des erworbenen begünstigten Vermögens stellen.[1295] Aufgrund des Verweises in § 13c Abs. 2 S. 1 ErbStG auf § 13a Abs. 3 bis Abs. 9 ErbStG gelten die Lohnsummenregelung und Behaltensfristen auch beim Abschmelzungsmodell.[1296]

Nach dem Abschmelzungsmodell des § 13c ErbStG verringert sich die Regelverschonung nach § 13a Abs. 1 ErbStG oder die Optionsverschonung nach § 13a Abs. 10 ErbStG um jeweils einen Prozentpunkt für jede vollen EUR 750.000, die den Wert des begünstigten Vermögens im Sinne des § 13b Abs. 2 ErbStG i. H. v. EUR 26 Millionen überschreiten. Demnach ist bei einem begünstigten Vermögen von EUR 89,75 Millionen der 85%-Verschonungsabschlag der Regelverschonung vollständig abgeschmolzen.[1297] Auch wenn bei der Optionsverschonung rechnerisch der Verschonungsabschlag erst bei einem begünstigten Vermögen von EUR 159,33 Millionen abgeschmolzen wäre, begrenzt § 13c Abs. 1 S. 2 ErbStG das begünstigte Vermögen im Hinblick auf die Optionsverschonung auf EUR 89.999.999.[1298]

Die Regelungstechnik des Abschmelzungsmodells wirkt allerdings konträr, sodass die Anwendbarkeit des § 13c ErbStG vor allem in der Praxis hinterfragt wird.[1299] Die Erhöhung des begünstigten Vermögens führt zwar zu einer größeren Begünstigung, gleichzeitig hat die Erhöhung des begünstigten Vermögens aber eine Reduzierung des Verschonungsabschlags zur Folge.[1300] Wird der

---

1295 BMF, Allgemeine Verwaltungsvorschrift zur Anwendung des Erbschaftsteuer- und Schenkungsteuerrechts, R E 13c.1 Abs. 3 S. 1 ErbStR 2019, Drucks. 387/19.

1296 *Preißer*, in: Preißer/Rödl/Seltenreich, Erbschaft- und Schenkungsteuer, 3. Aufl. 2018, § 13c Rn. 10.

1297 Vgl. die umfassende Übersicht bei *Preißer*, in: Preißer/Rödl/Seltenreich, Erbschaft- und Schenkungsteuer, 3. Aufl. 2018, § 13c Rn. 10.

1298 *Preißer*, in: Preißer/Rödl/Seltenreich, Erbschaft- und Schenkungsteuer, 3. Aufl. 2018, § 13c Rn. 3, 6; *von Sothen*, in: Scherer, Unternehmensnachfolge, 6. Aufl. 2020, § 27 Rn. 230.

1299 Vgl. nur die Beispiele bei *Korezkij*, DStR 2017, 189.

1300 *Von Sothen*, in: Scherer, Unternehmensnachfolge, 6. Aufl. 2020, § 27 Rn. 230; *Hannes/Holtz*, in: Meincke/Hannes/Holtz, ErbStG, 18. Aufl. 2021, § 13c Rn. 4; *Stalleiken*, in: von Oertzen/Loose, ErbStG, 2. Aufl. 2020, § 13c Rn. 8; sowie ausführlich *Korezkij*, DStR 2017, 189 (190), welcher ab einem Erwerb begünstigten Vermögens von

Abschmelzhöchstbetrag von EUR 89,75 Millionen bzw. EUR 89.999.999 überschritten, verbleibt dem Erwerber zumindest die Möglichkeit einen Antrag auf Verschonungsbedarfsprüfung gemäß § 28a ErbStG zu stellen.[1301]

bb) Die Verschonungsbedarfsprüfung des § 28a ErbStG

Auch wenn die Verschonungsbedarfsprüfung des § 28a ErbStG nicht Gegenstand der beihilferechtlichen Würdigung dieser Arbeit ist, wird sie dennoch der Vollständigkeit halber nachfolgend skizziert. Die Verschonungsbedarfsprüfung ist anlässlich der Kritik des Bundesverfassungsgerichts hinsichtlich der übermäßigen Begünstigung sogenannter Großerwerbe entstanden und wurde mit der Erbschaftsteuerreform 2016[1302] in das ErbStG eingefügt. Nach Auffassung des Bundesverfassungsgerichts ist eine individuelle Bedürfnisprüfung insbesondere bei großen Betriebsvermögen geboten, da „deren Schutz und Erhalt nicht mehr von dem Ziel der Verschonungsregelung getragen [sei], die vorhandene Unternehmensstruktur kleiner und mittelständischer Betriebe zu erhalten."[1303] Dies nahm der Gesetzgeber zum Anlass und setzte den Vorschlag des Gerichts in § 28a ErbStG entsprechend um.

Überschreitet das erworbene begünstigte Vermögen den Betrag von EUR 26 Millionen, kann der Erwerber alternativ zum Abschmelzungsmodell nach § 13c ErbStG auch die Verschonungsbedarfsprüfung gemäß § 28a ErbStG beantragen. Beträgt das begünstigte Vermögen mehr als EUR 89,75 Millionen (Regelverschonung) bzw. EUR 89.999.999 (Optionsverschonung) kann der Erwerber ungeachtet der Tarifermäßigungen des § 19a ErbStG nur auf diese Verschonungsmöglichkeit zurückgreifen. Im Gegensatz zum Abschmelzungsmodell

---

EUR 51 Millionen (Optionsverschonung) und EUR 45 Millionen (Regelverschonung) in der Steuerklasse I ausdrücklich vom Abschmelzmodell abrät, da ab diesem Betrag die negativen Effekte der Abschmelzung die positiven Effekte des zusätzlichen begünstigten Vermögens überwiegen.

1301 Zur sogenannten Abschmelzungsfalle siehe ausführlich BMF, Allgemeine Verwaltungsvorschrift zur Anwendung des Erbschaftsteuer- und Schenkungsteuerrechts, R E 13c.4 Abs. 2 ErbStR 2019, Drucks. 387/19; *Stalleiken*, in: von Oertzen/Loose, ErbStG, 2. Aufl. 2020, § 13c Rn. 16; *Geck*, in: Kapp/Ebeling, ErbStG, 83. EL März 2020, § 13c Rn. 6; *Thonemann-Micker/Kanders*, DStZ 2015, 510 (518).

1302 Art. 1 des Gesetzes zur Anpassung des Erbschaftsteuer- und Schenkungsteuergesetzes an die Rechtsprechung des Bundesverfassungsgerichts vom 4. November 2016, BGBl. I 2016, 2464.

1303 BVerfG, Urteil vom 17.12.2014 – 1 BvL 21/12, BVerfGE 138, 136 Rn. 173, sowie insgesamt zur Notwendigkeit einer Bedürfnisprüfung Rn. 152 – 175.

kann der Erwerber den Antrag auf Verschonungsbedarfsprüfung widerruflich stellen.[1304] Damit eröffnet sich für den Erwerber die Möglichkeit zu einem späteren Zeitpunkt noch auf das Abschmelzungsmodell zu wechseln, sollte sich dies im Nachhinein als steuerlich günstiger erweisen.[1305]

Gemäß § 28a Abs. 1 S. 1 ErbStG wird die auf das begünstigte Vermögen entfallende Steuer erlassen, soweit der Erwerber den Nachweis erbringt, dass er persönlich nicht in der Lage ist, die Steuer aus seinem verfügbaren Vermögen im Sinne des § 28a Abs. 2 ErbStG zu begleichen.[1306] Die anfallende Erbschaftsteuer auf das an sich befreite Betriebsvermögen wird jedoch nur insoweit erlassen, wie der Erwerber die Hälfte seines gleichzeitig erworbenen, schon vorhandenen oder in den nächsten zehn Jahren unentgeltlich erwerbenden Vermögens einsetzt, um die Steuerschuld zu tilgen. Zu dem nach § 28a Abs. 2 ErbStG verfügbaren Vermögen gehören 50 % des mit dem begünstigten Vermögen erworbenen oder dem Erwerber bereits gehörenden nichtbegünstigten Vermögens.[1307] Nicht verfügbares Vermögen sind die übrigen 50 % des nichtbegünstigten Vermögens und das begünstigte Vermögen als solches.

Das verfügbare Vermögen inkludiert auch die steuerfrei übertragenen Gegenstände, wie beispielsweise Hausrat, Kulturgüter oder das selbstgenutzte Familienheim.[1308] Bei der Berechnung des verfügbaren Vermögens können jedoch die auf erworbenes Privatvermögen zu zahlende Erbschaftsteuer sowie eine unter Umständen aus der Veräußerung des verfügbaren Vermögens resultierende Ertragsteuer nicht in Abzug gebracht werden.[1309] Im Übrigen ist es nach

---

1304 BMF, Allgemeine Verwaltungsvorschrift zur Anwendung des Erbschaftsteuer- und Schenkungsteuerrechts, R E 28a.1 Abs. 2 S. 2 ErbStR 2019, Drucks. 387/19.

1305 *Jülicher*, in: Troll/Gebel/Jülicher/Gottschalk, ErbStG, 62. EL 2021, § 28a Rn. 39.

1306 Vgl. zu den entsprechenden Gestaltungsmöglichkeiten *Reich*, DStR 2016, 2447; *Wachter*, FR 2017, 69; *Wachter*, FR 2017, 130; *Schneider/Fabry*, UVR 2019, 138; *von Sothen*, in: Scherer, Unternehmensnachfolge, 6. Aufl. 2020, § 27 Rn. 237; *Jülicher*, in: Troll/Gebel/Jülicher/Gottschalk, ErbStG, 62. EL 2021, § 28a Rn. 16 ff.; *von Oertzen*, in: Steuerberater-Jahrbuch 2016/2017, S. 236 f.

1307 BMF, Allgemeine Verwaltungsvorschrift zur Anwendung des Erbschaftsteuer- und Schenkungsteuerrechts, R E 28a.2 Abs. 1 S. 7 ErbStR 2019, Drucks. 387/19.

1308 BMF, Allgemeine Verwaltungsvorschrift zur Anwendung des Erbschaftsteuer- und Schenkungsteuerrechts, R E 28a.2 Abs. 2 S. 7 ErbStR 2019, Drucks. 387/19; *Geck*, ZEV 2017, 481 (488); *von Sothen*, in: Scherer, Unternehmensnachfolge, 6. Aufl. 2020, § 27 Rn. 235.

1309 BMF, Allgemeine Verwaltungsvorschrift zur Anwendung des Erbschaftsteuer- und Schenkungsteuerrechts, R E 28a.2 Abs. 2 S. 6, 10 ErbStR 2019, Drucks. 387/19; hierzu kritisch *Dannecker*, DStR 2020, 853 (858); *Hannes*, ZEV 2016, 554 (560);

Auffassung der Finanzverwaltung ohne Relevanz, ob der Erwerber über das verfügbare Vermögen auch real uneingeschränkt disponieren kann.[1310] Zusätzlich steht der Erlass der Steuer nach § 28a Abs. 3 ErbStG unter der auflösenden Bedingung, dass die für die Optionsverschonung des § 13a Abs. 10 ErbStG maßgeblichen Lohnsummen und Behaltensfristen eingehalten werden. Die Folgen eines Verstoßes gegen diese Voraussetzungen entsprechen denen der Regel- bzw. Optionsverschonung, sodass es auch bei der Verschonungsbedarfsprüfung zu einer verhältnismäßigen oder vollständigen Nachversteuerung kommt.[1311]

c) Das begünstigte Vermögen gemäß § 13b ErbStG

Die Regelung des § 13b ErbStG in der Fassung vom 4. November 2016[1312] stellt die notwendige Ergänzungsvorschrift zu den Verschonungstatbeständen der §§ 13a, 13c und § 28a ErbStG dar und definiert dem Grunde und der Höhe nach das begünstigte Vermögen. Rechtstechnisch dient § 13b ErbStG damit der Wertermittlung für sämtliche Verschonungstatbestände betrieblichen Vermögens. Die Vorschrift differenziert zwischen drei Vermögensbegriffen: dem begünstigungsfähigen Vermögen, dem begünstigten Vermögen und dem Verwaltungsvermögen.

Während § 13b Abs. 1 ErbStG das begünstigungsfähige Vermögen mit den drei Vermögensarten vorgibt, definiert § 13b Abs. 2 ErbStG das tatsächlich begünstigte Vermögen. Letzteres ergibt sich aus dem Saldo des gemeinen Wertes des begünstigungsfähigen Vermögens abzüglich des Nettowertes des (schädlichen) Verwaltungsvermögens.[1313] Den wesentlichen Teil des § 13b ErbStG bilden die Vorgaben zur Ermittlung des schädlichen Verwaltungsvermögens, welche durch

---

Landsittel, ZErb 2016, 383 (391); *Stalleiken*, in: von Oertzen/Loose, ErbStG, 2. Aufl. 2020, § 28a Rn. 24; a. A. *Jochum*, in: Wilms/Jochum, ErbStG/BewG/GrEStG, Feb. 2019, § 28a ErbStG Rn. 31.

1310 BMF, Allgemeine Verwaltungsvorschrift zur Anwendung des Erbschaftsteuer- und Schenkungsteuerrechts, R E 28a.2 Abs. 2 S. 9 ErbStR 2019, Drucks. 387/19.

1311 *Jülicher*, in: Troll/Gebel/Jülicher/Gottschalk, ErbStG, 62. EL 2021, § 28a Rn. 26 f.; *Stalleiken*, in: von Oertzen/Loose, ErbStG, 2. Aufl. 2020, § 28a Rn. 33 ff.

1312 Änderung des Erbschaftsteuer- und Schenkungsteuergesetzes nach Art. 1 des Gesetzes zur Anpassung des Erbschaftsteuer- und Schenkungsteuergesetzes an die Rechtsprechung des Bundesverfassungsgerichts vom 4. November 2016, BGBl. I 2016, 2464, in Kraft getreten mit Wirkung zum 1. Juli 2016 gemäß Art. 3 des Gesetzes zur Anpassung des Erbschaftsteuer- und Schenkungsteuergesetzes an die Rechtsprechung des Bundesverfassungsgerichts vom 4. November 2016, BGBl. I 2016, 2472.

1313 Vgl. *Hannes/Holtz*, in: Meincke/Hannes/Holtz, ErbStG, 18. Aufl. 2021, § 13b Rn. 33.

einen aufwändigen sowie kleinschrittigen Prozess gewährleisten sollen, dass nur wertschöpfendes betriebliches Vermögen begünstigt wird.[1314] Wie bereits bei § 13a ErbStG werden nachfolgend nur die wesentlichen, für die beihilferechtliche Würdigung maßgeblichen, Bestandteile des § 13b ErbStG dargelegt.

aa) Das begünstigungsfähige Vermögen nach § 13b Abs. 1 ErbStG

§ 13b Abs. 1 ErbStG enthält einen abschließenden Katalog an begünstigungsfähigen Vermögensarten bzw. Vermögensgruppen. Insgesamt kommen drei Vermögensarten als begünstigungsfähiges Vermögen in Betracht. Zum begünstigungsfähigen Vermögen zählt nach § 13b Abs. 1 Nr. 1 ErbStG zunächst der inländische Wirtschaftsteil eines land- und forstwirtschaftlichen Vermögens im Sinne des § 168 Abs. 1 S. 1 BewG, mithin der land- und forstwirtschaftliche Betrieb ohne die zu Wohnzwecken dienenden Gebäude sowie die nicht selbst bewirtschafteten sogenannten Stückländereien.

Weiterhin sind gemäß § 13b Abs. 1 Nr. 2 ErbStG das inländische Betriebsvermögen eines ganzen Gewerbebetriebs oder Teilbetriebs sowie die Beteiligung an einer mitunternehmerischen Personengesellschaft begünstigungsfähiges Vermögen. Ebenso umfasst sind die Wirtschaftsgüter einer gewerblich geprägten und gewerblich infizierten Personengesellschaft, sofern diese bereits zum Zeitpunkt der Steuerentstehung gewerblich geprägt war.[1315] Im Gegensatz zu Kapitalgesellschaftsbeteiligungen setzt § 13b Abs. 1 Nr. 2 ErbStG keine Mindestbeteiligungsquote für Mitunternehmeranteile voraus, sodass auch geringe Beteiligungen grundsätzlich begünstigungsfähig sind. Entscheidend ist, dass die Mitunternehmerstellung des Ausscheidenden ohne Zäsur mittels des erworbenen Vermögens auf den Erwerber übergeht.[1316] Unzureichend ist daher die bloße Übertragung der Personengesellschaftsbeteiligung, ohne dass der Erwerber sowohl Mitunternehmerinitiative hat als auch Mitunternehmerrisiko trägt.[1317]

Schließlich sind gemäß § 13b Abs. 1 Nr. 3 ErbStG auch Anteile einer Kapitalgesellschaft, an deren Nennkapital der Erblasser oder Schenker unmittelbar zu mehr als 25 % beteiligt war, erfasst. Der qualifizierten Beteiligung werden

1314 Vgl. allgemein *Geck*, in: Kapp/Ebeling, ErbStG, 88. EL Mai 2021, § 13b Rn. 1.

1315 *Hannes/Holtz*, in: Meincke/Hannes/Holtz, ErbStG, 18. Aufl. 2021, § 13b Rn. 8, mit Verweis auf BFH, Urteil vom 04.02.2009 – II R 41/07, BStBl. II 2009, 600.

1316 BFH, Urteil vom 23.02.2010 – II R 42/08, BStBl. II 2010, 555 Rn. 14.

1317 Siehe ausführlich *Riedel*, in: Daragan/Halaczinsky/Riedel, ErbStG/BewG, 3. Aufl. 2017, § 13b ErbStG Rn. 47 – 50; *Esskandari*, in: Stenger/Loose, BewG/ErbStG, 140. EL 2018, § 13b ErbStG Rn. 19 – 32.

poolgebundene Anteile gleichgestellt, sofern sie zusammen die maßgebliche Beteiligungsquote von 25 % aufweisen. Auch wenn das Vermögen von Kapitalgesellschaften ebenso Betriebsvermögen darstellt, ist es dennoch nicht von § 13b Abs. 1 Nr. 2 ErbStG erfasst: Entsprechend des Ertragsteuerrechts werden Kapitalgesellschaften als intransparent behandelt, sodass das Vermögen der Gesellschaft von dem Vermögen der Gesellschafter zu trennen ist.[1318] Das Betriebsvermögen verbleibt trotz Erbfall in der jeweiligen Kapitalgesellschaft, lediglich die Anteile an der Gesellschaft gehen auf den Erwerber über.[1319]

Anteile an einer Kapitalgesellschaft können aber zum Betriebsvermögen zählen und demnach begünstigungsfähiges Vermögen nach § 13b Abs. 1 Nr. 2 ErbStG darstellen: Werden Kapitalgesellschaftsanteile beispielsweise von einer gewerblichen Personengesellschaft gehalten und befinden sich daher in deren Betriebsvermögen, gehen sie zusammen mit dem sonstigen Betriebsvermögen auf den Erwerber über.[1320] Im Privatvermögen und nicht über eine Personengesellschaft gehaltene Kapitalgesellschaftsanteile sind – bei Vorliegen der übrigen Voraussetzungen – begünstigungsfähiges Vermögen nach § 13b Abs. 1 Nr. 3 ErbStG.[1321]

§ 13b Abs. 1 ErbStG sieht bei sämtlichen Vermögensarten eine räumliche Begrenzung für das begünstigungsfähige Vermögen vor. Während das land- und forstwirtschaftliche Vermögen und das Betriebsvermögen nach Nr. 2 im Inland belegen sein müssen oder einer Betriebsstätte in einem Mitgliedstaat der Europäischen Union oder des Europäischen Wirtschaftsraums dienen müssen, genügt bei Kapitalgesellschaftsanteilen, dass die Gesellschaft ihren Sitz oder ihre Geschäftsleitung im Inland oder in einem Mitgliedstaat der Europäischen Union oder des Europäischen Wirtschaftsraums hat. Weiterhin ist es nach der Rechtsprechung des Bundesfinanzhofs erforderlich, dass das Erworbene bereits beim Erblasser oder Schenker begünstigtes Vermögen war, das ohne Zäsur auf den Erwerber übergehen muss und nicht erst beim Erwerber zum begünstigten Vermögen wird.[1322] Mittelbare Schenkungen

---

1318 *Hannes/Holtz*, in: Meincke/Hannes/Holtz, ErbStG, 18. Aufl. 2021, § 13b Rn. 19.

1319 *Hannes/Holtz*, in: Meincke/Hannes/Holtz, ErbStG, 18. Aufl. 2021, § 13b Rn. 19.

1320 *Jülicher*, in: Troll/Gebel/Jülicher/Gottschalk, ErbStG, 62. EL 2021, § 13b Rn. 172 f.; *Riedel*, in: Daragan/Halaczinsky/Riedel, ErbStG/BewG, 3. Aufl. 2017, § 13b ErbStG Rn. 100; *von Sothen*, in: Scherer, Unternehmensnachfolge, 6. Aufl. 2020, § 27 Rn. 124.

1321 *Hannes/Holtz*, in: Meincke/Hannes/Holtz, ErbStG, 18. Aufl. 2021, § 13b Rn. 19.

1322 BFH, Urteil vom 14.02.2007 – II R 69/05, BStBl. II 2007, 443 unter II. 2. b.; BFH, Beschluss vom 18.02.2008 – II B 109/06, BFH/NV 2008, 1163; BFH, Urteil vom

solchen Vermögens sind nach Auffassung der Finanzverwaltung daher nicht begünstigt.[1323]

bb) Die Ermittlung des begünstigten Vermögens nach § 13b Abs. 2 ErbStG

Als Berechnungsvorschrift für die Ermittlung des begünstigten Vermögens liefert § 13b Abs. 2 ErbStG die wesentliche Grundlage für die erbschaftsteuerliche Verschonung. Diese soll nämlich nur das begünstigte Vermögen nach § 13b Abs. 2 ErbStG erfassen.[1324] Da das bisherige „Alles-oder-nichts-Prinzip" durch das Bundesverfassungsgericht beanstandet und durch eine Soweit-Befreiung ersetzt wurde, ist eine differenzierte Berechnung des betrieblichen Vermögens erforderlich geworden.[1325] Dasjenige Vermögen, das als „unproduktives Vermögen" im Betriebsvermögen gehalten wird, soll grundsätzlich nicht verschont werden und ist demnach bei der Ermittlung des steuerbefreiten Vermögens abzuziehen bzw. nicht anzusetzen.[1326] Mit der Erbschaftsteuerreform 2016 wurde ein komplexer und aufwändiger Prozess implementiert, der die Nichtbegünstigung des (schädlichen) Verwaltungsvermögens sicherstellen soll.

Des Weiteren enthält § 13b Abs. 2 S. 2 ErbStG eine zusätzliche Voraussetzung für die Inanspruchnahme der Verschonung: Diese Alles-oder-nichts-Vorschrift schließt ab einer Verwaltungsvermögensquote von 90 % eine Begünstigung gänzlich aus.[1327] Da das Bruttoverwaltungsvermögen nicht mehr als 90 % des Nettounternehmenswertes betragen darf, kann der 90%-Test zu unangemessenen Ergebnissen führen: Dies ist insbesondere deshalb der Fall, weil bei der Ermittlung des Verwaltungsvermögens eine Schuldenverrechnung überhaupt nicht stattfindet und dadurch eine wirtschaftlich nicht nachvollziehbare

---

08.05.2019 – II R 18/16, BStBl. II 2019, 681 Rn. 18; a. A. *Meincke*, ZEV 2007, 292 (295).

1323 BMF, Allgemeine Verwaltungsvorschrift zur Anwendung des Erbschaftsteuer- und Schenkungsteuerrechts, R E 13b.2 Abs. 2 S. 2 ErbStR 2019, Drucks. 387/19; hierzu kritisch *Hannes/Holtz*, in: Meincke/Hannes/Holtz, ErbStG, 17. Aufl. 2018, § 13b Rn. 4.

1324 *Geck*, in: Kapp/Ebeling, ErbStG, 88. EL Mai 2021, § 13b Rn. 1.

1325 Vgl. *Crezelius*, ZEV 2016, 541 (544).

1326 Vgl. zur Verfassungswidrigkeit bei der Verschonung unproduktiven Vermögens BVerfG, Urteil vom 17.12.2014 – 1 BvL 21/12, BVerfGE 138, 136 Rn. 232 ff.

1327 Vgl. FG Münster, Beschluss vom 03.06.2019 – 3 V3697/18, DStRE 2019, 1396; kritisch hierzu *Reich*, ZEV 2019, 551 (553); *Wachter*, DB 2019, 2266; *Dannecker*, DStR 2020, 853 (855).

Bruttoverwaltungsvermögensquote dem Nettounternehmenswert gegenübersteht.[1328] Es soll verhindert werden, dass große Verwaltungsvermögenswerte steuerbegünstigt auf den Erwerber übergehen, obwohl das Unternehmen nur eine minimale land- und forstwirtschaftliche, originär gewerbliche oder freiberufliche Betätigung aufweist.[1329]

Nach § 13b Abs. 2 S. 1 ErbStG ist das begünstigungsfähige Vermögen begünstigt, soweit der gemeine Wert des begünstigungsfähigen Vermögens den um das unschädliche Verwaltungsvermögen gekürzten Nettowert des Verwaltungsvermögens übersteigt. Damit wird das begünstigte Vermögen wie folgt berechnet: Das begünstigte Vermögen im Sinne des § 13b Abs. 2 ErbStG ist der gemeine Wert des begünstigungsfähigen Vermögens abzüglich des Nettowertes des Verwaltungsvermögens gemäß § 13b Abs. 6 ErbStG (gekürzt um das unschädliche Verwaltungsvermögen nach § 13b Abs. 7 ErbStG).

Der Nettowert des Verwaltungsvermögens bestimmt sich nach § 13b Abs. 3 bis Abs. 10 ErbStG. Diese Absätze legen fest, welche Vermögensgegenstände zum schädlichen Verwaltungsvermögen zählen und damit vom begünstigungsfähigen Vermögen abzuziehen sind.[1330] Der Verschonungsabschlag ordnet lediglich für das begünstigte Vermögen die Steuerbefreiung an, während das (schädliche) Verwaltungsvermögen grundsätzlich der Regelbesteuerung unterliegt.[1331] Ziel ist es, das den Betrieb nicht beeinträchtigende Vermögen vom betriebsnotwendigen abzugrenzen.[1332] Auch wenn § 13b Abs. 2 ErbStG die wesentliche Grundlage für die Berechnung des begünstigten Vermögens liefert, ist der Verwaltungsvermögenstest bzw. die Bestimmung des Verwaltungsvermögens nach § 13b Abs. 3 bis 10 ErbStG weitaus umfangreicher und insbesondere in der Praxis aufwändiger. Ausgehend hiervon ergibt sich eine schrittweise Vorgehensweise für den Verwaltungsvermögenstest.[1333]

1328 *S. Viskorf*, in: H.-U. Viskorf/Schuck/Wälzholz, ErbStG/BewG, 6. Aufl. 2020 § 13b Rn. 163, 171; *Weinmann*, in: Moench/Weinmann, ErbStG/BewG, 80. EL 2018, § 13b ErbStG Rn. 88; *Dannecker*, DStR 2020, 853 (855).

1329 *Weinmann*, in: Moench/Weinmann, ErbStG/BewG, 80. EL 2018, § 13b ErbStG Rn. 86.

1330 *Geck*, in: Kapp/Ebeling, ErbStG, 88. EL Mai 2021, § 13b Rn. 1; *Stalleiken*, in: von Oertzen/Loose, ErbStG, 2. Aufl. 2020, § 13b Rn. 3-12.

1331 *Geck*, in: Kapp/Ebeling, ErbStG, 88. EL Mai 2021, § 13b Rn. 1; *Hannes/Holtz*, in: Meincke/Hannes/Holtz, ErbStG, 18. Aufl. 2021, § 13b Rn. 1.

1332 *Esskandari*, in: Stenger/Loose, BewG/ErbStG, 140. EL 2018, § 13b ErbStG Rn. 3.

1333 Siehe hierzu im Detail *Korezkij*, DStR 2016, 2434; sowie *von Sothen*, in: Scherer, Unternehmensnachfolge, 6. Aufl. 2020, § 27 Rn. 137; *S. Viskorf*, in: Viskorf/Schuck/

α) Der Verwaltungsvermögenstest

Zur Ermittlung des schädlichen Verwaltungsvermögens, auch als Verwaltungsvermögenstest bezeichnet[1334], sind in Anlehnung an den Aufbau des § 13b ErbStG verschiedene Schritte erforderlich. Der Verwaltungsvermögenstest soll vornehmlich den Gestaltungen entgegenwirken, bei denen typisches Privatvermögen als betriebliches Vermögen im Unternehmen des Erblassers gehalten wird.[1335] Den Gesetzesmaterialien nach sollen Gegenstände, die weitgehend der „risikolosen Renditeerzielung [dienen]" und einkommensteuerrechtlich „gewillkürte[s]" Betriebsvermögen darstellen, keine erbschaftsteuerliche Verschonung erfahren.[1336] Würden diese privat und daher rein vermögensverwaltend gehalten werden, wäre eine erbschaftsteuerliche Begünstigung nicht möglich.[1337]

Der Verwaltungsvermögenstest ist stichtagsgenau zum Zeitpunkt der Besteuerung, mithin zum Zeitpunkt des Erwerbs, durchzuführen.[1338] Zudem findet bei der Übertagung von mehrstufigen Einheiten oder Konzerngesellschaften nach § 13b Abs. 9 ErbStG eine sogenannte Verbundvermögensaufstellung statt. Eine umfassende Darstellung der Ermittlung des Verwaltungsvermögens würde den Umfang der vorliegenden Arbeit erheblich überschreiten, sodass nachfolgend die einzelnen Schritte sowie Begrifflichkeiten in der gebotenen Ausführlichkeit systematisch dargelegt werden.[1339]

Wälzholz, ErbStG/BewG, 6. Aufl. 2020 § 13b Rn. 163; *Esskandari*, in: Stenger/Loose, BewG/ErbStG, 140. EL 2018, § 13b ErbStG Rn. 74 ff.

1334 Siehe z. B. *Olbing/Stenert*, FR 2017, 701; *Reich*, DStR 2017, 1858 (1862); *Korezkij*, DStR 2017, 189 (192); *Holtz*, NJW 2016, 3750 (3751); *Riedel*, ZErb 2016, 371 (382); *von Sothen*, in: Scherer, Unternehmensnachfolge, 6. Aufl. 2020, § 27 Rn. 132.

1335 *Stalleiken*, in: von Oertzen/Loose, ErbStG, 2. Aufl. 2020, § 13b Rn. 99; in der Vergangenheit war es ein beliebtes Gestaltungsmittel privates Kapital- und Grundvermögen in ein bestehendes Betriebsvermögen einzubringen, um das erbschaftsteuerlich nicht begünstigte Vermögen als erbschaftsteuerlich begünstigtes Vermögen zu qualifizieren, *von Sothen*, in: Scherer, Unternehmensnachfolge, 6. Aufl. 2020, § 27 Rn. 131.

1336 BT-Drucks. 16/7918, S. 35.

1337 BT-Drucks. 16/7918, S. 35.

1338 BMF, Allgemeine Verwaltungsvorschrift zur Anwendung des Erbschaftsteuer- und Schenkungsteuerrechts, R E 13b.12 Abs. 2 S. 1 ErbStR 2019, Drucks. 387/19.

1339 Siehe ausführlich und im Einzelnen *Korezkij*, DStR 2016, 2434; *Landsittel*, ZErb 2016, 383; *von Sothen*, in: Scherer, Unternehmensnachfolge, 6. Aufl. 2020, § 27 Rn. 137.

β) Die Kategorien des Verwaltungsvermögens

Das Verwaltungsvermögen lässt sich grundsätzlich in fünf verschiedene Kategorien unterteilen, welche bei der Berechnung des begünstigten Vermögens unterschiedlich zu berücksichtigen sind: Das sonstige Verwaltungsvermögen gemäß § 13b Abs. 4 Nr. 1 – 4 ErbStG, das junge Verwaltungsvermögen nach § 13b Abs. 7 S. 2 ErbStG, die Finanzmittel im Sinne des § 13b Abs. 5 Nr. 5 ErbStG, die jungen Finanzmittel gemäß § 13b Abs. 4 Nr. 5 S. 2 ErbStG und die Schulden.

αα) Sonstiges Verwaltungsvermögen, § 13b Abs. 4 Nr. 1 – 4 ErbStG

Zum sonstigen Verwaltungsvermögen und damit auch zu grundsätzlich nicht begünstigten Vermögensarten zählen die Dritten zur Nutzung überlassenen Immobilien, Anteile an Kapitalgesellschaften von 25 % und weniger, Kunst, Edelmetalle, Oldtimer und typischerweise der privaten Lebensführung dienende Gegenstände, Wertpapiere und diesen vergleichbare Forderungen. Der Katalog des § 13b Abs. 4 ErbStG ist insoweit abschließend.[1340] Gleichwohl hält § 13b Abs. 4 Nr. 1 – 4 ErbStG bei den einzelnen Vermögensteilen Ausnahmen bereit, da nicht auszuschließen ist, dass diese in bestimmten Unternehmen als produktives Vermögen eingesetzt werden.

Die Dritten zur Nutzung überlassenen Immobilien werden als Verwaltungsvermögen qualifiziert, um zu verhindern, dass der Erwerb von vermögensverwaltenden Personen- oder Kapitalgesellschaften begünstigt wird: Trotz eines grundsätzlich begünstigungsfähigen Rechtsträgers ist die Verschonung jedenfalls dann ausgeschlossen, wenn das betriebliche Vermögen aus Verwaltungsvermögen besteht.[1341] Bei einer vergleichenden Betrachtung mit der privaten Sphäre ist diese Einordnung auch folgerichtig. Würden die Immobilien aus dem Privatvermögen heraus auf den Erwerber übergehen, so käme eine Begünstigung mangels betrieblichen Vermögens von vornherein nicht in Betracht. Dennoch sieht auch § 13b Abs. 4 Nr. 1 ErbStG zahlreiche Ausnahmetatbestände vor. Weiterhin sollen nur diejenigen Grundstücke Verwaltungsvermögen darstellen, die sich im Anlagevermögen des Betriebs befinden. Bei im Umlaufvermögen befindlichen Grundstücken sei nach Auffassung der Finanzverwaltung regelmäßig anzunehmen, dass diese der entgeltlichen Überlassung oder dem

---

1340 *Stalleiken*, in: von Oertzen/Loose, ErbStG, 2. Aufl. 2020, § 13b Rn. 100; *Geck*, in: Kapp/Ebeling, ErbStG, 88. EL Mai 2021, § 13b Rn. 88; bereits zur Vorgängerregelung kritisch *Piltz*, DStR 2015, 97 (102 f.).

1341 *Geck*, in: Kapp/Ebeling, ErbStG, 88. EL Mai 2021, § 13b Rn. 89.

Handel dienen und damit Hauptzweck des Gewerbebetriebs bilden.[1342] So stellen beispielsweise nach § 13b Abs. 4 Nr. 3 ErbStG auch Kunstwerke, Edelmetalle, Yachten und Oldtimer kein Verwaltungsvermögen dar, wenn der Handel, die Herstellung oder die Verarbeitung dieser Gegenstände den Hauptzweck des Betriebs bildet.

Werden im betrieblichen Vermögen Kapitalgesellschaftsanteile gehalten, deren Anteil geringer als 25 % ist, so sind diese unabhängig vom begünstigten Vermögen in der beteiligten Kapitalgesellschaft nicht begünstigtes Verwaltungsvermögen gemäß § 13b Abs. 4 Nr. 2 ErbStG. Dies entspricht der bereits in § 13b Abs. 1 ErbStG zum Ausdruck kommenden gesetzgeberischen Wertung, erst ab einer Mindestbeteiligung von 25 % begünstigungsfähiges Vermögen anzunehmen. Dennoch besteht nach § 13b Abs. 4 Nr. 2 S. 2 ErbStG auch hier die Möglichkeit durch eine entsprechende Poolvereinbarung die Mindestbeteiligungsquote zu erfüllen.[1343] Bei Gesellschaften, die in einem Konzern unter einheitlicher Leitung stehen, ist eine solche gesonderte Poolvereinbarung nicht erforderlich, es genügt insoweit, dass die Mindestbeteiligungsquote überschritten wird.[1344]

Auch Wertpapiere und vergleichbare Forderungen werden nach § 13b Abs. 4 Nr. 4 ErbStG als Verwaltungsvermögen qualifiziert, wenn sie nicht dem Hauptzweck des Gewerbebetriebs eines Kreditinstituts, eines Finanzdienstleistungsinstituts im Sinne des Kreditwesengesetzes oder eines Versicherungsunternehmens, das der Aufsicht nach dem Versicherungsaufsichtsgesetz unterliegt, zuzurechnen sind. Während als Wertpapiere ausschließlich am Markt gehandelte Papiere im Sinne des § 2 Abs. 1 WpHG[1345] in Frage kommen, ist dies im Hinblick auf die vergleichbaren Forderungen nicht hinreichend klar bzw. auf Anhieb ersichtlich.[1346] Zu den vergleichbaren Forderungen zählen nach Auffassung der Finanzverwaltung und der Literatur Forderungen, die nach § 2 Abs. 1 WpHG als

---

1342 BMF, Allgemeine Verwaltungsvorschrift zur Anwendung des Erbschaftsteuer- und Schenkungsteuerrechts, R E 13b.21 Abs. 1 S. 3 ErbStR 2019, Drucks. 387/19.

1343 Vgl. zum Poolvertrag *Klein-Wiele*, NZG 2018, 1401.

1344 BMF, Allgemeine Verwaltungsvorschrift zur Anwendung des Erbschaftsteuer- und Schenkungsteuerrechts, R E 13b.20 Abs. 1 S. 2 2. Hs. ErbStR 2019, Drucks. 387/19.

1345 Gesetz über den Wertpapierhandel – Wertpapierhandelsgesetz vom 26.07.1994 in der Fassung vom 09.09.1998, BGBl. I 1998, 2708.

1346 Siehe zu den Ansätzen *Stalleiken*, in: von Oertzen/Loose, ErbStG, 2. Aufl. 2020, § 13b Rn. 167 ff.; *Hannes/Holtz*, in: Meincke/Hannes/Holtz, ErbStG, 17. Aufl. 2018, § 13b Rn. 67 ff.; *Milatz*, in: Burandt/Rojahn, Erbrecht, 3. Aufl. 2019, § 13b Rn. 29.

Wertpapier gelten, über die aber keine Urkunden ausgegeben werden.[1347] Die für Wertpapiere geltenden wesentlichen Merkmale – Handelbarkeit, Übertragbarkeit und die standardisierte Ausgestaltung – werden ebenso bei vergleichbaren Forderungen vorausgesetzt.[1348]

ββ) Junges Verwaltungsvermögen, § 13b Abs. 7 S. 2 ErbStG

Das sonstige Verwaltungsvermögen gilt gemäß § 13b Abs. 7 S. 2 ErbStG als „jung", wenn es dem Betrieb zum Zeitpunkt der Besteuerung weniger als zwei Jahre zuzurechnen ist. Das junge Verwaltungsvermögen wird nicht mit den Schulden saldiert und zählt auch nicht zum unschädlichen Verwaltungsvermögen im Sinne des § 13b Abs. 7 S. 1 ErbStG. Dieses ermöglicht die Verschonung von Verwaltungsvermögen i. H. v. 10 % des um den Nettowert des Verwaltungsvermögens gekürzten Betriebsvermögens. Dies wird teilweise auch als sogenannter „Schmutzzuschlag" bezeichnet.[1349] Danach kann auch ein Teil des Verwaltungsvermögens steuerbefreit auf den Erwerber übergehen. Dies ist nicht zuletzt deshalb erforderlich, weil die wertschöpfende Tätigkeit in der Regel einen bestimmten Anteil an unproduktivem Vermögen voraussetzt.[1350] Der Gesetzgeber wollte den Unternehmen damit einen Finanzierungspuffer einräumen, der zur Kapitalstärkung und Sicherung der operativen Zwecke benötigt wird und Investitionen in begünstigtes Vermögen zulässt.[1351]

Die Einstufung als junges Verwaltungsvermögen dient dazu, missbräuchlich durchgeführte Einlagen in das Betriebsvermögen unmittelbar vor dem Erwerbszeitpunkt zu verhindern, die sonst unter den Schmutzzuschlag fallen könnten.[1352] Aber auch Verwaltungsvermögen, das innerhalb des Zweijahreszeitraums aus

1347 BMF, Allgemeine Verwaltungsvorschrift zur Anwendung des Erbschaftsteuer- und Schenkungsteuerrechts, R E 13b.22 Abs. 1 S. 3 ErbStR 2019, Drucks. 387/19; *Stalleiken*, in: von Oertzen/Loose, ErbStG, 2. Aufl. 2020, § 13b Rn. 173; *Hannes/Holtz*, in: Meincke/Hannes/Holtz, ErbStG, 17. Aufl. 2018, § 13b Rn. 67; *Kirnberger*, in: Wilms/Jochum, ErbStG/BewG/GrEStG, Juni 2018, § 13b ErbStG Rn. 81; *Milatz*, in: Burandt/Rojahn, Erbrecht, 3. Aufl. 2019, § 13b Rn. 29.

1348 *Hannes/Holtz*, in: Meincke/Hannes/Holtz, ErbStG, 17. Aufl. 2018, § 13b Rn. 67.

1349 Vgl. *Meyering/Müller-Thomczik/Hiltl*, DStR 2019, 2329 (2332); *Korezkij*, DStR 2016, 2434 (2345); als „Kulanzpuffer" bezeichnend *Stalleiken*, in: von Oertzen/Loose, ErbStG, 2. Aufl. 2020, § 13b Rn. 221; *Geck*, in: Kapp/Ebeling, ErbStG, 88. EL Mai 2021, § 13b Rn. 180.

1350 BT-Drucks. 18/5923, S. 29.

1351 BT-Drucks. 18/5923, S. 29.

1352 BT-Drucks. 18/5923, S. 29.

betrieblichen Mitteln angeschafft oder hergestellt worden ist, stellt junges Verwaltungsvermögen dar.[1353] Gleichwohl wurde die Regelung in der Literatur vielfach kritisiert, da das Verwaltungsvermögen sowieso der Besteuerung unterliege und deshalb eine zusätzliche Besteuerung des jungen Verwaltungsvermögens aufgrund der überschießenden Tendenz bedenklich sei.[1354]

χχ) Finanzmittel, § 13b Abs. 4 Nr. 5 ErbStG

Zu den Finanzmitteln zählen nach § 13b Abs. 4 Nr. 5 ErbStG Zahlungsmittel, Geschäftsguthaben, Geldforderungen und andere Forderungen. Andere Forderungen sind sämtliche Forderungen, die keine Geldforderungen darstellen und die nicht Wertpapieren entsprechen.[1355] Finanzmittel stellen allerdings nur dann Verwaltungsvermögen dar, wenn ihr gemeiner Wert den gemeinen Wert der Schulden des Betriebs den Freibetrag von 15 % des Wertes des Betriebsvermögens übersteigt.

Mit der Einordnung von Finanzmitteln als Verwaltungsvermögen sollte vor allem die Gestaltung über sogenannte Cash-GmbHs[1356] verhindert werden[1357], welche vornehmlich aus Zahlungsmitteln und Forderungen bestanden und deren Erwerb bis zur Gesetzesänderung 2013[1358] erbschaftsteuerbefreit war.

δδ) Junge Finanzmittel, § 13b Abs. 4 Nr. 5 S. 2 ErbStG

Entsprechend zum jungen Verwaltungsvermögen sind auch junge Finanzmittel von der Schuldenverrechnung ausgeschlossen und können daher nach § 13b Abs. 7 S. 2 ErbStG nicht als unschädliches Verwaltungsvermögen qualifiziert werden. Definitionsgemäß handelt es sich bei jungen Finanzmitteln um den

---

1353 BMF, Allgemeine Verwaltungsvorschrift zur Anwendung des Erbschaftsteuer- und Schenkungsteuerrechts, R E 13b.27 ErbStR 2019, Drucks. 387/19.

1354 Siehe z. B. *Dannecker*, DStR 2020, 853 (854); *von Sothen*, in: Scherer, Unternehmensnachfolge, 6. Aufl. 2020, § 27 Rn. 145; *Stalleiken*, in: von Oertzen/Loose, ErbStG, 2. Aufl. 2020, § 13b Rn. 225; *Geck*, in: Kapp/Ebeling, ErbStG, 88. EL Mai 2021, § 13b Rn. 171.3.

1355 *Hannes/Holtz*, in: Meincke/Hannes/Holtz, ErbStG, 18. Aufl. 2021, § 13b Rn. 72.

1356 Vgl. ausführlich zur Cash-GmbH *Maack/Römer*, DStR 2013, 80; *Weber/Schwind*, ZEV 2013, 369.

1357 BT-Drucks. 18/8911, S. 42.

1358 Gesetz zur Umsetzung der Amtshilferichtlinie sowie zur Änderung steuerlicher Vorschriften (Amtshilferichtlinie-Umsetzungsgesetz – AmtshilfeRLUmsG) vom 26. Juni 2013, BGBl. I 2013, 1809.

positiven Saldo der eingelegten und entnommenen Finanzmittel im Zeitraum von zwei Jahren vor dem maßgeblichen Besteuerungszeitpunkt.[1359]

Diese stellen auch dann junge Finanzmittel dar, wenn die eingelegten Finanzmittel im Besteuerungszeitpunkt nicht mehr vorhanden sind.[1360] Außerdem ist bei jungen Finanzmitteln ein Abzug von Schulden gemäß § 13b Abs. 8 S. 1 ErbStG nicht gestattet, sodass durchaus junge Finanzmittel existieren können, obwohl nach dem Finanzmitteltest kein oder nur geringeres „altes" Finanzmittelvermögen vorliegt.[1361] Finanzmittel können bei einem positiven Saldo in junge Finanzmittel unqualifiziert werden, unabhängig davon, ob die jungen Finanzmittel womöglich bereits für die Anschaffung von begünstigtem Vermögen verausgabt wurden.[1362] Aus steuerlicher Sicht ist besonders die Situation nachteilig zu beurteilen, wenn mit den jungen Finanzmitteln junges Verwaltungsvermögen erworben wurde: In diesen Fällen kann es zu einer doppelten Besteuerung und damit einer übermäßigen Belastung kommen, da sowohl die jungen Finanzmittel nicht begünstigt wären und zudem auch das junge Verwaltungsvermögen keiner Verschonung unterliegt.[1363] Im Übrigen ist der Wert der jungen Finanzmittel begrenzt auf den Wert der Finanzmittel im Besteuerungszeitpunkt, vor Abzug der abzugsfähigen Schulden und des Sockelbetrags.[1364]

εε) Schulden

Im Zuge der Erbschaftsteuerreform 2016[1365] wurde mit § 13b Abs. 6 bis Abs. 8 ErbStG erstmals das Nettoprinzip eingeführt, das eine Berücksichtigung der Schulden vorsieht. Der Nettowert des Verwaltungsvermögens ergibt sich aus

---

1359 Vgl. § 13b Abs. 4 Nr. 5 S. 2 ErbStG, womit nochmals klarstellt wird, dass junge Finanzmittel stets Verwaltungsvermögen darstellen.

1360 BMF, Allgemeine Verwaltungsvorschrift zur Anwendung des Erbschaftsteuer- und Schenkungsteuerrechts, R E 13b.23 Abs. 3 S. 2 ErbStR 2019, Drucks. 387/19.

1361 *Olbing/Stenert*, FR 2017, 701 (710).

1362 *Meyering/Müller-Thomczik/Hiltl*, DStR 2019, 2329 (2333).

1363 *Olbing/Stenert*, FR 2017, 701 (710); *Stalleiken*, Ubg 2016, 569 (572).

1364 BMF, Allgemeine Verwaltungsvorschrift zur Anwendung des Erbschaftsteuer- und Schenkungsteuerrechts, R E 13b.23 Abs. 3 S. 3 ErbStR 2019, Drucks. 387/19.

1365 Änderung des Erbschaftsteuer- und Schenkungsteuergesetzes nach Art. 1 des Gesetzes zur Anpassung des Erbschaftsteuer- und Schenkungsteuergesetzes an die Rechtsprechung des Bundesverfassungsgerichts vom 4. November 2016, BGBl. I 2016, 2464, in Kraft getreten mit Wirkung zum 1. Juli 2016 gemäß Art. 3 des Gesetzes zur Anpassung des Erbschaftsteuer- und Schenkungsteuergesetzes an die Rechtsprechung des Bundesverfassungsgerichts vom 4. November 2016, BGBl. I 2016, 2472.

der Summe des Verwaltungsvermögens gemäß § 13b Abs. 3 und Abs. 4 ErbStG, gekürzt um die anteiligen Schulden. Zusätzlich wird mit § 13b Abs. 8 S. 3 ErbStG ein Mindestwert für den Nettowert des Verwaltungsvermögens vorgegeben. Dieser muss mindestens dem gemeinen Wert des jungen Verwaltungsvermögens und der jungen Finanzmittel entsprechen. Der Begriff der Schulden umfasst sowohl Verbindlichkeiten als auch die handelsrechtlich gebotenen Rückstellungen und ist daher an den Schuldenbegriff des § 103 BewG angelehnt.[1366]

Da ein vollständiger Schuldenabzug lediglich für Schulden von begünstigten Wirtschaftsgütern im Zusammenhang mit Altersversorgungsverpflichtungen nach § 13b Abs. 3 ErbStG und von Finanzmitteln im Sinne des § 13b Abs. 4 Nr. 5 ErbStG vorgesehen ist, sind diese im Rahmen der Schuldenverrechnung zunächst zu berücksichtigen.[1367] Nach § 13b Abs. 6 S. 2 ErbStG ist ein verbleibender Überhang an Schulden anteilig im Verhältnis des Wertes des Verwaltungsvermögens zum gemeinen Wert des Betriebsvermögens anzusetzen. Es werden aber diejenigen Schulden nicht mit dem Verwaltungsvermögen verrechnet, die ökonomisch unbeachtlich sind oder die über dem durchschnittlichen Schuldenbestand der letzten drei Jahre vor Steuerentstehung liegen.[1368] Außerdem werden Schulden, die dem Verwaltungsvermögen zugeordnet werden können und auf den gesondert festgestellten Wert des jungen Verwaltungsvermögens und der jungen Finanzmittel entfallen, gemäß § 13b Abs. 8 S. 1 ErbStG nicht in die Saldierung mit einbezogen.

χ) Verbundvermögensaufstellung

Enthält das begünstigungsfähige Vermögen nach § 13b Abs. 1 ErbStG auch unmittelbare oder mittelbare Beteiligungen an Gesellschaften, so sieht § 13b Abs. 9 ErbStG eine sogenannte Verbundvermögensaufstellung vor. Der Erwerber muss hierzu eine konsolidierende Aufstellung seines gesamten Betriebsvermögensverbunds vornehmen.[1369] Ziel ist es, Missbrauch durch Gestaltungen zu verhindern, die aufgrund von entsprechenden Beteiligungsstrukturen schädliches Vermögen und Schulden auf nachgelagerte Gesellschaften verlagern.[1370]

1366 *Von Sothen*, in: Scherer, Unternehmensnachfolge, 6. Aufl. 2020, § 27 Rn. 150; *Weber/Schwind*, ZEV 2013, 369 f.; *Korezkij*, DStR 2013, 1764 (1765).

1367 Siehe mit Beispiel *Stalleiken*, in: von Oertzen/Loose, ErbStG, 2. Aufl. 2020, § 13b Rn. 217 – 220.

1368 Vgl. *Meyering/Müller-Thomczik/Hiltl*, DStR 2019, 2379.

1369 *Dannecker*, DStR 2020, 853 (854); *S. Viskorf*, in: Viskorf/Schuck/Wälzholz, ErbStG/BewG, 6. Aufl. 2020 § 13b Rn. 301.

1370 BT-Drucks. 18/8911, S. 44.

Für den Erhalt der Begünstigung ist es nämlich ohne Relevanz, ob der Erwerber unmittelbar oder nur mittelbar beteiligt ist bzw. wo sich innerhalb der vorhandenen Beteiligungsstruktur die Wirtschaftsgüter befinden.[1371]

d) *Zusammenfassung*

Die erbschaftsteuerlichen Verschonungstatbestände enthalten mannigfaltige Differenzierungen, die über die Anwendbarkeit der einzelnen Steuerbefreiungen entscheiden können. Bereits die Größe des begünstigten Vermögens hat einen Einfluss auf die Anwendbarkeit der jeweiligen Verschonungstatbestände.

Aber auch innerhalb der einzelnen Betriebsvermögensbegünstigungen werden Differenzierungen vorgenommen. So ist beispielsweise einerseits die Höhe des Verwaltungsvermögens maßgeblich für die Frage, ob eine Verschonung überhaupt gewährt wird und andererseits beeinflusst es die Höhe des Verschonungsabschlags. Zudem entscheiden die Beibehaltung der Lohnsumme und das Einhalten der Behaltensfrist über den Erhalt der Steuerbefreiung. Darüber hinaus sehen die verschiedenen Steuerbegünstigungen auch unterschiedliche Rechtsfolgen vor. Während beim Verschonungsabschlag des § 13a ErbStG das begünstigte Vermögen zu 85 % oder 100 % steuerbefreit wird und beim abschmelzenden Verschonungsabschlag eine ermäßigte Reduzierung erfolgt, sieht § 28a ErbStG einen Erlass der auf das begünstigte Vermögen entfallenden Steuer vor. Letztlich wird auch im Rahmen des Vorwegabschlags nach § 13a Abs. 9 ErbStG zwischen verschiedenen Arten des begünstigungsfähigen Vermögens differenziert.

II. Die beihilferechtliche Analyse des erbschaftsteuerlichen Verschonungsabschlags

Die Frage, ob der erbschaftsteuerliche Verschonungsabschlag eine verbotene Beihilfe gemäß Art. 107 Abs. 1 AEUV ist, liegt bereits aufgrund der hohen Steuerbefreiungsmöglichkeit von bis zu 85 % – bzw. bis zu 100 % – nahe. Gleichwohl genügt die begünstigende Wirkung alleine nicht, um eine unionsrechtswidrige Beihilfe im Sinne des Art. 107 Abs. 1 AEUV anzunehmen. Erforderlich ist insbesondere, dass der Verschonungsabschlag auch selektiv nur bestimmte Unternehmen begünstigt, die sich in einer rechtlich und tatsächlich vergleichbaren Situation mit anderen Unternehmen befinden, die keinen steuerlichen Vorteil erhalten.

1371 *Erkis,* DStR 2015, 1409 (1412).

Wie bereits bei der beihilferechtlichen Würdigung der Sanierungsklausel des § 8c Abs. 1a KStG[1372] und der Konzernvergünstigung des § 6a GrEStG[1373] wird daher auch die Selektivitätsprüfung des erbschaftsteuerlichen Verschonungssystems in der folgenden Betrachtung von zentraler Bedeutung sein. So sind vor allem die Aspekte des maßgeblichen Referenzsystems, der Differenzierung zwischen Wirtschaftsteilnehmern und einer möglichen Rechtfertigung maßgeblich für das Vorliegen einer Beihilfe. Es ist insoweit nicht ausreichend festzustellen, dass der Verschonungsabschlag vom maßgeblichen Referenzsystem abweicht. Eine festgestellte Abweichung ist nur dann beihilferelevant, wenn sie selektiv erfolgt und damit bestimmte Unternehmen begünstigt werden.[1374]

Die nachfolgende beihilferechtliche Würdigung trägt den maßgeblichen Differenzierungen innerhalb der Betriebsvermögensbegünstigungen Rechnung. Im Fokus der Analyse stehen die Tatbestände des § 13a und 13c ErbStG als materielle Verschonungstatbestände. Aber auch die Differenzierungen im Hinblick auf die Wertermittlung des § 13b ErbStG, welche ungeachtet der gewählten Verschonung die Höhe des begünstigten Vermögens bestimmen, werden entsprechend gewürdigt. Im Wesentlichen gilt es herauszuarbeiten, ob durch diese Differenzierungen eine selektive Abweichung vom festzustellenden Referenzsystem erfolgt.

Zunächst ist einem weiteren Problemkreis besondere Aufmerksamkeit zu schenken: der Identifikation des Begünstigten. Dieser für die Beihilfefrage ganz wesentliche Aspekt wird bisher nur in wenigen Betrachtungen beachtet.[1375] Diesbezüglich wird – teilweise mit Verweis auf die Rechtsprechung des Europäischen Gerichtshofs zu mittelbaren Begünstigungen von Unternehmen – vertreten, es genüge für die Begünstigung des Unternehmens, wenn dieses nur mittelbar einen Vorteil erhalte.[1376] Allerdings wird diese verkürzende Sichtweise der Komplexität mittelbarer Begünstigungen nicht gerecht, da der Europäische Gerichtshof mittelbare Begünstigungen von Unternehmen vergleichsweise selten bestätigte

1372 EuGH, Urteil vom 28.06.2018 – C-209/16 P, *Deutschland/Kommission*, ECLI:EU:C:2018:507, Rn. 85 ff.

1373 EuGH, Urteil vom 19.12.2018 – C-374/17, *Finanzamt B/A-Brauerei*, ECLI:EU:C:2018:1024, Rn. 37 ff.

1374 Siehe zur Selektivität: B. II. 2. c) bb).

1375 Vgl. *Wachter*, DB 2016, 1273 (1275); *de Weerth*, DB 2016, 2692; *Fetzer/Böser*, DStR 2019, 1177 (1184 f.); *Blank*, Die erbschaftsteuerliche Unternehmensbegünstigung nach §§ 13a ff. ErbStG, 2018, S. 148 ff.

1376 *Wachter*, DB 2016, 1273 (1275); *de Weerth*, DB 2016, 2692; *Bockhoff*, ZEV 2017, 186 (189).

und dies regelmäßig Verbraucherbegünstigungen betraf.[1377] Die Frage nach der Unternehmereigenschaft des Erwerbers wird in diesem Zusammenhang bislang nur vereinzelt gestellt.[1378] Teilweise wird die Beihilfequalität mit der schlichten Feststellung einer fehlenden Handelsbeeinträchtigung des Binnenmarktes abgelehnt[1379], oftmals aber auch mit Verweis auf das Erfordernis einer nur potentiellen Beeinträchtigung vergleichsweise knapp bejaht.[1380] Schließlich stellt sich die Frage, ob der Verschonungsabschlag nicht als bestehende Beihilfe eingestuft werden kann und damit einer beihilferechtlichen Betrachtung entzogen wäre.[1381]

1. Die staatliche Begünstigung von Unternehmen

Voraussetzung ist zunächst, dass der Verschonungsabschlag eine begünstigende Wirkung für die Empfänger hat und die Zuwendung mittelbar oder unmittelbar aus staatlichen Mitteln gewährt wird, mithin dem Staat zurechenbar ist.[1382] Gleichzeitig erfordert der Begriff der Beihilfe, dass die staatliche Zuwendung Unternehmen zufließt, da nur diese taugliche Beihilfeempfänger im Sinne des Art. 107 Abs. 1 AEUV sein können.[1383] Beihilferelevante Maßnahmen an Verbraucher oder Privatpersonen können lediglich als Unternehmensbeihilfe in Betracht kommen, wenn sie bestimmten Unternehmen einen mittelbaren Vorteil verschaffen.

a) Die Begünstigung durch staatliche Mittel

Die Verschonungstatbestände der §§ 13a, 13c ErbStG sehen eine steuerliche Entlastung des Erwerbers von begünstigtem Vermögen im Sinne des § 13b Abs. 2 ErbStG vor. Eine Begünstigung im Sinne des Art. 107 Abs. 1 AEUV ist regelmäßig anzunehmen, wenn eine staatliche Maßnahme dazu führt, dass ein Unternehmen eine geringere steuerliche Belastung erfährt, als es normalerweise

---

1377 Siehe hierzu allgemein: B. II. 2. a) cc).

1378 Vgl. *Schmidt*, in: HFSt (8) 2018, S. 80 f.; *Fetzer/Böser*, DStR 2019, 1177 (1184 f.).

1379 *De Weerth*, DB 2016, 2692.

1380 Vgl. *Bäuml/Vogel*, BB 2015, 736 (740); *Reimer*, BB 2016, Die erste Seite Nr. 16; *Wachter*, DB 2016, 1273 (1274).

1381 Vgl. *Rupp/Blumenberg*, in: Steuerberater-Jahrbuch 2016/2017, S. 464; *Blumenberg*, Aktuelle Entwicklungen des EU-Beihilferechts im Bereich der deutschen Unternehmensbesteuerung, ifst-Schrift 516, S. 52.

1382 Siehe zur Begünstigung durch steuerliche Maßnahmen: B. II. 2. a) bb).

1383 Siehe zum Unternehmensbegriff: B. II. 2. a) aa).

erfahren würde.[1384] Steuerliche Entlastungen – auch als Verschonungssubventionen bezeichnet – sind nicht durch eine aktive Mittelübertragung gekennzeichnet, wie dies beispielsweise bei klassischen Subventionszahlungen der Fall ist, sondern durch einen Verzicht des Staates auf Steuereinnahmen. Insoweit entspricht es der ständigen Rechtsprechung, dass auch steuerliche Maßnahmen als Beihilfe in Betracht kommen können.[1385] Voraussetzung ist, dass die Entlastung auf der Seite des Steuerpflichtigen mit dem staatlichen Einnahmeverzicht korrespondiert und der öffentliche Haushalt entsprechend belastet wird.[1386]

Durch die erbschaftsteuerlichen Verschonungstatbestände verzichtet der deutsche Staat auf Erbschaftsteuersubstrat, das er ohne diese Regelungen einnehmen würde.[1387] Der staatliche Einnahmeverzicht entspricht der steuerlichen

---

1384 Siehe ständige Rspr.: EuGH, Urteil vom 02.07.1974 – C-173/73, *Italien/Kommission*, ECLI:EU:C:1974:71, Rn. 26/28; EuGH, Urteil vom 29.02.1996 – C-56/93, *Belgien/Kommission*, ECLI:EU:C:1996:64, Rn. 10; EuGH, Urteil vom 15.11.2011 – C-106/09 P und C-107/09 P, *Kommission/Gibraltar*, ECLI:EU:C:2011:732, Rn. 89; EuGH, Urteil vom 28.06.2018 – C-209/16 P, *Deutschland/Kommission*, ECLI:EU:C:2018:507, Rn. 85.

1385 Vgl. nur EuGH, Urteil vom 15.03.1994 – C-387/92, *Banco Exterior de España SA*, ECLI:EU:C:1994:100; EuGH, Urteil vom 17.06.1999 – C-75/97, *Belgien/Kommission*, ECLI:EU:C:1999:311; EuGH, Urteil vom 01.12.1998 – C-200/97, *Ecotrade/Altiforni e Ferriere di Servola*, ECLI:EU:C:1998:579.

1386 *Rosenberg*, Das beihilferechtliche Durchführungsverbot im Steuerverfahren, 2014, S. 48; *Kokott*, Das Steuerrecht der Europäischen Union, 2018, § 3 Rn. 148; teilweise wird dieser Zusammenhang auch als „Stoffgleichheit" zwischen Verzicht auf staatliche Einnahmen und Vorteil beim begünstigten Unternehmen bezeichnet, vgl. *Strüber*, Steuerliche Beihilfen, 2006, S. 116.

1387 Bereits im Hinblick auf die Vorgängerregelung (2009) zu § 13a ErbStG erwartete der Gesetzgeber für die folgenden Veranlagungszeiträume bis 2012 jährliche Steuermindereinnahmen von über EUR 2 Mrd., vgl. BT-Drucks. 16/7918, S. 26. Durch die Änderungen der bestehenden Verschonungsregelungen (2016) rechnete der Gesetzgeber hingegen mit (überschaubaren) Steuermehreinnahmen von bis zu EUR 200 Millionen in den anschließenden Veranlagungszeiträumen, vgl. BT-Drucks. 18/5923, S. 19. Für den Veranlagungszeitraum 2016 wurden die Steuervergünstigungen durch den Verschonungsabschlag des § 13a ErbStG auf EUR 7,9 Mrd. beziffert, vgl. BT-Drucks. 18/5940, 25. Subventionsbericht der Bundesregierung, S. 75; dem entsprechend *Schäfers*, FAZ Nr. 56 vom 07.03.2016, S. 17, der die Steuervergünstigung durch die Unternehmenserbschaftsteuer als eine der größten Subventionen bezeichnet. Schätzungsweise könnte durch die Abschaffung des Verschonungssystems das jährliche Erbschaftsteueraufkommen daher mittelfristig um bis zu EUR 8 Mrd. gesteigert werden (Stand: 2015), vgl. *Bach*, DIW Wochenbericht Nr. 7, 2015, 111 (120).

Entlastung für die potentiell Steuerpflichtigen. Ausreichend ist insoweit, dass die Entlastung durch den Hoheitsträger veranlasst wurde und zu steuerlichen Mindereinnahmen führt. Im Übrigen liegt dem Begriff des Mitgliedstaates ein weites Verständnis zugrunde, sodass auch die regionalen und lokalen Einrichtungen der Mitgliedstaaten erfasst werden.[1388] Dass die Erbschaftsteuer den Bundesländern nach Art. 106 Abs. 2 Nr. 2 GG zusteht, ändert an der Zurechnung indes nichts, da der Bund gemäß Art. 105 Abs. 2 GG i. V. m. Art. 72 Abs. 2 GG die Gesetzgebungskompetenz innehat.[1389] Folglich ist die steuerliche Entlastung auf ein formelles Bundesgesetz zurückzuführen. Es ist daher von einer dem Staat zurechenbaren Verschonung durch die erbschaftsteuerlichen Befreiungstatbestände auszugehen.[1390]

Erörterungsbedürftig ist darüber hinaus die Frage, wie die Begünstigung durch § 13a Abs. 1 ErbStG einzuordnen ist. Neben der steuersystematischen Einordnung nach der nationalen Betrachtungsweise, ist vor allem aus beihilferechtlicher Sicht festzustellen, ob es sich beim Verschonungsabschlag um eine legislative oder administrative Begünstigung handelt.

aa) Nationale Einordnung der Steuervergünstigungen

Der Verschonungsabschlag nach § 13a Abs. 1 S. 1 ErbStG ist entsprechend seiner Wirkung als Steuerbefreiung zu qualifizieren.[1391] Da die Steuerbefreiung sich auf einen Teil (85 %) oder auf das gesamte begünstigte Vermögen als Steuerobjekt der Erbschaftsteuer bezieht, handelt es sich hierbei um eine sachliche Steuerbefreiung. Gleichzeitig gibt § 13a Abs. 1 S. 1 ErbStG eine maximale Begünstigungsgröße von EUR 26 Millionen vor.[1392] Diese Grenze stellt eine Freigrenze dar, bei deren Überschreiten eine Verschonung gemäß § 13a Abs. 1 S. 1 ErbStG insgesamt

---

1388 EuGH, Urteil vom 14.10.1987 – C-248/84, *Deutschland/Kommission*, ECLI:EU:C:1987:437, Rn. 17.

1389 BVerfG, Urteil vom 17.12.2014 – 1 BvL 21/12, BVerfGE 138, 136 Rn. 107 f.

1390 So auch *Bäuml/Vogel*, BB 2015, 736 (740).

1391 Siehe zu Steuerbefreiungen: B. I. 3. a).

1392 Zwar gibt der Wortlaut des § 13a Abs. 1 S. 1 ErbStG einen Höchstbetrag von EUR 26 Millionen vor, aus dem systematischen Kontext zu § 13c Abs. 1 S. 1 ErbStG ergibt sich allerdings ein realer Höchstbetrag von EUR 26.749.999, da die Abschmelzung um einen Prozentpunkt gemäß § 13c Abs. 1 S. 1 ErbStG erst bei Überschreiten der vollen EUR 750.000 greift. Tatbestandlich ist dieses Szenario richtigerweise aber unter § 13c ErbStG zu fassen.

nicht mehr in Betracht kommt.[1393] Die Freigrenze ist allerdings erwerberbezogen, sodass für die Anwendbarkeit der Regelung nur der Erwerber maßgeblich ist. Ein über der Freigrenze liegendes Betriebsvermögen des Schenkers oder Erblassers ist bei einer Übertragung an mehrere Erwerber unschädlich. Bei Überschreiten der Grenze wird die Begünstigung grundsätzlich nicht gewährt: Dem Erwerber verbleibt nur die Wahl zwischen dem Abschmelzungsmodell des § 13c ErbStG oder der Verschonungsbedarfsprüfung nach § 28a ErbStG.

Auch hinsichtlich des Abschmelzungsmodells des § 13c Abs. 1 ErbStG ergibt sich keine andere Beurteilung, da es sich hierbei lediglich um eine Modifikation des Verschonungsabschlags nach § 13a Abs. 1 ErbStG handelt und es damit ebenso als sachliche Steuerbefreiung zu qualifizieren ist. Es finden nämlich die für die Normalverschonung geltenden Bestimmungen, wie beispielsweise Lohnsummenregelung, Behaltensfristen und die Ermittlung des begünstigten Vermögens, auch hier Anwendung.[1394] Zusätzlich enthält § 13c Abs. 1 S. 2 ErbStG eine Freigrenze von EUR 90 Millionen, bei deren Überschreitung der Verschonungsabschlag nicht mehr gewährt wird.

bb) Beihilferechtliche Einordnung der Steuervergünstigungen

Beihilferechtlich ist die nationale Qualifikation ohne Relevanz, da es insoweit lediglich auf die Wirkung der Steuervergünstigungen ankommt. Gleichwohl unterscheidet das europäische Beihilferecht für den weiteren Fortgang der Untersuchung – sowie für die Anwendbarkeit des Market Economy Operator Tests – zwischen legislativen und administrativen Begünstigungen.[1395] Die erbschaftsteuerlichen Befreiungstatbestände sind auf Basis einer Belastungsentscheidung durch den Gesetzgeber geschaffen worden und sehen eine – teilweise oder vollständige – erwerberbezogene sachliche Steuervergünstigung vor. Trotz der mitunter erforderlichen Antragstellung[1396] durch den Steuerpflichtigen sowie der verwaltungsrechtlichen Entscheidung durch die zuständigen Finanzbehörden, um in den Genuss der Steuervergünstigung zu kommen, sind die betreffenden erbschaftsteuerlichen Verschonungstatbestände als legislative

---

1393 Ebenso *Hannes/Holtz*, in: Meincke/Hannes/Holtz, ErbStG, 17. Aufl. 2018, § 13a Rn. 25; *Geck*, in: Kapp/Ebeling, ErbStG, 83. EL März 2020, § 13a Rn. 20; *Löcherbach*, in: Viskorf/Schuck/Wälzholz, ErbStG/BewG, 6. Aufl. 2020 § 13a Rn. 8.

1394 Vgl. § 13c Abs. 1 S. 2 ErbStG.

1395 Siehe zur Differenzierung: B. II. 2. a) bb) α).

1396 Die Steuerbefreiungen der §§ 13a Abs. 10, 13c Abs. 1 ErbStG setzen einen unwiderruflichen Antrag voraus.

Maßnahmen einzustufen. Ursächlich für die Inanspruchnahme der Steuerbefreiung ist die gesetzliche Regelung und nicht das Handeln der Finanzverwaltung. Ein Vergleich mit einem hypothetischen privaten Gläubiger ist bei steuerlichen Maßnahmen nur für konkrete administrative Maßnahmen, welche auf ein bestehendes Steuer- oder Abgabenschuldverhältnis einwirken, geboten. Dies ist insbesondere dann der Fall, wenn der Mitgliedstaat am begünstigten Unternehmen beteiligt ist und damit sein Handeln einer gewissen Vergleichbarkeit unterliegt.[1397] Bei legislativen Maßnahmen mangelt es an einer entsprechenden Vergleichbarkeit, da die hoheitliche Stellung nicht der eines privaten Gläubigers entspricht.[1398] Ist der Hoheitsträger nicht an dem begünstigten Unternehmen beteiligt, so scheidet der Market Economy Operator Test ohnehin bei legislativen Maßnahmen aus.[1399]

Für die folgende Betrachtung wird angenommen, dass am potentiell begünstigten Unternehmen der Staat nicht beteiligt ist. Demzufolge findet der Market Economy Operator Test hinsichtlich der erbschaftsteuerlichen Verschonungstatbestände keine Anwendung.

b) Empfänger der Begünstigung

Die erbschaftsteuerlichen Verschonungsregelungen begünstigen formal nur den Erwerber – als natürliche oder juristische Person – des begünstigten Vermögens, den die persönliche Steuerpflicht gemäß § 2 Abs. 1 ErbStG trifft und der als Steuerschuldner im Sinne des § 20 Abs. 1 S. 1 Alt. 1 ErbStG herangezogen werden kann. Insoweit ergibt sich die beihilferechtlich geforderte Begünstigung des Unternehmens nicht unmittelbar aus den betreffenden Normen, da der Erwerber von begünstigtem Vermögen oftmals kein Unternehmen im beihilferechtlichen Sinne ist.[1400] Es ist daher erörterungsbedürftig, ob und inwieweit es durch den erbschaftsteuerlichen Verschonungsabschlag dennoch zu einer Begünstigung von Unternehmen kommen kann; wer mithin Empfänger der Begünstigung ist.

Das Bundesministerium der Finanzen hat die Frage nach der Begünstigung von Unternehmen sowie die damit einhergehende potentielle Beihilfequalität

---

1397 Vgl. z. B. EuGH, Urteil vom 05.06.2012 – C-124/10 P, *Kommission/EDF*, ECLI:EU:C:2012:318.

1398 *Rosenberg*, Das beihilferechtliche Durchführungsverbot im Steuerverfahren, 2014, S. 52; *Ferrenberg*, Der Einfluss des Europäischen Beihilferechts auf nationale Steuervergünstigungen, 2021, S. 118 f.

1399 Siehe zum Market Economy Operator Test: B. II. 2. a) bb) χ).

1400 Siehe zum Unternehmensbegriff: B. II. 2. a) aa).

des erbschaftsteuerlichen Verschonungssystems mit einer vergleichsweise knappen Begründung abgelehnt: „[…] die Regelung des Verschonungsabschlags [kann] keine staatliche Beihilfe begründen, da nur die Erben und Beschenkten und nicht die Unternehmen als solche begünstigt werden.“[1401] Im Übrigen würden die Änderungen dem Leitprinzip der steuerlichen Progression sowie dem inneren Aufbau des Erbschaftsteuersystems folgen und seien daher gerechtfertigt.[1402] Eine Notifizierung des erbschaftsteuerlichen Verschonungssystems bei der Europäischen Kommission hat die Bundesregierung dementsprechend nicht durchgeführt.

Dass diese Sichtweise der beihilferechtlichen Problematik nicht gerecht wird, offenbaren bereits die anhaltende beihilferechtliche Diskussion sowie die widerstreitenden Sichtweisen zu diesem Problemkreis.[1403] Dies vorausgeschickt gilt es zu diskutieren, wer hinsichtlich des erbschaftsteuerlichen Verschonungsabschlags die Unternehmereigenschaft erfüllt und somit als Unternehmer im beihilferechtlichen Sinne anzusehen ist bzw. ob lediglich der unmittelbare Erwerber des betrieblichen Vermögens begünstigt wird und eine beihilferelevante Maßnahme ausscheidet.

aa) Unmittelbare oder mittelbare Begünstigung von Unternehmen

Für eine beihilferechtlich relevante Begünstigung ist erforderlich, dass die staatliche Maßnahme zu einem Vorteil bei bestimmten Unternehmen führt.[1404] Der Identifikation des begünstigten Unternehmens wird indes eine besondere Bedeutung zuteil. Ohne die Begünstigung eines Unternehmens ist das Vorliegen einer Beihilfe zu verneinen. Eine solche Begünstigung kann jedoch nicht mit der Begründung abgelehnt werden, dass der Erwerber die Begünstigung erhalte und nicht das Unternehmen des Erwerbers.[1405] Insoweit sind die Ausführungen in den Gesetzesmaterialien widersprüchlich, sollen die Begünstigungen doch ausdrücklich die kleinen und mittelständischen Familienunternehmen entlasten.[1406]

1401 BMF, Referentenentwurf vom 01.06.2015, Teil A VI., S. 18.

1402 BMF, Referentenentwurf vom 01.06.2015, Teil A VI., S. 18.

1403 Vgl. nur: eine Beihilfe verneinend *Bäuml/Vogel*, BB 2015, 736 (740 ff.); *de Weerth*, DB 2016, 2692; *Rupp/Blumenberg*, in: Steuerberater-Jahrbuch 2016/2017, S. 465; eine Beihilfe bejahend *Ismer/Piotrowski*, DStR 2015, 1993 (1999); *Reimer*, BB 2016, Die erste Seite Nr. 16; zweifelnd *Demleitner*, ISR 2016, 328 (335); *Wachter*, DB 2016, 1273 (1278); *Bockhoff*, ZEV 2017, 186 (190); *Wachter*, GmbHR 2017, 1 (17).

1404 Siehe zum Unternehmensbegriff: B. II. 2. a) aa).

1405 BMF, Referentenentwurf vom 01.06.2015, Teil A VI., S. 18.

1406 BT-Drucks. 16/7918, S. 33.

Die Begünstigung eines Unternehmens kann entweder unmittelbar oder mittelbar erfolgen. Für die Frage nach dem Vorliegen einer verbotenen Beihilfe hat es keinen Einfluss, ob das betreffende Unternehmen unmittelbar oder mittelbar begünstigt wird. Gleichwohl ist dies aber in Anbetracht der Entscheidungen der Europäischen Kommission und des Europäischen Gerichtshofs zu mittelbaren Begünstigungen[1407] eine dogmatisch wichtige Forschungsfrage, die nachfolgend zu diskutieren ist. Die Erörterung dieses Aspekts soll insbesondere vor dem Hintergrund einer rechtlichen sowie wirtschaftlichen Beziehung zwischen unmittelbar Begünstigtem und Unternehmen beleuchtet werden.

bb) Die Ebenen des erbschaftsteuerlichen Verschonungsabschlags

Eine umfassende Erörterung dieses Problemfelds erfordert zunächst eine Darlegung der beiden Ebenen, die betreffend das erbschaftsteuerliche Verschonungssystem relevant sind. Einerseits findet der Verschonungsabschlag auf der Ebene des Erwerbers Anwendung, der als Erbe, Vermächtnisnehmer oder Beschenkter begünstigtes Betriebsvermögen erhält. Erbschaftsteuerlich kann dieser als Steuerschuldner im Sinne des § 20 Abs. 1 S. 1 Alt. 1 ErbStG die Verschonungstatbestände in Anspruch nehmen. Andererseits ist die Ebene des erworbenen Unternehmens, dessen begünstigtes Vermögen im Sinne des § 13b Abs. 2 ErbStG verschont werden soll, Gegenstand der Vergünstigung und damit maßgeblich für den Verschonungsabschlag. Das Unternehmen kann als Steuerobjekt der Erbschaftsteuer nicht Steuerschuldner im Sinne des § 20 Abs. 1 S. 1 Alt. 1 ErbStG sein und damit die Verschonung nicht unmittelbar in Anspruch nehmen.

Insoweit lassen sich im Wesentlichen verschiedene Herangehensweisen für die Annahme einer Begünstigung eines Unternehmens anführen: Zunächst könnte die Begünstigung des Unternehmens mittelbarer Natur sein, indem die Begünstigung des Erwerbers mittelbar dem Unternehmen zukommt. Demnach müsste eine Zurechnung des Verschonungsabschlags des Erwerbers zum erworbenen Unternehmen stattfinden. Alternativ könnte der Erwerber selbst den beihilferechtlichen Unternehmensbegriff erfüllen und insoweit unmittelbar

---

1407 EU-Kommission, Entscheidung vom 21.01.1998, ABl. EU 1998, Nr. L 212/50; bestätigt durch EuGH, Urteil vom 19.09.2000 – C-156/98, *Deutschland/Kommission*, ECLI:EU:C:2000:467; EU-Kommission, Entscheidung vom 24.01.2007, ABl. EU 2007, Nr. L 147/1; EuGH, Urteil vom 13.06.2002 – C-382/99, *Niederlande/Kommission*, ECLI:EU:C:2002:363; EuGH, Urteil vom 28.07.2011 – C-403/10 P, *Mediaset SpA/Kommission*, ECLI:EU:C:2011:533.

begünstigt sein. Die Begünstigung käme dann allerdings nicht dem erworbenen Unternehmen zugute, sondern dem Erwerber als eigenständiges Unternehmen. Letztlich könnten auch Erwerber und erworbenes Unternehmen die beihilferechtliche Unternehmereigenschaft aufgrund des engen Näheverhältnisses gemeinsam erfüllen.

α) Die Zuordnung des Verschonungsregimes

Vorab gilt es festzustellen, ob die Verschonungstatbestände ausschließlich den privaten Bereich des Erwerbers betreffen und damit eine beihilferelevante Begünstigung eines Unternehmens von vornherein abgelehnt werden kann oder aber eine Zuordnung zum unternehmerischen Bereich in Betracht zu ziehen ist. Wie das Bundesministerium der Finanzen konstatiert, wird durch den Verschonungsabschlag nur der Erwerber begünstigt und nicht das erworbene Unternehmen.[1408] Insoweit kann dem Bundesministerium unterstellt werden, dass es von einer privaten Maßnahme ausgeht und mangels unternehmerischen Bezugs eine Beihilfe von vornherein ablehnt.

αα) Die gesetzgeberische Intention für den Verschonungsabschlag

Allerdings ist eine Maßnahme nicht allein deshalb dem Beihilferecht entzogen, weil sie einer natürlichen Person im privaten Bereich gewährt wird.[1409] Teilweise wird auf die Veranlassung der Maßnahme abgestellt, um zu bestimmen, ob sie dem privaten oder unternehmerischen Bereich zuzuordnen ist.[1410] Die Veranlassung bei der vorliegenden Maßnahme wäre in Anbetracht der gesetzgeberischen Intention, die Liquiditätsreserven und Investitionsfähigkeit von kleinen und mittleren Unternehmen sicherzustellen[1411], dem unternehmerischen Bereich zuzuordnen. Die „Bewahrung der ausgewogenen deutschen Unternehmenslandschaft"[1412] veranlasste den Gesetzgeber – schon bei den vorhergehenden Verschonungstatbeständen[1413] – die erbschaftsteuerliche Belastung betrieblichen Vermögens zu reduzieren. Nach dem Willen des Gesetzgebers soll damit verhindert werden, dass der Erwerber von Betriebsvermögen den Bestand des Unternehmens gefährdet, indem er zur Begleichung einer potentiell anfallenden

1408 BMF, Referentenentwurf vom 01.06.2015, Teil A VI., S. 18.
1409 Siehe hierzu: B. II. 2. a) aa) β) χχ).
1410 *Schmidt*, in: HFSt (8) 2018, S. 79.
1411 BT-Drucks. 18/5923, S. 18.
1412 BT-Drucks. 18/5923, S. 1 und 37.
1413 Vgl. BT-Drucks. 16/7918, S. 33.

Erbschaftsteuer Liquidität aus dem Unternehmen zieht.[1414] Insoweit läge es nahe, die Vergünstigungen für Betriebsvermögen aufgrund ihrer Veranlassung dem unternehmerischen Bereich zuzuordnen.

ββ) Die Wirkung des Verschonungsabschlags

Gleichwohl genügt es nicht, nur auf die Veranlassung der Maßnahme abzustellen, um eine Zuordnung zum unternehmerischen oder privaten Bereich vorzunehmen. In Anlehnung an die wirkungsorientierte Rechtsprechung des Europäischen Gerichtshofs zur Feststellung des selektiven Vorteils[1415] ist es nur systemgerecht, wenn auch die mit der Maßnahme verbundene Wirkung bei der Zuordnung entsprechend berücksichtigt wird. Dies entspricht zudem auch dem Telos des Beihilferechts, wonach unabhängig von der staatlichen Zielsetzung die mit der Maßnahme verbundene Wirkung maßgebend sein soll. Auch wenn letztlich die Wirkung der Veranlassung entsprechen sollte, wäre es inkonsistent die Wirkung mit Verweis auf die Veranlassung gänzlich zu vernachlässigen. Gerade für den privaten Lebensbereich gewährte Vergünstigungen können vom unternehmerischen Bereich abhängig sein oder auf diesen Einfluss nehmen, sodass zwischen diesen Bereichen nicht zu vernachlässigende Interdependenzen bestehen können.[1416] In diesem Fall sollte die Wirkung im Vordergrund stehen und nicht die Intention des Gesetzgebers.

Dementsprechend gilt es festzustellen, ob auch anhand der Wirkung des erbschaftsteuerlichen Verschonungssystems eine Zuordnung zum unternehmerischen Bereich möglich ist und ob entsprechende Interdependenzen erkennbar werden. Die Zuordnung zum unternehmerischen Bereich bedingt, dass Unternehmen durch die Maßnahme entlastet werden oder eine solche Entlastung zumindest naheliegt. Die – teilweise oder vollständige – Befreiung des Erwerbers von der Erbschaftsteuer würde dann entlastend wirken, wenn dieser sich ansonsten gezwungen sieht, die erforderlichen finanziellen Mittel aus dem erworbenen Unternehmen zu ziehen. Insbesondere bei Unternehmerfamilien ist das

1414 BT-Drucks. 16/7918, S. 33.

1415 Ständige Rspr.: EuGH, Urteil vom 02.07.1974 – C-173/73, *Italien/Kommission*, ECLI:EU:C:1974:71, Rn. 26/28; EuGH, Urteil vom 24.02.1987 – C-310/85, *Deufil/Kommission*, ECLI:EU:C:1987:96, Rn. 8; EuGH, Urteil vom 29.02.1996 – C-56/93, *Belgien/Kommission*, ECLI:EU:C:1996:64, Rn. 79; EuGH, Urteil vom 26.09.1996 – C-241/94, *Frankreich/Kommission*, ECLI:EU:C:1996:353, Rn. 20; EuGH, Urteil vom 22.12.2008 – C-487/06 P, *British Aggregates/Kommission*, ECLI:EU:C:2008:757, Rn. 85.

1416 Siehe hierzu: B. II. 2. a) aa) β) χχ).

Vermögen oftmals illiquide und langfristig im Unternehmen durch Maschinen, Anlagen oder Gebäude gebunden.[1417] Die relative Illiquidität familiengeführter Unternehmen ist auf deren besondere Finanzstruktur zurückzuführen: So setzen diese Unternehmen oftmals auf eine hohe Eigenkapitalquote sowie auf eine Finanzierung aus dem laufenden Cashflow und den thesaurierten Gewinnen.[1418] Eine Entnahme thesaurierter Finanzmittel zur Begleichung der Erbschaftsteuer wäre daher mit erheblichen Schwierigkeiten verbunden und würde das operative Geschäft nachhaltig beeinflussen.[1419]

Die Wirkung der erbschaftsteuerlichen Vergünstigung für Betriebsvermögen kann aber letztlich nur anhand eines hypothetischen Wegfalls der Tatbestände skizziert werden. Der Wegfall würde ungeachtet spezifischer Steuerbefreiungen für bestimmte Vermögensgegenstände und Freibeträge zu einer Vollversteuerung führen. Umfragen auf Grundlage dieser Annahme kamen bisweilen zu dem Ergebnis, dass beispielsweise eine Veräußerung von Unternehmensteilen durch die Erwerber nicht ausgeschlossen werden kann, da die vorhandenen Mittel nicht ausreichen würden, um die Erbschaftsteuer zu begleichen.[1420] Zugleich wäre bei ungefähr zwei Dritteln der betroffenen Unternehmen ohne entsprechende Begünstigung mit einem Rückgang der Investitionen und bei über der Hälfte mit einer sinkenden Beschäftigungszahl zu rechnen.[1421] Der hypothetische Wegfall der Verschonung demonstriert die Wirkung der Begünstigung und offenbart die bestehenden Interdependenzen zwischen der beim Erwerber anfallenden Erbschaftsteuer und dem Bestand des erworbenen Unternehmens. Eine den Erwerber treffende Steuerlast aufgrund einer hypothetisch

1417 *Stiftung Familienunternehmen*, Die steuerliche Belastung von Familienunternehmen beim Generationswechsel, 2014, S. 28.

1418 *Deutsche Bank/BDI/Institut für Mittelstandsforschung Bonn*, Die größten Familienunternehmen in Deutschland – Daten, Fakten, Potentiale, 2014, S. 16; vgl. BT-Drucks. 18/5923, S. 24.

1419 Vgl. *Stiftung Familienunternehmen*, Die Neuregelung der Erbschaftsteuer für Familienunternehmen, 2015, S. 104.

1420 So gaben im Rahmen einer Umfrage des ifo Instituts 43 % der befragten Unternehmen an, dass Teile des Unternehmens zur Begleichung der Erbschaftsteuer verkauft werden müssten, würde der Verschonungsabschlag nicht existieren, *Stiftung Familienunternehmen/ifo Institut*, Auswirkungen der Erbschaftsteuer auf Familienunternehmen, 2014, S. 26.

1421 Vgl. zum Einfluss der Begünstigung auf die Investitionen und Beschäftigungszahlen von Familienunternehmen *Stiftung Familienunternehmen/ifo Institut*, Auswirkungen der Erbschaftsteuer auf Familienunternehmen, 2014, S. 18, 19.

angenommenen Vollversteuerung würde sich – den Umfragen zufolge – negativ auf das erworbene Unternehmen auswirken. Die tatsächliche Wirkung der erbschaftsteuerlichen Verschonungstatbestände entspricht damit der Veranlassung des Gesetzgebers, sodass insgesamt von einer Zuordnung zum unternehmerischen Bereich auszugehen ist.

β) Die Begünstigung eines Unternehmens

Auch wenn die Begünstigung dem unternehmerischen Bereich zugeordnet werden kann, steht die Identifikation des begünstigten Unternehmens noch aus. Dies kann der Erwerber des betrieblichen Vermögens sein, indem er selbst als wirtschaftliche Einheit im Sinne des beihilferechtlichen Unternehmensbegriffs qualifiziert wird oder im Rahmen einer Gesamtbetrachtung mit dem erworbenen Unternehmen gemeinsam den Unternehmensbegriff erfüllt.

Nach der ständigen Rechtsprechung des Europäischen Gerichtshofs wird ein Unternehmen als „jede eine wirtschaftliche Tätigkeit ausübende Einheit, unabhängig von ihrer Rechtsform und der Art ihrer Finanzierung" definiert.[1422] Für ein wirtschaftliches Tätigwerden wird gefordert, dass Güter oder Dienstleistungen auf einem bestimmten Markt angeboten werden.[1423] Verbraucher, die regelmäßig eine solche wirtschaftliche Tätigkeit nicht aufweisen, erfüllen den Unternehmensbegriff grundsätzlich nicht.

Für erbschaftsteuerliche Erwerbsvorgänge, die lediglich Privatvermögen zum Gegenstand haben, ist die Annahme einer Unternehmereigenschaft der Erben oder Beschenkten ohnehin fernliegend. Bei den Verschonungstatbeständen für Betriebsvermögen, Betriebe der Land- und Forstwirtschaft sowie Kapitalgesellschaftsanteile kann dies nicht ohne Weiteres verneint werden. Es ist in diesem Zusammenhang die Frage zu stellen, ob nicht eine Unternehmereigenschaft des Erwerbers durch den Erwerb einer Kapitalgesellschaftsbeteiligung von über 25 % (§ 13b Abs. 1 Nr. 3 ErbStG) oder durch den Erwerb von qualifiziertem

1422 Ständige Rspr.: EuGH, Urteil vom 23.04.1991 – C-41/90, *Höfner und Elser*, ECLI:EU:C:1991:161, Rn. 21; EuGH, Urteil vom 23.03.2006 – C-237/04, *Enirisorse*, ECLI:EU:C:2006:197, Rn. 28; EuGH, Urteil vom 12.12.2013 – C-327/12, *Soa Nazionale Costruttori*, ECLI:EU:C:2013:827, Rn. 27.

1423 Vgl. u. a. EuGH, Urteil vom 23.04.1991 – C-41/90, *Höfner und Elser*, ECLI:EU:C:1991:161, Rn. 21; EuGH, Urteil vom 25.10.2001 – C-475/99, *Ambulanz Glöckner*, ECLI:EU:C:2001:577, Rn. 19; EuGH, Urteil vom 23.03.2006 – C-237/04, *Enirisorse*, ECLI:EU:C:2006:197, Rn. 29.

Betriebsvermögen bzw. Land- und Forstwirtschaft nach (§ 13b Abs. 1 Nr. 1 und 2 ErbStG) begründet wird.

αα) Die Begünstigung des Erwerbers als Unternehmen

Eine natürliche Person als Erwerber begünstigten Vermögens im Sinne des § 13b Abs. 2 ErbStG, welches sich aus dem begünstigungsfähigen Vermögen abzüglich des entsprechenden Verwaltungsvermögens ergibt, ist regelmäßig kein Unternehmer im beihilferechtlichen Sinne.[1424] Es fehlt an einem unmittelbaren wirtschaftlichen Tätigwerden, durch das Güter oder Dienstleistungen am Markt angeboten werden. Dennoch ist eine Unternehmereigenschaft des Erwerbers über eine Gesamtbetrachtung mit dem erworbenen Unternehmen oder eine Zurechnung des wirtschaftlichen Tätigwerdens denkbar.

i. Erwerber und Unternehmen als wirtschaftliche Einheit

Es fragt sich, ob nicht ein Erwerber – mit qualifizierter Beteiligungsquote und unternehmensbezogener Einflussnahme auf die Entscheidungsfindung – gemeinsam mit dem Unternehmen eine wirtschaftliche Einheit bildet. Die gesellschaftliche Verflechtung zwischen dem Erwerber und dem Unternehmen könnte für eine einheitliche Gesamtbetrachtung sprechen. Insbesondere bei Personengesellschaften, wie OHG oder KG, ist nicht zuletzt aufgrund des vorherrschenden Transparenzprinzips[1425] von einer besonderen Verflechtung auszugehen. Aber auch bei Kapitalgesellschaften ist bei entsprechenden Beteiligungsquoten eine enge gesellschaftsrechtliche Beziehung nicht von der Hand zu weisen, insbesondere wenn der Erbe als Gesellschafter beherrschenden Einfluss auf die Gesellschaft ausübt und wesentlich über die Geschicke der Gesellschaft entscheidet. Demnach ist aufgrund des gesellschaftsrechtlichen Näheverhältnisses nicht von vornherein ausgeschlossen, dass das Unternehmen unmittelbar begünstigt werden könnte.[1426]

1424 Die folgende Betrachtung bezieht sich auf natürliche Personen als Erwerber begünstigten Vermögens, da sich nur insoweit die Frage nach der Annahme einer Unternehmereigenschaft stellt. Wirtschaftlich tätige Körperschaften, die als Erwerber im Sinne des ErbStG in Frage kommen können, erfüllen die Unternehmereigenschaft bereits *ipso iure* und unabhängig von einer möglichen Zurechnung.

1425 Siehe zum Transparenzprinzip *Kahle*, in: Prinz/Kahle, Beck'sches Hdb. der Personengesellschaften, 5. Aufl. 2020, § 7 Rn. 1; *Rauch*, in: Brandis/Heuermann, EStG, KStG, GewStG, Juli 2019, § 1 EStG Rn. 66; *Hennrichs*, in: Tipke/Lang, Steuerrecht, 2020, Kapitel 10 Rn. 10.10 ff.

1426 So bereits *Fetzer/Böser*, DStR 2019, 1177 (1185).

Dem steht allerdings entgegen, dass das Beihilferecht von einem tätigkeitsbezogenen Unternehmensbegriff ausgeht. Dieser setzt eine Betrachtung der wirtschaftlichen Einheit selbst voraus; die dahinterstehenden Gesellschafter oder Inhaber sind für das Beihilferecht gerade nicht maßgeblich. Das Unternehmen im Sinne des unionsrechtlichen Wettbewerbsrechts ist auch nicht mit seinen Rechtsträgern oder Anteilseignern gleichzusetzen, sondern strikt von diesen zu trennen.[1427] Zudem würde eine Differenzierung aufgrund der gesellschaftsrechtlichen Verhältnisse eine kaum überschaubare Komplexität zur Folge haben, indem zusätzlich gesellschaftsrechtliche Verhältnisse sowie die jeweiligen Rechtsformen zu berücksichtigen wären.[1428] Dies entspricht weder der Rechtsformneutralität noch dem Telos des Beihilferechts. Das Beihilferecht soll staatliche Interventionen zugunsten von bestimmten Unternehmen verhindern und damit ein wettbewerbsneutrales Tätigwerden auf dem Binnenmarkt ermöglichen. Für die Gewährleistung eines fairen Binnenmarktes kommt es entscheidend auf die marktbezogene Tätigkeit des Unternehmens an, welche sich wiederum im tätigkeitsbezogenen Unternehmensbegriff niederschlägt. Dahinterstehende gesellschaftsrechtliche Verhältnisse sind insoweit außer Acht zu lassen.

Der Begriff des Unternehmens beschränkt sich daher auf die tatsächlich am relevanten Markt agierende Einheit. Der Erwerber als Inhaber des Unternehmens wird daher nicht allein aufgrund seiner Gesellschafterstellung gemeinsam mit dem erworbenen Unternehmen zu einer wirtschaftlichen Einheit. Trotz der starken Verflechtung zwischen Erwerber und Unternehmen ist eine einheitliche Gesamtbetrachtung der beiden rechtlichen Einheiten weder geboten noch sachgemäß.

ii. Zurechnung der wirtschaftlichen Tätigkeit

Es ist aber fraglich, ob dem Erwerber die wirtschaftliche Tätigkeit des erworbenen Unternehmens zuzurechnen ist und er zumindest mittelbar den Unternehmensbegriff erfüllt.[1429] Eine solche Zurechnung könnte auf Grundlage der Rechtsprechung des Europäischen Gerichtshofs in der Rechtssache *Cassa di Risparmio di Firenze*[1430] begründet werden. Danach kann sich die wirtschaftliche

1427 *Koenig/Förtsch*, in: Streinz, EUV/AEUV, 3. Aufl. 2018, Art. 107 Rn. 74.

1428 Siehe hierzu: B. II. 2. a) aa) β) ββ).

1429 Diese Frage in Bezug auf die §§ 13a ff. ErbStG aufwerfend *Schmidt*, in: HFSt (8) 2018, S. 81.

1430 EuGH, Urteil vom 10.01.2006 – C-222/04, *Cassa di Risparmio di Firenze*, ECLI:EU:C:2006:8.

Tätigkeit einer Einheit, welche Kontrollbeteiligungen an einer Gesellschaft hält, daraus ergeben, dass sie ihre Kontrollmöglichkeiten tatsächlich durch unmittelbare oder mittelbare Einflussnahme auf die Verwaltung der Gesellschaft ausübt: Die kontrollierende Einheit sei insoweit als an der wirtschaftlichen Tätigkeit des kontrollierten Unternehmens beteiligt anzusehen.[1431] Hingegen soll der bloße Besitz von Beteiligungen keine wirtschaftliche Einheit begründen, wenn mit der Beteiligung lediglich solche Rechte ausgeübt werden, die mit der Eigenschaft eines Aktionärs oder Mitglieds einhergehen und im Bezug von Dividenden bestehen.[1432] Die Dividenden bzw. Gewinnausschüttungen stellen insoweit nur die Früchte des Eigentums an einem Gut dar.[1433] Beachtenswert ist allerdings, dass die kontrollierende Einheit im entschiedenen Fall eine Bankenstiftung war, die unter anderem Beteiligungen an Kreditunternehmen hielt. Für eine grundsätzliche Übertragung dieser Sichtweise auf Erwerber von Betriebsvermögen spräche zunächst die Rechtsformneutralität des Beihilferechts, wonach auch bei natürlichen Personen als kontrollierende Einheiten eine Beihilferelevanz denkbar wäre. Demnach käme es vorrangig auf die Ausübung der bestehenden Kontrollmöglichkeiten des Erwerbers an.

Schmidt differenziert im Hinblick auf §§ 13a ff. ErbStG nach dem Verhalten des Erwerbers:[1434] Er verneint auf Grundlage dieser Rechtsprechungsdogmatik eine Beteiligung des Erben an der wirtschaftlichen Tätigkeit des erworbenen Unternehmens, wenn dieser lediglich die Gewinne aus seiner Beteiligung ziehe, ohne die Kontrolle über das Unternehmen auszuüben.[1435] Die Unternehmereigenschaft in der Person des Erben läge mithin nicht vor, sodass die Verschonungstatbestände keine Beihilfe wären.[1436] Nimmt der Erwerber hingegen seine Kontrollrechte tatsächlich wahr, so sei zumindest im Hinblick auf Kapitalgesellschaftsbeteiligungen eine Beihilfequalität der §§ 13a, 13b Abs. 1 Nr. 3 ErbStG nicht auszuschließen.[1437] Die mit einer solchen Differenzierung einhergehenden Probleme erkennt *Schmidt* allerdings selbst, indem er vor allem die zeitlichen

---

1431 EuGH, Urteil vom 10.01.2006 – C-222/04, *Cassa di Risparmio di Firenze*, ECLI:EU:C:2006:8, Rn. 112.

1432 EuGH, Urteil vom 10.01.2006 – C-222/04, *Cassa di Risparmio di Firenze*, ECLI:EU:C:2006:8, Rn. 111.

1433 EuGH, Urteil vom 10.01.2006 – C-222/04, *Cassa di Risparmio di Firenze*, ECLI:EU:C:2006:8, Rn. 111.

1434 *Schmidt*, in: HFSt (8) 2018, S. 81.

1435 *Schmidt*, in: HFSt (8) 2018, S. 81.

1436 *Schmidt*, in: HFSt (8) 2018, S. 81.

1437 *Schmidt*, in: HFSt (8) 2018, S. 81.

Schwierigkeiten und die Änderung der Verhaltensweise des Erben hinterfragt, welche die beihilferechtliche Einordnung erschweren.[1438] Zudem konstatiert er, dass eine solche Herangehensweise erhebliche Gestaltungsspielräume im Hinblick auf die Beihilfequalität eröffnen würde, da das Vorliegen einer Beihilfe vom Verhalten des Erwerbers abhängen würde.[1439]

Insbesondere die Gestaltungsanfälligkeit legt die Problematik des – durchaus naheliegenden – Ansatzes, dem Erwerber die wirtschaftliche Tätigkeit zuzurechnen, offen. Die abstrakte Frage nach der Beihilfequalität formeller Gesetze, mithin des erbschaftsteuerlichen Verschonungssystems, gilt es vollumfänglich anhand des abstrakten Regelungsgehalts und der damit einhergehenden Wirkung zu bestimmen. Auch wenn es vornehmlich bei administrativen Begünstigungen maßgeblich auf den zugrundeliegenden Einzelfall ankommt, so wäre es systemwidrig, dies als Maßstab für die beihilferechtliche Beurteilung einer gesetzlichen Norm heranzuziehen. Es spricht aber auch die fehlende Parallelität zwischen dem Erwerber im Sinne des ErbStG und einer Bankenstiftung gegen die Übertragung der Rechtsprechung des Europäischen Gerichtshofs zur Zurechnung der wirtschaftlichen Tätigkeit. Für Stiftungen ist anerkannt, dass diese den beihilferechtlichen Unternehmensbegriff erfüllen können, wenn sie einen Erwerbscharakter aufweisen und Gewinne erzielen können.[1440] Wohingegen Begünstigungen an Verbraucher bzw. Privatpersonen für diese selbst keine Beihilfen darstellen können. Es entspricht dem Telos des Europäischen Beihilferechts, lediglich diejenigen staatlichen Maßnahmen als Beihilfe zu qualifizieren, die Unternehmen – unmittelbar oder mittelbar – einen Vorteil verschaffen. Begünstigungen an Privatpersonen sollen, wenn überhaupt, im Hinblick auf die dadurch begünstigten Unternehmen beihilferechtlich relevant werden.[1441] Die Konstruktion der Unternehmereigenschaft von Erwerbern begünstigten Vermögens würde dem zuwiderlaufen und Privatpersonen über diesen Umweg in den Anwendungsbereich des Beihilferechts einbeziehen.

Im Übrigen würde die Annahme einer – auch nur zugerechneten – Unternehmereigenschaft dem tätigkeitsbezogenen Unternehmensbegriff widersprechen.

1438 Ohne Antwort auf die Fragen zur zeitlichen Ausübung der Kontrollrechte und zu einer möglichen Rückwirkung sowie zum Auswirken des „Ruhenlassens“ der Kontrollrechte *Schmidt*, in: HFSt (8) 2018, S. 81.

1439 *Schmidt*, in: HFSt (8) 2018, S. 81.

1440 Vgl. EU-Kommission, Mitteilung der Kommission über die Anwendung der Vorschriften über staatliche Beihilfen auf Maßnahmen im Bereich der direkten Unternehmensbesteuerung vom 10.12.1998 – ABl. 1998 C 384/3, Rn. 25.

1441 Siehe zur mittelbaren Begünstigung: B. II. 2. a) cc).

Mithin wird nur die am Markt tätige Einheit als Unternehmen im beihilferechtlichen Sinne angesehen. Ausgehend von der Rechtsprechung in der Rechtssache *Cassa di Risparmio di Firenze*[1442] würde sämtlichen Gesellschaftern, die über eine qualifizierte Beteiligung verfügen und zugleich ihre Kontrollrechte ausüben, die Unternehmereigenschaft der Gesellschaft zugerechnet werden. Würden die Gesellschafter stets den Unternehmensbegriff erfüllen, wären sie – neben dem tatsächlich am Markt tätigen Unternehmen – Adressat möglicher Rückforderungen unionsrechtswidrig gewährter Beihilfen. Zugleich würden im Hinblick auf eine wirtschaftlich tätige Einheit gleich mehrere potentiell begünstigte Unternehmen existieren.

Obschon im entschiedenen Fall die Annahme einer Unternehmereigenschaft durchaus gerechtfertigt sein mag, da das Tätigwerden bestimmter Körperschaften im Wesentlichen im Halten von Beteiligungen und in der Ausübung von Kontrollrechten besteht und nur über die Zurechnung eine Unternehmereigenschaft der kontrollierenden Einheit begründet werden kann, ist dies jedoch im Hinblick auf die erbschaftsteuerlichen Verschonungstatbestände nicht verallgemeinerungsfähig. Zudem würde eine Differenzierung anhand der gesellschaftsrechtlichen Verhältnisse und Beteiligungsquoten als Grundlage für die Annahme einer Begünstigung zu einer kaum überschaubaren Komplexität der beihilferechtlichen Würdigung führen.[1443]

Demnach überzeugt es nicht, eine Unternehmereigenschaft in der Person des Erwerbers von begünstigtem Vermögen zu begründen, sodass sich letztlich die Frage nach der mittelbaren Begünstigung des erworbenen Unternehmens stellt.

ββ) Die mittelbare Begünstigung des erworbenen Unternehmens

Die mittelbare Begünstigung des erworbenen Unternehmens durch die Verschonung des Erwerbers wird von einigen Stimmen in der Literatur diskutiert und bisweilen mit einer vergleichsweise überschaubaren Begründung bejaht: Demnach genüge es für das Beihilferecht, wenn das Unternehmen nur mittelbar begünstigt werde, da die formale Begünstigung des Erwerbers dem Unternehmen des Erwerbers materiell zuzurechnen sei.[1444] Ohne weitere Begründung nahm auch

1442 EuGH, Urteil vom 10.01.2006 – C-222/04, *Cassa di Risparmio di Firenze*, ECLI:EU:C:2006:8.

1443 Ebenso bereits *Fetzer/Böser*, DStR 2019, 1177 (1185).

1444 So zumindest *Wachter*, DB 2016, 1273 (1275); *de Weerth*, DB 2016, 2692; *Rupp/Blumenberg*, in: Steuerberater-Jahrbuch 2016/2017, S. 465; *Bockhoff*, ZEV 2017, 186 (189).

die Generalanwältin *Kokott* im Vorabentscheidungsverfahren zur Vereinbarkeit der Verschonungsregeln der belgischen Erbschaftsteuer mit der Niederlassungsfreiheit an, dass die Steuerbefreiung für den unentgeltlichen Erwerb von Familiengesellschaftsbeteiligungen letztlich die Familiengesellschaft begünstige.[1445] Die Beihilfequalität der betreffenden belgischen Verschonungsregelung wurde im Rahmen des Vorabentscheidungsverfahrens jedoch nicht vertieft und vom Europäischen Gerichtshof im Urteil mangels Entscheidungsrelevanz auch nicht diskutiert.[1446] Auch wenn die mittelbare Begünstigung des erworbenen Unternehmens naheliegend erscheinen mag und auch in den Gesetzesmaterialien des Referentenentwurfs[1447] angelehnt ist, kann sie nicht lediglich mit Verweis auf die bisherige Rechtsprechung zu mittelbaren Begünstigungen vereinfachend angenommen werden, sondern erfordert eine differenzierte Betrachtung.

i. Übertragbarkeit der Rechtsprechung zu mittelbaren Begünstigungen

Allgemein liegt eine mittelbare Begünstigung vor, wenn nicht der unmittelbare Leistungsempfänger der staatlichen Maßnahme begünstigt wird, sondern ein oder mehrere bestimmte Unternehmen hierdurch einen Vorteil erhalten.[1448] Die Europäische Kommission nimmt eine mittelbare Begünstigung an, „wenn die Maßnahme so ausgestaltet ist, dass ihre sekundären Auswirkungen bestimmbaren Unternehmen oder Gruppen von Unternehmen zugeleitet werden."[1449] Mittelbare Vorteile sind jedoch von solchen Auswirkungen zu unterscheiden, die mit der Gewährung einer begünstigenden Maßnahme automatisch verbunden

1445 Generalanwältin *Kokott*, Schlussanträge vom 15.02.2007 – C-464/05, *Guerts und Vogten*, ECLI:EU:C:2007:108, Rn. 48.

1446 Vgl. EuGH, Urteil vom 25.10.2007 – C-464/07, *Guerts und Vogten*, ECLI:EU:C:2007:631.

1447 BMF, Referentenentwurf vom 01.06.2015, Teil A VI., S. 19 f.

1448 Vgl. insoweit EuGH, Urteil vom 19.09.2000 – C-156/98, *Deutschland/Kommiss*ion, ECLI:EU:C:2000:467, Rn. 26 f.; EuGH, Urteil vom 28.07.2011 – C-403/10 P, *Mediaset SpA/Kommission*, ECLI:EU:C:2011:533, Rn. 73 ff.; EU-Kommission, Bekanntmachung zum Begriff der staatlichen Beihilfe im Sinne des Artikels 107 Absatz 1 des Vertrages über die Arbeitsweise der Europäischen Union vom 19.07.2016 – ABl. 2016 C 262/1, Rn. 115.

1449 EU-Kommission, Bekanntmachung zum Begriff der staatlichen Beihilfe im Sinne des Artikels 107 Absatz 1 des Vertrages über die Arbeitsweise der Europäischen Union vom 19.07.2016 – ABl. 2016 C 262/1, Rn. 116.

sind und mithin als logische Folge oder Reflex eintreten können.[1450] Die Staatlichkeit der Maßnahme setzt im Hinblick auf mittelbare Begünstigungen lediglich voraus, dass der Hoheitsträger eine bestimmte Verhaltensweise veranlasst, welche zu einem wirtschaftlichen Vorteil des Zweitbegünstigten führt.[1451] Für die Veranlassung reicht es aus, wenn diese dem jeweiligen Hoheitsträger zugerechnet werden kann.[1452]

Mittelbare Begünstigungen von Unternehmen wurden in der Vergangenheit von Kommission und Gerichtshof bereits als Beihilfe eingestuft. Dies betraf aber regelmäßig Beihilfen an Verbraucher, die faktisch bestimmte Unternehmen begünstigt haben.[1453] In den entschiedenen Fällen wurde zumeist eine Begünstigung allgemeiner Art gewährt, welche zugleich auch einen Vorteil für bestimmte Unternehmen darstellte, indem etwa deren Umsatz stieg oder sich der Kundenstamm erweiterte.[1454] Der mittelbar Zweitbegünstigte stand jedoch in keiner engen rechtlichen oder finanziellen Abhängigkeit zum beihilferechtlich unbeachtlichen Erstbegünstigten. Im Unterschied hierzu besteht zwischen dem Unternehmen und seinen Inhabern eine enge wirtschaftliche und vor allem rechtliche Beziehung. Es fragt sich daher, ob die (gesellschaftsrechtliche) Beziehung zwischen Erben und ihrem erworbenen Unternehmen mit derjenigen eines Verbrauchers zu einem Unternehmen vergleichbar ist und deshalb eine Übertragung der Grundsätze mittelbarer Begünstigungen auf den erbschaftsteuerlichen Verschonungsabschlag denkbar wäre.

Für eine Übertragung der Grundsätze zur mittelbaren Begünstigung spräche insbesondere ein Erst-Recht-Schluss: Wenn bereits eine unmittelbare Begünstigung von Verbrauchern, die keine enge Bindung zum mittelbar begünstigten Unternehmen aufweisen, ausreicht, dann muss dies erst recht für die enge

1450 EU-Kommission, Bekanntmachung zum Begriff der staatlichen Beihilfe im Sinne des Artikels 107 Absatz 1 des Vertrages über die Arbeitsweise der Europäischen Union vom 19.07.2016 – ABl. 2016 C 262/1, Rn. 116.

1451 Vgl. EuGH, Urteil vom 28.07.2011 – C-403/10 P, *Mediaset SpA/Kommission*, ECLI:EU:C:2011:533, Rn. 81.

1452 Vgl. EuGH, Urteil vom 17.07.2008 – C-206/06, *Essent Netwerk Noord u. a.*, ECLI:EU:C:2008:413, Rn. 73.

1453 Vgl. EuGH, Urteil vom 19.09.2000 – C-156/98, *Deutschland/Kommission*, ECLI:EU:C:2000:467; EuGH, Urteil vom 28.07.2011 – C-403/10 P, *Mediaset SpA/Kommission*, ECLI:EU:C:2011:533; vgl. zur mittelbaren Begünstigung von Unternehmen durch eine Begünstigung anderer Unternehmen nur EuGH, Urteil vom 13.06.2002 – C-382/99, *Niederlande/Kommission*, ECLI:EU:C:2002:363.

1454 EU-Kommission, Entscheidung vom 24.01.2007, ABl. EU 2007, Nr. L 147/1.

rechtliche Beziehung des Erwerbers zum Unternehmen gelten. Insoweit besteht regelmäßig eine enge unternehmerische, rechtliche sowie finanzielle Beziehung zwischen dem Erwerber und dem erworbenen Unternehmen. Das Wohl und Wehe des Unternehmens wirkt sich regelmäßig auf den Inhaber aus. Ebenso können aber auch finanzielle Belastungen des Inhabers den Bestand des Unternehmens beeinträchtigen und dieses belasten.[1455]

Im Hinblick auf unmittelbare Begünstigungen an Verbraucher genügt es bereits, dass aufgrund einer erhöhten Nachfrage ein Vorteil für das Unternehmen angenommen werden kann.[1456] Dies ist insoweit beachtlich, als für die Verbraucher in den entschiedenen Fällen weder eine gesetzliche Pflicht bestand bestimmte Produkte nachzufragen noch diese in einer engen rechtlichen Beziehung zum betreffenden Unternehmen stehen mussten. Die Veranlassung eines bestimmten Verhaltens durch unmittelbare Begünstigungen wurde daher in der Vergangenheit schon als ausreichend erachtet, wenn der erhaltene Vorteil an bestimmte Unternehmen weitergeleitet wurde und diesen der Vorteil mittelbar zufloss.[1457] Dementsprechend liegt es nahe, auch bei Begünstigungen an die Erwerber von begünstigtem Vermögen grundsätzlich eine mittelbare Begünstigung anzunehmen. Die enge Beziehung zwischen dem Unternehmen und seinen Inhabern wirkt sich auch auf das Verhalten des Erwerbers aus, da dieser seinen unmittelbar erhaltenen Steuervorteil mittelbar an sein Unternehmen weitergibt, indem er die Finanzmittel des Unternehmens nicht zur Begleichung der anfallenden Steuer einsetzen muss. Der Verschonungsabschlag wirkt sich daher vorteilhaft auf die Situation des erworbenen Unternehmens aus.

Der Umstand der Weitergabe eines erhaltenen Vorteils offenbart allerdings einen erheblichen Unterschied zur bisherigen Rechtsprechungspraxis. Bei Verbraucherbegünstigungen wird der staatlich gewährte Vorteil durch die entsprechende Nachfrage bestimmter Güter oder Dienstleistungen aktiv bestimmten Unternehmen zugeleitet.[1458] Erst durch ein entsprechendes Verhalten der unmittelbaren Leistungsempfänger erhalten die betreffenden Unternehmen einen Vorteil.

1455 Vgl. zu den Auswirkungen *Stiftung Familienunternehmen*, Die Neuregelung der Erbschaftsteuer für Familienunternehmen, 2015, S. 104.

1456 Vgl. nur zu Verbraucherbegünstigungen EuGH, Urteil vom 28.07.2011 – C-403/10 P, *Mediaset SpA/Kommission*, ECLI:EU:C:2011:533.

1457 Siehe allgemein zu mittelbaren Begünstigungen: B. II. 2. a) cc).

1458 Vgl. nur zu Verbraucherbegünstigungen EuGH, Urteil vom 28.07.2011 – C-403/10 P, *Mediaset SpA/Kommission*, ECLI:EU:C:2011:533.

Hinsichtlich der erbschaftsteuerlichen Verschonungsregelungen gestaltet sich dies allerdings anders. Den mittelbaren Vorteil erhält das erworbene Unternehmen gerade nicht durch eine aktive Weitergabe einer Begünstigung, sondern durch ein Unterlassen des Erwerbers. Es kommt regelmäßig nur deshalb zu einer Entlastung des Unternehmens, weil der Erwerber aufgrund der ihm persönlich gewährten Befreiung darauf verzichtet, seine benötigte Liquidität aus dem Unternehmen zu ziehen. Insoweit sind Verbraucherbegünstigungen nicht mit den erbschaftsteuerlichen Befreiungen des Erwerbers von begünstigtem Vermögen vergleichbar.

Allerdings weist die Entlastung des Unternehmens durch ein Unterlassen Parallelen zur Rechtsprechung *Niederlande/Kommission*[1459] auf. Der Europäische Gerichtshof qualifizierte die Zuschüsse an grenznahe Tankstellen zum Ausgleich von Wettbewerbsnachteilen als mittelbare Begünstigung an bestimmte Mineralölgesellschaften. Die niederländische Regierung hatte versucht durch staatliche Beihilfen an grenznahe Tankstellen Umsatzeinbußen zu verhindern, welche durch die Erhöhung der Verbrauchsteuern und damit im Vergleich zu Deutschland weniger wettbewerbsfähigen Preisen zu erwarten gewesen wären.[1460] Die Fünfte Kammer sah in diesen Zuschüssen eine mittelbare Begünstigung der Mineralölgesellschaften, da diese ganz oder teilweise von ihren vertraglichen Pflichten, wettbewerbsbedingte Nachteile auszugleichen, befreit werden würden.[1461] Die Begünstigung der Mineralölgesellschaft ist daher letztlich darin zu sehen, dass sie nicht von den Tankstellenbetreibern in Anspruch genommen wurden und sie daher nicht finanziell belastet wurden. Ohne die staatliche Maßnahme hätten die Mineralölgesellschaften die wettbewerbsbedingten Nachteile ausgleichen müssen. Demnach kam es aufgrund der Zuschüsse zu keinem Mittelabfluss und somit zu einer Entlastung auf der Ebene der Mineralölgesellschaften. Diese Entlastung ist mithin auf ein Unterlassen der Tankstellenbetreiber zurückzuführen, da diese auf die vertragliche Einstandspflicht verzichten konnten.

Die Konstellation in der Rechtssache *Niederlande/Kommission* ist vergleichbar mit der Verschonung des Erwerbers durch den erbschaftsteuerlichen Verschonungsabschlag. Beide Sachverhalte zeichnen sich durch eine Entlastung des

1459 EuGH, Urteil vom 13.06.2002 – C-382/99, *Niederlande/Kommission*, ECLI:EU:C:2002:363.

1460 EuGH, Urteil vom 13.06.2002 – C-382/99, *Niederlande/Kommission*, ECLI:EU:C:2002:363, Rn. 63.

1461 EuGH, Urteil vom 13.06.2002 – C-382/99, *Niederlande/Kommission*, ECLI:EU:C:2002:363, Rn. 62 – 66.

Zweitbegünstigten aus, die auf einen nicht stattfindenden Mittelabfluss durch ein Unterlassen des unmittelbaren Leistungsempfängers zurückgeführt werden kann. Zudem besteht auch zwischen den Tankstellenbetreibern und den Mineralölgesellschaften eine engere Beziehung als zwischen Verbrauchern und Unternehmen. Diese stehen regelmäßig in einer rechtlichen Beziehung zueinander, aus der sich entsprechende Rechte und Pflichten ableiten lassen, wie beispielsweise die Einstandspflicht Verluste auszugleichen.[1462]

Zwar besteht für das erworbene Unternehmen regelmäßig keine vertragliche oder gesetzliche Einstandspflicht im Hinblick auf eine potentiell anfallende Erbschaftsteuer, aber rein faktisch würde der Erwerber – wie zuvor dargelegt – die finanziellen Mittel des Unternehmens in Anspruch nehmen, um seine Steuerschuld zu begleichen. Für die Annahme einer mittelbaren Begünstigung ist es indes nicht erforderlich, dass eine vertragliche, gesetzliche oder faktische Pflicht für ein bestimmtes Verhalten besteht. Es genügt vielmehr, dass ein bestimmtes Verhalten des unmittelbar Begünstigten aufgrund eines – aus seiner Sicht – übersteigenden Nutzens wahrscheinlich ist.[1463] Insoweit ist es ausreichend, dass durch den Verschonungsabschlag die Nichtinanspruchnahme der Mittel des erworbenen Unternehmens überwiegend wahrscheinlich ist.

Ungeachtet dessen, ob die finanzielle Belastung vertraglich oder faktisch begründet wird, kommt es durch den Verzicht in beiden Fällen zu keinem Mittelabfluss. Insoweit ist der Sachverhalt in der Rechtssache *Niederlande/Kommission* mit dem Verschonungsabschlag vergleichbar. Folglich sprechen die besseren Gründe für eine Übertragung der Rechtsprechung zu mittelbaren Begünstigungen, da vor allem die rechtliche Beziehung zwischen Erwerber und erworbenem Unternehmen sowie die Entlastung des erworbenen Unternehmens durch den nicht stattfindenden Mittelabfluss dies nahelegen. Es ist daher grundsätzlich möglich, in den erbschaftsteuerlichen Verschonungsregeln eine mittelbare Begünstigung des erworbenen Unternehmens zu sehen, deren Vorliegen allerdings noch objektiv festzustellen ist.

ii. Vorliegen einer mittelbaren Begünstigung

Ob in den erbschaftsteuerlichen Verschonungsregelungen eine mittelbare Begünstigung zu sehen ist, kann aber nur objektiv anhand der Wirkung der Maßnahme, ungeachtet gesetzgeberischer Motive und Ziele, bestimmt

---

1462 EuGH, Urteil vom 13.06.2002 – C-382/99, *Niederlande/Kommission*, ECLI:EU:C:2002:363, Rn. 62 – 66.

1463 Siehe hierzu: B. II. 2. a) cc) χ).

werden.[1464] Wie bereits zuvor dargelegt, entspricht die Wirkung der erbschaftsteuerlichen Verschonungstatbestände auch den intendierten Zielen und Motiven. Ein hypothetischer Wegfall der bestehenden Verschonungstatbestände hätte vor allem für familiengeführte Unternehmen bedenkliche Folgen. So wäre beispielsweise mit Veräußerungen von Unternehmensteilen zur Begleichung der Erbschaftsteuer[1465] sowie einem Investitionsrückgang und einer Reduzierung der Beschäftigungszahl zu rechnen.[1466] Ein hypothetisches Entfallen der unternehmensbezogenen Begünstigung demonstriert die negativen Auswirkungen auf den Bestand des erworbenen Unternehmens. Demzufolge sind mit den erbschaftsteuerlichen Verschonungstatbeständen positive Effekte verbunden. Der nicht stattfindende Abfluss von Liquidität verschafft dem Unternehmen einen Vorteil, den es nicht hätte, existierten die Begünstigungen nicht. Der Vorteil ist insoweit nur mittelbar, da er vom Erwerber auf das Unternehmen übergeht.

Weitere Voraussetzung mittelbarer Begünstigungen ist zudem, dass die mittelbare Begünstigung dem Staat zuzurechnen und nicht auf unkontrollierte Marktmechanismen zurückzuführen ist: Ein Zurückführen auf unkontrollierte Marktbedingungen ist zu verneinen, wenn die Begünstigung nicht lediglich als sekundäre Auswirkung der Maßnahme auftritt, sondern bestimmten Unternehmen zugeleitet wird.[1467] Durch den Bezug der Verschonung auf das begünstigte Betriebsvermögen gewährleisten die §§ 13a ff. ErbStG, dass letztlich nur das erworbene Unternehmen – und gegebenenfalls von diesem abhängige Unternehmen – von der Steuerbefreiung profitieren; mithin letztlich nur das begünstigte Betriebsvermögen. Die Ausgestaltung der Verschonungstatbestände bedingt von vornherein nur die Begünstigung des erworbenen Betriebsvermögens, sodass der Vorteil einer vorab bestimmbaren Gruppe von Unternehmen

---

1464 Siehe zur objektiven Bestimmung von mittelbaren Begünstigungen: B. II. 2. a) cc) β).

1465 So gaben im Rahmen einer Umfrage des ifo Instituts 43 % der befragten Unternehmen an, dass Teile des Unternehmens zur Begleichung der Erbschaftsteuer verkauft werden müssten, würde der Verschonungsabschlag nicht existieren, *Stiftung Familienunternehmen/ifo Institut*, Auswirkungen der Erbschaftsteuer auf Familienunternehmen, 2014, S. 26.

1466 Vgl. zum Einfluss der Begünstigung auf die Investitionen und Beschäftigungszahlen von Familienunternehmen *Stiftung Familienunternehmen/ifo Institut*, Auswirkungen der Erbschaftsteuer auf Familienunternehmen, 2014, S. 18, 19.

1467 EU-Kommission, Bekanntmachung zum Begriff der staatlichen Beihilfe im Sinne des Artikels 107 Absatz 1 des Vertrages über die Arbeitsweise der Europäischen Union vom 19.07.2016 – ABl. 2016 C 262/1, Rn. 116.

zugeleitet wird. Eine reflexartige oder sekundäre Auswirkung auf das erworbene Unternehmen ist darin nicht zu sehen.

Ist der Vorteil auf eine staatliche Veranlassung zurückzuführen, so kann sie dem Hoheitsträger auch zugerechnet werden.[1468] Ein Hinzutreten autonomer Entscheidungen Dritter lässt die staatliche Zurechnung einer Vergünstigung für das betreffende Unternehmen regelmäßig nicht entfallen.[1469] Da die erbschaftsteuerliche Vergünstigung auf Veranlassung des Gesetzgebers geschaffen wurde, ist sie letztlich auf diesen zurückzuführen und damit auch zurechenbar. An dieser Zurechnung ändert auch das Verhalten des Erwerbers nichts. Nach teilweise vertretener Auffassung wird nämlich die Zurechnung nicht unterbrochen, wenn eine faktische Pflicht zur Handlung besteht und eine andere Verhaltensweise fernliegend ist.[1470] Richtigerweise ist aber nicht erst eine faktische Handlungspflicht als ausreichend zu erachten, sondern die Zurechnung bereits dann anzunehmen, wenn die staatliche Maßnahme derart ausgestaltet ist, dass sich die unmittelbar Begünstigten bereits aufgrund des übersteigenden Nutzens entsprechend verhalten und den Vorteil an Unternehmen weitergeben.[1471] Es genügt insoweit, wenn eine bestimmte Verhaltensweise durch die staatliche Maßnahme besonders attraktiv erscheint. Auch wenn die Entlastung des Unternehmens von einer autonomen Entscheidung des Erwerbers abhängt, wird die Zurechnung hierdurch nicht unterbrochen.

Ungeachtet der konkreten Anforderungen an die Wahrscheinlichkeit einer entsprechenden Verhaltensweise ist hinsichtlich der erbschaftsteuerlichen Verschonungstatbestände jedenfalls von einer faktischen Handlungspflicht auszugehen. Wie bereits aufgezeigt, wäre ein Nichtexistieren dieser Steuerbefreiungen regelmäßig mit wirtschaftlichen Folgen verbunden, die es sowohl im Interesse des Erwerbers als auch des Unternehmens und seiner Stakeholder zu vermeiden gilt. Demnach sieht sich der Erwerber begünstigten Vermögens im Sinne des § 13b Abs. 2 ErbStG in diesen Fällen – in der Regel – gezwungen, die Verschonung in Anspruch zu nehmen, sodass letztlich eine faktische Handlungspflicht vorliegt.

1468 Vgl. EuGH, Urteil vom 17.07.2008 – C-206/06, *Essent Netwerk Noord u. a.*, ECLI:EU:C:2008:413, Rn. 73.

1469 EuGH, Urteil vom 19.09.2000 – C-156/98, *Deutschland/Kommission*, ECLI:EU:C:2000:467, Rn. 27; vgl. zur Staatlichkeit einer mittelbaren Begünstigung: B. II. 2. b) dd).

1470 *Milutinović*, in: HFSt (8) 2018, S. 92.

1471 Siehe hierzu im Einzelnen: B. II. 2. a) cc).

cc) Fazit zur Begünstigung eines Unternehmens

Der Verschonungsabschlag hat für den deutschen Fiskus – genauer: für die Bundesländer – Mindereinnahmen der Erbschaftsteuer zur Folge. Der staatliche Einnahmeverzicht korrespondiert dabei mit der steuerlichen Entlastung für die potentiell Erbschaftsteuerpflichtigen. Die erbschaftsteuerlichen Verschonungstatbestände sind auch dann dem unternehmerischen Bereich des Erben oder Beschenkten zuzuordnen, wenn dieser sie letztlich nur persönlich als Steuerschuldner der Erbschaftsteuer erhält. Wirkung und Veranlassung erfordern eine solche Zuordnung, da sowohl Bezugspunkt als auch die Folgen der Verschonung im unternehmerischen Bereich liegen. Gleichwohl ist weder von einer Unternehmenseigenschaft des Erwerbers selbst auszugehen, noch kann diesem die wirtschaftliche Tätigkeit der kontrollierten wirtschaftlichen Einheit zugerechnet werden. Eine unmittelbare Begünstigung im Hinblick auf den Erwerber scheidet daher aus. Der tätigkeitsbezogene Unternehmensbegriff erfordert vielmehr die wirtschaftliche Einheit getrennt von seinen Inhabern zu betrachten.[1472]

Überzeugend ist vielmehr, in den erbschaftsteuerlichen Verschonungstatbeständen eine mittelbare Begünstigung des erworbenen Unternehmens zu sehen. Die rechtliche und wirtschaftliche Beziehung zwischen Erwerber und erworbenem Unternehmen erlaubt eine Übertragung der Grundsätze zur mittelbaren Begünstigung auf die erbschaftsteuerlichen Verschonungstatbestände. Diese Beziehung erfordert die erbschaftsteuerlichen Befreiungstatbestände zu nutzen, um die Nachteile, die mit einer zu hohen Erbschaftsteuerlast verbunden wären, für das erworbene Unternehmen abzuwenden. Das erworbene Unternehmen wird durch den Verschonungsabschlag zumindest faktisch entlastet, indem ein regelmäßig stattfindender Mittelabfluss vermieden wird. Die mit den Verschonungstatbeständen verbundene Wirkung sowie die Interdependenzen zwischen dem Erwerber und dem Unternehmen können vor allem an einem hypothetischen Entfall der Steuerbefreiungen nachvollziehbar skizziert werden. Die mittelbare Begünstigung des Unternehmens ist nicht deshalb abzulehnen, weil der Erwerber eine autonome Entscheidung treffen muss, um beispielsweise die Optionsverschonung zu erhalten. Denn trotz der autonomen Entscheidung, die entsprechenden Steuerbefreiungen zu nutzen, kann aufgrund der wirtschaftlichen Folgen, die bestünden, würde die Verschonung nicht in Anspruch genommen werden, von einer faktischen Pflicht ausgegangen werden. Die staatliche

---

1472 A. A. *Blank*, Die erbschaftsteuerliche Unternehmensbegünstigung nach §§ 13a ff. ErbStG, 2018, S. 152, der in der Verschonung gleichzeitig eine mittelbare und unmittelbare Begünstigung von Unternehmen sieht.

Zurechnung entfällt insoweit nicht. Die besseren Gründe sprechen demnach für die mittelbare Begünstigung des erworbenen Unternehmens.

2. Selektivität des Verschonungsabschlags

In den Beihilfeverfahren zu § 6a GrEStG[1473] und vor allem zu § 8c Abs. 1a KStG[1474] war die Selektivitätsprüfung wesentlicher Schwerpunkt der Betrachtung. Dies ist nicht zuletzt der Tatsache geschuldet, dass das Ergebnis der Selektivitätsprüfung oftmals den Ausgang der beihilferechtlichen Würdigung von Steuervergünstigungen determiniert.[1475] Auch hinsichtlich der erbschaftsteuerlichen Verschonungsregelungen wird der Selektivitätsprüfung eine herausgehobene Bedeutung beizumessen sein. Diesbezüglich ergeben sich verschiedene beachtenswerte Problemkreise, die es zu diskutieren gilt.

Die Selektivität beschäftigt sich ganz wesentlich damit, ob bestimmte Unternehmen gegenüber anderen Unternehmen, die sich in einer vergleichbaren tatsächlichen und rechtlichen Situation befinden, begünstigt werden.[1476] Es steht einem Mitgliedstaat aber grundsätzlich frei, unter Wahrung der Europäischen Verträge, die direkten Steuern auszugestalten.[1477] Demnach ist nicht danach zu fragen, ob eine Begünstigung von betrieblichem Vermögen geboten ist. Beihilferechtlich gilt es zu eruieren, ob die Begünstigung eine allgemeine Maßnahme ist oder ob sie bestimmte Unternehmen begünstigt. Insoweit ist zu erörtern, ob eine potentielle Abweichung vom festzustellenden Referenzsystem selektiv wirkt. Führt die Abweichung vom Referenzsystem nicht zu einer Ungleichbehandlung von Unternehmen oder ist eine bestehende Differenzierung gerechtfertigt, ist die Maßnahme beihilfekonform.

1473 EuGH, Urteil vom 19.12.2018 – C-374/17, *Finanzamt B/A-Brauerei*, ECLI:EU:C:2018:1024.

1474 EuGH, Urteil vom 28.06.2018 – C-209/16 P, *Deutschland/Kommission*, ECLI:EU:C:2018:507.

1475 Vgl. z. B. *Soltész*, EuZW 2017, 51 (54); *Bartosch*, EuZW 2018, 891 (894), der die Bestimmung des Referenzsystems als „Nulllinie" bezeichnet, die maßgeblich für die nachfolgende Prüfung sei.

1476 Siehe zur Selektivität: B. II. 2. c) bb).

1477 EU-Kommission, Bekanntmachung zum Begriff der staatlichen Beihilfe im Sinne des Artikels 107 Absatz 1 des Vertrages über die Arbeitsweise der Europäischen Union vom 19.07.2016 – ABl. 2016 C 262/1, Rn. 156.

a) *Prüfungsmaßstab der Selektivität*

Die Selektivität einer staatlichen Maßnahme ist zu unterstellen, wenn die Begünstigung von der normalerweise zu tragenden Steuerlast abweicht und insofern bestimmten Unternehmen einen – nicht gerechtfertigten selektiven – Vorteil gegenüber anderen Unternehmen in einer vergleichbaren Situation verschafft.[1478] Diese vergleichende Feststellung wird nach der ständigen Rechtsprechung des Europäischen Gerichtshofs im Rahmen des sogenannten Dreistufentests durchgeführt.[1479] Ausgehend von der Normalbesteuerung als Referenzsystem gilt es eine selektive Abweichung von diesem festzustellen, die wiederum durch die Natur und den Aufbau des Steuersystems gerechtfertigt sein könnte.

Auch wenn der rein wirkungsorientierte Ansatz aufgrund seiner ausschließlichen Orientierung an der Wirkung der betreffenden Regelung, ohne Beachtung formaler Kriterien, eine vielversprechende Alternative zum Dreistufentest darstellt, ist dieser in Anbetracht der jüngeren Rechtsprechung nicht auf die erbschaftsteuerlichen Verschonungstatbestände anzuwenden. Dieser Ansatz markiert bislang nur eine Ausnahmeerscheinung, die durch die *Gibraltar*-Rechtsprechung[1480] begründet wurde. Lediglich bei Steuervergünstigungen, die sich nicht bereits aus der Gesetzessystematik ergeben, sondern nur faktisch bestimmte Unternehmen selektiv begünstigen, ist dieser anzuwenden. Bei formal als Ausnahme in Erscheinung tretenden Steuervergünstigungen wird weiterhin die klassische dreistufige Selektivitätsprüfung vorgenommen.

1478 Vgl. z. B. EuGH, Urteil vom 06.09.2006 – C-88/03, *Portugal/Kommission*, ECLI:EU:C:2006:511, Rn. 56; EuGH, Urteil vom 08.09.2011 – C-78/08 bis C-80/08, *Paint Graphos u. a.*, ECLI:EU:C:2011:550, Rn. 49; EuGH, Urteil vom 18.07.2013 – C-6/12, *P Oy*, ECLI:EU:C:2013:525, Rn. 19.

1479 Ständige Rspr.: EuGH, Urteil vom 02.07.1974 – C-173/73, *Italien/Kommission*, ECLI:EU:C:1974:71, Rn. 33/35; EuGH, Urteil vom 17.06.1999 – C-75/97, *Belgien/Kommission*, ECLI:EU:C:1999:311, Rn. 26 ff.; EuGH, Urteil vom 08.11.2001 – C-143/99, *Adria- Wien Pipeline*, ECLI:EU:C:2001:598, Rn. 41 f.; EuGH, Urteil vom 06.09.2006 – C-88/03, *Portugal/Kommission*, ECLI:EU:C:2006:511, Rn. 54; EuGH, Urteil vom 18.07.2013 – C-6/12, *P Oy*, ECLI:EU:C:2013:525, Rn. 19; EU-Kommission, Mitteilung der Kommission über die Anwendung der Vorschriften über staatliche Beihilfen auf Maßnahmen im Bereich der direkten Unternehmensbesteuerung vom 10.12.1998 – ABl. 1998 C 384/3, Rn. 16 f.

1480 EuGH, Urteil vom 15.11.2011 – C-106/09 P und C-107/09 P, *Kommission/Gibraltar*, ECLI:EU:C:2011:732.

Der erbschaftsteuerliche Verschonungsabschlag bevorzugt mittelbar Unternehmen, deren Begünstigung von der Einhaltung der vielseitigen und ineinandergreifenden Voraussetzungen abhängig ist. Gleichwohl haben die Begünstigungstatbestände einen abweichenden Charakter im Hinblick auf die Vollversteuerung. Eine systematische Bevorzugung von bestimmten Wirtschaftszweigen oder Gruppen von Unternehmen ist aber nicht ersichtlich.

aa) Selektivität bei mittelbaren Begünstigungen

Bei mittelbaren Begünstigungen ist der Selektivität besondere Aufmerksamkeit zu schenken. Es ist insoweit erforderlich den richtigen Bezugspunkt für die selektive Abweichung vom maßgeblichen Referenzsystem zu bestimmen. Da eine mittelbare Begünstigung die Besonderheit aufweist, dass der unmittelbare Leistungsempfänger und der mittelbar Begünstigte auseinanderfallen, ist entscheidend, auf wen im Rahmen der Selektivität abzustellen ist. Für den erbschaftsteuerlichen Verschonungsabschlag als mittelbare Begünstigung kommen daher sowohl der Erwerber als auch das erworbene und letztlich entlastete Unternehmen in Betracht.

Da es bei mittelbaren Begünstigungen darauf ankommt, ob der mittelbar Begünstigte einen selektiven Vorteil erfahren hat, ist auf diesen auch für die selektive Abweichung abzustellen.[1481] Unerheblich ist dabei, ob auch die unmittelbare Begünstigung einen selektiven Vorteil darstellt, wenngleich dies regelmäßig eine mittelbare Begünstigung ausschließen würde.[1482] Eine staatliche, mittelbar begünstigende Maßnahme ist dann selektiv, wenn sie nur bestimmten Unternehmen oder Produktionszweigen einen Vorteil verschafft.[1483] Für den erbschaftsteuerlichen Verschonungsabschlag ist demnach das erworbene Unternehmen maßgeblich und nicht der Erwerber. Die selektive Abweichung ist daher in Bezug auf das erworbene Unternehmen zu erörtern.

bb) Referenzsystem und erbschaftsteuerliche Differenzierungen

Im Rahmen der Selektivität als spezielle Gleichheitsprüfung ist festzustellen, ob und bejahendenfalls inwieweit es durch die Befreiungstatbestände zu nicht gerechtfertigten Differenzierungen zwischen Wirtschaftsteilnehmern kommt. Maßgeblich ist, ob eine Unterscheidung zwischen Unternehmen vorliegt, die sich im Hinblick auf das mit dem Referenzsystem verfolgte Ziel in einer

---

1481 *Milutinović*, in: HFSt (8) 2018, S. 96.

1482 Siehe zur Subsidiarität mittelbarer Begünstigungen: B. II. 2. a) cc).

1483 *Soltész/Hellstern*, EuZW 2013, 489 (492).

vergleichbaren tatsächlichen und rechtlichen Situation befinden.[1484] Dies erfordert zunächst die Identifikation eines tauglichen Referenzsystems, anhand dessen die potentiell beihilferelevante Ungleichbehandlung zu messen ist. In Bezug auf die betreffenden Befreiungstatbestände stehen allerdings gleich mehrere beihilfekritische Unterscheidungen im Raum.[1485]

Die erbschaftsteuerlichen Verschonungstatbestände für unternehmerisches Vermögen zeichnen sich vor allem durch ein mannigfaltiges System an Verweisen und Regelungsmechanismen aus. So bestimmt beispielsweise die Höhe des begünstigten Vermögens im Sinne des § 13b Abs. 2 ErbStG über die Anwendbarkeit der jeweiligen Steuervergünstigung. Für Erwerbe bis zu EUR 26 Millionen kommt der Verschonungsabschlag des § 13a Abs. 1 ErbStG in Frage, während für Erwerbe von mehr als EUR 26 Millionen der abschmelzende Verschonungsabschlag nach § 13c Abs. 1 ErbStG oder alternativ die Verschonungsbedarfsprüfung nach § 28a ErbStG in Frage kommt. Es kann daher grundsätzlich zwischen Erwerben mit bis EUR 26 Millionen und solchen mit mehr als EUR 26 Millionen differenziert werden. Zudem könnten im Hinblick auf die Optionsverschonung des § 13a Abs. 10 ErbStG sowie die Verwaltungsvermögensgrenze des § 13b Abs. 2 S. 2 ErbStG beachtenswerte Unterscheidungen aufgrund der Höhe des Verwaltungsvermögens vorliegen. Des Weiteren differenzieren die Verschonungstatbestände auch hinsichtlich der Art des begünstigungsfähigen Vermögens. Nach § 13b Abs. 1 Nr. 3 ErbStG sind Anteile an Kapitalgesellschaften nur begünstigt, wenn der Schenker oder Erblasser zu mehr als 25 % an dieser beteiligt war. Kapitalgesellschaftsbeteiligungen mit mehr als 25 % sind daher grundsätzlich begünstigungsfähig, während niedrigere Beteiligungen, die auch Verwaltungsmögen darstellen können, nicht begünstigungsfähig sind. Bei Betriebsvermögen und Personengesellschaftsanteilen besteht hingegen keine Mindestquote. Die Relevanz dieser Differenzierungen gilt es nachfolgend zu erörtern.

1484 Vgl. EuGH, Urteil vom 06.09.2006 – C-88/03, *Portugal/Kommission*, ECLI:EU:C:2006:511, Rn. 54; EuGH, Urteil vom 18.07.2013 – C-6/12, *P Oy*, ECLI:EU:C:2013:525, Rn. 19; EuGH, Urteil vom 21.12.2016 – C-20/15 P und C-21/15 P, *Kommission/World Duty Free Group*, ECLI:EU:C:2016:981, Rn. 57; EuGH, Urteil vom 28.06.2018 – C-209/16 P, *Deutschland/Kommission*, ECLI:EU:C:2018:507, Rn. 82.

1485 So auch *Bockhoff*, ZEV 2017, 186 (189 f.); *Wachter*, DB 2016, 1273 (1277).

b) Der Drei-Stufen-Test: Referenzsystem

Der Bestimmung des maßgebenden Referenzsystems wird eine grundlegende Bedeutung beizumessen sein, da potentielle Differenzierungen nur anhand eines einheitlichen Referenzsystems feststellbar sind. Mit der komplexen Ausgestaltung des deutschen Erbschaftsteuerrechts sind gerade im Hinblick auf die Ermittlung des Referenzsystems erhebliche Schwierigkeiten verbunden. In der Literatur werden diesbezüglich verschiedene Sichtweisen diskutiert.[1486] Neben der Vollversteuerung unentgeltlicher Erwerbe nach §§ 1, 3 und 7 ErbStG können auch die Regelverschonung des § 13a Abs. 1 ErbStG i. H. v. 85 % oder die antragsabhängige Vollverschonung gemäß § 13a Abs. 10 ErbStG als Referenzsystem in Frage kommen.[1487] Anhand des gefundenen Referenzsystems gilt es die erbschaftsteuerlichen Differenzierungen zu identifizieren und deren Beihilferelevanz zu würdigen.

aa) Maßstab zur Identifikation des Referenzsystems

Für die Identifikation des Referenzsystems existieren zwei Herangehensweisen, von denen die letztere vorzuziehen ist:[1488] Zum einen kann das Referenzsystem über den mikrosystematischen Ansatz bestimmt werden. Hiernach wird nur der konkrete Normenkomplex betrachtet und regelmäßig diejenige Vorschrift als steuerlicher Regelfall angenommen, die gelten würde, bestünde die begünstigende Maßnahme nicht. Zum anderen kann die Bestimmung auch über den makrosystematischen Ansatz erfolgen. Bei diesem sind sowohl das Steuersystem als solches wie auch die Grund- und Leitprinzipien der jeweiligen Steuerart zu berücksichtigen. Hierbei ist die Maßnahme insgesamt in Betracht zu ziehen, um festzustellen, ob diese einen selektiven Vorteil verschafft, den die begünstigten Unternehmen unter normalen Marktbedingungen nicht bekommen hätten, wodurch sie gegenüber anderen Unternehmen einen Vorteil erhalten.[1489] Auch wenn vornehmlich die Wirkung maßgeblich ist, können die verwendete

---

1486 Vgl. *Ismer/Piotrowski*, DStR 2015, 1993 (1999); *Wachter*, DB 2016, 1273 (1275); *Demleitner*, ISR 2016, 328 (335); *Kube/Reimer*, HFSt (8) 2018, S. 323; *Bäuml/Vogel*, BB 2015, 736 (742); *Rupp/Blumenberg*, in: Steuerberater-Jahrbuch 2016/2017, S. 465; *Blumenberg*, Aktuelle Entwicklungen des EU-Beihilferechts im Bereich der deutschen Unternehmensbesteuerung, ifst-Schrift 516, S. 53 f.

1487 Vgl. hierzu den Überblick von *Wachter*, DB 2016, 1273 (1275 f.).

1488 Siehe zur Bestimmung des Referenzsystems: B. II. 2. c) bb) α) αα).

1489 Vgl. EuG, Urteil vom 26.02.2019 – T-865/16, *Fútbol Club Barcelona*, ECLI:CU:T:2019:113, Rn. 47.

Regelungstechnik und der formal abweichende Charakter zumindest indiziell wirken und als Anhaltspunkt dienen: Im Urteil zu § 6a GrEStG konstatierte die Große Kammer, dass der Umstand, dass eine Maßnahme einen abweichenden Charakter aufweise, für den Nachweis der Selektivität relevant sei, wenn sich hieraus ergebe, dass zwei Gruppen von Unternehmen voneinander unterschieden und *a priori* unterschiedlich behandelt werden.[1490] Dennoch sei die Regelungstechnik nicht für den Nachweis der Selektivität einer steuerlichen Maßnahme ausschlaggebend.[1491]

Analog zu den Tendenzen der jüngeren Rechtsprechung, insbesondere denjenigen des Beihilfeverfahrens zu § 8c Abs. 1a KStG[1492] und § 6a GrEStG, ist es geboten das Referenzsystem für die erbschaftsteuerlichen Verschonungstatbestände weiträumig zu bestimmen, wenngleich die Indizwirkung der Regelungstechnik zumindest als Anhaltspunkt zu berücksichtigen ist. Diese Vorgehensweise gewährleistet eine hinreichende Beachtung der systematischen Erwägungen sowie der Fundamentalprinzipien des Erbschaftsteuerrechts und verhindert, dass der Referenzrahmen aus Bestimmungen gebildet wird, die künstlich aus einem breiteren rechtlichen Rahmen herausgelöst werden.[1493]

α) Die Steuerpflicht unentgeltlichen Vermögenserwerbs als Referenzsystem

Zunächst bestünde die Möglichkeit, das maßgebliche Referenzsystem in der Steuerpflicht des unentgeltlichen Vermögenserwerbs von Todes wegen oder durch Schenkung unter Lebenden gemäß §§ 1, 3 und 7 ErbStG zu sehen. Dies wird im Rahmen der beihilferechtlichen Diskussion zu den erbschaftsteuerlichen Verschonungsregelungen von Teilen der Literatur vertreten.[1494] Demnach sei davon auszugehen, dass die Besteuerung eines unentgeltlichen Erwerbs der Regelfall sei, wovon für bestimmte Privatvermögensarten im Sinne des § 13 ErbStG und

1490 EuGH, Urteil vom 19.12.2018 – C-374/17, *Finanzamt B/A-Brauerei*, ECLI:EU:C:2018:1024, Rn. 33.

1491 EuGH, Urteil vom 19.12.2018 – C-374/17, *Finanzamt B/A-Brauerei*, ECLI:EU:C:2018:1024, Rn. 33.

1492 EuGH, Urteil vom 28.06.2018 – C-209/16 P, *Deutschland/Kommission*, ECLI:EU:C:2018:507.

1493 Vgl. EuGH, Urteil vom 28.06.2018 – C-209/16 P, *Deutschland/Kommission*, ECLI:EU:C:2018:507, Rn. 99.

1494 *Ismer/Piotrowski*, DStR 2015, 1993 (1999); *Wachter*, DB 2016, 1273 (1275); *Demleitner*, ISR 2016, 328 (335) ohne entsprechende Begründung; *Kube/Reimer*, HFSt (8) 2018, S. 323.

für unternehmerisches Vermögen nach §§ 13a ff. ErbStG Ausnahmen bestehen.[1495] Zudem unterlägen gemäß § 12 ErbStG sämtliche Erwerbsvorgänge einer einheitlichen Bemessungsgrundlage, unabhängig davon, ob Privat- oder Betriebsvermögen übergeht.[1496] Die Regelverschonung des § 13a Abs. 1 ErbStG stelle folglich eine Ausnahme zur grundsätzlichen erbschaftsteuerlichen Belastung von Unternehmensvermögen dar und führe zu einer unterschiedlichen Behandlung von Unternehmen, die sich im Hinblick auf das mit der Erbschaftsteuer verfolgte Ziel in einer rechtlichen und tatsächlichen vergleichbaren Lage befinden.[1497]

Teilweise wird diese Sichtweise auch mit der Entstehungsgeschichte des ErbStG untermauert: Das deutsche Erbschaftsteuerrecht gehe nämlich seit seiner Einführung im Jahr 1906 von der Besteuerung des unentgeltlichen Vermögenserwerbs aus, erst 1993 wurden ausdrückliche Verschonungsregelungen für unternehmerisches Vermögen in das ErbStG aufgenommen.[1498] Vorab sei dieses Vermögen nur „verdeckt" begünstigt worden, indem es nicht mit dem vollen gemeinen Wert angesetzt wurde.[1499] Da die Möglichkeit einer teilweisen oder vollständigen Steuerbefreiung für unternehmerisches Vermögen erst mit dem Erbschaftsteuergesetz 2008[1500] eingeführt wurde, entspräche es der Tradition des Erbschaftsteuerrechts, dass unentgeltliche Vermögenserwerbe grundsätzlich steuerpflichtig seien.[1501]

β) Die Regelverschonung des § 13a Abs. 1 ErbStG als Referenzsystem

Es ließe sich aber auch vertreten, die Regelverschonung von 85 % des § 13a Abs. 1 ErbStG für begünstigtes Vermögen im Sinne des § 13b Abs. 2 ErbStG als Referenzsystem festzulegen. Dieser Ansatz findet ebenso in der Literatur

1495 *Wachter*, DB 2016, 1273 (1275).

1496 *Wachter*, DB 2016, 1273 (1275).

1497 *Ismer/Piotrowski*, DStR 2015, 1993 (1999); *Kube/Reimer*, HFSt (8) 2018, S. 323.

1498 *Wachter*, DB 2016, 1273 (1276); vgl. Einführung von Verschonungsregelungen durch das Gesetz zur Verbesserung der steuerlichen Bedingungen des Wirtschaftsstandorts Deutschland im Europäischen Binnenmarkt (Standortsicherungsgesetz – StandOG) vom 13. September 1993, BGBl. I 1993, 1569.

1499 *Wachter*, DB 2016, 1273 (1276).

1500 Gesetz zur Reform des Erbschaftsteuer- und Bewertungsrechts (Erbschaftsteuerreformgesetz – ErbStRG) vom 24. Dezember 2008, BGBl. I 2008, 3018.

1501 *Wachter*, DB 2016, 1273 (1276).

Anklang.[1502] Da sich das Beihilferecht nur auf Maßnahmen an Unternehmen beziehe, sei für die beihilferechtliche Betrachtung des erbschaftsteuerlichen Verschonungssystems auch nur das unternehmerische Vermögen maßgeblich.[1503] Eine vergleichende Betrachtung mit der Besteuerung von Privatvermögen sei zumindest für das Beihilferecht unzweckmäßig.[1504] Das Grundprinzip der Erbschaftsteuer bestehe nämlich darin, zwischen der unentgeltlichen Übertragung von Privatvermögen einerseits und der unentgeltlichen Übertragung von dauerhaft unternehmerisch genutztem Vermögen andererseits zu unterscheiden, dabei solle die Besteuerung nur das Privatvermögen betreffen.[1505] Dies werde auch im Rahmen der Begünstigung von unternehmerischem Vermögen berücksichtigt, da durch die Besteuerung des Verwaltungsvermögens verhindert werde, dass Privatvermögen unter dem „Deckmantel" des Betriebsvermögens steuerbefreit auf den Erwerber übergehe.[1506]

Zudem wird auf die Ausführungen des Bundesfinanzhofs verwiesen, wonach die Besteuerung unentgeltlicher Vermögenserwerbe aufgrund der zahlreichen Ausnahmen nicht mehr die Regel sei.[1507] Die erbschaftsteuerliche Ungleichbehandlung sei im Erbschaftsteuergesetz angelegt, sodass von einer „strukturellen Zweiteilung" ausgegangen werden könne.[1508] Weiterhin bringe auch die hohe Freistellungsquote von 85 % und 100 % zum Ausdruck, unternehmerisch begünstigtes Vermögen grundsätzlich zu verschonen.[1509]

1502 *Bäuml/Vogel*, BB 2015, 736 (742); *Rupp/Blumenberg*, in: Steuerberater-Jahrbuch 2016/2017, S. 465; *Blumenberg*, Aktuelle Entwicklungen des EU-Beihilferechts im Bereich der deutschen Unternehmensbesteuerung, ifst-Schrift 516, S. 53 f.

1503 *Bäuml/Vogel*, BB 2015, 736 (742); insoweit noch zustimmend *Wachter*, DB 2016, 1273 (1276).

1504 *Wachter*, DB 2016, 1273 (1276).

1505 *Rupp/Blumenberg*, in: Steuerberater-Jahrbuch 2016/2017, S. 465; *Blumenberg*, Aktuelle Entwicklungen des EU-Beihilferechts im Bereich der deutschen Unternehmensbesteuerung, ifst-Schrift 516, S. 53 f; *Blank*, Die erbschaftsteuerliche Unternehmensbegünstigung nach §§ 13a ff. ErbStG, 2018, S. 167-171.

1506 *Rupp/Blumenberg*, in: Steuerberater-Jahrbuch 2016/2017, S. 465; *Blumenberg*, Aktuelle Entwicklungen des EU-Beihilferechts im Bereich der deutschen Unternehmensbesteuerung, ifst-Schrift 516, S. 53 f.

1507 *Wachter*, DB 2016, 1273 (1276) mit Verweis auf BFH, Urteil vom 27.09.2012 – II R 9/11, BStBl. II 2012, 899 (915 f.).

1508 *Wachter*, DB 2016, 1273 (1276) mit Bezug auf BVerfG, Urteil vom 17.12.2014 – 1 BvL 21/12 – BVerfGE 138, 136 Rn. 131.

1509 BVerfG, Urteil vom 17.12.2014 – 1 BvL 21/12 – BVerfGE 138, 136 Rn. 135.

Dem wird allerdings entgegengehalten, dass die Verschonung nicht allen Unternehmen zuteilwerde, da bestimmte Unternehmen aufgrund zu hohen Verwaltungsvermögens oder fehlenden begünstigten Vermögens von vornherein nicht den Tatbestand erfüllen können.[1510] Zudem sei statistisch die Begünstigung von Unternehmen nach §§ 13a, 13b ErbStG nicht der Regelfall, da beispielsweise in den Jahren von 2009 bis 2012 das befreite Betriebsvermögen lediglich ein Drittel des insgesamt unentgeltlich übertragenen Vermögens ausmachte.[1511] Ebenso dürfe ein gesetzliches Regel-Ausnahme-Verhältnis nicht ins Gegenteil verkehrt werden.[1512] Durch die Wahl der Regelverschonung des § 13a Abs. 1 ErbStG als Referenzsystem würde die formale Ausnahme nämlich zum Regelfall werden.[1513]

χ) Die Optionsverschonung als Referenzsystem

Zumindest ansatzweise wird von *Wachter* in Erwägung gezogen, ohne dies letztlich zu bejahen, die Optionsverschonung von 100 % gemäß § 13a Abs. 1 und Abs. 10 ErbStG als Referenzsystem heranzuziehen, da eine Vielzahl der Erwerber in der Vergangenheit zur Vollverschonung optiert hätten.[1514] Dass die Optionsverschonung als Referenzsystem aber letztlich nicht in Betracht kommen kann, unter anderem weil sie einen unwiderruflichen Antrag durch den Erwerber erfordert, erkennt *Wachter* zutreffend.[1515]

Auch wenn eine Vielzahl der Erwerber in der Vergangenheit zur Optionsverschonung optiert hat, lassen sich hieraus keine Rückschlüsse auf die Zukunft oder den steuerlichen Normalfall ziehen. Dies ist vielmehr als eine Momentaufnahme zu betrachten. Allerdings kann die Optionsverschonung auch deshalb nicht ernsthaft als Referenzsystem in Frage kommen, da der maßgebliche Regelfall eines Steuersystems nicht in einer Regelung bestehen kann, die einen unwiderruflichen Antrag voraussetzt.[1516] Zudem beinhaltet § 13a Abs. 10 ErbStG eine Modifikation des § 13a ErbStG, die sowohl Tatbestand als auch Rechtsfolgen betrifft. Insoweit läge es fern, eine speziellere Abwandlung innerhalb eines

---

1510 *Wachter*, DB 2016, 1273 (1276).

1511 *Wachter*, DB 2016, 1273 (1276) mit Bezug auf BVerfG, Urteil vom 17.12.2014 – 1 BvL 21/12 – BVerfGE 138, 136 Rn. 100, 131.

1512 *Wachter*, DB 2016, 1273 (1276) mit Bezug auf BVerfG, Urteil vom 17.12.2014 – 1 BvL 21/12 – BVerfGE 138, 136 Rn. 131, 227.

1513 *Wachter*, DB 2016, 1273 (1276).

1514 *Wachter*, DB 2016, 1273 (1276).

1515 *Wachter*, DB 2016, 1273 (1276).

1516 Siehe zum Antragserfordernis: E. I. 2. a) cc).

allgemeineren Tatbestands, als Referenzsystem heranzuziehen.[1517] Es spräche stattdessen einiges dafür, in der Optionsverschonung eine Ausnahme zur Regelverschonung zu sehen, die Unternehmen stärker begünstigt als Unternehmen, die nicht zur vollständigen Verschonung optieren können. Ob darin allerdings eine beachtenswerte Ungleichbehandlung zu sehen ist, wird ausgehend vom identifizierten Referenzsystem festzustellen sein.[1518] Die Optionsverschonung nach § 13a Abs. 10 ErbStG ist jedenfalls als maßgebliches Referenzsystem ungeeignet.

bb) Stellungnahme

α) Allgemeine Steuerpflicht unentgeltlicher Vermögenserwerbe

In Anbetracht der Argumentation zur Vollversteuerung liegt es nahe, die grundsätzliche Steuerpflicht von unentgeltlichen Vermögenserwerben als Referenzsystem heranzuziehen. Auch die formale Ausgestaltung des ErbStG stützt eine solche Sichtweise. Diese ist zwar – basierend auf der Rechtsprechung zu § 6a GrEStG[1519] – lediglich als Indiz für das Vorliegen einer abweichenden Wirkung maßgebend, kann aber zur Identifikation des Referenzsystems beitragen. Die grundsätzliche Steuerpflicht nach §§ 1, 3 und 7 ErbStG richtet sich ausschließlich nach der Höhe des Erwerbs ohne Ansehen des konkret erworbenen Vermögens. Die Differenzierung zwischen Privat- und Unternehmensvermögen findet auf der Bewertungsebene statt. Auch hinsichtlich der Steuerklassen und Steuersätze wird nicht unterschieden, diese gelten einheitlich für alle Erwerbsvorgänge.[1520] Im Übrigen hält das Erbschaftsteuerrecht sowohl für Vermögenswerte des Privatvermögens (§ 13 ErbStG) als auch für betriebliches Vermögen (§§ 13a ff. ErbStG) Ausnahmen bereit.[1521] Die allgemeine Steuerpflicht von unentgeltlichen Vermögenserwerben erscheint daher als

---

1517 Vgl. insoweit das Verhältnis von § 8c Abs. 1a KStG zu § 8c Abs. 1 KStG und § 10d EStG im Beihilfeverfahren zur Sanierungsklausel EuGH, Urteil vom 28.06.2018 – C-209/16 P, *Deutschland/Kommission*, ECLI:EU:C:2018:507.

1518 Siehe zur Ungleichbehandlung durch die Optionsverschonung: E. II. 2. d) aa) ε).

1519 EuGH, Urteil vom 19.12.2018 – C-374/17, *Finanzamt B/A-Brauerei*, ECLI:EU:C:2018:1024, Rn. 33.

1520 Insoweit besteht allerdings für den Erwerb von Betriebsvermögen, Betrieben der Land- und Forstwirtschaft und von Anteilen an Kapitalgesellschaften eine Tarifbegrenzung, wenn der Erwerber eine natürliche Person der Steuerklassen II und III ist, vgl. § 19a ErbStG; zur Kritik vgl. *Piltz*, ZEV 2018, 170 (173 f.).

1521 Vgl. *Wachter*, DB 2016, 1273 (1275 f.).

eine – gewissermaßen – vor die Klammer gezogene Regelung, die auf sämtliche Erwerbsvorgänge anzuwenden ist.

β) Formales Regel-Ausnahme-Verhältnis

Des Weiteren wäre es auch deshalb naheliegend, die grundsätzliche Besteuerung von unentgeltlichen Vermögensübertragungen als Referenzsystem zu wählen, weil ein Wegfall der Verschonungstatbestände für unternehmerisches Vermögen die Besteuerung gemäß §§ 1, 3 und 7 ErbStG zur Folge hätte. Dem ist jedoch entgegenzuhalten, dass diese Vorgehensweise dem mikrosystematischen Ansatz entspricht und die Wirkung und Leitgedanken des Erbschaftsteuerrechts unberücksichtigt lässt. Es würde nämlich gerade diejenige Norm als Referenztatbestand herangezogen werden, die gelten würde, existierte die betreffende Regelung nicht.[1522] Eine solche Vorgehensweise widerspricht den Tendenzen der jüngeren Rechtsprechung zu beihilferelevanten Steuervergünstigungen.[1523] Ein Hinwegdenken der erbschaftsteuerlichen Verschonungstatbestände ist daher zwar hilfreich bei der Frage, ob diesen eine begünstigende Wirkung zuteilwird, zur Bestimmung des Referenzsystems ist es für sich genommen hingegen nicht geeignet, da die Regelungstechnik lediglich ein Nachweis für das Vorliegen einer *a priori* bestehenden Ungleichbehandlung ist.

χ) Besteuerung nach der finanziellen Leistungsfähigkeit

Im Rahmen der makrosystematischen Vorgehensweise sind vor allem die Wertungen des Steuersystems sowie die zugrundeliegenden Prinzipien maßgeblich. Bei der Erbschaftsteuer handelt es sich in der aktuellen Konzeption um eine Erbanfallsteuer, die an die Vermögensmehrung beim Empfänger anknüpft und nicht den Nachlass als solchen besteuert.[1524] Letztlich wird damit die Steigerung der wirtschaftlichen Leistungsfähigkeit des Erwerbers besteuert.[1525] Die

---

1522 Vgl. allgemein *Blumenberg/Kring*, Europäisches Beihilferecht und Besteuerung, ifst-Schrift 473, S. 15.

1523 EuGH, Urteil vom 28.06.2018 – C-209/16 P, *Deutschland/Kommission*, ECLI:EU:C:2018:507.

1524 BVerfG, Beschluss vom 07.11.2006 – 1 BvL 10/02, BVerfGE 117, 1 (33); BVerfG, Beschluss vom 22.06.1995 – 2 BvR 552/91, BStBl. II 1995, 671; BT-Drucks. 6/3418, S. 59; *Seer*, in: Tipke/Lang, Steuerrecht, 2018, § 15 Rn. 1, 2; *Gottschalk*, in: Troll/Gebel/Jülicher/Gottschalk, ErbStG, 61. EL 2021, Einführung Rn. 3.

1525 *Geck*, in: Kapp/Ebeling, ErbStG, 81. EL August 2019, Einleitung Rn. 17; *Klose*, in: Ebeling/Geck, Handbuch der Erbengemeinschaft, 54. EL August 2019, § 1 Rn. 1; *Milatz*, in: Burandt/Rojahn, Erbrecht, 3. Aufl. 2019, Vorbemerkungen Rn. 3.

erbschaftsteuerliche Belastung des Erwerbers wird dabei durch die persönlichen Verhältnisse des Erblassers wesentlich beeinflusst, die sich aus dem Zusammenspiel von Freibeträgen, Steuerklassen und Steuersätzen ergibt.[1526] Aber auch Steuerbefreiungen für bestimmte Vermögensarten oder Vermögensgegenstände beeinflussen die Höhe der Erbschaftsteuer.[1527] Das Ziel der Steuerpflicht unentgeltlicher Erwerbe ist daher die Besteuerung der mit dem Vermögenszuwachs einhergehenden finanziellen Leistungsfähigkeit.

δ) *Keine strukturelle Differenzierung zwischen Unternehmens- und Privatvermögen*

Teilweise werde mit Blick auf das Verschonungskonzept für unternehmerisches Vermögen angeführt, das Erbschaftsteuerrecht sei von einer strukturellen Unterscheidung durchzogen.[1528] *Bäuml/Vogel*[1529] sowie *Rupp/Blumenberg*[1530] ist jedenfalls insoweit beizupflichten, dass sich der Anwendungsbereich des Beihilferechts auf die – mittelbare oder unmittelbare – Begünstigung von Unternehmen bezieht und es fernliegend wäre für die Bestimmung des Referenzrahmens auf die Besteuerung von privatem Vermögen abzustellen. *Blumenberg* zufolge muss aber zwischen der erbschaftsteuerlichen Belastung von Privatvermögen zum einen und der Verschonung von Unternehmensvermögen zum anderen unterschieden werden.[1531] Dies erfordere eine Beachtung von sachlichen und zeitlichen Anforderungen, welche verhindern, dass nur temporär Betriebsvermögen vorliege und Privatvermögen nicht nur zur Übertragung als Betriebsvermögen qualifiziert werden könne.[1532] Durch die Nichtbegünstigung von Verwaltungsvermögen und das Erfordernis der Einhaltung bestimmter

---

1526 *Klose*, in: Ebeling/Geck, Handbuch der Erbengemeinschaft, 54. EL August 2019, § 1 Rn. 1.

1527 Siehe nur die Steuerbefreiungen in § 13 ErbStG.

1528 *Bäuml/Vogel*, BB 2015, 736 (742); *Rupp/Blumenberg*, in: Steuerberater-Jahrbuch 2016/2017, S. 465; *Blumenberg*, Aktuelle Entwicklungen des EU-Beihilferechts im Bereich der deutschen Unternehmensbesteuerung, ifst-Schrift 516, S. 53 f.

1529 *Bäuml/Vogel*, BB 2015, 736 (742).

1530 *Rupp/Blumenberg*, in: Steuerberater-Jahrbuch 2016/2017, S. 465; *Blumenberg*, Aktuelle Entwicklungen des EU-Beihilferechts im Bereich der deutschen Unternehmensbesteuerung, ifst-Schrift 516, S. 53 f.

1531 Vgl. *Blumenberg*, Aktuelle Entwicklungen des EU-Beihilferechts im Bereich der deutschen Unternehmensbesteuerung, ifst-Schrift 516, S. 53 f.

1532 Vgl. *Blumenberg*, Aktuelle Entwicklungen des EU-Beihilferechts im Bereich der deutschen Unternehmensbesteuerung, ifst-Schrift 516, S. 53 f.

Behaltefristen könne dies weitestgehend sichergestellt werden.[1533] Mit der erbschaftsteuerlichen Belastung von Vermögensgegenständen, die typischerweise dem privaten Bereich zuzuordnen sind, wird hinreichend klar zum Ausdruck gebracht, dass letztlich nur das betrieblich relevante bzw. wertschöpfende Vermögen begünstigt werden soll.[1534]

Diese strukturelle Unterscheidung zwischen privatem Vermögen einerseits und unternehmerischem Vermögen andererseits findet jedoch in der Gesetzessystematik keine Stütze. Zum einen ist die grundsätzliche Verschonung nicht im ErbStG angelegt, da jedenfalls die Steuerbefreiung der §§ 13a ff. ErbStG nicht für sämtliche Unternehmen gilt. So wird eine Steuerbefreiung nur für diejenigen Erwerbe gewährt, bei denen das begünstigungsfähige Vermögen nicht zu mehr als 90 % aus Verwaltungsvermögen besteht (§ 13b Abs. 2 S. 2 ErbStG). Gleichzeitig sieht § 13a Abs. 1 ErbStG nicht generell eine vollständige Verschonung des begünstigten Vermögens vor. Die Regelverschonung befreit das begünstigte Vermögen nur zu 85 %, während die übrigen 15 % weiterhin steuerpflichtig sind. Zudem ist die Inanspruchnahme des Verschonungsabschlags auf Erwerbe bis maximal EUR 26 Millionen beschränkt, darüberhinausgehende Erwerbe sind grundsätzlich nicht nach § 13a Abs. 1 ErbStG steuerbefreit. Auch ist die Regelverschonung an die Lohnsummenregelung und das Fortführungserfordernis geknüpft, deren Nichteinhaltung mit einer relativen Nachversteuerung verbunden ist oder die Begünstigung vollständig entfallen lässt.[1535] Tatbestand und Rechtsfolgen des Verschonungsabschlags widersprechen daher der Annahme, das Erbschaftsteuerrecht würde grundlegend von einer Verschonung des betrieblichen Vermögens ausgehen. Wäre dem so, hätte sich der Gesetzgeber auch für eine vollständige Befreiung begünstigten Vermögens unter Einbeziehung höherer Verwaltungsvermögensquoten entscheiden können.

ε) Wertungen des Erbschaftsteuerrechts

Zudem entspricht es auch nicht der Wertung des Erbschaftsteuerrechts von einer grundsätzlichen Belastung des privaten Vermögens auszugehen. Das Erbschaftsteuerrecht ist zwar von Steuerbefreiungen für betriebliches Vermögen geprägt,

---

1533 Vgl. *Blumenberg*, Aktuelle Entwicklungen des EU-Beihilferechts im Bereich der deutschen Unternehmensbesteuerung, ifst-Schrift 516, S. 54.

1534 *Rupp/Blumenberg*, in: Steuerberater-Jahrbuch 2016/2017, S. 465 f.

1535 Im Hinblick auf die Vorgängerregelung wäre dies wohl eher vertretbar gewesen, da der Verschonungsabschlag für das gesamte betriebliche Vermögen galt und auch nicht wertschöpfendes Verwaltungsvermögen grundsätzlich begünstigt war.

gleichwohl existiert auch für privates Vermögen eine Vielzahl an Befreiungstatbeständen. Beispielhaft sind nur folgende Steuerbefreiungen zu nennen: Die § 13 Abs. 1 Nr. 4a, 4b und 4c ErbStG sehen – bei einer Zuwendung unter Lebenden oder bei Erwerb von Todes wegen – Steuerbefreiungen für das durch den Erblasser selbstgenutzte Grundstück (Familienheim) vor. Aber auch der Erwerb von sonstigem Grundbesitz, Kunstgegenständen, wissenschaftlichen Sammlungen oder Bibliotheken ist unter bestimmten Voraussetzungen – teilweise oder vollständig – nach § 13 Abs. 1 Nr. 2 ErbStG steuerbefreit. Zudem existiert für Grundbesitz, der der Allgemeinheit zur Benutzung zugänglich gemacht wird, in § 13 Abs. 1 Nr. 3 ErbStG sowie für zu Wohnzwecken vermietete Grundstücke in § 13d ErbStG eine Steuerbefreiung.

Diesen Steuerbefreiungen liegen gesetzgeberische Wertungen zugrunde, die das Gesamtsystem des Erbschaftsteuerrechts prägen und somit bei der Bestimmung des Referenzsystems entsprechend zu berücksichtigen sind. Wenngleich die gesetzgeberischen Motive nicht ausschließlich zur Bestimmung des Referenzsystem herangezogen werden können, sind sie dennoch Indiz für die steuersystematische Wertung des Gesetzes. So verfolgt die Steuerfreistellung des Familieneigenheims für Ehegatten und Lebenspartner den Zweck, neben dem Schutz des gemeinsamen familiären Lebensraums auch die Lenkung in Grundvermögen schon zu Lebzeiten des Erblassers zu veranlassen.[1536] Zudem soll dieses Vermögen krisenfest erhalten werden.[1537] Das Gleiche gilt – mit gewissen Einschränkungen – für den Erwerb eines Familienheims von Todes wegen durch die Kinder des Erblassers.[1538] Für die Steuerbefreiungen von Kunst- und Kulturgegenständen sowie von öffentlich zugänglichem Grundbesitz lassen sich im Wesentlichen Gründe des Gemeinwohls anführen. Deren Befreiung setzt regelmäßig voraus, dass der Erhalt dieser Vermögensgegenstände im öffentlichen Interesse liegen muss. Die Steuerbefreiung von zu Wohnzwecken vermieteten Grundstücken wurde ausweislich der Begründung mit dem Ziel eingeführt, auch in Zukunft eine angemessene Wohnraumversorgung zu gewährleisten.[1539] Außerdem trage die Vererbung von privaten Bestandsimmobilien dazu bei, ein Marktungleichgewicht durch institutionelle Anbieter zu verhindern.[1540]

1536 BT-Drucks. 16/11107, S. 8.
1537 BT-Drucks. 16/11107, S. 8.
1538 BT-Drucks. 16/11107, S. 8.
1539 BR-Drucks. 4/08, S. 57 f.
1540 BR-Drucks. 4/08, S. 58.

Auch das erbschaftsteuerliche Verschonungssystem für betriebliches Vermögen reiht sich in diese Befreiungssystematik ein: Ausweislich den Gesetzesmaterialien sollen damit der Bestand der Unternehmenslandschaft sowie der Erhalt von Arbeitsplätzen sichergestellt werden.[1541] Die Fortsetzung des erworbenen Unternehmens liegt vornehmlich im Interesse des Erwerbers. Eine übermäßige steuerliche Belastung würde den Bestand allein schon deshalb gefährden, weil gerade kleinere und mittlere familiengeführte Unternehmen eine relative Illiquidität aufweisen und eine Erbschaftsteuerlast des Erwerbers aufgrund seiner finanziellen und wirtschaftlichen Abhängigkeit auch den Bestand des Unternehmens betrifft. Zudem sind die erbschaftsteuerlichen Verschonungstatbestände auch mit einem öffentlichen Interesse verbunden. So liegt der Erhalt von Arbeitsplätzen, der vom Fortbestehen des Unternehmens abhängt, im öffentlichen Interesse, da beschäftigte Arbeitnehmer durch ihre Abgaben Steuersubstrat generieren und eine Arbeitslosigkeit mit einer zusätzlichen staatliche Belastung durch Sozialabgaben einhergehen würde.

Demnach lassen sich bei den erbschaftsteuerlichen Befreiungstatbeständen im Wesentlichen zwei Wertungen ausmachen. Einerseits werden Steuervergünstigungen gewährt, wenn der Bestand eines Vermögensgegenstands trotz Erbfall zu sichern ist und eine erbschaftsteuerliche Belastung den Bestand gefährden würde. Der Schutz des Familienheims soll beispielsweise sicherstellen, dass der überlebende Ehegatte das gemeinsam genutzte Grundstück über den Tod des Ehepartners hinaus nutzen kann, ohne dass die Nutzung von der Begleichung einer Erbschaftsteuerlast abhängig ist. Andererseits sieht das ErbStG Steuerbefreiungen für Vermögensbestandteile vor, deren Erhalt im öffentlichen Interesse liegt, da ihnen eine besondere Bedeutung für die Allgemeinheit bzw. das Gemeinwohl beizumessen ist. Bei einer steuerlichen Belastung dieser Vermögenswerte sind negative Auswirkungen für die Allgemeinheit nicht auszuschließen. Demnach durchzieht das gesamte Erbschaftsteuerrecht ein umfangreicher Ausnahmenkatalog, der auf Grundlage der gesetzgeberischen Wertungen eine Befreiung vorsieht. Die zahlreichen Befreiungstatbestände des § 13 ErbStG zeigen bereits, dass das Erbschaftsteuerrecht nicht von einer generellen Belastung des privaten Vermögens ausgeht. Eine strukturelle Unterscheidung ist daher nicht zu erkennen.

1541 BT-Drucks. 18/5923, S. 21.

cc) Fazit zum maßgeblichen Referenzsystem

Nach alledem ist es überzeugend, die grundsätzliche Besteuerung von unentgeltlichen Vermögenserwerben als Referenzsystem anzusehen und von diesem ausgehend unternehmensbezogene Ungleichbehandlungen beihilferechtlich zu würdigen. Auch wenn dies basierend auf der mikrosystematischen Betrachtung als naheliegende Lösung erscheint, genügt es nicht, nur auf die Regelungssystematik abzustellen; diese hat lediglich Indizwirkung. Erforderlich ist im Rahmen der makrosystematischen Betrachtung die Wertungen und Prinzipien des ErbStG miteinzubeziehen. Dies gilt unabhängig davon, ob letztlich beide Ansätze zum gleichen Ergebnis gelangen.

Wie ein Blick auf die Wertungen des ErbStG zeigt, kann eine strukturelle Ungleichbehandlung nicht nachgewiesen werden. Es ist weder von einer grundsätzlichen Besteuerung privaten Vermögens noch von einer generellen Verschonung unternehmerischen Vermögens auszugehen.[1542] Der Befreiungskanon des ErbStG gewährt für sämtliche Vermögensarten spezifische Befreiungstatbestände. Diese greifen zudem nur auf der Bewertungsebene, während die Steuerpflicht nach §§ 1, 3 und 7 ErbStG für sämtliche unentgeltlichen Erwerbe gilt und die Wertermittlung als solche nach § 12 ErbStG einheitlich erfolgt. Auch die von *Wachter* angeführte Tradition des Erbschaftsteuergesetzes stützt diese Sichtweise.[1543] Das aktuelle Verschonungskonzept wurde erst im Jahr 2008 eingeführt, vor 1993 sah das ErbStG keine spezifischen Begünstigungen für unternehmerisches Vermögen vor.[1544] Demnach liegt es nahe, dass die grundsätzliche Besteuerung sämtlicher Vermögenserwerbe den Regelfall bildet.

Das Verschonungskonzept geht nicht von einer generellen Verschonung aus, sodass nicht auszuschließen ist, dass unternehmerisches Vermögen ohne Begünstigung auf den Erwerber übergeht. Der Verschonungsabschlag des § 13a Abs. 1 ErbStG ist daher kein taugliches Referenzsystem, auch die Optionsverschonung des § 13a Abs. 10 ErbStG scheidet als Referenzsystem aus. Letztlich überzeugt die bereits von Teilen der Literatur vertretene Sichtweise, die generelle Steuerpflicht von unentgeltlichen Vermögenserwerben als Referenzsystem heranzuziehen.[1545]

1542 So auch *Wachter,* DB 2016, 1273 (1276).

1543 *Wachter*, DB 2016, 1273 (1276).

1544 *Wachter*, DB 2016, 1273 (1276).

1545 Vgl. *Ismer/Piotrowski*, DStR 2015, 1993 (1999); *Wachter*, DB 2016, 1273 (1275); *Demleitner*, ISR 2016, 328 (335) ohne entsprechende Begründung; *Kube/Reimer*, HFSt (8) 2018, S. 323.

c) *Selektive Abweichung vom Referenzsystem*

Im Rahmen der selektiven Abweichung vom Referenzsystem gilt es festzustellen, ob der Verschonungsabschlag einerseits vom maßgeblichen Referenzsystem abweicht und andererseits zu einer selektiven Ungleichbehandlung von Unternehmen im Vergleich führt. Es muss zu einer Unterscheidung zwischen Wirtschaftsteilnehmern kommen, die sich im Hinblick auf das mit der „normalen" Steuerregelung verfolgte Ziel in einer vergleichbaren tatsächlichen und rechtlichen Situation befinden.[1546] Eine Abweichung ist anzunehmen, wenn der Verschonungsabschlag mit einem steuerlichen Vorteil gegenüber der Normalbesteuerung verbunden ist. Selektiv ist die Abweichung dann, wenn nur zugunsten von bestimmten oder bestimmbaren Wirtschaftsteilnehmern vom Referenzsystem abgewichen wird.[1547] Ziel ist es festzustellen, ob die erbschaftsteuerlichen Befreiungstatbestände eine allgemeine Maßnahme darstellen oder beihilferechtswidrig begünstigen.

Eine Begünstigung von Unternehmen kann sich aber auch aus der selektiven Benachteiligung von anderen Unternehmen ergeben.[1548] Es sind dann nicht die begünstigten Unternehmen abzugrenzen, sondern vielmehr die nichtbegünstigten und damit ausgeschlossenen Unternehmen, welche die Maßnahme nicht in Anspruch nehmen können.[1549] Unbedeutend ist dabei die Quantität der begünstigten bzw. nicht begünstigten Unternehmen.[1550] Die Selektivität kann sich demgemäß daraus ergeben, dass die Steuerbefreiungen bestimmte Unternehmen nicht begünstigen, da sie beispielsweise nicht in den Anwendungsbereich der Norm fallen oder die erforderlichen Voraussetzungen nicht einhalten. Sind keine Abweichungen festzustellen oder können diese gerechtfertigt werden, ist die Verschonung betrieblichen Vermögens als allgemeine Maßnahme einzustufen. Eine selektive Abweichung kann allerdings nur gerechtfertigt werden, wenn

1546 EuGH, Urteil vom 06.09.2006 – C-88/03, *Portugal/Kommission*, ECLI:EU:C:2006:511, Rn. 54; EuGH, Urteil vom 18.07.2013 – C-6/12, *P Oy*, ECLI:EU:C:2013:525, Rn. 19; EuGH, Urteil vom 21.12.2016 – C-20/15 P und C-21/15 P, *Kommission/World Duty Free Group*, ECLI:EU:C:2016:981, Rn. 57; EuGH, Urteil vom 28.06.2018 – C-209/16 P, *Deutschland/Kommission*, ECLI:EU:C:2018:507, Rn. 82.

1547 Siehe ausführlich zur Selektivität: B. II. 2. c) bb).

1548 Siehe zur Benachteiligung von Wettbewerbern: B. II. 2. a) bb) δ).

1549 Vgl. EuGH, Urteil vom 08.11.2001 – C-143/99, *Adria-Wien Pipeline*, ECLI:EU:C:2001:598, Rn. 48; *Kokott*, Das Steuerrecht der Europäischen Union, 2018, § 3 Rn. 169.

1550 *Kokott*, Das Steuerrecht der Europäischen Union, 2018, § 3 Rn. 169.

sie auf die Natur und den Aufbau des Steuersystems bzw. auf steuersystematische Erwägungen zurückzuführen ist.[1551]

Teilweise wird vertreten, dass eine Rechtfertigung der Steuerbefreiungen durch die Grund- und Leitprinzipien des deutschen Erbschaftsteuerrechts ausscheide.[1552] Das Bereicherungsprinzip oder die Besteuerung nach der Leistungsfähigkeit seien im Hinblick auf den erbschaftsteuerlichen Verschonungsabschlag untaugliche Rechtfertigungsgründe.[1553] Diese Sichtweise wird der beihilferechtlichen Würdigung allerdings nicht gerecht. Entscheidend ist nicht, dass die Abweichung vom Referenzsystem als solche gerechtfertigt werden kann, sondern dass die Selektivität der Abweichung gerechtfertigt werden kann.[1554] Nachfolgend ist daher zu erörtern, ob die betreffende Maßnahme vom Referenzsystem abweicht und bejahendenfalls diese Abweichung auch selektiv nur bestimmte Unternehmen begünstigt.

aa) Abweichung vom Referenzsystem

Der Verschonungsabschlag muss insofern vom maßgeblichen Referenzsystem abweichen, als er zu einer geringeren Erbschaftsteuerbelastung führt. Sowohl der Verschonungsabschlag des § 13a Abs. 1 ErbStG als auch der abschmelzende Verschonungsabschlag sehen eine teilweise oder vollständige Steuerbefreiung des begünstigten Vermögens vor. Damit unterliegt der unentgeltlich erworbene Vermögenszuwachs, der auf das begünstigte Vermögen entfällt, nicht der Steuer. Dies gilt vor allem für die antragsabhängige Optionsverschonung nach § 13a Abs. 10 ErbStG, die den unentgeltlichen Erwerb von begünstigtem Vermögen vollständig steuerbefreit.

Der Verschonungsabschlag weicht daher von der grundsätzlichen Steuerpflicht unentgeltlicher Erwerbe nach §§ 1, 3 und 7 ErbStG als Referenzsystem ab. Dies bewirkt, dass die steuerliche Belastung des Erwerbers bei Vorliegen von begünstigtem Vermögen geringer ist als bei sonstigem Vermögen. Da die entlastende Wirkung mittelbar dem erworbenen Unternehmen zugutekommt, wirkt

---

1551 Siehe ausführlich zur Rechtfertigung: B. II. 2. c) bb) χ).

1552 Vgl. *Wachter*, DB 2016, 1273 (1277); zweifelnd *Demleitner*, ISR 2016, 328 (336); *Ismer/Piotrowski*, DStR 2015, 1993 (1999).

1553 *Wachter*, DB 2016, 1273 (1277).

1554 Vgl. EuGH, Urteil vom 28.06.2018 – C-209/16 P, *Deutschland/Kommission*, ECLI:EU:C:2018:507, Rn. 81 f.

sich die Steuerbefreiung auf dessen finanzielle Belastung aus.[1555] Mit dem Verschonungsabschlag geht daher eine Abweichung vom Referenzsystem einher.

Eine selektive Ungleichbehandlung liegt allerdings nur vor, wenn die betreffende Maßnahme insofern vom allgemeinen System abweicht, als dass sie Differenzierungen zwischen Wirtschaftsteilnehmern schafft, die sich im Hinblick auf das mit dem Referenzsystem verfolgte Ziel in einer vergleichbaren tatsächlichen und rechtlichen Situation befinden.[1556] Die Maßnahme muss Unternehmen begünstigen, die sich nicht derart anhand von spezifischen Kriterien von anderen Unternehmen unterscheiden lassen, dass eine unterschiedliche Behandlung erforderlich wäre. Gleichzeitig ist eine Differenzierung zwischen Unternehmen nicht selektiv, wenn sich die Unternehmen rechtlich und tatsächlich nicht in einer vergleichbaren Lage befinden.[1557] Im Rahmen der Selektivität ist außerdem zu beachten, dass die Anwendungsvoraussetzungen einer Steuerregelung stets Differenzierungen zwischen Sachverhalten hervorrufen können.[1558] Demnach stellt nicht jede Ungleichbehandlung automatisch einen selektiven Vorteil dar.

Die komplexen Regelungen zur Bestimmung des Verwaltungsvermögens nach § 13b Abs. 3 bis 9 ErbStG finden beispielsweise unabhängig von der Rechtsform Anwendung und gelten für sämtliche Erwerbe betrieblichen Vermögens. Sie beeinflussen letztlich die Höhe des Verwaltungsvermögens und damit auch die Höhe des begünstigten Vermögens. Für die Frage, ob die Verschonung für betriebliches Vermögen selektiv begünstigt und bestimmte Unternehmen hiervon ausgeschlossen werden, ist dies grundsätzlich nicht von Bedeutung.

Teilweise wird vertreten, dass das komplexe System bereits aufgrund seiner zahlreichen Sonder- und Ausnahmeregelungen selektiv sei und nicht unterschiedslos wirke.[1559] Allein die komplexe Ausgestaltung von steuerlichen Maßnahmen genügt allerdings nicht, um eine selektive Abweichung zu bejahen, es ist vielmehr auf diejenigen Differenzierungen der Maßnahme einzugehen, die über die Anwendbarkeit des Verschonungsabschlags entscheiden und damit bestimmte Unternehmen bevorzugen.

1555 Siehe zur mittelbaren Begünstigung durch den Verschonungsabschlag: E. II. 1. b) bb) β).

1556 EuGH, Urteil vom 21.12.2016 – C-20/15 P und C-21/15 P, *Kommission/World Duty Free Group*, ECLI:EU:C:2016:981, Rn. 57; EuGH, Urteil vom 28.06.2018 – C-209/16 P, *Deutschland/Kommission*, ECLI:EU:C:2018:507, Rn. 81.

1557 Siehe zur Ungleichbehandlung von Unternehmen: B. II. 2. c) bb) β) ββ).

1558 *Van Lishaut/Schumacher*, in: Rödder/Herlinghaus/van Lishaut, UmwStG, 3. Aufl. 2019, Anh. 10 Rn. 178.

1559 *Wachter*, DB 2016, 1273 (1277); *Bockhoff*, ZEV 2017, 186 (189 f.).

α) Selektive Abweichung durch die Freigrenze von EUR 26 Millionen

αα) Unterschiedliche Belastung von Unternehmen durch die Freigrenze

Der Verschonungsabschlag des § 13a Abs. 1 ErbStG und die Optionsverschonung des § 13a Abs. 10 ErbStG finden auf das begünstigte Vermögen nur insoweit Anwendung, wie das begünstigte Vermögen nicht mehr als EUR 26 Millionen beträgt. Überschreitet das begünstigte Vermögen diese Freigrenze, kann der Erwerber den Verschonungsabschlag bzw. die Optionsverschonung nicht mehr in Anspruch nehmen und unterliegt grundsätzlich mit seinem begünstigten Vermögen der Besteuerung, sollte nicht der abschmelzende Verschonungsabschlag oder die Verschonungsbedarfsprüfung beantragt werden.[1560] Demzufolge differenziert die Maßnahme zwischen Erwerbern mit mehr als EUR 26 Millionen einerseits und solchen mit weniger als EUR 26 Millionen andererseits. Ab einem begünstigten Vermögen von EUR 90 Millionen entfällt dann auch die Begünstigung durch den abschmelzenden Verschonungsabschlag gemäß § 13c Abs. 1 S. 2 ErbStG vollständig. Durch die teilweise oder vollständige Steuerbefreiung weichen die verschiedenen Verschonungstatbestände vom Referenzsystem ab. Diese Abweichung könnte dann selektiv sein, wenn es hierdurch zu einer Differenzierung von Unternehmen kommt, die sich im Hinblick auf das mit dem Referenzsystem verfolgte Ziel, die Besteuerung der Steigerung der Leistungsfähigkeit, in einer vergleichbaren tatsächlichen und rechtlichen Situation befinden.

Die Freigrenze gilt allgemein für begünstigtes Vermögen unabhängig von Rechtsform oder Branche des erworbenen Unternehmens. Durch das Überschreiten der Freigrenze werden aber kleinere und mittlere Vermögenserwerbe von sogenannten Großerwerben abgegrenzt. Allein die Höhe des begünstigten Vermögens führt noch nicht dazu, dass sich die erworbenen Unternehmen nicht in einer rechtlichen und tatsächlichen vergleichbaren Situation befinden. Es lassen sich die hinter dem begünstigten Vermögen stehenden Unternehmen auch nicht anhand spezifischer Kriterien abgrenzen, da beispielsweise die Rechtsform kein Indikator für besonders große oder nur kleinere und mittlere Unternehmen

1560 Die 26-Millionen-EUR-Grenze ist eine Freigrenze, da mit Überschreiten der Grenze der Verschonungsabschlag des § 13a Abs. 1 ErbStG nicht mehr in Anspruch genommen werden kann, vgl. *Löcherbach*, in: Viskorf/Schuck/Wälzholz, ErbStG/BewG, 6. Aufl. 2020 § 13a Rn. 8; *Esskandari*, in: Stenger/Loose, BewG/ErbStG, 140. EL 2018, § 13a ErbStG Rn. 47; *Hannes/Holtz*, in: Meincke/Hannes/Holtz, ErbStG, 18. Aufl. 2021, § 13a Rn. 25; *Wachter*, in: Fischer/Pahlke/Wachter, ErbStG, 6. Aufl. 2018, § 13a Rn. 158.

ist. Es sind daher keine signifikanten Unterschiede im Hinblick auf die Höhe des begünstigten Vermögens erkennbar, die eine Differenzierung erfordern. Demnach bewirkt die Freigrenze, dass Erwerber mit weniger als EUR 26 Millionen eine niedrigere Steuerbelastung erfahren als Erwerber, die diese Grenze überschreiten. Die Abweichung vom Referenzsystem ist daher zumindest im Hinblick auf die Höhe des begünstigten Vermögens *prima facie* selektiv.

ββ) Rechtfertigung durch die Progression und den Aufbau des ErbStG

Der Gesetzgeber hat sich bei der Freigrenze von EUR 26 Millionen an der letzten Tarifstufe des § 19 ErbStG orientiert.[1561] Die erwerbsbezogene Prüfschwelle soll größere Erwerbe von kleinen und mittleren Erwerben abgrenzen. Bis zu einem Wert von EUR 26 Millionen geht der Gesetzgeber typisierend von einer unwiderleglichen Gefährdungsvermutung für die in den Betrieben angelegte Beschäftigung aus.[1562] Im Hinblick auf die steuerliche Behandlung von größeren unentgeltlichen Erwerben, die dem Höchststeuersatz unterliegen, hat sich der Gesetzgeber für den Wert von EUR 26 Millionen entschieden. Demnach widerspricht die Freigrenze des § 13a Abs. 1 ErbStG zumindest nicht der Schwelle für den Höchststeuersatz nach § 19 ErbStG. Systematisch entspricht die gewählte Grenze daher dem Aufbau des ErbStG.

Die unterschiedliche Behandlung von Erwerben mit weniger als EUR 26 Millionen und darüber liegenden Erwerben könnte aber durch die Progression der Steuerbelastung als Leitprinzip des Erbschaftsteuerrechts gerechtfertigt werden. Das Erbschaftsteuerrecht geht zumindest bei den Steuertarifen des § 19 ErbStG von einer progressiven Steuerbelastung aus, da mit zunehmendem Vermögenszuwachs ein höherer Steuersatz vorgesehen ist. Nach der Rechtsprechung des Europäischen Gerichtshofs steht es den Mitgliedstaaten frei, eine progressive Besteuerung für das betreffende Steuersystem zu wählen.[1563] Ein Mitgliedstaat könne das für ihn am geeignetsten erscheinende Steuersystem einführen, sodass auch die Anwendung einer progressiven Besteuerung in sein Ermessen falle.[1564]

1561 Vgl. BT-Drucks. 18/5923, S. 23.

1562 Vgl. BT-Drucks. 18/5923, S. 23.

1563 EuGH, Urteil vom 06.12.2007 – C-298/05, *Columbus Container Services*, ECLI:EU:C:2007:754, Rn. 51, 53; EuGH, Urteil vom 03.03.2020 – C-75/18, *Vodafone Magyarország*, ECLI:EU:C:2020:139, Rn. 49.

1564 EuGH, Urteil vom 22.06.1976 – C-127/75, *Bobie Getränkevertrieb*, ECLI:EU:C:1976:95, Rn. 9; EuGH, Urteil vom 03.03.2020 – C-75/18, *Vodafone Magyarország*, ECLI:EU:C:2020:139, Rn. 49.

Für den Umsatz eines Unternehmens hat der Gerichtshof bereits entschieden, dass dieser einerseits ein neutrales Unterscheidungskriterium sei und ein relevanter Indikator für die Leistungsfähigkeit der Steuerpflichtigen andererseits.[1565] Auch die Europäische Kommission hat sich bei der Einführung einer Digitalsteuer für eine umsatzbasierte progressive Steuer für bestimmte Unternehmen ausgesprochen, die eine Steuergerechtigkeit zwischen größeren weltweit agierenden und kleineren europaweit agierenden Unternehmen herbeiführen soll.[1566] Die Generalanwältin *Kokott* schließt hieraus, dass eine progressive Steuerbelastung auf nationaler Ebene, welche größere Unternehmen stärker an den Gemeinlasten beteiligen möchte als kleinere, dem Grunde nach nicht missbräuchlich und damit zulässig sei, wenn bereits europaweit eine progressive Steuerbelastung möglich sei.[1567] Die Ausführungen von *Kokott*, dem Europäischen Gerichtshof und der Europäischen Kommission bezogen sich auf die progressive Ausgestaltung eines Umsatzsteuersystems. Es fragt sich daher, ob diese Sichtweise auf die erbschaftsteuerlichen Verschonungstatbestände übertragbar ist.

Die erbschaftsteuerlichen Verschonungsabschläge sehen eine niedrigere Steuerbefreiung und damit eine höhere Steuerbelastung bei zunehmendem Vermögenserwerb vor. Maßgebliche Größe ist dabei allerdings nicht der Umsatz, sondern das begünstigte Vermögen, auf das sich die Steuerbefreiung bezieht. Insoweit könnte die abschmelzende Steuerbefreiung für begünstigtes Vermögen ab EUR 26 Millionen bis zur Höchstgrenze von EUR 90 Millionen dem Leistungsfähigkeitsprinzip, das mit zunehmender wirtschaftlicher Leistungsfähigkeit eine höhere Steuerbelastung vorsieht,[1568] entsprechen. Im Hinblick auf die Wirkung ist es unerheblich, ob mit zunehmendem Vermögenszuwachs eine Erhöhung des Steuersatzes erfolgt oder ob sich die Höhe der Befreiung reduziert. Beides entspricht bei einer progressiven Ausgestaltung der Besteuerung

---

1565 Vgl. EuGH, Urteil vom 03.03.2020 – C-75/18, *Vodafone Magyarország*, ECLI:EU:C:2020:139, Rn. 49.

1566 EU-Kommission, Vorschlag für eine Richtlinie des Rates zum gemeinsamen System einer Digitalsteuer auf Erträge aus der Erbringung bestimmter digitaler Dienstleistungen vom 21.03.2018 – COM(2018) 148 final.

1567 Schlussanträge der Generalanwältin *Kokott* vom 13.06.2019 – C-456/18 P, *Vodafone Magyarország*, ECLI:EU:C:2019:492, Rn. 102.

1568 BVerfG, Urteil vom 03.11.1982 – 1 BvR 620/78, BVerfGE 61, 319 (343 f.); BVerfG, Beschluss vom 28.11.1984 – 1 BvR 1157/82, BVerfGE 68, 287 (310); BVerfG, Beschluss vom 07.11.2006 – 1 BvL 10/02, BVerfGE 117, 1 (30 f.); *Tipke*, Die Steuerrechtsordnung, Band I, 1993, S. 478; *Lang*, in: Tipke/Lang, Steuerrecht, 2010, § 4 Rn. 81.

nach der Leistungsfähigkeit. Insoweit ist anzunehmen, dass die abschmelzende Verschonung die zunehmende Leistungsfähigkeit des Vermögenszuwachses berücksichtigt.

Die aus der progressiven Ausgestaltung folgende Differenzierung wäre dann zulässig, wenn das begünstigte Vermögen ein neutrales Unterscheidungskriterium ist und die Leistungsfähigkeit des Erwerbers abbildet. Das Erbschaftsteuerrecht besteuert die durch den Vermögenszuwachs eintretende finanzielle Leistungsfähigkeit des Erwerbers.[1569] Grundlage beim Erwerb von betrieblichem Vermögen ist das begünstigte Vermögen, das insoweit einen Indikator für die Leistungsfähigkeit des Erwerbers darstellt. Mit steigendem Wert des begünstigten Vermögens nach § 13b Abs. 2 S. 1 ErbStG liegt auch eine steigende Leistungsfähigkeit vor.

Gleichzeitig müsste dies auch ein neutrales Unterscheidungskriterium sein, das eine progressive Besteuerung ermöglicht.[1570] Das begünstigte Vermögen resultiert aus dem Abzug des Verwaltungsvermögens vom begünstigungsfähigen Vermögen und stellt den Nettowert des wertschöpfenden betrieblichen Vermögens dar. Nur der ermittelte Nettowert ist Gegenstand der Befreiung, ungeachtet der Rechtsform oder der Zusammensetzung des begünstigungsfähigen Vermögens sowie des Verwaltungsvermögens. Die Steuerbefreiung orientiert sich damit an einem neutralen Unterscheidungskriterium. Der Gesetzgeber hat sich im Rahmen des Verschonungssystems typisierend dafür entschieden bis zur Freigrenze von EUR 26 Millionen eine teilweise oder vollständige Verschonung von begünstigtem Vermögen vorzunehmen, um vor allem kleinere und mittlere Unternehmen entsprechend der Intention der Verschonung zu entlasten.[1571] Erst ab der Grenze von EUR 26 Millionen geht der Gesetzgeber von der steigenden Leistungsfähigkeit des Erwerbers aus, die durch die stufenweise Reduzierung der Verschonung in § 13c ErbStG entsprechend geringer besteuert wird. Ab EUR 87,5 Millionen bzw. EUR 90 Millionen ist eine erbschaftsteuerliche Verschonung durch den Verschonungsabschlag nicht mehr geboten.

Ausgehend von der Rechtsprechung des Europäischen Gerichtshofs steht es jedem Mitgliedstaat frei, das Steuersystem nach eigenem Ermessen progressiv auszugestalten, sofern dies nicht missbräuchlich erfolgt.[1572] Eine solche

---

1569 BVerfG, Beschluss vom 22.06.1995 – 2 BvR 552/91, BStBl. II 1995, 671 (673).

1570 Siehe zum neutralen Unterscheidungskriterium: EuGH, Urteil vom 16.03.2021 – C-596/19 P, *Kommission/Ungarn*, ECLI:EU:C:2021:202, Rn. 47.

1571 Vgl. BT-Drucks. 18/5923, S. 23.

1572 EuGH, Urteil vom 16.03.2021 – C-596/19 P, *Kommission/Ungarn*, ECLI:EU:C:2021:202, Rn. 46 f.

missbräuchliche Ausgestaltung der Verschonungstatbestände ist jedoch nicht ersichtlich. Auch die Höchstgrenze des § 13c Abs. 1 ErbStG von EUR 90 Millionen lässt eine missbräuchliche, dem Leistungsfähigkeitsprinzip zuwiderlaufende, Ausgestaltung nicht erkennen. Insoweit liegt es im Ermessen des deutschen Gesetzgebers, die Freigrenze sowie die progressive Besteuerung im Rahmen der Verschonungsabschläge zu bestimmen. Da er die Wertungen der Tarifnorm des § 19 ErbStG berücksichtigt hat, entspricht die progressive Ausgestaltung der Verschonungstatbestände der §§ 13a und 13c ErbStG sowie die Freigrenze der Natur und dem Aufbau des Erbschaftsteuerrechts. Die *prima facie* selektive Abweichung durch die Freigrenze ist daher gerechtfertigt.

β) Selektive Abweichung durch die Höhe des Verwaltungsvermögens

αα) Unterschiedliche Belastung durch den 90%-Verwaltungsvermögenstest

Der Verschonungsabschlag wird nur gewährt, wenn das begünstigungsfähige Vermögen im Sinne des § 13b Abs. 1 ErbStG nicht zu mehr als 90 % aus Verwaltungsvermögen besteht. Beträgt der Anteil des Verwaltungsvermögens i. S. v. § 13b Abs. 1 ErbStG am begünstigungsfähigen Vermögen mehr als 90 %, ist das gesamte Vermögen nicht mehr begünstigt. Diese Regelung kann eine nachteilige Wirkung für Unternehmen haben, die typischerweise hohe Verwaltungsvermögensquoten aufweisen.[1573] Dies ist insbesondere deshalb der Fall, weil sich diese Verwaltungsvermögensquote aus einer Gegenüberstellung des Bruttoverwaltungsvermögens zum Nettounternehmenswert ergibt und beispielsweise Schulden nicht verrechnet werden.[1574]

In diesen Fällen ist dann auch nicht das geringe begünstigte Vermögen steuerbefreit, obwohl eine gewerbliche Tätigkeit gegeben ist und verschonungswürdiges wertschöpfendes Vermögen vorliegt. Es lassen sich zwischen Unternehmen mit einer Verwaltungsvermögensquote von mehr als 90 % und Unternehmen mit einer geringeren Verwaltungsvermögensquote keine signifikanten Unterschiede ausmachen, die eine Ungleichbehandlung von vornherein gebieten. Im Hinblick auf das Ziel des Referenzsystems, die Besteuerung nach der finanziellen Leistungsfähigkeit, werden Unternehmen, die die Grenze überschreiten, gegenüber denjenigen mit einer niedrigeren Quote benachteiligt, da ihr begünstigtes Vermögen dann der Vollversteuerung unterliegt. Die Regelung des § 13b Abs. 2

1573 Vgl. *Reich*, DStR 2017, 1858 (1859).
1574 Vgl. zur Berechnung: E. I. 2. c) bb).

S. 2 ErbStG bewirkt daher, dass bestimmte Unternehmen aufgrund der Höhe des Verwaltungsvermögens von der Inanspruchnahme der Verschonung ausgeschlossen werden. Die 90%-Quote weist insoweit einen *prima facie* selektiven Charakter auf.

ββ) Rechtfertigung durch die Vermeidung einer übermäßigen Begünstigung

Das begünstigungsfähige Vermögen ist nach § 13b Abs. 2 ErbStG vollständig nicht begünstigt, wenn das Verwaltungsvermögen 90 %[1575] des gemeinen Wertes des begünstigungsfähigen Vermögens beträgt. Diese Differenzierung könnte allerdings durch die Natur und den Aufbau des Steuersystems gerechtfertigt werden, wenn sich darin ein Grund- oder Leitprinzip des Steuerrechts verwirklicht. Es ließe sich insoweit die Vermeidung von missbräuchlichen Gestaltungen als Rechtfertigungsgrund in Erwägung ziehen. Im Rahmen der Rechtsprechung zu § 6a GrEStG hat der Europäische Gerichtshof die Konzernbegünstigung durch das Ziel, eine übermäßige Besteuerung zu verhindern, gerechtfertigt.[1576] Dieses Ziel hänge mit dem ordnungsgemäßen Funktionieren des allgemeinen Steuersystems zusammen.[1577]

Auch das Verhindern einer übermäßigen Begünstigung durch missbräuchliche Gestaltungen könnte damit zusammenhängen. Dem ordnungsgemäßen Funktionieren des allgemeinen Steuersystems entspricht es, wenn auch eine übermäßige Begünstigung durch missbräuchliche Gestaltungen verhindert wird. Die steuerliche Belastung sollte in Anbetracht der Besteuerung nach der Leistungsfähigkeit leistungsgerecht erfolgen. Demnach würde es dem ordnungsgemäßen Funktionieren des allgemeinen Steuersystems entsprechen, wenn steuerliche Tatbestände derart ausgestaltet sind, dass es weder zu einer übermäßigen Belastung noch zu einer übermäßigen Begünstigung kommt. Insoweit ist es folgerichtig, wenn Differenzierungen, die zur Vermeidung einer übermäßigen

---

1575 Für die spezifische Ermittlung des nach § 13b Abs. 2 S. 2 ErbStG maßgeblichen Verwaltungsvermögens wird auf den Wortlaut der Vorschrift in der Fassung des Gesetzes vom 04.11.2016 verwiesen, BGBl. I 2016, 2464; problematisch bei diesem Test ist in der Praxis vor allem, dass die Finanzmittel vor Abzug der Schulden ins Verhältnis zum Nettounternehmenswert gesetzt werden, vgl. *Reich*, ZEV 2019, 551 (553).

1576 EuGH, Urteil vom 19.12.2018 – C-374/17, *Finanzamt B/A-Brauerei*, ECLI:EU:C:2018:1024, Rn. 50.

1577 EuGH, Urteil vom 19.12.2018 – C-374/17, *Finanzamt B/A-Brauerei*, ECLI:EU:C:2018:1024, Rn. 50.

Begünstigung erfolgen, ebenso mit dem ordnungsgemäßen Funktionieren des Steuersystems gerechtfertigt werden können.

Basierend auf der Feststellung, dass der Verschonungsabschlag nur dasjenige Vermögen begünstigen soll, das wertschöpfend betriebsnotwendig ist, und die verminderte finanzielle Leistungsfähigkeit des Erwerbers intendiert, besteht kein Bedürfnis daneben nicht notwendiges Betriebsvermögen gleichermaßen zu begünstigen.[1578] Das Verwaltungsvermögen ist deshalb nicht begünstigungsfähig, weil es für die betriebliche Wertschöpfung nicht unmittelbar erforderlich ist und eine Veräußerung nicht zwangsläufig die originäre Geschäftstätigkeit beeinflussen würde. Das komplexe Ermittlungsverfahren für das Verwaltungsvermögen soll sicherstellen, dass regelmäßig dem privaten Bereich zuzuordnende Vermögensgegenstände, für die keine Befreiung vorgesehen ist, unter dem „Deckmantel" des Betriebsvermögens auf den Erwerber übergehen sollen.[1579] Dieses Vermögen unterliegt grundsätzlich der vollen erbschaftsteuerlichen Belastung.[1580]

Gleichwohl besteht die latente Gefahr, dass Verwaltungsvermögen teilweise steuerbefreit wird, obwohl dieses nicht begünstigungswürdig wäre und nur eine geringe betriebliche Tätigkeit vorliegt. Dies betrifft insbesondere diejenigen Fälle, bei denen das erworbene Unternehmen tatsächlich nicht gewerblich tätig ist und nahezu ausschließlich aus nicht begünstigtem Vermögen besteht.[1581] Ohne die 90%-Grenze konnte es dann zu einer teilweisen Steuerbefreiung durch die Inanspruchnahme der Puffer nach § 13b Abs. 4 Nr. 5 oder Abs. 7 ErbStG kommen.[1582] Dann wäre ein Teil des Verwaltungsvermögens begünstigt, obwohl dessen Begünstigung nicht geboten ist.

Dies betraf in der Vergangenheit vor allem die sogenannten Cash-GmbHs[1583], die ohne wirkliche Gewerbetätigkeit einen hohen Bestand an nicht begünstigtem Vermögen aufwiesen und trotzdem durch die Vorgängerregelung steuerbefreit waren. Diese Gesellschaften wurden gerade mit dem Ziel errichtet, eigentlich nicht begünstigtes Vermögen unter Vorspiegelung einer gewerblichen Tätigkeit

---

1578 Siehe hierzu: E. I. 1. b) bb).

1579 *Blumenberg*, Aktuelle Entwicklungen des EU-Beihilferechts im Bereich der deutschen Unternehmensbesteuerung, ifst-Schrift 516, S. 54.

1580 *Rupp/Blumenberg*, in: Steuerberater-Jahrbuch 2016/2017, S. 465 f.

1581 *Jülicher*, in: Troll/Gebel/Jülicher/Gottschalk, ErbStG, 60. EL 2020, § 13b Rn. 235.

1582 *Jülicher*, in: Troll/Gebel/Jülicher/Gottschalk, ErbStG, 60. EL 2020, § 13b Rn. 235.

1583 Siehe zur Cash-GmbH ausführlich *Maack/Römer*, DStR 2013, 80; *Weber/Schwind*, ZEV 2013, 369.

unentgeltlich auf den Erwerber zu übertragen.[1584] Die missbräuchliche Inanspruchnahme des Verschonungsabschlags führt dann zu einer übermäßigen Begünstigung, die nicht dem ordnungsgemäßen Funktionieren des Steuersystems entspricht. In der Neufassung des Verschonungsabschlags sollte zusätzlich zur restriktiven Ermittlung des Verwaltungsvermögens nun auch ein Ausschluss von der Begünstigung erfolgen, wenn die gewerbliche Tätigkeit nur von untergeordneter Bedeutung ist oder lediglich zum Schein existiert. Es ist daher geboten, Vermögenserwerbe von der Steuerbefreiung auszuschließen, bei denen naheliegt, dass es zu einer übermäßigen Begünstigung von nicht begünstigungswürdigem Vermögen kommen kann. Die 90%-Grenze des § 13b Abs. 2 S. 2 ErbStG ist daher geeignet, missbräuchliche Steuergestaltungen und eine übermäßige Begünstigung zu verhindern.

Die vom Gesetzgeber gewählte 90%-Grenze lässt sich zudem auf steuersystematische Erwägungen stützen. Bereits in der Vergangenheit haben sich Gesetzgebung, Finanzverwaltung und Rechtsprechung mehrfach an einem 90/10-Verhältnis orientiert und insoweit beispielsweise eine anteilige private Nutzung betrieblicher Wirtschaftsgüter oder ein Zurückbehalten von wesentlichen Betriebsgrundlagen von bis zu 10 % als unschädlich angesehen.[1585] Diese allgemein anerkannte Geringfügigkeitsgrenze[1586] ist letztlich – wenngleich in gegensätzlicher Bedeutung – auch für die erbschaftsteuerliche Begünstigung maßgeblich. Wenn das begünstigungsfähige Vermögen, welches sich aus begünstigtem Vermögen und Verwaltungsvermögen zusammensetzt, zu weniger als 10 % aus begünstigtem Vermögen besteht, kann regelmäßig nicht schwerpunktmäßig von einer wertschöpfenden betrieblichen Tätigkeit ausgegangen werden; diese hat dann nur eine untergeordnete Bedeutung.

Es fragt sich aber, ob die Unterscheidung aufgrund der Verwaltungsvermögensquote verhältnismäßig ist. Auch wenn eine *prima facie* selektive Maßnahme gerechtfertigt ist, so muss sie auch den Grundsatz der Verhältnismäßigkeit wahren und darf nicht über das hinausgehen, was zur Erreichung des Ziels

---

1584 *Weinmann*, in: Moench/Weinmann, ErbStG/BewG, 80. EL 2018, § 13b ErbStG Rn. 86.

1585 Vgl. zur privaten Nutzung eines beruflich genutzten PCs: BFH, Urteil vom 19.02.2004 – VI R 135/01, BStBl. II 2004, 958; zur unschädlichen weiteren Tätigkeit: BFH, Urteil vom 29.10.1992 – IV R 16/91, BStBl. II 1993, 182 (184); zur Übertragung der wesentlichen Grundlagen eines landwirtschaftlichen Betriebs: BFH, Urteil vom 01.02.1990 – IV R 8/89, BStBl. II 1990, 428.

1586 BFH, Urteil vom 29.10.1992 – IV R 16/91, BStBl. II 1993, 182 (184).

erforderlich ist.[1587] Die Differenzierung aufgrund der Verwaltungsvermögensquote könnte deshalb über das Ziel, missbräuchliche Steuerbefreiungen zu verhindern, hinausgehen, weil durch die Regelung auch Fälle einbezogen werden, bei denen diese Gefahr typischerweise nicht besteht. Die Verschonung wird nämlich auch den Unternehmen versagt, die branchenbedingt eine hohe Verwaltungsvermögensquote aufweisen, wie beispielsweise Handelsunternehmen und anderen finanzmittelintensiven Betrieben mit hohen Forderungsbeständen.[1588] Insoweit werden Unternehmen nicht begünstigt, bei denen eine missbräuchliche Steuerbefreiung nicht ersichtlich ist.

Der Wegfall der Verschonung nach § 13b Abs. 2 S. 2 ErbStG könnte bereits deshalb unverhältnismäßig sein, weil das komplexe und umfassende Ermittlungsverfahren für das Verwaltungsvermögen hinreichend sicherstellt, dass nur wertschöpfendes Produktivvermögen begünstigt wird. Eine zusätzliche Regelung ist dann nicht notwendig, wenn das Verwaltungsvermögen unabhängig von der Höhe des begünstigten Vermögens ohnehin nicht steuerbefreit ist. Das Verwaltungsvermögen wird – abgesehen vom unschädlichen Teil – grundsätzlich erbschaftsteuerlich belastet. Die latente Gefahr einer missbräuchlichen Steuerbefreiung, wie sie in der Zeit der Cash-GmbHs bestand, besteht daher nicht in gleicher Weise fort.[1589] Die teilweise Steuerbefreiung des Verwaltungsvermögens durch § 13b Abs. 4 Nr. 5 und Abs. 7 ErbStG greift unabhängig vom erworbenen begünstigten Vermögen und berücksichtigt, dass eine unternehmerische Tätigkeit auch einen Grundbestand an Verwaltungsvermögen erfordert.

Bereits durch die komplexe Bestimmung des Verwaltungsvermögens wird hinreichend sichergestellt, dass nur das wertschöpfende Vermögen sowie ein Teil des Verwaltungsvermögens steuerbefreit werden. Es sind keine Gründe ersichtlich, die darüber hinaus einen vollständigen Entfall der Verschonung vorsehen müssten. Indem durch die Regelung bestimmte Unternehmen trotz bestehender

---

1587 Vgl. EuGH, Urteil vom 08.09.2011 – C-78/08 bis C-80/08, *Paint Graphos u. a.*, ECLI:EU:C:2011:550, Rn. 75; EU-Kommission, Bekanntmachung zum Begriff der staatlichen Beihilfe im Sinne des Artikels 107 Absatz 1 des Vertrages über die Arbeitsweise der Europäischen Union vom 19.07.2016 – ABl. 2016 C 262/1, Rn. 140.

1588 Vgl. nur FG Münster, Beschluss vom 03.06.2019 – 3 V3697/18, DStRE 2019, 1396 Rn. 32 sowie die Anmerkung zu diesem Beschluss von *Reich*, ZEV 2019, 551 (553) und *Hannes/Holtz*, in: Meincke/Hannes/Holtz, ErbStG, 18. Aufl. 2021, § 13b Rn. 44.

1589 Der Steuermissbrauch durch Cash-GmbHs lag nicht zuletzt daran, dass die §§ 13a ff. ErbStG a.F. Finanzmittel als unschädliches Verwaltungsvermögen einstuften und wegen des Alles-oder-nichts-Prinzips eine Befreiung für das gesamte betriebliche Vermögen erfolgte, also auch des Verwaltungsvermögens.

gewerblicher Tätigkeit von der Verschonung ausgeschlossen werden, geht die Regelung über das hinaus, was zur Erreichung des Ziels, Steuermissbrauch zu verhindern, erforderlich ist.

Durch die Regelung des § 13b Abs. 2 S. 2 ErbStG werden bestimmte Unternehmen, die sich im Hinblick auf das mit dem Steuersystem verfolgte Ziel in einer vergleichbaren rechtlichen und tatsächlichen Situation befinden, benachteiligt. Dieser Umstand stellt eine selektive Abweichung vom Referenzsystem dar, die zwar durch die Natur und den Aufbau des Steuersystems gerechtfertigt werden kann, aber letztlich unverhältnismäßig ist. Die 90%-Quote des § 13b Abs. 2 S. 2 ErbStG ist somit eine beihilferechtswidrige selektive Abweichung von der allgemeinen Steuerpflicht unentgeltlicher Vermögenserwerbe.

χ) Selektive Abweichung durch die Lohnsummen- und Behaltensregelung

αα) Ungleichbehandlung von arbeitsplatzerhaltenden und fortgeführten Unternehmen

Auch die Einhaltung der Lohnsummenregelung und die der Behaltensfristen sind notwendige Kriterien, von denen der Erhalt der Begünstigung abhängig ist. Werden die maßgeblichen Lohnsummen des § 13a Abs. 3 ErbStG nicht eingehalten, kommt es zu einer relativen Nachversteuerung und damit zu einer Reduzierung des Verschonungsabschlags. Ein Nichteinhalten der geforderten Behaltensfrist von fünf Jahren hat den vollständigen Entfall der Verschonung zur Folge, sodass der Erwerb des begünstigten Vermögens einer Vollversteuerung unterliegt. Es wird daher zusätzlich zwischen arbeitsplatzerhaltenden und nicht arbeitsplatzerhaltenden Unternehmen, sowie zwischen fortgeführten und nicht fortgeführten Unternehmen unterschieden.

Zwischen Unternehmen, die diese Voraussetzungen einhalten, und solchen, die die Lohnsummenregelung oder die Behaltensfrist verletzen, sind keine Unterschiede von solchem Gewicht erkennbar, die eine unterschiedliche Behandlung gebieten. Diese befinden sich auch im Hinblick auf das mit dem Referenzsystem verfolgte Ziel, die Besteuerung der Steigerung der Leistungsfähigkeit, in einer vergleichbaren Lage. Zwischen einem arbeitsplatzerhaltenden sowie fortgeführten Unternehmen und den anderen Unternehmen bestehen keine Unterschiede von solchem Gewicht, dass diese unterschiedlich besteuert werden müssten. Von beiden geht zum Zeitpunkt des Erwerbs grundsätzlich die gleiche Leistungsfähigkeit aus, sodass die betreffenden Regelungen eine Ungleichbehandlung bewirken. Es fragt sich aber, ob diese Ungleichbehandlung gerechtfertigt werden kann.

ββ) Rechtfertigung durch die Vermeidung von Steuermissbrauch

Im Rahmen des Beihilfeverfahrens zu § 6a GrEStG konstatierte der Europäische Gerichtshof, dass die gewählten Voraussetzungen das Ziel verfolgen, Steuermissbrauch zu vermeiden: Das Erfordernis von Haltefristen könne ungewollte Mitnahmeeffekte und damit eine missbräuchliche Anwendung der Steuerbefreiung vermeiden, da dies ein Beibehalten der Beteiligungsverhältnisse nach dem Umwandlungsvorgang erfordere und diese nicht unmittelbar wieder reduziert oder nur für kurze Zeit geschaffen werden können.[1590] Das Ziel, die missbräuchliche Inanspruchnahme von Steuerbefreiungen zu verhindern, ist damit als systemimmanenter Rechtfertigungsgrund anerkannt.[1591] Es fragt sich, ob diese Feststellungen auf die Lohnsummenregelung des § 13a Abs. 3 ErbStG und die Behaltensfrist des § 13a Abs. 6 ErbStG übertragen werden können.

Die Lohnsummenregelung erfordert, dass für einen Zeitraum von fünf Jahren 400 % der Ausgangslohnsumme als Mindestlohnsumme nicht unterschritten werden darf.[1592] Wird die maßgebliche Lohnsumme nicht eingehalten, kommt es zu einer anteiligen Nachversteuerung des begünstigten Vermögens. Die Behaltensfrist des § 13 Abs. 6 ErbStG erfordert, dass der Erwerber das begünstigte Vermögen für mindestens fünf Jahre behält und nicht veräußert.[1593] Findet innerhalb der Frist eine Veräußerung statt, so kommt es zu einem Wegfall der Begünstigung. Die Differenzierung zwischen arbeitsplatzerhaltenden und nicht arbeitsplatzerhaltenden sowie zwischen fortgeführten und nicht fortgeführten Unternehmen könnte aber durch das Ziel, Steuermissbrauch zu vermeiden, gerechtfertigt sein. Der Erwerber könnte unmittelbar nach dem Erwerb das Unternehmen nicht in seinem bisherigen Umfang fortführen. Einer Begünstigung bedarf es nämlich gerade dann nicht, wenn ein Erwerber unmittelbar nach dem Erwerb seine betriebliche Tätigkeit reduziert und verschonungswürdiges

---

1590 EuGH, Urteil vom 19.12.2018 – C-374/17, *Finanzamt B/A-Brauerei*, ECLI:EU:C:2018:1024, Rn. 51.

1591 EuGH, Urteil vom 19.12.2018 – C-374/17, *Finanzamt B/A-Brauerei*, ECLI:EU:C:2018:1024, Rn. 50 f.

1592 Die Lohnsummenregelung des § 13 a Abs. 3 ErbStG gilt grundsätzlich für Betriebe mit mindestens fünf Beschäftigten; für Betriebe mit mehr als fünf und weniger als fünfzehn Beschäftigten sind abgestufte Lohnsummen vorgesehen. Für die vorliegende Betrachtung wird nur auf den Grundtatbestand des § 13a Abs. 3 S. 1 ErbStG abgestellt.

1593 Vgl. *Blank,* Die erbschaftsteuerliche Unternehmensbegünstigung nach §§ 13a ff. ErbStG, 2018, S. 190, der das Fortführungserfordernis für das nach seiner Ansicht zweigeteilte Erbschaftsteuersystem für unabdingbar ansieht.

Betriebsvermögen zeitnah in sein Privatvermögen überführt.[1594] Eine Begünstigung wäre in diesem Fall missbräuchlich, da das Gesetz von der Fortführung des Unternehmens und der Beibehaltung der wertschöpfenden Tätigkeit ausgeht. Wird dem Erwerber eine Begünstigung für Vermögen gewährt, das er künftig nicht mehr betrieblich nutzt, sondern liquidiert und dessen Erlöse er seinem Privatvermögen zuführt, wird die gesetzliche Intention verfehlt. Weder der Bestand des Unternehmens wird erhalten, noch werden die Arbeitsplätze aus Gemeinwohlgründen gesichert. Eine Begünstigung des erworbenen Vermögens würde in diesem Fall eine missbräuchliche Inanspruchnahme der Steuerbegünstigung darstellen.

Die Lohnsummenregelung und die Behaltensfrist verhindern demnach, dass es unmittelbar nach Erwerb zu einer übermäßigen Reduzierung von Arbeitsplätzen kommt oder das begünstigte Vermögen nur für kurze Zeit gehalten wird. Dies entspricht dem vom Europäischen Gerichtshof bereits anerkannten Ziel, Steuermissbrauch zu vermeiden.[1595] Es ist daher geboten, zwischen arbeitsplatzerhaltenden und nicht arbeitsplatzerhaltenden Unternehmen sowie zwischen fortgeführten und nicht fortgeführten Unternehmen zu differenzieren. Die *prima facie* selektive Lohnsummenregelung und die Behaltensfrist sind daher durch die Natur und den Aufbau des Steuersystems gerechtfertigt.[1596]

Zusätzlich könnte auch eine Ungleichbehandlung durch die Anzahl der Beschäftigten erfolgen. Während für Betriebe mit weniger als fünf Beschäftigten keine Lohnsummenregelung einzuhalten ist, gelten für Betriebe zwischen fünf und fünfzehn Beschäftigten abgestufte Lohnsummenregelungen. Erst ab einer Beschäftigtenzahl von fünfzehn gilt eine Lohnsumme von 400 %. Diese Differenzierung trägt aber dem Verhältnismäßigkeitsgrundsatz Rechnung und berücksichtigt, dass Kündigungen oder Kurzarbeit bei kleineren Betrieben einen größeren Einfluss auf die Lohnsumme haben als bei Betrieben mit einer hohen Beschäftigtenzahl.[1597] Die abgestuften Mindestlohnsummen gewährleisten daher eine verhältnismäßige Anwendung der Lohnsummenregelung. Diese Unterscheidung ist deshalb beihilferechtlich gerechtfertigt.

1594 Vgl. *Rupp/Blumenberg*, in: Steuerberater-Jahrbuch 2016/2017, S. 466.

1595 EuGH, Urteil vom 19.12.2018 – C-374/17, *Finanzamt B/A-Brauerei*, ECLI:EU:C:2018:1024, Rn. 50 f.

1596 Wohl a. A. *Blank*, Die erbschaftsteuerliche Unternehmensbegünstigung nach §§ 13a ff. ErbStG, 2018, S. 195 f., der die Lohnsummenregelung als beihilfekritisch erachtet.

1597 *Geck*, in: Kapp/Ebeling, ErbStG, 83. EL März 2020, § 13a Rn. 68; *Stalleiken*, in: von Oertzen/Loose, ErbStG, 2. Aufl. 2020, § 13a Rn. 63; *Hannes/Holtz*, in: Meincke/Hannes/Holtz, ErbStG, 18. Aufl. 2021, § 13a Rn. 40, 46.

δ) Selektive Abweichung durch die Art und Höhe der Beteiligung

Der Verschonungsabschlag differenziert in § 13b Abs. 1 ErbStG zwischen der Übertragung von Betrieben, Mitunternehmeranteilen einerseits, die generell verschont werden, und Anteilen an Kapitalgesellschaften, die erst ab einer Mindestbeteiligung von 25 % oder einer entsprechenden Poolvereinbarung steuerbefreit sind. Beträgt die Beteiligung an Kapitalgesellschaften weniger als 25 %, kommt der Verschonungsabschlag nicht mehr zur Anwendung. Die Beteiligung wird dann entweder als nicht begünstigungsfähiges Kapitalvermögen oder als betriebliches Verwaltungsvermögen erbschaftsteuerlich belastet. Es wird daher bei Übertragungen von Kapitalgesellschaftsbeteiligungen der Höhe nach differenziert. Darin kann eine nicht rechtsformneutrale Besteuerung gesehen werden.[1598]

Diese Ungleichbehandlung müsste allerdings auch selektiv sein.[1599] Es fragt sich daher, ob eine Ungleichbehandlung zwischen Unternehmen vorliegt, die sich im Hinblick auf die Besteuerung der steigenden Leistungsfähigkeit in einer vergleichbaren rechtlichen und tatsächlichen Situation befinden. Dies ist nicht der Fall, wenn zwischen Betrieben und Mitunternehmeranteilen einerseits und Kapitalgesellschaftsbeteiligungen von weniger als 25 % andererseits Unterschiede von solchem Gewicht bestehen, dass eine unterschiedliche steuerliche Belastung geboten ist.

Die erbschaftsteuerliche Begünstigung von betrieblichem Vermögen soll nur dann greifen, wenn mit dem Erworbenen eine unternehmerische Einbindung erfolgt und es nicht lediglich der privaten Vermögensanlage dient.[1600] Dies erfordere, dass ein unternehmerisches Eigeninteresse am Wohl und Wehe des Unternehmens bestehe, welches bei der Nachfolge insbesondere durch gesetzliche Behaltensanreize zu sichern ist.[1601] Das Erfordernis einer unternehmerischen Einbindung zeigt sich auch bei der Übertragung von Personengesellschaftsanteilen. Die Übertragung eines Personengesellschaftsanteils genügt für sich

---

1598 So zumindest *Wachter*, in: Fischer/Pahlke/Wachter, ErbStG, 6. Aufl. 2018, § 13b Rn. 130.

1599 Wohl bejahend *Demleitner*, ISR 2016, 328 (335).

1600 BVerfG, Urteil vom 17.12.2014 – 1 BvL 21/12, BVerfGE 138, 136 Rn. 180 f.; *Hannes/Holtz*, in: Meincke/Hannes/Holtz, ErbStG, 17. Aufl. 2018, § 13b Rn. 21; *Geck*, in: Kapp/Ebeling, ErbStG, 78. EL Oktober 2018, § 13b Rn. 5.

1601 BVerfG, Urteil vom 17.12.2014 – 1 BvL 21/12, BVerfGE 138, 136 Rn. 181; vgl. auch EuGH, Urteil vom 19.07.2012 – C-31/11, *Scheunemann*, ECLI:EU:C:2012:481, Rn. 29 f.

genommen nämlich nicht für das Vorliegen von begünstigungsfähigem Vermögen. Es ist insoweit erforderlich, dass ein Mitunternehmeranteil auf den Erwerber übergeht und dieser tatsächlich Mitunternehmerinitiative ausüben kann und Mitunternehmerrisiko trägt.[1602] Dies begründet eine hinreichende unternehmerische Einbindung. Eine Mindestschwelle ist nicht erforderlich, da bereits kleinste Anteile an Personengesellschaften eine mitunternehmerische Beteiligung begründen können. Zudem wird das Betriebsvermögen den Gesellschaftern zugerechnet und ist nicht rechtlich verselbständigt. Beim Erwerb von land- und forstwirtschaftlichem oder gewerblichem Betriebsvermögen eines Einzelunternehmers besteht die unternehmerische Einbindung schon in der Person des Übertragenden bzw. dann des Erwerbers.

Bei Kapitalgesellschaften existiert gerade keine dem Mitunternehmerrisiko vergleichbare Einstandspflicht für Wohl und Wehe des Unternehmens, da das Vermögen der Gesellschaft verselbständigt und damit getrennt vom Vermögen der Gesellschafter ist.[1603] Demnach benötigt es für eine unternehmerische Einbindung ein „Mehr" an gesellschaftsrechtlicher Entfaltungsmöglichkeit. Eine solche kann aber erst ab einer Mindestquote bestehen, die hinreichenden Einfluss auf die Geschicke der Gesellschaft ermöglicht. Zudem stellte auch das Bundesverfassungsgericht fest, dass sich die Übertragung von Anteilen an Kapitalgesellschaften im Streubesitz nicht wesentlich von der unentgeltlichen Übertragung sonstigen Vermögens unterscheide, das nicht von der Steuer verschont werde: „Der Bestand eines Betriebs, seine Bonität und die Sicherheit seiner Arbeitsplätze [hingen] in diesen Fällen regelmäßig nicht von der Person des Anteilsinhabers [ab]." [1604] Dieser könne seine als Kapitalanlage gehaltene Beteiligung ohne Gefährdung des Betriebs veräußern.[1605]

Bei Kapitalgesellschaften wird daher eine unternehmerische Einbindung pauschalierend erst ab einer Mindestquote von 25 % angenommen, welche im Rahmen des gesetzgeberischen Einschätzungs- und Gestaltungsspielraums liege.[1606] Dass erst ab einer Beteiligungshöhe von 25 % eine solche Einbindung anzunehmen ist, zeichnet sich auch an der Rechtsprechung des Europäischen

---

1602 Siehe hierzu: E. I. 2. c).

1603 Siehe hierzu: B. II. 2. a) aa) β) αα).

1604 BVerfG, Urteil vom 17.12.2014 – 1 BvL 21/12, BVerfGE 138, 136 Rn. 182.

1605 BVerfG, Urteil vom 17.12.2014 – 1 BvL 21/12, BVerfGE 138, 136 Rn. 182.

1606 BVerfG, Urteil vom 17.12.2014 – 1 BvL 21/12, BVerfGE 138, 136 Rn. 182; vgl. *Blumenberg*, Aktuelle Entwicklungen des EU-Beihilferechts im Bereich der deutschen Unternehmensbesteuerung, ifst-Schrift 516, S. 54; *Rupp/Blumenberg*, in: Steuerberater-Jahrbuch 2016/2017, S. 466.

Gerichtshofs zur Abgrenzung von der Niederlassungs- und Kapitalverkehrsfreiheit ab.[1607] Dieser sieht den Anwendungsbereich der Niederlassungsfreiheit bei Kapitalgesellschaftsbeteiligungen erst ab einer qualifizierten Mindestbeteiligungsquote eröffnet, geringere Beteiligungen unterliegen regelmäßig der Kapitalverkehrsfreiheit.[1608] Die Niederlassungsfreiheit erfasst nicht jede grenzüberschreitende Beteiligung an einem Unternehmen, sondern nach Art. 49 AEUV nur „die Aufnahme und Ausübung selbständiger Erwerbstätigkeiten sowie die Gründung und Leitung von Unternehmen".[1609] Demnach setzt das Eingreifen der Niederlassungsfreiheit eine Beteiligung am Kapital voraus, die dem Gesellschafter einen entsprechenden Einfluss auf die Entscheidungen der Gesellschaft gewährleistet.[1610] Das Vorliegen einer solchen Beteiligung hat der Europäische Gerichtshof bereits ab einer Quote von 25 % angenommen.[1611] Eine Beteiligung von 10 % genügte hingegen nicht, um einen sicheren Einfluss auf die Entscheidungen der Gesellschaft anzunehmen.[1612] Diese Beteiligungen unterliegen daher regelmäßig der Kapitalverkehrsfreiheit.

Demzufolge ist es – auch aus europarechtlicher Sicht – geboten, zwischen Kapitalgesellschaftsbeteiligungen von mehr als 25 % und weniger als 25 % zu differenzieren. Lediglich die qualifizierte Beteiligung gewährt dem Inhaber eine

---

1607 Ohne weitere Begründung *Rupp/Blumenberg*, in: Steuerberater-Jahrbuch 2016/2017, S. 466.

1608 EuGH, Urteil vom 13.04.2000 – C-251/98, *Baars*, ECLI:EU:C:2000:205, Rn. 22; EuGH, Urteil vom 12.09.2006 – C-196/04, *Cadbury Schweppes*, ECLI:EU:C:2006:544, Rn. 31; EuGH, Urteil vom 13.03.2007 – C-524/04, *Thin Cap Group Litigation*, ECLI:EU:C:2007:161, Rn. 27; EuGH, Beschluss vom 10.05.2007 – C-492/04, *Lasertec*, ECLI:EU:C:2007:273, Rn. 20; EuGH, Urteil vom 18.07.2007 – C-231/05, *Oy AA*, ECLI:EU:C:2007:439, Rn. 20; EuGH, Urteil vom 08.11.2012 - C-244/11, *Kommission/Griechenland*, ECLI:EU:C:2012:694, Rn. 20–25.

1609 EuGH, Urteil vom 12.09.2006 – C-196/04, *Cadbury Schweppes*, ECLI:EU:C:2006:544, Rn. 41.

1610 EuGH, Urteil vom 13.04.2000 – C-251/98, *Baars*, ECLI:EU:C:2000:205, Rn. 22; EuGH, Urteil vom 12.09.2006 – C-196/04, *Cadbury Schweppes*, ECLI:EU:C:2006:544, Rn. 31; EuGH, Urteil vom 13.03.2007 – C-524/04, *Thin Cap Group Litigation*, ECLI:EU:C:2007:161, Rn. 27; EuGH, Beschluss vom 10.05.2007 – C-492/04, *Lasertec*, ECLI:EU:C:2007:273, Rn. 20; EuGH, Urteil vom 18.07.2007 – C-231/05, *Oy AA*, ECLI:EU:C:2007:439, Rn. 20; EuGH, Urteil vom 08.11.2012 - C-244/11, *Kommission/Griechenland*, ECLI:EU:C:2012:694, Rn. 20-25.

1611 EuGH, Beschluss vom 10.05.2007 – C-492/04, *Lasertec*, ECLI:EU:C:2007:273, Rn. 21.

1612 EuGH, Urteil vom 12.12.2006 – C-446/04, *FII Group Litigation*, ECLI:EU:C:2006:774, Rn. 58 ff.

hinreichende unternehmerische Einbindung. Geringere Beteiligungen stellen dagegen regelmäßig nur Kapitalanlagen dar, die nicht zu begünstigen sind. Beim Erwerb von Betriebsvermögen oder mitunternehmerischen Anteilen ergibt sich diese Einbindung bereits aus der Natur und der Art des erworbenen Vermögens unabhängig von der Höhe der Beteiligung. Aufgrund dieses strukturellen Unterschieds fehlt es bereits an einer rechtlich und tatsächlich vergleichbaren Situation, sodass eine selektive Ungleichbehandlung durch die Art und Höhe der Beteiligung nicht ersichtlich ist.

ε) Selektive Abweichung durch die Optionsverschonung des § 13a Abs. 10 ErbStG

αα) Unterschiedliche Belastung durch die Optionsverschonung

Die Optionsverschonung sieht eine vollständige Steuerbefreiung des begünstigten Vermögens vor, wenn der Erwerber wesentlich strengere Lohnsummenregelungen und längere Behaltensfristen einhält.[1613] Zusätzlich erfordert die Optionsverschonung nach § 13a Abs. 10 S. 2 ErbStG, dass das begünstigungsfähige Vermögen nicht zu mehr als 20 % aus Verwaltungsvermögen bestehen darf. Die Anwendbarkeit dieser Begünstigung setzt grundsätzlich die Möglichkeit der Inanspruchnahme der Regelverschonung voraus. Wenn bereits die Regelverschonung nicht gewährt werden kann, scheidet eine vollständige Steuerbefreiung schon von vornherein aus. Die mit der Optionsverschonung verbundene vollständige Befreiung des begünstigten Vermögens stellt ebenso eine Abweichung von der grundsätzlichen Besteuerung unentgeltlicher Vermögenserwerbe dar, die gleichzeitig über die Regelverschonung des § 13a Abs. 1 ErbStG hinausgeht.

Es fragt sich aber, ob diese Abweichung insoweit selektiv ist, als sie zwischen Unternehmen unterscheidet, die sich in einer vergleichbaren tatsächlichen und rechtlichen Situation befinden. Auch die Optionsverschonung steht grundsätzlich sämtlichen Erwerbern begünstigten Vermögens offen, sodass auf die vorstehenden Ausführungen verwiesen werden kann. Allerdings könnte es deshalb zu einer selektiven Ungleichbehandlung kommen, weil zusätzlich gefordert wird, dass die Verwaltungsvermögensquote nicht mehr als 20 % betragen darf.[1614]

1613 Siehe zu den Anforderungen: E. I. 2. a) cc).

1614 Die Ermittlung des Verwaltungsvermögens im Sinne des § 13a Abs. 10 ErbStG folgt allerdings anderen Kriterien als bei der Abgrenzung des begünstigten vom nicht begünstigten Vermögen nach § 13b Abs. 2 ErbStG, da für die Optionsverschonung die Summe des Verwaltungsvermögens gem. § 13b Abs. 3, 4 ErbStG im Verhältnis zum gemeinen Wert des begünstigungsfähigen Vermögens maßgeblich ist, vgl. zur Widersprüchlichkeit der Ermittlung der Verwaltungsvermögensquote *Hannes*, ZEV

Es könnten daher solche Unternehmen von der Steuerbefreiung ausgeschlossen werden, die diese Quote überschreiten und nur die Regelverschonung in Anspruch nehmen können. Es sind keine signifikanten Unterschiede zwischen Unternehmen mit mehr als 20 % Verwaltungsvermögen und weniger als 20 % Verwaltungsvermögen erkennbar, die eine unterschiedliche Belastung erfordern. Insoweit befinden sich diese Unternehmen im Hinblick auf das mit dem Referenzsystem verfolgte Ziel in einer rechtlich und tatsächlich vergleichbaren Situation. Demnach liegt eine *prima facie* selektive Abweichung vor.

ββ) Rechtfertigung durch die Verhinderung einer missbräuchlichen Steuerbefreiung

Die Optionsverschonung stellt dann keine selektive Begünstigung für bestimmte Unternehmen dar, wenn sie durch die Natur und den Aufbau des Steuersystems gerechtfertigt werden kann. Als systemimmanenter Rechtfertigungsgrund könnte das ordnungsgemäße Funktionieren des Steuersystems und insbesondere die Verhinderung einer missbräuchlichen Inanspruchnahme von Steuerbefreiungen in Frage kommen.[1615] Mit der 20%-Grenze wird verhindert, dass Unternehmen mit einem höheren Bestand an unproduktivem Vermögen, das nicht zur Wertschöpfung eingesetzt wird, keine vollständige Steuerbefreiung erhalten. Für die erworbenen Unternehmen, die diese Grenze überschreiten, kommt nur noch die Regelverschonung des § 13 Abs. 1 ErbStG in Betracht oder sie erhalten überhaupt keine Verschonung auf das begünstigte Vermögen. Es fragt sich daher, ob mit der gewählten Höchstgrenze für Verwaltungsvermögen verhindert werden soll, dass dieses Vermögen als begünstigtes Vermögen vollständig steuerbefreit auf den Erwerber übergehen kann.

Bereits die Vorgängerregelung enthielt eine Höchstgrenze für Verwaltungsvermögen i. H. v. 10 %, wenn die vollständige Steuerbefreiung begehrt wurde. Dieser Grenze lag die Intention zugrunde, dass nur Unternehmen mit überwiegend produktivem Vermögen vollständig steuerbefreit werden sollten. Beachtenswert ist allerdings, dass die Konzeption des Verschonungsabschlags und der Optionsverschonung vor 2016 durch eine andere Systematik geprägt war. Durch das generelle Alles-oder-nichts-Prinzip wurde bei der Vorgängerregelung das gesamte betriebliche Vermögen begünstigt, wenn die entsprechenden

2016, 554 (559); *Geck*, in: Kapp/Ebeling, ErbStG, 83. EL März 2020, § 13a Rn. 213; *Stalleiken*, in: von Oertzen/Loose, ErbStG, 2. Aufl. 2020, § 13a Rn. 258.

1615 Vgl. EuGH, Urteil vom 19.12.2018 – C-374/17, *Finanzamt B/A-Brauerei*, ECLI:EU:C:2018:1024, Rn. 46 f.

Höchstgrenzen eingehalten wurden.[1616] Damit unterlag auch das nach der neuen Systematik schädliche Verwaltungsvermögen der vollständigen Steuerbefreiung.[1617] Insoweit hat sich der Gesetzgeber im Lichte des Missbrauchsgedankens zu Recht dafür entschieden, die Begünstigung nur zu gewähren, wenn ein besonders hoher Bestand an wertschöpfendem Vermögen im Unternehmen vorhanden war. Ansonsten bestünde nämlich die Gefahr, dass typischerweise als Privatvermögen gehaltene Wirtschaftsgüter als Betriebsvermögen vollständig steuerbefreit übergehen. Mit der Einhaltung einer Vermögensverwaltungsquote von 10 % konnte dem zumindest theoretisch begegnet werden.[1618]

Seit dem 1. Juli 2016 gilt das Alles-oder-nichts-Prinzip nicht mehr, sodass nur noch das begünstigte Vermögen im Sinne des § 13b Abs. 2 ErbStG steuerbefreit ist. Es fragt sich daher, ob die Einhaltung einer qualifizierten Verwaltungsvermögensquote von 20 % für die Ausübung der Vollverschonung überhaupt noch erforderlich ist.[1619] Steuerbefreit ist nach § 13a Abs. 10 ErbStG n. F. nur das begünstigte Vermögen, während das Verwaltungsvermögen ohne Verschonung grundsätzlich mit Erbschaftsteuer belastet wird.[1620]

Die latente Gefahr einer missbräuchlichen Steuerbefreiung für nicht wertschöpfendes Vermögen ist daher nicht mehr in gleicher Weise gegeben. Trotz der gewährten Begünstigung für unschädliches Verwaltungsvermögen, das teilweise auch von der Erbschaftsteuer befreit wird, ist dies nicht mit der missbräuchlichen Ausnutzung im Rahmen des Alles-oder-nichts-Prinzips vergleichbar. Das unschädliche Verwaltungsvermögen trägt vielmehr dem Umstand Rechnung, dass jede wertschöpfende Tätigkeit regelmäßig auch einen Mindestbestand an unproduktivem Vermögen erfordert.[1621] Die Gefahr einer missbräuchlichen Begünstigung von Verwaltungsvermögen ist daher nicht mehr gegeben bzw. wird bereits durch die komplexe Ermittlung des schädlichen Verwaltungsvermögens und der ausschließlichen Verschonung des begünstigten Vermögens

1616 *Dannecker*, DStR 2020, 853.

1617 *Dannecker*, DStR 2020, 853.

1618 Vgl. zur Optionsverschonung bis zum 30. Juni 2016 *Dannecker*, DStR 2020, 853; nur auf der unmittelbar übergehenden Ebene war die Einhaltung der 10%-Verwaltungsvermögensquote gefordert, während nachgelagerte Ebenen eine Verwaltungsvermögensquote von bis zu 50 % aufweisen konnten. Dies bot die Möglichkeit schädliches Verwaltungsvermögen frühzeitig auf untere Ebenen zu übertragen und dort die 50%-Quote auszunutzen.

1619 Ebenso *Stalleiken*, in: von Oertzen/Loose, ErbStG, 2. Aufl. 2020, § 13a Rn. 258.

1620 *Stalleiken*, in: von Oertzen/Loose, ErbStG, 2. Aufl. 2020, § 13a Rn. 258.

1621 BT-Drucks. 18/5923, S. 29.

verhindert.[1622] Die Einhaltung der Verwaltungsvermögensquote von 20 % ist nicht mit dem Ziel, eine missbräuchliche Steuerbefreiung zu verhindern, zu rechtfertigen. Weitere Rechtfertigungsgründe sind nicht ersichtlich.

Im Hinblick auf die strengere Einhaltung der Lohnsummenregelung und Behaltensfrist kann auf die vorstehenden Ausführungen verwiesen werden. Auch bei der Optionsverschonung dienen diese dem ordnungsgemäßen Funktionieren des Steuersystems und sind daher gerechtfertigt.

φ) Selektive Abweichung durch den Vorwegabschlag des § 13a Abs. 9 ErbStG

αα) Ungleichbehandlung durch den Vorwegabschlag

§ 13a Abs. 9 ErbStG gewährt einen Bewertungsabschlag auf das begünstigte Vermögen für bestimmte Rechtsformen, sofern die strengen Anforderungen eingehalten werden.[1623] Neben einer Abfindungsbeschränkung sind auch eine Ausschüttungshöchstgrenze und eine Verfügungsbeschränkung über die Beteiligung vorgesehen. Der Wert des begünstigten Vermögens vermindert sich danach um bis zu 30 %. Werden die strengen Voraussetzungen nicht eingehalten, bleibt dem Erwerber der Bewertungsabschlag verwehrt. Aus der Anwendung des Bewertungsabschlags auf das begünstigte Vermögen resultiert eine geringere Steuerbelastung, da sich hierdurch die Bemessungsgrundlage für die Besteuerung reduziert. Damit stellt diese Regelung eine Begünstigung dar, die von der grundsätzlichen Pflicht der erbschaftsteuerlichen Belastung unentgeltlicher Vermögenserwerbe abweicht.

Den Bewertungsabschlag können allerdings nur bestimmte Rechtsformen in Anspruch nehmen. Da die Beschränkungen im Gesellschaftsvertrag der Personengesellschaft oder in der Satzung der Kapitalgesellschaft enthalten sein müssen, können Einzelunternehmen die Begünstigung schon aufgrund fehlenden Gesellschaftsvertrags nicht erhalten.[1624] Bei Aktiengesellschaften sind die

---

1622 Ohne beihilferechtlichen Bezug *Stalleiken*, in: von Oertzen/Loose, ErbStG, 2. Aufl. 2020, § 13a Rn. 258.

1623 Siehe zu den Anforderungen: E. I. 2. a) bb).

1624 BMF, Allgemeine Verwaltungsvorschrift zur Anwendung des Erbschaftsteuer- und Schenkungsteuerrechts, R E 13a.20 Abs. 1 Satz 4 Nr. 1 ErbStR 2019, Drucks. 387/19; dies wird teilweise für steuer- und verfassungsrechtlich bedenklich erachtet, vgl. *Wachter*, FR 2016, 690 (702); *Weber/Schwind*, ZEV 2016, 688 (689); *Kotzenberg/Jülicher*, GmbHR 2016, 1135 (1140); *Riedel*, in: Daragan/Halaczinsky/Riedel, ErbStG/BewG, 3. Aufl. 2017, § 13a ErbStG Rn. 340; *Esskandari*, in: Stenger/Loose, BewG/ErbStG, 140. EL 2018, § 13a ErbStG Rn. 264.

geforderten Einschränkungen bereits satzungsmäßig nicht zulässig.[1625] Demnach werden diese Rechtsformen der unternehmerischen Betätigung von der Verschonung nach § 13a Abs. 9 ErbStG ausgeschlossen. Insoweit könnte darin eine selektive Begünstigung gesehen werden. Dies wäre anzunehmen, wenn sich die verschiedenen Unternehmensformen in einer vergleichbaren rechtlichen und tatsächlichen Situation befinden und eine unterschiedliche Belastung nicht geboten wäre. Die Regelung erfasst sowohl Personengesellschaften als auch bestimmte Kapitalgesellschaftsformen und unterscheidet gerade nicht grundlegend zwischen diesen beiden Ausprägungen. Bei den Personenunternehmen werden die Einzelunternehmer und bei den Kapitalgesellschaften die Aktiengesellschaften ausgeschlossen. Die strukturelle Differenzierung hinsichtlich des begünstigungsfähigen Vermögens, welche vor allem der unternehmerischen Einbindung geschuldet ist und entsprechend gerechtfertigt werden kann, ist daher im Zusammenhang mit dem Bewertungsabschlag nicht erkennbar. Eine unterschiedliche Behandlung dieser Rechtsformen ist deshalb als *prima facie* selektiv einzustufen.

ββ) Rechtfertigung durch die verminderte finanzielle Leistungsfähigkeit

Der Bewertungsabschlag des § 13a Abs. 9 ErbStG könnte allerdings durch die verminderte finanzielle Leistungsfähigkeit gerechtfertigt werden.[1626] Die beschränkte Verfügbarkeit über den Betrieb oder einzelne Wirtschaftsgüter des Betriebs könnte sich nämlich aus Umständen ergeben, die im Unternehmen selbst begründet sind und unabhängig von den äußeren Umständen bestehen. Durch gesellschaftsrechtliche Vereinbarungen unterliegen die Beteiligungen erheblichen Beschränkungen, die bei nicht familiengeführten Unternehmen nur selten anzutreffen sind.[1627] Aufgrund der Verfügungsbeschränkung können Beteiligungen nur an Angehörige im Sinne des § 15 AO veräußert werden. Eine

---

1625 BMF, Allgemeine Verwaltungsvorschrift zur Anwendung des Erbschaftsteuer- und Schenkungsteuerrechts, R E 13a.20 Abs. 1 Satz 4 Nr. 2 ErbStR 2019, Drucks. 387/19.

1626 Die finanzielle Leistungsfähigkeit kommt grundsätzlich als systemimmanenter Rechtfertigungsgrund in Betracht, vgl. hierzu allgemein Vgl. EuGH, Urteil vom 29.04.2004 – C-159/01, *Niederlande/Kommission*, ECLI:EU:C:2004:246, Rn. 43; EuGH, Urteil vom 08.09.2011 – C-78/08 bis C-80/08, *Paint Graphos u. a.*, ECLI:EU:C:2011:550, Rn. 64 f.; EuGH, Urteil vom 19.12.2018 – C-374/17, *Finanzamt B/A-Brauerei*, ECLI:EU:C:2018:1024, Rn. 44.

1627 Vgl. *Geck*, in: Kapp/Ebeling, ErbStG, 83. EL März 2020, § 13a Rn. 187; *Löcherbach*, in: Viskorf/Schuck/Wälzholz, ErbStG/BewG, 6. Aufl. 2020, § 13a Rn. 181.

Veräußerung an Dritte am freien Markt ist dann nicht möglich. Zudem sind Ausschüttungsmöglichkeiten entweder beschränkt oder gänzlich ausgeschlossen und ein Ausscheiden aus der Gesellschaft ist regelmäßig mit einer ermäßigten Abfindung verbunden.[1628] Diese Beschränkungen und Auflagen schlagen sich auch im Wert nieder: Solche Beteiligungen erzielen oftmals geringere Marktpreise als vergleichbare Beteiligungen ohne diese Einschränkungen.[1629] Der relevante Markt beschränkt sich dabei allerdings auf die Angehörigen nach § 15 AO, der deshalb sehr überschaubar sein kann. Es ist daher nicht ausgeschlossen, dass der Wert des erworbenen Anteils nicht mit dem anteiligen Unternehmenswert übereinstimmt.[1630]

Hieraus lässt sich eine verminderte finanzielle Leistungsfähigkeit des Erwerbers ableiten.[1631] Der Erwerber kann zum einen das erworbene Betriebsvermögen nur erschwert liquidieren und zum anderen ist eine Veräußerung am Markt aufgrund der Verfügungsbeschränkungen nur bedingt möglich.[1632] Wenn das erworbene Vermögen gerade nicht frei veräußert werden kann und ein gemeiner Wert daher nicht erzielt werden kann, wirkt sich dies zwangsläufig auf die Leistungsfähigkeit des Erwerbers aus.[1633] Der erworbene Vermögenszuwachs entspricht in diesen Fällen nicht der finanziellen Leistungsfähigkeit des Erwerbers. Auf diese verminderte Leistungsfähigkeit kann für Zwecke der Erbschaftsteuer Rücksicht genommen werden, da sonst eine übermäßige Belastung droht.

Problematisch ist in diesem Zusammenhang aber, dass die Regelung nicht allgemein die erschwerte Verfügbarkeit solcher Beteiligungen berücksichtigt, sondern besonders strenge Anforderungen stellt, die Grundlage für eine zusätzliche Begünstigung sind. Auch wenn damit die verminderte finanzielle Leistungsfähigkeit des Erwerbers berücksichtigt werden soll, die insoweit auch als Rechtfertigungsgrund herangezogen werden kann, stellt sich die Frage, ob dies nicht

---

1628 Vgl. die Übersicht von *Piltz*, Einfluss der Eigenschaften und Ausstattung von Anteilen an Gesellschaften auf deren Verkehrswert, ifst-Schrift 506, S. 148 ff.

1629 *Neumann*, in: Steuerberater-Jahrbuch 2016/2017, S. 70; *Blank*, Die erbschaftsteuerliche Unternehmensbegünstigung nach §§ 13a ff. ErbStG, 2018, S. 255 f. schließt hieraus eine nicht gerechtfertigte Ungleichbehandlung, da Unternehmen, bei denen die Satzung andere Beschränkungen enthalte, nicht von § 13a Abs. 9 ErbStG erfasst seien, obwohl der Erwerb entsprechender Anteile ebenso eine geringere finanzielle Bereicherung zur Folge habe.

1630 *Dannecker*, DStR 2020, 853 (855).

1631 Ebenso *Piltz*, ZEV 2018, 170 (174).

1632 Ebenso *Piltz*, ZEV 2018, 170 (174).

1633 Ebenso *Piltz*, ZEV 2018, 170 (174).

eine unverhältnismäßige Begünstigung bestimmter Rechtsformen ist. Durch die unsystematische Begünstigung von bestimmten Rechtsformen werden das Betriebsvermögen von Einzelunternehmen sowie von land- und forstwirtschaftlichen Unternehmen und Beteiligungen an Aktiengesellschaften ausgeschlossen, obwohl auch bei diesen eine verminderte finanzielle Leistungsfähigkeit nicht auszuschließen ist. Gerade bei Einzelunternehmen kann eine Veräußerung des Betriebsvermögens aufgrund der persönlichen Prägung des Inhabers ebenso schwierig sein wie bei Beteiligungen einer familiär geprägten Kommanditgesellschaft oder einer Gesellschaft mit beschränkter Haftung. Zudem werden Unternehmen, die in der Rechtsform der Aktiengesellschaft und Societas Europaea (SE) firmieren, ebenso benachteiligt. Diese können aber gleichermaßen eine familiäre Prägung aufweisen. Die Unverhältnismäßigkeit der Regelung ergibt sich daher aus der unzureichenden Berücksichtigung sämtlicher Unternehmensformen, obwohl bei diesen zumindest faktisch ebenso eine verminderte finanzielle Leistungsfähigkeit vorliegen kann. Diese verhältnismäßige Begünstigung von Personengesellschaften und bestimmten Kapitalgesellschaften begründet die Selektivität des Bewertungsabschlags.

bb) Zusammenfassung zur selektiven Abweichung

Durch den Verschonungsabschlag aus § 13a Abs. 1 ErbStG, die Optionsverschonung gemäß § 13a Abs. 10 ErbStG und den abschmelzenden Verschonungsabschlag des § 13c ErbStG kommt es zu einer Abweichung von der grundsätzlichen Erbschaftsteuerpflicht unentgeltlicher Vermögenserwerbe. Diese Abweichung genügt für sich genommen jedoch nicht, um eine Beihilferechtswidrigkeit der Maßnahmen zu bejahen. Erforderlich ist insoweit, dass es durch die Maßnahmen zu einer selektiven Abweichung vom Referenzsystem kommt, die nicht gerechtfertigt werden kann.

Die Steuerbefreiungen der §§ 13a Abs. 1, Abs. 10 und 13c Abs. 1 ErbStG wirken partiell selektiv, da sie lediglich bestimmte Unternehmen bevorzugen und nicht sämtliche *prima facie* selektiven Abweichungen durch die Natur und den Aufbau gerechtfertigt werden können. Insbesondere der vollständige Entfall jeglicher Begünstigungsmöglichkeit durch die 90%-Grenze des § 13b Abs. 2 S. 2 ErbStG stößt auf erhebliche beihilferechtliche Bedenken. Hierdurch werden bestimmte Unternehmen von der Anwendung der Steuerbefreiungen für betriebliches Vermögen ausgeschlossen. Dieser Regelung liegt zwar ein systemimmanenter Grundgedanke des Steuerrechts, die Verhinderung einer missbräuchlichen Begünstigung, zugrunde, allerdings geht sie über das hinaus, was zur Zielerreichung erforderlich ist. Die missbräuchliche Inanspruchnahme der

Steuerbefreiung wird bereits ausreichend durch die komplexe Wertermittlung des begünstigten Vermögens sowie die Lohnsummenregelung und Behaltensfrist sichergestellt. Ein darüber hinausgehender Ausschluss ab einer Verwaltungsvermögensquote von über 90 % ist nicht geboten. Dies benachteiligt den Erwerb von Betriebsvermögen oder Beteiligungen, die typischerweise hohe Finanzmittelbestände aufweisen.

Ebenso ist die Optionsverschonung des § 13a Abs. 10 ErbStG eine selektive Begünstigung von Unternehmen mit weniger als 20 % Verwaltungsvermögensquote. Es lassen sich keine Gründe anführen, die eine Differenzierung zwischen Unternehmen mit mehr als 20 % Verwaltungsvermögen und solchen mit weniger als 20 % rechtfertigen können. Die eingeführte Grenze ist vielmehr ein Relikt der Vorgängerregelung, der allerdings eine andere Systematik zugrunde lag. Während in der aktuellen Konzeption lediglich das begünstigte Vermögen der Steuerbefreiung unterliegt, wurde vorher bei Einhalten der Verwaltungsvermögensgrenze die Begünstigung auf das gesamte Betriebsvermögen gewährt. Eine Begrenzung des nicht wertschöpfenden Verwaltungsvermögens war daher geboten. In der aktuellen Konzeption gibt es für diese Grenze jedoch keinen Anlass.

Der Vorwegabschlag kann zwar hinsichtlich seiner begünstigenden Wirkung mit der verminderten finanziellen Leistungsfähigkeit des Erwerbers von entsprechenden Gesellschaftsanteilen begründet werden. Die Beschränkung dieser Begünstigung auf Personengesellschaften und bestimmte Kapitalgesellschaften kann dies aber nicht rechtfertigen. Auch mit dem Erwerb von Betriebsvermögen oder Anteilen an einer familiär geprägten Aktiengesellschaft kann eine vergleichbare verminderte finanzielle Leistungsfähigkeit einhergehen. Diesem Umstand wird aber durch den Vorwegabschlag nicht Rechnung getragen, sodass dies eine ungerechtfertigte Differenzierung zwischen Wirtschaftsteilnehmern zur Folge hat. Selbst die Annahme eines äußerst geringen Anwendungsbereichs und einer untergeordneten praktischen Relevanz[1634] lässt den selektiven Charakter des Bewertungsabschlags für bestimmte Familienunternehmen nach § 13a Abs. 9 ErbStG nicht entfallen.

Die selektive Abweichung durch die Lohnsummenregelung und die Behaltensfrist kann durch das Ziel, eine missbräuchliche Inanspruchnahme der Steuerbefreiung sowie kurzfristige Mitnahmeeffekte zu verhindern, gerechtfertigt werden. Ebenso können die Freigrenze und die abschmelzende Verschonung auf die Systematik und die progressive Ausgestaltung zurückgeführt werden

---

1634 Vgl. *Dannecker*, DStR 2020, 853 (855); *Steger/Königer*, BB 2016, 3099 (3105); *Weber*, DStZ 2017, 13 (19).

und entsprechen daher der Natur und dem Aufbau des Erbschaftsteuerrechts. In der unterschiedlichen Behandlung von Betriebsvermögen sowie mitunternehmerischen Beteiligungen einerseits und Kapitalgesellschaftsbeteiligungen andererseits ist bereits keine beihilferelevante Ungleichbehandlung zu sehen, da sich diese Unternehmen nicht in einer vergleichbaren rechtlichen und tatsächlichen Situation befinden. Die unternehmerische Einbindung des Erwerbers, welche als Abgrenzung zu bloßem Kapitalvermögen erforderlich ist, liegt bei Kapitalgesellschaften regelmäßig erst ab einer Beteiligung von 25 % vor. Bei Personenunternehmen resultiert die erforderliche Einbindung entweder aus der direkten Zurechnung des Betriebsvermögens oder aus der Mitunternehmerstellung.

Auch wenn die teilweise *prima facie* selektiven Abweichungen durch die Natur und den Aufbau des Steuersystems gerechtfertigt werden können, führen die nicht gerechtfertigten Abweichungen auf Basis des Drei-Stufen-Tests zur Selektivität der betreffenden Verschonungstatbestände.

d) Selektivität nach dem Kriterium der allgemeinen Verfügbarkeit

Auch wenn der Europäische Gerichtshof in seinem Urteil zur Konzernvergünstigung des § 6a GrEStG[1635] das Kriterium der allgemeinen Verfügbarkeit nicht berücksichtigte, soll dennoch nachfolgend die Selektivität des Verschonungsabschlags anhand dieses Ansatzes in der gebotenen Ausführlichkeit erörtert werden.

aa) Kriterium der allgemeinen Verfügbarkeit

Der Generalanwalt *Saugmandsgaard Øe* plädierte in seinen Schlussanträgen zur Beihilfequalität des § 6a GrEStG für diesen Ansatz, da er geeignet sei, die Steuerautonomie der Mitgliedstaaten umfassender zu beachten und die Kontrollmöglichkeit der Europäischen Kommission einschränken würde.[1636] Ein steuerlicher Vorteil sei dann nicht als selektiv anzusehen, wenn für den Erhalt des Vorteils ein bestimmtes Verhalten erforderlich ist, das grundsätzlich von jedem Unternehmen gleichermaßen ausgeübt werden könne.[1637] Demnach solle nicht jedes steuerliche Differenzierungskriterium beihilferechtlich relevant sein: Lediglich

---

1635 EuGH, Urteil vom 19.12.2018 – C-374/17, *Finanzamt B/A-Brauerei*, ECLI:EU:C:2018:1024.

1636 Schlussanträge des Generalanwalts *Saugmandsgaard Øe* vom 19.09.2018, C-374/17, *Finanzamt B/A-Brauerei*, ECLI:EU:C:2018:741, Rn. 74 ff.

1637 Schlussanträge des Generalanwalts *Saugmandsgaard Øe* vom 19.09.2018, C-374/17, *Finanzamt B/A-Brauerei*, ECLI:EU:C:2018:741, Rn. 71.

diejenigen Differenzierungen sind beachtlich, die nicht allgemein verfügbar sind, weil sich nicht alle Unternehmen auf sie berufen können.[1638] Demnach stelle „eine Steuervergünstigung, die an ein Verhalten gebunden ist, das jedes Unternehmen annehmen kann, eine allgemeine Maßnahme dar."[1639]

Hinsichtlich der Konzernklausel konstatierte der Generalanwalt, dass es jedem Unternehmen offenstehe, sich im Konzern zu strukturieren und Umwandlungsvorgänge im Sinne des § 6a GrEStG vorzunehmen.[1640] Folglich kommt es für das Kriterium der allgemeinen Verfügbarkeit maßgeblich auf die Zugänglichkeit der Vergünstigung an. Steht eine Vergünstigung grundsätzlich jedem Steuerpflichtigen offen und ist nicht offensichtlich diskriminierend, wirkt sie nicht selektiv im Sinne des Art. 107 Abs. 1 AEUV und ist daher als allgemeine beihilfekonforme Maßnahme anzusehen.

bb) Anwendung auf den erbschaftsteuerlichen Verschonungsabschlag

Hinsichtlich des erbschaftsteuerlichen Verschonungsabschlag wäre daher eine selektive Begünstigung zu verneinen, wenn die Steuervergünstigung dergestalt konzipiert ist, dass sie jedem gleichermaßen offensteht. Entscheidend ist insoweit, dass jedes erworbene Unternehmen grundsätzlich in der Lage wäre, die Voraussetzungen des Verschonungsabschlags zu erfüllen. Über die Anwendbarkeit bzw. Verfügbarkeit des Verschonungsabschlags des § 13a Abs. 1 ErbStG entscheiden im Wesentlichen zwei Voraussetzungen: Die Freigrenze i. H. v. EUR 26 Millionen des § 13a Abs. 1 ErbStG und die Verwaltungsvermögensquote i. H. v. 90 % gemäß § 13b Abs. 2 S. 2 ErbStG. Wird die Freigrenze überschritten, verbleibt nur noch eine Begünstigung nach § 13c Abs. 1 ErbStG oder eine Stundung bzw. ein Erlass nach § 28a ErbStG. Wird die Verwaltungsvermögensquote i. H. v. 90 % überschritten, wird das gesamte Vermögen nicht begünstigt.

Nach dem Kriterium der allgemeinen Verfügbarkeit ist für die Frage der Selektivität darauf abzuheben, ob die Vergünstigung grundsätzlich jedem Unternehmen offensteht und das erforderliche Verhalten angenommen werden kann. Für den Ausschluss der Begünstigung nach § 13b Abs. 2 S. 2 ErbStG ist der Anteil des Verwaltungsvermögens i. S. v. § 13b Abs. 1 ErbStG am begünstigungsfähigen

1638 Schlussanträge des Generalanwalts *Saugmandsgaard Øe* vom 19.09.2018, C-374/17, *Finanzamt B/A-Brauerei*, ECLI:EU:C:2018:741, Rn. 64, 68.

1639 Schlussanträge des Generalanwalts *Saugmandsgaard Øe* vom 19.09.2018, C-374/17, *Finanzamt B/A-Brauerei*, ECLI:EU:C:2018:741, Rn. 69, 112.

1640 Schlussanträge des Generalanwalts *Saugmandsgaard Øe* vom 19.09.2018, C-374/17, *Finanzamt B/A-Brauerei*, ECLI:EU:C:2018:741, Rn. 69.

Vermögen maßgeblich. Beträgt dieser mehr als 90 %, ist das gesamte Vermögen nicht mehr begünstigt. Auf die Höhe des Verwaltungsvermögens und damit auch der Anteil am begünstigungsfähigen Vermögen hat das Unternehmen aber unmittelbar Einfluss. Durch den Abbau von Verwaltungsvermögen oder durch entsprechende Umschichtungen und Investitionen in begünstigtes Vermögen kann auf das Verhältnis eingewirkt werden. Damit obliegt es dem Grunde nach dem Unternehmen selbst, eine mit § 13b Abs. 2 S. 2 ErbStG verträgliche Verwaltungsvermögensquote zu erreichen. Die Ausführungen des Generalanwalts *Saugmandsgaard Øe* zu § 6a GrEStG, wonach es jedem Unternehmen offenstehe, sich im Konzern zu strukturieren,[1641] lassen sich daher auch auf den Verschonungsabschlag übertragen. Auch hinsichtlich des § 13b Abs. 2 S. 2 ErbStG stehe es grundsätzlich jedem Unternehmen frei, die Verwaltungsvermögensquote dergestalt zu bestimmen, dass sie nicht zum Ausschluss der Begünstigung führt.

Während das Unternehmen auf seine Verwaltungsvermögensquote unmittelbar Einfluss nehmen kann, ist dies bei dem begünstigten Vermögen, welches für die Freigrenze nach § 13a Abs. 1 ErbStG maßgeblich ist, nicht ohne Weiteres möglich. Das begünstigte Vermögen der §§ 13a Abs. 1, 13b Abs. 2 S. 1 ErbStG ist eine absolute Größe, welche sich aus der Saldierung von begünstigungsfähigem Vermögen und Verwaltungsvermögen ergibt.[1642] Ein Unternehmen ist daher grundsätzlich nicht – wie bei der relativen Kennziffer der Verwaltungsvermögensquote – in der Lage nach Belieben auf die Höhe des begünstigen Vermögens Einfluss zu nehmen. Im Übrigen determiniert die Unternehmensgröße regelmäßig die Höhe von begünstigtem Vermögen und Verwaltungsvermögen. Da der Gesetzgeber mit dem Verschonungsabschlag nach § 13a Abs. 1 ErbStG vornehmlich kleine und mittelständische Unternehmen begünstigen wollte[1643], werden Erwerbe begünstigten Vermögens jenseits der Freigrenze von EUR 26 Millionen nur noch nach § 13c ErbStG oder § 28a ErbStG verschont. Folglich steht die Vergünstigung des § 13a Abs. 1 ErbStG gerade nicht jedem Unternehmen offen. Insbesondere große Unternehmen können oftmals einen über EUR 26 Millionen liegenden Wert des begünstigten Vermögens aufweisen und diesen nicht ohne Weiteres reduzieren. Diese Unternehmen werden von der Begünstigung ausgeschlossen. Insoweit führt der Verschonungsabschlag des § 13a ErbStG auch im

1641 Schlussanträge des Generalanwalts *Saugmandsgaard Øe* vom 19.09.2018, C-374/17, *Finanzamt B/A-Brauerei*, ECLI:EU:C:2018:741, Rn. 69.

1642 Siehe hierzu: E. I. 2. c).

1643 BT-Drucks. 18/5923, S. 21.

Lichte des Kriteriums der allgemeinen Verfügbarkeit zu einer *prima facie* selektiven Ungleichbehandlung.

Gleichwohl kann auch eine nach dieser Vorgehensweise festgestellte Selektivität nach den allgemeinen Grundsätzen des Europäischen Gerichtshofs und der Europäischen Kommission gerechtfertigt werden.[1644] Die Differenzierung durch die Freigrenze als Anwendungsvoraussetzung müsste daher der Natur und dem Aufbau des Erbschaftsteuersystems entsprechen. Nach der Rechtsprechung des Europäischen Gerichtshofs können Mitgliedstaaten ihr Steuersystem progressiv ausgestalten, sofern dies nicht missbräuchlich erfolgt.[1645] Für eine missbräuchliche Ausgestaltung der Verschonungstatbestände existieren jedoch keinerlei Anhaltspunkte. Der Gesetzgeber konnte daher im Rahmen seiner Souveränität die Freigrenze sowie die progressive Besteuerung im Rahmen der Verschonungsabschläge bestimmen. Diese Kriterien entsprechen – wie bereits zuvor dargelegt – der Natur und dem Aufbau des Erbschaftsteuerrechts[1646], sodass auch eine nach dem Kriterium der allgemeinen Verfügbarkeit festgestellte *prima facie* selektive Abweichung durch die Freigrenze gerechtfertigt wäre.

cc) Fazit zur Selektivität nach dem Kriterium der allgemeinen Verfügbarkeit

Der erbschaftsteuerliche Verschonungsabschlag des § 13a Abs. 1 ErbStG würde ausgehend von der summarischen Prüfung des Kriteriums der allgemeinen Verfügbarkeit wohl nicht zu einer selektiven Abweichung führen bzw. die *prima facie* selektive Abweichung wäre jedenfalls gerechtfertigt. Der Ansatz des Generalanwalts *Saugmandsgaard Øe* überzeugt vor allem durch den vergleichsweisen geringen Aufwand und die Hervorhebung der Zugänglichkeit zu einer Vergünstigung als wesentlicher Faktor der Selektivitätsprüfung. Auch haben steuersystematische Differenzierungen nur eine untergeordnete Bedeutung. Dieser Ansatz kann, wie vom Generalanwalt in seinen Schlussanträgen zu § 6a GrEStG verdeutlicht, durch seine weniger invasive Methode der Souveränität der Mitgliedstaaten im Bereich der direkten Steuern zu mehr Geltung verhelfen.[1647]

1644 Siehe hierzu allgemein: B. II. 2. c) bb) χ).

1645 EuGH, Urteil vom 16.03.2021 – C-596/19 P, *Kommission/Ungarn*, ECLI:EU:C:2021:202, Rn. 46 f.

1646 Siehe bereits zur Rechtfertigung durch die Progression und den Aufbau des Erbschaftsteuersystems: E. II. 2. c) aa) χ) ββ).

1647 Schlussanträge des Generalanwalts *Saugmandsgaard Øe* vom 19.09.2018, C-374/17, *Finanzamt B/A-Brauerei*, ECLI:EU:C:2018:741, Rn. 74.

Allerdings liegt gerade in der Vernachlässigung von steuersystematischen Differenzierungen eine erhebliche Schwäche des Ansatzes. Die Komplexität der Steuersysteme und -gesetze erfordert eine dezidierte Beschäftigung durch die Europäische Kommission und die Europäische Gerichtsbarkeit. Das Abstellen auf die Frage, ob eine Vergünstigung allen Unternehmen offensteht und ob diese ein Verhalten annehmen könnten, das zur Begünstigung führt, wird dem nicht vollumfänglich gerecht. Auch wenn dieser Ansatz die Souveränität der Mitgliedstaaten weniger beeinträchtigt, darf das Beihilfeverbot im Bereich des Steuerrechts im Gegensatz zur Intention des Generalanwalts *Saugmandsgaard Øe* nicht vornehmlich auf die „im Binnenmarkt schädlichsten Maßnahmen, nämlich die Einzelbeihilfen und die sektoralen Beihilfen“[1648] beschränkt werden. Dass sich der Europäische Gerichtshof in seinem Urteil zur Konzernklausel des § 6a GrEStG nicht mit dem Kriterium der allgemeinen Verfügbarkeit auseinandersetze und diesen Ansatz auch nicht erwähnte, kann jedenfalls als ablehnender Fingerzeig verstanden werden.

3. Wettbewerbsverfälschung und Handelsbeeinträchtigung

Schließlich werden die Auswirkungen der Verschonungsabschläge im beihilferechtlichen Kontext erörtert. Eine unionsrechtswidrige Beihilfe ist in den Verschonungstatbeständen nur dann zu sehen, wenn sie gemäß Art. 107 Abs. 1 AEUV zu einer Verfälschung des Wettbewerbs und einer Beeinträchtigung des Handels führen. Wenngleich dieses Merkmal in Anbetracht der Rechtsprechung des Europäischen Gerichtshofs kaum Beachtung findet, soll nachfolgend dennoch auf die potentiell wettbewerbsverfälschende und handelsbeeinträchtigende Wirkung eingegangen werden.

a) Möglichkeit der Wettbewerbsverfälschung

Für die Wettbewerbsverfälschung genügt es bereits, wenn die Maßnahme potentiell hierzu geeignet erscheint. Der Europäische Gerichtshof nahm eine solche schon deshalb an, weil die selektive Begünstigung des Steuerpflichtigen „grundsätzlich“ den Wettbewerb verfälsche.[1649] Damit intendiert die Selektivität der Begünstigung die Verfälschung des Wettbewerbs.

1648 Schlussanträge des Generalanwalts *Saugmandsgaard Øe* vom 19.09.2018, C-374/17, *Finanzamt B/A-Brauerei*, ECLI:EU:C:2018:741, Rn. 81.

1649 Vgl. EuGH, Urteil vom 19.09.2000 – C-156/98, *Deutschland/Kommission*, ECLI:EU:C:2000:467, Rn. 30; EuGH, Urteil vom 03.03.2005 – C-172/03, *Heiser*, ECLI:EU:C:2005:130, Rn. 55.

In Anbetracht der Rechtsprechung genügt daher bereits die festgestellte selektive Abweichung durch den erbschaftsteuerlichen Verschonungsabschlag. Durch die entlastende Wirkung der selektiv ausgestalteten Steuerbefreiungen der §§ 13a, 13c ErbStG kann die Wettbewerbsposition der erworbenen Unternehmen im Vergleich zu Unternehmen, die diese Begünstigung nicht erhalten, verbessert werden. Auch wenn sich die Erbschaftsteuer bzw. eine Befreiung von dieser nicht unmittelbar beim Unternehmen auswirkt, kann eine finanzielle Entlastung des erworbenen Unternehmens nicht ausgeschlossen werden. Betriebliches Vermögen wird aufgrund des Verschonungsabschlags regelmäßig nicht zur Begleichung der Erbschaftsteuer eingesetzt, sodass die Finanzkraft und der Bestand des Unternehmens nicht beeinträchtigt werden. Erworbene Unternehmen, die den Verschonungsabschlag nicht erhalten, sehen sich dagegen der Gefahr eines erheblichen Mittelabflusses ausgesetzt, der die finanzielle Situation des Unternehmens beeinflussen kann. Es liegt daher nahe, dass sich der ausbleibende Mittelabfluss des Unternehmens auf die Wettbewerbsstellung des Unternehmens auswirken kann. Durch die zumindest nicht schwächere Wettbewerbsposition kann eine wettbewerbsverfälschende Wirkung nicht ausgeschlossen werden. Es ist daher möglich, dass es durch die mittelbare Begünstigung von bestimmten Unternehmen potentiell zu einer Verfälschung des Wettbewerbs kommt.

b) Möglichkeit der Handelsbeeinträchtigung

Der innergemeinschaftliche Handel wird durch eine staatliche Maßnahme beeinflusst, wenn hierdurch die Stellung eines Unternehmens gegenüber anderen, konkurrierenden Unternehmen in diesem Handel gestärkt wird oder gestärkt werden könnte.[1650] Teilweise werde aber vertreten, dass ein bloßer Reflex nicht genüge, um eine Handelsbeeinträchtigung anzunehmen.[1651] Anders ist dies nach Auffassung von *de Weerth*, wenn die Steuerbefreiung kalkulatorisch

1650 EuGH, Urteil vom 10.01.2006 – C-222/04, *Cassa di Risparmio di Firenze*, ECLI:EU:C:2006:8, Rn. 141; EuGH, Urteil vom 08.05.2013 – C-197/11, *Libert u. a.*, ECLI:EU:C:2013:288, Rn. 77; EuGH, Urteil vom 09.10.2014 – C-522/13, *Ministerio de Defensa und Navantia SA*, ECLI:EU:C:2014:2262, Rn. 52.

1651 *De Weerth*, DB 2016, 2692 mit Verweis auf EuGH, Urteil vom 08.05.2015 – C-105/14, *Taricco u. a.*, ECLI:EU:C:2015:555, Rn. 60; der EuGH stellte hinsichtlich der Wettbewerbsverfälschung allerdings nur fest, dass eine mangelhafte Durchsetzung innerstaatlicher Strafvorschriften keine wettbewerbsverfälschende Wirkung habe.

im Preis berücksichtigt werde und zu einer Reduzierung führe.[1652] Kann eine solche Preisbeeinflussung nicht festgestellt werden, könne eine Handelsbeeinträchtigung nicht angenommen werden.[1653] Da die Erbschaftsteuer nicht in die betriebliche Kostenrechnung miteinfließe, beeinträchtige eine Begünstigung nicht den Handel und sei daher keine gemeinschaftswidrige Beihilfe.[1654]

Die kalkulatorische Berücksichtigung von Steuern und deren Einfluss auf die Preisgestaltung eines Unternehmens kann bei unmittelbaren Beihilfen durchaus hilfreich sein, um den handelsbeeinträchtigenden Charakter der Maßnahme festzustellen. Bei mittelbaren Beihilfen besteht jedoch die Besonderheit in der Weiterleitung des Vorteils. Es ist bei steuerlichen Entlastungen logische Folge, dass diese auf der Ebene des unmittelbar Steuerpflichtigen berücksichtigt werden und nicht beim Unternehmen. Insbesondere bei Verbraucherbeihilfen zeigt sich die fehlende kalkulatorische Berücksichtigung der Steuerentlastung. Solche Maßnahmen haben zumeist einen steigenden Absatz bestimmter Produkte zur Folge[1655] und wirken sich nicht unmittelbar auf den Preis oder die Kostenrechnung aus. Ebenso kann die Erbschaftsteuer schon allein deshalb nicht unmittelbar in die Kostenrechnung des Unternehmens einfließen, weil sie auf der Ebene des Erwerbers anfällt. Dieser Umstand allein genügt jedoch nicht, um das Vorliegen einer Handelsbeeinträchtigung zu verneinen. Es kommt nicht lediglich auf die Berücksichtigung in der betrieblichen Kostenrechnung und die unmittelbar preisbeeinflussende Wirkung an.

Entscheidend ist vielmehr, ob die Maßnahme rein faktisch eine Besserstellung bestimmter Unternehmen im innergemeinschaftlichen Handel hervorruft. Es kann nämlich – im Lichte des wirkungsorientierten Ansatzes – nicht entscheidend sein, ob die Steuervergünstigung sich unmittelbar in der Kostenrechnung widerspiegelt oder nur mittelbar eine Entlastung für das Unternehmen darstellt. Eine solche Sichtweise würde mittelbare Beihilfen regelmäßig mangels entsprechender Handelsbeeinträchtigung aus dem Beihilfetatbestand ausschließen. Auch der Anfall von Erbschaftsteuer beim Erwerber kann sich daher – zumindest mittelbar – auf die Wettbewerbsstellung des Unternehmens

1652 *De Weerth*, DB 2016, 2692 mit Verweis auf EuGH, Urteil vom 09.10.2014 – C-522/13, *Ministerio de Defensa und Navantia SA*, ECLI:EU:C:2014:2262, Ls. 5, dem diese Aussage allerdings nicht zu entnehmen ist.

1653 *De Weerth*, DB 2016, 2692.

1654 *De Weerth*, DB 2016, 2692.

1655 Vgl. EuGH, Urteil vom 28.07.2011 – C-403/10 P, *Mediaset SpA/Kommission*, ECLI:EU:C:2011:533.

auswirken. Der nicht stattfindende Mittelabfluss aus dem Unternehmen kann zu einer Entlastung führen, die sich auch auf die Preisbildung auswirken kann, ohne dass die Erbschaftsteuer unmittelbar in die Kostenrechnung miteinbezogen wird. Es ist für die Wettbewerbsstellung unerheblich, ob der Mittelabfluss des betroffenen Unternehmens aufgrund einer unmittelbaren Abgabenlast oder wegen der beim Erwerber anfallenden Steuer erfolgt. Ebenso verhält es sich mit Steuervergünstigungen. Damit besteht auch hinsichtlich des Verschonungsabschlags, trotz seiner nur mittelbar begünstigenden Wirkung, die Möglichkeit, dass der Handel beeinträchtigt wird.

4. Vorliegen eines Ausnahmetatbestands

Es sind weder Legalausnahmen i. S. v. Art. 107 Abs. 2 AEUV noch Ermessensausnahmen i. S. v. Art. 107 Abs. 3 AEUV ersichtlich, die eine Vereinbarkeit des Verschonungsabschlags mit dem Europäischen Beihilferecht begründen könnten.

5. Vorliegen einer bestehenden Beihilfe

Die erbschaftsteuerliche Verschonung von betrieblichem Vermögen wurde nicht erst mit dem Erbschaftsteuerreformgesetz 2016[1656] eingeführt, sondern existierte bereits vor dieser Novelle. Insoweit könnte man in Erwägung ziehen, die geltenden Verschonungsregelungen als bestehende Beihilfen anzusehen.[1657] Diese unterlägen so lange keinem Durchführungsverbot, bis sie von der Europäischen Kommission als mit dem Binnenmarkt unvereinbar erklärt werden.[1658] Erforderlich wäre insoweit, dass der Verschonungsabschlag eine bestehende Beihilfe im Sinne des Art. 1 lit. b Beihilfeverfahrens-VO ist. Von vornherein scheidet bereits das Vorliegen einer Alt-Beihilfe nach Art. 1 lit. b Ziff. i. Beihilfeverfahrens-VO aus, da dies nur diejenigen Maßnahmen erfasst, die vor dem 1. Januar 1958 bzw. in der DDR vor dem 3. Oktober 1990 eingeführt wurden, und die Verschonung von betrieblichem Vermögen erst seit dem Standortsicherungsgesetz vom 1. September 1993[1659] besteht.

1656 Gesetz zur Anpassung des Erbschaftsteuer- und Schenkungsteuergesetzes an die Rechtsprechung des Bundesverfassungsgerichts vom 4. November 2016, BGBl. I 2016, 2464.

1657 So zumindest *Rupp/Blumenberg*, in: Steuerberater-Jahrbuch 2016/2017, S. 464.

1658 *Rupp/Blumenberg*, in: Steuerberater-Jahrbuch 2016/2017, S. 445; vgl. allgemein zum Verfahren bei bestehenden Beihilfen *Wienbracke*, WRP 2016, 294 f.

1659 Gesetz zur Verbesserung der steuerlichen Bedingungen des Wirtschaftsstandorts Deutschland im Europäischen Binnenmarkt (Standortsicherungsgesetz – StandOG) vom 13. September 1993, BGBl. I 1993, 1569.

Ebenso ist in der Privilegierung von betrieblichem Vermögen weder eine genehmigte noch eine durch Fristablauf oder Verjährung als genehmigt geltende Beihilfe zu sehen.[1660] Letztlich ist auch deshalb nicht von einer bestehenden Beihilfe auszugehen, weil sie zu dem Zeitpunkt, zu dem sie eingeführt wurde, keine Beihilfe war und später aufgrund der Entwicklung des Binnenmarktes zu einer Beihilfe wurde, ohne dass sie eine Änderung erfahren hat.[1661] Die geltende Verschonungsregelung ist frühestens mit dem Erbschaftsteuerreformgesetz 2009[1662] eingeführt und zwischenzeitlich mehrfach modifiziert worden.

Auch wenn das geltende Verschonungssystem in seinen Grundzügen bereits durch die Erbschaftsteuerreform 2009 eingeführt wurde, erfolgte damit jedenfalls eine strukturelle Änderung in der Wertermittlung und der Begünstigung von betrieblichem Vermögen. Erst mit der Erbschaftsteuerreform 2009 wurde die Steuerbefreiung für das begünstigte Betriebsvermögen in ihrer aktuellen Struktur eingeführt, welche durch die Erbschaftsteuerreform 2016 erheblich modifiziert wurde. Davor erfolgte die Verschonung lediglich durch eine niedrigere Bewertung. Demnach ist der Verschonungsabschlag keine bestehende Beihilfe im Sinne des Art. 1 lit. b Beihilfeverfahrens-VO.[1663]

6. Zusammenfassung zur beihilferechtlichen Würdigung

Die Regelverschonung, der abschmelzende Verschonungsabschlag und die Optionsverschonung stellen legislative Maßnahmen dar. Sie begünstigen mittelbar das erworbene Unternehmen, da eine faktische finanzielle Belastung vermieden wird. Der Erwerber eines Familienunternehmens oder eines familiär geprägten Betriebsvermögens ist nicht gezwungen Beteiligungen oder wertschöpfendes Kapital zur Begleichung der anfallenden Erbschaftsteuer zu veräußern. Demnach führen die Verschonungstatbestände zu einer Begünstigung des Unternehmens. Zudem sind diese potentiell geeignet eine Wettbewerbsverfälschung und Handelsbeeinträchtigung hervorzurufen. Ausgehend von der erbschaftsteuerlichen Belastung eines unentgeltlichen Vermögenserwerbs als Referenzsystem weichen die Verschonungsabschläge hiervon ab, indem sie den Erwerb begünstigten Vermögens teilweise oder vollständig steuerbefreien. Entscheidend – und

1660 Vgl. Art. 1 lit. b Ziff. ii., iii., iv. Beihilfeverfahrens-VO.

1661 Vgl. Art. 1 lit. b Ziff. v. Beihilfeverfahrens-VO.

1662 Gesetz zur Reform des Erbschaftsteuer- und Bewertungsrechts (Erbschaftsteuerreformgesetz – ErbStRG) vom 24. Dezember 2008, BGBl. I 2008, 3018.

1663 So bereits *Rupp/Blumenberg*, in: Steuerberater-Jahrbuch 2016/2017, S. 464; *de Weerth*, DB 2016, 2692; *Wachter*, DB 2016, 1273 (1274).

oftmals vernachlässigt – ist die Frage, ob die Abweichung vom Referenzsystem selektiv ist und damit nur bestimmte Unternehmen einen Vorteil erhalten. Insoweit sind die betreffenden Steuervergünstigungen zumindest teilweise selektiv, da durch bestimmte Voraussetzungen Unternehmen von der Verschonung ausgeschlossen werden, obwohl sich diese in einer vergleichbaren rechtlichen und tatsächlichen Situation befinden. Eine Rechtfertigung der *prima facie* selektiven Abweichungen ist nur bedingt möglich, sodass es sich bei den Verschonungsabschlägen um eine unionsrechtswidrige Beihilfe handelt.

III. Fazit

Im Schrifttum finden sich bereits einige Stimmen, die im Verschonungsabschlag eine beihilferechtswidrige Steuervergünstigung sehen.[1664] Ein schlichtes Abstellen auf die Komplexität[1665], fehlende Rechtfertigungsgründe[1666] oder nicht vorliegende Handelsbeeinträchtigung[1667] genügt dem jedenfalls nicht. Die vorstehenden Ausführungen zeigen jedoch, dass die Beihilferechtswidrigkeit keinesfalls offensichtlich ist, sondern nahezu sämtliche Stellschrauben des Beihilfetatbestands diskussionswürdig sind und die Rechtswidrigkeit auf verschiedene Umstände zurückgeführt werden kann.

1. Stellungnahme

Die Unvereinbarkeit der erbschaftsteuerlichen Verschonungsabschläge mit dem Europäischen Beihilferecht ist einerseits der Ermittlung von Verwaltungsvermögen und begünstigtem Vermögen geschuldet sowie andererseits der unsystematischen Beibehaltung von Voraussetzungen der Vorgängerregelung.

Entgegen den widersprüchlichen Ausführungen des Gesetzgebers, der durch den Verschonungsabschlag zwar Familienunternehmen finanziell entlasten möchte, während die Steuerbefreiung nur dem Erwerber zugutekommen soll,[1668] werden mittelbar die erworbenen Unternehmen begünstigt. Dies ist unabhängig

---

1664 *Ismer/Piotrowski*, DStR 2015, 1993 (1998 f.); *Demleitner*, ISR 2016, 328 (335); *Wachter*, GmbHR 2017, 1 (16); *Bockhoff*, ZEV 2017, 186 (189 f.); *Wachter*, DB 2016, 1273.

1665 *Wachter*, DB 2016, 1273.

1666 *Wachter*, DB 2016, 1273 (1277).

1667 *De Weerth*, DB 2016, 2692.

1668 BMF, Referentenentwurf vom 01.06.2015, Teil A VI., S. 18 (fehlende Begünstigung des Unternehmens) und S. 19 f. (Unternehmen sollen durch erbschaftsteuerliche Ansprüche nicht gefährdet werden).

von der gesetzlichen Intention anhand der mit der entlastenden Maßnahme verbundenen Wirkung festzustellen. Wenngleich die vorliegende Konstellation nicht mit Verbraucherbeihilfen vergleichbar ist, deren mittelbare Beihilfequalität vom Europäischen Gerichtshof[1669] bereits mehrfach bestätigt wurde, ergibt sich die begünstigende Wirkung durch die Befreiung von einer faktischen Pflicht. Es können insoweit die Ausführungen des Europäischen Gerichtshofs aus dem Urteil *Niederlande/Kommission*[1670] auf den Verschonungsabschlag übertragen werden. Zwar ist in Einzelfällen nicht auszuschließen, dass es trotz einer Belastung des wertschöpfenden Vermögens nicht zu einem Mittelabfluss beim erworbenen Unternehmen kommt, die Auswertung entsprechender Statistiken legt dies aber nahe.

Letztlich ergibt sich die selektive Abweichung vornehmlich durch die Ungleichbehandlung aufgrund der Verwaltungsvermögensquote. Diese wirkt sich sowohl bei der grundsätzlichen Anwendbarkeit (§ 13b Abs. 2 S. 2 ErbStG) als auch bei der Inanspruchnahme der Optionsverschonung aus (§ 13a Abs. 10 ErbStG). Während bei der Optionsverschonung die Ungleichbehandlung durch die Verwaltungsvermögensquote von 20 % bereits nicht durch die Natur und den Aufbau des Steuersystems gerechtfertigt werden kann, scheitert die Höchstgrenze von 90 % des § 13b Abs. 2 S. 2 ErbStG an der Verhältnismäßigkeit. Für beide Voraussetzungen besteht zumindest seit der Einführung des neuen Verschonungssystems mit der Erbschaftsteuerreform 2016[1671] kein Bedarf. Diese wirken vielmehr systemfremd, da sie auf dem Gedanken des Alles-oder-nichts-Prinzips basieren und eine missbräuchliche Inanspruchnahme der Steuervergünstigung verhindern wollen. Vor allem die Einhaltung der Verwaltungsvermögensquote von 20 % bei der Optionsverschonung ist daher ein Relikt der Vorgängerregelung, welches im Zuge der Erbschaftsteuerreform von 10 % auf 20 % erhöht wurde, aber in dieser Ausgestaltung nicht erforderlich gewesen wäre. Die Missbrauchsgefahr wurde indes bereits durch die komplexe Ermittlung des schädlichen Verwaltungsvermögens weitestgehend gebannt. Ein darüberhinausgehender Missbrauchsvermeidungsmechanismus ist derweil nicht

---

1669 Vgl. EuGH, Urteil vom 19.09.2000 – C-156/98, *Deutschland/Kommission*, ECLI:EU:C:2000:467; EuGH, Urteil vom 28.07.2011 – C-403/10 P, *Mediaset SpA/Kommission*, ECLI:EU:C:2011:533.

1670 EuGH, Urteil vom 13.06.2002 – C-382/99, *Niederlande/Kommission*, ECLI:EU:C:2002:363.

1671 Gesetzes zur Anpassung des Erbschaftsteuer- und Schenkungsteuergesetzes an die Rechtsprechung des Bundesverfassungsgerichts vom 4. November 2016, BGBl. I 2016, 2464.

geboten und führt lediglich zu unsystematischen Ergebnissen hinsichtlich der Anwendbarkeit der Verschonungsabschläge.

Gleichwohl zeichnet sich das Gesamtsystem der §§ 13a ff. ErbStG durch eine abgestufte Verschonung von betrieblichem Vermögen aus, das insoweit aufgrund der Progression dem Aufbau und der Natur des Erbschaftsteuersystems entspricht. Die progressive Ausgestaltung der Verschonungsabschläge steht im Ermessen des Gesetzgebers und kann nur dann beanstandet werden, wenn sie auf unzulässigen Kriterien fußt. Eine solche unzulässige oder missbräuchliche Ausgestaltung ist in den Verschonungsabschlägen jedoch nicht zu erkennen. Die Differenzierung hinsichtlich der Begünstigungsfähigkeit zwischen Personenunternehmen zum einen und Kapitalgesellschaftsbeteiligungen zum anderen entspricht sowohl den verfassungsrechtlichen Vorgaben als auch der ständigen Rechtsprechung des Europäischen Gerichtshofs. Ausgehend von der Intention der Begünstigung wertschöpfenden Vermögens ist es folgerichtig, an die unternehmerische Einbindung anzuknüpfen. Während diese bei Personenunternehmen entweder durch das unmittelbar zuzurechnende Betriebsvermögen oder über die mitunternehmerische Beteiligung begründet wird, fehlt es bei Kapitalgesellschaften an einer durch das Betriebsvermögen begründeten unternehmerischen Einbindung. Diese wird typisierend vom Bundesverfassungsgericht[1672] und Europäischen Gerichtshof[1673] erst ab einer Mindestquote angenommen, welche es ermöglicht auf die Entscheidungen der Gesellschaft Einfluss zu nehmen. Dass ein solcher Einfluss auch durch Poolvereinbarungen mehrerer Anteilsinhaber erreicht werden kann, zeigt die ganz wesentliche Bedeutung der unternehmerischen Einbindung für die Begünstigung von betrieblichem Vermögen. Unterhalb der geforderten Mindestquote von 25 % liegt es nahe, in der Beteiligung nur eine Kapitalanlage zu sehen, die typischerweise im Privatvermögen gehalten wird und keine unternehmerische Einbindung vermittelt. Die gesetzliche Differenzierung innerhalb des begünstigungsfähigen Vermögens nach § 13b Abs. 1 ErbStG ist daher geboten und nicht zu beanstanden.

Insgesamt sprechen die besseren Gründe für eine zumindest mittelbare Begünstigung des erworbenen Unternehmens, die aufgrund der systematisch unlogischen Anwendungsvoraussetzungen auch selektiv wirkt und damit bestimmte Unternehmen begünstigt. Gleichzeitig sind die Verschonungsabschläge

---

1672 Vgl. BVerfG, Urteil vom 17.12.2014 – 1 BvL 21/12, BVerfGE 138, 136 Rn. 182.

1673 Vgl. EuGH, Beschluss vom 10.05.2007 – C-492/04, *Lasertec*, ECLI:EU:C:2007:273, Rn. 21.

potentiell geeignet eine Wettbewerbsverfälschung und Handelsbeeinträchtigung hervorzurufen.

2. Gestaltungsempfehlung

Da die selektive Begünstigung vor allem auf die unsystematische Einhaltung von Verwaltungsvermögensquoten zurückzuführen ist, sollten diese durch eine Gesetzesänderung beseitigt werden.[1674] Weder die 90%-Grenze des § 13b Abs. 2 S. 2 ErbStG noch die 20%-Grenze der Optionsverschonung in § 13a Abs. 10 ErbStG fügt sich widerspruchslos in die Verschonungssystematik ein. Vor allem Letztere ist ein Relikt des Alles-oder-nichts-Prinzips, das vornehmlich eine übermäßige Begünstigung von schädlichem Verwaltungsvermögen verhindern sollte. Im neuen System der spezifischen Befreiung des wertschöpfenden Unternehmensvermögens wirkt eine solche Grenze systemfremd und sollte dringend aus den Tatbestandsvoraussetzungen der Optionsverschonung entfernt werden, da das schädliche Verwaltungsvermögen ohnehin nicht steuerbefreit wird. Mit der erweiterten Einhaltung der Lohnsummenregelung und der Behaltensfrist werden bereits hinreichend hohe Anforderungen an die vollständige Steuerbefreiung gestellt, sodass eine darüber hinausgehende Höchstgrenze des Verwaltungsvermögens nicht erforderlich ist.

Auch die 90%-Grenze des § 13b Abs. 2 S. 2 ErbStG, welche für sämtliche Verschonungstatbestände gilt, ist nicht überzeugend. Zwar kann diese dem Grunde nach mit der Verhinderung einer übermäßigen Begünstigung gerechtfertigt werden, ist aber aufgrund des unverhältnismäßigen Ausschlusses von Unternehmen mit besonders hohen Verwaltungsvermögen nicht geeignet, dieses Ziel zu erreichen. Dem Gesetzgeber ist nahezulegen, auch insoweit nachzubessern und die systemfremde Voraussetzung ebenso zu streichen. Dies würde zugleich auch die unsystematische Ermittlung der Verwaltungsvermögensquote beseitigen. Inkonsistent ist nämlich, dass das begünstigte Vermögen nach § 13b Abs. 2 ErbStG, die 90%-Grenze nach § 13b Abs. 2 S. 2 ErbStG und die Optionsverschonung in § 13a Abs. 10 ErbStG unterschiedliche Verwaltungsvermögensquoten erfordern. Vor allem könnte sich der Gesetzgeber des kaum nachvollziehbaren Vergleichs zwischen der Bruttoverwaltungsvermögensquote und dem Nettounternehmenswert in § 13b Abs. 2 S. 2 ErbStG entledigen.[1675]

1674 Die Erweiterung einer Begünstigung zur Herstellung einer europarechtlichen Konformität durch den Mitgliedstaat ist eine legitime Vorgehensweise *Lampert*, EuZW 2013, 493 (497).

1675 Zur systematisch unlogischen Ermittlung S. *Viskorf*, in: Viskorf/Schuck/Wälzholz, ErbStG/BewG, 6. Aufl. 2020 § 13b Rn. 163, 171; *Weinmann*, in: Moench/

Ebenso sollte der Bewertungsabschlag für Familienunternehmen in § 13a Abs. 9 ErbStG modifiziert oder – wegen seiner überschaubaren praktischen Bedeutung – vollständig abgeschafft werden. Die Intention, familiengeführte und vor allem familiär geprägte Unternehmen durch einen Abschlag auf den Wert des begünstigten Vermögens zusätzlich zu entlasten und damit der finanziell verminderten Leistungsfähigkeit Rechnung zu tragen, ist durchaus legitim. Allerdings sollte sich dieses Privileg nicht nur auf bestimmte Unternehmensformen beschränken, sondern auch Erwerbern offenstehen, die Betriebsvermögen oder Anteile an Aktiengesellschaften erhalten. Auch insoweit kann eine verminderte finanzielle Leistungsfähigkeit bestehen. Neben einer vollständigen Abschaffung des Bewertungsabschlags käme auch ein Bewertungsabschlag in Frage, bei dem die familiäre Prägung stärker fokussiert wird. So könnte beispielsweise ein Abschlag davon abhängig sein, dass das Betriebsvermögen, die mitunternehmerische Beteiligung oder die Beteiligung an einer Kapitalgesellschaft bei Angehörigen im Sinne des § 15 AO verhaftet ist. Sind an dem begünstigten Vermögen mehrheitlich sich nahestehende Personen beteiligt oder halten das maßgebliche Betriebsvermögen gemeinsam, könnte eine hinreichende familiäre Prägung angenommen werden. Letztlich sollen damit die familiären Umstände berücksichtigt werden, die ursächlich für die verminderte finanzielle Leistungsfähigkeit sind. Insoweit käme der Bewertungsabschlag rechtsformneutral für sämtliche Vermögensarten des § 13b Abs. 1 ErbStG in Frage. Eine beihilferechtliche Selektivität wäre damit ausgeschlossen.

Werden die vorstehenden Empfehlungen im Rahmen einer zukünftigen Gesetzesänderung berücksichtigt, stellen die erbschaftsteuerlichen Verschonungsabschläge eine beihilferechtskonforme Maßnahme dar. Trotz der weiterhin bestehenden tatbestandlichen Differenzierungen ist von einer allgemeinen Maßnahme auszugehen. Die verbleibende *prima facie* selektive Begünstigung von Unternehmen kann durch die Natur und den Aufbau des Erbschaftsteuersystems gerechtfertigt werden, sodass insgesamt eine europarechtskonforme Regelung vorliegen würde.

Weinmann, ErbStG/BewG, 80. EL 2018, § 13b ErbStG Rn. 88; *Dannecker*, DStR 2020, 853 (855).

F. Abschließende Bewertung

Das Spannungsfeld zwischen nationalem Steuerrecht und europäischem Primärrecht ist relevanter denn je. Insbesondere die beihilferechtliche Bedeutung von Steuervergünstigungen ist zwischenzeitlich zum festen Bestandteil der steuerjuristischen Diskussion und Entscheidungspraxis geworden. Das Beihilferecht soll dabei vor allem den wettbewerbsverzerrenden Maßnahmen der Mitgliedstaaten entgegenwirken und einen unbeeinflussten Binnenmarkt gewährleisten. Auch wenn das Beihilferecht dies dem Grunde nach leisten kann, bestehen nach wie vor erhebliche Schwierigkeiten zu präjudizieren, ob eine staatliche Steuerentlastung beihilferelevant ist oder nicht.

Als gefestigt kann insoweit die Vorgehensweise zur Bestimmung eines selektiven Vorteils angesehen werden, lediglich im Rahmen der einzelnen Voraussetzungen bestehen nach wie vor Unsicherheiten. Ganz grundsätzlich unterscheidet die Rechtsprechung des Europäischen Gerichtshofs zwischen Steuervergünstigungen, die als abweichende Vorschrift eine Entlastung gewähren („*de jure*"), und solchen, die bereits durch das Steuersystem begründet sind („*de facto*"). Während bei Ersteren sich die dreistufige Selektivitätsprüfung etabliert hat, findet bei steuersystematischen Begünstigungen eine ausschließlich wirkungsorientierte Betrachtung statt. Da diese durch die *Gibraltar*-Rechtsprechung[1676] begründet wurde und insoweit eine Ausnahme darstellt, wird auch in Zukunft die Mehrheit der Steuervergünstigungen durch die klassische dreistufige Prüfung gewürdigt werden.

Die klassische und mitunter relativ starre Vorgehensweise bei der Selektivitätsprüfung steht allerdings der nahezu unbegrenzten Vielfältigkeit nationaler Steuervergünstigungen gegenüber. Umso wichtiger ist eine verlässliche und einheitliche Bestimmung der Selektivität, die ganz wesentlich den Ausgang des Beihilfeverfahrens determiniert.[1677] Bei der Festlegung des steuerlichen

---

1676 EuGH, Urteil vom 15.11.2011 – C-106/09 P und C-107/09 P, *Kommission/Gibraltar*, ECLI:EU:C:2011:732.

1677 Vgl. nur die Selektivitätsprüfung im Verfahren zur Sanierungsklausel § 8c Abs. 1a KStG: EU-Kommission, Beschluss vom 26.01.2011 – C7/10, KStG, *Sanierungsklausel*, ABl. 2011 L 235/26; EuG, Urteil vom 04.02.1016 – T-620/11, *GFKL Financial Services AG*, ECLI:EU:T:2016:59; EuGH, Urteil vom 28.06.2018 – C-209/16 P, *Deutschland/Kommission*, ECLI:EU:C:2018:507; vgl. auch *Soltész*, EuZW 2017, 51 (54 f.).

Normalfalls – des Referenzsystems – sprechen die besseren Gründe für eine makrosystematische Betrachtung, welche die Wertungen und Prinzipien des Steuersystems beachtet. Der mikrosystematische Ansatz kann unter Umständen leichterfallen, ist aber oftmals von einer formalen Herangehensweise geprägt, die dem wirkungsorientierten Ansatz widerspricht. Gleichwohl ist nicht auszuschließen, dass beide Ansätze zum gleichen Ergebnis gelangen können.

Die Rechtfertigung *prima facie* selektiver Steuervergünstigungen kann zumindest insoweit als hinreichend geklärt angesehen werden, als nur steuersystematische Erwägungen, die auf den Grund- und Leitprinzipien des Steuersystems beruhen, als Rechtfertigungsgründe in Frage kommen. Der Europäische Gerichtshof hat bislang den Versuchen, selektive Ungleichbehandlungen über externe Ziele zu rechtfertigen, eine Absage erteilt.[1678] Auch in Zukunft ist sehr wahrscheinlich, dass nur systemimmanente Ziele *prima facie* selektive Abweichungen rechtfertigen können. Diesbezüglich sind vor allem das ordnungsgemäße Funktionieren des Steuersystems, die Vermeidung einer übermäßigen steuerlichen Belastung sowie die Verhinderung von Steuermissbrauch von besonderer Bedeutung. Das Rechtfertigungskriterium unterliegt allerdings einer stetigen Entwicklung, sodass grundsätzlich weitere systemimmanente Rechtfertigungsgründe denkbar sind.

Die Systematik und das Telos des Beihilfeverbots, gerade unter Beachtung des Ausnahmetatbestands von Art. 108 Abs. 2 lit. a) AEUV, sprechen für eine Anwendung des Beihilfeverbots auf mittelbare Begünstigungen.[1679] Trotz der Schwierigkeiten bei der Bestimmung des Begünstigtenkreises oder der Quantifizierung der Rückforderung unionsrechtswidriger Beihilfen sind mittelbare Begünstigungen grundsätzlich beihilferelevant. Sie sind im Verhältnis zu unmittelbaren Begünstigungen subsidiär. Ein mittelbarer Vorteil ist anzunehmen, „wenn die Maßnahme so ausgestaltet ist, dass ihre sekundären Auswirkungen bestimmbaren Unternehmen oder Gruppen von Unternehmen zugleitet

---

1678 Vgl. zur Rechtfertigung über externe Ziele EuG, Urteil vom 13.09.2006 – T-210/02, *British Aggregates/Kommission*, ECLI:EU:T:2006:253; EuG, Urteil vom 10.04.2008 – T-233/04, *Niederlande/Kommission*, ECLI:EU:T:2008:102; jeweils verworfen durch EuGH, Urteil vom 22.12.2008 – C-487/06, *British Aggregates*, ECLI:EU:C:2008:757; EuGH, Urteil vom 08.09.2011 – C-279/08 P, *Niederlande/Kommission*, ECLI:EU:C:2011:551.

1679 So bereits: *Jansen*, Vorgaben des europäischen Beihilferechts für das nationale Steuerrecht, 2003, S. 115; *Soltész/Hellstern*, EuZW 2013, 489 (493); *Milutinović*, in: HFSt (8) 2018, S. 91.

werden".[1680] Die staatliche Zurechnung wird grundsätzlich auch nicht durch eine autonome Entscheidung unterbrochen. Die mittelbar Begünstigten sind richtigerweise nicht subjektiv, sondern objektiv zu bestimmen.[1681] Entscheidend ist, dass bestimmten oder bestimmbaren Unternehmen durch die Gewährung einer staatlichen Maßnahme ein finanzieller Vorteil bewusst zugeleitet wird, der nicht nur reflexartig eintritt.

Das Urteil des Europäischen Gerichtshofs zur Sanierungsklausel des § 8c Abs. 1a KStG ist vor allem im Hinblick auf die dreistufige Selektivitätsprüfung beachtenswert. Die Zweite Kammer vertritt bei der Bestimmung des steuerlichen Normalfalls einen weiträumigen bzw. makrosystematischen Ansatz und bezieht allgemeine steuersystematische Prinzipien in ihre Betrachtung ein. Gleichzeitig erteilt sie der Herangehensweise von Kommission und Gericht der Europäischen Union eine klare Absage, indem sie betont, dass das maßgebliche Referenzsystem nicht aus einem breiteren rechtlichen Rahmen künstlich herausgelöst werden dürfe.[1682] Der steuerliche Normalfall dürfe nämlich nicht zu eng bestimmt werden. Die Positionierung des Europäischen Gerichtshofs kann als Fingerzeig verstanden werden, künftig den systematischen Grundprinzipen des betreffenden Steuersystems mehr Beachtung zu schenken. Das Urteil ist insoweit zu begrüßen und daher zustimmungswürdig.

Dem Urteil des Europäischen Gerichtshofs zu § 6a GrEStG ist hingegen keine vergleichbare Bekenntnis zur weiträumigen Bestimmung zu entnehmen. Es lässt aber jedenfalls im Ansatz eine gewisse Tendenz zu einem solchen Verständnis des Referenzsystems erkennen. Leider verpasst es die Große Kammer sich durch entsprechend deutliche Ausführungen klar zu positionieren und damit Rechtssicherheit zu schaffen. Beachtenswert ist das zur Konzernklausel ergangene Urteil dennoch im Hinblick auf die Rechtfertigung *prima facie* selektiver Steuervergünstigungen. Letztlich sah der Europäische Gerichtshof eine nationale Entlastungsvorschrift als gerechtfertigt an. Insoweit bestätigte er, dass die Vermeidung einer übermäßigen Belastung und das Ziel, steuermissbräuchliche Gestaltungen zu verhindern, systemimmanente Rechtfertigungsgründe darstellen.[1683] Diese

---

1680 EU-Kommission, Bekanntmachung zum Begriff der staatlichen Beihilfe im Sinne des Artikels 107 Absatz 1 des Vertrages über die Arbeitsweise der Europäischen Union vom 19.07.2016 – ABl. 2016 C 262/1, Rn. 116.

1681 Ebenso *Milutinović*, in: HFSt (8) 2018, S. 92.

1682 EuGH, Urteil vom 28.06.2018 – C-209/16 P, *Deutschland/Kommission*, ECLI:EU:C:2018:507, Rn. 99.

1683 EuGH, Urteil vom 19.12.2018 – C-374/17, *Finanzamt B/A-Brauerei*, ECLI:EU:C:2018:1024, Rn. 50, 51.

entsprechen der Natur und dem Aufbau des Steuersystems. Damit hat das Urteil Signalwirkung auf die Steuerautonomie der Mitgliedstaaten und leistet gleichzeitig einen wichtigen Beitrag zur grundsätzlichen Rechtfertigungsmöglichkeit nationaler Steuervergünstigungen.

Die erbschaftsteuerlichen Verschonungstatbestände zeichnen sich durch ein komplexes und kleinschrittiges System aus, das in der Vergangenheit vor allem Gegenstand verfassungsrechtlicher Diskussionen und Entscheidungen des Bundesverfassungsgerichts war.[1684] Auch die aktuelle Fassung stellt die Praxis vor Anwendungsschwierigkeiten und klärungsbedürftige Auslegungsfragen. Die beihilferechtliche Würdigung der Regelverschonung, der Optionsverschonung und des abschmelzenden Verschonungsabschlags wird dabei zumeist vernachlässigt, wenngleich ein Verstoß gegen Unionsrecht erhebliche – wirtschaftliche – Folgen zeitigen würde. Beihilferechtlich sind insbesondere das Vorliegen einer Unternehmensbegünstigung und die Selektivität der Verschonungsabschläge beachtenswert.

Die erbschaftsteuerlichen Verschonungstatbestände begünstigen mittelbar das erworbene Unternehmen. Es ist eher fernliegend eine Unternehmenseigenschaft des Erwerbers anzunehmen oder diesem die wirtschaftliche Tätigkeit der kontrollierten wirtschaftlichen Einheit zuzurechnen. Der tätigkeitsbezogene Unternehmensbegriff erfordert vielmehr die wirtschaftliche Einheit getrennt von den Gesellschaftern oder Eignern zu betrachten. Die rechtliche und wirtschaftliche Beziehung zwischen Erwerber und erworbenem Unternehmen erlaubt eine Übertragung der Grundsätze zur mittelbaren Begünstigung auf die erbschaftsteuerlichen Verschonungstatbestände. Insbesondere unter Beachtung des Urteils *Niederlande/Kommission*[1685] ist davon auszugehen, dass die faktische Entlastung durch den Verschonungsabschlag das erworbene Unternehmen begünstigt, indem die finanziellen Mittel des Unternehmens nicht zur Begleichung der Erbschaftsteuerschuld des Erwerbers verwendet werden müssen.

Die Verschonungsabschläge weichen auch vom maßgeblichen Referenzsystem ab. Dieses ist richtigerweise in der grundsätzlichen Besteuerung unentgeltlicher Vermögenserwerbe von Todes wegen oder durch Schenkung zu erkennen. Die Historie, die Wertungen und die Systematik des Erbschaftsteuerrechts sehen keine strukturelle Differenzierung zwischen unternehmerischem und privatem Vermögen vor. Beides wird gleichermaßen einer einheitlichen Besteuerung

---

1684 Zuletzt BVerfG, Urteil vom 17.12.2014 – 1 BvL 21/12, BVerfGE 138, 136.

1685 EuGH, Urteil vom 13.06.2002 – C-382/99, *Niederlande/Kommission*, ECLI:EU:C:2002:363.

unterzogen. Eine Unterscheidung findet lediglich im Rahmen der Wertermittlung statt, die aber ebenso wenig eine grundsätzliche Verschonung unternehmerischen Vermögens beinhaltet.

Die Verschonungsabschläge enthalten gleich mehrere tatbestandliche Differenzierungen, die zwischen Unternehmen unterscheiden, die sich in einer vergleichbaren rechtlichen und tatsächlichen Situation befinden. Allerdings kann nur ein Teil der *prima facie* selektiven Ungleichbehandlungen durch die Natur und den Aufbau gerechtfertigt werden. Insoweit greift vor allem das Ziel, eine missbräuchliche Inanspruchnahme zu verhindern, als Rechtfertigungsgrund bei der Differenzierung zwischen arbeitsplatzerhaltenden und fortgeführten sowie nicht arbeitsplatzerhaltenden und nicht fortgeführten Unternehmen durch. Vor allem die Einhaltung der Bruttoverwaltungsvermögensquote von 90 % gemäß § 13b Abs. 2 S. 2 ErbStG und die 20%-Grenze im Rahmen der Optionsverschonung des § 13a Abs. 10 ErbStG können nicht gerechtfertigt werden. Hierdurch kommt es zu einer selektiven Begünstigung von bestimmten Unternehmen. Dem Grunde nach könnten diese Differenzierungen zwar durch das ordnungsgemäße Funktionieren des Steuersystems bzw. die Verhinderung einer übermäßigen Begünstigung gerechtfertigt werden. Allerdings sind die geforderten Quoten in ihrer aktuellen Ausgestaltung als unverhältnismäßig anzusehen, da sie in dieser Art im Rahmen der „Soweit"-Verschonung nicht erforderlich wären. Sie sind teilweise ein Relikt des ehemals geltenden Alles-oder-nichts-Prinzips und wirken in der aktuellen Fassung systemfremd und unlogisch. Auch der Vorwegabschlag für Familienunternehmen in § 13a Abs. 9 ErbStG enthält eine nicht zu rechtfertigende Ungleichbehandlung.

Für die Zukunft ist dem deutschen Gesetzgeber dringend geraten, diese unsystematischen und wenig nachvollziehbaren Voraussetzungen für die Inanspruchnahme der erbschaftsteuerlichen Verschonungstatbestände zu streichen. Die Ausweitung der Begünstigung zur Herstellung einer unionsrechtskonformen allgemeinen Maßnahme ist auch eine legitime Reaktion des betreffenden Mitgliedstaates.[1686] Die systemfremden Voraussetzungen sind in Anbetracht der komplexen Ermittlung des begünstigten Vermögens sowie der fehlenden Steuerbefreiung des Verwaltungsvermögens weder geboten noch zielführend. Die Beihilferechtswidrigkeit könnte vergleichsweise einfach beseitigt werden, ohne dass die Gefahr einer missbräuchlichen Inanspruchnahme oder einer übermäßigen Begünstigung merklich steigen würde. Auch wenn die Europäische Kommission wegen des Verschonungsabschlags bislang kein Beihilfeverfahren

---

1686 *Lampert*, EuZW 2013, 493 (497).

eingeleitet hat, obwohl ihr diese Steuervergünstigung bekannt sein dürfte[1687], sollte sich Deutschland nicht in falscher Sicherheit wiegen. Ebenso wenig ist dem Umstand, auch andere Mitgliedstaaten hätten ähnliche Verschonungstatbestände, eine Bedeutung beizumessen.[1688] Beihilferechtlich findet eine Einzelfallbetrachtung der betreffenden staatlichen Maßnahme statt, vergleichbare Steuervergünstigungen anderer Mitgliedstaaten sind insoweit irrelevant.[1689] Nur eine Gesetzesänderung, welche die beihilfekritischen Differenzierungen beseitigt, kann für Rechtssicherheit sorgen. Die erbschaftsteuerlichen Verschonungstatbestände würden dann einer beihilferechtlichen Überprüfung durch die Europäische Kommission aller Wahrscheinlichkeit nach standhalten.

1687 Vgl. *Rupp/Blumenberg*, in: Steuerberater-Jahrbuch 2016/2017, S. 466; *Blumenberg*, Aktuelle Entwicklungen des EU-Beihilferechts im Bereich der deutschen Unternehmensbesteuerung, ifst-Schrift 516, S. 54 f.

1688 Mit Verweis auf Belgien, Frankreich, Großbritannien, Irland, Italien, Niederlande und Spanien *de Weerth*, DB 2016, 2692.

1689 Vgl. EU-Kommission, Beschluss vom 26.01.2011 – C7/10, KStG, *Sanierungsklausel*, ABl. 2011 L 235/26, Rn. 94.

G. Thesen

1. Die direkte Besteuerung unterliegt keiner unionsrechtlichen Harmonisierung, sondern fällt weiterhin in den Zuständigkeitsbereich der Mitgliedstaaten. Auch durch das Europäische Beihilferecht ist eine vollständige Harmonisierung der direkten Besteuerung innerhalb der Europäischen Union nicht zu erwarten, da durch das Beihilfeverbot lediglich bestimmte wettbewerbsverzerrende Steuervergünstigungen verhindert oder beseitigt werden sollen.
2. Das Beihilfeverbot in Art. 107 Abs. 1 AEUV setzt einen einheitlichen tätigkeitsbezogenen Unternehmensbegriff voraus. Das begünstigte Unternehmen ist infolgedessen unabhängig von nationalen steuerrechtlichen Wertungen, der gewählten Rechtsform oder der Art der Finanzierung zu bestimmen.
3. Bei an natürliche Personen gewährten Beihilfen sollte vornehmlich eine wirkungsorientierte Bewertung stattfinden, wonach die Begünstigung entweder in den privaten oder den unternehmerischen Bereich einzuordnen ist. Eine verhältnismäßige Aufteilung der Vergünstigung würde zu einer kaum überblickbaren Komplexität steuerlicher Beihilfen führen. Vergünstigungstatbestände, die ausschließlich an Private gewährt werden, aber gleichzeitig einen Konnex zum unternehmerischen Handeln dieser Person aufweisen, sind nicht bereits deshalb dem Beihilferecht zu entziehen, weil sie unmittelbar der Privatperson gewährt werden und nur mittelbar das Unternehmen begünstigen.
4. Die Begünstigung des Unternehmens kann durch administrative sowie legislative Maßnahmen des Mitgliedstaates erfolgen. Legislative Befreiungstatbestände sind insbesondere dann beihilfekritisch, wenn sie ohne sachliche Grundlage oder steuersystematische Differenzierung begünstigen. Auch wenn die steuerliche Grundbelastungsentscheidung den Mitgliedstaaten obliegt, ist nicht auszuschließen, dass die Konzeption eines Steuersystems selbst zu einer beihilfeverdächtigen Begünstigung führen kann.
5. Der Umfang der Steuervergünstigung ergibt sich aus einem Vergleich zwischen der hypothetisch zu tragenden Belastung mit der steuerbegünstigten Belastung. Die Anwendung des Market Economy Operator Tests ist nur für konkrete staatliche Maßnahmen geboten, in denen der jeweilige Mitgliedstaat zugleich als (Mit-)Eigentümer des begünstigten Unternehmens auftritt.
6. Oftmals determiniert der Ausgang der Selektivitätsprüfung auch den Ausgang der Beihilfeprüfung von Steuervergünstigungen. Gleichwohl bestehen diesbezüglich die größten Unsicherheiten, da sich bislang weder den Entscheidungen der Europäischen Kommission noch den Urteilen des Europäischen

Gerichtshofs klare Vorgaben entnehmen lassen, die eine treffsichere Beurteilung von beihilfekritischen Steuervergünstigungen ermöglichen könnten.

7. Die ausschließlich wirkungsorientierte Selektivitätsprüfung des Europäischen Gerichtshofs im Rahmen des *Gibraltar*-Urteils stellt lediglich eine Ausnahmeerscheinung dar, die der besonderen Konzeption des Steuergesetzes geschuldet war. Es ist davon auszugehen, dass der Europäische Gerichtshof in Zukunft weiterhin an der dreistufigen Selektivitätsprüfung festhält.
8. Im Rahmen der dreistufigen Selektivitätsprüfung kann das maßgebliche Referenzsystem entweder mikrosystematisch oder makrosystematisch bestimmt werden. Aufgrund seiner formalistischen Regel-Ausnahme-Prüfung, die zu willkürlichen Ergebnissen führen kann, ist der mikrosystematische Ansatz abzulehnen. Der makrosystematische Ansatz überzeugt durch die Berücksichtigung nationaler steuerrechtlicher Wertungen und Grundprinzipien. Auch die Entscheidung der Zweiten Kammer des Europäischen Gerichtshofs zur Sanierungsklausel lässt ein weites Verständnis hinsichtlich des maßgeblichen Referenzsystems erkennen.
9. Das Beihilfeverfahren zur Konzernvergünstigung des § 6a GrEStG ist ein beachtenswerter Beitrag für die Rechtfertigung von *prima facie* selektiven Steuervergünstigungen. Die Anerkennung weiterer Rechtfertigungsgründe durch die Große Kammer des Europäischen Gerichtshof ist als positives Signal an die Mitgliedstaaten und deren Steuerautonomie zu werten. Die Vermeidung einer übermäßigen Belastung bzw. einer Doppelbesteuerung und das Ziel, missbräuchliche Gestaltungen zu verhindern, tragen als anerkannte Rechtfertigungsgründe zu einer größeren gesetzgeberischen Freiheit der Mitgliedstaaten – insbesondere in Bezug auf die direkte Unternehmensbesteuerung – bei.
10. Im Lichte des Kriteriums der allgemeinen Verfügbarkeit des Generalanwalts *Saugmandsgaard Øe* liegt es nahe, dass der erbschaftsteuerliche Verschonungsabschlag keine verbotene Beihilfe i. S. v. Art. 107 Abs. 1 AEUV ist. Allerdings ist aufgrund der fehlenden Beachtung dieses Ansatzes durch die Große Kammer des Europäischen Gerichtshofs im Verfahren zur Konzernvergünstigung des § 6a GrEStG davon auszugehen, dass diesem auch in Zukunft kaum Bedeutung beigemessen werden wird.
11. Die erbschaftsteuerlichen Verschonungstatbestände für Betriebsvermögen führen zu einer mittelbaren Begünstigung des erworbenen Unternehmens, da dieses durch die Vermeidung eines Mittelabflusses zumindest faktisch entlastet wird. Aufgrund der rechtlichen und wirtschaftlichen Beziehung

zwischen Erwerber und erworbenem Unternehmen ist eine Nutzung der erbschaftsteuerlichen Befreiungstatbestände erforderlich, um Nachteile, die mit einer zu hohen Erbschaftsteuerlast verbunden wären, für das erworbene Unternehmen abzuwenden.

12. Die grundsätzliche Erbschaftsteuerpflicht unentgeltlicher Vermögenserwerbe bildet im Hinblick auf den Verschonungsabschlag des § 13a Abs. 1 ErbStG das maßgebliche Referenzsystem. Durch den Verschonungsabschlag aus § 13a Abs. 1 ErbStG, die Optionsverschonung gemäß § 13a Abs. 10 ErbStG und den abschmelzenden Verschonungsabschlag des § 13c ErbStG kommt es zu einer (partiell) selektiven Abweichung von diesem Referenzsystem.
13. Nicht sämtliche *prima facie* selektiven Abweichungen können durch die Natur und den Aufbau des Steuersystems gerechtfertigt werden. Der Entfall jeglicher Begünstigungsmöglichkeit durch die 90%-Grenze des § 13b Abs. 2 S. 2 ErbStG dient zwar der Verhinderung einer missbräuchlichen Begünstigung, geht allerdings über das hinaus, was zur Erreichung des Ziels erforderlich ist und ist somit unverhältnismäßig. Eine missbräuchliche Inanspruchnahme wird bereits durch die komplexe Ermittlung des Verwaltungsvermögens sowie die Lohnsummenregelung und die Behaltensfrist gewährleistet. Die Optionsverschonung des § 13a Abs. 10 ErbStG ist eine selektive Begünstigung von Unternehmen mit weniger als 20 % Verwaltungsvermögensquote, die nicht mit systemimmanenten Gründen gerechtfertigt werden kann.
14. Die Beschränkung des Vorwegabschlags auf Personengesellschaften und bestimmte Kapitalgesellschaften kann zwar im Ansatz mit der verminderten finanziellen Leistungsfähigkeit des Erwerbers gerechtfertigt werden, führt allerdings zu einer ungerechtfertigten Differenzierung zwischen Wirtschaftsteilnehmern, da andere Gesellschaftsformen trotz einer familiären Prägung von der Begünstigung des § 13a Abs. 9 ErbStG ausgeschlossen werden.
15. Die erbschaftsteuerlichen Verschonungsabschläge sind in ihrer aktuellen Ausgestaltung nicht mit dem Europäischen Beihilferecht vereinbar. Durch die Beseitigung der 90%-Verwaltungsvermögensquote des § 13b Abs. 2 S. 2 ErbStG sowie der 20%-Verwaltungsvermögensquote für die Optionsverschonung des § 13a Abs. 10 ErbStG, die ein Relikt des „Alles-oder-Nichts"-Prinzips ist, und des praktisch bedeutungslosen Vorwegabschlags, können die Verschonungsabschläge aber mit dem Europäischen Beihilferecht in Einklang gebracht werden.

Literaturverzeichnis

Arhold, Christoph: The German Scheme on the Fiscal Carry-forward of Losses – a "Selected" Case, in: EStAL 2011, S. 71 – 79.

Bach, Stefan: Erbschaftsteuer: Firmenprivilegien begrenzen, Steuerbelastungen strecken, in: DIW Wochenbericht Nr. 7, Berlin 2015, S. 111 – 121.

Bäuml, Swen / Vogel, Nina: Die erbschaftsteuerliche Bedürfnisprüfung im Kontext des Verfassungsrechts und des EU-Beihilferechts, in: BB 2015, S. 736 – 743.

Balbinot, Chiara: Beihilfeverbot und Rechtsformneutralität. Zugleich ein Beitrag zur Auslegung des Beihilfeverbots im Steuerrecht, 2018, Köln.

Balbinot, Chiara: § 8c Abs. 1a KStG (Sanierungsklausel) doch keine unionsrechtswidrige Beihilfe? Schlussanträge des Generalanwalts Wahl in der Rs. Heitkamp (C-203/16 P), in: DStR 2018, S. 334 – 336.

Bartosch, Andreas: Materielle Selektivität und Europäische Beihilfenkontrolle. Ein Diskussionsbeitrag zum derzeitigen Stand der Gemeinschaftsrechtsprechung, in: EuZW 2010, S. 12 – 17.

Bartosch, Andreas: Neues zur Selektivität in der EU-Beihilfenkontrolle – und warum dieses Thema jeden Wirtschaftsjuristen angeht, in: BB 2016, S. 855 – 859.

Bartosch, Andreas: Kommentar zum EU-Beihilfenrecht, 2. Auflage 2016, München.

Bartosch, Andreas: Die Entscheidungspraxis der Kommission zur Zwischenstaatlichkeit im EU-Beihilfenrecht – Sind die 7 Zwerge auch die 7 Weisen?, in: EWS 2017, Heft 5, S. I.

Bartosch, Andreas: (Neu-)Entwicklungen in der materiellen Selektivität, in: EuZW 2017, S. 756 – 761.

Bartosch, Andreas: Nationale Steuersysteme im Fadenkreuz des EU-Beihilferechts – wer bestimmt künftig den Maßstab?, in: BB 2017, S. 2199 – 2202.

Bartosch, Andreas: Die Verwaltungspraxis der Kommission betreffend Steuerbeihilfen vor dem Hintergrund der allerjüngsten Rechtsprechungsaussagen. Was bleibt noch vom Erdenfeste?, in: EuZW 2018, S. 891 – 897.

Bartosch, Andreas: Differenzierungen im nationalen Steuerrecht und das Selektivitätsmerkmal des EU-Beihilfeverbots, in: BB 2018, S. 2199 – 2203.

Bartosch, Andreas: Kommentar zum EU-Beihilfenrecht, 3. Auflage 2020, München.

Bayer, Hermann-Wilfried: Die verfassungsrechtlichen Grundlagen der Wirtschaftslenkung durch Steuerbefreiungen, in: StuW 1972, S. 149 – 156.

Behrens, Stefan: Zumindest bei richtiger Auslegung ist § 6a GrEStG keine Beihilfe iSv Art. 107 Abs. 1 AEUV. Erwiderung zur Anmerkung von *Schmid* DStR 2016, 127, in: DStR 2016, S. 785 – 787.

Beseler, Johannes-Friedrich: Die Abwehr von Dumping und Subventionen durch die Europäischen Gemeinschaften, 1980, Baden-Baden.

Beußer, Thomas: Die Verlustabzugsbeschränkung gem. § 8c KStG im Unternehmenssteuerreformgesetz 2008, in: DB 2007, S. 1549 – 1553.

Bilgery, Wolfgang: Die steuerrechtliche Vergünstigungsnorm im Lichte der Theorie vom Stufenbau des Steuertatbestandes unter besonderer Berücksichtigung der Einkommensteuer, 1988, Tübingen.

Birkenmaier, Markus: Die Vorgaben der Beihilfevorschriften des EG-Vertrages für die direkte Unternehmensbesteuerung. Unter Berücksichtigung der Anpassung der polnischen Sonderwirtschaftszonen an den gemeinschaftlichen Besitzstand, in: Steuerwissenschaftliche Schriften, 2007, Baden-Baden.

Blank, Matthias: Die erbschaftsteuerliche Unternehmensbegünstigung nach §§ 13a ff. ErbStG. Im Spannungsfeld der Vorgaben des Art. 3 Abs. 1 GG und der Art. 107 ff. AEUV, 2018, Hamburg.

Blumenberg, Jens: „Steuerliche Sanierungsklausel", in: DB 2011, Standpunkte S. 21 – 22.

Blumenberg, Jens / Kring, Wulf: Europäisches Beihilferecht und Besteuerung, in: ifst-Schrift 473 (2011).

Blumenberg, Jens / Haisch, Martin L.: Die unionsrechtliche Beihilfeproblematik der Sanierungsklausel nach § 8c Abs. 1a KStG. Überlegungen zur Klage gegen die Kommissionsentscheidung vom 26.1.2010, in: FR 2012, S. 12 – 21.

Blumenberg, Jens: Aktuelle Entwicklungen des EU-Beihilferechts im Bereich der deutschen Unternehmensbesteuerung, in: ifst-Schrift 516 (2017).

Bockhoff, Bastian: Ausgesuchte internationale Aspekte des neuen ErbStG, in: ZEV 2017, S. 186 – 190.

Bode, Walter: § 15 EStG, in: Brandis/Heuermann Einkommensteuergesetz, Körperschaftsteuergesetz, Gewerbesteuergesetz Kommentar, Heuermann, Bernd / Brandis, Peter [Hrsg.], Stand: August 2021, München.

Böhmer, Julian: Das Trennungsprinzip im Körperschaftsteuerrecht – Grundsatz ohne Zukunft?, in: StuW 2012, S. 33 – 42.

Brandis, Peter: § 8c KStG, in: Brandis/Heuermann Einkommensteuergesetz, Körperschaftsteuergesetz, Gewerbesteuergesetz Kommentar, Heuermann, Bernd / Brandis, Peter [Hrsg.], Stand: August 2021, München.

Braun Binder, Nadja: Rechtsangleichung in der EU im Bereich der direkten Steuern. Analyse der Handlungsformen unter besonderer Berücksichtigung des Soft Law, 2017, Tübingen.

Breuninger, Gottfried E. / Ernst, Markus: Der Beitritt eines rettenden Investors als (stiller) Gesellschafter und der „neue" § 8c KStG (§ 8c KStG). Droht jetzt das Ende der Sanierungsklausel durch das EU-Beihilfeverbot?, in: GmbHR 2010, S. 561 – 568.

Breuninger, Gottfried E. / Ernst, Markus: § 8c KStG im „Zangengriff" von Europa- und Verfassungsrecht – Sanierungsklausel und Beihilferecht nach der Negativentscheidung der EU-Kommission –, in: GmbHR 2011, S. 673 – 684.

Büchner, Gerold: Bund erhöht Steuervorteile für Sanierung – Union: Lehren aus dem Fall Opel gezogen, in: Berliner Zeitung, 12.06.2009, Ausgabe 134, S. 9.

Burwitz, Gero / Wighardt, Nils Christian: Neuere Entwicklungen im Steuerrecht, in: NZG 2019, S. 217 – 219.

Bungenberg, Marc: Art. 107 AEUV, in: Birnstiel, Alexander / Bungenberg, Marc / Heinrich, Helge [Hrsg.], Europäisches Beihilferecht, 1. Auflage 2013, Baden-Baden.

Cloer, Adrian / Lavrelashvili, Nina: Einführung in das Europäische Steuerrecht. Mit den 50 wichtigsten Fällen zu den direkten Steuern, 2008, Berlin.

Cloer, Adrian / Vogel, Nina: Offshore-Vergünstigungen im EU-Fokus. EuGH (Große Kammer) C-106/09 P und C-107/09 – Beihilfeentscheidung zu Gibraltar, in: IWB 2012, S. 35 – 40.

Cloer, Adrian / Vogel, Nina: Rückstellungen bei rechtswidrigen steuerlichen Beihilfen, in: IStR 2016, S. 531 – 537.

Cloer, Adrian / Vogel, Nina: Die Konzernklausel des GrEStG – a priori selektiv, aber gerechtfertigt. Anmerkung zu EuGH, 19.12.2018 – C-374/17, A-Brauerei, in: BB 2019, S. 151 – 154.

Cremer, Wolfram: Art. 107 AEUV, in: Calliess, Christian / Ruffert, Matthias [Hrsg.], EUV/AEUV Kommentar – Das Verfassungsrecht der Europäischen Union mit europäischer Grundrechtscharta, 5. Auflage 2016, München.

Crezelius, Georg: Das neue Erbschaft- und Schenkungsteuerrecht im Rechtssystem, in: ZEV 2009, S. 1 – 6.

Crezelius, Georg: Erbschaftsteuerreform 2016: Ein rechtssystematischer Überblick, in: ZEV 2016, S. 541 – 546.

Cöster, Thilo: § 163, in: Koenig, Ulrich [Hrsg.], Abgabenordnung Kommentar, 3. Auflage 2014, München.

Cordewener, Axel / Henze, Thomas: EU-Beihilfeverbot und nationale Unternehmensbesteuerung, in: FR 2016, S. 756 – 760.

Corzilius, Oriana: Anmerkung zur Entscheidung des EuGH vom 13.02.2014 (Az: C-68/13; EuZW 2014, 269) – Durchführung von Kommissionsentscheidungen, in: EuZW 2014, S. 271 – 273.

Dannecker, Achim / Werder, Alexander: Mehrfache Gebühren für eine verbindliche Auskunft?, in: BB 2011, S. 2268 – 2271.

Dannecker, Achim: Unternehmensnachfolge bei Kapitalgesellschaften: erbschaftsteuerliche und ertragsteuerliche Aspekte, in: DStR 2020, S. 853 – 865.

Demleitner, Andreas: Beihilferecht: Deutsche Steuernormen im Fokus des europäischen Beihilferechts, in: ISR 2016, S. 328 – 336.

Desens, Marc: § 189 Verkehrsteuern, in: Leitgedanken des Rechts: Festschrift für Paul Kirchhof. Band 2: Staat und Bürger. Kube, Hanno / Mellinghoff, Rudolf / Morgenthaler, Gerd / Palm, Ulrich / Seiler, Christian [Hrsg.], 2013, München.

Desens, Marc: Einführung zum KStG, in: Herrmann/Heuer/Raupach, Einkommensteuer- und Körperschaftsteuergesetz Kommentar, 296. Lieferung 2020, Köln.

Deutsche Bank / BDI / Institut für Mittelstandsforschung Bonn: Die größten Familienunternehmen in Deutschland – Daten, Fakten, Potentiale, November 2014, Berlin / Bonn / Frankfurt am Main.

De Weerth, Jan: Die Sanierungsklausel des § 8c KStG und europäisches Beihilferecht, in: DB 2010, S. 1205 – 1207.

De Weerth, Jan: Sanierungsklausel, Sanierungserlass und andere Steuererleichterungen im Fokus des EU-Beihilferechts, in: DStR 2014, S. 2485 – 2489.

De Weerth, Jan: Die neuen Verschonungsregelungen im ErbStG als gemeinschaftswidrige Beihilfen?, in: DB 2016, S. 2692.

De Weerth, Jan: Neues zur „Selektivität" im EU-Beihilferecht, in: DB 2017, S. 275 – 277.

Dobratz, Lars: Art. 107 AEUV, in: Musil, Andreas / Weber-Grellet, Heinrich [Hrsg.], Europäisches Steuerrecht, 1. Auflage 2019, München.

Dörfler, Harald / Wittkowski, Ansas: Verschärfung der Verlustnutzung bei Kapitalgesellschaften: Wie § 8c KStG-E das Kinde mit dem Bade ausschüttet, in: GmbHR 2007, S. 513 – 518.

Dötsch, Ewald: Verlustnutzung bei Körperschaften, in: Steuerzentrierte Rechtsberatung: Festschrift für Harald Schaumburg zum 65. Geburtstag, 2009, Köln.

Drüen, Klaus-Dieter: Systemfortschritte im Unternehmenssteuerrecht durch das Wachstumsbeschleunigungsgesetz?, in: Ubg 2010, S. 543 – 550.

Drüen, Klaus-Dieter: Die Sanierungsklausel des § 8c KStG als europarechtswidrige Beihilfe. Anmerkungen zur Beihilfeentscheidung der EU-Kommission vom 26.1.2011, in: DStR 2011, S. 289 – 294.

Ehrmann, Oliver: Beihilferechtliche Zulässigkeit des § 8c Abs. 1a KStG. Zur voraussichtlichen Europarechtswidrigkeit der Sanierungsklausel, in: DStR 2011, S. 5 – 8.

Eisgruber, Thomas / Schaden, Michael: Vom Sinn und Zweck des § 8c KStG - Ein Beitrag zur Auslegung der Norm -, in: Ubg 2010, S. 73 – 84.

Ekkenga, Jens / Safaei, Javid: Bedroht die EU-Beihilfenaufsicht die Steuerautonomie der EU-Mitgliedstaaten? Zweifel sind angebracht: Ein Gegenplädoyer am Beispiel von Steuererleichterungen in Krisen- und Insolvenzfällen, in: DStR 2018, S. 1993 - 2002.

Ellenrieder, Benedikt / Mörwald, Frieder B.: Licht am Ende des Tunnels? – Analyse der Schlussanträge des Generalanwalts am EuGH zur (fehlenden) Beihilfeeigenschaft des § 6a GrEStG, Rs. C-374/17, in: IStR 2018, S. 861 – 867.

Englisch, Joachim: Wettbewerbsgleichheit im grenzüberschreitenden Handel mit Schlussfolgerungen für indirekte Steuern, 2008, Tübingen.

Englisch, Joachim: Zur Bedeutung des gemeinschaftsrechtlichen Gleichheitssatzes im Recht der Gemeinschaftsbeihilfen, in: EuR 2009, S. 488 – 514.

Englisch, Joachim: Kapitel 9, in: Schaumburg, Harald / Englisch, Joachim [Hrsg.], Europäisches Steuerrecht, 2015, Köln.

Englisch, Joachim: § 4, in: Tipke, Klaus / Lang, Joachim, Steuerrecht, 22. neu bearbeitete Auflage 2015, Köln.

Englisch, Joachim: Das Eckwertepapier des BMF zur Erbschaftsteuerreform im Lichte der Vorgaben des BVerfG, in: DB 2015, S. 637 – 641.

Englisch, Joachim: § 4, in Tipke, Klaus / Lang, Joachim, Steuerrecht, 23. Auflage 2018, Köln.

Epiney, Astrid: L. Verkehrsrecht, in: Dauses, Manfred / Ludwigs, Markus, Handbuch des EU-Wirtschaftsrechts, Februar 2021, München.

Erkis, Gülsen: Der Entwurf zur Anpassung des ErbStG an das BVerfG-Urteil v. 17.12.2014 – „minimalinvasiv“ oder „maximaladministrativ“?, in: DStR 2015, S. 1409 - 1416.

Esskandari, Manzur: § 13a, § 13b, in: Stenger/Loose, Kommentar zum Bewertungsrecht – BewG, ErbStG, 149. Ergänzungslieferung 2020, Köln.

Europäische Kommission: Mitteilung der Kommission über die Anwendung der Vorschriften über staatliche Beihilfen auf Maßnahmen im Bereich der direkten Unternehmensbesteuerung vom 10.12.1998 – ABl. 1998 C 384/3.

Europäische Kommission: Neunter Bericht über staatliche Beihilfen in der Europäischen Union vom 18.07.2001 – KOM (2001) 403.

Europäische Kommission: Bericht über die Umsetzung der Mitteilung der Kommission über die Anwendung der Vorschriften über staatliche Beihilfen auf Maßnahmen im Bereich der direkten Unternehmensbesteuerung vom 09.02.2004 – C (2004) 434.

Europäische Kommission: Bekanntmachung zum Begriff der staatlichen Beihilfe im Sinne des Artikels 107 Absatz 1 des Vertrages über die Arbeitsweise der Europäischen Union vom 19.07.2016 – ABl. 2016 C 262/1.

Europäische Kommission: Vorschlag für eine Richtlinie des Rates zum gemeinsamen System einer Digitalsteuer auf Erträge aus der Erbringung bestimmter digitaler Dienstleistungen vom 21.03.2018 – COM(2018) 148 final.

Fann, Wen-Ching: Die verfassungsrechtlichen Grenzen der Steuervergünstigung, 1. Auflage 2009, Baden-Baden.

Ferrenberg, Florian: Der Einfluss des Europäischen Beihilferechts auf nationale Steuervergünstigungen. Eine darstellende Analyse unter besonderer Berücksichtigung von Tax Rulings und Gewinnverlangerungen, in: Schriften zum Steuerrecht, 2021, Berlin.

Fertig, Andreas: Steuervergünstigungen bei Umstrukturierungen im Konzern nach § 6a GrEStG sind keine (verbotene) staatliche Beihilfe, in: DB 2019, S. 25 – 26.

Fetzer, Thomas: Die Besteuerung des Electronic Commerce im Internet, in: Mannheimer Beiträge zum Öffentlichen Recht und Steuerrecht, 2000, Berlin.

Fetzer, Thomas: Staat und Wettbewerb in dynamischen Märkten, 2013, Tübingen.

Fetzer, Thomas: XVIII. Beihilfenrecht und Steuern, in: Immenga, Ulrich / Mestmäcker, Ernst-Joachim, Wettbewerbsrecht, Band 5, 6. Auflage 2021, München (in Erscheinung (2022), Stand: Januar 2021).

Fetzer, Thomas / Böser, Tobias: Die EuGH-Entscheidungen zu § 8c Abs. 1a KStG sowie § 6a GrEStG und deren Auswirkungen auf beihilfekritische Steuervergünstigungen, in: DStR 2019, S. 1177 – 1185.

Frenz, Walter / Roth, David: Steuer- und Abgabebefreiungen als Beihilfen – Aktuelle Rechtsprechung und Entwicklungen (Energiesteuer) –, in: DStZ 2006, S. 464 – 474.

Frenz, Walter: Steuerwettbewerb und Beihilfenverbot – die Fälle Fiat, Starbucks und McDonald's, in: DStZ 2016, S. 141 – 155.

Freund, Benedikt / Seiler, Moritz: Beihilfenrechtliche Stolpersteine für Steuervorbescheide. Eine Wegleitung entlang der Rechtsprechung des EuG, in: EuZW 2021, S. 673 – 680.

Frey, Johannes / Mückl, Norbert: Konzeption und Systematik der Änderungen beim Verlustabzug (§ 8c KStG). Chancen und Risiken für die Gestaltungspraxis, in: GmbHR 2010, S. 71 – 78.

Frick, Karl Alois: Einkommensteuerliche Steuervergünstigungen und Beihilfeverbot nach dem EG-Vertrag, in: Wissenschaftliche Schriften, 1. Auflage 1994, Sinzheim.

Geck, Reinhard: Die Erbschaftsteuerreform kurz vor dem Ziel. – Überblick zum geänderten ErbStRG und Gestaltungsempfehlungen vor Inkrafttreten des neuen Rechts –, in: ZEV 2008, S. 557 – 565.

Geck, Reinhard: Der koordinierte Ländererlass zur Erbschaftsteuerreform vom 22.6.2017: eine Hilfestellung für die Beratungspraxis?, in: ZEV 2017, S. 481 – 488.

Geck, Reinhard: § 13a, § 13b und § 13c, in: Kapp, Reinhard / Ebeling, Jürgen, Erbschaftsteuer- und Schenkungsteuergesetz Kommentar, 88. Ergänzungslieferung Mai 2021, Köln.

Gersch, Eva-Maria: § 3, in: Klein, Franz / Orlopp, Gerd, Abgabenordnung, 15. Auflage 2020, München.

Götz, Volkmar: H. III. Staatliche Beihilfen, in: Dauses, Manfred / Ludwigs, Markus, Handbuch des EU-Wirtschaftsrechts, November 2019, München.

Gosch, Dietmar: § 178 Körperschaftsteuer, in: Leitgedanken des Rechts: Festschrift für Paul Kirchhof. Band 2: Staat und Bürger. Kube, Hanno / Mellinghoff, Rudolf / Morgenthaler, Gerd / Palm, Ulrich / Seiler, Christian [Hrsg.], 2013, München.

Gosch, Dietmar / Offerhaus, Tom / Heide, Sandra: EU-Beihilferecht: Steuervorteile für Spielbanken in Deutschland? – Eröffnung des förmlichen Prüfverfahrens durch die Europäische Kommission, in: DStR 2020, S. 2457 – 2464.

Gottschalk, Paul: Einführung, in: Troll, Max / Gebel, Dieter / Jülicher, Marc / Gottschalk, Paul Richard, Erbschaftsteuer- und Schenkungsteuergesetz mit Bewertungsrecht und Verfahrensrecht Kommentar, Stand: 62. Ergänzungslieferung Juli 2021, München.

Gröpl, Christoph: J. Steuerrecht, in: Dauses, Manfred / Ludwigs, Markus, Handbuch des EU-Wirtschaftsrechts, November 2019, München.

Grondorf, Alena: § 6a GrEStG – Die unionsrechtskonforme Konzernklausel – Ein Ausblick zur Auslegung des Begriffs des herrschenden Unternehmens und der Konzernzugehörigkeitsfristen auf nationaler Ebene –, in: DB 2019, S. 1633 – 1638.

Grotherr, Siegfried: Verbindliche Auskunft und Auskunftsverfahren im Konflikt mit dem EU-Beihilfenrecht?, in: EWS 2015, S. 67 – 79.

Grottel, Bernd / Larenz, Sascha Kristina: § 274 HGB, in: Beck´scher Bilanz-Kommentar. Handels- und Steuerbilanz §§ 238 bis 339, 342 bis 342e HGB, 11. Auflage 2018, München.

Grube, Friederike: Der Einfluss des unionsrechtlichen Beihilfenverbots auf das deutsche Steuerrecht. Dargestellt an den Beispielen der sogenannten Sanierungsklausel und der Steuervergünstigungen für gemeinnützige Unternehmen, in: Finanz- und Steuerrecht in Deutschland und Europa, Band 25, 2014, Frankfurt am Main.

Günther, Karl-Heinz: Beihilfecharakter der Steuerbegünstigung nach § 6a GrEStG?, in: ErbStB 2017, S. 265 – 266.

Hackemann, Tim / Momen, Leila: Sanierungsklausel (§ 8c Abs. 1a KStG) – Analyse der Entscheidungsbegründung der EU-Kommission. Argumente der Bundesrepublik und der EU-Kommission und eigene Stellungnahme, in: BB 2011, S. 2135 – 2141.

Hackemann, Tim / Sydow, Sabine: Richtungsentscheidung des EuGH in der Rs. C-6/12, P Oy für die Voraussetzungen der Einstufung einer Sanierungsklausel als staatliche Beihilfe; Auswirkungen auf die suspendierte deutsche Sanierungsklausel des § 8c Abs. 1a KStG, in: IStR 2013, S. 786 – 790.

Hackemann, Tim / Fiedler, Rüdiger: Qualifizierung des § 8c Abs. 1a KStG als unionsrechtswidrige Beihilfe durch EU-Kommission rechtens – GFKL/Kommission (Anmerkung zu EuG), in: IStR 2016, S. 249 – 262.

Hakenberg, Waltraud / Tremmel, Ernst: Die Rechtsprechung des EuGH auf dem Gebiet der staatlichen Beihilfen im Jahr 1996, in: EWS 1997, S. 217 – 225.

Hannes, Frank: Erbschaftsteuerreform 2016: Neuregelungen zur Bewertung und zum Umfang der Verschonung, in: ZEV 2016, S. 554 – 561.

Hannes, Frank / Holtz, Michael: § 13a, § 13b und § 13c ErbStG, in: Meincke, Jens Peter / Hannes, Frank / Holtz, Michael, Erbschaftsteuer- und Schenkungsteuergesetz Kommentar, 17. Auflage 2018, München.

Hannes, Frank / Lorenz, Karsten: Corona-Pandemie: Handlungsmöglichkeiten bei krisengefährdeter Unternehmensnachfolge, in: ZEV 2020, S. 385 – 393.

Hannes, Frank / Holtz, Michael: § 13a, § 13b und § 13c ErbStG, in: Meincke, Jens Peter / Hannes, Frank / Holtz, Michael, Erbschaftsteuer- und Schenkungsteuergesetz Kommentar, 18. Auflage 2021, München.

Hans, Adrian: Unternehmenssteuerreform 2008: Kritik der Neuregelung über die Nutzung körperschaftsteuerlicher Verluste (§ 8c KStG), in: FR 2007, S. 775 – 781.

Heidenhain, Martin: § 4, in: Heidenhain, Martin [Hrsg.], Handbuch des Europäischen Beihilfenrechts, 1. Auflage 2003, München.

Heidenhain, Martin: Mittelbare Beihilfen, in: EuZW 2007, S. 623 – 626.

Heinen, Andreas: Ausübung von steuerlichen Wahl- und Antragsrechten, 2019, Köln.

Heinrich, Helge: Einleitung, in: Birnstiel, Alexander / Bungenberg, Marc / Heinrich, Helge [Hrsg.], Europäisches Beihilferecht, 1. Auflage 2013, Baden-Baden.

Helmke, Robin: Die Finanzkompetenzen der Europäischen Gemeinschaft. Unter besonderer Berücksichtigung des Rechts der direkten Steuern, in: Steuerwissenschaftliche Schriften, 2009, Baden-Baden.

Hennrichs, Joachim: Besteuerung von Personengesellschaften – Transparenz- oder Trennungsprinzip?, in: FR 2010, S. 721 – 731.

Hennrichs, Joachim: §§ 9, 20, in: Tipke, Klaus / Lang, Joachim, Steuerrecht, 23. Auflage 2018, Köln.

Hennrichs, Joachim: Kapitel 10 in: Tipke, Klaus / Lang, Joachim, Steuerrecht, 24. Auflage 2020, Köln.

Hensel, Albert: Steuerrecht, 3. Auflage 1933, Berlin.

Hey, Johanna: Verletzung fundamentaler Besteuerungsprinzipien durch die Gegenfinanzierungsmaßnahmen des Unternehmensteuerreformgesetzes 2008, in: BB 2007, S. 1303 – 1309.

Hey, Johanna: Grunderwerbsteuer und Umstrukturierungen – Einige Überlegungen zum Reformbedarf aus steuersystematischer Sicht, in: Festschrift für Sebastian Spiegelberger zum 70. Geburtstag. Vertragsgestaltung im Zivil- und Steuerrecht. Wachter, Thomas [Hrsg.], 2009, Köln.

Hey, Johanna: Umsetzung der Rechtsprechung des Europäischen Gerichtshofs im nationalen Steuerrecht. Geltungserhaltende Normreduktion und gesetzgeberische Korrekturpflichten zwischen gemeinschaftsrechtlichem Anwendungsvorrang und Verfassungsrecht, in: StuW 2010, S. 301 – 320.

Hey, Johanna: § 11, in: Tipke, Klaus / Lang, Joachim, Steuerrecht, 20. Auflage 2010, Köln.

Hey, Johanna: Perspektiven der Unternehmensbesteuerung. Gewerbesteuer - Gruppenbesteuerung - Verlustverrechnung - Gewinnermittlung, in: StuW 2011, S. 131 – 143.

Hey, Johanna: § 11, in: Tipke, Klaus / Lang, Joachim, Steuerrecht, 22. neu bearbeitete Auflage 2015, Köln.

Hey, Johanna: EU-Beihilfen und Steuervergünstigungen – Gemeinsamkeiten und Unterschiede, in: StuW 2015, S. 331 – 344.

Hey, Johanna: Steuerbefreiung für Sanierungsgewinne und EU-Beihilferecht. Zum Notifizierungsverfahren, in: FR 2017, S. 453 – 457.

Hey, Johanna: § 3, 8, 19 in: Tipke, Klaus / Lang, Joachim, Steuerrecht, 23. Auflage 2018, Köln.

Hoischen, Stefan: Die Beihilferegelung in Artikel 92 EWGV, in: Studien zum öffentlichen Wirtschaftsrecht, 1989, Köln.

Holtz, Michael: Erbschaftsteuerreform 2016 – Das neue Verschonungssystem für Unternehmensvermögen, in: NJW 2016, S. 3750 - 3755.

Hummel, David: Das nationale Steuergesetz unter der umfassenden Kontrolle des unionsrechtlichen Beihilferechts?, in: GmbHR 2019, S. 390 - 397.

Ismer, Roland / Karch, Alexandra: Das Referenzsystem bei der beihilferechtlichen Überprüfung nationaler Steuervergünstigungen, in: IStR 2014, S. 130 - 136.

Ismer, Roland / Piotrowski, Sophia: Selektivität von Beihilfen: Dogmatische Grundfragen am Beispiel von IP-Boxen, in: IStR 2015, S. 257 - 267.

Ismer, Roland / Piotrowski, Sophia: Falsche Begründung - richtiges Ergebnis? Zur beihilferechtlichen Argumentation im Vorlagebeschluss zum Sanierungserlass, in: DStR 2015, S. 1993 - 1999.

Ismer, Roland: Einführung zum EStG, in: Herrmann/Heuer/Raupach, Einkommensteuer- und Körperschaftsteuergesetz Kommentar, 285. Lieferung 2017, Köln.

Jacobs, Otto H. / Endres, Dieter / Spengel, Christoph: Internationale Unternehmensbesteuerung. Deutsche Investitionen im Ausland. Ausländische Investitionen im Inland, 8. Auflage 2016, München.

Jaeger, Thomas: Beihilfen durch Steuern und parafiskalische Abgaben, 2006, Wien.

Jaeger, Thomas: E. Steuerliche Maßnahmen, in: Münchener Kommentar Europäisches und Deutsches Wettbewerbsrecht (Kartellrecht) Band 3: Beihilfen- und Vergaberecht, 1. Auflage 2011, München.

Jaeger, Thomas: Teil 7. Steuerliche Maßnahmen, in: Münchener Kommentar Europäisches und Deutsches Wettbewerbsrecht (Kartellrecht) Band 3: Beihilfen- und Vergaberecht, 2. Auflage 2018, München.

Jann, Peter: Nationale Steuern und das EG-Beihilfenverbot – ein Überblick, in: Economic Law and Justice in Times of Globalisation - Wirtschaftsrecht und Justiz in Zeiten der Globalisierung: Festschrift für Carl Baudenbacher, 2007, Baden-Baden.

Jansen, Bela: Vorgaben des europäischen Beihilferechts für das nationale Steuerrecht. Zugleich ein Beitrag zur Identifikation steuerlicher Beihilfen im Sinne des Art. 87 EGV, in: Schriften des Europa-Instituts der Universität des Saarlandes – Rechtswissenschaft, 1. Auflage 2003, Baden-Baden.

Jennert, Carsten / Ellenrieder, Benedikt: Unternehmensbesteuerung im Lichte des EU-Beihilferechts, in: EWS 2011, S. 305 - 313.

Jenzen, Holger: Energiesteuern im nationalen und internationalen Recht. Eine verfassungs-, europa- und welthandelsrechtliche Untersuchung, in: Mannheimer Beiträge zum Öffentlichen Recht und Steuerrecht, 1998, Berlin.

Jestaedt, Thomas: § 8, in: Heidenhain, Martin [Hrsg.], Handbuch des Europäischen Beihilfenrechts, 1. Auflage 2003, München.

Jochum, Georg: Die Steuervergünstigung. Vergünstigungen und vergleichbare Subventionsleistungen im deutschen und europäischen Steuer-, Finanz- und Abgabenrecht, 2006, Münster.

Jochum, Georg, § 28a, in: Wilms, Heinrich / Jochum, Georg [Hrsg.], ErbStG/BewG/GrEStG, März 2020, Bonn.

Jochum, Heike: Systemfragen zu Mantelkauf und Sanierungsklausel, in: FR 2011, S. 497 – 506.

Joisten, Christian: BFH legt § 6a GrEStG dem EuGH vor – Welche Fragen bleiben und was ist jetzt zu tun?, in: Ubg 2017, S. 394 – 401.

Jülicher, Marc: § 13a, § 13b, § 13c und § 28a ErbStG, in: Troll, Max / Gebel, Dieter / Jülicher, Marc / Gottschalk, Paul Richard, Erbschaftsteuer- und Schenkungsteuergesetz mit Bewertungsrecht und Verfahrensrecht Kommentar, Stand: 62. Ergänzungslieferung Juli 2021, München.

Jung, Christian / Neckenich, Lennart: § 2 Bestimmung von Referenzsystem und Benchmark zur Ermittlung der Selektivität, in: Kube, Hanno / Reimer, Ekkehart [Hrsg.], HFSt 8 - Heidelberger Beiträge zum Finanz- und Steuerrecht. Das Beihilfenrecht als Innovationsmotor des Steuerrechts, 2018, Berlin.

Kahle, Holger: § 7, in: Beck'sches Handbuch der Personengesellschaften, Prinz, Ulrich / Kahle, Holger [Hrsg.], 5. Aufl. 2020, München.

Kessler, Wolfgang / Spengel, Christoph: Checkliste potenziell EU-rechtswidriger Normen des deutschen direkten Steuerrechts, in: DB 2018, Beilage 01 zu Heft Nr. 5, S. 1 – 37.

Kessler, Wolfgang / Spengel, Christoph: Checkliste potenziell EU-rechtswidriger Normen des deutschen direkten Steuerrechts, in: DB 2019, Beilage 01 zu Heft Nr. 5, S. 1 – 37.

Kessler, Wolfgang / Spengel, Christoph: Checkliste potenziell EU-rechtswidriger Normen des deutschen direkten Steuerrechts, in: DB 2020, Beilage 02 zu Heft Nr. 5, S. 1 – 38.

Kessler, Wolfgang / Spengel, Christoph: Checkliste potenziell EU-rechtswidriger Normen des deutschen direkten Steuerrechts, in: DB 2021, Beilage 01 zu Heft Nr. 5, S. 1 – 34.

Kessler, Wolfgang / Egelhof, Julian M. / Probst, Dominik: Die Sanierungsklausel im Beihilferecht – Roma locuta, causa finita?, in: DStR 2018, S. 1945 – 1953.

Kirchhof, Ferdinand: Nationale Steuerermäßigungen und europäisches Beihilfeverbot. Zur Genehmigungsfähigkeit der neuen Energiesteuerermäßigungen für das Produzierende Gewerbe, in: ZfZ 2006, S. 246 – 254.

Kirchhof, Ferdinand: Das Steuerrecht zwischen europäischer Integration und nationaler Souveränität, in: Deutscher Finanzgerichtstag 8/9, 2011/2012, Brandt, Jürgen [Hrsg.], S. 23 – 36.

Kirchhof, Paul: § 118, in: Handbuch des Staatsrechts der Bundesrepublik Deutschland, Isensee, Josef / Kirchhof, Paul [Hrsg.], 3. Auflage 2007, Saarbrücken.

Kirchhof, Paul: Die Rechtsarchitektur der Europäischen Union, in: NJW 2020, S. 2057 – 2063.

Kirnberger, Christian: § 13b, in: Wilms, Heinrich / Jochum, Georg, Erbschaftsteuer- und Schenkungsteuergesetz mit Bewertungsgesetz und Grunderwerbsteuergesetz Kommentar, 107. EL April 2020, Bonn.

Klein-Wiele, Christian: Der Poolvertrag im Familienunternehmen, in: NZG 2018, S. 1401 – 1407.

Kleine, Juliana / Sühnel, Steffen: Art. 107 Abs. 1, in: Birnstiel, Alexander / Bungenberg, Marc / Heinrich, Helge [Hrsg.], Europäisches Beihilfenrecht, 1. Auflage 2013, Baden-Baden.

Kleinle, Werner / Dreixler, Tobias: § 6, in: Herrmann/Heuer/Raupach, Einkommensteuer- und Körperschaftsteuergesetz Kommentar, 298. Lieferung 2020, Köln.

Klemt, Felix: Richtungsentscheidung für Kompetenzen in Europa – lässt das Beihilferecht die Sanierungsklausel in § 8c Abs. 1a KStG zu?, in: DStR 2013, S. 1057 – 1064.

Kliemann, Annette / Mederer, Wolfgang: Art. 107 AEUV, in: von der Groeben, Hans / Schwarze, Jürgen / Hatje, Armin [Hrsg.], Europäisches Unionsrecht, 7. Auflage 2015, Baden-Baden.

Klose, Holger: § 1, in: Ebeling, Jürgen / Geck, Reinhard, Handbuch der Erbengemeinschaft, 54. Ergänzungslieferung 2019, Köln.

Koenig, Christian / Sander, Claude: Die verbrauchervermittelte Unternehmensbegünstigung auf dem Prüfstand des EG-Beihilfenrechts, in: EuR 2000, S. 743 – 767.

Koenig, Christian / Paul, Julia: Art. 107 AEUV, in: Streinz, Rudolf [Hrsg.], EUV/AEUV Vertrag über die Europäische Union und Vertrag über die Arbeitsweise der Europäischen Union, 2. Auflage 2012, München.

Koenig, Christian / Förtsch, Beate: Art. 107 AEUV, in: Streinz, Rudolf [Hrsg.], EUV/AEUV Vertrag über die Europäische Union und Vertrag über die Arbeitsweise der Europäischen Union, 3. Auflage 2018, München.

Kokott, Juliane: Das Steuerrecht der Europäischen Union, 2018, München.

Kokott, Juliane: Steuerrecht und unionsrechtlicher Beihilfebegriff, in: Europäisches Steuerrecht, Deutsche Steuerjuristische Gesellschaft, Band 41, 2018, Köln.

Korezkij, Leonid: Verwaltungsvermögenstest nach dem ErbStG: Neue Spielregeln, Zweifelsfragen und Lösungsvorschläge, in: DStR 2013, S. 1764 - 1771.

Korezkij, Leonid: Neuer Verwaltungsvermögenstest im Konzern aus der Sicht eines Rechtsanwenders - Der Weg vom begünstigungsfähigen zum begünstigten Vermögen nach § 13b Abs. 2-10 ErbStG, in: DStR 2016, S. 2434 - 2447.

Korezkij, Leonid: Erbschaftsteuerreform: Finger weg vom Abschmelzungsmodell bei Erwerben begünstigten Vermögens ab 51 Mio. €!, in: DStR 2017, S. 189 - 193.

Koschyk, Mirko M.: Steuervergünstigungen als Beihilfen nach Art. 92 EG-Vertrag. Grundsätze zur Beurteilung steuerlicher Beihilfen, 1. Auflage 1999, Baden-Baden.

Kotzenberg, Jochen / Jülicher, Marc: Erbschaftsteuerreform: Die gesetzlichen Neuregelungen für die Unternehmensnachfolge, in: GmbHR 2016, S. 1135 - 1141.

Kowanda, Markus: Die erbschaft-/schenkungsteuerliche verbindliche Auskunft unter Berücksichtigung der neuen ErbStVA v. 7.12.2017, in: DStR 2018, S. 1902 - 1907.

Kube, Hanno / Reimer, Ekkehart: § 13 Liste deutscher Steuerrechtsnormen mit beihilfenrechtlicher Relevanz, in: Kube, Hanno / Reimer, Ekkehart [Hrsg.], HFSt 8 - Heidelberger Beiträge zum Finanz- und Steuerrecht. Das Beihilfenrecht als Innovationsmotor des Steuerrechts, 2018, Berlin.

Kühling, Jürgen: Art. 107 AEUV, in: Streinz, Rudolf [Hrsg.], EUV/AEUV Vertrag über die Europäische Union und Vertrag über die Arbeitsweise der Europäischen Union, 2. Auflage 2012, München.

Kühling, Jürgen: Art. 107 AEUV, in: Streinz, Rudolf [Hrsg.], EUV/AEUV Vertrag über die Europäische Union und Vertrag über die Arbeitsweise der Europäischen Union, 3. Auflage 2018, München.

Kulosa, Egmont: § 7, in: Schmidt, Ludwig [Begr.], Einkommensteuergesetz Kommentar, 40. Auflage 2021, München.

Kußmaul, Heinz / Palm, Tim / Licht, Daniel: § 8d KStG im Lichte des Europäischen Beihilfenrechts - Ein gesetzgeberischer „Drahtseilakt" -, in: GmbHR 2017, S. 1009 - 1016.

Lampert, Steffen: Perspektiven der Rechtsangleichung auf dem Gebiet der direkten Steuern in der Europäischen Union. Zur Bedeutung der binationalen Zusammenarbeit als Instrument der Angleichung der Unternehmensbesteuerungssysteme, in: EuZW 2013, S. 493 - 498.

Lamprecht, Philipp: § 23, Körperschaftsteuer, in: Blaurock, Uwe [Hrsg.], Handbuch Stille Gesellschaft, Gesellschaftsrecht – Steuerrecht, 8. Auflage 2016, Köln.

Landsittel, Ralph: Die Erbschaftsteuerreform 2016 im praxisorientierten Überblick, in: ZErb 2016, S. 383 - 395.

Landsittel, Ralph: Corona-Krise und Nachversteuerung nach § 13a Abs. 3, § 13a Abs. 6 Nr. 1 und 4 ErbStG, in: ZErb 2020, S. 193 - 196.

Lang, Joachim: Systematisierung der Steuervergünstigungen: ein Beitrag zur Lehre vom Steuertatbestand, 1974, Berlin.

Lang, Joachim: § 4, in: Tipke, Klaus / Lang, Joachim, Steuerrecht, 20. Auflage 2010, Köln.

Lang, Joachim: Verfassungswidrigkeit des § 8c KStG – eine Bestandsaufnahme (§ 8c KStG), in: GmbHR 2012, S. 57 - 63.

Lang, Michael: Europäisches Beihilferecht und Besteuerung – am Beispiel des § 8c KStG, in: Lüdicke, Jürgen [Hrsg.], Praxis und Zukunft des deutschen internationalen Steuerrechts, 1. Auflage 2012, Köln.

Lang, Michael: Unzulässigkeit der Klage Deutschlands gegen den Beschluss der Kommission zur Sanierungsklausel als staatliche Beihilfe (Langtext mit Anmerkung), in: ISR 2013, S. 63 - 67.

Lang, Michael: Tax Rulings und Beihilferecht, in: IStR 2015, S. 369 - 372.

Lehnert, Sabine: Die Korrektur von gemeinschaftsrechtswidrigen Beihilfen in Form von Steuervergünstigungen, in: Europäische Hochschulschriften, 2008, Frankfurt.

Lenz, Martin / Ribbrock, Martin: Versagung des Verlustabzugs bei Anteilseignerwechsel – kritische Analyse des § 8c KStG in der Fassung des Referentenentwurfs zur Unternehmenssteuerreform 2008, in: BB 2007, S. 587 - 591.

Linn, Alexander: Die Anwendung des Beihilfeverbots im Unternehmenssteuerrecht, in: IStR 2008, S. 601 - 607.

Linn, Alexander: Die Beihilfeverfahren in Sachen Amazon, Apple, Fiat und Starbucks – Eine neue Dimension der Selektivität?, in: IStR 2015, S. 114 - 120.

Linn, Alexander / Pignot, Benedikt: Mögliche Verstöße gegen das unionsrechtliche Beihilfeverbot in nationalen Begünstigungstatbeständen. Zentrale Merkmale des steuerlichen Beihilfebegriffs, in: StuB 2016, S. 573 – 580.

Linn, Alexander / Pignot, Benedikt: Anmerkung zu EuGH, Urt. v. 28.6.2018 - C-203/16 P, Dirk Andres, in: IStR 2018, S. 558 – 560.

Löcherbach, Sebastian: § 13a, in: Viskorf, Hermann-Ulrich / Schuck, Stephan / Wälzholz, Eckhard, Erbschaftsteuer- und Schenkungsteuergesetz, Bewertungsgesetz (Auszug) Kommentar, 6. Auflage 2020, Herne.

Loose, Matthias: Vorbemerkung, in: Boruttau, GrEStG Kommentar, 19. Auflage 2018, München.

Lorz, Stephan: Sanierungsklausel abermals geändert, in: Börsen-Zeitung, 18.06.2009, Nr. 113, S. 6.

Luck, Verena Katharina: „Alles oder Nichts" – Die Freigrenze im Steuerrecht, in: Schriften zum Steuerrecht, Band 112, 2014, Berlin.

Maack, Thomas / Römer, Birge: Einmal Cash-GmbH, immer Cash-GmbH?, in: DStR 2013, S. 80 – 82.

Markert, Margitta: Deutsche Steuervergünstigungsnormen im Lichte unionsrechtlicher Vorgaben, insbesondere des Beihilferechts und der Grundfreiheiten – Eine Untersuchung aus der Sicht steuerpflichtiger Personen und Unternehmen in Deutschland –, in: Chemnitzer Schriften zum Wirtschaftsrecht, 2013, Chemnitz.

Marquart, Christian: Die Möglichkeit der Verlustverrechnung als selektive Begünstigung sanierungsbedürftiger Unternehmen? Wider die Beihilferechtswidrigkeit der Sanierungsklausel (§ 8c Abs. 1a KStG), in: IStR 2011, S. 445 – 451.

Mayer, Stefan / Wagner, Johann: Transaktionspraxis: Die Rechtsprechung des BFH im Grunderwerbsteuerrecht 2014/2015, in: BB 2016, S. 2519 – 2526.

Mederer, Wolfgang: Art. 107 AEUV, in: von der Groeben, Hans / Schwarze, Jürgen / Hatje, Armin [Hrsg.], Europäisches Unionsrecht, 7. Auflage 2015, Baden-Baden.

Meincke, Jens Peter: § 13a ErbStG: Schenkung eines Eheleuten zu Miteigentum gehörenden Grundstücks, das dem Betrieb nur eines Ehegatten dient (Anmerkung), in: ZEV 2007, S. 292 – 295.

Mestmäcker, Ernst-Joachim / Schweitzer, Heike: Art. 107 AEUV, in: Immenga, Ulrich / Mestmäcker, Ernst-Joachim, Wettbewerbsrecht, Band 3, 5. Auflage 2016, München.

Meyering, Stephan / Müller-Thomczik, Sandra / Hiltl, Johannes: Gestaltungsmöglichkeiten im erbschaftsteuerlichen Verschonungssystem. Eine systematische, literaturbasierte Zusammenstellung (Teil I), in: DStR 2019, S. 2329 – 2333.

Meyering, Stephan / Müller-Thomczik, Sandra / Hiltl, Johannes: Gestaltungsmöglichkeiten im erbschaftsteuerlichen Verschonungssystem. Eine systematische, literaturbasierte Zusammenstellung (Teil II), in: DStR 2019, S. 2379 – 2381.

Mick, Marcus: § 24, in: Birk, Dieter, Handbuch des Europäischen Steuer- und Abgabenrechts, 1995, Herne/Berlin.

Milatz, Jürgen E.: Vorbemerkungen, § 13b, in: Burandt, Wolfgang / Rojahn, Dieter, Erbrecht Kurzkommentar, 3. Auflage 2019, München.

Mill, John Stuart: Principles of Political Economy – Book V, in: Collected works of John Stuart Mill – Prinicples of political economy with some of their applications to social philosophy: Books III – V and appendices, 1965, Toronto.

Milutinović, Anđela: § 5 Mittelbare Begünstigung von Unternehmen, in: Kube, Hanno / Reimer, Ekkehart [Hrsg.], HFSt 8 - Heidelberger Beiträge zum Finanz- und Steuerrecht. Das Beihilfenrecht als Innovationsmotor des Steuerrechts, 2018, Berlin.

Montag, Heinrich: § 13, in Tipke, Klaus / Lang, Joachim, Steuerrecht, 23. Auflage 2018, Köln.

Mörwald, Frieder / Brühl, Manuel: Brennpunkt § 6a GrEStG: Neueste Entwicklungen und Anmerkungen zu möglichem EU-Beihilfecharakter, in: Der Konzern 2016, S. 2519 – 2526.

Müller, Thomas: Sanierungsklausel bei Beteiligungserwerb keine (verbotene) Beihilfe, in: DB 2018, S. 1630 – 1632.

Musil, Andreas: Warum die Sanierungsklausel keine Beihilfe ist, in: DB 2011, Standpunkte S. 19 – 20.

Musil, Andreas: Europäisches Beihilferecht und nationales Steuerrecht, in: FR 2014, S. 953 - 957.

Neumann, Ralf: § 8c, in: Rödder, Thomas / Herlinghaus, Andreas / Neumann, Ralf [Hrsg.], Körperschaftsteuergesetz, 1. Auflage 2015, Köln.

Neumann, Steffen: Aktuelle steuerpolitische Entwicklungen, in: Steuerberater Jahrbuch 2016/2017, 2017, Köln.

Niehus, Ulrich / Wilke, Helmuth: Die Verschonungsregelungen des § 8c KStG. Überblick, Zweifelsfragen und Anwendungsprobleme, in: SteuerStud 2012, S. 473 - 482.

OECD: OECD/G20 Projekt Gewinnverkürzung und Gewinnverlagerung. Wirksamere Bekämpfung schädlicher Steuerpraktiken unter Berücksichtigung von Transparenz und Substanz, Aktionspunkt 5 – Abschlussbericht 2015.

Olbing, Klaus / Stenert, Jens: Der neue Verwaltungsvermögenstest im Detail. Prüfungsreihenfolge und Zweifelsfragen unter Berücksichtigung der koordinierten Ländererlasse vom 22.6.2017, in: FR 2017, S. 701 – 718.

Olbing, Klaus: § 8c, in: Streck, Michael, Körperschaftsteuergesetz Kommentar, 10. Auflage 2021, München.

Piltz, Detlev: Einfluss der Eigenschaften und Ausstattung von Anteilen an Gesellschaften auf deren Verkehrswert, in: ifst-Schrift 506 (2015).

Piltz, Detlev: Das Erbschaftsteuerurteil des BVerfG – Steine oder Brot?, in: DStR 2015, S. 97 – 103.

Piltz, Detlev: Unternehmensbegünstigungen zwischen Leistungsfähigkeits-, Familien- und Sozialstaatsprinzip, in: ZEV 2018, S. 170 – 178.

Pfirrmann, Volker: § 7, in: Kirchhof, Paul / Seer, Roman, Einkommensteuergesetz, 18. Auflage 2019, Köln.

Preißer, Michael: §13a, § 13c, in: Preißer, Michael / Rödl, Christian / Seltenreich, Stephan, Erbschaft- und Schenkungsteuer Kompakt-Kommentar, 3. Auflage 2018, Stuttgart.

Prinz, Ulrich: Wachstumsbeschleunigungsgesetz – Programm, Realität, erste Einschätzung, in: DB 2009, Heft 50, S. I.

Rädler, Albert jun.: Verstößt die deutsche Sanierungsklausel gegen das europäische Beihilferecht?, in: DB 2011, Standpunkte S. 17 – 18.

Rauch, Steffen Gregor: § 1 EStG, in: Brandis/Heuermann Einkommensteuergesetz, Körperschaftsteuergesetz, Gewerbesteuergesetz Kommentar, Heuermann, Bernd / Brandis, Peter [Hrsg.], Stand: August 2021, München.

Reich, Manfred: Die sog. „Optionsfalle" der Finanzverwaltung im Rahmen der Begünstigung für unternehmerisches Vermögen i. S. der §§ 13a und 13b ErbStG – eine Systemfrage, in: DStR 2014, S. 1424 – 1427.

Reich, Manfred: Gestaltungen im neuen Unternehmenserbschaftsteuerrecht, in: DStR 2016, S. 2447 – 2453.

Reich, Manfred: Der koordinierte Ländererlass zum Unternehmenserbschaftsteuerrecht aus Sicht der Beratungs- und Gestaltungspraxis, in: DStR 2017, S. 1858 – 1863.

Reich, Manfred: FG Münster: Aussetzung der Vollziehung eines Schenkungsteuerbescheids wegen ernstlicher Zweifel an der Verfassungsmäßigkeit von § 13b Abs. 2 S. 2 ErbStG (Anmerkung), in: ZEV 2019, S. 551 – 553.

Reimer, Ekkehart: Reform der Erbschaftsteuer: Verschonungen verstoßen gegen EU-Recht – Zur ICC-Schiedsgerichtsbarkeit, in: BB 2016, Beiheft Nr. 14, S. 1.

Reimer, Ekkehart: Erbschaftsteuer – platt oder matt?, in: NJW 2016, Heft 30, NJW aktuell, S. 3.

Reiner, Günter: § 274, in: Münchener Kommentar zum HGB. Band 4. Drittes Buch. Handelsbücher. §§ 238-342e HGB, Schmidt, Karsten / Ebke, Werner F. [Hrsg.], 3. Auflage 2013, München.

Reiter, Lukas: Beihilfen zugunsten von Produktionszweigen: zur sektoralen Selektivität im Beihilferecht, in: EuZW 2020, S. 312 – 316.

Richter, Andreas / Welling, Berthold: Tagungs- und Diskussionsbericht zum 52. Berliner Steuergespräch „Europäisches Beihilferecht und Deutsches Steuerrecht", in: FR 2014, S. 957 – 964.

Richter, Heiner: Grenz- und Differenzsteuersätze der Ertragsteuern 2016, in: BB 2016, S. 1884 – 1886.

Riedel, Christopher: „Verschonungskonzepte" für Unternehmensvermögen nach dem ErbStG 2016, in: ZErb 2016, S. 371 – 382.

Riedel, Christopher: § 13a, § 13b in: Daragan, Hanspeter / Halaczinsky, Raymond / Riedel, Christopher, Praxiskommentar Erbschaftsteuergesetz und Bewertungsgesetz, 3. Auflage 2017, Bonn.

Rode, Stefan: Steuervergünstigungen, Beihilfen und Steuerwettbewerb. Zur Relevanz des europäischen Beihilfenrechts für das nationale Steuerrecht der Mitgliedstaaten, in: Steuerrecht in Forschung und Praxis, 2006, Hamburg.

Rödding, Adalbert: § 3, in: Lüdicke, Jochen / Sistermann, Christian [Hrsg.], Unternehmensteuerrecht, 2. Auflage 2018, München.

Rosenberg, Malte: Das beihilferechtliche Durchführungsverbot im Steuerverfahren. Konsequenzen für die Normanwendung durch die Finanzverwaltung, in: Steuerwissenschaftliche Schriften, 1. Auflage 2014, Baden-Baden.

Roser, Frank: § 8c, in: Gosch, Dietmar [Hrsg.], Körperschaftsteuergesetz Kommentar, 3. Auflage 2015, München.

Rüsken, Reinhart: § 163, in: Klein, Franz / Orlopp, Gerd, Abgabenordnung Kommentar, 15. Auflage 2020, München.

Ruffert, Matthias: Europarecht für die nächste Generation, in: NVwZ 2020, S. 1777 – 1780.

Rupp, Thomas / Blumenberg, Jens: Aktuelle Entwicklungen des EU-Beihilferechts im Bereich der Unternehmensbesteuerung, in: Steuerberater-Jahrbuch 2016/2017, Rödder, Thomas / Hüttemann, Rainer [Hrsg.], 2017, Köln.

Schaden, Michael: Die Steuervergünstigung als staatliche Leistung: Finanzverfassung und Gleichheitssatz, 1. Auflage 1998, Sinzheim.

Schaumburg, Harald: Das Leistungsfähigkeitsprinzip im Verkehr- und Verbrauchsteuerrecht, in: Festschrift für Wolfram Reiss zum 65. Geburtstag. Kirchhof, Paul [Hrsg.], 2008, Köln.

Schäfers, Manfred: Betriebserben droht volle Steuerlast. Die größte Subvention für die Wirtschaft steht auf der Kippe. Minister Schäuble warnt den CSU-Vorsitzenden Seehofer vor den Folgen seiner Dauerblockade., in: Frankfurter Allgemeine Zeitung Nr. 56 vom 07.03.2016, S. 17.

Schmid, Manfred: Beitrittsaufforderung an das BMF: Voraussetzungen für die Steuerbefreiung und möglicher Beihilfecharakter des § 6a GrEStG, in: DStR 2016, S. 125 – 128.

Schmid, Manfred: EuGH-Vorlage: Beihilfecharakter der Steuerbegünstigung nach § 6a GrEStG (Anmerkung), in: DStR 2017, S. 1324 – 1329.

Schmidt, Jan: § 4 Der Unternehmensbegriff, in: Kube, Hanno / Reimer, Ekkehart [Hrsg.], HFSt 8 - Heidelberger Beiträge zum Finanz- und Steuerrecht. Das Beihilfenrecht als Innovationsmotor des Steuerrechts, 2018, Berlin.

Schmiel, Ute: § 8c KStG in der Kritik: Ungleichmäßigkeit der Besteuerung durch Verlustverrechnungs-beschränkung beim Mantelkauf und andere Anteilsübertragungen, in: BB 2010, S. 151 – 157.

Schneider, Zacharias-Alexis / Fabry, Peter: Gestaltungserwägungen bei der Übertragung großer Unternehmensvermögen - Die Verschonungsbedarfsprüfung i.S.v. § 28a ErbStG im Praxistest -, in: UVR 2019, S. 138 – 144.

Schnitger, Arne: Der Einfluss des Beihilferechts auf die direkten Steuern in Deutschland, in: IStR 2017, S. 421 – 436.

Schön, Wolfgang: Steuerliche Beihilfen, in: Aktuelle Fragen des EG-Beihilfenrechts, ZHR Beilage 2001, S. 106 – 132.

Schön, Wolfgang: Kapitel 10, in: Hancher, Leigh / Ottervanger, Tom / Slot, Pieter J., EU state aids, Fourth Edition 2012, London.

Schroeder, Werner: EU-Beihilfenverbot und Staatlichkeit der Mittel, in: EuZW 2015, S. 207 – 212.

Schumacher, Andreas: Praxisrelevante Pitfalls bei steuerneutralen Umstrukturierungen, VI. Anwendungsfragen von § 6a GrEStG, in: Jahrbuch der Fachanwälte für Steuerrecht 2016/2017, 2017, Herne.

Schuster, Marielle: Beurteilungsspielräume der Verwaltung im Naturschutzrecht. Zugleich ein Beitrag zum Umgang von Gerichten und Behörden mit externem Sachverstand, 2020, Berlin.

Seer, Roman: Das Betriebsvermögen im Erbschaftsteuerrecht, in: Steuern auf Erbschaft und Vermögen, Birk, Dieter, Deutsche Steuerjuristische Gesellschaft e.V., Band 22, 1999, Köln.

Seer, Roman: Insolvenz, Sanierung und Ertragsteuern – verfassungs- und europarechtliche Überlegungen, in: FR 2014, S. 721 – 731.

Seer, Roman: Abschlussbericht der Kommission zur Harmonisierung von Insolvenz- und Steuerrecht, in: DStR 2014, Beihefter zu Heft 42, S. 117 – 136.

Seer, Roman: §§ 1, 6, 15 in: Tipke, Klaus / Lang, Joachim, Steuerrecht, 23. Auflage 2018, Köln.

Sistermann, Christian / Brinkmann, Jan: Verlustuntergang aufgrund konzerninterner Umstrukturierungen - § 8c KStG als Umstrukturierungshindernis?, in: DStR 2008, S. 897 – 903.

Söffing, Matthias: § 13a ErbStG, in: Wilms, Heinrich / Jochum, Georg, Erbschaftsteuer- und Schenkungsteuergesetz mit Bewertungsgesetz und Grunderwerbsteuergesetz Kommentar, 107. EL März 2020, Bonn.

Soltész, Ulrich / Hellstern, Mara: „Mittelbare Beihilfen" – Indirekte Begünstigungen im EU-Beihilferecht, in: EuZW 2013, S. 489 – 493.

Soltész, Ulrich: Die Entwicklung des europäischen Beihilferechts in 2014, in: EuZW 2015, S. 127 – 134.

Soltész, Ulrich: Die Entwicklung des europäischen Beihilferechts in 2016, in: EuZW 2017, S. 51 – 59.

Soltész, Ulrich: „Mixed Messages" aus Luxemburg – Beihilferechtliche Selektivitätsprüfung als Quadratur des Kreises, in: EuZW 2018, S. 305 – 306.

Soltész, Ulrich: Neue Rechtsprechung zu "EU-Beihilferecht und Steuern" – Folgt jetzt mehr "Self-restraint" der EU-Kommission?, in: BB 2019, S. 1687 – 1692.

Soltész, Ulrich: Wichtige Entwicklungen im Europäischen Beihilferecht im Jahre 2020, in: EuZW 2021, S. 5 – 12.

Stalleiken, Jörg: Aktuelle Entwicklungen in den Erbschaftsteuer-Richtlinien 2011 - Vorlage der Bundesregierung vom 04.11.2011, in: Ubg 2011, S. 935 – 941.

Stalleiken, Jörg: Erbschaftsteuerreform 2016. Überblick über das neue Unternehmens-Erbschaftsteuerrecht, in: Ubg 2016, S. 569 – 575.

Stalleiken, Jörg: § 13a, § 13b, § 13c und § 28a ErbStG in: von Oertzen, Christian / Loose, Matthias, Erbschaftsteuer- und Schenkungsteuergesetz Kommentar mit Bewertung und ErbSt-DBA, 2. Auflage 2020, Köln.

Stiftung Familienunternehmen: Die steuerliche Belastung von Familienunternehmen beim Generationswechsel, 2014, München.

Stiftung Familienunternehmen: Die Neuregelung der Erbschaftsteuer für Familienunternehmen, 2015, München.

Stiftung Familienunternehmen / ifo Institut: Auswirkungen der Erbschaftsteuer auf Familienunternehmen, 2014, München.

Steger, Christian / Königer, Stefan: Der Wertabschlag für Familienunternehmen nach § 13a Abs. 9 ErbStG - Papiertiger oder notwendiges Gestaltungsmittel?, in: BB 2016, S. 3099 – 3105.

Strüber, Malte: Steuerliche Beihilfen. Eine kritische Analyse der Anwendung des Beihilfeverbots im Bereich der direkten Steuern, in: Europäische Hochschulschriften, 2006, Frankfurt am Main.

Strüber, Malte / von Donat, Christoph: Die Anwendung des Beihilfeverbots auf steuerliche Maßnahmen der Mitgliedstaaten – Von der Ausnahme zur Regel?, in: ifst-Schrift 531 (2019).

Suchanek, Markus: § 8c KStG, in: Herrmann/Heuer/Raupach, Einkommensteuer- und Körperschaftsteuergesetz Kommentar, 285. Lieferung 2017, Köln.

Süß, Christian: Mantelkaufregelungen im Körperschaftsteuerrecht: Eine Untersuchung zur Notwendigkeit spezialgesetzlicher Verlustverrechnungsbeschränkungen am Beispiel des § 8c KStG, in: Recht der Steuern und der öffentlichen Finanzförderung, 1. Auflage 2016, Baden-Baden.

Sutter, Franz Philipp: Das EG-Beihilfenverbot und sein Durchführungsverbot in Steuersachen, in: Schriftenreihe zum Internationalen Steuerrecht – Band 36, 2005, Wien.

Teufel, Tobias: § 2, in: Lüdicke, Jochen / Sistermann, Christian [Hrsg.], Unternehmensteuerrecht. Gründung – Finanzierung – Umstrukturierung – Übertragung – Liquidation, 2. Auflage 2018, München.

Thiel, Jochen: Die Verlustabzugsbeschränkung für Körperschaften (§ 8c KStG) – ein krasser Wertungswiderspruch im Körperschaftsteuerrecht, in: Steuerzentrierte Rechtsberatung: Festschrift für Harald Schaumburg zum 65. Geburtstag, 2009, Köln.

Thonemann-Micker, Susanne / Kanders, Thomas: Neues Erbschaftsteuerrecht - Ein Überblick und erste Anmerkungen zum Referentenentwurf aus Praktikersicht, in: DStZ 2015, S. 510 – 521.

Thonemann-Micker, Susanne / Naus, Thomas: Welchen Einfluss hat COVID-19 (Coronavirus) auf die Erbschaftsbesteuerung? – Gleichzeitig ein Petitum an den Gesetzgeber und die Finanzverwaltung –, in: DB 2020, S. 856 – 861.

Tipke, Klaus: Die Steuerrechtsordnung. Band I, Wissenschaftsorganisatorische, systematische und grundrechtlich-rechtsstaatliche Grundlagen, 1. Auflage 1993, Köln.

Tipke, Klaus: Die Steuerrechtsordnung. Band I, Wissenschaftsorganisatorische, systematische und grundrechtlich-rechtsstaatliche Grundlagen, 2. Auflage 2000, Köln.

Tipke, Klaus: Die Steuerrechtsordnung. Band II, Steuerrechtfertigungstheorie, Anwendung auf alle Steuerarten, sachgerechtes Steuersystem, 2. Auflage 2003, Köln.

Tippelhofer, Martina: Der Einfluss des Unionsrechts auf die Aufteilung der Besteuerungsbefugnisse zwischen den Mitgliedstaaten der EU im Bereich der direkten Steuern, in: Europäische Hochschulschriften – Band 5861, 2016, Frankfurt am Main.

Traxel, Wolfgang: Die Freibeträge des Einkommensteuergesetzes: Eine systematische Untersuchung unter Gerechtigkeitsaspekten, 1986, Frankfurt am Main.

Van Lishaut, Ingo / Schumacher, Andreas: Anhang 10, in: Rödder, Thomas / Herlinghaus, Andreas / van Lishaut, Ingo [Hrsg.], Umwandlungssteuergesetz, 3. Auflage 2019, Köln.

Viskorf, Stephan: § 13b, in: Viskorf, Hermann-Ulrich / Schuck, Stephan / Wälzholz, Eckhard, Erbschaftsteuer- und Schenkungsteuergesetz, Bewertungsgesetz (Auszug) Kommentar, 6. Auflage 2020, Herne.

Vogel, Klaus: Harmonisierung des Internationalen Steuerrechts in Europa als Alternative zur Harmonisierung des (materiellen) Körperschaftsteuerrechts, in: StuW 1993, S. 380 – 388.

Von Oertzen, Christian: Die neue Unternehmenserbschaftsteuer – Überblick und erste Rechts- und Gestaltungsfragen, in: Steuerberater-Jahrbuch 2016/ 2017, Rödder, Thomas / Hüttemann, Rainer [Hrsg.], 2017, Köln.

Von Sothen, Ulf: § 27, in: Scherer, Stephan [Hrsg.], Unternehmensnachfolge, 6. Auflage 2020, München.

Wachter, Thomas: Erste Konturen des neuen Erbschaftsteuerrechts, in: FR 2016, S. 690 – 711.

Wachter, Thomas: Sind die geplanten Verschonungsregelungen im deutschen ErbStG europarechtswidrige Beihilfen?, in: DB 2016, S. 1273 – 1278.

Wachter, Thomas: Neuer Vorab-Abschlag beim Erwerb von Anteilen an qualifizierten Familienunternehmen, in: NZG 2016, S. 1168 – 1176.

Wachter, Thomas: Unternehmensnachfolge 2017: Anwendungsfragen des neuen ErbStG, in: GmbHR 2017, S. 1 – 17.

Wachter, Thomas: Stiftungen im neuen Erbschaft- und Schenkungsteuerrecht (Teil 1), in: FR 2017, S. 69 – 84.

Wachter, Thomas: Stiftungen im neuen Erbschaft- und Schenkungsteuerrecht (Teil 2), in: FR 2017, S. 130 – 137.

Wachter, Thomas: § 13, § 13b ErbStG, in: Fischer, Michael / Pahlke, Armin / Wachter, Thomas, Erbschaft- und Schenkungsteuergesetz Kommentar, 6. Auflage 2018, Freiburg.

Wachter, Thomas: Zweifel an der Verfassungsmäßigkeit der 90%-Grenze, in: DB 2019, S. 2266 – 2267.

Wälzholz, Eckhard: Der Abschlag für Familienunternehmen nach § 13a Abs. 9 ErbStG - Gesetzliche Vorgaben, Gestaltungsmöglichkeiten, Formulierungsvorschläge, in: GmbH-StB 2017, S. 54 – 61.

Wagner, Christian / Lemonnier, Valentine: Zwischen wirtschaftlichem und staatlichem Charakter. Neben- und Annextätigkeiten des Staates im EU-Beihilferecht, in: EuZW 2021, S. 45 – 52.

Wagner, Johann / Farinato, Enrico: COVID-19 und Steuerrecht – Die wichtigsten Entwicklungen für Unternehmen, in: COVuR 2020, S. 286 – 291.

Wallenberg, Gabriela von / Schütte, Michael: Art. 107 AEUV, in: Grabitz, Eberhard / Hilf, Meinhard / Nettesheim, Martin, Das Recht der Europäischen Union – Band I EUV/AEUV, 73. Ergänzungslieferung Mai 2021, München.

Weber, Klaus / Schwind, Heike: Ausschluss der Cash-Gesellschaften vom begünstigten Unternehmensvermögen, in: ZEV 2013, S. 369 – 371.

Weber, Klaus / Schwind, Heike: Vorababschlag für Familienunternehmen gem. § 13a Abs. 9 ErbStG: Vorschläge für eine gesellschaftsvertragliche Umsetzung, in: ZEV 2016, S. 688 – 693.

Weber, Klaus: Der Vorab-Abschlag für Familienunternehmen nach dem ErbStRefG 2016 - eine Regelung mit Tücken, in: DStZ 2017, S. 13 – 19.

Weinmann, Norbert: § 13a, § 13b ErbStG, in: Moench, Dietmar / Weinmann Norbert, Kommentar zum Erbschaft- und Schenkungsteuergesetz mit Bewertungsgesetz, 86. Ergänzungslieferung Januar 2020, Freiburg.

Weitnauer, Wolfgang: Der Verlust von Verlustvorträgen nach § 8c KStG beim Gesellschafterwechsel, in: GWR 2009, S. 29 – 32.

Welling, Berthold: Wirbel um Sanierungsklausel offenbart die systematischen Verwerfungen des § 8c KStG, in: DB 2011, Standpunkte S. 23 – 24.

Werder, Alexander / Dannecker, Achim: Entwicklungen bei der verbindlichen Auskunft, in: BB 2014, S. 926 – 932.

Wienbracke, Mike: Europäisches Beihilfenrecht (Teil 1), in: WRP 2016, S. 154 – 161.

Wienbracke, Mike: Europäisches Beihilfenrecht (Teil 2), in: WRP 2016, S. 294 – 300.

Wiese, Götz T.: Der Untergang des Verlust- und Zinsvortrages bei Körperschaften. Zu § 8c KStG i. d. F. des Regierungsentwurfs eines Unternehmenssteuerreformgesetzes 2008, in: DStR 2007, S. 741 – 745.

Ylinen, Johannes: Neue Argumente der Kommission gegen fiskalische Beihilfen – die Ungarn-Entscheidungen der Kommission, in: IStR 2017, S. 100 – 104.

Zahn, Carsten: Realitätsgerechtigkeit des Zinssatzes der Vollverzinsung (§§ 233a, 238 AO), in: DStZ 2020, S. 573 – 581.

Zahn, Carsten: Das Gebot der Realitätsgerechtigkeit von Typisierungen im Steuerrecht. Analyse am Beispiel der Zinssatztypisierung im Steuerschuldverhältnis, § 238 Abs. 1 Satz 1 AO, in: Mannheimer Beiträge zum Öffentlichen Recht und Steuerrecht, 2021, Berlin.

Zerwas, Peter / Fröhlich, Sebastian: § 8c KStG – Auslegung der neuen Verlustabzugsbeschränkung, in: DStR 2007, S. 1933 – 1940.

Ziegenhagen, Andreas / Thewes, Markus: Die neue Sanierungsklausel in § 8c Abs. 1a KStG, in: BB 2009, S. 2116 – 2120.

Mannheimer Beiträge zum Öffentlichen Recht und Steuerrecht

Herausgegeben von Thomas Fetzer
Begründet von Hans-Wolfgang Arndt

Band 1 Hans-Wolfgang Arndt/Klaus Fischer/Klaus Richrath/Hanns-Stephan Wüst: Umwelterhaltung und Umweltgestaltung im kommunalen Bereich. Das Umweltstatut Alsenz-Obermoschel. 1994.

Band 2 Helmuth Beck: Die Differenzierung von Rechtspflichten in den Beziehungen zwischen Industrie- und Entwicklungsländern. Eine völkerrechtliche Untersuchung für die Bereiche des internationalen Wirtschafts-, Arbeits- und Umweltrechts. 1994.

Band 3 Michael Riotte: Die ertragsteuerliche Behandlung der Spaltung von Unternehmen. Eine steuersystematische Analyse der zugrundeliegenden Gewinnrealisierungstatbestände. 1994.

Band 4 Andreas Birk: Die Besteuerung der Grundstücksnutzung in Deutschland. Eine steuersystematische Analyse unter besonderer Berücksichtigung der Verhältnisse in Frankreich. 1994.

Band 5 Bettina Kempka: Gewinnrealisierung bei der Überführung von Wirtschaftsgütern zwischen Stammhaus und Betriebsstätte. Eine Analyse der systemkonformen steuerlichen Behand-lung stiller Reserven. 1995.

Band 6 Hans-Wolfgang Arndt: Rechtsfragen einer deutschen CO_2-/ Energiesteuer entwickelt am Beispiel des DIW-Vorschlages. 1995.

Band 7 Roland Mörsdorf: Das belgische Bundesstaatsmodell im Vergleich zum deutschen Bundesstaat des Grundgesetzes. 1996.

Band 8 Christian Göbes: Die Unternehmensbesteuerung in Deutschland und Großbritannien vor dem Hintergrund des europäischen Integrationsprozesses. Eine qualitative und quantitative Analyse unter besonderer Berücksichtigung der steuerlichen Gewinnermittlung. 1996.

Band 9 Andreas Schumacher: Erträge aus privaten Kapitalforderungen im Einkommensteuerrecht. 1996.

Band 10 Gerhard Schmidt: Die Rechnungslegung nach der Equity-Methode im konsolidierten Abschluß. Ein Beitrag zur Entstehung, Anwendung und Ausgestaltung des Verfahrens vor dem Hintergrund der Bestimmungen in der Europäischen Union und der Verlautbarungen internationaler Organisationen. 1996.

Band 11 Jürgen Haun: Hybride Finanzierungsinstrumente im deutschen und US-amerikanischen Steuerrecht. Eine Analyse ihres grenzüberschreitenden Einsatzes aus steuersystemati- scher und ökonomischer Sicht. 1996.

Band 12 Horst Schaefer: Der verfassungsrechtliche Steuerbegriff. 1997.

Band 13 Arno Probst: Die Behandlung der Anteile von Minderheitsgesellschaftern innerhalb der Besteuerung der Konzernunternehmung. Eine steuersystematische Analyse konzerninduzierter betriebswirtschaftlicher Interessenvielfalt. 1997.

Band 14 Marion Winkelmann: Steuerumgehung durch die Einschaltung ausländischer Kapitalgesellschaften. Eine Untersuchung des Normenkonkurrenzverhältnisses zwischen § 42 AO und den §§ 7 ff. AStG sowie § 50 d Abs. 1 a EStG. 1997.

Band 15 Karin Brodhag: Vergleich der Besteuerung deutscher und französischer Kapitalgesellschaften unter besonderer Berücksichtigung der ertragsunabhängigen Besteuerung. 1997.

Band 16 Stefan Jeß: Die Übertragung privaten Grundbesitzes im Wege vorweggenommener Erbfolge. Eine Analyse der steuerlichen Folgen verschiedener Gestaltungsformen vor und nach der Reform des Erbschaftsteuer- und Schenkungsteuergesetzes 1996. 1997.

Band 17 Kirsten Kaltenhäuser: Möglichkeiten und Perspektiven einer Reform der Organisation der Wirtschaftsverwaltung – eine rechtshistorische, rechtsvergleichende und rechtspolitische Betrachtung des Industrie- und Handelskammerwesens. 1998.

Band 18 Hans-Christian Bärtels: Die erbschaft- und schenkungsteuerliche Behandlung der deutsch-französischen Unternehmensnachfolge. 1998.

Band 19 Michaela Boll: Die Gebührenpflicht des Nichtstörers für polizeiliche Maßnahmen. Zur Zulässigkeit der Erhebung staatlicher Schutzgebühren. 1998.

Band 20 Holger Jenzen: Energiesteuern im nationalen und internationalen Recht. Eine verfassungs-, europa- und welthandelsrechtliche Untersuchung. 1998.

Band 21 Michael R. Wiesbrock: Die Verlustrückstellung im Steuer- und Verfassungsrecht. 1999.

Band 22 Matthias Leist: Verfassungsrechtliche Schranken des steuerlichen Auskunfts- und Informationsverkehrs. 2000.

Band 23 Timo Kieser: Sonderabgaben als Steuern. 2000.

Band 24 Thomas Fetzer: Die Besteuerung des Electronic Commerce im Internet. 2000.

Band 25 Johannes Beil: Der Belastungsgrund des steuerstaatlichen Synallagmas. Zur Zulässigkeit des Welteinkommensprinzips im deutschen internationalen Einkommensteuerrecht. 2001.

Band 26 Monika Reimer: Die steuerliche Erfassung privater Veräußerungsgewinne. Reformüberlegungen für die deutsche Besteuerung unter Berücksichtigung der Rechtslage in Österreich, Großbritannien und den USA. 2001.

Band 27 Andreas Schirra: Die Indienstnahme Privater im Lichte des Steuerstaatsprinzips. 2002.

Band 28 Jürgen Vogt: Neutralität und Leistungsfähigkeit. Eine verfassungs- und europarechtliche Untersuchung der Unternehmensbesteuerung nach dem StSenkG. 2003.

Band 29 Thomas Groß: Eine unendliche Geschichte: Transferregelungen im lizenzierten Fußballsport. Zugleich ein Plädoyer für einen beitragsfinanzierten Solidarfonds. 2004.

Band 30 Stefan Tichy: Gemeinnützigkeitsrechtliche und ertragsteuerliche Besonderheiten gemeinnütziger Kapitalgesellschaften bei der Gewinnermittlung, der Gewinnausschüttung und der Einbeziehung in Konzernstrukturen. 2007.

Band 31 Claus Möllinger: Eigentumsrechtliche Entflechtung der Übertragungsnetze. Unter besonderer Berücksichtigung des 3. Binnenmarktpaketes für Energie. 2009.

Band 32 Karoline Schwarz: Die steuerliche Behandlung von Windenergieanlagen. 2015.

Band 33 Franziska Kramer: Über die Wandlungsfähigkeit des Grundgesetzes am Beispiel gleichgeschlechtlich orientierter Personen und Paare. 2017.

Band 34 Carsten Zahn: Das Gebot der Realitätsgerechtigkeit von Typisierungen im Steuerrecht. Analyse am Beispiel der Zinssatztypisierung im Steuerschuldverhältnis, § 238 Abs. 1 Satz 1 AO. 2021.

Band 35 Tobias Böser: Der erbschaftsteuerliche Verschonungsabschlag im Europäischen Beihilferecht. Zugleich eine Rechtsprechungsanalyse zu beihilfeverdächtigen Steuervergünstigungen. 2022.

www.peterlang.de

www.ingramcontent.com/pod-product-compliance
Ingram Content Group UK Ltd.
Pitfield, Milton Keynes, MK11 3LW, UK
UKHW021830290926
8980IPUK00004B/370

9 783631 868478